구약성경을 주요 전거로 하여
천지 창조부터 유다 왕국의 최후,
바벨론 포로기 이전까지의 유대인 역사를
헬레니즘적 사고와 논리로 수록

요세푸스 지음 | 김지찬 옮김

요세푸스 1

THE ANTIQUITIES OF THE JEWS

유대 고대사

천지 창조부터 바벨론 유수까지의 기록

생명의말씀사

The Works of Flavius Josephus
written by Flavius Josephus
translated by William Whiston

Korean edition copyright ⓒ 1987, 2025 by Word of Life Press, Seoul, Korea.
All rights reserved.

요세푸스 1

유대 고대사
천지 창조부터 바벨론 유수까지의 기록

ⓒ 생명의말씀사 1987, 2025

1987년 4월 25일 1판 1쇄 발행
2024년 6월 7일   36쇄 발행
2025년 6월 30일 2판 1쇄 발행

펴낸이 | 김창영
펴낸곳 | 생명의말씀사

등록 | 1962. 1. 10. No.300-1962-1
주소 | 서울시 종로구 경희궁1길 6 (03176)
전화 | 02)738-6555(본사) · 02)3159-7979(영업)
팩스 | 02)739-3824(본사) · 080-022-8585(영업)

기획편집 | 태현주, 최은용
디자인 | 조현진, 김혜진
인쇄 | 예원프린팅
제본 | 보경문화사

ISBN 978-89-04-06034-4 (04230)
ISBN 978-89-04-70117-9 (세트)

저작권자의 허락 없이 이 책의 일부 또는 전체를
무단 복제, 전재, 발췌하면 저작권법에 의해 처벌을 받습니다.

요세푸스 1

THE ANTIQUITIES OF THE JEWS
유대 고대사
천지 창조부터 바벨론 유수까지의 기록

일러두기

- **텍스트**
  1. Flavius Josephus, The Works of Flavius Josephus, translated by William Whiston, A. M., Professor of Mathematics in the University of Cambridge (London & Edinburgh: William Philip Nimmo, 1865).
  2. Flavius Josephus, "Introductory Essay, by the Rev. Henry Stebbing, D. D.," The Life and Works of Flavius Josephus: the Learned and Authentic Jewish Historian and Celebrated Warrior, translated by William Whiston, A. M., Professor of Mathematics in the University of Cambridge (Philadelphia, Chicago & Toronto: The John C. Winston Company, 1936).
- **책의 구조**
  본서는 윌리엄 휘스턴 영역본의 구조에 따라 책(冊), 권(卷), 장(章), 절(節)의 구조를 취한다.
- **각 절의 구분**
  윌리엄 휘스턴 영역본의 절 구분에 따라 각 절을 구분하고 번호도 맞추어서 기재하였다.
- **문단 구분**
  윌리엄 휘스턴 영역본에서는 각 절별로 문단이 구분되어 있으나, 생명의말씀사 한글 번역본에서는 보다 미려하고 가독성 높은 편집을 위해 한 절을 두 개 이상의 문단으로 구분하기도 하였음을 밝힌다. 고전 문헌의 형식을 존중하여 한 절 내에서 문단을 나누는 경우는 최소한도로 하였으며 반드시 내용의 구분점이 있는 부분에서 문단을 나누고자 하였다.
- **성경 인용 방식과 출전**
  윌리엄 휘스턴 영역본의 서술 방식대로 성경을 직접 인용하거나 간접 인용하였으며 영역본 본문에 기재되어 있는 성구의 장절을 충실하게 표기하였다. 1987년 생명의말씀사 한글 번역본 초판 발행 당시에는 한글판 개역 성경에 따라 인용문을 기재했으나, 이번 개정판에서는 현재 널리 사용되고 있는 한글판 개역개정 성경에 따라 수정하여 기재하였음을 밝힌다.
- **인지명 표기**
  본문에 나오는 인명과 지명, 사건명, 기관명 등은 크게 두 가지의 기준으로 정리하였다.
  1. 성경에 나오는 명칭은 1987년 생명의말씀사 한글 번역본 초판과 동일하게 한글판 성경에 따라 기재하였다. 단 요세푸스가 성경 외의 전거들도 참고하여 집필하였음을 고려해 원저자가 분명하게 성경의 명칭과 차이를 둔 최대한 원저자의 의도를 살리도록 기재하였다.
  2. 나머지 인명과 지명, 사건명, 기관명 등은 가능한 한 외래어 표기 원칙에 준하여 기재하고자 하였다. 단 일부 명칭은 관용에 따라 널리 쓰이는 대로 허용하였음을 밝혀 둔다. 또한 다수 등장하는 그리스계 명칭들은 중역(重譯) 과정에서 발생하는 표기의 차이를 존중하고 전집 전체의 명칭의 통일성을 유지하기 위해 대부분 라틴식으로 정리하였음을 밝힌다.
- **주석 출전 표기**
  윌리엄 휘스턴 영역본에는 각주에 나오는 출전 대부분이 약어로 표기되어 있으나 한글로는 가능한 한 원제목 그대로 번역하여 기재하고자 하였다. 단 번역한 도서명에 첨부한 영문 제목은 영역본 본문의 약어 표기를 존중하여 그대로 기재하였다.

플라비우스 요세푸스
Flavius Josephus, 37경-100경

역자 서문

　본서는 플라비우스 요세푸스(Flavius Josephus)의 전집, 즉 요세푸스의 『유대 고대사』(The Antiquities of the Jews), 『유대 전쟁사』(The Wars of the Jews), 『자서전』(The Life), 『아피온 반박문』(Against Apion)을 윌리엄 휘스턴(William Whiston)이 1737년에 영어로 번역한 영역판에서 한글로 중역(重譯)한 것이다. 역자는 가능하다면 중역은 피해야 한다는 생각을 갖고 있다. 그럼에도 불구하고 생명의말씀사의 요세푸스 출간 의도에 동의를 표하고 감히 중역을 시도한 것은 현 상황에서 피치 못할 사정이라는 나름의 판단에서였다.

　서방 세계에서조차도, 1737년에 나온 휘스턴의 영역판을 제외하고는 아직까지도 현존하는 최고의 헬라어 사본을 기초로 한 완전한 영역본이 나오지 않은 사실을 감안해 본다면, 한국에서 헬라어 사본을 원문으로 해서 요세푸스를 번역하는 일이란 그야말로 요원한 일이 아닐 수 없다고 생각한 것이다.

　요세푸스가 차지하는 문헌사적 배경사적 위치와 그 중요성을 감안해 볼 때 생명의말씀사의 요세푸스 출간 시도는 때늦은 감도 없지 않으나, 한국 교회를 위해서는 퍽이나 다행한 일로 생각되어 감히 대작에 손을 대기로 결심한 것이다. 출판사 쪽으로 보더라도 막대한 자원과 시간과 정력의 투자를 요하는 작업이기에 출판을 시도한 것 자체가 대단한 결심이었겠으나, 역자 쪽으로 보더라도 요세푸스는 그 분량과 중요성을 비추어 볼 때 역자의 능력의 한계를 벗어난 무모한 도전일 가능성도 없지 않았다. 그러나 누군가는 이런 모험을 감수해야 하겠기에 감히 번역에 착수하였다.

생명의말씀사의 격려와 지원에 힘입어 1년 6개월여간의 각고 끝에 요세푸스 전집의 번역을 끝마친 역자로서는 일을 끝낸 후에나 맛볼 수 있는 성취감으로 마음 뿌듯한 느낌도 없지 않았으나, 그보다는 아무래도 여러 점이 미진했다는 자책감이 더욱 내 마음을 엄습하였다.

얼마나 요세푸스의 의도를 있는 그대로 잘 전달했을까에 대한 자책감도 자책감이려니와 혹시 독자들의 오해가 있으면 어떡할까 하는 노파심마저 들었다. 그것은 요세푸스를 영역한 휘스턴이 단 각주(脚註)와 뒤에 첨부한 논문이 복음주의적 입장에서는 도저히 받아들이기 어려운 대목이 꽤 많이 있었기 때문이었다.

이 점에서는 생명의말씀사도 마찬가지였다. 복음주의적 전통을 고수해온 출판사 입장에서는 이 같은 우려는 어쩌면 당연한 것일지도 모른다. 이런 상황에서 생명의말씀사는 역자에게 역자 서문을 요청하였다. 역자는 처음에는 지명도(知名度)가 없음을 들어 고사(固辭)를 하였으나, 혹시 있을지도 모를 독자들의 오해를 방지하고 역자의 소감을 피력할 수 있는 호기(好機)로 생각하여 펜을 들었다.

우선 번역상의 어려움에 관해 이야기를 시작하는 것이 좋을 것 같다. 번역이 제2의 창작이란 의미에서 쉬운 번역이 있을 리 없겠지만, 특히 중역에서 오는 난점은 결코 작은 것이 아니었다. 고대에는 장점으로 간주된 고도의 수사적이고 장식적인 어투와 고대인 특유의 장광설로 가득 찬 원문을 알기 쉽게 단문(短文)으로 바꾼다는 것은 심지어는 고역에 가까울 정도였다. 따라서 역자는 될 수 있는 한 직역을 피하고 의역을 택하였다. 특히 성막에 관한 묘사는 대단히 이해하기 어려웠다. 도표를 혼자 만들어 보기도 하였고, 성경과 대조해 보기도 하였으나 확실한 감을 잡지 못한 데가 몇 곳 있었음을 솔직히 시인한다. 이 점에 관해서는 독자들의 질책을 달게 받도록 하겠다.

둘째로, 휘스턴이 본문 밑에 단 각주(脚註)와 논문 중 일부는 복음주의 노선에 선 독자들로서는 받아들이기 어려운 대목이 있을 것이다. 이 점에 관해서는 생명의말씀사나 역자가 모두 공히 동감하며 우려를 표하였다.

셋째로, 인명과 지명을 처리하는 데 있어서 어쩔 수 없이 이중의 기준을 세울 수밖에 없었다. 즉 성경에 나오는 인명과 지명은 한글판 개역 성경에 나오는 대로 달았으며(2025년도 개정판에서는 한글판 개역개정 성경에 따라 기재하였다-편집자 주), 나머지 인명과 지명은 음역(音譯)하였다. 성경에 익숙한 독자들에게는 모든 인명과 지명을 한 가지 기준으로, 예를 들면 음역의 기준으로 달았을 때 어색함을 느낄 수밖에 없기 때문에 이같이 이중의 기준을 세울 수밖에 없었음을 독자들은 양해해 주기 바란다.

인류 역사상 요세푸스만큼 칭찬과 비난을 한 몸에 받은 사람은 별로 없을 것이다. 유대인 동족들에게는 배신자요 변절자로서 지금까지도 지탄을 받고 있는 반면에, 기독교인들에게는 특히 초대 변증가들과 중세 시대에는 동·서방을 막론하고 위대한 저술가로 명성을 날렸다.

요세푸스가 진실만을 추구한 양심적이고도 공정한 탐구자가 아니라 특정한 인상을 주려는 고도의 목적을 가진 저술가였던 것만큼은 분명한 사실이다. 더욱이 요세푸스는 대부분의 고대 저술가들이 가진 결점을 공유하고 있다. 그의 분석은 피상적이며, 그의 연대기는 오류투성이이고, 그의 자료들은 과장되어 있으며, 그의 말은 틀에 끼워 맞춘 흔적이 역력하다. 특히 자신의 명예가 달린 부분에서는 의도적인 발언을 서슴지 않고 있다.

그러나 이 같은 결점에도 불구하고 요세푸스가 탁월한 역사가인 것만큼은 부인할 수가 없다. 요세푸스는 유대주의와 헬레니즘, 양쪽의 전통을 통합하였으며 로마의 세속 세계와 성경의 종교적 유산을 연결시켰을 뿐 아니라 로마 제국 치하에 놓인 여러 민족의 멘탈리티를 이해하는 데 없어서는 안 될 다양한 정보를 제공해 주고 있다. 특히 예수님 탄생 이전 시대부터 기독교가 태동한 1세기에 걸쳐 일어났던 팔레스타인과 디아스포라 유대인의 역사를 알려 주는 유일한 역사서라는 점에서 요세푸스가 차지하는 위치란 거의 절대적이라고까지 할 수 있다. 더욱이 예수님 당시의 유대 백성들의 사고방식과 가치관을 이해하는 데 없어서는 안 될 중요한 문헌이다.

요세푸스는 구약과 율법의 근거 위에 서 있었으면서도 당시의 유대교의 좁은 경계에서 벗어나려고 노력하였고, 예루살렘과 성전의 멸망을 하나님의 형벌로 해석한 점에서 기독교 저술가들과 공통점이 있는 인물이었다. 이런 점에서 초대 변증가들이 그의 저서를 자주 인용한 것이 아닌가 생각한다.

멸망의 가증한 것이 서지 못할 곳에 선 것을 보게 되는 날 예루살렘의 멸망이 가까운 줄 알고 예루살렘을 떠나라고 하신 예수님의 예언이 전율할 정도의 생동감으로 우리에게 다가오는 모습을 우리는 요세푸스를 통해 살펴볼 수가 있다. 유대인 열심당이 이두메아인들을 성전으로 불러들이고 그곳에서 살상을 빚어 8,500명 이상이 피를 흘리는 엄청난 일이 생생하게 묘사되고 있는 모습 속에서, 우리는 예수님의 예언이 문자 그대로 성취되는 것과 생명의 주인 그리스도를 거부한 유대 민족의 비참한 말로를 마치 현장에서 보듯 생생하게 볼 수가 있다. 이런 점에서도 우리는 요세푸스의 현대적 가치를 찾아볼 수 있지 않을까 생각한다.

마지막으로 엄청난 자원과 시간과 정력을 요하는 대작을 출판하기로 결정한 생명의말씀사와 번역하는 동안 격려와 지원을 아끼지 않은 생명의말씀사 전 직원께 심심한 감사를 드리며, 본서가 유익하게 사용될 수 있기를 하나님께 기도드리는 마음 간절하다.

1987년 4월
역자 김지찬

목차

역자 서문 | 6
서론 | 22

THE ANTIQUITIES OF THE JEWS
유대 고대사
천지 창조부터 바벨론 유수까지의 기록

서문 | 40

제1권
3,833년간의 역사 기록
창조로부터 이삭의 죽음까지

제1장 세계의 조성(造成)과 자연의 배열 | 48
제2장 아담의 후손과 아담으로부터 노아에 이르는 10대 계보에 관하여 | 53
제3장 홍수와 노아가 식구들과 함께 방주를 타고 구원받고
       후에 시날 평지에 거하게 된 경위에 관하여 | 56
제4장 바벨탑과 언어의 혼란 | 63
제5장 노아의 후손들이 식민지를 개척하고 온 땅에 거하게 된 경위 | 65
제6장 각 나라 창건자들이 국명을 붙이게 된 경위 | 65
제7장 우리 선조 아브람이 갈대아 땅을 떠나
       그 당시 가나안이라고 불렸고 지금은 유대라고 부르는 땅에 거하게 된 경위 | 71
제8장 가나안에 기근이 들어 아브람이 애굽에 내려가
       상당 기간 거주하다가 되돌아온 경위 | 73

제9장　앗수르 전쟁으로 인한 소돔인들의 멸망 ｜ 74
제10장　아브람이 앗수르 군대와 싸워 이기고
　　　　포로가 된 소돔인들과 전리품을 다시 찾은 경위 ｜ 75
제11장　하나님이 소돔인들의 죄악으로 인해 진노하시고 소돔을 멸망시키게 된 경위 ｜ 78
제12장　아비멜렉과 아브라함의 아들 이스마엘과 그의 후손 아라비아인들 ｜ 81
제13장　아브라함의 적자 이삭 ｜ 84
제14장　아브라함의 아내 사라와 그녀의 종말 ｜ 87
제15장　트로글로디티스국(國)이 아브라함과 그두라로부터 시작된 경위 ｜ 88
제16장　이삭이 리브가를 아내로 취한 경위 ｜ 89
제17장　아브라함의 죽음 ｜ 91
제18장　이삭의 아들 에서와 야곱의 출생과 교육 ｜ 92
제19장　야곱이 형을 두려워하여 메소포타미아로 도망친 경위 ｜ 96
제20장　야곱과 에서의 만남 ｜ 103
제21장　디나의 순결 상실 ｜ 105
제22장　이삭이 죽고 헤브론에 장사된 경위 ｜ 107

제2권

220년간의 역사 기록

이삭의 죽음으로부터 출애굽까지

제1장　이삭의 아들 에서와 야곱이 거주지를 달리하고
　　　　에서는 이두매를, 야곱은 가나안을 차지하게 된 경위 ｜ 110
제2장　야곱의 아들 요셉이 꾼 꿈이 그의 행복한 미래를 예고하자
　　　　형제들의 시기를 받게 된 경위 ｜ 111

제3장 요셉이 형들의 미움을 사서 애굽에 팔려 가 유력한 인물이 된 후
　　　　형들이 그에게 굴복하게 된 경위 ｜ 113
제4장 요셉의 뛰어난 순결성 ｜ 117
제5장 감옥에서 요셉에게 일어난 일들 ｜ 120
제6장 애굽에서 유명하게 된 요셉이 그의 형제들을 굴복시키게 된 경위 ｜ 124
제7장 기근으로 인한 요셉의 아버지와 그의 식구들의 이주 ｜ 137
제8장 야곱과 요셉의 죽음 ｜ 141
제9장 400년 동안 애굽에 거주하던 히브리인들이 당한 고통 ｜ 143
제10장 모세가 에디오피아인들과 싸운 경위 ｜ 150
제11장 모세가 애굽에서 미디안으로 피신하게 된 경위 ｜ 153
제12장 떨기나무 불꽃과 모세의 지팡이 ｜ 154
제13장 모세와 아론이 애굽의 바로에게 돌아온 경위 ｜ 157
제14장 애굽인들에게 내린 10가지 재앙 ｜ 160
제15장 모세의 인솔로 히브리인들이 출애굽하는 경위 ｜ 164
제16장 히브리인들이 애굽인들의 추격을 받자
　　　　바다가 갈라져 그들로부터 도망칠 수 있었던 경위 ｜ 168

제3권

2년간의 역사 기록

출애굽으로부터
그 세대가 버림받기까지

제1장 모세가 백성을 출애굽시킨 후 시내산까지 인도한 경위,
　　　　그러나 아직은 여행 중에 많은 고난을 당하지 않았음 ｜ 176
제2장 아말렉과 인근 국가들이 히브리인들과 전투를 벌여 대패하고
　　　　대부분의 병사들이 전사하게 된 경위 ｜ 184
제3장 모세가 시내산에서 그를 찾아온 장인 이드로를 반갑게 맞이함 ｜ 188
제4장 라구엘이 지휘 계통이 없었던 이스라엘 백성을 천부장, 백부장의 제도로
　　　　조직을 갖추라고 제안하자 모세가 장인의 충고에 동의한 경위 ｜ 188

제5장 모세가 시내산에 올라가서 하나님으로부터 율법을 받아
       히브리인들에게 전달한 경위 ǀ 190
제6장 모세가 광야에서 하나님의 영광을 위해 지은 성막 ǀ 195
제7장 제사장과 대제사장의 옷 ǀ 201
제8장 아론의 제사장직 ǀ 207
제9장 제사 방법 ǀ 215
제10장 절기와 절기를 지키는 방법 ǀ 218
제11장 정결(purification) ǀ 221
제12장 다양한 율법들 ǀ 224
제13장 모세가 시내산을 떠나 백성들을 가나안 지방 경계까지 인도한 경위 ǀ 227
제14장 모세가 몇 사람을 보내 가나안 땅과 가나안 도시의 크기를 정탐하라고 시켰으나,
       40일 후 정탐꾼들이 돌아와서 가나안인들의 병력을 극구 칭찬하면서
       자기들은 그들의 적수가 되지 못할 것이라고 보고하자,
       백성들이 듣고 놀라 크게 낙심한 나머지 모세를 돌로 치려 하고
       애굽으로 되돌아가 애굽인들을 섬기려고 결심한 경위 ǀ 229
제15장 모세가 이에 격분하여 하나님이 진노하셨으므로
       이스라엘 백성들은 40년간 광야에서 살아야 할 것이며,
       그동안은 애굽으로 돌아가지도,
       가나안 땅을 차지하지도 못할 것이라고 예언한 경위 ǀ 231

제4권

38년간의 역사 기록

그 세대가 버림받은 때부터
모세의 죽음까지

제1장 모세의 승낙 없이 히브리인들이 가나안인들과 전투하다가 패배한 경위 ǀ 236
제2장 제사장직에 대하여 모세와 아론에게 반역하는 고라와 백성들 ǀ 238
제3장 반역자들이 하나님의 뜻에 의해 죽음을 당하고
       모세의 형 아론과 그 후손들이 제사장직을 보유하게 된 경위 ǀ 242
제4장 광야 생활 38년간 히브리인들에게 일어난 사건 ǀ 247

제5장 모세가 아모리인의 왕들인 시혼과 옥을 정복하고 아모리 적군을 전멸시키고
그 땅을 제비 뽑아 두 지파와 반 지파에게 분배한 경위 | 252
제6장 선지자 발람과 그의 인간 됨됨이 | 254
제7장 히브리인들이 미디안인들과 싸워 승리한 경위 | 266
제8장 모세가 세운 정체(政體)와 모세의 죽음 | 269

제5권
476년간의 역사 기록
모세의 죽음부터 엘리의 죽음까지

제1장 히브리인의 사령관 여호수아가 가나안인들과 싸워 그들을 쳐부수고 죽인 후에
그 땅을 이스라엘 각 지파에게 제비뽑아 분배한 경위 | 300
제2장 지도자인 여호수아가 죽자 이스라엘인들이 율법을 어기고
큰 고통을 당하게 된 경위와 소동이 일어나
베냐민 지파가 단지 600명을 제외하고는 모두 전멸하게 된 경위 | 319
제3장 재난을 겪은 다음 이스라엘인들이 사악해지다가 결국은 앗수르인을 섬기게 되더니
마침내 하나님이 옷니엘을 통해 그들을 구원해 주신 이야기와
그 후 40년간 옷니엘이 이스라엘을 다스리게 된 경위 | 328
제4장 이스라엘 백성이 18년간 모압인을 섬긴 후에
에훗이 그들을 노예에서 해방시키고 80년간 이스라엘을 다스린 경위 | 330
제5장 이스라엘인들이 20년간 가나안인들의 종노릇 하는 것을
바락과 드보라가 구원한 후에 40년간 그들을 다스린 경위 | 332
제6장 미디안인들 및 다른 국가가 이스라엘을 쳐서 정복한 후 7년간을 괴롭히자
기드온이 일어나 이들을 무찌르고 이스라엘을 40년간 다스린 경위 | 334
제7장 기드온의 뒤를 이은 사사들이 인근 국가들과 오랫동안 전쟁을 한 경위 | 338
제8장 삼손의 용기와 삼손이 블레셋을 대항하여 해를 가한 경위 | 345
제9장 엘리가 이스라엘을 다스릴 때 보아스가 룻과 결혼하여
다윗의 조부인 오벳을 낳은 경위 | 352
제10장 사무엘의 출생과 그가 엘리의 아들들에게 미칠 화를 예언한 경위 | 355
제11장 엘리의 아들들과 하나님의 궤와 백성들이 당한 재난과 엘리의 비참한 죽음 | 358

제6권

32년간의 역사 기록

엘리의 죽음부터 사울의 죽음까지

제1장 블레셋인들이 하나님의 궤를 빼앗아 갔다가 하나님의 진노로
       무서운 징벌을 당한 후에 히브리인들에게 그 궤를 반납한 경위 ㅣ 364
제2장 블레셋이 히브리를 공격해 왔으나 선지자 사무엘의 영도 아래
       블레셋을 이기게 된 경위 ㅣ 368
제3장 사무엘이 연로하여 공무를 보살필 수 없게 되어
       공무를 그의 아들들에게 인계하였으나, 그들이 악정을 베풀자 백성들이 격분하여
       사무엘의 반대에도 불구하고 왕을 세워 달라고 요구하게 된 경위 ㅣ 371
제4장 하나님의 명령에 따라 사울을 이스라엘의 왕으로 임명하게 된 경위 ㅣ 374
제5장 사울이 암몬 국가를 정복하고 전리품을 획득하게 된 경위 ㅣ 379
제6장 블레셋이 다시 히브리인들을 공격해 왔다가 패배한 경위 ㅣ 384
제7장 사울이 아말렉과 싸워 승리한 경위 ㅣ 390
제8장 사울이 선지자의 명령을 어기자 사무엘이 하나님의 명령에 따라
       다윗을 남몰래 왕으로 세우게 된 경위 ㅣ 395
제9장 사울왕 때 블레셋이 이스라엘을 공격해 왔으나
       다윗이 골리앗을 단판에 쓰러뜨려 패배하게 된 경위 ㅣ 397
제10장 사울이 다윗의 전공을 시기하여 블레셋인의 머리 600개를 가져오면
       자기 딸을 아내로 주겠다는 미끼로 다윗을 위험에 빠뜨리고자 획책한 경위 ㅣ 401
제11장 다윗이 요나단의 사랑과 관심으로, 아내 미갈의 계책으로,
       사울이 그에게 놓은 올무에서 벗어나 사무엘 선지자에게 가게 된 경위 ㅣ 404
제12장 다윗이 처음에는 아히멜렉에게로 도피했다가
       나중에는 블레셋과 모압의 왕들에게로 피신하자,
       사울이 아히멜렉과 그 가족을 살해한 경위 ㅣ 411
제13장 다윗이 사울을 두 번이나 죽일 기회가 있었음에도 불구하고 죽이지 않은 경위와
       사무엘과 나발의 죽음 ㅣ 417
제14장 블레셋과의 전쟁에 대한 사울의 질문에 하나님이 아무 응답도 하시지 않자
       급기야 사울이 신접한 여인을 찾아가 사무엘의 영혼을 불러올려 달라고
       요청한 경위와 히브리인들이 전쟁에서 패배하게 되고
       사울과 그의 아들들이 전사하게 된 경위 ㅣ 427

제7권
40년간의 역사 기록
사울의 죽음부터 다윗의 죽음까지

제1장 다윗이 헤브론에서 한 지파를 다스리게 된 반면에
사울의 아들이 나머지 지파를 다스리게 된 경위와
그 후 일어난 내란에서 아사헬과 아브넬이 전사하게 된 경위 | 440

제2장 이스보셋이 친구들의 반역으로 살해되자
다윗이 전 왕국을 통치하게 된 경위 | 448

제3장 다윗이 예루살렘을 포위하고 정복한 후에 가나안 사람들을 쫓아내고
유대인들을 그 안에 거주하게 한 경위 | 450

제4장 다윗이 예루살렘을 공격해 오는 블레셋을 맞아 싸워 승리한 후에
궤를 예루살렘으로 이전하고 성전을 건축하고 싶어 한 경위 | 453

제5장 다윗이 블레셋과 모압과 소바와 다메섹과 수리아와 이두매의 왕들과
싸워 승리하고 하맛의 왕과 동맹을 맺게 된 경위,
그리고 사울의 아들 요나단과의 우정을 기억하게 된 경위 | 457

제6장 암몬인들과의 전쟁에서 승리하게 된 경위 | 461

제7장 다윗이 밧세바를 사랑하게 되어 그녀의 남편 우리아를 살해하자
그로 인해 나단에게 책망을 듣게 된 경위 | 463

제8장 압살롬이 자기 누이를 욕보인 암논을 살해한 이유로
다윗에 의해 추방되었다가 다시 돌아오게 된 경위 | 469

제9장 압살롬이 다윗에게 반역을 일으키게 된 경위, 그리고 아히도벨과 후새,
시바와 시므이에 관한 내용과 아히도벨이 목을 맨 경위 | 474

제10장 압살롬이 패주하다가 그만 머리털이 나뭇가지에 걸려 살해당하게 된 경위 | 481

제11장 다윗이 그의 왕국을 회복한 후에 시므이와 시바와 화해한 일과
바르실래에게 큰 은총을 베푼 경위, 그리고 반역이 일어나자
시바를 징벌하기 위해 아마사를 군대 장관으로 임명했으나
이로 인해 요압에게 아마사가 살해된 경위 | 486

제12장 기브온인들의 원한을 풀어주자 히브리인들이 기근에서 해방된 경위와
다윗과 그의 용감한 부하들이 블레셋을 무찌르고 혁혁한 전과를 올린 경위 | 492

제13장 다윗이 백성의 수를 계수하다 하나님의 벌을 받았으나
하나님이 불쌍히 여기셔서 그 벌을 중지하신 경위 | 496

제14장 다윗이 하나님의 전을 짓기 위해 철저히 준비한 경위와
　　　　아도니야가 왕권을 획득하려는 시도를 보이자
　　　　솔로몬을 후계자로 지정한 경위 | 500
제15장 다윗이 임종의 순간이 가까워 오자
　　　　아들 솔로몬에게 당부한 말과 성전 건축 준비를 해놓은 경위 | 507

제8권
163년간의 역사 기록
다윗의 죽음부터 아합의 죽음까지

제1장　솔로몬이 왕위를 계승한 후 적들을 제거한 경위 | 512
제2장　솔로몬의 아내와 지혜와 부에 관한 것과
　　　　성전 건축을 위해 히람의 협조를 구한 경위 | 515
제3장　성전 건축 경위 | 523
제4장　솔로몬이 궤를 예루살렘으로 옮기고
　　　　하나님께 공적인 제사를 드리며 간청하게 된 경위 | 529
제5장　솔로몬이 사치스럽고 화려한 왕궁을 건축하고
　　　　히람이 보낸 수수께끼를 푼 경위 | 535
제6장　솔로몬이 예루살렘시를 요새화하고 대도시들을 건축하고
　　　　가나안 족속들을 복속시키고 애굽과 에디오피아의 여왕을 환대한 경위 | 538
제7장　솔로몬이 풍요로워진 후 여인들과 사랑에 깊이 빠지게 되자
　　　　하나님이 이에 진노하셔서 아델과 여로보암을 일으켜
　　　　솔로몬에게 반역하게 하신 경위와 솔로몬의 죽음의 전모 | 543
제8장　솔로몬이 죽자 백성들이 그의 아들 르호보암을 버리고
　　　　여로보암을 열 지파의 왕으로 삼은 경위 | 549
제9장　선지자 야돈이 거짓 선지자의 꾐에 넘어가 벧엘로 돌아갔다가
　　　　사자에게 죽음을 당한 사건과 악한 선지자들이 여로보암을 설득시켜
　　　　하나님에게서 멀어지게 만든 경위 | 554

제10장 르호보암이 불경건으로 인해 애굽 왕 시삭의 침략을 받아
　　　　괴로움을 당하게 된 경위 ∣ 556
제11장 여로보암의 아들의 죽음과 여로보암이 아비얌에게 패배한 경위,
　　　　그리고 아비얌이 죽은 후 아사가 그의 뒤를 이어 왕위에 오르게 된 경위,
　　　　여로보암이 죽자 바아사가 여로보암의 아들 나답과
　　　　그의 전 가족을 몰살시킨 경위 ∣ 560
제12장 아사가 에디오피아 왕 세라를 패퇴시킨 후 바아사가 침략해 오자
　　　　다메섹 왕에게 원군을 청한 경위,
　　　　그리고 바아사의 집이 몰락하자 시므리가 왕국을 차지한 경위,
　　　　그리고 그가 죽자 그의 아들인 아합이 뒤를 이어 왕위에 오르게 된 경위 ∣ 564
제13장 아합이 이세벨을 아내로 맞아들인 후 그전의 어떤 왕보다 악해진 경위와
　　　　선지자 엘리야의 활동과 나봇 사건의 전모 ∣ 569
제14장 다메섹과 수리아의 왕 하닷이 아합을 두 번 공격하였으나
　　　　모두 패배하게 된 경위 ∣ 577
제15장 예루살렘 왕 여호사밧의 역사와 아합이 여호사밧의 도움을 받아
　　　　수리아를 공격했으나 결국은 전투에서 패배하고 난 후
　　　　그로 인해 멸망당하게 된 경위 ∣ 582

제9권

157년간의 역사 기록

아합의 죽음부터
열 지파가 포로로 잡혀갈 때까지

제1장　연속되는 여호사밧의 이야기, 즉 그가 재판관들을 세우고
　　　　하나님의 도우심을 힘입어 적을 무찌르게 된 경위 ∣ 590
제2장　이스라엘 왕 아하시야와 선지자 엘리야에 관한 역사 ∣ 593
제3장　요람(여호람)과 여호사밧이 모압에 원정 간 역사와
　　　　엘리사의 기적에 관한 기사(記事), 그리고 여호사밧의 죽음의 경위 ∣ 596
제4장　여호람이 여호사밧의 뒤를 이어 왕위에 오른 경위와
　　　　이스라엘 왕 요람이 수리아인들과 벌인 전쟁의 전말과
　　　　선지자 엘리사가 행한 기사(奇事) ∣ 599

제5장　예루살렘 왕 여호람의 죄와 패배와 죽음의 경위 ｜ 607
제6장　예후가 왕위에 오른 후 요람과 아하시야를 둘 다 죽이고
　　　악한 자들을 징벌한 경위 ｜ 609
제7장　아달랴가 5(6)년간 예루살렘을 다스렸으나
　　　대제사장 여호야다가 그녀를 살해하고
　　　아하시야의 아들 요아스를 왕으로 옹립한 경위 ｜ 615
제8장　하사엘이 이스라엘 백성과 예루살렘 주민을 공격한 사건과
　　　예후가 죽고 그 뒤를 이어 여호아하스가 왕위에 오르게 된 경위,
　　　한편 예루살렘 왕 요아스가 처음에는 하나님을 잘 섬겼으나
　　　후에 불경건한 자가 되어 스가랴를 돌로 쳐 죽이라고 명령하게 된 경위와
　　　(유다 왕) 요아스가 죽자 아마샤가 그 뒤를 이어 왕위에 오르게 된 역사 ｜ 618
제9장　아마샤가 에돔과 아말렉을 공격해 승리했으나
　　　후에 요아스와의 전쟁에서는 패배하고 얼마 후 살해되자
　　　웃시야가 그 뒤를 이어 왕위에 오르게 된 경위 ｜ 622
제10장 이스라엘 왕 여로보암과 선지자 요나에 관한 이야기,
　　　여로보암이 죽자 그의 아들 스가랴가 왕위에 오른 경위,
　　　한편 예루살렘 왕 웃시야가 인근 여러 국가들을 정복하고
　　　하나님께 분향하려고 했을 때 그에게 일어난 일에 관한 역사 ｜ 625
제11장 스가랴, 살룸, 므나헴, 브가히야가 계속 왕위에 올라 이스라엘을 다스리게 된 경위,
　　　그리고 불과 디글랏 빌레셀이 이스라엘을 공격해 온 경위와
　　　웃시야의 아들 요담이 유다 지파를 다스린 역사와
　　　나훔 선지자가 앗수르에 대해 예언한 일들 ｜ 629
제12장 요담이 죽자 아하스가 그 뒤를 이어 왕위에 오르게 되었으나
　　　수리아 왕 르신과 이스라엘 왕 베가가 동맹을 맺고 그를 공격해 온 경위,
　　　이때 앗수르 왕 디글랏 빌레셀이 아하스를 도우러 와
　　　수리아를 초토화시키고 다메섹인들을 메대로 끌고 가고
　　　그 자리에 다른 민족을 들어앉힌 경위 ｜ 632
제13장 베가가 호세아의 반역으로 죽음을 당하게 된 경위와
　　　그로부터 얼마 후 호세아가 살만에셀에게 정복당하게 된 역사,
　　　그리고 히스기야가 아하스의 뒤를 이어 왕이 되어
　　　공의와 경건으로 나라를 다스린 역사 ｜ 634
제14장 살만에셀이 무력으로 사마리아를 함락시킨 후 열 지파를 메대로 잡아가고
　　　구다 사람을 옮겨다가 사마리아에 살게 한 경위 ｜ 637

제10권
182년 6개월간의 역사 기록

열 지파가 포로로 잡혀간 때부터
고레스 원년까지

제1장 산헤립이 히스기야를 공격해 온 경위,
 그리고 산헤립이 애굽과 전쟁을 하기 위해 떠난 후에
 랍사게가 히스기야에게 갖은 협박과 위협을 다 가해 오자
 선지자 이사야가 히스기야를 격려한 경위,
 한편 산헤립이 애굽 원정에 실패한 후 예루살렘으로 되돌아왔으나
 그곳에서도 자기 군대가 패한 것을 보고는 귀국하게 된 경위,
 그리고 귀국한 지 얼마 안 있어 그에게 닥친 사건 | 644
제2장 히스기야가 병들어 죽게 되었으나 하나님이 그의 수명을
 15년간 연장시켜 주시겠다고 약속하고 일영표를 뒤로 물러가게 하심으로써
 히스기야의 마음에 확신을 심어주신 경위 | 649
제3장 히스기야의 뒤를 이어 왕위에 오른 므낫세가 악을 행하였으나
 포로가 된 후 하나님께로 돌아오자 하나님이 그를 고국에 돌아오게 하신 역사와
 그의 뒤를 이어 (그의 아들) 아몬이 왕위에 오르게 된 경위 | 651
제4장 므낫세의 뒤를 이어 아몬이 왕위에 오르고, 다시 아몬의 뒤를 이어
 신앙심이 돈독하고 의로운 요시야가 왕위에 오르게 된 경위와
 여선지자 훌다에 관한 이야기 | 653
제5장 요시야가 (애굽 왕) 느고와 싸우다 부상을 당하고
 얼마 안 있어 세상을 떠나게 된 경위, 그리고 느고가 왕으로 이미 임명된
 여호아하스를 애굽으로 잡아가고 여호야김에게 왕국을 넘긴 경위,
 그리고 (마지막으로) 예레미야와 에스겔에 관한 역사 | 657
제6장 느부갓네살이 애굽 왕을 격파한 후 유대를 공격하고 여호야김을 살해한 다음
 그의 아들 여호야긴을 왕으로 세운 경위 | 659
제7장 바벨론 왕이 여호야긴을 왕으로 세운 것을 후회하고
 바벨론으로 사로잡아 온 후 시드기야에게 왕국을 넘긴 경위,
 시드기야왕이 예레미야와 에스겔의 예언을 믿으려고 하지 않고
 애굽과 동맹을 맺었으나 바벨론 왕에 의해 애굽 군대가 괴멸당하게 된 경위와
 선지자 예레미야가 당한 일에 관하여 | 661

제8장 바벨론 왕이 예루살렘을 함락시키고 성전을 불사른 후에
 예루살렘 주민과 시드기야를 바벨론으로 끌어간 경위,
 그리고 열왕들 밑에서 대제사장직을 계승해 온 인물들에 관한 역사 ㅣ 667
제9장 느부사라단이 그다랴를 유대에 남겨 둔 유대 백성의 지배자로 세웠으나
 그다랴가 얼마 못 가서 이스마엘에게 살해당하게 된 경위,
 그리고 이스마엘이 쫓겨난 후 요나단이 백성들과 함께 애굽으로 내려간 경위,
 그러나 느부사라단이 애굽을 정복한 후 다시 포로로 이 백성들을 잡아
 바벨론으로 끌어가게 된 경위 ㅣ 672
제10장 다니엘과 그가 바벨론에서 당한 일에 관한 역사 ㅣ 677
제11장 느부갓네살과 그의 뒤를 이어 왕위에 오른 여러 계승자에 관한 역사와
 바사에 의해 바벨론 왕국이 붕괴되는 경위,
 그리고 메대에서 다니엘이 당한 체험과 예언에 관한 역사 ㅣ 683

서론

　고대의 고전적 작품의 유물로서도 가치가 있는 요세푸스의 저작들은 적어도 고대 학문의 불멸의 기념비들과 어깨를 나란히 할 수 있을 것이다. 그리스와 로마의 역사가들이 사라져 간 국가들과 정체(政體)들과 관련된 사건들에 대한 지식을 제공해 주는 반면에, 유대 민족의 연대기들은 그 중요성과 안정성이 감소되기보다는 오히려 계속 상승하고 있는 세대들의 진보를 우리로 하여금 추적할 수 있게 하고 있다.

　요세푸스의 저작들은 역사적인 것과 논쟁적인 것으로 양분해서 분류할 수가 있다. 전자에는 『유대 고대사』(The Antiquities of the Jews)와 『유대 전쟁사』(The Wars of the Jews)가 포함되고 후자에는 『아피온 반박문』(Against Apion)과 몇몇 소론(小論)이 포함된다. 그의 최초의 저서는 자기 국가의 멸망으로 끝난 기억에 남을 무서운 전쟁의 역사를 기록한 것이다. 이 저서는 자신이 참여한 전쟁의 현장을 일반적이고 대중적으로 묘사해야겠다는 생각 이상을 품지 않고 저술을 시작했던 것처럼 보인다. 따라서 처음에 이 저서는 수리아-갈대아어(Syro-chaldaic) 아니면 팔레스타인에 거주하는 유대인의 일상 용어로 기록되었다. 요세푸스가 로마에 도착해 보니 전쟁에 관한 수많은 기사(記事)들이 돌아다니고 있었다. 몇 기사들은 사실을 제대로 알 리가 없는 사람들이 쓴 것이었고, 또 다른 기사들은 철저한 편견을 가진 사람들이 쓴 것이었다. 그러한 임무를 감당해 낼 재능과 자료가 있는 사람들 가운데 요세푸스만큼 그 일을 감당할 준비가 철저하게 된 사람은 없었던 것 같다. 널리 읽힘으로써 후대에 큰 유익을 남기기 위해서 그는 처음 휴식 기간에는 책을 저술할 준비를 하느라고 시간을 다 보냈다. 그 당시에 헬라어는 웬만한 이해력을 갖춘 사람이면 누구나 이해할 수 있는 언어였다. 게다가 헬라어는 자기 민족의 대부분이 보통 읽고 말하는 언어였다. 70인역 성경은 헬라어를 그들이 보기에 존경할 만한 언어로 만들었으며 요세푸스가 속한 제사장 가문에게는 보통 이상으로 헬라어를 익힐 책임을 부여했다. 이 대중적이고 세련된 언어로 그는 자신의 작품을 저술했으며 이로 말미암아 그가 받은 찬사는 당대의 위인들로부터 그의 천재성과 능력을 인정받게 했다.

 자연이나 그 당시의 환경이 그에게 꼭 소유해야 할 것으로 가르친 솔직성의 관점에서 볼 때, 그는 이런 저술을 할 만한 자격을 충분히 갖춘 사람이었다. 그는 애국심에 충실하였으나 자기 민족의 죄악과 어리석음과 고집을 충분히 알고 있었다. 이 때문에 그는 사물을 폭넓게 보고 이야기할 수가 있었다. 그는 자신에 대한 자기 민족의 편견을 무마시킬 의도로 자기 국가의 멸망에 대해 동정적인 슬픔을 표시하였다. 그러나 그는 날마다 로마인들의 호의와 관대함을 받고 살았기 때문에 자기 동족을 정복한 로마인들의 자존심을 건드릴 수는 없었다. 그런데 이 저술의 진짜 약점들을 일반 독자들이 찾아내기란 그리 쉽지 않다. 그 약점은 저서의 첫 부분, 유대 역사의 한 시기를 기술하고 있는 데서 찾아볼 수 있는데, 이 시기에 대한 관심이 예루살렘의 멸망이라는 사실을 묘사하고 있기 때문에 극히 감소되는 모습을 볼 수가 있다.

요세푸스의 두 번째 대작(大作)은 현대의 요세푸스 전집에서는 첫째 자리를 차지하고 있으나 『유대 전쟁사』가 나온 지 약 18년 후까지 저술되지 않았었다. 그의 성숙한 지성의 산물인 이 흥미 있는 저서는 유대 민족에 대한 편견을 제거할 수 있는 작품을 세상에 내놓으려는 그의 열망에서 시작된 것이다. 그는 저명한 고전적 역사가들을 모방하기 원했으며 또한 자기 동족의 기억에 아직도 생생한 사건들을 모든 나라의 식자들과 현명한 자들이 받아들일 수 있는 방식으로 설명하기를 원했음도 분명하다. 이런 생각은 자연스러운 것이었으며 또 여러 면에서 칭찬할 만한 것이었다.

그러나 이 때문에 그는 자신이 꼭 다루어야만 하는 자료(성경을 의미함-역자 주)에 필연적으로 수반되는 위험에 직면하게 되었다. 하나의 거대하고 권위 있는 지식의 전거(典據)가 있었는데 이 전거는 하나님의 영감의 봉인이 찍혀 있었을 뿐 아니라 대대로 자기 백성을 다루시는 하나님의 역사를 그린 숭고한 기록으로 인정되어 왔다. 이 지식의 주요 원천을 대할 때 정직한 역사가인 요세푸스는 깊은 경외심이 우러나오는 것을 억제할 수가 없었음이 분명하다. 그는 이 전거에서 자신의 이야기의 주요 부분을 이끌어 내는 것이 자신의 임무라고 느꼈음이 틀림없다. 더욱이 그는 다른 자료들을 역사적 진리의 일상적 기초보다 훨씬 상급에 있는 이 전거와 같은 위치에 놓는 것을 용납할 수 없었을 것이라고 우리는 추측해 볼 수 있다.

그러나 요세푸스는 이방 독자들을 대상으로 저술하기로 계획했다. 그는 그들을 감동시켜 지금까지 멸시해 왔던 믿음을 존경의 눈초리로 바라보게 하고 싶어 견딜 수가 없었다. 그는 이런 효과를 얻기 위해서 있는 그대로의 사실이 편견을 제거하기보다 심화시킬 우려가 있는 경우에는 약간의 수정은 불가피하다고 생각했다. 이것이 요세푸스의 역사와 성경의 역사의 차이점에 대한 까닭을 설명하는 한 이유가 된다. 적어도 계시를 믿는 사람이라면 성경의 명백한 진술로부터 약간 벗어난 것이니까 괜찮다고 주장할 사람은 아무도 없을 것이다. 그러나 그를 변호하는 사람이 여럿 있다. 성경의 정경 외에는 성경과 동등한 권위를 가진 것으로 인정되지는 않았으나 그 당시에는 유대 백성들의 존경을 받던 성문서들(sacred books)이 존재하고 있었다는 것이다. 게다가 랍비의 전승들은 그 당시에 논박의 여지가 없는 사실로 인정되었으며 한 걸음 더 나아가 요세푸스가 그의 전거로 히브리어 성경 원문을 택했는지 아니면 번역본을 택했는지 혹은 쉽게 설명된 성경을 택했는지가 분명하지 않다는 것이다.[1]

이런 이론들은 주목할 만하나 그렇다고 해서 자기 독자들의 환심을 사고 싶은 유혹 앞에 나약하게 무릎을 꿇은 역사가라는 비난이나 자기 앞에 놓인 자료의 가치를 잘못 평가했다는 비난에서 요세푸스를 완전히 구해 내지는 못한다. 어떤 이들은 요세푸스가 자주 기억을 되살려서 글을 썼을지도 모른다는 견해를 제시했다. 이것은 요세푸스가 자주 필요한 문서를 얻을 수가 없었다는 전제 위에서만 용서를 받을 수가 있다. 그러나 이 전제는 그가 성문서의 보관인이었다는 사실에 의해 명백하게 논박되는 것처럼 보인다. 왜냐하면 이런 성문서를 소유하고 있었다면 그는 우리가 한 번만 읽어봐도 발견할 수 있는 잘못을 쉽게 고칠 수 있었을 것이 분명하기 때문이다.

성경의 분명한 진술을 부단히 주의만 했더라도 『유대 고대사』에 나타난 모순과 잘못을 방지할 수 있었을 텐데 그렇게 하지 못한 오류를 범했다는 비난

---

[1] 요세푸스에 대해 언급하지 않고 지나칠 수 없는 것은, 그가 자신의 저술이 히브리 성경에 기반함을 공언하였고 아무것도 빠뜨리거나 덧붙이지 않고 내용을 충실히 옮기겠다고 약속했으면서도 그 약속을 이행하지 않았다는 점이다. 그는 예수회 신부 헤로니모 하비에르(Jerome Xavier)가 최근 바사인(Persians, 페르시아인)들에게 자신이 수정한 복음서를 전한 것과 같은 의도로, 구약 성경에 기록된 사건들의 전승을 헬라인(Grecians)들에게 전하였다. 그러면서 그는 정경에 포함되어 있던 몇몇 부분들을 생략했고 다른 부분들을 덧붙이기도 했다. 예를 들면, 솔로몬의 통치 기간을 40년이 아니라 80년으로 기록했고, 역대상 22장 14절에 나오는 다윗이 성전 건축을 위해 남긴 은의 양에 대해서도 10만 달란트를 100만 달란트로 기록했다. 그는 내용을 줄이기도 하고 외경에 나온 내용들을 추가하기도 했는데, 모세의 3년간의 행적, 젊은 시절 에디오피아인(Ethiopians)들과 벌인 전쟁, 에디오피아 왕의 딸 타르비스(Tharbis)가 모세와 결혼하고자 한 이야기, 그리고 이와 유사한 여러 전승들에서 이러한 점은 분명히 드러난다 (De ipso Josepho non est prætereundem quod ex sacris Hebræorum litteris origines suas translaturum se est pollicitus, neque subtrahendo quicquam, neque addendo, id eum pari fide non præstitisse. Eodem consilio, quo Persis nuper Hieronymus Xaverius, Jesuita, interpolatam a se evangelicam dedit historiam, etiam Græcis ille rerum in V. Testamento gestarum transmisit memoriam. Nonnulla, quæ erant in Canone, supprimens, alia [ut quum Salomoni verba gratia pro XL. regni anni] LXXX. tribuit, et in numero talentorum argenti, ad templi usum a Davide relicto, I Chron. xxii. 14, centum millia promille millibus substituit. Minuitans, atque de Scriptis Apocryphis non pauca adjiciens, uti in ejus de Moyse trienni, de eodem juvene cum æhiopibus bellum gerente, de Tharbi, regis thiopum filia, connubium ejus expetente, et aliis ejusdem farinæ narrationibus licet perspicere). 제임스 어셔(Jacobus Usserius)의 『카펠루스에게 보낸 서신』(Epis. ad Lud. Capellum) p. 42.

에서 그를 구해줄 논증을 제시하기란 사실상 어려웠다. 그를 변호하는 자들이 변호에 성공하지 못한 것도 사실이나 그가 다른 이들에 의해 신랄하고 통렬한 비난을 받아온 것도 사실이다. 카조봉(Casaubon)은 말한다. "바로니우스(Baronius)는 요세푸스를 비난할 수 있는 기회들을 용케도 놓치지 않았다. 그러나 그의 실수(그가 결코 변명할 수 없는, 성경에서 떠난 그의 실수를 내가 언급하는 것은 아니다)를 모두 합친다 하더라도 에우세비우스(Eusebius) 혼자 그의 『역대기』(Chronicle)나 아니면 다른 저서 한 권에서 저지른 실수에 비해 보면 100분의 1밖에 되지 않는 것이다."[2]

그러나 영감받지 못한 요세푸스가 성경 기사에 대해 충실하지 못했다는 사실이 어떤 의미를 보여주건 간에 여기서 우리는 한 가지 귀한 교훈, 즉 성경만이 유일하고 절대적인 권위를 가진 것으로 남아 있게 된다는 진리를 배울 수가 있다. 성경이 다른 모든 지식의 전거들과는 다르며 월등히 높다는 것을 주장하면서, 성경을 모방하려고 하거나 성경과 필적할 만한 저술을 남기려는 자들의 교만과 불완전함은 단지 성경의 신적 탁월성을 입증하는 데 기여할 뿐이다. 그러나 요세푸스는 성경을 약간 변형한 저서를 쓰고서 마치 자신이 하나님이 자신의 길과 하신 일을 기록하게 하기 위해서 세우신 성경 기자들과 동등한 인물인 양 자기도 모르게 자처하고 있었는지도 모른다. 『유대 고대사』는 성경의 대용(代用)으로 계획했었는지도 모른다. 성경의 단순명료한 기사(記事)를 단지 역사가의 산물에 불과한 휘황찬란한 문체의 고전과 바꾸어 놓고 나름대로 즐거워했을는지도 모른다. 사실상 성경의 정교한 아름다움은 신령한 식별력을 가진 자만이 완전히 볼 수 있는 것이다. 그의 실수의 원인은 그가 단지 역사가로서의 임무만을 목표로 삼았다는 점과, 그가 자신이 다루는 주제와는 전혀 다른 정신에 의해 형성되었을 뿐 아니라 전혀 다른 자료에 적합하도록 만든 모델을 모방하려고 애썼다는 두 가지 점에서 찾아볼 수가 있다. 속일 마음에서가 아니라 자신의 문학적 취향과 독자들의 요구에 맞추려고 하다 보니 그는 사실의 일반적 진술들을 쉽게 풀어 설명하지 않을 수 없었고 아름답게 꾸미지 않을 수가

---

[2] 파브리치우스(Fabricius)의 『그리스 문헌 도서관』(Bibliotheca Græca) 요세푸스 항목(Art. Jos.).

없었다. 저술가들은 숭고하고 신비한 사건들을 다룰 때 자신은 그 사실을 확신하지만 독자들이 의심하지나 않을까 염려해서 자기가 어떻게 해보고 싶은 유혹에 빠지게 되는데, 이는 결코 작은 유혹이 아니다. 저술가는 자기의 사건 설명 방식이 열정이나 기품이 결여될까 봐 은근히 걱정한다. 그러므로 자기의 상상력을 동원하면 자기에게는 그것들이 분명해 보이고 기품이 있어 보이게 마련이다. 그래서 단순한 형태로 내버려두기보다는 약간 변형을 가하면 독자들이 훨씬 쉽게 받아들일 수 있지 않겠느냐는 달콤한 생각에 쉽게 넘어가 버리고 마는 것이다.

고대 기독교 저술가들의 눈에는 요세푸스가 고의로 역사의 진실을 왜곡한 사람으로는 드러나지 않았으며 오히려 필라레테스(Philalethes) 혹은 진리의 애자(愛者)라는 이름으로 흔히 불리었다.3) 요세푸스가 좋은 역사가의 첫째 특징이 충실성(fidelity)이라는 사실을 모르고 있지 않았음을 우리는 그의 말에서 분명히 찾아볼 수가 있다. 그는 그의 『자서전』(The Life)에서 진리를 깨뜨린 사람에 대해 이렇게 말하고 있다. "나는 이 사건들에 대한 역사를 기록한 유스투스(Justus)와 역사를 기록하겠다고 나섰으면서도 진리에 대해 관심을 기울이지 않으며 누군가에 대한 악의에서인지 선의에서인지 모르나 거짓을 말하기를 두려워하지 않는 이들에 대해 몇 마디 해두고 싶다. 이들은 문서를 위조하고 사기적인 행동을 하는 자들을 좋아한다. 더욱이 이런 사람들과 함께 같은 형벌을 받는 것이 아니므로 진리에 주의를 기울이지 않는다." 『유대 고대사』 10권 11장 결론에서 그는 또 이렇게 말한다. "나는 어떠냐 하면 나 스스로 발견하고 읽은 대로 이 사건들을 기록했다. 그러나 누군가가 이 사건들에 대해 달리 생각한다 하더라도 비난할 생각은 털끝만큼도 없다." 그러나 한 저술가의 저작의 성실성(honesty)을 평가할 때 그의 인격적 특성을 무시할 수가 없다. 이런 면에서 요세푸스는 우리의 존경을 받을 가치가 있는지도 모른다. 그의 저

---

3) 파브리치우스(Fabricius)의 『그리스 문헌 도서관』(Bibliotheca Græca) 요세푸스 항목(Art. Jos.). 교회 사가인 에우세비우스(Eusebius)는 그를 가리켜 명성에 부끄럽지 않은 사람이라고 말한다. 3권 9장. 소조메누스(Sozomen)는 그가 로마 사회에서나 유대 사회에서나 모두 유명한 인물로 통하고 있다고 말한다. 『교회사』(Hist. Eccles.) 1권 1장. 한편 에바그리우스(Evagrius)는 그의 역사서가 분량이 많을 뿐 아니라 매우 가치 있는 저서라고 말하고 있다. 5권 24장.

작들의 지배적인 감정은 하나님과 그의 섭리에 대한 존경심이며, 그는 성실(integrity)의 가치나 성결의 최고의 미를 보여줄 수 있는 기회는 절대로 놓치지 않았다. 결국 그의 약점은 한편으론 소심성(timidity)에 기인하는 것이며 다른 한편으로는 문학적 허식(literary vanity)에 기인하는 것이다. 그가 비난받는 대부분의 실수는 이런 데에 그 원인이 있음이 너무나 분명하다. 이것으로 설명할 수 없는 그의 다른 실수는 그 당시 유대인들 사이에 퍼졌으며 성경 기사들을 적지 않게 모호하게 만든 다양한 견해들에 기인한 것처럼 보이는 것들이 있다. 그 밖의 실수, 생략이든지 아니면 영감된 역사와 정반대되는 진술이든지 간에 이것들에 대해서는 쓸데없는 추측을 하지 말고 그대로 두는 것이 좋다. 왜냐하면 쓸데없는 추측이 새로운 문제를 야기시키므로 차라리 설명할 수 없음을 인정하는 편이 더 좋기 때문이다.

요세푸스의 가장 신랄한 비평가 두 명이 로마 역사가 바로니우스(Baronius)와 회의주의자 벨(Bayle)이라는 사실은 약간 진기하다. 왜냐하면 전자는 역사적 증거의 법칙에는 무관하게 도도한 공통의 구전이 밀어 올리는 것은 무엇이나 자신의 저서에 받아들이는 인물이었고, 후자는 계시의 신성(神性)을 인정하는 자들 사이의 차이점을 찾아서 이들을 공격함으로써 이들 모두에게 공통적으로 귀중한 보물(성경 계시-역자 주)을 파괴하는 데만 혈안이 된 인물이었기 때문이다.

벨(Bayle)은 마치 흥분한 듯이 이렇게 떠들어 댄다. "나는 오랫동안 요세푸스와 이 주제에 대해 그와 의견을 같이하는 자들에 대해 분노가 치밀어 오름을 억제할 수가 없었다. 성경의 신성 위에 그 율법의 기초를 둔 유대주의를 신봉한다고 공언하는 사람이 감히 창세기와는 다르게 이야기를 서술하려고 하고 있다. 그는 바꾸고, 첨가하며, 사실을 감추고 있다. 한마디로 말해 그는 모세와는 정반대의 입장을 취하기에 둘 중의 하나는 거짓 역사가임이 분명하다." 이 말은 매우 잘못된 것인 동시에 비논리적이다. 두 저자는 몇몇 논점에서는 분명히 의견의 차이가 생길 수 있다. 그러나 그렇다고 해서 그들의 저술이 일반적으로 모두 가짜라고 몰아붙일 수는 없는 것이다. 만일 두 저자가 여러 논점에서 너무 다르기 때문에 하나는 진짜이고 결과적으로 다른 하나는 가짜라는 결론을 내려야 한다면 역사적 전거들은 그다음 단계가 역사의 완전한 멸절이 될 만큼 그 수가 감소될 것이다. 사실상 인간의 탐구가 시작된 이래로 크나 작으나 인간의 실수는 있게 마련이다. 결국 증인들의 진술 사이에는 불일치가 있기 마련인 것이다. 그들의 분명한 차이점을 제외하고 나면 그 각각은 서로의 취지를 보충해 줄 뿐 아니라 잠시는 모순된다 하더라도 진실하거나 정직하지 못하다는 비난은 결코 받지 않을 만큼 조화를 이루게 되는 것이다. 저명한 역사가들을 조금만 서로 비교해 보아도 이런 사실을 입증해 주는 실례를 많이 찾아볼 수가 있다. 어떤 종류의 증거든 수집하다 보면 왠지 한 목표로 쏠리게 됨을 느끼며 한 이야기에 대한 여러 증거들이 지엽적인 많은 문제에서는 차이가 날지 모르나 보다 더 중요한 핵심적인 문제에 있어서는 매우 믿을 만하다는 사실을 확실히 깨닫게 되는 것이다.

지금까지 언급한 것은 요세푸스의 위대한 역사적 저서 두 권에 관한 것이었다. 이 두 권의 저서 다음에 그 문체의 우아함이나 지식의 박학함에 있어서 이것들 못지않게 칭송을 받은 저서인 『유대 고대사』에 관한 논문(『아피온 반박문』을 말함 – 역자 주)이 나왔다.[4] 히에로니무스(Jerome)는 이 작품을 보고 놀랐다고 말하면서 유대 나라의 지식이란 것이 자기네들만의 책을 연구하는 데 국한되어 있는데도 불구하고 어떻게 한 유대인이 그리도 많은 그리스 문학을 알고 있는지 도대체 알 수가 없다고 쓰고 있다. 이 저서의 목적은 이방 철학자들과 이교도들의 비난에 대해 유대인들을 옹호하는 데 있었다. 아피온(Apion)과 그 외 사람들은 유대 민족이 오랜 기원을 가졌다고 자처하는 데 대해서 냉소했다. 그들의 역사는 세계가 지식을 얻기 위해 도움을 청하는 위대한 역사가들의 기록에는 전혀 나오지 않는다는 것이었다. 이집트인, 카르타고인, 헬라인들에 대한 기록은 세계 도처에서 읽히고 칭송받는 저자들의 책 속에 가득 차 있는 데 반해 유대인들은 거의 알려지지 않았다는 것이다. 이런 공격을 반박하기 위해서 요세푸스는 논증(論證)뿐 아니라 사실도 제시했다. 아피온과 그 외 사람들이 근

---

[4] 에우세비우스는 이 작품이 큰 칭송을 받을 만한 저서인데 문법학자인 아피온(Apion)과 유대의 기원에 의심을 품는 다른 이들의 비난에 대한 답변이 담겨 있다고 말하고 있다. 『교회사』(Eccles. Hist.) 3권 9장.

거로 제시한 역사가들이 속한 국가들은 모든 지식을 유대인들이 일찍이 접촉했던 더 오래된 고대 국가들에서 얻은 것이라고 요세푸스는 주장했다. 더욱이 이 국가들은 사건들을 연대순으로 기록하는 데는 이상하게도 별로 큰 관심을 보이지 않았던 것으로 알려져 있다는 것이다. 이것은 이 국가의 저명한 저술가들의 작품이 서로 모순된다는 사실에 의해 분명히 입증되고 있다. 이와 반대로 유대인들에게는 국가가 인정하는 22권의 책이 있는데 이것들은 매우 오래된 것으로 입증된 데다가 고위 공직자에 의해 쓰였고 신적 지혜가 매우 풍부하게 담긴 권위 있는 문서들이라는 것이다. 요세푸스의 논증은 명쾌하고 능숙하게 제시되고 있다. 현대의 독자들도 고대 성경의 진정성이나 유대 역사의 위대한 진리들을 이보다 더 강력하게 입증하는 논증은 찾아볼 수가 없을 것이다.

이 논문의 후반부에서는 저자는 유대인에 대한 좀 더 일반적인 비난들에 대해 답변을 시도하고 있다. 사실 이런 비난들 때문에 유대인은 교만하고 무지한 이방인들의 미움의 대상이 된 것이었다. 이들의 율법과 풍습, 일상적인 행위, 현저한 성격적 특징 등은 이방인들의 조롱거리였다. 요세푸스는 유대인을 비난하는 자들이 저지르고 있는 가증스러운 죄를 날카롭게 그리고 포괄적으로 지적한 후에 그들의 조롱거리가 된 풍습들은 깊은 존경을 받을 가치가 있는 원리들 위에 기초한 것임을 설득력 있게 보여주고 있다.

우리가 지금까지 약술(略述)한 요세푸스의 저서들은 캐묻기를 좋아하는 고대인의 마음에 적지 않은 영향을 끼쳤음이 분명하다. 이것은 요세푸스가 로마 황제 휘하에 뛰어난 인재들이 수다한 궁정에서 다년간 고위직을 차지하고 있었다는 사실을 충분히 입증하고도 남는다.5) 그의 저술 양식은 그가 자신이 다루는 주제들의 중요성을 확신했을 뿐 아니라 그의 수고의 결과로 최고의 유익한 결과가 나타날 것을 기대했음을 보여주고 있다. 그가 저술할 당시에 로마는 종교적인 명상에 깊이 빠진 사람들로 가득 차 있었다. 고대의 시대정신은 단지 전쟁만이 활기를 불어넣을 뿐 급속하게 쇠퇴하기 시작했으며 모든 사회의 원

---

5) 소조메누스(Sozomen)는 그가 유대인으로서 로마인들에게 큰 존경을 받았다고(ἐπιδοξότατος) 말한다. 『교회사』(Hist. Eccles.) 1권 1장.

리를 새로운 모양으로 뒤바뀌게 할 변화의 세력 앞에 그야말로 속수무책이었다. 미신과 철학이 손을 잡기 시작했다. 세계 끝의 한쪽 구석에서 전래되어 온 수많은 이론과 신조들 그리고 예식들이 도시들과 속주들 가운데 깊이 뿌리를 박기 시작했다. 비록 공개적이 아닌 은밀한 방법으로나마 이런 새로운 체계들의 주장에 대해서 탐구해 보고 이 체계들이 부딪쳐오는 악들을 피할 수 있는 방법을 제시해 줄 수 있는지의 여부를 시험해 보는 것은 아무리 엄격한 사람이라도 더 이상 위엄을 떨어뜨리는 행동은 아니었다.

 이런 대중들의 마음 상태 속에서 유대 종교에 관해 떠도는 소문들이 주목을 끄는 것은 너무나도 당연했다. 아무리 유대 민족이 경멸의 대상이었고 특히 그때가 유대 민족에 대한 경멸의 도가 가장 극심한 때였다 하더라도 오랜 전통을 가진 신앙과 인정받는 최고의 철학자들과 조금도 모순되지 않는 기본 교리를 가진 유대교는 이제 막 눈뜬 호기심의 대상으로서 충분한 자격을 갖추고 있었음이 분명했다. 그러나 유대 민족의 참된 기원과 제도들에 대해서 올바른 정보를 제공해 줄 만한 저서가 아직 나타나지 않았다. 유대 민족에 대해 흔히 품고 있는 생각들은 결코 신뢰할 수 없는 자료들에서 기인한 것들이었다. 몇몇 근면한 학도들에게는 몇몇 성경의 단편들이 눈에 띄기도 하였으나 유대 고대사에 대해 알기를 진지하게 열망하는 대다수의 사람들에게 성경이란 도저히 내용을 알 수 없는 수수께끼와도 같은 책이었다. 게다가 대중들에게는 적지 않은 영향력을 끼치는, 팔레스타인에서 직접 기인되었음을 알 수 있는 구전(口傳)들과 팔레스타인 원주민들의 신비한 신탁들이 세간에 떠돌아다니고 있었다. 이것이 더욱더 유대 민족의 참 교리와 역사를 탐구하게 하는 강한 동기를 제공하게 된 것이다. 인류를 구원할 전능한 구원자와 고귀한 혁신자가 동방에서 일어날 것이라는 이야기는 이방 국가들 사이에서는 오래전부터 잘 알려진 소문이었다. 이런 점에 대해서 결코 침묵할 수 없는 열정과 애국심을 소유한 유대인들의 자만에 찬 주장과 이들의 주장과 비슷한 말을 하면서 유대 민족에서 나온 한 지도자에게 온갖 소망과 승리를 거는 그리스도인들의 영향력의 증가로 말미암아 유대 민족에 대한 일반 대중들의 호기심은 증가 일로에 서게 되었고, 권위 있는 저서의 필요성은 날로 심각하게 느껴지지 않을 수가 없게 되었다.

이렇게 해서 요세푸스는 저술 활동을 위한 공개적인 무대를 갖게 된 것이다. 그 당시에 이 주제보다 더 세인의 주목을 끌고 자신의 노력에 대한 대가를 보상받을 수 있는 주제는 없었다. 따라서 요세푸스를 우리가 이해할 때 그리스도인들이 그의 작품에 대해 별반 관심을 보이지 않아 성공하지 못하고 겨우 자기 동족에게만 알려진 무명의 저자로 이해해서는 안 된다. 요세푸스는 그 당시 대부분의 문명 세계에서 널리 존경을 받았으며 대중들의 종교적인 견해에 큰 영향력을 행사한 저술가였다. 현대를 살아가고 있는 우리가 그가 살았던 시대에서 그러한 저술가들이 차지하고 있던 가치나 지위를 올바로 평가하기란 거의 불가능할 것이다. 우리가 소유하고 있는 성경 덕분에 우리는 어려서부터 장엄한 고대 전승들과 하나님의 능력과 은혜의 놀라운 현현들에 대해 매우 익숙해져 있다. 우리는 이런 보물을 항상 소유하고 있기 때문에 그러한 영적 보물의 극소량을 접하기만 해도 굉장히 큰 은전(恩典)이라고 생각하는 그런 시기가 있었다고는 쉽게 믿어지지 않는다. 유대 고대사에 관한 한 요세푸스가 제공해 준 지식은 가장 순수하고 일차적인 거룩한 지식의 원천에서 이끌어 내서 아무 것도 모르는 자들에게 주어진 그런 것이었다. 그러나 이런 교훈의 원천이 전혀 알려진 상태도 아니었던 데다가 사람들은 그동안 이방 우화의 캄캄한 어둠 속에 버려져 있었는데, 그때 그의 저서와 같이 사려 깊은 사람들의 칭송을 받을 수 있는 종교적인 제도의 기원에 관한 저서가 나온 것은 새로운 지성의 욕구를 자극했을 뿐 아니라 부분적으로는 그 욕구를 만족시켰음이 분명하다. 초기 기독교 저술가들이 요세푸스의 작품을 언급하고 있는 어조는 그의 작품들이 종교의 부흥에 크게 기여했음을 추측할 수 있는 충분한 근거를 제공해 준다. 솔직하고 정상적인 이방인들이라면 그의 책을 읽고 나서 역사의 종국(終局)을 알고 싶은 마음이 들지 않은 사람은 아마 아무도 없었을 것이다. 유대인들은 싸워 이겨야 할 치명적인 편견을 가지고 있었다. 그것은 항상 예루살렘 성이 최근까지 서 있던 땅에 대한 애착심과 함께 장차 먼 미래에 다시 영광을 회복할 환상으로 가슴 두근거리는 그들의 현재적이고 문자적이고 지상적인 애국심이었다. 한편 이방인들은 요세푸스를 읽을 때 여호와의 거룩한 계획이 보편적 인간의 행복으로 정점에 이르는 역사의 종국을 포함하고 있지 않을까 하는 질문을 마음대로 던질 수가 있었다. 요세푸스가 유대인의 전통적인 해석을 몰랐던 것이 오히려 그에게 유익이었다. 왜냐하면 영감받지 않은 역사가로부터 신의 섭리가 단순한 사실들과 연관을 맺고 있다는 점을 배웠기 때문에 요세푸스는 원래의 기록을 찾아보고 싶은 마음이 들었을 뿐 아니라 하나님의 백성 가운데 자신의 명성을 남기기 위해 최선을 다해 보고 싶었던 것이다.

  성경이 널리 유포되어서 많이 읽히고 있음에도 불구하고 요세푸스의 작품들은 지금도 읽히고 있다. 오늘날도 이 작품들을 주의 깊게 연구하면 큰 유익을 얻을 수가 있다. 예루살렘 함락 후의 이야기를 적은 부분에서 큰 유익을 얻을 수 있음은 두말할 나위도 없다. 그 당시의 믿을 만한 증인으로부터 이야기를 들을 수 있다는 것은 매우 중요한 것이다. 우리가 특별히 관심을 가지고 있는 시대 이후에 일어난 사건들은 그 전 시대를 웅변적으로 설명해 주는 경우가 종종 있다. 그러므로 결국 요세푸스가 『유대 전쟁사』에서 묘사하고 있는 것은, 요세푸스 당시의 유대 민족의 성격뿐 아니라 모든 사고방식, 풍습, 열정이 구세주를 십자가에 못 박게 만든 무서운 세력과 멀든 가깝든 간에 어떤 관련을 맺고 있었던 시대의 유대 민족의 성격을 이해하는 데 큰 도움이 된다. 유대인의 마음이 『유대 전쟁사』의 곳곳에 매우 정확한 필치로 잘 그려져 있다. 그 당시 유대인의 마음은 어떤 급격한 이변(異變) 앞에서도 그리 놀라지 않는다는 데 그 특징이 있었다. 고통과 회한의 한 시대가 더욱 깊이 갈아 놓은 고랑은 이미 오래전부터 마음과 영의 갈등, 자존심과 두려움, 신비스러운 소망과 불안, 그리고 심층 깊이 던진 경고(최종적으로 유대인들은 이 경고를 무시함으로 인해 말할 수 없는 비참함 속에 빠지게 되었다)의 열매로 인해 깊이 파진 고랑이었다.

  결국 요세푸스의 『유대 전쟁사』는 단지 사실들에 관한 우리의 호기심을 만족시키는 수단으로서만 읽히는 책은 아니다. 이 책은 기독교 역사와 밀접히 연관된 문제들을 연구하는 길을 터줄 것이며 하나님의 옛 백성들을 부패하게 하고 타락하게 만든 가장 큰 원인이 무엇인가를 깨닫게 해줄 것이다.

  시간이 흘러도 『유대 전쟁사』뿐 아니라 요세푸스의 다른 저작들에 대한 관심은 줄어들 줄 모른다. 『유대 고대사』는 비록 역사로서의 가치는 적지만 권위 있는 성경 기사들과 비교해 보면서 읽으면 고대의 신비로움을 밝혀 보려는 일반적인 탐구심을 조장하는 데는 매우 적절한 저작이다. 기사(記事)가 쓰였던 시대의 지배적 정조(情操)가 무엇인지를 알 때 불투명했던 점이 명확해지는 것을 여러 번 경험해 본 사람들은 전통적 증거, 전통적 해석, 국민의 기억이라는 창고에서 나온 새로운 사실들을 결코 무시하지 않을 것이다. 명백한 진술, 명확히 진술된 교리들을 인간의 지혜라는 불확실한 기질을 기준으로 수정하는 것이 건전한 이성에도 배치된다는 점은 차치하고서라도 전승을 성경과 동일시할 때 성경의 권위는 땅에 떨어지고 만다. 그러나 유익하다고 이미 알려진 다른 종류의 기록들을 연구하다가 발견한, 성사(聖史, sacred history)를 확증하거나 예증할 수 있는 도움들을 뿌리치는 것은 현명하지 못할 것이다. 여기에 요세푸스의 가치가 있는 것이다. 요세푸스는 유대 민족의 식자층이 알아야 할 것은 무엇에나 정통한 자였다. 그는 어려서부터 유대인의 미신에 익숙해 있었다. 그의 인생 후반기에 그를 가르친 주(主) 교사는 통속적 유대주의의 정신이었다. 요세푸스는 지식인으로서 하나님이 어떤 변혁과 고난을 통해 그의 동족을 시험하시고 훈련하시고 경계하셨는가를 너무나도 잘 알고 있었다. 비록 우리가 그의 저서를 통해 새로운 지식을 축적할 수는 없다고 하더라도 많은 경우 그의 도움을 통해 실수의 발전을 추적해 볼 수가 있고 그 기원을 발견해 낼 수가 있으며 그런 통탄할 만한 타락이 어떻게 해서 마침내는 전 국가의 운명까지 좌우하게 되었는지에 대한 평가를 내려 볼 수가 있다.

성경에 대한 우리의 지식을 변경시킬지도 모를 성경 외의 자료들에서 지식을 취할 때 매우 조심해야 하는 것은 사실이나, 그렇다고 해서 비록 신적인 성경 기자의 의도에 적합하지 않아 배제되었으나 충분히 인간적인 관찰자의 관심의 대상이 될 만한 지식을 거부하는 것은 매우 부당한 것이다. 하나님의 행위에 대한 기록의 완결(完結)에 필요한 본질적인 내용이 없어서 성경 기록에서는 제외되었으나 매우 이상한 사건들이 그 당시에 수도 없이 자주 일어났었다. 이런 사건들로부터 영감받지 못한 역사가인 요세푸스는, 다른 방법으로는 과거의 어떤 단편도 재생할 수 없을 만큼 먼 옛날의 이야기를 담은 자신의 저서에 큰 가치를 부여해 주는 놀라운 사건들을 많이, 그것도 쉽게 수집할 수가 있었을 것이다.

우리는 지금 요세푸스가 그의 지위로 얻을 수 있었던 이점을 최대한 살렸는지에 대해서는 알 수가 없다. 요세푸스는 그럴 만한 양식(良識)과 능력이 있었기 때문에 증거를 검토해서 전승의 충분한 근거가 없는 것은 받아들이지 않았을 것이라고 보아도 무방하리라 생각한다. 어쨌든 우리가 한 고대 역사가의 말을 중시하고 확신 있게 받아들일 수가 있다면 요세푸스는 학문의 중요한 한 분과의 지침으로 읽어도 무방할 것이다. 성경을 최고의 권위로 받아들이게 되면 어쩔 수 없이 인정하게 되는 건너뛸 수 없는 간격으로 영감받은 성경 기자들과 그를 일단 구분하고 난 후에, 그의 생생한 묘사, 유창한 장광설, 가슴을 조이게 할 정도로 감동적인 사건 설명을 읽다 보면 우리는 이스라엘의 자존심과 비판의 고동 소리를 느끼고 듣게 되며, 이로 인해 신선한 감동을 받게 된다.

요세푸스 자신이 쓴 『자서전』은 그의 생애 후반에 대해서만 정확한 언급이 없는 것을 제외하곤 자서전으로서는 더 바랄 것이 없다. 요세푸스의 마지막에 대해서는 그가 도미티아누스(Domitian) 황제 재위 시 죽었으며 그의 사랑하는 친구요 후원자인 에파프로디투스(Epaphroditus)와 운명을 같이했을 것이라는 매우 불분명한 전승만이 남아 있을 따름이다. 그러나 에파프로디투스에 대해서 알려진 것이 너무 없기 때문에 이 전승의 확실성에 대해서는 의문이 많다. 아마도 요세푸스는 그의 말년에 전에 그를 후원해 준 자들이 하사해 준 좋은 경제적 여건 속에서 풍요롭고 안전한 은퇴 생활을 즐겼을지도 모른다.

우리가 이미 살펴본 대로 요세푸스는 기독교 초기 시대에는 그의 연구 업적과 성실성이 높이 평가받을 가치가 있는 저술가로 간주되었다. 후 시대의 경건하고 학식이 있는 자들도 그를 평가하는 것은 마찬가지였다. 원어인 헬라어로 그의 저서를 여러 번 재판(再版)한 것을 볼 때 그의 저서는 현대 학계의 주목을 받을 가치가 있음을 충분히 알 수가 있다. 그의 저서 가운데 어떤 부분, 특히 예수 그리스도의 행동들과 성품을 분명하게 언급하고 있는 부분은 여러 비평가들의 신랄한 비평을 받아왔다. 이로 인해 불붙게 된 격론은 특별히 주목할 만한 것이나 이와 비슷한 다른 격론과 마찬가지로 이것도 역사와 의견이라는 문제와 밀접한 관련을 맺고 있기 때문에 이 논쟁의 상대적 가치를 평가할 만한 능력을 가진 사람은 거의 없는 것 같다.

요세푸스의 저서들은 일찍이 영어로 번역되었다. 시인의 자질과 의사의 자질을 한 몸에 겸비한 토머스 로지(Thomas Lodge)는 이 작업을 처음 시도한 인물이었다. 그의 첫 번역본은 약 1602년경에 출간되었고 다른 번역본은 1609년과 1620년에 출간되었다. 그는 1625년에 페스트로 사망했다. 그는 동시대의 사람들로부터 학식과 재능이 뛰어난 인물로 평판이 높았던 것처럼 보이지만, 그의 번역본은 다음 세대 사람들을 만족시키지 못했던 것 같다. 왜냐하면 18세기 초에 세네카(Seneca)의 이름과 연관되어 더 잘 알려진 로저 러스트레인지 경(Sir Roger L'Estrange)이 새로운 번역본을 출판했는데 40년간 무려 5판을 거듭할 만큼 호평을 받았기 때문이다. 첫판은 1700년 옥스퍼드에서 출판되었고 제2판은 1702년 런던에서 출판되었다. 마지막 판은 1733년에 나왔으나 그로부터 4년 후에 윌리엄 휘스턴(William Whiston)의 번역본 첫판이 나와서 전에 나온 모든 번역본을 제치고 일반 독자들뿐 아니라 영국과 대륙의 학자들에게까지 아낌없는 찬사를 받게 되었다.[6]

이 번역본이 실수가 전혀 없다거나 최고의 번역이라고 주장할 사람은 아무도 없을 것이다. 그러나 이 번역본이 칭찬할 만한 번역이라는 사실이나, 아니면 대체로 우리가 잘 알고 있는 다른 고전들의 번역본과 비교해서 손색이 없는 번역이라는 사실을 부인하는 것은 공평성을 잃은 처사가 된다. 휘스턴의 실수가 무엇이든 간에 대부분의 경우에 있어서 요세푸스의 어조와 감정을 잘 포착한 것이 큰 장점이며, 그렇지 못한 부분은 그의 세련되고 우아한 문체로 부족하나마 그 약점을 보충할 수 있을 것이라는 한 날카로운 비평가의 말은 음미해 볼 만한 말이다.

휘스턴의 번역의 일부가 수정되어야 한다는 점을 모르는 바는 아니나, 요세푸스와 같은 가치 있는 저서를, 그것도 저자의 의도를 놓치지 않고 영어 독자

---

6) 그렇다 하더라도 휘스턴에게는 그에 상응하는 찬사가 마땅히 주어져야 한다. 요세푸스의 저작들을 번역한 각국 역자들 가운데, 이 작가의 글을 번역함에 있어 이처럼 뛰어난 재능과 판단력, 그리고 열의를 보인 사람은 없었기 때문이다(Nihilo tamen minus ea Whistono laus debetur, inter omnes fere omnium gentium Josephi interpretes nullum tantā ingenii et judicii acie, tantoque studio in vertendis hujus scriptoris operibus versatum esse). 파브리치우스(Fabricius)의 『그리스 문헌 도서관』(Bibliotheca Græca) 5집 4권 8장 p. 47.

들에게 소개했다는 점에서는 영어 독자들의 감사를 받을 만하다. 그의 번역본을 통해서 요세푸스는, 그것이 아니었다면 유대 역사의 무서우면서도 교훈적인 한 부분을 알지 못했을 수많은 사람에게 알려지게 되었다. 예루살렘에 관한 주님의 예언과 이스라엘의 마지막 반역으로 인해 받게 될 무서운 심판에 대한 주님의 예언의 성취는 요세푸스의 저서 속에 무서울 리만큼 정확하게 그려져 있다. 이제 우리는 그의 저서가 현존하는 것이 하나님의 섭리라고 말해도 지나치지 않을 것이다. 왜냐하면 그의 저서를 읽다가 성경의 장엄한 진리와 하나님의 심판의 전율할 만한 확실성에 대해 전보다 확실하게 느끼지 않는 사람은 거의 없기 때문이다.

헨리 스테빙
(Rev. Henry Stebbing, D. D.)

THE ANTIQUITIES OF THE JEWS
유대 고대사
천지 창조부터 바벨론 유수까지의 기록

서문[1]

1. 나는 역사를 쓰려고 하는 사람들은 모두 같은 목적으로 그 고생을 하는 것이 아니라고 생각한다. 역사를 쓰는 목적은 여러 가지 이유가 있으므로 사람마다 서로 다르다. 어떤 사람들은 자기의 문장 실력을 과시하여 사람들에게 칭찬을 듣기 위해 역사를 쓴다. 어떤 이들은 그 역사 가운데 등장하는 인물들에게 잘 보이기 위해서 역사를 쓰기 때문에 온갖 수고를 아끼지 않으며, 따라서 제 능력 이상을 발휘하기도 한다. 또 어떤 이들은 그 사건에 휘말려 들었기 때문에 후손들을 위해서 사건의 전모를 밝히지 않을 수가 없어서 어쩔 수 없이 강제로 역사를 쓰게 되는 경우도 있다. 또 어떤 이들은 자기가 관련된 사건이 중대한 사건이기 때문에 그 역사적 사실들을 밝혀서 대중의 유익이 되게 하기 위해 역사를 쓰는 경우도 있다.

역사를 쓰는 이러한 여러 이유들 중에서 마지막 두 가지 이유가 내가 역사를 기록하는 이유임을 솔직히 고백한다. 나 스스로 유대와 로마와의 전쟁에 깊은 관심이 있었고 또 전쟁의 전모와 결말을 잘 알고 있는 데다가 어떤 이들이 그

---

[1] 요세푸스의 이 서문은 서문으로서도 훌륭할 뿐 아니라 독자들이 본서를 정독하기 전에 몇 번이라도 되풀이해서 정독할 필요가 있다.

전쟁의 역사를 왜곡되게 기록하는 것을 보았기 때문에 나는 유대 전쟁의 역사를 쓰지 않으려야 않을 수가 없었다.

2. 나는 본서가 모든 헬라인들[2]이 연구해 볼 만한 저서가 될 것이라고 믿고 본서를 집필했다. 왜냐하면 본서는 히브리 성경에 의해 해석된 우리 유대 민족의 고대사와 정치 체제를 담고 있기 때문이다. 전에 내가 전쟁사를 쓸 때에는[3] 원래 유대인들은 누구며, 그들은 어떤 운명에 처했으며, 어떤 입법자에 의해 경건과 다른 덕에 이르도록 교육받았으며, 이 로마와의 마지막 전쟁에 어쩔 수 없이 말려들어 갈 때까지 과거에 어떤 전쟁을 치러 왔는지에 대해서 기술하려고 했다. 그러나 본서는 내용이 워낙 방대할 것 같기에 나는 본서를 각기 시작과 결말을 지닌 일련의 소론(小論, treatise)들로 나누었다. 그러나 대작(大作)을 기획하다 보면 흔히 나타나듯이 시간이 지나감에 따라 나는 싫증이 나기 시작했다. 게다가 우리 역사를 우리에게 생소한 외국어로 번역하는 일이 여간 까다로운 일이 아니었기에 일을 천천히 하는 수밖에 없었다. 그러나 몇몇 우리 역사를 알기를 희망하는 사람들이 나에게 용기를 잃지 말고 계속하라고 충고해 주었다. 이들 중에, 모든 종류의 지식을 사랑할 뿐 아니라 특히 역사 지식을 소중히 여기는 사람인 에파프로디투스(Epaphroditus)[4]가 더욱 그러하였다. 에파프로디투스는 중대한 사건들이나 인생의 여러 우여곡절에 관심이 많았을 뿐 아니라 대단한 정열과 의지를 가진 사람이었다. 나는 유능한 능력이 있는 사람들을 격려해서 항상 무엇인가를 하게 만드는 이 사람의 설득에 넘어가지 않을 수 없었다. 또한 이런 고된 작업을 하다가 얻는 기쁨을 무시하고 너무 나태했

---

[2] 즉, 헬라인과 로마인 모두를 통틀어 모든 이방인을 의미한다.
[3] 요세푸스는 『유대 고대사』(The Antiquities of the Jews)를 쓰기 훨씬 전에 『유대 전쟁사』(The Wars of the Jews) 일곱 권을 저술했음을 주목할 필요가 있다. 『유대 전쟁사』는 A. D. 75년에 출판되었고 『유대 고대사』는 그로부터 18년 후인 A. D. 93년에 출판되었다.
[4] 이 에파프로디투스(Epaphroditus)는 트라야누스(Trajan) 황제 제3년인 A. D. 100년에 살아 있었음이 분명하다. 『아피온 반박문』(Against Apion) 1권 1절의 주(註)를 보라. 그가 누구인지는 우리로선 알 길이 없다. 그러나 네로의 자유민(freed-man, 노예 신분에서 해방된 자유민)이었으며 후에 도미티아누스(Domitian)의 비서가 되었다가 그의 재위 제14년 혹은 제15년에 그에 의해 처형당한 에파프로디투스는 트라야누스 제3년에는 이미 이 세상 사람이 아니었기에 이 에파프로디투스와는 다른 인물이다.

었다는 사실에 자신이 부끄럽기 한량없었다. 그래서 나는 다시 정신을 차리고 즐거운 마음으로 이 일을 해나갔다. 그러나 이런 외적인 동기 외에 또 다른 동기가 내게 있었다. 즉 우리 선조들은 그러한 것을 다른 이들에게 알리기를 좋아했다는 점과 헬라인들이 우리 민족을 알기에는 여간 힘이 드는 일이 아니라는 점을 깨닫고는 멍청히 앉아 있을 수만은 없었다.

3. 나는 프톨레마이우스(Ptolemy) 왕조의 제2대 왕이 지식과 서적 수집에 열성이 있었을 뿐 아니라 특히 우리 율법과 그 안에 포함된 우리의 정치 체제를 헬라어로 번역하는 데 남다른 관심을 보인다는 사실을 알았다. 그 당시 누구 못지않은 귀족이었으며 대제사장이었던 엘르아살(Eleazar)은 위에 언급한 왕, 곧 프톨레마이우스 2세 필라델푸스(Ptolemy II Philadelphus)가 그런 특권에 참여하는 것을 시기하지 않았고(만일 시기했다면 왕의 요구를 들어주지 않았을 것이다) 우리가 귀히 여기는 우리 민족의 풍습이 다른 이들에게 알려지는 것을 금하지 않는다는 사실을 알았다. 따라서 나도 대제사장 엘르아살의 관대함을 본받고 지금도 그 왕처럼 지식을 사랑하는 사람들이 많다는 것을 깨달아야 한다고 생각했다. 프톨레마이우스 2세는 그 당시 우리의 모든 문서를 얻지 못했다. 왜냐하면 번역자들로서 알렉산드리아에 파견된 자들이 우리의 성문서들 가운데 다른 여러 자료들이 있음에도 불구하고 오직 율법서만을 그에게 주었기 때문이었다. 이 성문서들 속에는 오천 년의 역사가 담겨 있다. 그 오천 년 동안 이상한 많은 사건들과 전쟁들과 지도자들의 위대한 행동과 우리 민족의 정치 형태의 변화가 일어났다. 대체적으로 보아 이 역사를 읽어나가다 보면, 모든 사건들이 믿지 못할 만큼 정확하게 성취되었다는 점과 하나님이 축복의 약속을 주셨는데 그 약속은 그의 뜻을 좇고 그의 율법을 지키는 자들에게만 주어진 것이라는 점과 인간들이 율법을 지키려 하지 않을 때에는 전에는 가능했던 것도 불가능하며[5] 처음에는 좋게 시작한 것도 나중에는 돌이킬 수 없는 재난으로 바뀌고 만

---

[5] 요세푸스는 여기서 만일 신께서 우리와 함께하시면 불가능한 모든 것이 가능해진다는 유명한 헬라 격언을 분명히 암시하고 있다.

다는 점을 큰 교훈으로 깨닫게 될 것이다. 나는 이 성문서들을 정독하는 모든 이들에게 하나님께 전념하라고 권면하고 싶다. 나는 또한 우리의 입법자(모세-역자 주)가 하나님께 합당하게 하나님의 본성을 이해하고 있었는지, 그리고 하나님의 권세 있는 행위들을 마땅히 하나님께 돌렸는지를 따져 보면서 이 성문서들을 읽으라고 권하고 싶다. 비록 그가 거짓말을 한다 해도 그는 2,000년 전 사람이니까 우리로서는 알 길이 없는 것이지만 다른 문서들이 형성해 놓은 천한 우화들로부터 하나님의 문서들을 순수하게 보존했는지도 짚고 넘어가는 것이 좋을 것이다. 그러므로 나는 이 성문서들에 포함된 것만 일정한 시간 순서에 따라 자세하게 묘사할 것이다. 나는 이 성문서들의 내용에 어떤 것도 덧붙이거나 빼지 않을 것임을 이미 맹세한 바가 있다.

4. 우리의 거의 모든 제도는 우리의 입법자인 모세의 지혜에 의존해 있는 것이기 때문에 비록 간단하나마 미리 모세에 대해 언급하지 않을 수가 없다. 이렇게 하지 않으면 내 책을 읽는 독자들이 율법과 역사적 사실들만을 기록하겠다고 약속해 놓고는 어째서 이렇게도 많은 철학적 내용이 포함되어 있느냐고 의아해할 것이다. 그러므로 독자들은, 삶을 올바로 살려고 애쓰며 남의 본이 되고자 하는 자들은 먼저 하나님의 속성을 깊이 생각하고 하나님이 하신 일을 깊이 묵상한 후에 인간 본성이 허락하는 한 하나님의 본을 따르려고 애써야 한다는 점을 모세가 무엇보다도 강조했다는 사실을 염두에 두어야 한다. 만일 그러한 묵상이 없었다면 입법자 자신도 올바른 마음을 소유할 수 없었을 뿐 아니라 독자들에게 그 무엇도 충고할 수가 없었을 것이다. 내 말의 뜻은 무엇보다도 먼저 하나님은 아버지시요 만물의 주시며 모든 것을 감찰하시며 그를 따르는 자에게 복 주시고 의의 길을 따르지 않는 자에게는 피할 수 없는 불행을 안겨다 주시는 분이라는 것을 깨달아야 한다는 뜻이다. 모세가 이 교훈을 그의 동족에게 가르쳐 주고자 했었을 때 그는 다른 입법자들과 같은 방법으로 그의 율법을 확립시키려고 하지 않았다. 즉 두 당사자 사이의 협약이나 다른 예식으로서가 아니라 그의 동족들의 마음을 하나님과 그가 만드신 세계를 향하게 하고 인간들은 하나님이 땅 위에 살게 한 모든 창조물 가운데 으뜸이라는 사실을

깨닫게 함으로써 율법을 확립시키려고 하였다. 모세가 한번 그들을 신앙에 복종하게 만들자 그는 다른 문제에 있어서도 쉽게 그들을 복종시킬 수가 있었다. 다른 민족의 입법자들은 우화를 만들어 내고 인간의 가장 추악한 악을 신들에게 전가시킴으로써 사악한 인간들에게 그들이 저지른 죄에 대한 가장 그럴싸한 변명을 제공해 주는 반면에, 우리 입법자는 하나님은 완전한 분이므로 우리도 그와 같이 완전해야만 한다고 가르치고 그렇게 생각하고 믿지 않는 자들에게는 엄한 벌을 내렸다. 그러므로 나의 저서를 읽는 독자들은 본서를 그런 관점에서 읽어 주기를 부탁한다. 왜냐하면 이렇게 읽어야 하나님의 엄위나 혹은 인간에 대한 하나님의 사랑과 어긋나는 부분이 전혀 없음을 독자들이 이해할 수 있기 때문이다. 우리 입법자는 어떤 때는 지혜롭게도 모호하게 표현하고, 어떤 때는 비유적으로 설명하면서도 직접적인 설명을 요하는 것은 명백하고 분명하게 표현한 반면에, 본서에서는 모든 것을 우주의 본성과 연관시켰다. 그러나 모든 것의 이유를 알기 원하는 사람은 본서에서 매우 흥미 있는 철학적 이론들을 발견할 수도 있을 것이다. 이런 철학적 이론에 대한 설명은 당분간은 어렵고 하나님이 시간을 주시면 본서를 끝마친 후에 한번 써볼까 한다.[6] 나는 성문서에서 찾아 볼 수 있는 세계 창조에 관한 모세의 이야기를 먼저 언급한 후에 이 역사에 대해 기술하는 데 전력을 다 기울일 것이다.

---

[6] 많은 유대 율법을 주신 이유, 그리고 그 율법이 지니고 있는 철학적 혹은 알레고리칼한 의미들이 무엇인가에 대해 요세푸스가 쓰려고 의도했다는 이 저서(이 저서의 분실에 대해서 몇 학자들은 별로 아쉬워하지도 않는다)에 대해서 나는 부분적으로는 파브리치우스(Fabricius)의 다음과 같은 견해에 동조한다. "우리는 요세푸스가 유대인 특유의 공허하며 형식적인 상상력의 산물을 가지고 기발하고 유익한 것들을 이 저서에서 가르쳤으리라는 것을 의심할 수가 없다. 그가 가르친 내용에 대해서는 유대인이나 기독교인이나 우리에게 전해 줄 사람이 없는 것 같다. 그래서 나는 무슨 수를 써서라도 이 저서를 찾아내 보고 싶다." 하베르캄프(Havercamp)판 pp. 63, 64.

제1권

3,833년간의 역사 기록

창조로부터 이삭의 죽음까지

제1장

세계의 조성(造成)과 자연의 배열

1. 태초에 하나님이 천지를 창조하셨다. 그러나 땅이 보이지 아니하고 짙은 어두움으로 덮여 있었으며 바람이 그 표면 위를 불고 있을 때 하나님이 빛이 있으라고 명령하셨다. 그러자 빛이 생겼고 하나님이 그 전체 덩어리를 보시고 빛과 어두움을 구분하셨다. 하나님이 빛을 낮이라 칭하시고 어두움을 밤이라 칭하셨고 빛의 시작과 안식의 시간을 저녁과 아침이라고 칭하셨다. 이것이 바로 첫째 날이었다. 그러나 모세(Moses)는 그것이 한 날(one day)이었다고 말한다. 그 이유는 지금 당장이라도 밝힐 수는 있으나 그런 이유를 밝히는 것은 따로 모아서 책으로 만들기로 약속한 바가 있으니까 그때까지 잠시 미루기로 하겠다. 이후 둘째 날에 하나님이 전 세계 위에 하늘을 두시고 다른 부분들로부터 격리시킨 후에 홀로 서라고 명하셨다. 하나님이 또한 하늘 주위에 궁창(crystalline, firmament)을 두시고 땅과 조화를 이루도록 결합하시고 수분과 비를 내릴 뿐 아니라 이슬의 혜택을 주기에 적합하도록 만드셨다. 셋째 날에 하나님이 마른 땅을 드러나게 하시고 마른 땅 주위에 바다가 드러나도록 하셨다. 같은 날 하나님은 나무들과 씨들을 땅에서부터 나오게 하셨다. 넷째 날에 하나

님이 하늘을 해와 달과 다른 별들로 장식하고 그 운행과 행로를 정하셔서 사철의 변화가 분명히 드러나도록 하셨다. 다섯째 날에 하나님이 생물들, 즉 헤엄치는 것들과 날아다니는 것들을 각기 바다와 공중에 살도록 만드셨다. 하나님이 또한 번식을 위해서, 즉 각기 종류대로 불어나고 번성하게 하기 위해서 암수 함께 집단별로 분류하셨다. 여섯째 날에 하나님이 네 발 달린 짐승을 창조하시고 암수로 만드셨다. 같은 날 하나님이 또한 인간도 만드셨다. 결국 모세는 바로 6일 동안 세계와 그 안의 모든 것이 만들어졌으며 제7일은 그런 작업의 노동에서 해방된 안식의 날이라고 말하고 있는 것이다. 우리가 제7일에 노동으로부터의 안식을 축하하고 그날을 안식일(Sabbath, 히브리어로 '안식'을 의미한다)이라고 부르는 것은 여기에 그 근원을 두고 있는 것이다.

2. 모세는 제7일이 지나간 후에[1] 철학적으로 이야기하기 시작한다. 모세는 인간의 지으심에 대해, 하나님이 땅에서 흙을 취하여 인간을 지으시고 그 안에 영과 혼을 넣으셨다고 말한다.[2] 이 사람은 아담(Adam)이라 불렸는데 붉은 흙에서 지음을 받아 합성되었기 때문에 히브리어로 '붉은 자'(one that is red)란 이름이 붙은 것이다. 흙은 붉어야 순결한 진짜 흙이다. 하나님이 또한 자신이 만든 생물을 각기 종류대로 암수 함께 아담에게 인사시켰다. 그러자 아담은 그것들에게 이름을 지어 주었고 따라서 지금까지도 그 이름으로 불리게 된 것이다. 그러나 하나님이 아담에게 여자 동료, 즉 교제할 자가 없음을(그런 존재가 피조되지 않았기 때문에) 보시고 다른 생물들에게는 암수가 있음을 감안하셔서 그를 잠

---

1) 요세푸스가 서문 4절에서 모세가 어떤 것은 수수께끼같이 쓰고 어떤 것은 알레고리컬하게 쓰고 어떤 것은 분명하게 썼다고 이야기한 것으로 비추어 볼 때, 그리고 창세기 1장과 2장 1-3절에 대한 기사에서 신비로움에 대해서는 전혀 암시조차도 없다가 갑자기 2장 4절에 와서 모세가 제7일이 지나간 후에 철학적으로 이야기하기 시작했다고 말하고 있는 것으로 비추어 볼 때, 요세푸스는 창세기 2장 나머지 부분과 3장을 수수께끼 같은, 혹은 철학적인, 혹은 알레고리컬한 의미로 이해하고 있었음이 분명하다고 보아도 지나친 것은 아니다. 바로 4절에서 히브리어 성경이나 사마리아 오경(Samaritan Pentateuch)이나 70인역(Septuagint) 모두가 하나님의 이름이 엘로힘(Elohim)에서 야훼 엘로힘(Jehovah Elohim), 즉 하나님이 여호와 하나님으로 바뀌고 있는 것은 내용이나 구조상에 그러한 변화가 있음을 적지 않게 시사해 주고 있다.

2) 요세푸스가 바울(살전 5:23)이나 다른 고대인들처럼 인간이 영, 혼, 몸으로 합성되어 있다고 본 점을 주목할 필요가 있다. 그는 다른 곳에서도 동물의 피에는 혼과 영이 들어 있으므로 먹는 것이 금지되어 있다고 말한다. 『유대 고대사』 3권 11장 2절.

들게 하신 후에 그의 갈비뼈 하나를 취하시고 그것으로 여자를 지으셨다. 아담은 여자가 자기에게로 올 때 알아보고 그 여자가 자기에게서 지음을 받았다는 사실을 깨달았다. 여자는 히브리어로 이샤(Issa)이나 이 여자의 이름은 '모든 산 자의 어머니'(mother of all living)라는 뜻의 이브(Eve)였다.

3. 모세는 연이어 말한다. 하나님이 동방에 온갖 종류의 나무들이 무성한 낙원을 창설하셨다. 그 가운데는 생명 나무(tree of life)와 그것으로 선과 악을 알 수 있는 지식의 나무(tree of knowledge)도 있었다. 하나님이 아담과 그의 아내를 이 동산 안으로 이끌어 들이시고 나무들을 돌보라고 명령하셨다. 동산을 적시는 강이 하나 있었는데[3] 온 땅 곳곳을 흐르는 이 강은 네 지류로 갈라졌다. '군중'이라는 뜻의 비손(Phison, 피손)강은 인도로 흘러 들어가 바다로 흘러가는데 헬라인들은 갠지스(Ganges)강이라고 부른다. 티그리스(Tigris)강뿐 아니라 유브라데(Euphrates, 유프라테스)강은 홍해(Red Sea)[4]로 흘러 들어간다. 유브라데(Euphrates) 혹은 프라트(Phrath)란 이름은 '분산' 혹은 '꽃'이라는 뜻이고 티그리스 혹은 디글라트(Diglath)란 이름은 '좁고 빠른 것'이란 뜻이며 이집트를 관통하는 게온(Geon)강은 '동방에서 발원한 것'이란 뜻으로 헬라인들은 나일(Nile)강이라고 부른다.

---

[3] 허드슨(Hudson) 박사에 의하면 요세푸스에게만 독특한 것이 아니라 더 먼 고대의 작가들에게서부터 기인한다는 이 이상한 관념, 즉 서로 둘씩, 너무나도 멀리 떨어져 흐르고 있는 세계의 4대강이 어떻게든 낙원을 적셨다는 관념이 어디에서 유래한 것인지는 알 수가 없다. 단지 요세푸스가 이 역사를 알레고리화 하는 것이 이미 나타났고 네 강의 이름이 특별한 의미를 지니고 있는 것 – 갠지스(Ganges)강을 가리키는 비손(Phison, 피손)은 '군중'(multitude), 유브라데(Euphrates, 유프라테스)강을 가리키는 프라트(Phrath)는 '분산'(dispersion) 혹은 '꽃'(flower), 티그리스(Tigris)강을 가리키는 디글라트(Diglath)는 '좁고 빠른 것'(what is swift with narrowness), 나일(Nile)강을 가리키는 게온(Geon)은 '동방에서 발원한 것'(what arises from the east)이라는 뜻임 – 을 주목해 볼 때, 요세푸스가 문자적인 강을 가리키고 있다고 보면 우리가 아마도 실수하는 것일 거다. 특히 '동방에서 발원한 것'이란 의미의 게온 혹은 나일강을 볼 때 요세푸스가 문자적인 나일강이 남방에서 발원한 강임을 몰랐으리라고 보기는 매우 어렵다. 그러나 요세푸스가 어떤 더 깊은 알레고리컬한 의미를 생각하고 있었는지에 대해서는 도저히 알 길이 없다.

[4] 여기서 홍해(Red Sea)라 함은 오늘 우리가 그 이름으로 유일하게 부르는 아라비아만(Arabian Gulf)을 가리키는 것이 아니라 렐란트(Reland)와 허드슨이 옛 지형학자들로부터 제대로 인용했듯이 홍해와 바사만(Persian Gulf, 페르시아만)을 포함해서 동부 인도 해안까지 이르는 남해(South Sea)를 가리키는 것이다.

4. 하나님이 아담과 그의 아내에게 다른 모든 나무의 열매는 먹어도 좋으나 지식의 나무는 삼가해야 한다고 명령하셨다. 그리고 만일 그들이 그것을 건드릴 경우에는 죽게 될 것이라고 말씀하셨다. 그 당시 모든 생물들은 하나님의 언어를 가지고 있었으며,[5] 아담과 그의 아내와 함께 살고 있었다. 남달리 시기심이 많은 뱀이 그들이 행복하게 하나님의 명령에 순종하며 사는 모습을 보고는 그들을 불순종하게 만들면 큰 불행 속으로 떨어질 것이라고 생각하고 악한 의도에서 지식의 나무를 맛보도록 여자를 설득했다. 뱀은 그들에게 그 나무에는 선과 악의 지식이 들어 있는데 그 지식을 얻게 되면 행복한 삶, 즉 신 못지 않은 삶을 살게 될 것이라고 말함으로써 여자를 굴복시켰고 하나님의 명령을 무시하게 만들었다. 여자는 그 나무 실과의 맛을 보고 너무 좋은 나머지 아담을 설득시켜서 그 실과를 먹게 했다. 이에 그들은 자신들의 몸이 벗은 줄을 알게 되었고 몸을 드러내기가 부끄러워졌다. 따라서 그들은 자기들의 몸을 가릴 무엇을 고안해 냈다. 그들이 그렇게 하는 이유는 그 나무가 그들의 이해력을 명확하게 해주었기 때문이었다. 그들은 무화과나무 잎으로 몸을 가렸다. 그들은 정숙하게 앞을 가리고는 자기들이 무엇이 부족한지를 깨닫게 되었으니까 전보다는 더 행복하다고 생각했다. 그러나 하나님이 동산에 들어오시자 전 같으면 그 앞에 나아가 대화하기를 좋아했을 아담은 자신의 악한 행동을 깨닫고 그만 숨어 버렸다.

이 행동은 하나님을 놀라게 했다. 하나님이 이런 그의 행동의 원인이 무엇이며, 어째서 전에는 대화하기를 즐겨 하더니 지금은 피해 도망치는가 하고 질문

---

[5] 요세푸스는 적어도 몇몇 짐승들은, 특히 뱀은 타락 이전에 말을 할 수 있었다고 생각하고 있었던 것처럼 보인다. 그러나 오늘날의 더 고등한 동물들도 언어 기관이 결핍되어 있다. 따라서 이 동물들의 현재 모습은 원래의 모습이 아니며 그것들의 원래 능력은 지금 우리가 보는 것보다 훨씬 컸으며 지금도 예전의 상태로 회복시킬 수 있을 것이라는 견해를 갖고 싶은 유혹은 너무 큰 것이다. 그러나 우리 첫 조상의 타락이라는 이 엄청난 사건에 대한 태고의 믿을 만한, 그러나 알레고리컬한 이 기사에 대해서는 추측해 볼 만한 것이 많으나 단지 추측에 불과하기 때문에 나는 여기서 두 가지 점만 들고 나머지는 생략하기로 하겠다. 나는 단지 인간의 죽음 운명이 전가되었다는 선에서 그치지 않고 한 걸음 더 나아가 우리의 첫 조상의 죄가 후손에게 전가되었다는 주장은 전혀 근거가 없는 주장 같다는 점(휘스턴이 아리우스주의자였기에 이런 말을 하는 것처럼 보인다-역자 주)과 인간과 그 이하 생물들은 타락 이후로 저주에서 구원받기를 기다리고 있으며 마침내는 썩어짐의 종노릇 하는 데서 해방되기를 기다리고 있다(롬 8:19-22)는 점만을 밝히고 싶다.

했다. 그가 하나님의 명령을 어긴 것을 깨닫고 아무 답변도 못 하자 하나님이 이렇게 말씀하셨다. "내가 네게 영혼의 고통이나 걱정이나 근심 없이 행복한 삶을 살 수 있도록 해주었고 노동과 수고가 늙음을 재촉하고 죽음을 앞당기기에 네가 노동하거나 수고하지 않아도 네게 기쁨과 즐거움을 안겨다 줄 모든 것이 나의 섭리에 의해 저절로 성장하도록 해주었다. 그런데 이제 너는 이런 나의 호의를 무시하고 나의 명령을 어겼다. 너의 침묵이 너의 악한 양심의 증거가 아니고 무엇인가?"

그러나 아담은 자기의 죄를 변명하면서 자기에게 성내지 말라고 하나님께 간청했다. 그러고는 모든 책임을 아내에게 돌렸다. 자기는 그 여자의 꼬임에 넘어가서 죄를 범한 것이라고 했다. 그러자 여자는 뱀을 비난했다. 그러나 하나님은 아담이 나약하게도 아내의 이야기에 넘어간 것을 이유로 그를 벌하셨다. 그리고 앞으로는 땅이 저절로 열매를 맺지 않을 것이며 힘들여 경작해야 얼마간의 열매만 맺힐 뿐 나머지 열매는 맺히지 않을 것이라고 말씀하셨다. 또한 하나님은 이브가 뱀이 자기를 유혹한 논법으로 아담을 유혹하고 큰 재난 속으로 끌어들였으므로 잉태하는 불편과 해산의 고통을 겪게 하셨다. 하나님은 또한 뱀이 아담에 대해 적대감을 가진 것에 대해 분개하시고 뱀에게서 언어를 **빼앗아** 가셨다. 이 밖에도 하나님이 뱀의 혀 아래 독을 넣으시고 인간의 적이 되게 하셨다. 그러고는 인간을 넘어뜨리려는 악한 계략이 머리에서 나왔고 머리를 부수는 것이 복수하기 쉬운 방법의 하나이므로 뱀의 머리를 부서뜨리라고 인간에게 말씀하셨다. 하나님은 뱀에게서 발을 사용하는 특권을 **빼앗으**시고 몸을 질질 끌고 다니도록 만드셨다. 하나님이 그들에게 이런 벌을 내리시고 난 후에 아담과 이브를 동산에서 다른 곳으로 옮기셨다.

제2장

아담의 후손과
아담으로부터 노아에 이르는 10대 계보에 관하여

1. 아담과 이브에게는 두 아들이 있었다. 장남은 가인(Cain)이었는데 이름의 뜻은 '얻음'(possession)이었고 차남은 아벨(Abel)로서 '슬픔'(sorrow)이라는 뜻이었다. 이들에게는 또한 딸들도 있었다. 가인과 아벨 두 형제는 각기 다른 삶을 영위하고 있었다. 차남인 아벨은 의를 사랑하는 자였고 하나님이 그의 모든 행동에 임재하고 계신다는 것을 믿었기에 남달리 덕 있는 사람이었다. 그가 하는 일은 목동 일이었다. 그러나 가인은 다른 점에서도 매우 악한 인물이었지만 재산을 얻는 데 온통 정신을 쏟은 사람이었다. 그가 하는 일은 땅을 경작하는 것이었다.

그는 아래와 같은 이유로 아우를 죽였다. 그들은 하나님께 제물을 드리기로 결심하고 가인은 땅의 소산 즉 그의 경작의 산물을 가져왔고 아벨은 우유와 양의 첫 새끼를 가져왔으나, 하나님은 시기심 많은 인간이 발명한 것 즉 땅에 무리를 가해 얻은 것보다는 저절로 자연스럽게 성장한 것을 좋아하셨기 때문에 아벨의 제물을 더 즐겨 받으셨다.[6] 그러자 가인은 하나님이 자기보다 아벨을 더 사랑하시는 것을 보고는 분을 참지 못해 아우를 죽이고 아무도 찾아내지 못할 것이라고 생각하여 아우의 시체를 숨겼다. 그러나 하나님은 무슨 일이 일어났는지를 다 아시고 가인에게 나타나셔서 전에는 네 아우와 네가 이야기하는 것이 자주 보이더니 여러 날 동안 네 아우가 보이지 않으니 어찌 된 일이냐고 질문하셨다. 가인은 하나님께 무슨 답변을 해야 좋을지 몰라 망설였다. 그

---

[6] 하나님이 아벨(Abel)의 제물은 열납하시고 가인(Cain)의 제물은 열납하시지 않은 이유와 가인이 아벨을 살해한 이유에 대한 설명은 요세푸스의 것보다는 사도 요한의 것이 더욱 좋다. "그는 악한 자에게 속하여 그 아우를 죽였으니 어떤 이유로 죽였느냐 자기의 행위는 악하고 그의 아우의 행위는 의로움이라"(요일 3:12). 요세푸스의 설명은 다름 아닌 바리새적 관념이거나 바리새파의 전승일 것이다.

러고는 자기도 아우가 없어져 매우 당황했다고 어물쩍거렸다. 그러나 하나님이 무슨 일이 있었는지 솔직히 말하라고 다그치시자 자기는 아우를 지키는 자도 아니며 아우가 무엇을 하는지 살피는 자도 아니라고 대답했다. 그러자 이번에는 하나님이 네가 바로 아우를 죽인 자가 아니냐고 몰아붙이셨다. "네가 죽인 자가 어찌 되었는지를 네가 모르다니 어디 말이 되는 소리냐?" 그러나 가인이 하나님께 제물을 드리고 자기에게 너무 화내시지 말라고 간청했기 때문에 하나님은 그에게 (죽음의) 형벌을 내리지 않으셨다. 그러나 하나님이 그에게 저주를 내리셔서 그의 후손 7대까지 미치게 하셨다. 하나님은 또한 그와 그의 아내를 그 땅에서 쫓아내셨다. 가인이 이리저리 방황하다가 맹수를 만나 죽게 되면 어떻게 하느냐고 걱정하자 하나님이 그런 불길한 걱정은 하지 말라고 하시면서 누구나 알 수 있는 표를 주고 떠나라고 명령하셨다.

2. 가인이 많은 나라를 여행한 후에 아내와 함께 놋(Nod, 지금도 이렇게 불린다)이란 이름의 도시를 건설하고 그곳에 정착하여 자녀들을 낳았다. 그러나 가인은 하나님께 형벌을 받고 자기 행위를 고치려고 하기보다는 더욱 사악해져 갔다. 왜냐하면 그는 자기 몸의 쾌락을 위한 것이면 비록 이웃에게 해를 끼친다 하더라도 무엇이나 얻으려고 발버둥을 쳤기 때문이었다. 그는 약탈과 폭력으로 그의 가산을 엄청나게 불려 나갔다. 그는 강탈로 인해 얻는 기쁨과 이익을 안면이 있는 사람에게 가르치고 스스로 사악한 자들의 우두머리가 되었다. 그는 인간들의 단순한 삶의 방식에 변화를 가져왔고 도량형(度量衡)을 창시(創始)했다. 그들은 이런 것을 몰랐을 때는 순진하게 인정 많게 살았는데 가인이 세상을 온통 교활하게 만들었다. 그는 우선 땅에 경계를 정했고 도시를 건설하고 성벽을 쌓아 요새화했으며 식구들을 강제로 동원해 그 일을 하게 하고 장남의 이름을 따서 에녹(Enoch)이라 불렀다. 에녹의 아들은 이랏(Jared)이었고 이랏의 아들은 므후야엘(Malaleel)이었고 므후야엘의 아들은 므드사엘(Mathusela)이었고 므드사엘의 아들은 라멕(Lamech)이었다. 라멕은 두 아내인 씰라(Silla)와 아다(Ada)를 통해 77명의 자녀를 낳았다. 아다가 낳은 아들 가운데 야발(Jabal)이 있었는데 그는 장막을 세우고 목동의 삶을 사랑했다. 그와 같은 어머니에게서

태어난 유발(Jubal)은 음악을 좋아해⁷⁾ 하프를 발명해 냈다. 가인이 다른 아내에게서 낳은 자녀 가운데 하나인 두발(Tubal)은 힘이 모든 사람보다 뛰어나 전쟁에 능한 유명한 인물이었다. 그는 전쟁을 통해 몸의 쾌락을 얻는 데 전념했으며 처음으로 동(銅)을 만드는 기술을 발명했다. 라멕은 나아마(Naamah)라는 이름의 딸을 두었으며, 하나님의 계시의 문제에 능통했기 때문에 자기가 가인이 아우를 살해한 죄 때문에 형벌을 받을 것이라는 사실을 알고 있었고 이것을 자기 아내들에게 알렸다. 아직 아담이 살아 있는 동안에도 가인의 후손들은 극도로 악해져 갔으며 하나씩 세상을 떠났지만 악하기는 전보다 더 심했다. 그들은 전쟁에서는 무자비했으며 남을 강탈하기를 무척 좋아했다. 남을 쉽게 죽이지 못하는 사람들도 이익 앞에서는 남을 해하는 것이나 부당하게 행동하는 데 있어서 전혀 거리낌이 없었다.

3. 첫 번째 사람이었고 흙에서 지음을 받은 아담은 아벨이 죽임을 당하고 가인이 살인죄로 도망을 친 후에 후손을 갖기를 매우 열망했으니 그때 나이가 230세였다. 그 후 그는 700년을 더 살다가 죽었는데 특별히 셋(Seth) 외에도 많은 자녀를 두었다.⁸⁾ 그 자녀들의 이름을 일일이 댄다는 것은 너무나 지루한 일이 될 것이므로 셋의 후손들의 이야기만을 다루도록 하자. 셋이 장성하여 선을 분별할 수 있는 나이가 되자 그는 덕을 갖춘 인물이 되었다. 그 자신이 뛰어난 성품의 소유자였기에 그는 자기를 닮은 덕을 갖춘 자식들을 남기게 되었다.⁹⁾ 이들은 모두가 좋은 성품을 가진 사람들이었다. 그들은 죽을 때까지 같은 곳에서 다툼 없이 불행을 느끼지 않고 행복하게 살았다. 그들은 천체(天體)와 천체의 질서와 관련된 특별한 지혜를 창안해 낸 사람들이었다. 세계가 한 번은 불의 힘에 의해서, 한 번은 물의 힘과 양에 의해서 멸망할 것이라는 아담의

---

7) 이 유발(Jubal)로부터 아마도 요벨(Jobel), 즉 안식년에 해방을 선포할 때 사용하는 큰 소리 나는 큰 악기인 안식년의 나팔(trumpet of jobel or jubilee)이라는 말이 파생된 것 같다.
8) 고대 전승에 따르면 아담이 낳은 자녀의 수는 아들이 33명, 딸이 23명이었다고 한다.
9) 여기서 셋과 그의 후손들에 대해 묘사하고 있는 내용, 즉 그들이 7대에 이르는 동안 매우 선하고 덕이 있었으며 특별한 불행 없이 행복했다는 내용(2장 1절 이전과 3장 1절 이후를 보라)은 초기 시대의 세계의 상태와 하나님의 섭리의 행위에 잘 부합된다.

유대 고대사 제1권 제2장 55

예언을 잘 알고 있었던 그들은 자기들이 발명한 것을 분실하지 않기 위해서 두 개의 기둥을[10] 하나는 벽돌로 다른 하나는 돌로 세우고 그 위에 자기들이 발명한 것을 기록했다. 이들이 이렇게 두 기둥을 세운 이유는 벽돌로 세운 기둥이 홍수로 무너지는 경우에는 돌기둥만이라도 남아 있어 인간들에게 자기들이 발견한 것을 전해 주고 자기들이 벽돌로 세운 또 하나의 기둥이 있었다는 것을 알려 주기 위해서였다. 그런데 이것이 오늘날까지 시리아드(Siriad) 땅에 남아 있다.

제3장

홍수와
노아가 식구들과 함께 방주를 타고 구원받고
후에 시날 평지에 거하게 된 경위에 관하여

1. 셋의 후손들은 7대 동안 하나님을 우주의 주인으로 계속 섬겼으며 덕을 소중히 여겼으나 시간이 흐르자 타락하게 되었고 선조들의 관습을 버리고 하나님께 영광을 돌리지 않았을 뿐 아니라 이웃을 정당하게 대하려고 하지도 않

---

10) 아담의 아들 셋(Seth)을 시리아드(Siriad) 땅에 이 기둥을 세운 애굽(Egypt, 이집트) 왕 셋(Seth) 혹은 세소스트리스(Sesostris)로 잘못 본 요세푸스의 실수에 대해서는 『구약에 관한 소론』(Essay on the Old Testament) 부록 pp. 159, 160를 보라. 비록 이 이야기의 요점이 사실인지도 모르고, 아담이 대화재나 대홍수를 예언했는지도 모르고(고대 기록을 보면 대화재나 대홍수의 이야기가 오래된 전승임을 입증하고 있다), 셋의 후손이 천문학 분야에서 그들이 발견한 것을 두 개의 기둥에 적은 것이 사실인지도 모르나, 그러한 모든 기둥과 건축물들을 깡그리 집어삼킨 대홍수에도 두 기둥이 견뎌낼 수 있었다는 이야기는 아무래도 믿어지지 않는다. 특별히 애굽 왕 셋 혹은 세소스트리스가 세운 이와 유사한 기둥들이 홍수 후에도 시리아드 땅에 현존하고 있었고 아마도 요세푸스 시대에도 그곳에 남아 있었던 것으로 보아서 더욱 믿을 수가 없다.

앉다. 그들이 전에 덕을 쌓는데 보인 열정의 두 배나 더한 열정을 가지고 악한 행동을 하게 되자 결국 하나님이 그들의 적이 되었다. 하나님의 많은 천사들[11]이 여인들과 동침해 아들들을 낳았는데 이 아들들은 자기 능력을 과신한 나머지 모든 선한 것들을 경멸하는 불의한 자들임이 드러났다. 전승에 따르면 이들은 헬라인들이 거인이라고 부르는 자들과 행동이 매우 흡사하였다고 한다. 그러나 노아(Noah)는 그들의 행동이 불만족스러웠고 불쾌했기 때문에 좀 더 좋은 사람, 좀 더 나은 행동을 할 수 없겠느냐고 그들을 설득하기 시작했다. 그러나 그들이 자기 말을 듣지 않음은 물론 계속 사악한 욕망의 포로가 되어 있는 것을 보고 자기와 아내와 자녀들과 자녀들과 결혼한 자들을 죽일까 겁이 나자, 그 땅을 떠나기로 했다.

2. 하나님이 그의 의로움을 보시고 이 사람을 사랑하셨다. 하나님은 다른 인간들의 사악함을 저주하셨을 뿐 아니라 전 인류를 멸망시키고 악에 물들지 않은 새 인류를 세우시기로 결심하셨다. 하나님이 그들의 수명을 단축해서 전과 같이 오래 살지 못하게 하시고 120년으로[12] 줄일 계획을 가지고 물을 온 통 바다로 만드시니 노아만을 제외하고 모든 인간이 멸망했다. 하나님이 노아에게 탈출 장치와 방법을 가르쳐 주셨다. 노아는 4층으로 방주를 짓되 길이는 300규빗(cubit),[13] 너비는 50규빗, 높이는 30규빗으로 해야 했다. 노아는 아내와 아들들과 자부들을 데리고 방주에 타고 그 안에 필요한 양식과 필수품을 실었을 뿐 아니라 종(種)을 보존하기 위해서 모든 생물을 어떤 것은 암수 한 쌍씩

---

[11] 타락한 천사들이 어떤 의미에서 고대 거인들의 조상들이었다는 이 관념은 고대에는 어디서나 찾아볼 수 있는 견해이다.

[12] 요세푸스는 여기서 이 거인들의 수명(나는 요세푸스가 여기서 이 거인들의 수명에 대해서만 언급하고 있는 것으로 이해하고 있는데)이 이제 120세로 단축되었다고 생각하고 있는 것으로 보인다. 그런데 이 사실은 에녹서(Enoch) 10절에 의해 확증되고 있다. 왜냐하면 요세푸스는 거인들 외의 다른 인간들의 수명은 우리가 곧 살펴보게 되겠지만 홍수 후의 여러 대 동안 120년이 넘었으며 그 후 모세 시대까지 점차 축소되어 오다가 언젠가 120년으로 고정되었다고 말하고 있기 때문이다(4장 5절). 우리는 여기서 요세푸스 혹은 에녹이 이 120년간을 홍수까지의 하나님의 인내의 기간(혹은 방주를 준비하는 기간)이 아닌 다른 뜻으로 해석했다고 생각할 필요는 없다. 나는 이것이 만일 이 사악한 세계가 계속 회개하지 않는 한 그들의 날은 120년을 넘지 못할 것이라는 하나님의 경고의 말씀이라고 생각한다.

[13] 1규빗(cubit)은 약 21인치가량이 된다.

어떤 것은 암수 일곱 쌍씩 방주에 태웠다. 이 방주는 벽이 튼튼한 데다가 지붕은 물론 대들보가 곳곳을 떠받치고 있었기 때문에 아무리 물결이 거세도 침몰하거나 전복될 위험이 없었다. 이렇게 해서 노아와 그의 식구들은 살아남게 된 것이다. 노아는 아담의 10대손으로서 라멕의 아들이요 라멕의 아버지는 므두셀라(Mathusela)였다. 므두셀라는 에녹의 아들이었고 에녹은 야렛(Jared)의 아들이었고 야렛은 마할랄렐(Malaleel)의 아들이었다. 마할랄렐은 게난(Cainan)의 아들로서 게난에게는 여러 딸들이 있었다. 게난은 에노스(Enos)의 아들이었고 에노스는 셋의 아들이었으며 셋은 아담의 아들이었다.

3. 이 대재난은 노아의 나이 600세 되던 해 제2월에 일어났다.[14] 제2월은 마게도냐(Macedonia, 마케도니아)에서는 디우스(Dius)월이라 부르나 히브리에서는 마르케수안(Marchesuan)월이라 부른다. 이것은 애굽(Egypt, 이집트)에 있을 때부터 그렇게 불렀다. 그러나 모세가 산티쿠스(Xanthicus)월과 같은 니산(Nisan)월을 성력(聖曆) 1월로 정했다. 왜냐하면 그달에 모세가 그들을 애굽에서 건져냈기 때문이었다. 모세는 물건을 사고파는 것이나 다른 평상 업무 시에는 원래의 달력을 따르기로 했으나, 하나님께 영광을 돌리는 이 엄숙한 축제에 관해서는 니산월을 1월로 정하기로 했다. 모세는 이 홍수가 제2월 27(17)일에 시작되었다고 말한다. 이것은 첫 사람 아담으로부터 계산하면 2,656(1,656)년이 경과한 것이다. 이 연대는 그 당시 살고 있었던 자들이 고대의 유명한 자들의 출생 연도와 사망 연도를 정확히 기록해 놓았기 때문에[15] 우리의 성문서(sacred books)에까지 기록되어 내려오게 된 것이다.

---

14) 요세푸스는 홍수가 추분경에 시작되었다고 정확히 밝히고 있다. 홍수가 제2월 며칠에 시작되었는지에 대해서는 히브리어 성경이나 사마리아 오경은 여기의 27일이 아닌 17일이라고 옳게 말하고 있다. 아마도 요세푸스 자신의 친필 원고에는 17일이라고 되었을 가능성이 짙다. 왜냐하면 요세푸스가 홍수 기간이 창세기 7장 24절, 8장 3절과 마찬가지로 제7월 17일까지 150일간이었다는 사실에 동의하기 때문이다.
15) 요세푸스는 여기서 이런 고대의 계보들이 처음에는 그 당시 살고 있었던 자들에 의해 기록되어 후손에게까지 전달되기에 이르렀다고 말하고 있는데 내가 보기에도 맞는 이야기 같다. 왜냐하면 인간들이 말하는 법을 교육받은 직후에, 읽고 쓰는 법을 교육받지 않았을 것이라고 상상할 하등의 이유가 없기 때문이다. 아마도 인간들은 성부 아래 계시면서 인류의 창조주요 통치자도 되시고 초기에 자주 인간들에게 나타나신 메시아에 의해 이런 교육을 받지 않았나 싶다.

4. 아담(Adam)은 230세에 셋을 낳고 930년간을 살았다. 셋(Seth)은 205세에 에노스를 낳고 912년간을 살았으며 에노스가 190세에 낳은 아들, 게난에게 통치권을 넘겨주었다. 에노스(Enos)는 905년간을 살았다. 게난(Cainan)은 170세에 마할랄렐을 낳고 910년간을 살았다. 마할랄렐(Malaleel)은 165세에 야렛을 낳고 895년간을 살았다. 야렛(Jared)은 162세에 에녹을 낳고 962년간을 살았다. 에녹(Enoch)은 365년간을 살다가 세상을 떠나 하나님께 갔으니 그의 죽음에 대해 기록이 없음이 여기서 기인한다. 에녹이 165세에 낳은 아들인 므두셀라(Mathusela)는 187세에 낳은 아들 라멕에게 969년간 갖고 있던 통치권을 넘겨주었다. 777년간 통치했던 라멕(Lamech)은 그의 아들 노아를 백성의 지도자로 임명했다. 노아(Noah)는 라멕이 182세에 낳은 아들로 950년간 통치권을 보유했다.

이 해수를 모두 합하면 이미 언급한 바 있는 합계가 나온다. 이 사람들은 아들, 손자와 함께 살았으니 죽음에 대해서는 조사할 필요가 없고 단지 출생에 대해서만 주목할 필요가 있다.

5. 하나님이 신호를 보내자 비가 내리기 시작했고 땅 위에 물이 15규빗 찰 정도로 40일간 폭우가 쏟아졌다. 물이 이 정도로 차기 때문에 도망칠 곳이 없어서 많은 생물이 살아남지 못한 것이다. 비가 그치자 물은 조금씩밖에 줄어들지 않아 150일 후에야(제7월 17일이 되어서야) 물이 많이 줄었다. 이후에 방주는 아르메니아(Armenia)의 어떤 산꼭대기에 머물렀으며 이를 안 노아가 문을 열었으나 땅이 주위에 조금밖에 보이지 않자 구원의 기쁜 소망을 품고 잠시 더 기다리기로 했다. 여러 날 후에 물이 상당히 줄어들자 노아는 다른 곳에 혹시 뭍이 드러난 곳은 없는지 방주를 나와도 무사할지 알아보기 위해 까마귀를 내보냈으나 아직 온 지면에 물이 있으므로 노아에게로 되돌아왔다. 그로부터 일주일 후에 그는 지면의 상태를 알아보기 위해 비둘기를 내보냈더니 발에 진흙이 묻은 채 감람나무 가지를 물고 되돌아왔다.

일주일을 더 기다린 후에 생물들을 방주에서 내보내고 노아는 식구들을 거느리고 나와서 하나님께 제물을 바치고 식구들과 잔치를 벌였다. 아르메니아인들은 이 장소(Αποβατήριον)16)를 혈통의 장소(Place of Descent)라고 부르는데 그 이유는 그곳에서 방주가 구원을 받았기 때문이다. 방주의 유물은 지금도 그곳 주민들에 의해 곧잘 발견되곤 한다.

6. 야만인들의 모든 역사 기록 속에서 이 홍수와 방주에 대한 언급을 찾아 볼 수가 있다. 그중에는 갈대아인 베로수스(Berosus)의 홍수에 대한 기록이 있는데 다음과 같다. "아르메니아의 코르디아인(Cordyaeans)의 산에 가면 아직도 이 배의 일부를 볼 수 있는데 사람들이 역청 조각을 떼어다가 주로 화를 물리치는 부적으로 사용한다고 한다."『베니게(페니키아) 고대사』(Phoenician Antiquities)를 쓴 애굽인 히에로니무스(Hieronymus)와 므나세아스(Mnaseas)와 그 밖의 많은 사람이 같은 사실을 언급하고 있다.

다메섹의 니콜라우스(Nicolaus of Damascus)도 그의 저서 제96권에서 홍수에 대해 다음과 같이 특별히 언급하고 있다. "미니아스(Minyas) 너머 아르메니아에 가면 바리스(Baris)라 부르는 큰 산이 있는데 대홍수 때 많은 이들이 그곳으로 피해 생명을 건졌고 특히 한 사람이 방주를 타고 그 산꼭대기에 이르렀으며 지금도 그 방주에 쓰인 나무 조각들이 많이 발견되고 있다는 이야기가 전해져 내려오고 있다. 이 사람이 바로 유대의 입법자인 모세가 쓴 글에 나오는 사람일 것이다."

7. 노아는 하나님이 인류를 멸망시키기로 결심하셨으니까 매년 지구를 홍수로 멸할까 두려워 하나님께 번제를 드리고, 자연이 이제는 전과 같이 질서 있

---

16) 아포바테리온(Αποβατήριον) 혹은 혈통의 장소(Place of Descent)라고 번역한 것은 이 도시의 아르메니아식 이름을 정확하게 번역한 것이다. 이곳은 프톨레마이우스 낙수아나(Ptolemy Naxuana)와 아르메니아 역사가인 모세 코레넨시스(Moses Chorenensis)에 의해 이드셰우안(Idsheuan)이라고 불리고 있다. 그러나 그곳의 원래 이름인 '혈통의 첫 장소'(first place of descent)라는 뜻의 나키드셰우안(Nachidsheuan)은 노아가 방주로 인해 구원받았다는 것을 알리는 영원한 기념물이다. 이 도시는 방주가 머무른 산의 발치에 세워진 홍수 후의 첫 번째 도시였다. 『유대 고대사』 20권 2장 3절을 보라. 모세 코레넨시스는 전승에 의하면 세론(Seron), 분산의 장소(Place of Dispersion)라고 불리는 마을도 이 노아의 방주와 연관이 되어 있다고 말하고 있다. 아르메니아 사람들의 추측처럼 방주의 유물이 지금도 남아 있는지에 대해서 무엇이라고 확실히 말할 수가 없다. 투른포르(Tournefort)가 얼마 전에 그 장소에 가보려고 했으나 너무나 많은 위험과 곤란에 직면하여 도중에 포기하고 말았다.

게 운행되었으면 좋겠다는 것과 다시는 모든 생물을 파멸시키는 그런 무서운 심판이 없었으면 좋겠다는 것과, 이제 악한 자들을 벌하셨으니 그런 무서운 심판에서 구원하는 것이 좋겠다고 생각하시고 남겨 두신 자들에게 은혜를 베푸시기를 원한다고 하나님께 간청했다. 만일 자기들이 완전히 위험을 벗어난 것이 아니고 또 다른 심판을 받아야 한다면, 만일 첫 번째 심판의 무서운 모습을 눈으로 보고 겪고 난 후 또다시 두 번째 심판에 의해 멸망당한다고 한다면 차라리 첫 번째 심판 때 멸망당한 편이 더 나았을 것이라고 호소했다. 노아는 또한 자기 재물을 받으시고 세상을 물로 심판하지 말아 주실 것과 인간들이 즐겁게 삶을 누리면서 도시를 건설하고 그 안에서 행복하게 살도록 허락해 주실 것과 홍수 전에 누리던 좋은 것들을 빼앗아 가지 마실 것과 홍수 전의 선조들처럼 오래 장수하게 해주실 것을 간청했다.

8. 노아가 이렇게 간청하자 하나님이 그의 의로움을 보시고 그의 기도를 들으셨으며 타락한 세상을 멸망시킨 것은 자기가 아니고 인간들의 사악함 때문이라고 말씀하셨다. 만일 자기가 인간을 아주 멸망시키기로 결심했다면 아예 인간을 세상에 내보내지도 않았을 것이라고 하셨다. "인간들이 나의 거룩함과 덕에 해를 끼쳤기에 나는 어쩔 수 없이 이렇게 그들을 벌할 수밖에 없었다. 그러나 나는 이제 특별히 너의 기도를 듣고 인간들이 장차 저지를 사악한 행위에 대해서 이토록 엄청난 진노의 형벌은 내리지 않을 것이다. 그러나 나는 가끔 무서운 폭풍우를 내릴 것이나 그로 인해 세상이 물로 덮이는 일은 없을 것이니 놀라지 말아라. 너는 사람의 피를 흘리는 일이 없도록 조심하고 네 몸을 스스로 지키며 살인한 자를 처벌하도록 하라. 내가 너를 다른 모든 생물, 즉 땅에 기는 것이나 물속을 헤엄치는 것이나 공중에 나는 것들 위에 주인으로 세우리니 피를 제외하고는 네가 원하는 대로, 식욕이 끌리는 대로 무엇이나 먹도록 하라. 피를 먹어서는 안 되는 이유는 그 안에 생명이 있기 때문이다. 내가 나의 진노를 거둔다는 것을 나의 맹세로 네게 보이리라"(여기서 맹세는 '무지개'를 의미한다). 하나님이 이같이 약속하시고 말씀하신 후에 떠나셨다.

9. 노아는 홍수 후에 350년간을, 그것도 계속 행복하게 보낸 후에 950세의 나이로 세상을 떠났다. 고대인들과 우리의 수명을 비교하고 우리의 수명이 훨씬 짧은 것을 보고는 우리가 지금까지 한 이야기가 거짓이라고 생각해서는 안 된다. 현재 우리의 수명이 얼마 안 되는 것을 가지고 고대인들이 그렇게 오래 살았을 리가 없다고 말해서도 안 된다. 왜냐하면 이 고대인들은 하나님의 사랑을 받고 있는 데다가 하나님이 손수 만드신 지 얼마 되지도 않았고 그들이 먹었던 음식이 생명을 연장시키는 데 더 적합했기 때문에 그렇게 장수할 수 있었을 것이다. 게다가 하나님이 그들의 덕을 보시고 수명을 연장시키셨고, 600년 이상 살지 않으면 (별들의 주기를) 예언할 수가 없었기 때문에 천문학적, 기하학적 발견을 위해서도 장수하게 하셨던 것이다. 왜냐하면 대역년(大歷年, Great Year)은 600년이 한 주기이기 때문이다.

내가 지금까지 유대 고대사에서 이야기한 것이 옳다는 것은 헬라인이나 야만인 저술가 모두가 입증하고 있다. 왜냐하면 『애굽 역사』(Egyptian History)를 쓴 마네토(Manetho), 갈대아의 기념비(Chaldean Monument)들을 수집한 베로수스(Berosus), 모쿠스(Mochus), 헤스티아이우스(Hestiæus), 그 외에도 애굽인 히에로니무스(Hieronymus), 『베니게(페니키아) 역사』(Phoenician History)를 쓴 자들이 모두 여기서 내가 한 말에 동의하고 있기 때문이다. 헤시오도스(Hesiod), 헤카타이우스(Hecatæus), 헬라니쿠스(Hellanicus), 아쿠실라우스(Acusilaus), 에포루스(Ephorus), 니콜라우스(Nicolaus) 등이 고대인들은 1,000년을 살았다고 기록하고 있다. 이 문제에 대해서는 각자가 마음에 드는 사람을 골라 읽어 보도록 하라.

제4장

바벨탑과 언어의 혼란

1. 노아에게는 홍수 100년 전에 태어난 셈(Shem), 야벳(Japhet), 함(Ham)이라는 세 아들이 있었다. 이들은 우선 높은 산에서 평지로 내려와서 그곳에 거처를 정하고, 홍수를 겪었기 때문에 낮은 곳을 무서워하여 높은 곳에서 내려오기를 꺼리는 자들을 설득해서 평지로 내려오게 했다. 이들이 처음 거한 곳은 시날(Shinar) 평지였다.

하나님이 반역을 방지하고, 지구의 대부분을 경작해서 그 열매를 맛보도록 하기 위해 다른 곳에 식민지를 개척하여 땅에 충만하라고 그들에게 명령하셨다. 그러나 그들은 하나님의 명령에 순종하지 않았다. 이로 인해 그들은 큰 재난 가운데 떨어지게 되었고 자기들이 어떤 죄를 범했는지를 체험적으로 깨닫게 되었다. 젊은 청년들이 많아지고 번성하게 되자 하나님이 다른 곳에 식민지를 개척하라고 다시금 명령하셨다. 그러나 그들은 자기들이 번영을 누리는 것은 하나님의 은혜가 아니라 바로 자기들의 힘 때문이라고 믿고 하나님의 명령에 순종하지 않았다. 그들은 하나님의 뜻에 순종하지 않는 것에서 그치지 않고 하나님이 자기들을 쉽게 억압하기 위해 분산시키는 것이라는 의혹까지 품게 되었다.

2. 그들을 선동해서 감히 이렇게 하나님께 맞서게 만든 자는 니므롯(Nimrod)이었다. 그는 노아의 아들인 함의 손자로서 용감한 자요, 손의 힘이 무척 센 자였다. 그는 그들이 행복한 것은 자기 때문이지 하나님의 은혜가 아니라고 주장하면서 행복을 쟁취하는 것은 바로 그들의 용기라고 믿게 했다. 그는 인간들을 하나님에게서 등을 돌리게 하고 항시 자기 능력만을 의지하게 하기 위해서는 다른 방법이 없음을 보고 점차 전제 정치를 펴나가기 시작했다. 그는 하나님이 다시 세상을 물로 멸망시킬지도 모르니까 물이 닿지 못할 높은 탑을 건설해서

하나님께 복수할 것이라고 선언했다. 자기 선조를 멸망시킨 하나님을 자기가 대신 복수하겠다는 것이었다.

3. 군중들은 하나님께 순종하는 것은 비겁한 행위라고 생각하고 선뜻 니므롯의 결정을 따르기로 결심했다. 그들은 게으름도 피우지 않고 힘든 것도 아랑곳없이 탑을 쌓기 시작했다. 워낙 많은 사람이 동원되었기 때문에 탑은 예상외의 빠른 속도로 높이 쌓아져 올라갔다. 그러나 탑이 대단히 넓은 데다가 튼튼하게 지어졌기 때문에 언뜻 보기에는 실제 높이만큼 높아 보이지 않았다. 그 탑은 구운 벽돌을 모르타르(mortar)로 붙이고 물이 스며들지 않도록 역청을 바른 탑이었다. 하나님이 그들의 미친 행동을 보시고 죄인들을 멸망시켜도 전보다 나아지는 것이 없으므로 그들을 전멸시키지는 않겠다고 결심하셨다. 그 대신 언어를 혼잡하게 해서 서로 간에 알아듣지 못하게 하셨다. 그들이 탑을 쌓은 장소는 전에는 알아들었던 언어가 혼잡해졌기 때문에 현재 바벨론(Babylon, 바빌론)이라고 불린다. 왜냐하면 히브리어로 바벨(Babel)은 '혼잡'을 의미하기 때문이다.

시빌(Sibyl)은 이 탑과 언어의 혼잡에 대해서 아래와 같이 언급하고 있다. "모든 사람의 언어가 하나였을 때 어떤 이들이 탑을 쌓았는데 하늘에까지 닿을 정도로 높은 탑을 쌓았다. 그러나 신들이 강풍을 내려보내 탑을 무너뜨리고 사람들의 언어가 각기 달라지게 했다. 그 도시를 바벨론이라고 부르는 이유가 바로 여기에 있다." 바벨론(Babylonia, 바빌로니아)의 시날 평지에 대해서는 헤스티아이우스(Hestiæus)가 다음과 같이 언급하고 있다. "구원받은 제사장들이 유피테르 에뉘알리우스(Jupiter Enyalius)의 거룩한 배들을 타고 바벨론의 시날로 갔다."

제5장

노아의 후손들이 식민지를 개척하고
온 땅에 거하게 된 경위

이후에 그들은 언어 소통이 안 되니 온 지면에 흩어져 곳곳에 식민지를 개척했다. 그들이 하나님이 인도한 곳에 정착해 땅을 차지하게 되니 온 땅이 내지(內地)나 해변이나 할 것 없이 사람들로 충만하게 되었다. 어떤 이들은 배를 타고 바다를 건너 섬에 정착하였다. 어떤 나라들은 개국 당시의 창건자들이 붙인 각 나라의 국명을 그대로 보유하고 있는가 하면 어떤 나라들은 아예 국명조차 모르고 있고 어떤 나라들은 자기 국민이 이해하기 쉽게 각 국명을 약간씩 변경시키기도 하였다. 이렇게 국명을 변경시킨 장본인들은 헬라인들이다. 그들은 세월이 지나 강성해지자 자기들이 고대의 영광을 독점하고 있었던 것처럼 주장하면서 자기들이 이해하기 쉽게 각 나라 명칭을 (헬라어로) 붙이고 각 민족이 자기들에게서 퍼져 나간 것처럼 행세했다.

제6장

각 나라 창건자들이 국명을 붙이게 된 경위

1. 각 나라의 창건자들은 노아의 손자들의 이름을 기리기 위해 이름을 따서 국명을 지었다. 노아의 아들 야벳에게는 일곱 아들이 있었다. 그들은 타우루스(Taurus)와 아마누스(Amanus) 산맥으로부터 시작해서 아시아를 거쳐 타나이

스(Tanais)강까지, 그리고 유럽을 거쳐 카디즈(Cadiz)까지 걸쳐서 전에 사람이 살지 않던 땅을 차지하고 자기들의 이름을 따서 국명을 지었다.

고멜(Gomer)은 헬라인들이 지금 갈라디아인(Galatians, Galls)라고 부르나 그 당시에는 고멜족(Gomerites)이라고 부르던 나라를 이루었다. 마곡(Magog)은 자기 이름을 본떠 마곡족(Magogites)이라고 불렀으나 헬라인들은 스구디아(Scythians)라고 부르는 나라를 이루었다. 야벳의 아들은 야완(Javan)과 마대(Madai)가 있는데 마대에서 마대(Madeans)라는 이름이 나왔고 지금 헬라인들은 이를 메대(Medes)라고 부르고 있다. 또한 야완에게서는 이오니아(Ionia)와 모든 헬라인(Grecians)이 나왔다. 두발(Thobel)은 지금 이베레스(Iberes)라고 부르는 두발(Thobelites)을 이루었으며 메섹(Mosoch)은 지금 갑바도기아(Cappadocians)라고 부르는 메섹(Mosocheni)을 이루었다. 아직도 고대의 국명의 흔적이 보이는 도시가 있다. 마자카(Mazaca)라고 부르는 도시가 있는데 한때 전 국가가 이 이름으로 불렸음을 아는 사람은 알고 있다. 디라스(Thiras)는 자기가 통치하는 나라를 디라스(Thirasians)라고 불렀는데 헬라인들은 이 국명을 트라키아(Thracians)라고 고쳤다.

야벳의 후손들이 차지한 나라는 매우 많았다. 고멜의 세 아들 가운데서 아스그나스(Aschanax)는 헬라인들이 현재 레기니아(Rheginians)라고 부르는 아스그나스(Aschanaxians)를 이루었으며, 리밧(Riphath)은 현재 파플라고니아인(Paphlagonians)이라고 부르는 리밧(Ripheans)을 이루었고, 도갈마(Thrugramma)는 헬라인들이 현재 프리기아인(Phrygians)이라고 부르는 도갈마(Thrugrammeans)를 이루었다. 야벳의 아들 야완에게도 세 아들이 있었다. 엘리사(Elisa)는 엘리세아(Eliseans)를 창건했는데 지금 아이올리아(Æolians)라고 부르고 있다. 달시스(Tharsus)는 타르시아(Tharsians)를 이루었다. 길리기아(Cilicia)는 옛적에 타르시아라고 불렀는데 그 지방 최고의 도시인 동시에 수도인 타르수스(Tarsus, 한글판 개역개정 성경에는 다소로 되어 있음. 바울이 태어난 도시임-역자 주)가 이를 증명하고 있다. 케티무스(Cethimus)는 케티마(Cethima)섬을 차지했는데 현재는 구브로(Cyprus, 키프로스)라고 부른다. 모든 섬들과 해안의 대부분을 히브리어로 깃딤(Cethim)이라고 부르는 이유가 여기에 있다. 키프로스에는 아직도 깃딤이라는 국명을 보존하고 있는 도시가 하나 있다. 물론 헬라어를 사용하는 자는 그 도시를 키티우스(Citius)라고 부르고 그 지방 방언으로 말하면 깃딤이라고 부른다. 야벳의 아들들과 손자들은 많은 나라를 차지했다.

내가 한 가지 이야기할 것을 빠뜨렸다. 나는 여기서 독자들의 이해를 돕기 위해서 헬라어 발음으로 국명들을 밝혔으나 우리 민족의 언어로는 그렇게 발음되지 않는다. 이름은 격(格)이 바뀌어도 어미가 변하지 않는다(히브리어는 헬라어와 달라 주격, 소유격, 여격, 목적격일 때 명사의 어미가 달라지지 않는다 – 역자 주). 여기서 헬라어로 노에아스(Noeas)라고 발음해도 히브리어로는 그냥 노아(Noah)이며 모든 격에 있어서 어미는 불변이다.

2. 함의 자녀들은 수리아(Syria, 시리아)와 아마누스(Amanus)와 리바누스(Libanus) 산맥에서 시작해서 해변을 거쳐 바다에 이르는 모든 땅을 차지했다. 어떤 국명들은 완전히 사라져 버렸고 어떤 국명들은 변했지만 아직도 국명을 완전히 보존하고 있는 나라들이 조금은 있다.

함의 네 아들 중에서 구스(Chus)의 이름은 시간도 어쩌질 못했다. 왜냐하면 그가 다스리던 에디오피아(Ethiopia, 에티오피아)는 자신은 물론 아시아의 모든 사람에 의해 오늘날도 구스(Chusites)라고 불리기 때문이다. 미스라임(Mesraites)의 이름도 우리의 기억 속에 남아 있다. 이 나라(유대)에 거주하고 있는 우리들은 애굽을 메스트르(Mestre), 애굽인들을 메스트레아인(Mestreans)이라고 부른다. 붓(Phut)은 리비아(Libyia)의 창건자였는데 주민들을 자신의 이름을 본떠 붓족(Phutites)이라고 불렀다. 또한 무어(Moors) 지방에는 붓이라는 이름의 강이 있다. 헬라의 역사가들이 그 강과 인근 지역을 붓이라는 명칭으로 부른 것은 여기서 기인한 것이다. 그러나 그곳의 현재 명칭은 미스라임(Mesraim)의 아들 가운데 하나인 리비오스(Lybyos)의 이름을 본뜬 리비아(Lybyia)라는 명칭으로 점차 변하였다. 나는 이제 독자들에게 왜 그곳이 또한 아프리카(Africa)라는 이름으로도 불렸는지에 대해서 설명하려고 한다. 함의 넷째 아들인 가나안(Canaan)은 현재 유대(Judea)라고 부르는 지방에 거주하면서 그곳을 자신의 이름을 본떠 가나안이라고 불렀다.

함의 네 아들의 자녀들은 아래와 같다. 스바(Sabas)는 사베아(Sabeans)를 이루었고 에빌라스(Evilas)는 에빌레아(Evileans)를 이루었는데 오늘날 게툴리(Getuli)라고 부른다. 스바족(Sabathes)은 오늘날 헬라인들이 아스타보라인(Astaborans)이라고 부르는 사바테(Sabathens)를 이루었다. 사박타인(Sabactas)은 사박테(Sabactens)에 정착했고 라그무스(Ragmus)는 라그메아(Ragmeans)에 정착했다. 라그무스에게는 두 아들이 있었는데 유다다스(Judadas)는 서부 에디오피아(western Ethiopia) 국가인 유다데아(Judadeans)에 정착했고 스바(Sabas)는 사베아(Sabeans)에 정착했다. 그러나 구스(Chus)의 아들인 니므롯은 우리가 이미 살펴본 대로 바벨론에 거하면서 전제 정치를 시행했다. 미스라임의 여덟 아들은 가사(Gaza)에서 애굽에 이르는 땅을 차지했으나 필리스팀(Philistim)이라는 이름 하나만 남기고 다 사라져 버렸다. 헬라인들은 이 지방을 팔레스타인(Palestine)이라고 부르고 있다. 나머지 아들들, 루딤(Ludieim), 아나밈(Enemim), 유독 혼자 리비아에 거하면서 그곳을 자신의 이름을 본떠 명명했던 르하빔(Labim), 납두힘(Nedim), 바드루심(Phethrosim), 가슬루힘(Chesloim), 갑도림(Cepthorim)에 대해서는 이름 외에는 아무것도 아는 것이 없다. 왜냐하면 우리가 후에 언급할 에디오피아 전쟁(Ethiopic war)[17]으로 인해 이 도시들이 파괴되었기 때문이다. 가나안의 아들들은 다음과 같다. 시돈(Sidonius)은 자기 이름을 따서 도시를 건설하였는데 헬라인들은 이 도시를 시돈(Sidon)이라고 부르고 있다. 아마투스(Amathus)는 아마틴(Amathine)에 거주했는데 현재 그곳 주민들은 아마테(Amathe)라고 부르는 데 반해 마게도냐인(Macedonians)들은 그의 후손 한 사람의 이름을 본떠서 에피파니아(Epiphania)라고 부른다. 아르왓 족속(Arudeus)은 아라두스(Aradus)섬을 차지했고 알가 족속(Arucas)은 리바누스(Libanus)에 있는 아르케(Arce)를 차지했다. 그 외의 일곱 아들들, (히위 족속[Eueus]), 헷 족속(Chetteus), 여부스 족속(Jebuseus), 아모리 족속(Amorreus),

---

[17] 애굽(Egypt, 이집트) 사령관 모세(Moses)가 종결시킨 에디오피아(Ethiopia, 에티오피아) 전쟁(후대의 역사가들은 이에 대해 매우 무관심했다)과 관련해서 우리는 한 가지 점을 주목하고 넘어가야 한다. 즉 이 전쟁의 결과로 미스라임(Mitzraim) 후손의 예닐곱 국가가 멸망했다는 사실이다. 왜냐하면 요세푸스는 자기 주장을 증거해 줄 고대 기록(비록 이 기록은 현존하고 있지는 않다)이 없었다면 이런 주장을 할 사람이 아니기 때문이다.

기르가스 족속(Gergesus), 하맛 족속(Eudeus), 신 족속(Sineus), 스말 족속(Samareus)에 대해서 우리의 성문서에는 이름만이 알려져 있을 뿐이다. 왜냐하면 히브리인들이 이 도시를 파괴시켰기 때문이다. 이들이 이런 큰 재난을 당하게 된 원인은 다음과 같다.

3. 홍수 후에 땅이 그전 상태로 재정돈되자 노아는 땅을 경작하기 시작했다. 그는 포도나무를 심고 열매가 익자 알맞게 포도를 수확해 포도주를 담근 후에 제물을 하나님께 드리고 잔치를 베풀었다. 그는 포도주를 마시고 취하여 벌거벗은 채 잠이 들었다. 함이 이것을 보고 웃으면서 나와 형들에게 아버지의 모습을 보여주었다. 그러나 형들은 아버지의 벌거벗은 몸을 가렸다. 노아가 이런 사실을 알게 되자 다른 두 아들의 후손을 위해서는 기도해 주었으나 함의 후손들은 저주했다. 노아가 함을 직접 저주하지 못한 것은 자기 가까이에서 피를 흘리기 싫었기 때문이었다. 함의 자녀들은 이를 피하지 못했다. 이에 대해서는 후에 더 상세히 살피게 될 것이다.

4. 셈(Shem)에게는 다섯 아들이 있었는데 이들은 유브라데(Euphrates)에서 인도양(Indian Ocean)에 이르는 땅을 차지했다. 엘람(Elam)은 바사인(Persians, 페르시아인)의 선조인 엘람(Elamites)을 이루었다. 앗수르(Ashur)는 니느웨(Nineve) 도시에 살았으며 그의 백성들을 앗수르인(Assyrians)이라고 불렀는데 이 나라는 후에 강대한 국가가 되었다. 아르박삿(Arphaxad)은 현재 갈대아인(Chaldeans)이라고 부르는 아르박삿족(Arphaxadites)을 이루었다. 아람(Aram)은 현재 헬라인들이 수리아인(Syrians)이라고 부르는 아람족(Aramites)을 이루었고 룻(Laud)은 지금 리디아인(Lydians)이라고 부르는 룻족(Laudites)을 이루었다. 아람에게는 네 아들이 있었다. 우스(Uz)는 트라코니티스(Trachonitis)와 다메섹(Damascus, 다마스쿠스)을 창건했는데 이 나라는 팔레스타인과 켈레시리아(Celesyria) 사이에 놓여 있다. 훌(Ul)은 아르메니아(Armenia)를, 게델(Gather)은 박트리아(Bactrians)를, 마스(Mesa)는 현재 카락스 스파시니(Charax Spasini)라고 부르는 메사네아(Mesaneans)를 각기 이루었다. 셀라(Sala)는 아르박삿의 아들이

고, 에벨(Heber)은 셀라의 아들이었는데, 이 에벨의 이름에서 유대인, 히브리인(Hebrews)이라는 명칭이 나온 것이다.[18] 에벨은 욕단(Joctan)과 벨렉(Phaleg)을 낳았다. 벨렉은 국가들이 여러 지역으로 분산될 때 태어났기 때문에 붙여진 이름이었다. 벨렉은 히브리인들 사이에서는 '분산'(division)을 의미하기 때문이다. 에벨의 아들 욕단에게는 알모닷(Elmodad), 셀렙(Saleph), 하살마웻(Asermoth), 예라(Jera), 하도람(Adoram), 우살(Aizel), 디글라(Decla), 오발(Ebal), 아비마엘(Abimael), 스바(Sabeus), 오빌(Ophir), 하윌라(Euilat), 요밥(Jobab) 등의 아들이 있었다. 이들은 코펜(Cophen)에서부터 인도강과 인도강 인근 아시아 지역 일부에 거했다. 이것이 셈의 아들들에 대한 이야기 전부이다.

5. 나는 이제 히브리인에 대해서 다루려고 한다. 에벨(Heber)의 아들인 벨렉은 르우(Ragau)를 낳았다. 르우는 스룩(Serug)을 낳았고 스룩은 나홀(Nahor)을 낳았으며 나홀은 데라(Terah)를 낳았고 데라는 아브라함(Abraham)을 낳았다. 아브라함은 노아의 10대손이요 홍수 후 292년 만에 태어났다. 그 이유는 아래와 같다. 데라는 아브라함을 70세에 낳았다. 나홀(Nahor)은 하란(Haran)을 120세에 낳았다. 스룩(Serug)은 나홀을 132세에 낳았으며 르우(Ragau)는 스룩을 130세에 낳았고 벨렉은 르우를 130세에 낳았고 에벨은 벨렉을 134세에 낳았고, 셀라는 에벨을 130세에 낳았으며 아르박삿은 셀라를 135세에 낳았고 셈은 아르박삿을 홍수 후 12년 만에 낳았다. 아브람에게는 두 형제 나홀과 하란이 있었다. 하란은 아들 롯(Lot)과 두 딸 사래(Sarai)와 밀가(Milcha)를 남기고 우르(Ur)라고 부르는 갈대아(Chaldeans) 도시에서 세상을 떠났다. 지금도 그의 기념비가 남아 있다. 이들은 조카들과 결혼했다. 나홀은 밀가와 결혼했고 아브람은 사래와 결혼했다. 갈대아를 미워하는 데라는 하란의 죽음을 슬

---

[18] 유대인은 그들의 조상 에벨의 이름에 기인해서 히브리인(Hebrews)이라고 불린 것이지 오늘날 많은 현대인이 생각하는 것처럼 히브리 사람 아브람(Abram the Hebrew)이나 유브라데강을 건너는 여행자(passenger)에서 파생된 것이 아님을 요세푸스는 정확하게 주장하고 있다. 비록 창세기 14장 13절의 "히브리 사람 아브람"을 70인역이 여행자(passenger, περάτης)라고 번역하고 있는 것을 부인할 수는 없지만 셈은 아브람이 유브라데강을 건너기 훨씬 전부터 역사에서 에벨 온 자손의 조상, 혹은 모든 히브리들의 조상으로 불렀다. 그런데 이 단어가 이제 막 유브라데강을 건너온 아브람에게만 쓰인 것이 문제가 되는데 여기서는 고유 명사로 쓰인 것이 아니라 보통 명사로 쓰인 것으로 이해해야 할 것 같다.

퍼한 나머지 식구들을 거느리고 메소포타미아(Mesopotamia)의 하란으로 옮겼다. 그리고 그곳에서 205세의 나이로 세상을 떠났다. 이미 인간의 수명은 조금씩 단축되기 시작했고 모세 때 이르러서는 현격히 감소되어 120세가 평균 수명이 되었고 모세의 수명도 120년이 넘지 못하도록 하나님이 정하셨다. 나홀은 밀가를 통해 여덟 아들을 두었다. 우스(Uz), 부스(Buz), 그무엘(Kemuel), 게셋(Chesed), 하소(Azau), 빌다스(Pheldas), 이들랍(Jadelph), 브두엘(Bethuel), 이들이 나홀의 적자들이며 첩인 르우마(Reuma)를 통해서는 데바(Teba), 가함(Gaam), 다하스(Tachas), 마아가(Maaca)가 태어났다. 브두엘은 리브가(Rebecca)라는 딸과 라반(Laban)이라는 아들 하나를 두었다.

제7장

우리 선조 아브람이 갈대아 땅을 떠나 그 당시 가나안이라고 불렀고 지금은 유대라고 부르는 땅에 거하게 된 경위

1. 아브람은 아들이 없었으므로 형의 아들이요 아내 사래의 형제인 롯(Lot)을 양자로 맞아들였고 75세의 나이에 갈대아 땅을 떠나 하나님의 명령에 순종하여 가나안 땅으로 들어가서 그곳에 거했으며 가나안을 후손에게 물려주었다. 그는 지혜 있는 사람으로서 사물을 이해하는 능력에 있어서나 상대방을 설득하는 능력에 있어서 남보다 뛰어난 사람이었으며 남보다 판단이 한 걸음 뛰어난 인물이었다. 따라서 그는 다른 사람들보다 더 고귀한 덕의 개념을 품을 수 있었고 모든 사람이 당시에 하나님에 대해 가지고 있던 인식을 개선하고 바꾸어 보고자 애를 썼다. 아브람은 세상에는 오직 한 분이신 창조주 하나님이

존재하며 다른 신들이 인간의 행복에 기여하는 것이 있다면 그들이 무슨 능력이 있어서가 아니라 단지 하나님이 그렇게 정하셨기 때문이라는 관념을 나타내려고 시도한 첫 인물이었다. 이런 그의 관념은 해, 달, 천체뿐 아니라 육지와 바다에서 볼 수 있는 불규칙한 현상을 보고 얻은 것이었다. "만일 이런 천체들이 스스로 고유한 능력을 가지고 있다면 분명히 규칙적인 운동을 보일 것이다. 그러나 그런 규칙성이 보이지 않는 것을 볼 때 천체가 우리의 유익에 기여하는 것이 있다면 그것은 스스로 어떤 고유한 능력이 있기 때문이 아니라 천체를 주관하시는 그분의 명령에 순종하기 때문이라는 것을 분명히 알 수가 있다. 따라서 우리는 오직 그분에게만 감사와 영광을 돌려야 하는 것이다." 이 교리에 대해서 갈대아인들과 메소포타미아의 다른 민족들이 강력한 반대를 제기하자 아브람은 그곳을 떠나는 것이 좋겠다고 생각했다. 결국 그는 하나님의 명령에 의해 가나안 땅에 들어오게 되었고 하나님의 도움을 받으면서 그곳에서 살게 되었다. 아브람은 가나안에 정착한 후 단을 쌓고 하나님께 제물을 드렸다.

2. 베로수스(Berosus)는 우리 선조 아브람에 대해서 이름을 대지 않고 다음과 같이 언급하고 있다. "홍수 후 10대째에 천체 과학에 조예가 깊으며 의로운 위인 한 사람이 갈대아인 가운데 살고 있었다." 헤카타이우스(Hecataeus)는 단지 아브람을 언급하는 정도에서 그치지 않고 그에 대한 책을 써서 후손에게 물려주었다. 다메섹의 니콜라우스는 자신의 역사책 제4권에서 이같이 말하고 있다. "아브람은 갈대아인의 땅이라고 부르는 바벨론 위쪽 나라에서 군대를 끌고 와서는 외국인 지배자로 다메섹을 다스렸다. 그러나 오랜 후에 그는 백성들을 거느리고 그곳을 떠나서 현재 유대 땅이라고 부르는 가나안 땅으로 들어왔다. 그의 후손들은 이곳에서 크게 번창했다. 그의 후손들의 역사에 대해서는 다른 책에서 언급하게 될 것이다." 아브람의 이름은 심지어 오늘날까지도 다메섹 지방에서는 유명한 이름으로 남아 있는데 그의 이름을 본떠 아브람의 거주지(Habitation of Abram)라고 한 마을도 있다.

제8장

가나안에 기근이 들어 아브람이 애굽에 내려가 상당 기간 거주하다가 되돌아온 경위

1. 이후에 가나안에 기근이 엄습해 오자 아브람은 애굽이 번창하고 있다는 사실을 깨닫고 애굽인들이 누리는 풍요로움도 맛볼 겸 애굽 제사장들을 만나서 그들의 신 개념을 들어 보고 자기가 가진 개념보다 더 나으면 그것을 따르고 아니면 그들의 생각을 고쳐 줄 심산으로 애굽에 내려가기로 결심했다. 그러나 사래와 함께 가다가 애굽 왕이 자기 아내의 빼어난 미모를 보고 자기를 죽이면 어떻게 할까 하는 두려움이 생기자 아브람은 남매지간으로 행세하면 좋겠다고 생각하고 신변 안전을 위해서는 그렇게 하는 수밖에 없다고 아내를 설득했다.

그가 애굽에 들어서자마자 아니나 다를까 걱정하던 일이 터지고 말았다. 그의 아내 사래의 미모에 대한 소문이 퍼지자 애굽 왕 바로는 소문만으로는 만족할 수 없었던지 직접 보고 또 소유하고 싶어 했다. 그러나 하나님이 바로에게 병을 내리시고 왕에 대한 반역 사건이 터지게 하심으로써 그의 부당한 소원에 제동을 거셨다. 바로가 제사장들에게 어떻게 해야 이런 재난에서 벗어날 수 있는지를 묻자 제사장들은 이런 재난을 당하는 것은 나그네의 아내를 소유하려는 왕의 부당한 소원 때문에 하나님이 진노하신 데 그 이유가 있다고 했다. 왕은 즉시 두려움에 사로잡혀서 사래에게 "너는 누구이며 같이 온 자는 누구인가?"라고 물었다. 사실을 알게 된 바로는 사래를 아브람의 아내라고 생각하지 않고 누이라고 생각해서 결혼하려고 했던 것뿐이지 정욕으로 욕을 보이려고 했던 것은 아니라고 아브람에게 사과했다. 바로는 그에게 많은 돈을 선물로 주고 가장 학식 있는 애굽인들과 대화를 나눌 수 있도록 허락해 주었다. 이런 대화를 통해서 그의 덕과 명성은 전보다 더 높아지게 되었다.

2. 애굽인들은 전에는 서로 다른 풍습들을 따르고 있었기에 피차 상대방의 풍습과 예식들을 비방하고 마침내는 감정적인 충돌까지 빚고 있었는데 아브람이 이 풍습들을 비교해 가면서 모순점을 지적하고 추론이 사실무근임을 명확하게 파헤쳤다. 이로 인해 아브람은 매우 지혜롭고 현명한 인물이라는 칭찬을 듣게 되었다. 아브람은 어떤 주제라도 막히지 않고 술술 잘 풀어나갔는데 이해력에 있어서나 설득력에 있어서 가히 타의 추종을 불허할 정도였다. 아브람은 그들에게 수학과 천문학을 전해 주었다. 아브람이 애굽에 오기 전에는 애굽인들은 이런 학문에 대해서는 전혀 아는 바가 없었다. 이 학문들은 갈대아에서 애굽으로 전해졌고 다시 애굽에서 헬라인들에게로 전해졌던 것이다.

3. 아브람은 가나안으로 되돌아오자 양 떼를 칠 목초지 때문에 목자들이 서로 다투었으므로 롯과 땅을 나누기로 했다. 아브람은 롯에게 땅을 먼저 선택할 권리를 주었다(혹은 허락했다). 그리고 롯이 선택하고 남은 왼쪽 산밑 저지대를 취하고 애굽의 타니스(Tanis)보다 7년이나 더 오래된 도시인 헤브론에 거처를 정했다. 그러나 롯은 그 당시 멋진 도시였으나 장차 하나님의 뜻과 진노에 의해 멸망당할 소돔성에서 그리 멀지 않은 평지와 요단강을 소유했다.

제9장

앗수르 전쟁으로 인한 소돔인들의 멸망

앗수르인(Assyrians)들이 아시아(Asia)를 지배하고 있을 때 소돔 사람들은 부유했을 뿐 아니라 젊은 청년들이 많았기 때문에 번영을 누리고 있었다. 이 나라를 운영해 나가는 다섯 왕, 베라(Ballas), 바르사(Barsas), 시납(Senabar), 세메벨(Sumobor), 그리고 벨라의 왕(king of Bela)이 있었다. 왕들이 각기 군대를 거느리고 4대(隊)로 나누어 공격해 오는 앗수르 군대를 맞아 싸웠으나 그만 앗수르 군대에 패하고 말았다. 앗수르인들은 소돔인의 왕들에게 조공을 바치게 했고 12년간 이들은 앗수르인들의 노예가 되어 조공을 바쳤다. 그러나 이들은 제13년에 배반을 했다. 이에 앗수르 군대는 아므라벨(Amraphel), 아리옥(Arioch), 그돌라오멜(Chodorlaomer), 디달(Tidal)을 사령관으로 해서 쳐들어왔다. 이 왕들은 전 수리아 영토를 초토화하고 거인의 후손들을 거꾸러뜨렸다. 이들은 소돔까지 진격해 와서 항시 구덩이가 많이 있기에 진흙 구덩이(Slime Pits)라고 부르는 골짜기에 진을 쳤다. 그런데 이 골짜기는 소돔이 멸망한 후에는 이름 그대로 역청(Asphaltites) 호수가 되었다. 이 호수에 대해서 후에 자세히 언급하게 될 것이다. 소돔인들과 앗수르인들간의 전투가 벌어졌다. 그 전투는 격렬한 전투였기에 많은 사상자를 냈고 나머지는 포로로 잡혀갔는데 그 중에는 소돔인들을 도와주러 나간 롯도 포함되어 있었다.

제10장

아브람이 앗수르 군대와 싸워 이기고 포로가 된 소돔인들과 전리품을 다시 찾은 경위

1. 아브람은 이 소식을 듣고 조카 롯의 안부가 걱정되었으며 소돔의 친구들과 이웃들이 불쌍한 생각이 들었다. 아브람은 그들을 도와야겠다는 생각이 들자 지체하지 않고 급히 행군을 서둘러 제5일째 되는 날 밤에 단(Dan), 즉 요단강 수원 근처에서 앗수르 군대를 습격해, 잠이 든 자들은 미처 무기도 들기 전에 살해당했고 잠이 들진 않았으나 술에 취해 싸울 기력이 없는 자들은 도망을

쳤다. 아브람은 그 뒤를 쫓아 그다음 날 다메섹 지경에 속한 호바(Hoba)까지 추격해서 승리는 병사의 수에 달린 것이 아님을 입증했다. 병사들의 민첩성과 용기가 수적 열세를 극복한 것이었다. 왜냐하면 318명밖에 안 되는 병사로 큰 부대를 무찔렀기 때문이었다. 도망친 자들은 풀이 죽어서 고향으로 돌아갔다.

2. 아브람은 앗수르인들에게 잡혀간 소돔인들과 조카 롯을 구해 무사히 돌아왔다. 소돔 왕과 살렘 왕인 멜기세덱(Melchisedec)이 왕곡(王谷, King's Dale)이라 부르는 곳에서 아브람을 영접했다. 멜기세덱이라는 이름의 뜻은 '의로운 왕'(righteous king)으로서 이 때문에 하나님의 제사장이 되었음이 분명하다. 살렘(Salem)은 후에 예루살렘으로 불리게 되었다. 멜기세덱은 아브람의 군대를 정중하게 맞이하고 융숭하게 대접했다. 그들이 잔치를 베풀어 즐기고 있을 때 멜기세덱은 아브람을 칭송하고 적을 물리치게 해주신 하나님께 찬양을 드리기 시작했다. 아브람이 전리품의 10분의 1을 멜기세덱에게 주자 그는 선물을 받았다. 소돔 왕은 아브람에게 포로로 잡혀갔던 사람들은 자기에게 돌려주고 전리품은 가지라고 했다. 그러나 아브람은 그의 종들이 먹은 것 외에는 전리품에 손 하나 대지 않았다. 단지 자기를 도와 전투에 참가한 친구들, 에스골(Eschol), 아넬(Enner), 마므레(Mambre)에게만 전리품의 일부를 나누어 줄 것을 요청했다.

3. 하나님이 그의 덕을 칭찬하시고 이르시기를 네가 그런 아름다운 행위를 보였으니 결코 상을 잃지 않으리라고 하셨다. 아브람은 물려 줄 후손이 없으니 그런 상이 내게 무슨 유익이 있느냐고 반문했다. 그에게는 아직 자녀가 없었다. 하나님이 아브람에게 네가 아들을 가질 것이요 네 후손의 수는 별과 같이 많아지리라고 약속하셨다. 아브람이 이 말씀을 듣고 명하신 대로 하나님께 제물을 드렸다. 제물을 드린 방법은 이와 같다. 아브람이 3년 된 암소와 암염소와 3년 된 숫양과 산비둘기와 집비둘기를 취해서[19] 하나님이 명하신 대로 반

---

[19] 하나님이 모세 율법에서 요구한 제물이 여기서 아브람에게 요구한 5가지 동물과 똑같다는 점을 주목할 필요가 있다. 렐란트(Reland)가 『유대 고대사』 4권 5장 4절에 대해서 언급한 바와 같이 유대인들은 여기서 언급한 세 가지 가축 외에는 식용으로 먹는 동물이 없다.

을 쪼갰으나 새는 쪼개지 아니하였다. 단을 쌓기도 전에 맹금들이 피 냄새를 맡고 단으로 몰려들었고 이때 하나님의 음성이 그에게 들려왔다. 아브람의 후손들이 400년간[20] 애굽에 있을 때 큰 고통을 당할 것이며 후에 적들을 물리칠 것이고 가나안을 전쟁으로 정복하고 그 땅과 도시들을 차지하게 될 것이라고 하셨다.

4. 아브람은 가나안 지경에 속한 곳이요 헤브론시에서 멀리 떨어지지 않은 곳에 위치한 오지제스(Ogyges)라고 부르는 상수리나무 근처에 거했다. 아내에게 자식이 없음을 불안해 한 아브람은 아들을 낳게 해달라고 하나님께 간청했다. 하나님이 아브람에게 메소포타미아에서 이끌어 낸 후에 주셨던 모든 축복 위에 자녀의 축복을 더할 것이니 용기를 잃지 말라고 하셨다.

사래는 하나님의 명령에 따라 애굽 출신 여종을 남편에게 주어 자녀를 낳게 했다. 이 여종은 아이를 잉태하자 의기양양해서 마치 자기가 아들을 낳으면 모든 지배권이 그 아이에게로 돌아갈 것인 양 사래를 감히 모욕하기 시작했다. 그러나 아브람이 그 여종을 아내의 손에 넘겨 벌을 주었다. 이에 사래의 가혹한 벌을 견딜 수가 없어 사래에게서 도망을 친 여종은 자기를 불쌍히 여겨달라고 하나님께 간청했다. 여종이 사막을 헤매고 있을 때 하나님의 천사가 나타나 남주인과 여주인에게로 돌아가라고 명령했다. 지금 이처럼 불행하게 된 이유는 여주인에게 무례하고 거만했기 때문이니 시키는 대로 하면 더 잘 살게 될 것이라고 하였다. 하나님의 말씀에 순종하지 않고 고집을 피운다면 멸망당할 것이나 돌아간다면 이 땅을 다스릴 아들의 어미가 될 수 있을 것이라고 했다. 여종은 천사의 말에 순종하고 남주인과 여주인에게로 돌아가서 용서를 받았다. 그 후 얼마 안 있어 여종은 이스마엘(Ismael)을 낳았다. 그 이름의 뜻은 하나님이 그의 어미의 기도를 들으셨다는 의미에서 '하나님이 들으심'(Heard of God)이었다.

---

[20] 아브람의 후손이 400년간 고통을 당하는 것에 관해서는 『유대 고대사』 2권 9장 1절을 보라.

5. 이스마엘을 낳을 때 아브람의 나이는 86세였다. 아브람이 99세일 때 하나님이 나타나셔서 사래를 통해 아들을 줄 것이라고 약속하시고 이름을 이삭(Isaac)이라고 하라고 명령하셨다. 하나님이 또한 아브람에게 이 아들을 통해서 열국과 열왕이 나올 것이며 이들이 시돈(Sidon)에서 애굽에 이르기까지의 가나안 땅을 전쟁으로 차지하게 될 것임을 보여주셨다. 하나님이 그의 후손들을 다른 인간들과 구별되게 하기 위해서 난 지 8일 만에 포피를 베어 할례를 받게 하라고 아브람에게 명령하셨다. 할례를 받는 이유에 대해서는 다른 곳에서 설명하게 될 것이다. 아브람이 이스마엘이 살게 될지의 여부를 묻자 하나님이 이스마엘은 장수할 것이고 큰 나라의 조상이 될 것임을 보여주셨다. 아브람이 이런 축복을 내려 주시는 데 감사하여 하나님께 찬양을 드렸다. 즉시 아브람과 모든 식구와 이스마엘이 할례를 받았으니 이스마엘의 나이는 13세였고 아브람의 나이는 99세였다.

제11장

하나님이 소돔인들의 죄악으로 인해 진노하시고 소돔을 멸망시키게 된 경위

1. 경제적으로 윤택해지고 부해지자 소돔 사람들은 교만해져서 사람들을 부당하게 대하기 시작했고 하나님께 받은 은혜를 망각할 정도로 하나님께 대해 불경한 언동을 서슴지 않았으며 나그네를 미워하고 동성애에 빠져 있었다. 따라서 하나님이 그들에 대해 크게 진노하시고 그들의 교만을 벌하시고 그들의 성을 멸하시고 어떤 식물도 자라지 못할 정도로 그 땅을 황폐시키기로 결심하셨다.

2. 하나님이 소돔인들을 이같이 멸하기로 결심하셨을 때 아브라함은 그의 장막 문 앞 마므레(Mambre) 상수리나무 옆에 앉아 있다가 세 천사가 오는 것을 보았다. 그는 그들이 나그네인 줄 알고 일어나서 영접하며 들어오셔서 음식을 들라고 청했다. 그들이 승낙하자 아브라함은 즉시 식사 준비를 하라고 지시했다. 아브라함은 송아지를 잡아서 구운 후에 상수리나무 아래서 쉬고 있는 그들에게 갖다주었다. 그들은 음식을 먹으면서 아브라함에게 아내 사라가 어디에 있느냐고 물었다. 안에 있다고 말하자 그들은 자기들이 후에 다시 올 때는 사라가 어미가 되어 있을 것이라고 말했다. 이 말을 들은 사라는 웃으면서 자기의 나이 90세이고 남편의 나이가 100세이니 어찌 자녀를 낳을 수 있을까 하고 말했다. 그러자 그들은 자기들의 신분을 더 이상 감추지 않고 하나님의 천사들임을 밝히면서 한 천사는 아이가 태어날 것을, 두 천사는 소돔의 멸망을 전하기 위해서 보냄을 받았다고 말했다.

   3. 아브라함이 이 말을 듣고 소돔인들로 인해 슬퍼하고 일어나서 의인과 악인을 함께 멸하지 마시기를 하나님께 간청했다. 하나님은 소돔인들 가운데 의인이 없다고 대답하시면서 의인 10명만 있더라도 그들을 멸하지 않겠다고 하시자 아브라함은 잠자코 있었다. 천사들이 소돔성에 도착하자 롯은 자기 집에 와서 거처하기를 간청했다. 롯은 관대하고 손님 접대를 잘하는 사람이었으며 아브라함의 본을 따르려고 애쓰는 자였다. 소돔인들은 그 젊은이들이 아주 잘생긴 미남인 것과 롯의 집에 거처를 정한 것을 보고 힘과 폭력을 사용해서라도 이 미남 소년들과 즐기기로 결심했다. 롯이 자기 집에 들어온 손님이니 무례히 굴지 말고 절제할 것을 권하면서 그렇게도 정욕을 참을 수 없다면 이 나그네들 대신 딸들을 주겠다고 약속했다. 이렇게 소돔인들은 이 중 어떤 것도 부끄러워하지 않았다.

   4. 하나님이 그들의 무례한 행동에 크게 진노하셔서 그들을 눈멀게 하고 소돔인 모두를 전멸시키기로 작정하셨다. 하나님이 곧 소돔성을 멸하실 것이라는 사실을 들은 롯은 아내와 아직 처녀인 두 딸을 데리고 성을 빠져나왔다. 두

딸과 약혼한 자들[21]은 롯의 말을 농담으로 간주하고 떠날 생각을 하지 않았다. 하나님이 즉시 그 성에 천둥 번개를 내리시고 성과 주민들을 불로 멸하시고, 내가 전에 유대 전쟁사에서 언급한 바와 같은[22] 화재로 그 땅을 폐허로 만드셨다. 그러나 롯의 아내는 하나님의 명령에도 불구하고 무슨 일이 일어나는지 궁금해서 도망치는 순간에도 계속해서 성을 돌아다보았기 때문에 소금 기둥[23]이 되었다. 나는 그 소금 기둥을 본 적이 있고 오늘날까지도 남아 있다. 롯과 그의 딸들은 불로 에워싸인 좁은 장소로 대피해서 그곳에 거주했다. 그곳은 오늘날까지 소알(Zoar)이라고 불린다. 소알이란 히브리어로 '작은 것'이라는 뜻이다. 롯이 같이 있을 사람도 없고 필수품도 모자랐기 때문에 그곳에서는 매우 비참한 생활을 보냈다.

5. 그러나 그의 딸들은 전 인류가 멸망당한 것으로 생각하고 눈치채지 못하게 아버지에게 접근했다.[24] 롯의 딸들이 이 일을 행한 것은 인류가 멸절되지

---

21) 창세기 19장 12-14절에서 "사위들"이라고 표현한 것은 비록 아직 결혼하지는 않았으나 롯의 딸들과 약혼했기 때문에 그런 표현을 사용한 것 같다. 『유대 고대사』 14권 13장 1절의 주(註)를 보도록 하라.
22) 『유대 전쟁사』 4권 8장 4절을 보도록 하라.
23) 이 소금 기둥은 요세푸스 당시에도 있었으며 요세푸스 자신도 그것을 보았다고 여기 기록하고 있다. 그 당시 소금 기둥이 서 있었다는 것은 요세푸스와 동시대 인물인 로마의 클레멘스(Clement of Rome)에 의해서도 입증되고 있다. 그다음 세기에도 소금 기둥이 있었다는 것은 이레나이우스(Irenæus)에 의해서도 입증되고 있는데 그는 어떻게 그 기둥이 그렇게 오랫동안 완전한 상태로 보존될 수 있었는지에 대한 나름의 가설을 덧붙이고 있다. 오늘날의 몇몇 여행자들은 아직도 소금 기둥이 남아 있다는 이야기를 한다. 사실인지 나로서는 알 수가 없다. 거칠고 위험한 아라비아 사막 가운데 소돔해(Sea of Sodom)의 남쪽 극단에 그 기둥이 위치하고 있기 때문에 탐구적인 연구가들이 그곳을 탐사하기란 여간 힘든 것이 아니다. 멀리 떨어져 있는 그곳 주민들의 일반적인 이야기만을 가지고는 만족할 수가 없다. 따라서 나는 목격자들의 증거에 근거하고 있는, 이 문제에 대한 레 클레르끄(Le Clerc)의 연구 보고 혹은 가설에 동의할 수가 없다. 소위 기독교 제후들이, 어리석고 비기독교적인 분쟁과 전쟁을 중지하고 일단의 유능한 사람들을 근동에 보내 고대 기념물들에 대한 신빙성 있는 이야기들과 지금 우리에게는 분실되어 버린 고대 기록들의 사본들을 가져오게 만든다면 우리가 가진 의문점들에 대해 만족할 만한 답변을 얻을 수 있을 것이다. 그러기 전에는 만족할 만한 답은 내리기가 힘들 것이다.
24) 나는 롯의 딸들의 의도가 악하다고 보지 않는다. 그들에게는 피할 수 없는 상황으로 보였기 때문에 아버지를 통해 자녀를 갖고자 했다. 그런 피할 수 없는 상황이 아니라면 근친상간은 무서운 죄악이다. 그러나 요세푸스의 이야기를 통해서 본 대로 롯의 딸들이 피할 수 없는 상황이라고 느낀 상태에서 그것이 죄가 된다고는 생각지 않는다. 그들이 아버지를 취하게 만들고 자기들이 하는 일을 감추려고 하는 것을 볼 때 그들은 그렇게 좋은 아버지에게 의심을 살 만한 그 충격적인 행동을 하도록 설득시킬 수가 없었음을 보여 주고 있다.

않도록 하기 위해서였다. 그들은 아들을 낳았다. 언니의 아들은 모압(Moab)인데 그 뜻은 '아버지에게서 나온 자'라는 뜻이다. 동생은 암몬(Ammon)을 낳았다. 그 뜻은 '친족에게서 나온 자'이다. 모압은 지금도 큰 나라인 모압인들의 조상이 되었으며 암몬은 암몬인들의 조상이 되었다. 모압인과 암몬인은 켈레시리아(Celesyria)의 주민들이다. 롯이 소돔인들 가운데에서 탈출한 경위가 이와 같다.

제12장

아비멜렉과 아브라함의 아들 이스마엘과
그의 후손 아라비아인들

1. 아브라함은 사라를 데리고 팔레스타인의 그랄(Gerar)로 갔다. 그는 그랄 왕 아비멜렉을 두려워했기 때문에 전처럼 사실을 속이고 사라와는 남매지간인 것처럼 행세했다. 아비멜렉(Abimelech)은 사라를 연모하여 소유하려고 했으나 하나님이 그에게 중병을 내리심으로 그는 정욕을 채울 수가 없었다. 의사들은 그를 치료할 수가 없었다. 그는 잠을 자다가 나그네의 아내를 건드리지 말라는 경고의 꿈을 꾸었다. 그는 건강을 회복한 후 친구들에게 하나님이 나그네에게 해를 가한 데에 대한 벌로 자기에게 병을 주셔서 그 아내의 정조를 지키게 하셨다고 말했다. 아비멜렉은 계속해서 친구들에게 사라는 나그네의 누이가 아니라 합법적인 아내이며 그 아내의 정조를 지켜준다면 하나님이 자기에게 자비롭게 대해 줄 것을 약속하셨다고 말했다. 아비멜렉은 이 말을 한 후에 친구들의 조언을 따라 아브라함을 불러서 하나님이 당신을 돌보시고 그의 섭리로 무사히 아내를 당신 품에 돌아가게 하셨으니 아내가 순결을 잃었을까 두

려워하지 말라고 했다. 아비멜렉은 하나님과 사라의 양심에 호소하면서 만약 사라가 아브라함의 아내인 것을 알았다면 애초에 건드릴 생각이 없었을 것인데 누이라고 한 이상 나에게는 아무런 잘못이 없다고 하였다. 아비멜렉은 아브라함에게 화해하자고 하면서 하나님이 당신에게 은혜 베푸시기를 원한다고 했다. 그리고 함께 있기를 원한다면 원하는 모든 것을 풍성히 줄 것이며 떠나기를 원한다면 여행 중에 필요한 모든 것을 공급해 주고 길을 안내해 줄 것이라고 했다. 이 말을 들은 아브라함은 사라가 자기의 조카이기 때문에 아내와 친척 행세를 한 것은 거짓이 아니며 타국을 여행할 때 이런 식으로 위장하지 않으면 신변이 위태로울 것이라고 생각했기 때문에 그렇게 한 것이며, 아비멜렉에게 해를 끼치기 위해서가 아니라 단지 자신의 신변 안전을 고려한 것 때문이라고 했다. 아브라함은 또한 아비멜렉과 함께 거하고 싶다고 했다. 이에 아비멜렉은 그에게 토지와 돈을 주었다. 그들은 진정으로 언약을 맺었고 브엘세바(Beersheba)라고 불리는 우물에서 맹세했다. 브엘세바란 해석하면 맹세의 우물(Well of the Oath)이라는 뜻이다. 따라서 오늘날까지도 이곳 주민들은 그곳을 브엘세바라 부르고 있다.

2. 얼마 후 아브라함은 하나님이 이미 말씀하신 대로 사라를 통해 이삭이라는 아들을 낳았다. 이삭은 '웃음'(Laughter)이란 뜻이다. 사실상 그들은 아들을 이삭이라고 불렀다. 왜냐하면 하나님[25]이 사라가 아들을 낳을 것이라고 말씀하셨을 때 자기 나이 90세이고 아브라함의 나이 100세가 되어 아이를 낳을 수 있는 나이가 지났기 때문에 그런 일이 믿어지지 않아 사라가 웃었기 때문이었다. 결국 이 아들은 아브라함과 사라가 각기 10이란 수와 관련된 100세, 90세에 태어났다. 그들은 이삭에게 8일 만에 할례를 행하였다. 그 이후로 유

---

[25] 여기서 요세푸스가, 아브라함에게 나타나 이삭의 탄생을 예고한 천사장을 직접 하나님(God)이라고 부른 점을 주목할 필요가 있다. 요세푸스가 여기서 사용한 하나님이라는 용어는 "예수가 사람이라고 불리는 것이 적합하다면 그는 현명한 사람이었다."(『유대 고대사』 18권 3장 3절)라는 표현과 지옥에 대한 그의 설교(homily concerning Hades)에 나타나는 '말씀이신 하나님'(God the Word)이란 표현이 모두 요세푸스의 친밀함을 우리가 믿도록 준비시키고 있다. '하나님의 천사'(divine angel)라는 다른 표현(여기서도 사용되었고 전에도 사용된 바 있다)은 별다른 의미가 있는 것은 아니다.

대인들은 8일 안에 아들들에게 할례를 행하는 풍습을 지키고 있다. 그러나 아라비아인들에게 있어서는 그들 국가의 창건자요, 아브라함의 서자인 이스마엘이 13세에 할례를 받았기 때문에 그 나이에 할례를 행한다. 이스마엘에 대해서 이제 자세히 살펴보도록 하자.

3. 사라는 처음에는 자기 아들 못지않은 애정으로 여종 하갈이 낳은 이스마엘을 사랑했다. 왜냐하면 이스마엘은 통치권을 계승할 목적으로 양육되었기 때문이다. 그러나 사라는 자신이 이삭을 낳자, 아버지가 죽으면 마음대로 할 수 없을 만큼 이스마엘이 성장했기 때문에 자기 아들과 함께 이스마엘이 양육 받는 것을 원치 않았다. 따라서 사라는 이스마엘과 그 어미를 먼 나라로 보내자고 설득했다. 아브라함은 처음에는 사라의 요구에 동의하지 않았고 어린 아이[26]와 여자를 무작정 내보내는 것은 야만인이나 하는 짓이라고 생각했으나 하나님이 사라의 결정을 기뻐하셨기 때문에 아브라함도 이에 동의하고 말았다. 아브라함은 이스마엘이 아직 혼자 떠날 나이가 아니므로 그 어미의 손에 맡기고 물 한 병과 빵 한 조각을 준비하고 그곳을 떠나라고 명령했다. 준비해 간 것이 떨어지자마자 그녀는 큰 곤경에 빠지고 말았다. 물이 거의 떨어지자 그 여자는 곧 숨을 거둘 것 같은 어린아이를 무화과나무 밑에 놓아두고 한참 앞으로 나아가서 자기가 없을 때 죽기를 바랐다. 그러나 하나님의 천사가 그녀에게 나타나 바로 옆에 샘이 있는 것을 가르쳐 주고 용기를 내서 아이를 돌보라고 명했다. 즉시 그녀는 천사의 말에 용기를 얻게 되었고 목자들을 만나 그들의 도움으로 어려움에서 벗어나게 되었다.

---

[26] 요세푸스는 여기서 이스마엘이 13세가 되었음에도 불구하고 그를 어린아이 혹은 유년이라고 부르고 있다. 또한 『유대 고대사』 2권 6장 8절을 보면 유다가 두 자녀를 둔 47세의 나이에도 불구하고 자신과 형제들을 젊은이라고 부르고 있다. 마가복음 5장 39-42절에 보면 12살 먹은 소녀를 다섯 번이나 어린아이라고 부르고 있다. 또한 요세푸스는 25세의 헤롯을 매우 젊은 청년이라고 부르고 있다. 『유대 고대사』 14권 9장 2절과 『유대 전쟁사』 1권 10장의 주(註)를 보라. 또한 아리스토불로스(Aristobulus)는 16세의 나이인데도 매우 어린 아이라고 표현되어 있다(『유대 고대사』 15권 2장 6, 7절). 요세푸스는 또한 도미티아누스(Domitian)가 18세의 나이로 게르만 정복을 나섰을 때 그를 매우 어린 아이(very young child)라고 부르고 있다(『유대 전쟁사』 7권 4장 2절). 삼손의 아내와 룻은 미망인임에도 불구하고 어린아이들이라고 불리고 있다(『유대 고대사』 5권 8장 6절; 9장 2, 3절).

4. 이스마엘이 장성해 그의 어머니와 같은 애굽 여인을 아내로 맞아들였다. 이 아내를 통해 이스마엘은 열두 아들을 두었다. 그 아들들은 느바욧(Nabaioth), 게달(Kedar), 앗브엘(Abdeel), 밉삼(Mabsam), 두마(Idumas), 미스마(Masmaos), 맛사(Masaos), 하닷(Chodad), 데마(Theman), 여둘(Jetur), 나비스(Naphesus), 게드마(Cadmas)이다. 이들은 유브라데로부터 홍해에 이르는 전 지역에 거주했으며 그곳을 나바테네(Nabatene)라고 불렀다. 그들은 아라비아 국가이며 부족들의 이름을 이스마엘의 열두 아들의 이름을 본떠 지었다. 이들이 덕이 있었기 때문일 뿐 아니라 그들의 선조인 아브라함의 위엄 때문이었다.

제13장

아브라함의 적자 이삭

1. 아브라함은 이삭이 하나님의 은총으로 노년에 낳은 독자[27]이기 때문에 그를 몹시 사랑했다. 이삭은 또한 모든 덕을 갖춘 데다가 효심이 극진했고 하나님을 섬기는 열심이 있었기 때문에 더욱 부모의 사랑을 받았다. 아브라함은 또한 그가 죽더라도 든든한 아들을 두었다는 점에서 행복했다. 아브라함은 이 모든 것을 하나님의 뜻에 의해 얻은 것이었다. 하나님은 자기를 향한 아브라함의 종교적 성향을 시험해 보기 원하셔서 그에게 나타나 그가 받은 모든 축복을 열거하면서 하나님이 그를 적들보다 훨씬 뛰어나게 하셨으며 현재 그의 최대 행복인 아들 이삭까지도 주었으니 그 아들을 제물과 거룩한 공물로 바치라

---

[27] 이곳과 히브리서 11장 17절에서 아브라함에게 이스마엘이라는 다른 아들이 있었음에도 불구하고 이삭을 아브라함의 독자라고 부른 점을 주목하라. 70인역은 본문을 '사랑하는 아들'(beloved son)이라고 번역함으로써 바른 의미를 표현하고 있다.

고 요구하셨다. 하나님이 아브라함에게 이삭을 끌고 모리아(Moriah)산까지 가서 단을 쌓고 그를 단 위에 번제로 드리라고 명령하셨다. 만일 아브라함이 자기 아들의 생명보다 하나님을 기쁘시게 하는 것을 더 우선으로 여긴다면 하나님을 향한 아브라함의 종교적 성향이 밝히 드러나는 것이기 때문이었다.

2. 살아 있는 모든 생물이 하나님의 섭리와 자비로 삶을 향유하는 것이기 때문에 어떤 일에도 하나님께 불순종하는 것은 옳지 않으며 어떠한 삶의 환경에서도 그를 섬겨야 한다고 아브라함은 생각했다. 따라서 아브라함은 이 하나님의 명령과 아들을 드리려는 자신의 의도를 아내와 그 밖의 모든 하인에게 비밀로 했다. 그리하지 않았다면 그가 하나님께 순종하지 못했을 것이다. 아브라함은 이삭과 두 종을 데리고 제사에 필요한 것을 나귀 등에 지우고 모리아산을 향해 떠났다. 이틀까지는 두 종이 아브라함과 동행했으나 제3일에 모리아산이 보이자 두 종을 평지에 남겨두고 아들만 데리고 산으로 올라갔다. 후에 다윗왕이 성전을 건축한 곳이 바로 이 산이었다.[28] 그들은 제물로 드릴 동물만을 제외하고는 제사에 필요한 모든 것을 가지고 올라갔다. 그때 이삭의 나이 25세였다. 이삭은 단을 쌓으면서 제물로 드릴 동물이 없으니 무엇을 제물로 드릴 것인지 아버지에게 물어보았다. 이에 아브라함은 "하나님은 없는 자들을 위해 넘치게 준비하실 수도 있고 이미 갖고 있는 자들에게서 빼앗을 수도 있는 분이므로 하나님만 전적으로 의지한다면 그가 손수 제물을 예비하실 것이다. 그러므로 하나님이 이 제사에 임재하시고 열납하시기를 기뻐하신다면 그가 친히 제물을 준비하실 것이다."라고 대답했다.

3. 아브라함은 단을 쌓고 나무를 올려놓은 후 모든 것이 빠짐없이 준비되자 아들에게 이같이 말했다. "아들아, 나는 너를 얻기 위해 수없는 기도를 하였

---

[28] 프로코피우스(Procopius)가 요세푸스에게서 인용한 것을 보면 성전을 지은 자는 다름 아닌 솔로몬왕인 것이 분명하다고 한 데에 반해, 여기 본문에는 후에 다윗왕이 이 모리아산에 성전을 지었다고 한 것을 볼 때 여기에 분명한 사본 상의 오류가 있다. 우리가 사무엘하 24장 18절과 역대상 21장 22절과 「유대 고대사」 7권 13장 4절에서 보는 바에 의하면 그곳에 첫 제단을 쌓은 자는 솔로몬이 아니라 다윗임이 분명하기 때문이다.

다. 네가 세상에 태어났을 때 나는 너를 양육하는 데 도움이 되는 모든 것을 구하지 않은 것이 없었고 네가 어른으로 성장하는 것을 보는 것보다 더한 행복은 없었다. 따라서 나는 내가 죽은 후 나의 통치권을 네게 넘기려고 했다. 그러나 내가 네 아비가 된 것도 하나님의 뜻에 의한 것이기에 이제 내가 너를 포기하는 것도 하나님의 뜻이니 하나님께 너를 바치는 것을 아량으로 받아 주기를 바란다. 하나님은 나의 신앙을 시험해 보기를 원하신다. 따라서 나는 나의 후원자요, 보호자인 하나님이 내게 베푸신 은혜로 인해 너를 하나님께 맡기려고 한다. 내 아들아, 보통 사람들처럼 평범하게 세상을 떠나지 말고 네 아비보다 먼저 희생 제물로 만민의 아버지이신 하나님께 가도록 해라. 나는 하나님이 다른 보통 사람들처럼 병이나 전쟁이나 다른 어떤 무서운 방법으로 죽음을 맞지 않게 하시고 너를 이 땅에서 부르셔서 기도와 종교의 거룩한 예식 가운데서 네 영혼을 영접하시고 자기 곁에 두시고 나의 노년에 너를 나의 후원자와 보호자가 되게 하실 것이라고 믿는다. 이런 까닭으로 나는 너를 하나님께 드리는 것이다. 이렇게 되면 너 대신에 하나님이 나의 위로자가 되실 것이다."

4. 이삭은 그 아버지에 그 아들처럼 관대한 자였기에 아버지의 이 말을 기쁘게 받아들이고 "만일 제가 하나님과 아버지의 결정을 거부하고 두 분의 기쁘신 뜻에 순종하지 않는다면 태어날 가치조차도 없었을 것입니다. 비록 아버지께서 혼자 그렇게 결정하셨다 하더라도 순종하지 않는 것은 도리가 아니겠지요."라고 말했다. 이삭은 제물이 되기 위해 즉시 단으로 올라갔다. 만일 하나님이 막으시지 않았다면 이삭은 제물로 바쳐졌을 것이다. 하나님이 아브라함의 이름을 부르고 아들을 죽이지 못하도록 막으셨다. 그리고 말씀하셨다. "내가 너의 아들을 죽이라고 명령한 것은 인간의 피를 탐냈기 때문이 아니었다. 또한 아버지에게서 아들을 빼앗기 위한 것도 아니었다. 단지 네가 그런 명령을 순종하는지 시험해 보기 위해서였다. 이제 내가 너의 민첩성에 만족했고 너의 놀랄 만한 믿음을 본 이상 너에게 큰 축복을 기꺼이 베풀 것이다. 너는 부족한 것이 없을 것이며 다른 자녀들도 보게 될 것이며 네 아들은 크게 장수할 것이고 행복을 누릴 것이며 그의 자녀들에게 큰 나라를 남겨 줄 것이다." 하나님은

아브라함의 식구가 번창하여 열국29)을 이룰 것이며 족장들은 영원한 이름을 남길 것이고 가나안 땅을 소유할 것이며 만인의 부러움을 사게 될 것이라고 예언하셨다. 하나님이 이같이 말씀하시고 조금 전까지도 보이지 않던 숫양을 제물로 주셨다. 그래서 아브라함과 이삭은 의외로 함께 살게 된 데다가 그런 큰 축복의 약속을 얻은 데 감격하여 서로를 힘차게 껴안았다. 그들은 제물을 하나님께 드리고 사라에게로 되돌아왔고 하나님이 그들의 모든 소원을 들어주셨기에 함께 행복하게 살았다.

제14장

아브라함의 아내 사라와 그녀의 종말

사라는 이로부터 얼마 후 127세를 일기로 세상을 떠났다. 그들은 그녀를 가나안 사람들이 공적으로 그들에게 허락한 헤브론에 있는 무덤에 장사 지냈다.

---

29) 여기에서와 야곱에게 주신 하나님의 축복(19장 1절)에 대해서 요세푸스는 "네 씨로 말미암아 천하 만민이 복을 받으리니 여럿을 가리켜 그 자손들이라 하지 아니하시고 오직 한 사람을 가리켜 네 자손이라 하셨으니 곧 그리스도라"(갈 3:16, 윌리엄 휘스턴의 영역본 원문에는 밝혀져 있지 않으나 상반절은 창세기 22장 18절 말씀이다 – 편집자 주)라고 한 중요하고도 유명한 약속에 감추어진 의미에 대하여 아무것도 몰랐던 것처럼 보인다. 내 생각에 그가 아직 그리스도인이 아니었기 때문에 그 사실을 몰랐다고 해도 하등 놀랄 것이 못 된다. 비록 그가 그리스도인이었다 하더라도 확실히 그는 인생 후반부까지는 모든 사도 가운데 특히 바울 사도를 거부하고 경멸하였던 에비온과 그리스도인이었던 것이 분명하기 때문에 바울의 해석을 따르지 않는다고 해도 그리 놀랄 것은 못 된다. 그런 사이에 우리는 사실상 그의 아들들에게 "가시적이고 불가시적인 전쟁들 가운데서 그들을 위해 죽었으나 그들 가운데 영원한 왕으로 군림하는 유다의 씨(seed of Judah)를 경배하라."라고 명령하는 르우벤의 유언(Testament of Reuben) 6절에 대한 사도 바울의 주해를 갖게 된 셈이다. 복수로서의 씨(seeds)는 '후손'(posterity)을 의미하고 단수로서의 씨(seed)는 '후손' 혹은 '한 개인'을 의미하며 아브라함과 이삭과 야곱의 씨로 인해 열국이 복을 받을 것이라는 약속에는 항상 단수가 사용되었다는 점을 지적한, 내가 아는 한 외국 학자의 견해는 결코 무시되어서는 안 된다. 말하자면 이에 대해 나는 그 약속은 가끔 아브라함의 자손, 다윗의 자손 등에 의해 부연 설명되고 있는데 전혀 모호한 점이 있을 수 없다고 덧붙이고 싶다.

아브라함은 헤브론 주민 에브론(Ephron)에게서 400세겔을 주고 약간의 땅을 샀다. 아브라함과 그 후손들은 그곳에 무덤을 만들었다.

제15장

트로글로디티스국(國)이 아브라함과 그두라로부터 시작된 경위

아브라함이 그두라(Keturah)와 결혼하여 용기 있고 지혜로운 여섯 아들 즉, 시므란(Zambran), 욕산(Jazar), 므단(Madan), 미디안(Madian), 이스박(Josabak), 수아(Sous)를 두었다. 수아의 아들들은 사바단(Sabathan)과 드단(Dadan)이었고 드단의 아들들은 르두시(Latusim), 앗수르(Assur), 르움미(Luom)였고 미디안의 아들들은 에바(Ephas), 에벨(Ophren), 하녹(Anoch), 아비다(Ebidas), 엘다아(Eldas)였다. 이 아들들과 손자들을 위해서 아브라함은 식민지를 개척할 계획을 세웠다. 그들은 트로글로디티스(Troglodytis)와 홍해에 이르는 아라비아(Arabia the Happy) 지역을 차지했다. 리비아(Libya)를 공격해서 차지한 것은 에벨(Ophren)이었다. 에벨의 손자들은 그곳에 거주하면서 그곳을 에벨의 이름을 따서 아프리카(Africa)라고 불렀다. 알렉산드로스 폴리히스토르(Alexander Polyhistor)는 내가 지금 말한 것을 다음과 같이 입증하고 있다. "그들의 입법자인 모세의 역사와 일치하게 유대인들의 역사를 기록한 말쿠스(Malchus)라고도 부르는 선지자 클레오데무스(Cleodemus)는 아브라함이 그두라를 통해 많은 아들을 낳았다고 말하고 있는데 단지 아페르(Apher), 수림(Surim), 야프란(Japhran) 등 세 명의 이름만을 언급하고 있다. 그는 또한 앗수르(Assyria)라는 이름은 수림에서, 아프리카라는 이름은 나머지 둘(아페르와 야프란)에게서 나왔는데 이들은 헤르쿨레스(Hercules)가 리비아와 안타이우스(Antæus)를 공격할 때에 그들을 도왔기 때문이다."라고 말한다. 그는 헤르쿨레스는 아프라(Aphra)의 딸과 결혼해서 디오도루스(Diodorus)라는 아들을 낳았고 디오도루스는 소폰(Sophon)을 낳았는데 그의 이름을 본떠 소파키아족(Sophacians)이라고 부르는 야만인의 명칭이 붙여졌다고 말한다.

제16장

이삭이 리브가를 아내로 취한 경위

1. 이삭의 아비 아브라함은 당시 40세였던 아들 이삭의 아내로 자기 형제 나홀의 손녀인 리브가를 취하기로 결심하고 가장 나이 많은 그의 종에게 그 일을 성실히 수행하겠다는 맹세를 하게 하여 리브가에게 보냈다. 아브라함과 종은 피차 상대편의 환도뼈 밑에 손을 넣고 하나님 앞에서 맹세했다. 아브라함은 또한 그 지방에서는 흔히 볼 수 없는 귀한 선물들도 보냈다. 종은 짧은 기간 내에 그곳에 도착하지 못했다. 메소포타미아를 통과하는 데는 많은 시간이 걸리기 마련인 데다가 겨울에는 진흙 구덩이, 여름에는 물의 부족으로 인해 매우 지루한 여행이 되기 쉬웠으며 게다가 자주 강도들이 출몰하곤 하였다. 종이 하란의 외곽 지역에 도착했을 때 물을 길으러 나온 상당수의 처녀들을 만났다. 따라서 종은 이 결혼이 성사되는 것이 하나님의 뜻이라면 아브라함의 자부가 될 리브가를 찾아낼 수 있게 해주시되 물 한 모금 달라는 청에 다른 처녀들은 다 거절하고 오직 그녀만 자기의 청에 응하게 하셔서 내가 그녀를 찾아낼 수 있도록 해달라고 하나님께 기도했다.

2. 이런 생각을 품고 우물가로 가서 처녀들에게 물 좀 달라고 청했다. 다른 처녀들은 집에 가져가야 되기에 줄 수 없다는 핑계로 거절한 반면 오직 한 처녀는 나그네에게 그렇게 대하는 것이 아니라고 친구들을 꾸짖으면서 "어째서 너희들은 물 한 모금 나누어 주지 못하느냐?"라고 나무랐다. 그리고 그 처녀는 종에게 친절하게 물을 주었다. 종은 자기의 중대한 임무가 달성될 것 같은 희망이 들었으나 아직 확실한 것을 몰라 물을 길어 올리려면 힘이 들 텐데 망설이지 않고 선뜻 물을 준 것을 보니 아가씨는 꽤 마음이 고운 사람인 것 같다고 칭찬하고 부모가 누구시냐고 물으면서 아가씨 같은 딸을 둔 부모는 참 좋겠다고 했다. "좋은 남편 만나 자식 낳고 행복하게 살면 부모님이 참 기뻐하시겠소." 그 처녀는 그의 질문을 무시하지 않고 자기 식구들에 대해 이야기했다. "식구들은 저를 리브가라고 부르지요. 제 아비는 브두엘(Bethuel)인데 작고하셨어요. 제 오라비인 라반(Laban)은 어머니와 함께 집안의 모든 가사를 돌볼 뿐 아니라 저의 보호자이기도 하지요." 종은 이 말을 듣고 하나님이 자기의 앞길을 인도하셨음을 깨닫고 매우 기뻐하였다. 종은 처녀들이 좋아하는 팔찌와 다른 패물들을 물을 준 데 대한 감사의 표시로 주면서 아가씨는 누구보다도 마음씨가 고우므로 이것들을 받을 자격이 있다고 말했다. 그 처녀는 밤이 가까워서 더 여행할 수 없을 테니 자기 집에 가서 유숙하자고 했다. 종은 여자의 고급 패물들을 보여주면서 "아가씨의 행실을 보니 이것들을 아가씨에게 보관하는 것이 안전할 것 같소. 아가씨의 마음씨를 볼 때 아가씨의 어머니나 오빠의 됨됨이를 알 만하고 나를 기쁘게 맞아 주리라 생각하오. 그러나 폐를 끼치고 싶지는 않소. 마땅한 대가를 지불하겠소."라고 했다. 그 처녀는 "우리 식구의 마음씨에 대해서는 잘 보았으나 돈에 대해 인색하다고 보았다면 잘못이에요. 저희는 돈은 받지 않아요."라고 대답했다. 그리고 그 처녀는 오빠 라반에게 먼저 알리고 그가 허락하면 자기 집으로 안내하겠다고 했다.

3. 이윽고 그 처녀는 나그네를 맞아들였고 라반의 종들은 약대들을 집 안으로 들이고 돌보아 주었다. 종은 라반과 함께 저녁 식사를 하였다. 식사 후 종은 라반과 처녀의 어머니에게 이같이 말했다. "아브라함은 데라의 아들이며 당신

들의 친족입니다. 이 아이들의 조부 나홀은 같은 부모에게서 난 아브라함의 형제이기 때문이죠. 아브라함은 이 처녀를 자부로 삼고 싶어서 저를 이곳까지 보냈습니다. 이삭은 아브라함의 적자이고 유일한 상속자입니다. 아브라함은 아들을 위해 그 지역에서 가장 어울리는 여인을 자부로 택할 수도 있었으나 그렇게 하지 않았습니다. 친척임에도 불구하고 이곳 처녀를 자부로 맞아들이기를 원했습니다. 이곳을 향한 아브라함의 애정과 사랑을 무시하지 않기를 바랍니다. 저는 여행 중에 신기한 일을 경험하고 그로 인해 당신의 딸과 당신의 집을 알게 된 것이 하나님의 기쁘신 뜻이라고 생각합니다. 도시 가까이 왔을 때 저는 여러 처녀가 우물가로 나오는 것을 보았습니다. 그때 당신의 딸을 만날 수 있게 해달라고 기도했더니 결국 그것이 이루어졌습니다. 이미 하나님의 나타나심으로 이 결혼은 성사된 것이나 다름이 없으니 이 결혼을 인정해 주시기를 바랍니다. 또한 결혼을 승낙함으로써 나를 보내며 애절하게 부탁하던 아브라함에게 경의를 표해 주십시오." 이 말을 듣고 그들은 이것이 하나님의 뜻이라 생각하고 선물을 기쁘게 받고 딸을 보냈다. 이삭은 리브가와 결혼하게 되었고 케투라(Keturah, 한글판 개역개정 성경에는 그두라라고 되어 있음-역자 주)의 자녀들이 멀리 떨어진 곳에 거주하고 있었기에 모든 유산은 이삭의 것이 되었다.

제17장

아브라함의 죽음

얼마 지나지 않아 아브라함은 죽었다. 그는 덕이 높은 인물이었고 하나님에 대한 그의 신앙에 상응하는 하나님의 사랑을 받았다. 그의 수명은 175세였으며 아들 이삭과 이스마엘에 의해 아내 사라의 곁 헤브론에 장사되었다.

제18장

이삭의 아들 에서와 야곱의 출생과 교육

1. 이삭의 아내가 아브라함이 죽은 후[30] 자녀를 잉태하였다. 그녀의 배가 유달리 무거워지자 이삭은 몹시 걱정하면서 하나님께 여쭈어보았다. 하나님은 리브가가 쌍둥이를 가졌으며 이 쌍둥이는 장차 두 나라를 이룰 것인데 어린 자가 큰 자를 능가할 것이라고 하셨다. 얼마 후 그녀는 하나님이 예고하신 대로 쌍둥이를 낳았다. 큰 자(장남)는 머리부터 발끝까지 털이 많았으며 거칠었고 어린 자는 태어날 때 형의 발꿈치를 잡았다. 아버지는 거친 성격에 걸맞은 에서라는 이름 – 히브리인들은 그렇게 털이 많고 거친 것을 (에서[31] 혹은) 세일(Seir)이라고 불렀다 – 을 가진 장자를 사랑했으나 어머니는 차남인 야곱을 몹시 사랑했다.

2. 그 땅에 기근이 있자 이삭은 땅이 기름진 애굽으로 내려가려고 결심했으나 하나님의 명령으로 그랄로 갔다. 그랄 왕 아비멜렉은 전에 아브라함이 자기와 함께 거주한 적도 있고 또 친구였기 때문에 이삭을 기쁘게 맞아들였다. 아비멜렉은 처음에는 매우 친절하게 이삭을 대했으나 시기심이 생겨 끝내는 친절하게 대해 주지 않았다. 그는 하나님이 이삭과 함께 계시고 각별하게 보살피시는 것을 보고는 이삭을 멀리 쫓아 버렸다. 시기심이 끓어 올라 마음이 변한 아비멜렉을 본 이삭은 그랄에서 얼마 멀지 않은 골짜기(Valley)라고 부르는 장소로 옮겼다. 그가 우물을 파기 시작하자 아비멜렉의 목자들이 공사를 방해하기 위해 싸움을 걸어왔다. 그는 싸우기도 싫은 데다가 힘으로도 열세인 것처럼

---

30) 여기서는 야곱과 에서의 출생이 아브라함의 죽음 후라고 되어 있으나 사실은 사라의 죽음 후라고 되어야 한다. 창세기 내의 기사의 순서는 언제나 정확히 연대순으로 되어 있는 것이 아니기 때문에 요세푸스가 이런 실수를 범했던 것처럼 보인다. 이 점은 버나드(Bernard) 박사가 잘 지적한 바 있다.
31) 요세푸스에 나오는 세일(Seir)은 일관성을 위해 '에서 혹은 세일'이라고 읽을 것이다. 왜냐하면 이 둘은 같은 것을 가리키기 때문이다.

보였기 때문에 잠자코 물러서서 다른 우물을 파기 시작했다. 그러자 아비멜렉의 또 다른 목자들이 폭력을 휘두르기 시작했다. 그는 그곳에서도 역시 잠잠히 물러났다. 이같이 이삭은 합리적으로 신중하게 행동함으로 신변을 안전하게 보존할 수 있었다. 마침내 왕은 그에게 방해받지 않고 우물을 파도록 허락해 주었다. 이삭은 이 우물을 르호봇(Rehoboth)이라 이름하였다. 그 뜻은 '넓은 장소'라는 의미이다. 그 전 우물들은 하나는 '다툼'(strife)이라는 뜻의 에섹(Escon)이라고 불렀고, 다른 하나는 '대적함'(enmity)이라는 뜻으로 싯나(Sitenna)라고 불렀다.

3. 이때 이삭의 사업은 번창했고 특히 재산이 많았기 때문에 그의 권세는 막강했다. 같이 살다 보면 서로를 의심하기 마련인데 아비멜렉은 이삭의 번창이 자기에게 불리하다고 보고 특히 이삭이 잠자코 뒤로 물러난 것은 속마음에 은밀히 적대감을 품은 증거이며, 만일 이삭이 자기가 당한 일을 복수하려고 한다면 그전 우정은 아무런 쓸모도 없을 것이라고 생각한 나머지 이삭과의 우정을 새로 돈독하게 하기 위해 휘하 장군인 비골(Philoc)과 함께 이삭을 찾아왔다. 자기가 당한 손해보다 아비멜렉이 자기와 자기 아비에게 베푼 우정에 더 감사하는 이삭의 착한 성품 때문에 그는 원했던 모든 것을 얻고 돌아갔다.

4. 이삭이 사랑한 아들 에서는 40세가 되자 엘론(Helon)의 딸 아다(Adah)와 시브온(Esebeon)의 딸 오홀리바마(Aholibamah)와 결혼했다. 엘론과 시브온은 가나안의 큰 족장이었기 때문에 에서는 자기가 제 뜻대로 결혼할 권리가 있음을 주장하고 아버지의 말도 들어보지 않았다. 왜냐하면 비록 이삭이 중재자였다 하더라도 가나안 민족과 동맹을 맺는 것은 기뻐하지 않기 때문에 그런 결혼을 허락하지 않을 것이기 때문이었다. 이삭은 아들에게 아내를 내쫓으라고 명령하면 아들과의 관계가 불편해질까 봐 입을 다물기로 결심했다.

5. 이삭이 나이 들어 전혀 볼 수 없게 되자 에서를 불러서, 눈이 어둡고 침침한 데다가 나이가 많이 들어 하나님께 (제물로) 제사드릴 수가 없다고 말하면서

사냥을 나가 가능한 한 많은 짐승을 잡아 나를 위해 저녁[32]을 준비하면 이것을 먹고 너의 생전에 하나님이 너의 후원자와 도움이 되시기를 하나님께 기도할 것이라고 했다. 이삭은 자기가 언제 죽을지 모르니 죽기 전에 하나님이 에서에게 은혜 내리시기를 기도하고 싶다고 했다.

6. 따라서 에서는 사냥하러 나갔다. 그러나 리브가[33]는 야곱에게 하나님의 은총이 내려야만 한다고 생각하고 이삭의 동의 없이 야곱에게 염소 새끼를 잡아 저녁을 준비하라고 지시했다. 야곱은 자기 어머니가 시키는 대로 했다. 저녁이 준비되자 야곱은 염소의 가죽으로 팔을 감싸고 털이 많게 보임으로써 아버지가 에서인 줄로 착각하게 했다. 둘은 쌍둥이였기 때문에 다른 모든 것은 같았으나 유독 이 점만은 달랐기 때문이었다. 그는 아버지가 축복을 하기도 전에 자기의 속임수를 눈치채고 오히려 자기에게 저주를 내릴까 두려워서 이렇게 가장한 것이었다. 그는 아버지께 저녁을 갖다 드렸다. 이삭은 야곱의 특이한 목소리를 듣고 그가 누구인가를 눈치채고 불러서 팔을 내밀라고 했다. 그러나 이미 그 팔에는 염소 가죽이 둘려 있었다. 이삭은 팔을 만져보고 "네 목

---

[32] 사냥해서 잡은 소위 "별미"(창 27:4)는 축제용(festival) 혹은 제사용(sacrifice)이었던 것이 분명하다. 이와 같이 중요한 경우에는 보통 그랬듯이 이삭은 제사 중 기도를 드릴 때 제사에 참석한 아들에게 엄숙한 축복을 내리고 그의 미래에 대해 예언을 할 때 신적인 영감이 자기 위에 부어질 것이라고 기대했다. 비록 에서에 대한 극진한 사랑 때문에 그렇게 하고도 싶었지만, 이삭이 부지중에 야곱을 축복하고 난 후 자기의 잘못을 깨달았을 때에도 그것을 변경하려는 시도조차 하지 않은 것은 그 축복이 자기에게서 나온 것이 아니라 하나님으로부터 나온 것이며 자기의 힘으로는 변경시킬 수 없는 것임을 알았기 때문이었다. 그러자 두 번째 영감이 그에게 임했고 따라서 그는 에서의 미래에 대해 예언할 수가 있었다.

[33] 나이 많은 이삭을 이렇게 속인 것이 야곱이나 리브가가 비난받아야 할 것인지의 여부에 대해서는 나는 확신할 수가 없다. 그러나 신적 영감에 의해 미래의 사건들에 대한 예언이 담긴 축복과, 야곱과 에서의 후손이 장차 당할 일들에 대한 예언은 분명히 하나님의 섭리에 의한 것이었다. 아이들이 태어나기 전에 리브가가 한 질문에 대해 하나님이 "이 족속이 저 족속보다 강하겠고 큰 자가 어린 자를 섬기리라"(창 25:23)라고 답변하셨을 때 리브가는 하나님의 목적을 알았을 것이다. 우리가 가진 사본들에는 오직 리브가에게만 전달된 이 오래된 하나님의 예언을 이삭이 알고 있거나 기억하고 있었는지, 아니면 요세푸스가 『유대고대사』 2권 7장 3절에서 언급한 바와 같이 비록 이삭이 그 예언을 알고 또 기억하고 있었다 하더라도 장자요 나쁜 아들인 에서를 사랑한 나머지 하나님의 결정을 변경시켜서 차남이요 좋은 아들인 야곱에게 해를 가하려고 했었는지의 여부는 확실히 알 수가 없다. 만일 그렇다면 리브가는 계략을 꾸며 야곱에게 이런 거짓말을 하도록 만들어야겠다는 유혹을 받았을 것이다. 그러나 요세푸스는 여기서 하나님께 먼저 묻고 하나님으로부터 앞에 언급된 예언을 받은 자는 리브가가 아니라 이삭이라고 말하고 있다(1절). 만일 그것이 사실이라면 이삭의 행동은 더욱 비난을 면키 어려운 것이다. 에서가 전에 부모의 동의도 없이 가나안 여인 둘과 감히 결혼하게 된 것은 이삭의 지나친 편애 때문이었다.

소리는 야곱의 목소리 같은데 털이 많은 것을 보니 에서인 것 같구나." 했다. 속임수를 눈치채지 못한 이삭은 식사를 하고 하나님께 중보의 기도를 올렸다. "만세의 주님이시여, 만물의 창조주시여, 저의 아비와 제게 손수 많은 좋은 것을 내려 주시고 저의 후손들에게 친히 보호자가 되어 주시고 더 많은 큰 축복을 내려 주시겠다고 약속한 분은 바로 당신이셨습니다. 그러므로 이 당신의 약속들을 확실하게 하옵소서. 제가 현재 당한 형편으로 저를 무시하지 마옵소서. 이로 인해 제가 당신께 진정으로 기도하나이다. 이 아들에게 은혜를 베푸시고 모든 악에서 구원하옵소서. 그에게 행복한 삶을 주시고 당신의 능력이 베풀 수 있는 모든 것을 그에게 허락하옵소서. 그를 그의 적들에게 무서운 존재가 되게 하시고 친구들에게서 사랑받고 존경받는 자가 되게 하옵소서."

7. 이와 같이 이삭은 에서를 위해 기도한다고 생각하고 하나님께 기도하였다. 에서가 사냥에서 막 돌아왔을 때 이삭은 기도를 방금 마친 상태였다. 이삭은 자기 실수를 알아차리고 입을 다물었다. 그러나 에서는 동생이 차지한 것과 같은 축복을 아버지에게 달라고 요구했다. 그러나 아버지는 이미 모든 기도를 야곱에게 쏟아부었기 때문에 어쩔 수 없다고 거절했다. 이에 에서는 자기 실수에 대해 크게 슬퍼했다. 아버지는 그가 우는 것을 보고 마음이 아픈 나머지 "너는 사냥이나 힘쓰는 일이나 전투력이나 이런 모든 종류의 일에 있어서 남보다 능가할 것이고 이 때문에 너뿐 아니라 네 후손도 영원히 영광을 얻게 될 것이나 결국은 아우를 섬기게 될 것이다."라고 말했다.

8. 야곱의 어머니 리브가는 이삭을 속인 데 대한 분풀이로 에서가 야곱에게 해를 끼치게 될까 봐 야곱을 보호하기로 결심했다. 그녀는 에서가 아버지의 동의 없이 이스마엘의 딸 바스맛(Basemmath)을 아내로 취했으니, 야곱의 아내는 자기 친족이 있는 메소포타미아에서 얻는 것이 어떻겠냐고 남편을 설득했다. 왜냐하면 이삭은 가나안인들을 싫어하여 에서의 그전 결혼을 좋게 여기지 않았기 때문에 에서는 이삭을 즐겁게 해주기 위해 바스맛을 아내로 취한 것이었다. 에서는 그녀를 몹시 사랑했다.

제19장

야곱이 형을 두려워하여
메소포타미아로 도망친 경위

1. 리브가는 자기 오라비 라반의 딸과 결혼시키기 위해 야곱을 메소포타미아로 보냈다(이삭은 아내의 소원에 따라 이 결혼을 승낙했다). 따라서 야곱은 가나안 땅을 통과하여 여행을 했다. 그는 가나안인을 미워했기 때문에 그들과 같이 투숙하고 싶지 않아 돌을 쌓아 베개로 삼고 노숙했다. 그는 잠을 자는 도중에 환상을 보았다. 땅에서 하늘까지 닿은 한 사다리가 있는데 인간보다 훨씬 뛰어난 자들이 사다리를 내려오고 있었고 마침내는 사다리 위에 하나님이 서 계신 것이 분명히 보였다. 그는 야곱의 이름을 부르면서 이렇게 말씀하셨다.

2. "야곱아, 너는 좋은 아비와 남다른 덕을 갖추고 큰 명성을 날린 조부를 둔 자가 아니냐. 그런 네가 너의 현재 환경에 낙심하는 것이 웬일이냐. 내가 너를 도와 장차 큰 재물을 얻게 할 것이니 앞날을 기쁨으로 바라보도록 하라. 나는 아브라함이 그의 친척에게 쫓겨 다닐 때 메소포타미아에서 이곳으로 불러 행복을 누리도록 한 자가 아니냐. 네게도 이에 못지않은 행복을 줄 터이니 용기를 잃지 말아라. 내가 너를 인도하여 네 목적지에 도착하게 해줄 것이며 그토록 원하는 결혼도 성사시켜 줄 것이다. 너는 좋은 성품의 자녀들을 두게 될 것인데 그 수는 셀 수도 없을 정도일 것이다. 그 후손들은 더 많은 그들의 후손들에게 그들의 가진 것을 남겨 줄 것이며 나는 이 후손들에게 모든 땅을 통치하도록 맡길 것이다. 이 후손들은 태양이 머무는 한 온 땅과 바다에 충만하게 될 것이니 너는 아무것도 두려워하지 말아라. 내가 이제와 앞으로도 네게 할 일을 지시하며 나의 섭리로 너를 인도할 것이니 어떤 수고를 당할까 염려하지 말아라."

3. 하나님이 야곱에게 하신 예언이 이와 같았다. 야곱은 자기가 본 환상과 환상 가운데 들은 하나님의 말씀으로 인해 매우 기뻐했다. 그는 그런 큰 축복의 예언이 내린 돌들 위에 기름을 부었다. 그는 또한 자기가 살아서 무사히 돌아오면 이 돌들 위에서 제물을 드릴 것이며 자기가 얻은 것의 10분의 1을 드리겠다고 맹세했다. 그는 또한 그곳이 거룩한 장소라고 판단하고 벧엘(Bethel)이라고 불렀다. 벧엘은 헬라어로 해석하면 '하나님의 집'(The House of God)이라는 뜻이다.

  4. 야곱은 여행을 계속하여 메소포타미아로 갔다. 마침내 그는 하란에 도착했고 하란 근교에서 목자들과 다 큰 소년들과 우물가에 앉아 있는 소녀들을 만났다. 그는 물 한 모금을 얻기 위해 그들 곁에 멈추어 서서 이야기를 나누다가 라반이라는 사람이 어디에 사는지를 아느냐고 물어보았다. 그들은 모두 라반은 그곳에서는 유력한 인물이기 때문에 모르는 사람이 없으며 그의 딸이 자기들과 함께 아버지의 양 떼를 돌보는데 왜 아직 오지 않는지는 알 수 없으나 그녀가 오면 당신이 알기 원하는 것은 무엇이나 정확히 알 수 있을 것이라고 했다. 그들의 말이 끝나기도 전에 그 처녀가 다른 목자들과 함께 그곳으로 왔다. 그러자 그들은 처녀에게 야곱을 가리키면서 이 사람은 나그네인데 아가씨 집안에 대해 알고 싶어 왔다고 말했다. 그 처녀는 마치 어린아이처럼 야곱이 온 것을 기뻐하면서 "당신은 누구시며 어디서 오셨는지요? 그리고 오시는 동안 부족한 것은 없었는지요?"라고 질문했다. 그녀는 또한 자기 집안이 넉넉하니 도움이 필요하면 도와주고 싶다고 했다.

  5. 야곱은 친척을 만났다는 기쁨에서라기보다는 그 처녀의 누구와도 비교할 수 없는 빼어난 미모에 매료되어 그 처녀를 깊이 사랑하게 되었다. 야곱은 "만일 아가씨가 라반의 딸이라면 나홀과 하란, 아브라함 모두 데라의 아들이기 때문에 아가씨와 나는 태어나기 전부터 친척인 셈입니다. 아가씨의 조부 브두엘은 바로 나홀의 아들이지요. 저의 아버지 이삭은 아브라함과 하란의 딸인 사라의 아들입니다. 게다가 나의 어머니 리브가는 아가씨의 아버지 라반과는 같

은 부모에게서 난 오누이이기 때문에 서로 훨씬 가까운 친척인 셈이지요. 결국 나와 아가씨는 친사촌지간이지요. 그래서 나는 아가씨를 만나 인사를 나누고 우리들 사이에 인척 관계를 새롭게 하려고 이렇게 찾아온 것입니다."라고 말했다. 야곱의 말 가운데 리브가에 대한 이야기가 나오자 그녀는 젊은 여자들이 흔히 그렇듯이 자기 아버지를 생각하고 울면서 야곱을 껴안았다. 그녀는 아버지로부터 리브가에 대해 들어서 알고 있었을 뿐 아니라 부모님이 리브가에 대해 이야기하는 것을 좋아하기 때문이었다. 그녀는 야곱에게 인사하면서 "당신은 제 아버지와 모든 식구에게 크나큰 즐거움을 안겨다 주었어요. 왜냐하면 우리 식구들은 당신 어머니를 항시 잊지 못하고 있기 때문이지요. 아버지에게는 당신이 찾아온 것보다 더 큰 기쁨은 없을 것입니다."라고 말했다. 그러고 나서 그녀는 자기가 안내할 테니까 자기를 따라 자기 집에 가자고 했다. 그러고는 "제 아버지의 곁을 떠나지 말고 그에게 계속 기쁨을 안겨 주십시오."라고 했다.

6. 이 말을 마친 후 그녀는 그를 라반에게로 데리고 갔다. 외삼촌인 라반이 그를 알아보고 조카인 것을 확인하자, 야곱은 마치 친구 집에 온 것처럼 안도하고 마음이 편해졌다. 그들은 야곱이 뜻밖에 찾아오자 무척 반가워했다. 그러나 얼마 후 라반은 야곱에게 자기 집에 온 것은 말로 표현할 수 없을 정도로 기쁘나 무엇 때문에 돌보아야 할 늙은 부모를 남겨두고 이곳까지 왔는지에 대해서 이야기해 보라고 하였다. 그러면서 도움이 필요하다면 그것이 무엇이든지 기꺼이 도와주겠다고 했다. 그러자 야곱은 그에게 그가 떠나오게 된 경위를 자세히 설명해 주었다. "이삭은 쌍둥이 형제인 저와 에서를 두었습니다. 그런데 에서는 아버지의 축복 기도와 하나님이 주실 왕국을 어머니의 지혜로 인해 나에게 빼앗기게 되자 저를 죽이려고 했습니다. 이것이 제가 어머님의 명령에 따라 이곳에 오게 된 연유입니다. 제 어머님은 가나안 사람들과 인척 관계를 맺는 것보다 이곳에서 며느리를 취하기 원하셨습니다. 저는 여행 중에 하나님이 저를 지켜 주시기를 원했으며 이제 여기 와 보니 마음이 매우 든든합니다."

7. 라반은 선조들 특히 야곱의 어머니를 보아서 야곱을 환대해 주겠다고 약속했다. 라반은 야곱에게 자기의 양 떼를 치는 목자들의 우두머리가 되게 해 줄 것이라고 약속했다. 그리고 이에 필요한 권위도 부여해 주겠다고 약속했다. 그리고 만일 부모에게로 돌아가고 싶을 때는 서로 가까운 친척인 이상 푸짐한 선물을 주어 돌려보내 주겠다고 확약했다. 야곱은 라반의 말을 듣고 크게 기뻐하고 같이 있는 동안 어떤 어려움도 기꺼이 참아낼 것이라고 했다. 그러면서 수고의 대가로 라헬(Rachel)을 아내로 달라고 요구했다. 야곱은 라헬을 너무나 사랑한 나머지 이 제안을 하지 않을 수 없었다고 말하였다. 라반은 야곱의 동의에 매우 기뻐하였으며 그보다 더 나은 사위를 원하지 않았기 때문에 자기의 딸을 주는 것에 흔쾌히 찬성했다. 한편 라반은 자기 누이를 이삭과 결혼시켜 가나안인들 가운데로 보낸 것이 늘 후회스러웠는데 다시 자기의 딸을 그곳으로 보내는 것이 선뜻 내키지 않으니 잠시만이라도 함께 살다가 떠나는 것이 어떻겠냐고 제안했다. 야곱은 이에 동의하고 7년간을 머물겠다고 했다. 왜냐하면 7년간 최선을 다해 자기의 진가를 보여주겠다고 결심했기 때문이었다. 야곱이 동의한 기간이 지나자 라반은 결혼식을 베풀었다. 라반은 밤에 야곱이 눈치채지 못하게 라헬의 언니요, 얼굴도 못생긴 딸을 야곱의 침실로 들여보냈다. 야곱은 취한 데다가 밤이었기 때문에 이 사실을 눈치채지 못하고 그 밤을 그녀와 함께 지냈다. 그가 이 사실을 안 것은 그다음 날이었다. 그는 라반에게 어찌 나에게 이렇게 부당하게 대할 수 있느냐고 비난했다. 라반은 레아(Lea)를 준 것이 악의에서 나온 것이 아니라 자기로서도 어쩔 수 없는 일이었다고 용서를 구했다. 어쩔 수 없어서 이런 일이 일어났지만 야곱이 라헬과 결혼하는 것은 그 무엇으로도 막을 수가 없으니 다시 7년간을 봉사하면 그때 라헬을 주겠다고 약속했다. 야곱은 라헬을 너무 사랑했기 때문에 다른 방도를 찾을 수가 없어서 결국 이 조건을 수락하였다. 그 후 다시 7년이 지났고 마침내 야곱은 라헬을 아내로 맞아들였다.

8. 레아와 라헬은 각기 그들의 아버지가 준 여종을 데리고 있었다. 실바(Zilpha)는 레아의 여종이었고 빌하(Bilha)는 라헬의 여종이었다. 그들은 결코

노예[34])가 아니라 여주인에게 시중드는 몸종이었다. 레아는 남편의 사랑이 자기 동생에게 더 쏠리는 것을 보고 매우 괴로웠다. 그래서 레아는 자기가 자녀를 낳으면 총애를 받을 수 있을 것이라고 기대하고 하나님께 자녀를 낳게 해달라고 늘 간구했다. 레아가 아들을 낳고 그로 인해 남편과의 사이가 더 가까워지자 '하나님이 아들을 주심으로 자비를 베푸셨다.'라는 뜻에서 아들의 이름을 르우벤(Reubel)이라고 하였다. 얼마 후 레아는 세 아들을 더 낳았다. 레아는 '하나님이 기도를 들으셨다.'라는 뜻의 시므온(Simeon)과 '그들의 사랑을 확실케 하는 자'라는 뜻의 레위(Levi)와 '감사'라는 뜻의 유다(Judah)라 이름하였다. 그러자 라헬은 언니가 자녀를 많이 낳았으므로 남편 야곱의 사랑을 빼앗길까 두려워 여종 빌하를 남편에게 주었다. 야곱은 빌하를 통해 단(Dan)을 낳았다. 단을 헬라어로 번역하면 '하나님의 심판'이라는 뜻이다. 그 후 빌하는 '전략에 있어서 무적'이라는 이름의 뜻인 납달리(Nepthalim)를 낳았다. 왜냐하면 라헬은 이런 전략으로 언니보다 더 많은 자녀를 가지려고 노력했기 때문이다. 그러자 레아도 같은 방법을 써서 이에 대응하였다. 레아는 자기 여종을 남편의 침실로 들여보냈다. 야곱은 실바에게서 갓(Gad)을 낳았는데 해석하면 '행운'(fortune)이라는 뜻이다. 그 후 또 아셀(Asher)을 낳았는데 그가 레아에게 영화를 더해 주었기 때문에 '행복한 자'라는 뜻으로 아셀이라고 부른 것이다. 레아의 장자인 르우벤은 자기 어머니에게 합환채의 열매를 드렸다. 라헬이 그것을 보고 그 열매를 먹고 싶어 좀 줄 수 없느냐고 했다. 그러자 레아는 라헬의 요구를 거절하며 남편에게서 내가 받을 총애를 빼앗아 간 것만으로 만족하라고 쏘아대자 라헬은 언니의 분노를 누그러뜨리기 위해 남편을 언니에게 양보할 터이니 오늘 밤은 언니가 남편과 함께 지내도 좋다고 했다. 레아는 그 호의를 받아들였다. 야곱은 라헬의 호의로 레아와 동침했다. 그 후 레아는 세 자녀 즉 '세내어 난

---

34) 우리는 여기서 평생 노예(slaves for life)와 오늘날 상호 간에 동의한 기간에 고용되어 있다가 고용 기간이 지나면 해방되는 그런 종(servant)이 구별되어 있음을 볼 수 있다. 여기서 종은 결코 노예가 아뇨, 자유민 남자나 자유민 여자이다. 따라서 사도적 규정(Apostolical Constitutions)이 성직자와 평생 노예나 종과의 결혼을 금지하는 것은(6권 17장) 단지 평생 노예에만 한정될 것이다. 야곱의 열두 아들 그리고 열두 아들에게 그렇게 이름을 붙인 이유에 대해서는 그들의 탄생 시기, 그들의 특징적인 성격, 그들의 실수와 후회, 그들의 일생 동안의 여러 사건들, 그리고 그들의 죽음에 대한 예언들에 관한 열두 족장의 유언(Testaments of these twelve patriarchs)을 보라.

자'라는 뜻의 잇사갈(Issachar)과 '그녀에 대한 총애의 보증으로 난 자'라는 뜻의 스불론(Zabulon)과 딸 디나(Dina)를 낳았다. 얼마 후 라헬은 요셉이라는 이름의 아들을 낳았다. 그 뜻은 '그 외에 더 나을 자가 있을 것임'이라는 뜻이다.

9. 야곱은 20년간 내내 장인 라반의 양 떼들을 돌보았다. 그 후 야곱은 아내들을 거느리고 장인 집을 떠나 고향으로 돌아가기를 소원했다. 장인이 허락하려고 하지 않자 야곱은 은밀하게 그곳을 떠나려고 계획했다. 따라서 야곱은 자기 계획을 이야기하고 아내들의 심중을 떠보았다. 야곱의 아내들은 이에 동의하고 매우 기뻐했다. 라헬은 그 지역의 법에 따르면 예배 시에 사용하도록 되어 있는 신들의 형상을 도적질하고 언니와 함께 도망을 쳤다. 야곱은 자녀들과 종들과 소유를 거느리고 길을 떠났다. 야곱은 라반에게 미리 알리지도 않고 양 떼의 반을 끌고 갔다. 야곱이 그런 신들에 대해 경배하는 것을 그치라고 가르쳤음에도 불구하고 라헬이 신들의 형상을 도적질한 이유는 아버지의 추격을 받아 붙잡혔을 경우에는 되돌려주고 용서를 구하기 위해서였다.

10. 라반은 하루가 지나서야 야곱과 자기 딸들이 도망친 것을 깨닫고 화가 나서 일단의 사람들을 이끌고 그들의 뒤를 추격하기 시작했다. 일주일이 지나서야 라반은 겨우 그들을 따라잡을 수 있었으나 저녁이 되었기 때문에 기다리기로 했다. 야곱과 그 일행은 언덕에 야영하고 있었다. 하나님이 꿈에 라반에게 나타나셔서 사위와 딸들을 가혹하게 대하거나 분풀이하지 말고 따뜻하게 대해 주며 야곱과 동맹을 맺되 만일 야곱 일행의 수가 적다고 얕보고 그들을 공격하면 하나님이 손수 그들을 도우실 것이라고 경고했다. 라반은 이렇게 하나님의 경고를 받은 후 그다음 날 야곱을 불러 하나님이 꿈에 명령하신 대로 그를 대했다. 라반은 의기양양하게 야곱을 불러 "네가 가난할 때 돌보아 주었고 모자란 것이 있을 때 보태 주었으며 내가 가진 것은 무엇이나 넘치도록 네게 베풀지 않았느냐?"라고 비난하기 시작했다. "나는 너를 사위로 맞으면서 네가 전보다 내게 더욱 잘 대해 주리라고 기대했었다. 그러나 너는 네 어머니와 나의 관계는 물론, 우리 사이에 새로 맺은 장인과 사위의 관계도 아랑곳하지

않았고 네 처들과 나의 손자인 네 아이들에 대해서도 거들떠보지 않았다. 네가 내 양 떼들을 빼내 오고, 내 딸들을 설득시켜 내게서 도망치게 하고, 내 선조들뿐 아니라 내가 예배 시 사용하던 거룩한 신의 형상을 몰래 훔쳐 간 것을 보면 너는 마치 나를 적으로 생각하는 것 같다. 간단히 말해서 내 친족이요, 내 조카요, 내 사위요, 내가 극진한 환대를 베풀고 내 식탁에서 함께 먹게 했던 네가 어찌 이런 짓을 저지를 수가 있는가?" 라반이 말을 마치자 야곱은 자기만 유독 고향에 대한 향수를 느끼는 것이 아니며 고향을 떠나온 지 오래된 자기가 고향으로 돌아가고자 하는 것은 인지상정이요 너무나 당연한 일이 아니냐고 자신을 옹호하기 시작했다. "외삼촌이 저를 비난하는 원인인 양 떼들에 대해서는 누구에게 물어보아도 외삼촌이 잘못이라고 말할 것입니다. 양 떼들을 잘 돌보고 그 수를 늘린 데 대해 제게 감사하기는커녕 제가 양 떼 중 지극히 적은 일부분을 취했다고 해서 그리도 화를 내시는 것은 어찌 된 일입니까? 외삼촌의 딸들에 대해서는 제가 사악한 꾀를 부려서 저를 따라오게 한 것이 아니라 아내가 남편에게 갖는 당연한 사랑 때문입니다. 제 아내들은 저 때문이라기보다는 아들들 때문에 따라나섰을 것입니다." 부당한 행동을 했다는 누명을 벗기 위해 야곱은 이같이 변명했다. 야곱은 이에 덧붙여 라반에 대해 불평과 비난을 늘어놓았다. "제가 외삼촌의 조카였을 때와는 달리 저를 사위로 맞이했을 때 외삼촌은 저를 심하게 혹사하고 20년간 꼼짝 못 하게 부리셨습니다. 저는 외삼촌의 딸들과 결혼하기 위해서는 어쩔 수 없었기 때문에 아무리 힘들어도 견딜 수 있었으나 결혼을 하고 나자 저에게 부과된 일은 너무 지나쳤으며 그 누구라도 도망칠 정도였습니다." 라반이 야곱을 너무 부당하게 대한 것은 확실한 사실이었다. 라반은 하나님이 야곱이 원하는 것은 무엇이나 도와주시는 것을 보고 양이 새끼를 낳으면 어떤 때는 흰 양을, 어떤 때는 검은 양을 주기로 약속했으나 야곱의 몫이 너무 많아지자 시기심이 생겨 약속을 어기고는 그다음 해에는 꼭 약속을 지키겠다고 했다. 그는 또다시 양 떼가 그렇게 많이 불어나리라고는 생각지 못하고 전처럼 야곱과 약속을 맺었으나 사실로 드러나자 또 약속을 어겼다.

11. 야곱은 신의 형상에 대해서는 라반에게 손수 찾아보라고 했다. 라반이 그 제의를 받아들이자 라헬은 그 이야기를 듣고 그 형상을 약대 안장 아래 넣고 그 위에 앉은 후에 마침 월경 중이기에 일어날 수 없다고 말했다. 따라서 라반은 자기 딸이 월경 중에 신의 형상에 가까이하겠느냐고 생각하고 더 이상 찾기를 포기했다. 따라서 라반은 야곱과 동맹을 맺고 이 일로 인해 야곱을 더 이상 괴롭히지 않겠다고 했다. 야곱도 라반의 딸들을 사랑하겠다고 약속했다. 그들은 자기들이 맹세한 산 위에 단 모양의 기둥을 세우고 자기들이 맺은 동맹을 확고히 했다. 그러므로 그곳을 갈르엣(Gilead)이라고 부르게 되었다. 오늘날까지 그 지역을 갈르엣 땅이라고 부르는 것은 여기에서 연유한 것이다. 그들은 동맹을 맺은 후 잔치를 베풀고 라반은 돌아갔다.

제20장

야곱과 에서의 만남

1. 야곱이 여행을 계속해 가나안 땅으로 나아가고 있을 때 천사들이 나타나 장차 축복이 있을 것이라는 소망스러운 이야기를 들려주었다. 그래서 그곳을 그는 하나님의 진영(Camp of God)이라 불렀다. 야곱은 전에 형과 적대감이 있었기 때문에 형이 자기를 어떻게 대할지 염려스러워서 사자(使者)들을 보내 자초지종을 이야기하도록 했다. 야곱이 사자들에게, 에서에게 가서 이같이 말하라고 명령했다. "야곱은 형이 자기에 대해 분을 품고 있는 동안에는 같이 있는 것보다 떨어져 있는 것이 좋겠다고 생각했었습니다. 그러나 이제 서로 떨어져 있은 지 오래되었기에 화해할 수 있다고 생각하고 처자들과 얻은 소유물을 가지고 이리로 오고 있으며 가장 귀한 것들을 형에게 드리려고 하며 하나님이 내

려 주신 것을 형과 함께 나누는 것을 최대의 행복으로 생각하고 있습니다." 사자들이 에서에게 이 말을 전하자 에서는 매우 기뻐하며 400인을 거느리고 맞으러 나왔다. 야곱은 형이 400인을 거느리고 자기를 마중하러 나온다는 소리를 듣고 크게 두려워하였다. 그러나 그는 구원의 희망을 오직 하나님께만 두면서, 어떻게 지금과 같이 어려운 상황에서 자기는 물론 자기와 함께한 자들을 보호할 수 있을 것이며 적들이 공격해 와도 이겨낼 수 있을 것인가를 곰곰이 생각했다. 따라서 그는 자기 일행 중 몇몇은 앞에 세우고 나머지는 바로 뒤를 따르도록 하여, 맨 앞 사람들이 형의 공격을 받는 경우에는 뒤따르는 사람들이 도망할 수 있도록 여러 대(隊)로 나누었다. 야곱은 자기 일행을 이런 순서로 배치하고 몇몇 사람들에게는 형에게 줄 선물을 들려서 보냈다. 선물의 내용을 살펴보면 양 떼들, 그리고 귀하기 때문에 누구나 선물로 받기를 좋아하는 여러 종류의 수많은 네 발 가진 짐승들로 구성되어 있었다. 야곱은 선물로 줄 짐승들을 얼마간의 간격을 두어 길게 열을 지어가게 함으로써 아직도 에서의 복수심이 남아 있다면 그 선물을 보고 화를 누그러뜨릴 정도로 더 많이 보이도록 했다. 야곱은 또한 사자들에게 에서를 만나면 공손히 말하라고 지시했다.

2. 야곱은 하루 종일 이런 지시를 내리고 난 후 밤이 오자 일행과 함께 계속 진행했다. 그들이 얍복(Jabboc)이라고 부르는 강을 건널 때 야곱은 뒤에 남았다. 야곱은 천사를 만나 그와 씨름했다. 천사가 먼저 싸움을 걸어왔기 때문이었다. 야곱이 천사를 이기자 천사는 "네게 일어난 일로 인해 크게 즐거워하라. 네가 이긴 것은 결코 작은 것이 아니라 바로 하나님의 천사와 싸워 이긴 것이다. 너의 승리는 장차 네게 축복이 올 것이며, 네 후손이 넘어지지 않을 것이며, 아무도 네 후손을 당할 자가 없을 것임을 보여주는 표적이다."라고 말했다. 천사는 또한 야곱의 이름이 이스라엘이라 불릴 것이라고 했다. 히브리어로 이스라엘이란 '하나님의 천사와 겨룬 자'[35]라는 뜻이다. 이 약속들은 야곱이 기도

---

[35] 아마도 이런 해석이 현대와 고대 히브리어로 유추해 볼 때 '이스라엘'이라는 말에 대한 올바른 의미일 것이다. 그러나 애굽과 다른 지역의 1세기 헬레니즘 학자들은 이스라엘을 '하나님을 본 자'로 해석했음이 분명하다.

할 때에 주어졌다. 그가 자기와 겨룬 자가 하나님의 천사임을 알아보고 장차 자기에게 일어날 일을 가르쳐 달라고 했기 때문이었다. 천사는 야곱에게 이런 약속을 남기고 사라져 버렸다. 야곱은 기쁜 나머지 그곳 이름을 브니엘(Phanuel)이라고 불렀다. 그 뜻은 '하나님의 얼굴'(face of God)이라는 의미이다. 야곱은 천사와 겨룰 때 허벅지 관절에 있는 둔부의 힘줄에 고통을 느꼈기 때문에 그 후로는 허벅지 관절에 있는 둔부의 힘줄을 먹지 않았다. 따라서 오늘날까지도 우리는 야곱을 위해 허벅지 관절에 있는 둔부의 힘줄을 먹지 않고 있다.

3. 야곱은 형이 가까이 온 것을 보고 에서가 혹 싸울 마음이 있어서 싸움이 벌어질 경우에 그들의 동태를 살피기 위해 아내들을 따로따로 여종들과 함께 앞서가도록 명령했다. 야곱은 형 에서에게 나아가 엎드려 절을 했다. 에서는 야곱을 해칠 의도가 전혀 없었기에 그를 영접하면서 처자들은 어디에 있냐고 물었다. 그리고 나서는 그들에 대해 알고 싶은 것은 다 안 후 함께 아버지에게 가자고 권했다. 그러나 야곱은 양 떼들이 너무 지쳤다고 핑계를 댔다. 그러자 에서는 세일(Seir)로 돌아갔다. 세일은 에서의 거처였으며 자기가 털 많고 거친 것을 본떠 그곳을 '거침'(roughness)이라고 불렀다.

제21장

디나의 순결 상실

1. 그 후 야곱은 오늘날까지 숙곳(Succoth), 즉 장막(Tents)이라고 불리는 곳으로 갔다가 그곳에서 다시 가나안 도시인 세겜(Shechem)으로 갔다. 그때 세겜인들은 축제를 벌이고 있었는데 야곱의 외동딸인 디나가 그곳 여인들의 아름

다움을 보려고 도시로 나갔다. 하몰(Hamor)왕의 아들 세겜이 그녀를 보고 강제로 욕을 보이고 그녀를 몹시 사랑한 나머지 그녀를 아내로 맞아들이게 해달라고 요청했다. 하몰왕은 아들의 요구에 응낙하고 야곱에게 와서 자기 아들 세겜과 디나를 법에 따라 결혼할 수 있도록 허락해 달라고 했다. 야곱은 이렇게 지체 높은 사람의 요청을 거절할 수도 없고 그렇다고 해서 이방인에게 딸을 줄 수도 없었기 때문에 가족들과 상의할 시간적 여유를 달라고 했다. 그러자 왕은 야곱이 이 결혼을 승낙할 것이라는 희망을 갖고 돌아갔다. 야곱은 아들들에게 디나가 욕을 당한 사실과 하몰의 청에 대해 이야기하고 어찌해야 좋을지 의견을 발표해 보라고 했다. 야곱의 아들들은 대부분 이에 대해서 어찌해야 좋을지 몰라 아무 말도 못 했다. 그러나 디나와 같은 어머니에게서 난 시므온과 레위는 세겜인들이 그들의 축제 기간이므로 경계를 게을리하고 즐기는 동안 파수꾼이 잠을 자는 틈을 타서 도시로 들어가 여자들을 제외한 왕과 왕의 아들들은 물론 모든 남자[36])들을 살해해 버리자고 자기들끼리 계략을 꾸몄다. 시므온과 레위는 아버지의 동의도 얻지 않고 이 일을 감행하고 디나를 구해 왔다.

2. 야곱은 이들의 끔찍한 행동에 놀란 나머지 그들을 엄하게 꾸짖은 반면에 하나님은 야곱에게 오셔서 두려워하지 말고 장막을 정결케 하고 네가 처음 메소포타미아로 향할 때 환상을 보고 제물을 드리겠다고 한 그 제물을 드리라고 명령하셨다. 따라서 야곱은 자기 식구들을 정결케 하고 라반의 집에 있던 신의 형상을 발견하자(그는 전에 라헬이 그 형상을 훔친 것을 알지 못했다) 그것들을 세겜 상수리나무 밑에 파묻고 그곳을 떠나 그가 처음 메소포타미아로 향할 때 꿈을 꾸었던 장소인 벧엘로 가서 제사를 드렸다.

3. 야곱이 그곳을 떠나 에브랏(Ephrata)에 이르렀을 때 아이를 낳다 죽은 라헬을 그곳에 장사 지냈다. 라헬은 헤브론에 묻히는 영예를 누리지 못한 야곱의 유

---

[36]) 시므온과 레위가 세겜인들을 살해한 것에 대해서는 Authent. Rec. 1부 pp. 309, 418, 432-439를 보라. 그러나 요세푸스가 왜 세겜인들의 죽음과 야곱의 큰 근심의 계기가 된 할례 사건을 레위의 유언(Testament of Levi) 5절에서처럼 생략했는지 확실히 알 수가 없다.

일한 식구였다. 야곱은 라헬을 위해 오랫동안 슬퍼하고 그녀가 낳은 아들을 베냐민(Benjamin)[37]이라고 불렀다. 베냐민이라고 이름한 것은 라헬이 그에 대해 슬픔을 가졌기 때문이었다. 야곱에게는 열두 아들과 한 딸이 있었다. 그중 적자 아들은 여덟이었는데 레아의 아들이 여섯, 라헬의 아들이 둘이었으며 여종의 아들은 각기 둘씩 모두 넷이었다. 이들의 이름은 내가 이미 밝힌 바가 있다.

제22장

이삭이 죽고 헤브론에 장사된 경위

야곱은 헤브론으로 왔다. 헤브론은 가나안인들 가운데에 있는 도시였다. 이삭은 그곳에서 거주했고 그들은 잠시 함께 거주했으나 야곱은 리브가가 생존한 모습을 보지 못했다. 이삭 역시 야곱이 돌아온 지 얼마 안 되어 세상을 떠났고, 선조들로부터 그들의 소유라는 것을 가리키는 기념비가 있는 헤브론에 아들들에 의해서 그의 아내 곁에 장사되었다. 이삭은 하나님의 사랑을 받은 자였으며 특별히 그의 아버지 아브라함처럼 하나님의 섭리의 인도를 받으며 살아간 전형적인 인물이었다. 이삭은 매우 장수하여 185세를 향수하고 죽었다.

---

[37] 베노니(Benoni)는 '나의 슬픔의 아들'이란 뜻이고 베냐민(Benjamin)은 '날들의 아들'(son of days) 혹은 '아버지의 노년에 얻은 자'(창 44:20)라는 뜻인 것을 볼 때 내가 현재 다루고 있는 요세푸스의 사본은 여기서는 잘못된 것 같다. 다른 사본들과 비교해 볼 때 요세푸스는, 라헬은 자기의 아들을 베노니라 불렀고 야곱은 베냐민이라고 불렀다고(창 35:18) 썼을 것이라고 나는 생각한다. 보통 베냐민을 오른손의 아들이라고 해석하는 것은 도무지 이치에 맞지 않으며 현대에 와서 생긴 큰 실수인 것처럼 보인다. 사마리아인들은 항상 이 이름을 베냐민(Benjamin)이라고 쓰는데 그것은 아마도 우리가 케루빈(Cherubin)과 케루빔(Cherubim)을 별다른 차이 없이 발음하듯이 히브리어의 '임'(im) 대신 갈대아로 '인'(in)이라는 어미가 붙었을 뿐 의미는 같은 것이다. 베냐민의 유언(Testament of Benjamin) 2절 p. 401와 필론(Philo)의 『명칭 변경에 관하여』(De Nominum Mutatione) p. 1059는 이름을 베냐민이라고 썼으니 오른손의 아들이 아니라 날들의 아들이라고 설명하고 있다.

제 2 권

220년간의 역사 기록

이삭의 죽음으로부터 출애굽까지

제1장

이삭의 아들 에서와 야곱이 거주지를 달리하고
에서는 이두매를, 야곱은 가나안을 차지하게 된 경위

1. 이삭이 죽은 후 그의 아들들은 각기 거주지를 달리하고 전에 자기들이 가졌던 것을 그대로 보유하지 않았다. 에서는 헤브론시를 동생에게 물려주고 세일에서 거주하며 이두매(Idumea)를 지배했다. 그는 그 나라를 자기 이름을 따라 명명했다. 왜냐하면 그는 에돔(Adom)이라고 불렸기 때문이었다. 그가 이런 이름을 갖게 된 경위는 다음과 같다. 어느 날 사냥을 마치고 돌아오는데 몹시 배가 고팠다(그때는 그가 아직 소년이었다). 그는 동생 야곱이 자기가 먹을 저녁 식사로 팥죽을 준비한 것을 보았다. 팥죽의 색이 매우 붉었기 때문에 더욱더 그것이 먹고 싶었다. 그래서 그는 동생에게 그것을 좀 먹게 해달라고 요구했다. 그러나 동생은 형의 허기진 것을 이용해서 장자권을 자기에게 넘기라고 강요했다. 그러자 그는 배고픔을 견디다 못해 동생에게 장자권을 넘기기로 맹세했다. 이 팥죽의 색이 붉었기 때문에 그 일 이후로 그 시대 사람들은 농담 삼아 에서를 에돔(Adom)이라고 부르게 되었다. 히브리어로 붉은 것을 에돔이라고 부르기 때문이었다. 이렇게 해서 이 이름이 이 나라의 이름이 된 것이다. 그리

고 이 이름을 헬라인들은 자기들이 발음을 편하게 하기 위해서 이두매(Idumea)라고 불렀다.

2. 에서는 다섯 아들을 두었다. 오홀리바마(Alibama)를 통해서 여우스(Jaus), 얄람(Jalomus), 고라(Coreus)를 낳았고 아다(Ada)를 통해서는 엘리바스(Aliphaz)를 낳았고 바스맛(Basemmath)을 통해서는 르우엘(Raguel)을 낳았다. 이들이 바로 에서의 아들들이다. 엘리바스는 다섯 명의 적자, 데만(Theman), 오말(Omer), 스보(Saphus), 가담(Gotham), 그나스(Kanaz)를 두었다. 아말렉은 딤나(Thamna)라는 첩이 낳은 서자였다. 이들은 게발리티스(Gebalitis)라고 부르는 이두매의 한 지역에 거주했다. 아말레키티스(Amalekitis)는 아말렉이라는 이름에서 연유했다. 이두매는 넓은 지역이기 때문에 이들의 전 이름이 붙여졌으며 여러 지역에서 특정 주민들의 이름이 보존되었다.

제2장

야곱의 아들 요셉이 꾼 꿈이 그의 행복한 미래를 예고하자 형제들의 시기를 받게 된 경위

1. 야곱은 이 세상의 그 누구보다도 큰 행복을 누리게 되었다. 그는 그 지역 주민들보다도 더 부유했다. 게다가 야곱은 덕망 있는 아들들 때문에 시기와 부러움을 동시에 받았다. 왜냐하면 야곱의 아들들은 손으로 일하는 데 있어서나 인내심에 있어서만이 아니라 남달리 머리가 뛰어났고 어느 한 군데라도 남에게 뒤진 점이 없었기 때문이었다. 하나님이 그를 행복하게 해줄 큰 섭리를 갖고 계셨기 때문에 외부의 악조건에도 불구하고 그에게 축복을 내리셨고 우리

선조들이 출애굽하는 동기를 마련하게 했다. 그 자세한 형편은 아래와 같다. 야곱이 라헬을 통해 요셉을 낳았을 때 야곱은 요셉을 다른 아들들보다 더욱 특별히 사랑했다. 왜냐하면 요셉은 외모도 준수했을 뿐 아니라 성품도 좋았고 총명하기가 이를 데 없었다. 이러한 아버지의 편애로 그는 형제들의 시기와 미움을 샀다. 게다가 그는 꿈을 꾸었는데 그는 그 꿈에 의하면 자기가 앞으로 크게 될 것이라고 아버지와 형제들에게 말했기 때문이었다. 원래 사촌이 땅을 사면 배가 아픈 것이 인지상정인 것이다. 요셉이 잠을 자다가 본 환상은 다음과 같았다.

2. 한창 추수기에 요셉이 형제들과 함께 아버지의 명령을 받고 추수하러 나갔을 때 보통 꿈과는 전혀 다른 꿈을 꾸었다. 그가 형제들에게 꿈 이야기를 하자 형제들은 그것이 무엇을 뜻하는지 알았다. 요셉은 지난밤에 꿈을 꾸니 자기 곡식단은 자기가 세워 둔 곳에 그대로 있는데 형제들의 곡식단이 마치 종이 주인에게 절하듯이 달려와서 자기 곡식단에 절을 했다고 말했다. 형제들은 그 꿈이 요셉이 장차 권세와 큰 부를 얻게 될 것이고 자기들이 그 권세에 복종하게 될 것임을 알아차리고도 자기들은 마치 그 꿈의 내용을 모르는 것처럼 요셉에게 그 꿈을 해석해 주지 않았다. 그들은 그 꿈의 의미가 자기들이 해몽한 대로라면 조금도 사실이 되지 않기를 기도했다. 결국 그들은 이로 인해 요셉을 더욱더 심하게 미워하였다.

3. 그러나 하나님이 형제들의 시기에도 불구하고 요셉에게 전보다 더 큰 환상을 보여주었다. 해가 달과 별들을 거느리고 땅에 내려와서 요셉에게 엎드려 절하는 환상이었다. 요셉은 그 환상을 아버지에게 이야기했다. 요셉은 사실상 형제들이 자기에 대해 악의를 품고 있는데도 그것을 전혀 눈치채지 못하고 그 꿈의 내용을 해몽해 주기를 원했다. 야곱은 그 꿈 이야기를 듣고 기뻐했다. 야곱은 그 환상을 곰곰이 생각해 보고 그 뜻이 무엇일까를 지혜롭게 추측해 보고 난 후 아들의 행복한 미래를 알리는 길조라고 해석하고 매우 기뻐하였다. 야곱은 달은 만물에 영양을 공급하며 성장케 하고, 해는 만물의 형태와 다른 능

력들을 공급하기에 어머니와 아버지를 가리키고, 해와 달에게서 힘을 받는 별들이 그 수가 열한 개라는 것을 보면 별들은 형제들을 가리키는 것이라 추측하고, 그 꿈의 내용으로 볼 때 하나님의 축복으로 때가 되면 요셉이 영화롭게 되어 부모와 형제들의 경배를 받게 될 것이라고 해몽해 주었다.

4. 야곱은 요셉이 본 이 환상을 이렇게 빈틈없이 해몽해 주었으나 요셉의 형제들은 이 해석으로 인해 매우 큰 슬픔에 빠지게 되었다. 형제들은 요셉이 마치 같은 부모 아래서 동반자가 되어 그 꿈이 예고하고 있는 행복을 같이 나누어 가질 형제로서가 아니라 자기네와는 전혀 상관이 없는 나그네인 것처럼 느끼게 되었다. 따라서 그들은 요셉을 죽이기로 결의했다. 그들은 추수를 끝내자마자 다시 한번 그 결의를 재다짐하고 양들을 칠 목초가 풍부한 세겜으로 갔다. 그들은 세겜으로 옮겨 갔다는 소식을 아버지에게 전하지 않고 그곳에서 양 떼들을 쳤다. 야곱은 양 떼들이 어찌 되었는지 아무런 전갈도 없고 아들들의 소식도 알 길이 없게 되자 불길한 예감을 갖고 크게 걱정한 나머지 요셉을 보내 형들의 형편을 살펴보고 소식을 전하라고 했다.

제3장

요셉이 형들의 미움을 사서 애굽에 팔려 가 유력한 인물이 된 후 형들이 그에게 굴복하게 된 경위

1. 형들은 동생이 오는 것을 보자 동생이나 아버지가 보낸 자로 생각지 않고 하나님의 섭리로 인해 용케도 자기들의 손아귀에 들어온 적이라고 생각하고 기뻐했다. 그들은 이미 동생을 죽이기로 작정했기 때문에 절호의 기회를 놓치

려고 하지 않았다. 그러나 장자인 르우벤은 동생들이 요셉을 살해하기로 의견을 모은 것을 보고 그들이 하려는 짓이 얼마나 사악하고 못된 짓인가를 일깨우면서 그들을 제지하려고 노력했다. 인척 관계가 없는 자를 죽인다고 하더라도 하나님 보시기에 악할 뿐 아니라 사람 보기에도 지탄을 면치 못할 터인데 친동생을 죽인다면 얼마나 잔인하고 못된 짓인가를 설득했다. 더구나 요셉을 죽인다면 아버지에게는 못 할 짓이며 자식을 잃고 슬퍼하는 어머니[1]의 모습을 생각해 보면 이런 짓은 결코 인간이 할 짓이 못 된다고 말했다.

르우벤은 동생들의 양심에 호소하면서 그렇게 착하고 어린 동생을 죽이면 어떤 벌을 받게 될지 한번 생각해 보라고 간청했다. 르우벤은 하나님이 이미 동생을 해치려는 그들의 계획을 알고 계실 것이 분명하니 하나님을 두려워하라고 했다. 만일 그들이 계획을 포기하고 회개하여 행실을 고친다면 하나님의 사랑을 받을 것이지만 동생을 살해한다면 무소 부재하며 사막에서나 도시에서나 일어나는 모든 것을 간과하지 않으시는 하나님의 섭리를 어긴 대가로 하나님의 온갖 형벌을 받게 될 것이라고 했다. 하나님은 인간이 있는 곳은 어디나 계신다고 생각해야만 한다고 말했다. 그는 계속해서 만일 그들이 악한 계획을 끝내 고집한다면 그들의 양심이 선한 양심이든 동생을 죽인 후에 갖게 된 양심이든 간에 그들의 적이 될 것이라고 말했다.

그는 덧붙여 말하기를 비록 동생이 잘못한 것이 있다 하더라도 용서하는 것이 도리일진대 아무런 잘못도 하지 않은 요셉을 죽이려고 하는 것은 결코 옳은 일이 될 수 없다고 말했다. 더욱이 요셉이 나이 어려 연약하므로 동정을 베풀어야 하고 어떻게 해서든지 그를 보살펴 주어야 하는데도 불구하고 그를 죽인다는 것은 그 행위를 더욱 악하게 만드는 것이라고 했다. 그는 그들이 동생의 행복한 미래를 시기한 나머지 그를 없애려고 결정했지만 요셉이 그들과는 전혀 상관없는 나그네가 아니라 동생이기에 요셉이 누릴 행복을 자연스레 나누어 가질 수도 있지 않느냐고 했다. 하나님이 요셉에게 베풀 축복이 바로 그들

---

[1] 우리는 여기서 그때까지도 요셉의 어머니가 살아 있었다고 암시하는 요셉의 두 번째 꿈과 일치시키기 위해, 요세푸스는 우리가 가진 모든 사본의 해석(창 37:10)처럼 요셉의 어머니가 죽었는데도 아직 살아 있는 것처럼 말하고 있음을 주목할 필요가 있다.

자신의 것이 아니냐고 했다. 만일 그들이 하나님이 축복을 내리기로 작정한 사람을 해치려 한다면 하나님이 행하실 일을 방해한 것이기에 그의 진노가 얼마나 크겠느냐고 말했다.

2. 르우벤은 이런저런 말로 그들에게 간청하면서 요셉을 죽이지는 말라고 했다. 그러나 자기의 말이 그들의 마음을 움직이지 못하고 오히려 그들이 일을 서두르려는 것을 보자 요셉을 떼어 놓음으로써 그들이 저지르려는 행동의 사악성을 경감시키려고 했다. 처음에 르우벤은 그들 자신이 요셉을 죽이려고 할 때 죽이지 못하도록 설득하려고 했으나 요셉을 죽이려는 의견이 지배적이 되자 만일 그들이 자기의 충고를 따른다면 그들이 원하는 바를 성취할 수 있으면서도 그렇게 큰 죄의식이나 고통을 겪지 않을 것이라고 했다. 르우벤은 요셉을 그들 손으로 직접 죽이지 말고 근처에 있는 구덩이에 넣어서 죽게 하라고 애걸했다. 이렇게 하면 그들의 손을 피로 더럽히지 않을 수 있으니 그만큼 유익이 아니냐는 것이었다. 동생들은 르우벤의 이 제안에 쾌히 동의했다. 따라서 르우벤은 요셉을 붙잡아 끈으로 묶고 조심스럽게 구덩이 속으로 달아 내렸다. 그 구덩이 안에는 전혀 물이 없었다. 르우벤은 이 일을 마치고 자기 양 떼들에게 먹일 목초지를 찾아 길을 떠났다.

3. 그러나 야곱의 아들 유다는 르우벤이 떠난 후 이스마엘의 후손인 아라비아인들이 향료와 수리아산 물품을 싣고 길르앗 땅에서 애굽으로 가는 것을 보고 요셉을 구덩이에서 꺼내 아라비아인들에게 파는 것이 어떻겠느냐고 제안했다. 만일 요셉이 멀리 떨어진 이방인들 사이에서 죽는다면 자기들은 이런 잔인한 행동을 하지 않아도 되기 때문이었다. 따라서 그들은 그렇게 하기로 결정하고 요셉을 구덩이에서 꺼내 상인들에게 20파운드[2]를 받고 팔았다. 그때 요셉의 나이 17세였다. 그러나 르우벤은 밤이 되자 형제들에게 알리지 않고 요

---

2) 70인역(Septuagint)은 금화 20개라고 말하고 갓의 유언(Testament of Gad)은 금화 30개라 말하고 히브리 성경과 사마리아 오경은 은화 20개, 불가타역(Vulgate)은 은화 30개라고 말한다. 따라서 이 중 어떤 수가 맞는지는 알 수가 없다.

셉을 구해 내기 위해 구덩이로 왔다. 르우벤은 요셉의 이름을 불렀으나 아무런 대답이 없었다. 그러자 그는 동생들이 자기가 없는 사이에 요셉을 죽인 것이라고 생각하고 동생들을 비난했다. 동생들이 그에게 자초지종을 이야기하자 르우벤은 더 이상 요셉에 대해 슬퍼하지 않았다.

4. 요셉의 형제들은 이런 일을 저지르고 난 후 아버지의 의혹을 사지 말아야 한다고 생각했다. 그들은 요셉을 구덩이에 집어넣을 때 요셉이 입고 있던 겉옷을 벗겼었다. 그들은 요셉이 맹수에게 죽임을 당한 것처럼 아버지를 믿게 하기 위해서는 요셉의 겉옷을 찢어서 염소 피를 묻힌 후에 아버지에게 갖다 보여주는 것이 상책이라고 생각했다. 그들은 이런 준비를 마치고 아버지에게 돌아왔으나 요셉에게 무슨 일이 일어났는지 아버지가 묻기 전에는 아무 말도 하지 않았다. 아버지가 묻자 그들은 요셉을 본 적이 없으며 그에게 어떠한 불상사가 일어났는지 알지 못하나 피가 묻고 찢긴 겉옷을 발견하고 혹시 그 옷이 요셉이 입었던 옷이라면 맹수를 만나 죽임을 당한 것이 아닌가 싶어 이렇게 가져왔다고 했다.

야곱은 그전까지만 해도 요셉이 혹시 포로가 되지 않았나 하는 일말의 희망을 가지고 있었으나 피 묻고 찢긴 그 옷이 분명히 요셉이 입었던 옷임을 보고 그가 죽은 것이 분명해지자 일말의 희망마저 사라져 버렸다. 야곱은 그 후 요셉으로 인해 슬퍼했으며 마치 아들이 하나도 남아 있지 않은 것처럼 남은 아들들로 인해 위로받기를 거절했다. 야곱은 요셉이 맹수에게 잡아먹힌 줄로 생각하고 요셉의 형제들을 만나려고 하지 않고 요셉만을 불쌍히 여겼다. 야곱은 베옷을 입고 앉아 크게 괴로워했는데 아들들이 위로해도 소용이 없고 시간이 지나도 그의 고통은 가실 줄을 몰랐다.

제4장

요셉의 뛰어난 순결성

1. 바로 왕의 요리를 맡은 관원장인 애굽인 보디발(Potiphar)은 상인들에게서 돈을 주고 요셉을 사 왔다. 보디발은 요셉을 귀하게 대하고 자유민이 되는 학문을 가르쳤으며 노예들과는 다른 음식을 먹도록 해주었다. 그는 또한 가정사를 요셉에게 모두 맡겼다. 결국 요셉은 이런 특권을 누렸으나 자기 환경이 바뀌었다고 해서 전에 지니고 있던 미덕을 버리지는 않았다. 그는 현재의 호조건에서도 단지 전시 효과가 아니라 실제에 있어서 지혜가 삶의 통제하기 어려운 격정을 지배할 수 있다는 것을 보여주었다.

2. 보디발의 아내는 요셉의 준수함과 능숙한 일 처리에 반해 그를 연모하게 되었다. 그녀는 사랑을 고백하고 설득하면 요셉과 쉽게 동침할 수 있을 것이라고 생각했다. 그녀는 요셉의 노예 신분만을 생각하고 그의 도덕적 성품은 생각하지 못했다. 여주인이 간청하면 요셉도 매우 좋아할 것이라고 상상하고 헛된 욕망을 드러내며 자기와 동침하자고 요구했다. 그러나 요셉은 그런 일은 자기가 믿는 종교에 어긋날 뿐 아니라 자기를 사서 극진하게 대해 준 보디발을 모욕하고 능멸하는 것이라고 생각하고 그녀의 간청을 거절했다. 요셉은 오히려 그녀에게 욕정을 다스리라고 권면했다. 요셉은 그녀가 자신의 욕망을 채울 희망이 없다고 느끼면 정욕을 억누를 수 있을 것이라고 생각하고 그녀의 욕정을 채우는 것이 불가능함을 보여주었다. 요셉은 동침하자는 요구만을 제외하고는 무슨 일이든 시키는 대로 하겠다고 했다. 비록 자기와 같은 노예는 여주인의 뜻을 따르는 것이 마땅하겠으나 이런 경우에는 도저히 따를 수가 없다고 했다. 그녀는 요셉이 기대와는 달리 이렇게 반대하자 그를 더욱더 집요하게 사랑했다. 그녀는 이 헛된 욕정에 사로잡혀 두 번째 계략을 꾸미기로 결심했다.

3. 민속 축제가 다가왔다. 그때는 여인들이 민속의식을 즐기는 것이 관습이었으나 그녀는 요셉을 유혹하기 위해서 홀로 있어야 하겠기에 몸이 불편하다고 남편에게 둘러댔다. 그녀는 기회를 얻게 되자 전보다 더 달콤한 말로 요셉을 유혹했다. 그녀는 자기 지위를 보아서라도, 아니 자기 체면도 모두 버리고 간청하는 나의 이 뜨거운 연모의 정을 보아서라도 자기의 첫 번째 간청을 거절하지 말고 들어주어야 좋지 않겠느냐고 했다. 그녀는 아프다는 핑계까지 하면서 축제나 의식을 즐기지 않고 요셉과 만나 이야기하는 것을 더 좋아한다고 하면서 지난번에는 더 진지하게 간청하기를 기대해서 거절했든지, 아니면 자기의 진심을 믿지 못해 거절했든지 간에, 이제 결코 거짓이 아님을 확신시켜 주기 위해 다시금 간청하고 있으니 현명하게 생각해서 전처럼 어리석게 굴지 말았으면 좋겠다고 했다. 그녀는 또한 요셉에게 자기의 애정을 받아 주고 자기 말을 따라 준다면 지금까지 누리던 특권은 물론 더 큰 특권도 누리게 될 것이나 자기의 요구를 거절하고 순결만을 고집한다면 미움과 복수를 받게 될 것이라고 위협했다. 그녀는 또한 그렇게 요셉이 자기의 순결을 범하려 했다고 남편에게 거짓으로 이야기하면 보디발은 요셉의 말보다 자기의 말을 들을 것이니 그렇다면 무슨 유익이 있겠느냐고 했다.

4. 그녀가 눈물을 글썽이며 이렇게 간청했을 때 요셉은 동정심도 들었고 두려움도 느꼈으나 그렇다고 해서 그녀의 요구에 응함으로 순결을 포기할 수는 없었다. 요셉은 그녀의 간청을 뿌리쳤을 뿐 아니라 그녀의 협박에도 굴하지 않았으며 악한 일을 도모하기를 두려워했다. 그는 양심상 죽어야 마땅할 죄로 알고 있는 악을 행함으로 현재의 특권을 누리기보다는 모진 형벌을 감수하는 편을 택했다. 요셉은 그녀에게 결혼한 여인이라는 것과 남편하고만 동침해야 한다는 것을 상기시켰다. 또한 이러한 정욕은 장차 그녀에게 후회와 고통만을 안겨다 줄 것이며 한 번 저지르면 돌이킬 수 없는 순간적인 정욕의 쾌락보다는 이런 점을 더 중요하게 생각해야 한다고 권면했다. 요셉은 그녀에게 그들의 간통 사실이 들통나면 어떻게 될까 하는 두려움은 견디기가 어려울 것이며 비록 발각되지 않는다고 하더라도 불안하기는 마찬가지이니 아무런 위험도 없는 남

편하고만 즐기는 것이 좋지 않겠느냐고 했다. 남편과만 교제를 나누면 하나님과 사람 앞에서 양심의 거리낌이 없이 자신을 가질 수 있으며, 둘이 서로 악한 일을 범하고 죄의식으로 괴로워하는 것보다 정조를 지킬 때 그녀가 훨씬 여주인다울 것이며 여주인으로서의 권위를 잃지 않게 될 것이라고 권면했다. 그는 또한 사악한 행실을 범하고 숨기려고 애쓰는 것보다 바르게 행동하고 좋은 평판을 들으면서 선한 삶을 사는 것이 더욱 낫지 않겠느냐고 했다.

5. 요셉은 이런저런 말로 그녀의 타오르는 욕정을 제지하고 이성을 되찾게 하려고 애를 썼으나 그녀는 자신을 억제하지 못하고 더욱 집요하게 요구했다. 그녀는 요셉을 설득시킬 가능성이 없자 손으로 그를 붙잡고 강제로라도 뜻을 이루려고 했다. 요셉은 그녀가 화를 내는데도 불구하고 그녀의 손에 옷을 남겨두고 그녀의 방을 뛰쳐나왔다. 그녀는 남편에게 자신의 음탕함이 드러날까 봐 심히 걱정했으며 그로 인해 남편이 자기를 경멸할지도 모른다는 생각 때문에 몹시 근심했다. 그래서 그녀는 선수를 치려고 결심하고 보디발에게 요셉을 무고(誣告)했다. 이렇게 함으로써 그녀는 요셉의 교만과 자신을 경멸한 행동에 복수하려고 했다. 그녀는 이렇게 선수를 쳐서 요셉의 고발을 미리 막는 것은 그것 자체가 현명한 일이며 여성스러운 행동이라고 생각했다. 따라서 그녀는 일부러 얼떨떨하고 슬픈 표정으로 앉아 있었다. 그녀가 그렇게 위선적으로 찌푸린 모습을 하고 있었기에, 실제로는 끓어오르는 욕정이 좌절됨으로 인해 생긴 슬픔이 마치 정조를 빼앗길 뻔했던 사건으로 인해 생긴 슬픔처럼 보였다. 따라서 남편이 집에 돌아와서 그녀의 모습을 보고 당황하여 어째서 그런 꼴을 하고 있느냐고 묻자 그녀는 요셉을 비난하기 시작했다. "여보, 당신의 침실을 더럽히려고 한 악한 종을 벌해 주세요. 그놈은 겸손한 척만 했지 우리 집에 올 때부터 제 신분이 뭔지도 모르고 당신이 베푼 은혜가 얼마나 큰지 모르고 있어요(매사에 우리에게 상냥하게 군 것을 빼면 그는 결코 감사할 줄 모르는 놈이 분명해요). 제 말이 무슨 뜻이냐 하면 그놈이 당신 아내를 욕보일 은밀한 계획을 가지고 있었단 말이에요. 축제 때 당신이 없는 틈을 타서 그놈은 제게 욕을 보이려고 했어요. 결국 그놈이 전에 겸손한 척 한 것은 당신이 두려워서 그런 것이지 원래 성품

은 그런 것 같지 않아요. 그놈이 이런 짓을 한 것을 보면 우리가 기대 이상으로 너무 잘 대해 준 데서 나온 것 같아요. 나이 많은 다른 종들을 제쳐놓고 그놈에게 당신의 토지와 가사 일을 맡기니까 당신의 아내를 건드려도 괜찮을 것이라고 생각한 모양이에요." 그녀는 말을 마치고 요셉이 강제로 욕을 보이려고 하다가 옷도 버리고 도망갔다고 말하면서 그의 옷을 남편에게 보여주었다. 보디발은 아내가 눈물을 흘리며 이야기하는 데다가 실제로 증거까지 보았기에 아내를 사랑하는 마음으로 인해 아내가 말하는 것을 의심하지도 않고 사실을 조사해 보려고도 하지 않았다. 그는 당연히 자기 아내가 정숙한 여인일 것이라고 여기고 요셉을 악한 놈이라고 생각하여 요셉을 감옥에 처넣었고 아내를 높이 평가하면서 아내를 정숙하고 겸손한 여인이라고 생각했다.

제5장

감옥에서 요셉에게 일어난 일들

1. 요셉은 만사를 하나님께 맡기고 스스로 변호하거나 사실을 밝히려 하지 않았다. 그는 고통과 진실을 아시는 하나님이 자기에게 벌을 가한 사람들보다 훨씬 능력이 많으신 분이라고 굳게 믿고 아무 말 없이 결박과 고통을 감당했다. 그는 감옥 안에서도 하나님의 섭리가 자기를 인도하고 계신다는 증거를 재빨리 알아차릴 수 있었다. 왜냐하면 간수가, 요셉이 맡은 일을 충실하고 능숙하게 처리하는 것과 그의 용모에서 풍기는 위엄을 보고 결박을 풀어 주었기 때문에 요셉은 감옥 안에서도 고통이 심하지 않았으며 견딜 만했다. 간수는 또한 요셉에게 다른 죄수들보다 나은 식사를 제공해 주었다. 중노동이 끝나면 죄수들은 같은 고생을 하는 사람들끼리 흔히 그러듯이 서로 이야기를 나누면서 감

옥에 들어온 동기가 무엇이냐고 서로 물었다. 그중에는 왕의 신임을 받다가 갑자기 왕의 노여움을 사 투옥된 왕의 술 맡은 관원장이 있었다. 이 사람은 요셉과 같은 사슬에 묶여 있었기에 더욱 친밀했다. 그는 요셉이 다른 죄수들보다 더 총명한 것을 보고 자기가 꾼 꿈을 이야기하고, 왕에게 고통을 당하더니 이제는 하나님이 꿈으로 괴로움을 더하게 하시려는가 불평하면서도 그 꿈을 해석해 달라고 하였다.

2. 그는 포도나무 세 가지에 이미 수확할 정도로 다 익은 커다란 포도송이 셋이 있길래 그것을 짜서 왕에게 드렸더니 왕이 기쁜 얼굴로 그것을 받는 꿈을 꾸었다고 말했다. 그는 요셉에게 이 꿈을 조금이라도 해몽할 수 있다면 무엇을 예고하는지 말해 달라고 간청했다. 요셉은 그에게 왕이 그의 봉사를 받고 싶어서 다시 복직시키려고 3일 안에 석방시킬 것이니 기뻐하라고 하였다. 요셉은 그에게 포도 열매는 하나님이 인간의 유익을 위하여 주는 것으로서 포도주는 인간 상호 간의 신실성과 확실성의 보장이요 인간들의 다툼에 종지부를 찍고 포도주를 먹는 자들의 마음에서 격정과 슬픔을 사라지게 하고 마음을 즐겁게 만드는 것이라고 했다. "당신은 당신 손으로 세 포도송이에서 포도주를 짰고 그것을 왕이 받으셨다고 했지요? 그러므로 이 꿈은 길조이며 당신이 꿈에서 포도를 수확한 가지의 수인 3일 안에 석방될 것을 예고하는 것이오. 그러나 당신이 내가 지금 예고한 대로 되어 고위직에 오르거든 내가 감옥에 남아 있음을 잊지 말아 주기를 바라오. 왜냐하면 우리는 죄 때문에 투옥된 것이 아니요, 오히려 절제와 미덕을 갖추었기 때문에 악인들이 받는 형벌을 받고 있기 때문이오." 술 맡은 관원장은 보통 사람들처럼 요셉의 그러한 해몽을 듣고 기뻐했으며 실제로 그 꿈이 이루어지기만을 학수고대했다.

3. 술 맡은 관원장과 함께 투옥된 왕의 빵 굽는 관원장이 있었다. 그 또한 자기도 꾼 꿈에 대해 요셉의 해몽을 기다렸다. 그는 요셉에게 자기가 전 날밤 꾼 꿈의 의미를 해몽해 달라고 요구했다. 그는 "내가 왕이 드실 음식이 담긴 광주리 셋, 즉 빵 두 광주리와 사탕과 다른 음식이 든 다른 광주리를 머리에 이고

가는데 새들이 날아와서 내가 쫓으려고 했지만 음식을 다 먹어 치웠소."라고 꿈 이야기를 하면서 자기 꿈도 술 맡은 관원장의 꿈과 같은 길조의 해몽이 나오기를 기대했다. 그러나 요셉은 그 꿈을 곰곰이 생각해 본 후에 그 꿈은 길조가 아니라 흉조라고 했다. 요셉은 (세) 광주리는 3일째 되는 날 그가 어쩔 수 없이 십자가에 달려 새들에게 파먹힘을 당할 것을 의미하기에 앞으로 3일 이상 살지 못할 것이라고 말했다. 결국 요셉이 예언한 대로 제3일째 되는 날 왕은 자기 생일을 엄숙하게 치르고 빵 굽는 관원장을 십자가에 못 박은 반면에 술 맡은 관원장은 감옥에서 석방시켜 그를 복직시켰다.

4. 하나님은 요셉이 전에 자기에게 한 말을 잊어버린 술 맡은 관원장의 어떠한 도움도 없이 2년간의 감옥 생활을 청산하게 하고 요셉을 감옥에서 석방시켰다. 하나님은 다음과 같은 방법으로 요셉을 구원하셨다. 바로 왕은 같은 날, 꿈에 두 가지 환상을 보고 그 환상의 해석까지도 들었다. 그는 꿈 해석은 잊어버리고 꿈만을 기억했다. 그 꿈이 불길한 것처럼 보였기에 그는 매우 걱정하였고 그다음 날 애굽인들 가운데에 가장 현명한 자들을 불러 모아 자기가 꾼 꿈을 해석해 보라고 요구했다. 그러나 그들이 그 꿈 이야기를 듣고 머뭇거리자 왕은 더욱더 마음이 불안해졌다. 그런데 그때 바로가 혼란에 빠진 것을 본 왕의 술 맡은 관원장은 요셉이 생각났고 그가 꿈을 잘 해몽한다는 것을 기억해 내게 되었다. 그래서 그는 왕에게 나아가 자기가 투옥되었을 때에 빵 굽는 관원장과 자기가 꿈을 꾸었는데 요셉의 해몽대로 자기는 복직되고 빵 굽는 자는 십자가에 달렸던 사실을 이야기하고 요셉을 천거했다. 그는 또한 요셉이 왕의 요리 맡은 관원장인 보디발의 노예로서 감옥에 갇혀 있으나 히브리 귀족 출신이며 그의 아버지는 매우 부유하게 살고 있다고 말했다. "그러므로 왕께서 그의 미천한 신분 때문에 그를 무시하지 마시고 한번 그를 만나 보신다면 왕의 꿈이 어떤 뜻인지를 알게 될 것입니다."라고 하자 왕은 요셉을 자기 앞에 대령시키라고 명령했다. 그러자 명령을 받은 자들이 그에게 가서 왕을 대할 때의 정중한 예절을 가르쳐주고 왕 앞에 대령시켰다.

5. 왕이 요셉의 손을 덥석 잡으면서 이같이 말했다. "젊은이여, 잘 왔네. 내 시종이 자네가 현재 논의할 수 있는 가장 현명하고 적합한 인물이라고 말했네. 그러니 내 시종에게 보여주었던 호의를 내게도 베풀어서 나의 꿈속에 나타난 환상이 무슨 뜻인지 알려주기 바라네. 비록 그 꿈이 불길한 것이라 하더라도 거짓말로 나를 기쁘게 하기 위해 아첨하지도 말고 두려워하지도 말게. 내가 강가를 거닐고 있을 때 강에서 습지(濕地)로 올라가는 살지고 큰 일곱 마리의 암소를 보았네. 그런데 약하고 흉악하고 파리한 일곱 마리의 다른 암소들이 나타나더니 그 살지고 큰 암소들을 모조리 잡아먹었는데도 여전히 먹은 듯하지 않았고 기근으로 인해 처참한 몰골을 하고 있었네. 이 환상을 본 후 나는 잠에서 깨어났네. 나는 이것이 무슨 뜻인가 곰곰이 생각하다가 정신없이 다시 잠이 들었는데 전보다 훨씬 놀라운 꿈을 꾸었네. 그 꿈이 아직도 나를 두렵게 하고 혼동케 만들고 있네. 나는 무르익어 추수할 때가 되어 알곡의 무게를 이기지 못하고 머리를 숙인 이삭이 땅에서 올라오는 것을 보았네. 그런데 그 바로 옆에 기갈로 인해 쇠약하고 마른 이삭들이 나타나더니 무르익은 이삭들을 먹어 삼키는 것을 보았네. 이 광경은 나를 극도로 놀라게 만들었네."

6. 이에 대해 요셉은 다음과 같이 답변했다. "왕이시여, 이 꿈은 비록 형태는 두 가지이나 한 가지 동일한 사건을 가리키고 있습니다. 왕께서 농사를 짓는데 부릴 수 있는 살진 암소를 야윈 암소가 잡아먹고, 알곡이 달린 이삭을 연약한 이삭이 잡아먹는 것을 보신 것은, 7년간 기근이 들어 땅에 곡식이 부족할 것과 또한 7년간 애굽에 풍년이 들 것을 예고해 주는 것입니다. 이 풍년 기간에 생산된 곡식들은 흉년 때 소비될 것입니다. 파리한 암소가 살진 암소를 잡아먹고도 만족하지 못하는 것은 흉년이 들 때 곡식이 모자랄 것을 상징적으로 보여준 것입니다. 그러나 하나님이 장래 일을 인간에게 보여주신 것은 인간을 근심케 하려는 데 목적이 있는 것이 아니라 장래를 미리 알아 지혜롭게 대비하게 하는 데 그 목적이 있습니다. 그러므로 왕이 풍년 기간에 수많은 곡식을 잘 보관한다면 장차 닥칠 재난에서 애굽인들을 구해 내실 수 있을 것입니다."

7. 이에 왕이 요셉의 총명함과 지혜에 놀라서 흉년에 대비하기 위해 풍년에 생산된 곡식들을 어떻게 처리해야 하는지를 물었다. 그러자 요셉은 애굽 백성들에게 흉년에 대비해서 양식을 낭비하지 말고 필요한 만큼만 쓰고 절약해서 나머지를 보관하도록 지시해야 한다고 조언했다. 요셉은 또한 왕에게 농부들이 수확한 곡식을 거둬들여서 양식으로 사용하는 데 충분할 정도만 나누어 주라고 권면했다. 바로는 요셉의 해몽과 지혜에 대해서 크게 놀라고 이 같은 일 처리 방법을 처음으로 발견한 자라면 지도자로서 적임이라고 생각하고, 그에게 곡물을 분배하는 일뿐 아니라 그가 애굽 백성과 왕의 유익을 위한 것이라고 생각하는 것은 무엇이나 할 수 있는 권세를 부여했다. 요셉은 왕에게서 이런 특권을 부여받고 왕의 인장과 자주색 옷을 사용할 수 있도록 허락을 받고 전 애굽 땅을 전차로 누비면서, 농부들의 곡식[3]을 거둬들이고 종자용과 양식용으로 충분할 정도만 나누어 주었다. 요셉은 자기가 왜 그런 일을 하는지에 대해서는 아무에게도 밝히지 않았다.

제6장

애굽에서 유명하게 된 요셉이
그의 형제들을 굴복시키게 된 경위

1. 요셉은 이제 나이 30세가 되었고 왕의 큰 총애를 받았다. 왕은 요셉이 특별히 지혜가 뛰어나다고 해서 사브낫바네아(Psothom Phanech)라는 이름을 붙여 주었다. 그 이름은 '비밀을 밝혀내는 자'(revealer of secrets)라는 뜻이

---

[3] 바로를 위해 농부들의 곡식을 매우 저렴한 가격으로 샀다.

다. 그는 또한 매우 지체 높은 집안의 딸과 결혼했다. 그녀는 헬리오폴리스(Heliopolis)의 제사장 보디베라(Petephres)[4]의 딸인 처녀 아스낫(Asenath)이었다. 요셉은 흉년이 들기 전 아스낫을 통해 장자인 므낫세(Manasseh)를 낳았다. 요셉은 현재의 행복으로 인해 과거의 불행을 잊을 수 있었기에 '잊어버림'(forgetful)이라는 의미를 지닌 이름을 지어 준 것이다. 요셉은 또한 자기가 선조들처럼 자유에 복귀할 수 있었기 때문에 '복귀됨'(restored)이라는 뜻을 가진 둘째 아들 에브라임(Ephraim)을 낳았다. 요셉의 해몽대로 7년간의 행복한 기간이 지나고 제8년째에 기근이 엄습해 왔다. 애굽인들은 조금도 예상치 못했을 때[5] 이런 불행이 찾아온 것이다. 애굽인들은 기근으로 인해 모두가 심각한 곤경에 빠지자 성문 앞으로 달려와서는 요셉을 불러대기 시작했다. 요셉은 그들에게 곡물을 팔았고 명실상부한 애굽 전 백성의 구세주가 되었다. 요셉은 애굽 백성만을 위해서 곡물 시장을 개장하지 않았다. 나그네들도 얼마든지 곡물을 살 수 있는 자유가 있었다. 왜냐하면 요셉은 모든 인간은 서로 도우면서 살아가야 한다고 믿었기 때문이었다.

2. 야곱은 외국인들도 받아 준다는 이야기를 듣고 그의 모든 아들을 곡물을 사 오도록 애굽으로 보냈다. 왜냐하면 가나안 땅뿐 아니라 전 대륙이 기근으로 큰 고통을 당하고 있었기 때문이었다. 야곱은 단지 요셉을 낳은 어머니 라헬에게서 난 베냐민만을 남겨 두었다. 야곱의 아들들은 애굽으로 가서, 곡물을 사고 싶다고 요셉에게 청원했다. 왜냐하면 이런 일은 요셉의 허락 없이는 되지 않았기 때문이었다. 또한 요셉에게 예우를 갖추는 것이 곧 왕에게 예우를 갖추는 것이었고 그래야만 그들에게 이득이 돌아왔기 때문이었다. 요셉은 자기 형

---

[4] 그 당시 온(On)의 제사장이었던 이 보디베라는 전에 요리 맡은 관원장 혹은 수비대장이라고 불렸으며 요셉을 상인에게서 사 간 인물과 동일한 이름이다. 창세기 37장 36절, 39장 1절, 41장 50절을 보라. 더구나 요셉의 유언(Testament of Joseph) 18절을 보면 요셉이 그의 주인의 딸과 결혼했다고 기록되어 있는 것으로 보아서 이 동명의 두 사람이 동일한 인물이라고 주장하고 있는 것 같다. 이 관념은 요셉의 유언에만 한정된 것이 아니라 버나드(Bernard) 박사의 주장대로(『유대 고대사』 2권 4장 1절) 요세푸스와 70인역 해석자들과 고대의 다른 유대 고대인들의 공통적인 생각인 것이다.

[5] 기근이 찾아오기 전에 애굽인들이 이에 대해 전적으로 몰랐다는 것은 나로서는 전혀 이해하기 어렵다.

제들을 잘 알아보았으나 형들은 그를 전혀 알아보지 못했다. 왜냐하면 요셉이 떠날 때는 일개 소년이었는데 이제 성인이 되었기에 얼굴 생김새가 바뀌어서 알아볼 수가 없었던 것이다. 게다가 요셉이 큰 위엄을 갖추고 나타났기 때문에 형들은 설마 그가 요셉이라고는 꿈에도 생각하지 못했다. 요셉은 그들에게 곡물 팔기를 거절하면서 그들이 이 중대한 사태에 대해 어떠한 반응을 보이는지 시험해 보았다. 그러고는 한 개인이 그렇게 많은 자녀를, 그것도 용모가 준수하게 양육시키기란 불가능하며 또 그렇게 많은 자녀를 교육하기란 왕이라도 힘에 부칠 텐데 너희들이 다 한 형제인 양 가장하고 있으니, 이 나라를 살피러 온 여러 나라의 염탐꾼들이 여기에 와서는 한 집단이 되어 마치 친척인 양 가장하고 있는 것이 아니냐고 캐물었다. 요셉이 이렇게 한 것은 자기가 떠난 후 아버지와 동생 베냐민에게 어떤 일이 일어났는지를 알고자 하는 데 그 이유가 있었다. 요셉은 형들이 자기에게 했던 대로 동생에게도 악한 행동을 서슴지 않고 행여 그를 죽여 버리지 않았나 염려했기 때문이었다.

3. 요셉의 형들은 불안과 공포에 질려 그가 자기들의 동생인 요셉인 줄은 상상도 못 하고 큰 위기에 봉착했다고 생각했다. 그들은 염탐꾼의 혐의를 받자 장자인 르우벤을 대변인으로 내세워 자기들을 변호하기 시작했다. "우리는 악한 음모나 이 나라에 해를 끼칠 의도를 가지고 이 나라에 온 것이 아닙니다. 우리는 단지 생계를 잇기 위해 이곳에 온 것뿐입니다. 우리는 당신들이 당신 동족뿐 아니라 외국인들과 곡물을 원하는 사람은 누구에게나 곡물을 판다는 소문을 듣고 당신들의 친절함이 우리가 당한 곤경에서 우리의 피난처가 되리라고 생각한 것뿐입니다. 우리는 한 피를 나눈 형제들입니다. 우리 얼굴에 특정한 윤곽이 있고 서로 크게 다르지 않다는 것이 한 형제라는 것을 분명히 보여주고 있지 않습니까? 저희 아비는 히브리 사람 야곱으로, 네 아내를 통해 열두 아들을 두었습니다. 우리 열두 아들이 모두 생존해 있을 때는 행복한 가정을 이루었습니다. 그러나 우리 형제 중 요셉이 죽자 아버지가 슬픔을 이기지 못하시고 오랫동안 괴로워하셔서 집안 분위기는 악화되었습니다. 따라서 우리는 동생의 죽음과 늙은 아버지의 슬픔 때문에 모두 고통을 당하고 있습니다. 우리

는 늙은 아버지와 막냇동생 베냐민과 식구들을 위해 곡물을 사러 이곳에 온 것입니다. 만일 당신이 우리 집에 사람을 보내어 알아본다면 우리가 한 말이 조금도 거짓이 없음을 알게 될 것입니다."

4. 이같이 르우벤은 자기들을 좋게 보도록 요셉을 설득시키느라 애를 썼다. 그러나 요셉은 야곱이 생존해 있고 자기 동생도 형들에게 죽임을 당하지 않았음을 알아내고는 한가로울 때 더 자세히 알아보기 위해 당분간은 그들을 감옥에 집어넣었다. 제3일째에 요셉은 형들을 감옥에서 나오게 한 후 "너희들이 계속 이 나라에 어떤 해도 끼치러 온 것이 아니며 야곱의 아들들로서 한 형제라고 주장하고 있는데 만일 그렇다면 내가 어떤 해도 끼치게 하지 않을 터이니, 너희 중 한 사람만 남고 나머지는 곡물을 아버지에게 갖다 드린 후 남겨 두고 왔다는 그 동생을 이리로 데리고 오면 그때야 비로소 너희들의 말이 진실인 줄 확신할 것이다."라고 말했다. 이에 그들은 전보다 더 큰 슬픔에 잠겼다. 그들은 자기들이 요셉에게 행한 일에 대해 후회하며 눈물을 흘리면서 자기들이 요셉에게 행한 악한 일 때문에 하나님의 벌을 받아 이 지경이 되었다고 말했다. 르우벤은 이렇게 뒤늦게 후회해 봐야 요셉에게 무슨 이득이 있겠느냐고 크게 꾸짖고 난 후 요셉 때문에 하나님이 징계하는 것이니까 참고 견디자고 권면했다. 그들은 요셉이 자기들의 말을 이해하지 못할 줄로 알고 이같이 서로 말을 했다. 르우벤의 말에 그들은 모두 슬픔에 잠겼고 자기들이 지금 당하는 곤경을 하나님의 형벌로 생각하고 자기들이 저지른 일을 후회했다. 요셉은 형들이 이런 근심에 싸인 것을 보고 불쌍한 마음이 들어 눈물을 흘렸다. 그러나 그들에게 눈물 흘리는 것을 보이기 싫어 안으로 들어갔다. 그리고 얼마 후 다시 나와서 시므온[6]을 인질로 잡고 곡물을 가지고 집으로 가라고 명령했다. 요셉은 또한 그의 청지기를 불러 형들이 곡식 값으로 낸 돈을 몰래 형들의 자루에 집어 넣으라고 시켰다. 청지기는 그가 시키는 대로 했다.

---

[6] 요셉이 형들 중에서 유독 시므온을 인질로 삼은 이유는 시므온의 유언(Testament of Symeon)을 볼 때 분명하다. 즉 시므온은 요셉의 형제들 가운데 요셉을 가장 미워한 사람이었다는 것이다(2절). 또한 시므온을 인질로 잡은 이유는 스블론의 유언(Testament of Zabulon) 3절에도 부분적으로 나타난다.

5. 야곱의 아들들은 가나안 땅으로 돌아와서 아버지에게 애굽에서 일어난 일을 말하였다. 그들은 애굽 땅에서 염탐꾼으로 의심을 받아 자기들은 열한 번째 아들과 아버지만 집에 남겨두고 곡식을 사러 온 한 형제들이라고 변호했으나 총리가 그 말을 믿지 않고 베냐민을 데리고 와서 자기들이 말한 것이 사실이 아님을 증명하기까지는 시므온을 인질로 붙잡아 두겠다고 말한 경위를 이야기했다. 그들은 아버지에게 조금도 염려하시지 말고 베냐민을 데리고 가도록 해달라고 빌었다. 그러나 야곱은 자기 아들들이 한 행동이 도무지 마음에 들지 않았고 시므온이 인질로 잡힌 것을 불길한 징조로 여겼기 때문에 베냐민조차 넘겨주는 것은 바보스러운 짓이라고 생각했다. 르우벤은 야곱에게 애걸하면서 만일의 경우 여행 중에 베냐민에게 무슨 일이 생기면 보복으로 야곱이 자기 아들들을 죽여도 좋다고까지 설득했으나 아버지는 막무가내였다. 그러자 그들은 낙심에 빠져 어찌해야 좋을지를 몰랐다. 그런데 게다가 그들을 더욱 혼동케 만드는 사건이 일어났다. 그것은 다름이 아니라 곡식 자루에서 숨겨진 돈이 발견된 것이다.

그들이 사 온 곡식은 바닥이 났고 기근은 계속 기승을 부리고 있는데도 야곱은 아들들이 약속한 대로 베냐민을 애굽에서 데려오지 못할까 봐 베냐민을 보낼 결심을 굳히지 못했다. 날마다 비참함은 더욱 심해져 갔고 아들들의 간청은 열을 더해 갔음에도 불구하고 야곱은 현재 상태에서 다른 방도를 구할 생각을 하지 못했다. 그래서 평소에도 용감하던 유다가 야곱에게 마음을 털어놓고 이야기했다. "아버님이 아들 때문에 두려워하고 부정적으로만 생각하는 것은 아버님답지 못합니다. 왜냐하면 베냐민에게는 하나님이 정하신 일 외에는 일어나지 않기 때문입니다. 비록 베냐민이 아버님과 함께 집에 있더라도 하나님이 정하신 일은 정확히 일어나기 마련입니다. 아버님은 베냐민만 지나치게 걱정을 함으로써 바로에게 가서 식량을 구해 올 수 없게 되어 우리를 굶어 죽게 해서는 안 됩니다. 베냐민을 보내는 것을 막으시면 시므온이 죽게 될 터인데 시므온도 돌보셔야 하지 않겠습니까? 베냐민에 대해서는 하나님께 모든 것을 맡기십시오. 제가 베냐민과 무사히 돌아오지 않으면 그와 함께 죽을 작정입니다."

결국 야곱은 설득을 당하고 베냐민을 넘겨주었다. 그는 곡물의 가격을 두 배로 주고 그 밖에도 가나안 땅의 소산과 발삼(balsam)과 로진(rosin)과 테레빈(turpentine)과 꿀[7]을 요셉에게 선물로 보냈다. 아버지와 아들들은 이별할 때에 서로 하염없이 눈물을 흘렸다. 아버지는 아들들이 무사히 돌아오기만을 바랐고 아들들은 그동안 아버지가 무사하고 자기들로 인해 조금도 괴로워하지 않기를 바랐다. 그들은 온종일 슬퍼했다. 마침내 늙은 아버지는 근심으로 지쳐버렸고 뒤에 남았다. 아들들은 일을 무사히 마치고 돌아오리라는 희망을 가지고 현재의 고통을 눌러보려고 애쓰면서 애굽을 향해 길을 떠났다.

6. 그들은 애굽에 당도하자마자 요셉에게로 갔다. 그러나 요셉을 속이고 곡물 값을 내지 않았다는 죄를 뒤집어쓸까 봐 크게 두려워하여 어쩔 줄을 몰랐다. 따라서 그들은 요셉의 청지기에게 집에 가서 보니 자루에 돈이 들어 있길래 지금 도로 가져왔다고 길게 변명을 늘어놓았다. 청지기는 도대체 무슨 말을 하는지 전혀 모르겠다고 했다. 그들은 이 말을 듣고서야 겨우 두려움이 사라졌다. 요셉의 청지기는 시므온을 풀어주고 그에게 말쑥한 옷을 입히고 형제들과 함께 있게 했다. 그때 요셉이 왕의 시중을 들다가 그들에게로 왔다. 그러자 그들은 그에게 가져온 선물을 바치고, 요셉이 그들의 아버지의 안부를 묻자 아버지는 무고하시다고 했다. 요셉은 또한 베냐민이 살아 있는 것을 보고 이 자가 막냇동생이냐고 물었다. 이에 그들은 그렇다고 대답했다. 베냐민은 만물 위에 뛰어나신 하나님이 자기를 보호하셨다고 답변했다. 요셉은 베냐민을 보자 눈물이 나기 시작했다. 그러나 그는 형제들에게 눈물 흘리는 것을 보이고 싶지 않아 안으로 들어갔다. 요셉은 조금 후에 그들을 저녁 식사에 초대하고 옛날 아버지의 식탁에서 앉았던 순서대로 그들을 앉혔다. 요셉은 그들 모두에게 친절하게 대했으나 유독 베냐민에게는 다른 형제들의 곱절이나 되는 양의 음식을 주었다.

---

7) 유대산 고급 발삼과 테레빈에 대해서는 『유대 고대사』 8권 6장 6절의 주를 보라.

7. 식사 후 그들이 마음 편히 잠자리에 들었을 때 요셉은 그의 청지기에게 그들의 곡물 자루에 곡물을 넣어 주고 곡물 대금을 자루 속에 함께 넣고 베냐민의 자루 속에는 요셉이 마실 때 즐겨 사용하는 금잔을 집어넣으라고 명령했다. 요셉이 이렇게 명령한 것은 베냐민이 금잔을 훔친 혐의로 고발되어 곤경에 처하게 되었을 때 그의 형들이 베냐민 곁을 떠나지 않고 그를 돕는지, 아니면 자기들의 결백만 주장하고 베냐민을 버려둔 채 그냥 아버지에게로 가는지를 시험해 보려고 한 것이다. 요셉의 청지기는 요셉이 시키는 대로 빠짐없이 수행했다.

야곱의 아들들은 이런 것을 조금도 눈치채지 못하고 시므온과 함께 귀국길에 올랐다. 그들은 시므온이 석방된 데다가 약속한 대로 베냐민을 아버지께 데려갈 수 있게 되어 이중으로 기뻤다. 그러나 얼마 못 가서 기병 중대가 베냐민의 자루에 금잔을 넣은 요셉의 청지기와 함께 그들을 에워쌌다. 이 기병대의 뜻밖의 검문에 그들은 매우 당황하면서 조금 전까지만 하더라도 그들의 주인에 의해 융숭하고 정중한 대접을 받았던 사람들을 이렇게 검문하는 이유가 무엇이냐고 물었다. 기병들은 그들에게, 요셉이 베푼 호의와 융숭한 대접을 배반하고 오히려 그에게 해를 끼치고 요셉이 극진한 대접으로 특별히 사용하게 한 금잔까지 훔치고도 양심의 거리낌도 느끼지 않는 사악하고 못된 놈들이라고 했다. 청지기는 그들이 벌을 받아야 마땅하다고 위협했다. 그는 비록 일개 종의 눈은 속일 수 있으나 하나님의 눈은 속일 수 없을진대 남의 물건을 도둑질해 가면서도 시치미를 떼고 무슨 일로 우리를 따라왔느냐고 도리어 큰소리를 치는 게 될 법이나 한 소리냐고 했다. 그는 그들이 벌을 받게 되면 즉시 잘못을 깨닫게 될 것이라고 했다. 그는 이런저런 말로 그들을 비난했다.

그러나 그들은 무슨 영문인지를 전혀 모르고 그 청지기가 한 말에 의아해하면서도 비웃었다. 그들은 자기들이 전에 곡물 자루에서 곡물 대금을 발견했을 때 아무도 모르는데도 불구하고 그냥 갖지 않고 도로 가져다주었는데 하물며 요셉에게 의도적으로 해를 끼칠 리가 있겠느냐면서 어찌해서 자기들을 그렇게 심하게 비난할 수 있느냐고 말했다. 그들은 말만으로 그렇지 않다고 강하게 부인하는 것보다 직접 찾아보게 하는 것이 자기들의 무죄를 더 확실하게 해줄 수 있을 것 같아서 수색해 보라고 했다. 그들은 자기들이 죄를 범했다고는 조금도 생각지 않았기에 어떤 위험도 없을 것이라고 생각하고 만일 자기들 가운데 누구 하나라도 도둑질한 것이 드러나면 모두가 벌을 받겠다고 자신 있게 말했다. 요셉의 종들은 도적질한 사람만 벌을 받을 것이라고 말했다. 그들은 나머지 모든 형제의 수색을 마치고 마침내 베냐민의 자루를 뒤지기 시작했다. 그들은 자기들이 금잔을 베냐민의 자루 속에 숨긴 것을 알고 있었기에 지금까지는 단지 빈틈없이 수색하고 있다는 것을 보여주기 위해 형식적으로 한 것뿐이었다. 형들은 이제 혐의가 풀려 자기들은 안심이 되었고 이제 오직 베냐민만 염려가 되었으나 그도 곧 무죄임이 드러날 것이라고 확신했다. 그들은 그렇지 않았으면 그동안 멀리 갈 수 있었을 텐데 쓸데없이 따라와서 왜 가는 길을 막느냐고 힐난했다.

그러나 요셉의 종들이 베냐민의 자루에서 금잔을 찾아내어 꺼내자마자 모두 울음바다가 되었다. 그들은 막내가 도둑질한 죄로 받을 형벌과 베냐민을 무사하게 데리고 오겠다고 아버지께 약속한 것을 지키지 못할 것을 생각한 나머지 옷을 찢으면서 슬피 울었다. 그들이 더욱 슬퍼했던 것은 이제 만사가 잘 해결되어 아무런 걱정도 없게 되었다고 생각한 순간에 이런 불상사가 일어났기 때문이었다. 그들은 막냇동생이 당한 이 불행이나 이로 인해 괴로워할 아버지의 슬픔은 모두가 자기들 때문이라는 것을 인정했다. 왜냐하면 아버지의 반대에도 무릅쓰고 베냐민을 함께 가도록 해달라고 아버지께 강요하다시피 한 것은 자기들이기 때문이었다.

8. 결국 기병대가 베냐민을 체포해서 요셉에게 끌고 가자 형들도 역시 동생을 따라가는 수밖에 없었다. 요셉은 베냐민이 결박되어 있고 그 형들이 슬픔에 잠긴 모습과 옷차림을 보고 "내가 베푼 친절과 하나님의 섭리를 그런 식으로 받아들이는 이 나쁜 놈들아, 융숭하게 대접해 주어도 은혜를 모르는 이 못된 놈들아, 너희들은 도대체 어떤 놈들이냐!"라고 소리쳤다. 이에 대해 그들은 베냐민을 구해 주시면 자기들이 벌을 받겠다고 했다. 그리고 그들은 자기들이 전에 요셉에게 행한 악한 행동을 기억해 냈다. 그들은 또한 만일 요셉이 죽었

다면 이생의 슬픔을 겪지 않을 테니 자기들보다 행복할 것이고, 살아 있다면 자기들이 하나님의 복수를 받는 것을 보고 기뻐할 테니 자기들보다 더 행복할 것이라고 했다. 그들은 또한 전에 요셉으로 인해 아버지에게 고통을 안겨다 주었는데 이제 다시 베냐민으로 인해 또 큰 고통을 안겨 주게 되었으니 자기들은 아버지께 가시와 같은 존재가 아니냐고 했다. 이때도 르우벤은 역시 담대하게 아무 걱정하지 말라고 그들의 말을 가로막았다. 요셉은, 그 소년만 벌하면 되니까 죄가 없는 그들은 돌아가라고 했다. 그는 죄짓지 않은 사람을 위해 죄지은 자를 풀어주는 것도 부당하며 죄짓지 않은 사람을 죄지은 사람과 함께 벌하는 것도 부당한 것이라고 했다. 요셉이 그들을 안전하게 돌려보내 주겠다고 약속을 했는데도 불구하고 그들은 큰 걱정에 사로잡혀 이런 비극 앞에 말문이 막혀 버리고 말았다.

그러나 언제나 용감하고 적극적이었으며 아버지를 설득해 베냐민을 데리고 오게 할 수 있었던 유다는 동생을 구하기 위해 자기가 대신 나서기로 했다. 그는 말했다. "총리 각하, 저희가 각하에게 매우 나쁜 짓을 저지른 것도 사실이고 그로 인해 벌을 받아야 하는 것도 마땅합니다.[8] 비록 우리 모두가 도둑질을 한 것이 아니라 오직 막냇동생만 도둑질을 했다 하더라도 우리 모두가 벌을 받아야 마땅할지도 모릅니다. 각하의 선하심으로 우리를 구해 주신다면 우리에게 약간의 희망은 있습니다. 그러나 만일 그렇지 않다면 우리는 막내로 인해 큰 낙심에 빠지게 될 것입니다. 각하께서는 제발 우리와 우리가 범한 죄를 보지 마시고 각하 자신의 성품을 보시고 우리에게 분노하시지 말고 은혜 베푸시기를 간절히 빕니다. 분노의 격정이란 사소한 일에나 큰일에나 빠져들어 흥분을 잘하는 저급한 감정입니다. 각하, 그 격정을 지배해 주십시오. 그 격정을 지배하지 못해서 스스로 자기 목숨을 보존할 능력조차 없어 단지 각하의 처분만을 바라는 자들을 분노로 희생시키지 마십시오. 각하께서 저희에게 은혜

---

[8] 이 연설은 내가 보기에는 너무 장황하고 너무 주제에 어긋나는 것이 많기 때문에 이때 유다가 한 연설이라고 보이지 않는다. 내가 보기에는 그것은 유다가 전에 웅변 형식으로 작성한 연설이나 선언인데 이곳에 삽입하는 것이 적합한 것 같아 삽입한 것처럼 보인다. 이런 연설이나 선언의 예를 보려면 『유대 고대사』 6권 14장 4절을 보도록 하라.

를 베풀어 주신 것이 이번 한 번뿐이 아니지 않습니까? 전에 저희가 곡물을 사러 왔을 때 저희 식구가 기근으로 인해 굶어 죽지 않을 만큼 많은 식량을 우리에게 주시지 않으셨습니까? 먹을 것이 없어 죽어가는 사람들을 못 본 체하시지 않는 것과, 각하께서 베푸시는 영광의 은전(恩典)의 혜택을 받지 못할 정도로 불행하여 어쩔 수 없이 범죄한 자들을 처벌하시지 않는 것은 별 차이가 없는 것입니다. 이것은 비록 형태는 달라도 각하께서 똑같이 은혜를 베푸시는 것입니다. 각하께서는 이런 방법으로 여러 사람을 먹이시고 구원하셨으며 기근으로 고통당하는 자들을 각하께서 손수 하사품으로 살리셨습니다. 각하께서 곡물을 주셔서 우리의 생명을 부지시켜 주시고 게다가 우리를 용서하시고 곤경에서 구해 주신다면 그것은 정말로 각하의 놀랍고 위대한 업적이 되실 것입니다. 저는 하나님이 우리를 이런 곤경에 빠뜨리심으로 각하께서 각하에 대해 잘못한 사람을 용서해 줄 줄 알고 각하의 도움을 필요로 하는 사람들 외에도 친절하게 대하실 줄 아는 미덕이 있음을 보일 기회를 하나님이 제공해 주신 것이라 생각합니다. 양식난으로 고통받는 자들에게 잘 대해 주는 것도 좋은 일이나 당연히 벌을 받아야 할 사람을 용서해 주시는 것은 더욱더 위대한 일입니다. 사형에 해당되는 죄를 범한 자에 대해 끓어오르는 분노를 억누르고 용서해 주시는 것은 그야말로 칭송받을 만한 일이며 그것이 바로 하나님 자신의 가장 현저한 성품이라고 생각합니다. 요셉이 죽었다는 소식을 듣고 늘 슬퍼하며 괴로워하는 아버님이 계시지 않다면 저는 저희의 목숨을 구해 달라고 구차히 애걸하지 않겠습니다. 각하의 뛰어난 성품 이상을 발휘하셔서 죽어도 울어 줄 자 없는 자들까지도 배려해 주셨으면 정말 고맙겠습니다. 우리는 각하가 원하시는 대로 무엇이나 감당할 각오가 되어 있습니다(비록 죽는다 하더라도, 우리가 아직 젊고 삶의 재미를 모르기 때문에 우리에게 자비를 베풀어 달라고 간청하는 것이 아닙니다). 우리는 각하께서 저희 아버님을 생각하시고 그의 노년을 불쌍히 여겨 주시기를 간절히 간구하는 것입니다. 각하께서는 저희에게 형벌을 내리심으로 저희 아버지의 마음을 괴롭게 하시지 말기를 빕니다. 왜냐하면 저희 아버님은 악하지 않으시며 저희도 악하지 않습니다. 그는 선한 분이시며 인고의 고통을 겪지 않아도 될 분이십니다. 우리가 없는 사이 그분은 지금 우리 걱정에 마음 편할 날이 없을 것입니다. 만일 그가 우리의 죽음의 원인에 대한 소식을 듣는다면 세상을 일찍 떠나게 될 것입니다. 우리의 수치스러운 종말은 그의 종말을 재촉할 것이며 그를 비참한 죽음으로 인도할 것이고 우리의 종말에 관한 슬픈 이야기가 항간에 떠돌기도 전에 세상을 하직하고 싶어 하실 것이고 의식을 잃어버리게 되고 말 것입니다. 비록 우리의 사악한 행동이 각하의 정의감에 불을 질러 형벌을 내리고 싶으시더라도 이런 점을 감안해 주시고 저희 아버님을 생각하셔서 용서해 주시기 바랍니다. 우리의 악함보다 저희 아버님을 더욱더 불쌍히 여겨 주십시오. 우리가 사라져 버린다면, 사시는 동안 외로워하시다가 곧 세상을 떠날 저희의 아버지를 생각해 주십시오. 하나님 아버지의 이름으로 저희에게 이런 은혜를 베풀어 주소서. 이렇게 해주시면 각하는 각하를 낳아 주신 분에게는 물론 각하에게도(각하는 이미 영광을 받고 계시지만) 영광스러운 일이 될 것입니다. 저희 아버님께 경건한 동정을 보여주심으로써 각하께서는 만물의 아버지이신 하나님의 보호를 받으실 것입니다. 저희 아버님이 아들들을 빼앗겼을 때 얼마나 처참할까를 생각해 보시고 저희 아버님을 불쌍히 여겨 주십시오. 은혜를 앗아갈 수도 있고 하나님을 전적으로 본받아 은혜를 베풀 수도 있는 능력이 각하의 손에 달려 있습니다. 따라서 하나님이 우리에게 베푸실 은혜를 우리에게 주시는 것이 각하의 임무이십니다. 각하께서 자비의 편에 서서 은혜를 베푸신다면 얼마나 좋은 일이겠습니까? 각하께서 은혜를 더 많이 베푸실수록 각하의 명성은 더 올라가게 마련입니다. 저의 막냇동생이 유감스럽게도 저지른 죄를 용서해 주시고 저희 모두를 보살펴 주십시오. 만일 막냇동생이 처형당한다면 저희는 살 생각을 할 수가 없습니다. 왜냐하면 막냇동생을 데리고 가지 않고서 저희 아버님께 저희만 살아 있는 모습을 보여 드릴 수가 없기 때문입니다. 그러니 저희도 여기서 동생과 같은 처벌을 받게 해주십시오. 총리 각하, 저희 동생을 처형시키신다면 저희도 공범으로 그와 함께 처벌해 주십시오. 동생의 죽음으로 인한 슬픔의 고통으로 저희 자신을 조금씩 죽여가기보다는 차라리 동생과 함께 같은 죄목으로 처형당하게 해주십시오. 제발 이 한마디만 들어주신다면 더 이상 구차하게 괴롭혀 드리지 않겠습니다. 저희 막냇동생이 어려서 사리 판단을 제대로 하지 못한 탓에 잘못을 저지르고 말았습니다. 이런 어린아이의 잘못을 너그럽게 용서해 주시는 것이 세상의 이치가 아닙니까? 더 할 말이 많지만 여기서 마치겠습니다. 만일 각하께서 우리에게 벌을 주신다면 각하께서는 우리에게 큰 상처를 주시는 것이며 저희를 너무 가혹하게 대하시는 것입니다. 그러나 각하께서 저희를 풀어 주신다면 각하의 선하심은 널리 인정될 것입니다. 이렇게 되면 각하께서도 저희를 단지 보호해 준 것뿐 아니라 저희를 실제 이상으로 의롭게 보이도록 호의를 베푸셨다는 뿌듯한 마음이 드실 것이며 미약한 자들을 구원해 주셨다는 칭송을 듣게 될 것입니다. 만일 각하께서 제 동생을 죽이기로 결심하셨다면 저를 대신 죽이시고 그를 아버지께 돌려보내 주십시오. 그러나 만일 각하께서 그를 붙잡아 두고 노예로 삼기를 원하신다면 보시다시피 제가 더 노예로서 쓸모가 있을 것이며 고통도 잘 참아내기 때문에 각하께 유익할 것입니다."9)

이렇게 유다는 동생을 구하기 위해서는 무슨 일이나 감당할 것처럼 요셉의 발 앞에 엎드려 그의 진노를 진정시키느라고 갖은 애를 썼다. 다른 모든 형제도 유다처럼 요셉 앞에 무릎을 꿇고 울면서 베냐민을 살려 주면 죽음이라도 마다하지 않겠다고 했다.

9. 요셉은 더 이상 정을 억제하지 못하고 화난 사람인 체할 수 없어서 형제들만 있을 때 자신을 밝히려고 주위에 있는 모든 사람에게 자리를 비키라고 명령했다. 그들이 물러가자 그는 형제들에게 자신을 밝히고 이같이 말했다. "나는 형들의 미덕과 막냇동생에 대한 사랑에 감복했습니다. 나는 형들이 내게 한 악한 행동으로 인해 가졌던 인상보다 형들이 더 좋은 사람들임을 알게 되었습니다. 사실 나는 막냇동생에 대한 형들의 사랑을 시험해 보려고 이 모든 일을 꾸몄습니다. 따라서 나는 형들이 전에 내게 한 행위가 본성이 악해서 그런 것이 아니었음을 알게 되었습니다. 모든 것은 하나님의 뜻에 따라 이루어진 것임을 알게 되었습니다. 우리는 하나님의 섭리로 오늘날 이런 좋은 것들을 누릴

---

9) 이 유다의 장광설 속에서 우리는 요세푸스가 유대인 사회에서는 모세 율법에 의하면 결코 그렇지 않은데 애굽에서는 요셉 당시 절도죄는 사형감이었다고 생각했음을 알 수가 있다.

수 있게 된 것이라고 생각합니다. 만일 하나님이 우리를 좋게 보아 주신다면 우리는 앞으로도 소망을 가질 수 있습니다. 나는 뜻밖에도 아버님이 무사하심을 알게 되었고 또 형들이 막냇동생에게 잘 대해 주는 것을 알게 되었으니 나는 더 이상 형들이 내게 대해 가지고 있는 죄책을 기억하지 않을 것이며 형들의 사악했던 행위로 인해 형들을 미워하지 않을 것이며 오히려 오늘날의 이런 행복을 가져다주시려는 하나님의 의도에 참여한 공로로 형들께 감사를 드리고 싶습니다. 형들이 제게 남긴 상처에 얼굴을 붉히고 민망히 여기기보다는 형들의 경솔함으로 우리가 이런 행복을 얻을 수 있었다고 생각하고 형들의 잘못을 잊어버리시기 바랍니다. 형들이 전에 내게 가졌던 악한 의도와 그로 말미암은 쓰라린 후회로 인해 이제 더 이상 괴로워하지 마십시오. 왜냐하면 형들의 악한 의도가 오히려 전화위복이 되었기 때문입니다. 형들은 이제, 하나님의 섭리로 일어난 일로 인해 즐거워하며 길을 떠나십시오. 그리고 아버님이 형들을 걱정하며 기다리지 않도록 이 사실을 알리십시오. 아버님이 돌아가시기 전에 제가 만나 뵙고 우리가 가진 좋은 것들을 한번 누리시는 것이 나의 인생의 가장 큰 행복입니다. 그러니 가셔서 아버님과 형님들의 처자들과 친척들을 모두 거느리고 이곳으로 거처를 옮기십시오. 제가 가장 사랑하는 사람들이 제게서 멀리 떨어져 산다는 것은 타당치 못합니다. 더구나 그곳은 5년 이상이나 기근을 견뎌야만 하는데 이곳의 형편은 너무나 좋지 않습니까?" 요셉은 이 말을 마치고 형제들을 껴안았다.

그러자 형제들은 슬픔과 눈물로 뒤범벅이 되었다. 그러나 요셉이 너무 친절하자 그들은 자기들이 전에 요셉을 해하려고 한 악한 모의와 행동으로 인해 행여 벌을 받지나 않을까 하는 두려움이 전혀 들지 않았다. 따라서 그들은 잔치를 베풀었다. 왕은 요셉의 형제들이 왔다는 소식을 듣자마자 마치 자신의 기쁨인 양 매우 기뻐했으며 곡물과 금과 은으로 가득 찬 수레를 보내 요셉의 아버지에게 선물로 주는 것이라고 했다. 요셉의 형제들은 선물을 받자 일부는 아버지께 일부는 각자가 나누어 가졌으며 베냐민은 남들보다 더 많은 선물을 받고 애굽을 떠났다.

제7장

기근으로 인한 요셉의 아버지와 그의 식구들의 이주

1. 야곱은 아들들이 돌아옴으로써 요셉이 살아 있을 뿐 아니라(야곱은 그가 죽은 줄 알고 내내 슬픔에 잠겨 있었는데) 그가 왕과 함께 애굽을 통치하고 있고, 왕의 모든 일을 거의 맡아서 처리하면서 영화와 행복을 한 몸에 누리며 살고 있다는 소식을 들으며 하나님의 크신 역사와 자신을 향한 하나님의 인자하심을(비록 최근 몇 년 동안은 그 인자하심이 끊어지는 듯했으나) 생각해 보고 그 말이 도무지 믿어지지가 않았다. 따라서 그는 요셉을 만날 기쁨에 즉시 여행길에 올랐다.

2. 그가 맹세의 우물(Well of the Oath, 브엘세바)에 도착했을 때 그는 하나님께 제사를 드렸다. 그는 애굽에서의 행복한 삶이 그의 후손들을 유혹하여 애굽을 사랑하게 되고 그곳에 정착하여 하나님이 그들에게 약속했던 가나안 땅을 소유할 생각도 하지 않을까 봐 걱정스러웠다. 그는 또한 이렇게 애굽에 내려가는 것이 하나님의 뜻이 아니라면 그의 가족이 그곳에서 멸망할까 두려워했다. 더욱이 요셉을 만나기도 전에 이 세상을 떠나면 어떻게 할까 하는 두려움도 생겼다. 이런 불안 속에 곰곰이 생각하면서 야곱은 잠이 들었다.

3. 하나님은 그 곁에 서시고, 그의 이름을 두 번 부르셨다. 야곱이 누구시냐고 묻자 하나님이 대답하셨다. "야곱아, 너는 네 선조뿐 아니라 너 자신까지도 보호하고 이끌어 준 하나님을 모른다고는 못할 것이다. 네 아비가 네게서 지배권(dominion)을 빼앗으려고 할 때 내가 그것을 네게 주었다. 네가 홀로 메소포타미아로 갔을 때 좋은 아내들을 얻고 많은 자녀와 재물을 거느리고 돌아올 수 있었던 것도 바로 나의 인자함 때문이었다. 너의 전 가족이 지금까지 보호를 받았으며 네가 죽었다고 포기한 아들 요셉이 큰 영화를 누리도록 인도한 것도 바로 나였다. 나는 또한 그를 애굽의 지배자로 삼아 왕보다 조금 못하게 하였

다. 따라서 이 여행에서도 내가 너를 인도할 것이다. 너는 요셉의 팔에 안겨 숨을 거둘 것이며 네 후손은 여러 대에 걸쳐 권세와 영화를 누린 후에 내가 그들에게 약속한 땅에서 살게 할 것이다."

4. 야곱은 이 꿈에 용기를 얻고 아들들과 자기에게 속한 모든 자들을 거느리고 더욱 즐거운 마음으로 애굽으로 향했다. 그들의 수는 모두 70명이었다. 나는 한때는 (헬라어로) 발음이 어렵기 때문에 이 식구들의 이름을 기록하지 않는 것이 좋다고 생각했으나 우리가 원래 메소포타미아 출신이 아니라 애굽인이라고 믿고 있는 자들의 생각이 잘못임을 밝히기 위해 그 이름들을 언급할 필요가 있다고 생각한다.

야곱에게는 열두 명의 아들이 있었는데 그들 중 하나가 요셉이었다. 우리는 이제 야곱의 아들들과 손자들의 이름을 살펴보도록 하자. 르우벤은 네 아들, 하녹(Anoch), 발루(Phallu), 헤스론(Assaron), 갈미(Charmi)를 두었고, 시므온은 여섯 아들 곧 여무엘(Jamuel), 야민(Jamin), 오핫(Avod), 야긴(Jachin), 스할(Soar), 사울(Saul)을 두었고, 레위는 세 아들 곧 게르손(Gersom), 그핫(Caath), 므라리(Merari)를 두었고, 유다는 세 아들 곧 셀라(Sala), 베레스(Phares), 세라(Zerah)를 두었고 베레스를 통해서 헤스론(Esrom)과 하물(Amar)의 두 손자를 두었다. 잇사갈은 네 아들 곧 돌라(Thola), 부와(Phua), 욥(Jasob), 시므론(Samaron)을 두었고 스불론(Zabulon)은 세 아들 곧 세렛(Sarad), 엘론(Helon), 얄르엘(Jalel)을 두었다. 이들은 모두 레아의 후손으로 딸 디나(Dinah)까지 합치면 그 수가 33명이다. 라헬은 두 아들을 두었는데 한 아들인 요셉은 므낫세(Manasses)와 에브라임(Ephraim)을 두었다. 라헬의 다른 아들인 베냐민은 열 아들 곧 벨라(Bolau), 베겔(Bacchar), 아스벨(Asabel), 게라(Geras), 나아만(Naaman), 에히(Jes), 로스(Ros), 뭅빔(Momphis), 훕빔(Opphis), 아릇(Arad)을 두었다. 이 14명에다 앞에서 말한 33명을 더하면 그 수가 47명에 달한다. 이들은 야곱의 적자 후손들이었다.

야곱은 그 외에 라헬의 여종 빌하를 통해 단(Dan)과 납달리(Nephthali)를 두었다. 납달리는 네 아들 곧 야스엘(Jesel), 구니(Guni), 예셀(Issari), 실렘(Sellim)

을 두었고 단은 외아들인 후심(Usi)만을 두었다. 앞에서 언급한 47명에 이 수를 더하면 54명이 된다. 레아의 여종인 실바는 갓(Gad), 아셀(Aser) 두 아들을 두었다. 갓은 일곱 아들 곧 시본(Saphoniah), 학기(Augis), 수니(Sunis), 에스본(Azabon), 에리(Aerin), 아로디(Eroed), 아렐리(Ariel)를 두었다. 아셀은 세라(Sarah)라는 딸과 여섯 아들 곧 임나(Jomne), 이스와(Isus), 이스위(Isoui), 브리아(Baris), 헤벨(Abar), 말기엘(Melchiel)을 두었다. 앞의 54명에 이 16명을 더하면 앞에서 언급한 수(70명)가 충족된다.[10] 야곱 자신은 이 수에 포함되지 않았다.

5. 유다가 먼저 애굽에 와서 야곱이 온다는 소식을 전하자 요셉은 아버지를 만나러 나갔다. 그들은 헤로오폴리스(Heroopolis)에서 만났다. 야곱은 기대하지 못했던 이 큰 기쁨에 거의 실신할 정도였지만, 요셉은 솟구쳐 오르는 정을 억제할 수는 없었으나 아버지처럼 격정에 휘말려 실신할 정도는 아니었다. 요셉은 야곱에게 천천히 뒤따라오시라고 한 후 그의 형제 다섯만을 대동하고 급히 왕에게 가서 야곱과 그의 식구가 온다고 알렸다. 이에 왕은 매우 기뻐하였다. 왕은 요셉에게 그의 형제들이 어떤 일을 하기 원하는지 그대로 하도록 허락해 줄 테니 말해 보라고 했다. 요셉은 왕에게 자기 형제들은 훌륭한 목자로서 지금까지 목축 외엔 다른 일을 해본 적이 없다고 했다. 이렇게 해서 요셉은 그의 형제들이 헤어지지 않고 한 곳에 살면서 아버지를 돌볼 수 있도록 했다. 또한 요셉은 애굽인들에게 흔하지 않은 일을 한다고 함으로써 애굽인들의 환영을 받을 수 있도록 했다. 왜냐하면 애굽인들에게는 양 치는 일을 금했기 때문이다.[11]

---

10) 요세푸스의 모든 헬라어 사본들은 야곱 자신은 애굽으로 내려간 70명에 포함되지 않았다고 되어 있는 반면에 고대 라틴어 사본은 야곱도 그 70명 중 하나라고 되어 있다. 그 수를 충족시키기 위해서 레아를 계산에 넣으면 야곱을 빼야 하고 레아를 빼면 야곱을 계산에 넣어야 하기 때문에 무엇이 맞는지는 확신하기가 어렵다.

11) 요세푸스는 애굽인들이 요셉 당시에 목자라는 직업을 미워하거나 경멸했다고 생각했다. 반면에 컴버랜드(Cumberland) 주교는 애굽인들이 고대 애굽인들을 오랫동안 노예로 사 왔던 베니게(Phoenicia, 페니키아)나 가나안 목자들을 미워한 것뿐이라고 말하고 있다. 그의 『상코니아토』(Sanchoniatho) pp. 361, 362를 보라.

6. 야곱이 애굽 왕 바로에게 나아가 경배하고 그의 나라가 번창하기를 기원한다고 하자 바로는 올해 연세가 어떻게 되느냐고 물었다. 야곱이 그의 나이 130세라고 대답하자 바로는 벌써 나이가 그렇게 되셨느냐고 감탄해 마지않았다. 야곱이 그렇지만 자기는 아직 선조들만큼은 오래 살지 못했다고 덧붙였고 바로는 그가 헬리오폴리스(Heliopolis)에서 자녀들과 함께 살도록 허락해 주었다. 왜냐하면 그 도시에서는 왕의 목자들이 양 떼들을 돌보고 있었기 때문이었다.

7. 그러나 애굽에 기근은 더욱 극심해 갔다. 강은 그전 수위(水位)만큼 올라오지 않아 범람하지도 않았고 하나님도 비를 내리시지 않았기 때문에[12] 이 무서운 심판은 애굽인들에게 갈수록 견디기 힘든 노릇이었다. 그들은 자기들을 위한 최소량의 양식도 구하기가 힘들었으며 너무 무지하여 어떻게 해야 좋을지를 몰랐다. 요셉은 그들에게 돈을 받고 곡물을 팔았다. 그러나 그들은 돈이 떨어지자 이제는 가축과 노예를 끌고 와 곡물을 사 갔다. 땅이라도 조금 있는 사람들은 그것조차 팔아 곡식을 샀다. 이로 인해 왕은 그들의 모든 재산의 소유주가 되었다. 제사장들의 땅을 제외하고는 그들 나라의 소유가 완전히 왕에게 속하게 되자 그들은 이리 저리로 옮겨 갔다. 제사장들의 땅은 아직도 계속 그들의 소유로 남아 있었다. 이런 극심한 기근으로 인해 그들의 몸은 물론 마음까지도 노예가 되어 버렸고 마침내는 이런 치욕적인 방법으로 식량을 얻을 수밖에 없었다.

그러나 기근이 끝이 나고 강이 범람하여 땅이 풍성한 소산을 내자 요셉은 모든 도시를 다니면서 그곳 백성들을 불러 모아 그들이 자발적으로 팔아넘겨 왕의 소유가 되었던 땅을 완전히 도로 돌려주었다. 요셉은 또한 그들에게 왕이 돌

---

[12] 렐란트(Reland)는 여기서 고대인들은 이 지역(애굽)에서는 천연적으로 결코 비가 내리지 않는다고 주장하는 반면에 요세푸스는 어찌해서 이 기근 동안 애굽에 비가 내리지 않는다고 불평할 수 있었는지 의문을 제기하고 있다. 그는 이 질문에 자답하기를 고대인들이 애굽에 비가 오지 않는다고 말한 것은 단지 엄격한 의미에서 애굽이라고 불릴 수 있는 델타(Delta) 지역 위의 상부 이집트(Upper Egypt)에만 비가 오지 않는다는 뜻일 뿐 델타 지역에서는(결국 이에 근접한 하부 이집트[Lower Egypt]에서는) 옛날뿐 아니라 지금도 가끔 비가 내린다는 것이다. 『유대 고대사』 3권 1장 6절의 주를 보라.

려준 땅을 자기 땅으로 간주하고 기쁜 마음으로 경작하여 그 소산의 5분의 1[13]을 왕에게 조공으로 바치라고 했다. 이들은 뜻밖에 자기들의 옛 땅의 소유주가 된 데 기뻐하고 요셉이 명령한 대로 엄격하게 지켰다. 이렇게 해서 요셉은 애굽인들 가운데서 큰 권위를 갖게 되었고 백성들은 왕에 대해 더욱 큰 사랑을 바치게 되었다. 소산의 5분의 1을 조공으로 바치는 이 법은 후대의 왕들에게까지 지속되었다.

제8장

야곱과 요셉의 죽음

1. 야곱은 애굽에서 17년간 산 후 병이 들어 아들들이 지켜보는 가운데 세상을 떠났다. 그러나 그는 죽기 전에 아들들이 번영을 누리기를 위해 기도하고 그들 각자가 가나안 땅에서 어떻게 살게 될 것인가를 예언했다. 그러나 이것은 오랜 후에 일어날 것이었다. 야곱은 또한 요셉이 형들의 악한 소행을 기억하지 않고 오히려 그들에게 은인에게도 베풀기 어려운 많은 혜택들을 베풀고 친절하게 대해 준 데 대한 칭찬[14]을 길게 늘어놓았다. 야곱은 자기 아들들에게 요셉의 두 아들 에브라임과 므낫세를 그들의 수에 넣고 가나안 땅을 그들과 함께

---

13) 요세푸스는 요셉이 이제 애굽인들에게 조공으로 5분의 1을 지불하게 하고 그들의 땅을 다시 돌려주었다고 말하고 있다. 내가 보기에는 오히려 그 땅은 바로의 땅으로서 5분의 1의 조공은 땅 주인인 왕에게 바치는 세금이며 그들은 소작인인 것처럼 보인다. 세소스트리스(Sesostris) 시대까지는 땅은 백성들에게 실제로 되돌려준 것이 아니고 이 5분의 1은 단지 공물이었던 것처럼 보인다. 『구약에 관한 소론』(Essay on the Old Testament) 부록 pp. 148, 149를 보도록 하라.

14) 야곱이 에브라임과 므낫세를 자기 자녀로 양자 삼고 두 지파로 인정하려는 준비 단계로서, 요세푸스가 여기서 언급하고 있는 요셉에 대한 이 야곱의 칭찬은 우리가 가진 창세기의 모든 사본에는 생략되어 있다 (창 48장). 우리는 그가 그것을 어디서 인용했는지 혹은 그 자신의 상상인지 아닌지 알 수가 없다.

나누어 가지도록 하라고 명령했다. 이에 대해서는 후에 언급하게 될 것이다. 야곱은 자기를 헤브론에 묻어 달라고 요구했다. 야곱은 150세에서 단지 세 살이 모자란 147세를 일기로 세상을 떠났다. 그는 하나님을 향한 경건의 면에서 선조들보다 결코 뒤지지 않았고 이런 선한 자들이 받아야 마땅한 경건의 보상을 충분히 받았다.

요셉은 왕의 허락을 받아 아버지의 시신을 헤브론까지 모시고 가서 많은 경비를 들여 그곳에다 장사 지냈다. 요셉의 형제들은 아버지가 살아 있었기에 요셉이 자기들에게 자비롭게 대했는데 이제 아버지께서 돌아가셨으니 요셉이 자기들을 벌할 것이라고 생각하고 두려워한 나머지 처음에는 요셉과 함께 돌아가기를 꺼렸다. 그러나 요셉은 결코 해를 끼치지 않을 터이니 자기를 의심하지 말고 두려워하지 말라고 설득시켰다. 요셉은 그들과 함께 돌아와 그들에게 큰 재물을 나누어 주고 항상 특별한 관심을 베풀어 주었다.

2. 요셉도 또한 110세를 일기로 세상을 떠났다. 그는 덕이 출중한 인물이었으며 모든 일을 사리에 맞게 처리하고 권세를 적절히 사용할 줄 아는 인물이었다. 그랬기에 그는 타국인이면서도 특히 우리가 이미 기술한 바 있는 악조건 속에서도 애굽인들 가운데서 그토록 큰 영화를 누릴 수 있었던 것이다.

마침내 요셉의 형제들도 애굽에서 행복한 삶을 살다가 세상을 떠났다. 그 아들들의 후손들은 얼마 후 그들의 시신을 헤브론으로 옮겨 가 그곳에 장사 지냈다. 그러나 요셉의 시신만은 히브리인들이 후에 출애굽할 때 가나안 땅으로 가지고 갔다. 왜냐하면 요셉이 그들에게 이렇게 하라고 맹세로 약속했기 때문이었다. 이들 각자에게 일어난 일과 천신만고 끝에 가나안 땅을 소유하게 된 경위에 대해서는 장차 살피게 될 터인데 나는 우선 그들이 출애굽한 경위를 설명하려고 한다.

제9장

400년[15] 동안 애굽에 거주하던 히브리인들이 당한 고통

1. 애굽인들은 힘들여 일하기보다는 점점 게으르고 허약해져 갔으며 환락에 탐닉하고 특별히 돈을 사랑하게 되었다. 애굽인들은 히브리인들의 번창함을 보고 시기한 나머지 매우 큰 반감을 갖기 시작했다. 애굽인들은 이스라엘인들이 번영할 뿐 아니라 이미 재물이 많은 것으로 소문이 난 것을 보고(히브리인들은 특별히 덕이 있었고 일하는 것을 원래 좋아했기 때문에 이런 부를 축적할 수 있었다) 히브리인들이 번창해 가는 것이 자기들에게는 손해가 된다고 생각했다. 세월이 지나자 요셉이 베풀었던 혜택은 망각하고, 특히 왕권이 다른 가문으로 넘어가게 되자 이스라엘인들을 학대하기 시작했다. 또한 그들에게 고통을 가하는 여러 방법도 고안해 냈다. 애굽인들은 히브리인들에게 수로를 파게 했고 강물이 범람해 물이 썩는 것을 막기 위해 도시에 성벽과 누벽을 건설하게 했고 피라미드(pyramid)[16]도 건립하게 했다. 애굽인들은 이렇게 이스라엘인들을 지치게 했고 강제로 온갖 종류의 손으로 하는 일을 배우게 하고 중노동에 시달리게 했다. 이스라엘인들은 400년간 이런 고통 가운데서 보냈다. 그들은 자기들을 지배하려는 자들과 투쟁하며 살았다. 애굽인들은 노동으로 이스라엘인들을 말살하려 들었고 이스라엘인들은 애굽인들의 지배하에서도 끝까지 지탱하려고 했다.

---

15) 아브라함의 후손이 400년간 고통을 당할 것이라는 점에 대해서는 『유대 고대사』 1권 10장 3절을 보라. 그리고 바로 세소스트리스(Pharaoh Sesostris) 치하에서 그들이 애굽에 건설한 도시들과 바로 세소스트리스가 홍해에 빠져 죽은 것에 대해서는 『구약에 관한 소론』(Essay on the Old Testament) 부록 pp. 132-162를 보라.

16) 이스라엘인들에 의한 애굽의 피라미드 건립에 대해서는 페리조니우스(Perizonius)의 『애굽의 기원』 (Orig. Ægyptiac.) 21장을 보라. 이스라엘인들이 작은 피라미드를 한두 개 건설했을 가능성이 있다. 그러나 거대한 피라미드는 훨씬 후대에 건축된 것처럼 보인다. 샌디스(Sandys)가 그의 『여행기』(Travels) pp. 127, 128에서 말한 것처럼 그 피라미드들이 모두가 돌로 건축된 것이라면 이스라엘인들이 건축한 것이 아니다. 왜냐하면 이스라엘인들은 돌이 아니라 벽돌로 건축했다고 전해지고 있기 때문이다.

2. 히브리인들의 사정이 이와 같았을 때 애굽인들은 어떤 계기가 있어서 우리 민족의 말살을 더욱더 원하게 되었다. 미래사를 정확히 예언할 줄 아는 매우 현명하고 거룩한 서기관들[17] 가운데 한 서기관이 왕에게 나아와 얼마 안 있어 이스라엘에 한 아이가 태어날 것인데 그가 장성하면 이스라엘인들에게 힘을 불어넣어 애굽의 지배력을 약화시킬 것이며 그의 덕성은 그 누구보다 뛰어날 것이고 그가 누리게 될 영광은 만세에 기억될 것이라고 말했다. 이 말을 들은 왕은 너무 놀란 나머지 이 서기관의 의견에 따라 이스라엘인들이 낳은 모든 사내아이는 강에 던져 죽여 버리라고 명령했다. 그 외에도 왕은 애굽인 산파들[18]에게 히브리 여인들의 해산을 지켜보고 무엇을 낳는지를 살펴보라고 명령했다. 왜냐하면 이들은 히브리 여인들을 위한 산파의 직을 맡은 부인들이었고 왕과의 관계 때문에 왕의 명령을 어기려고 하지 않았기 때문이었다.

왕은 또한 만일 어떤 부모라도 자기 말에 불복종하고 사내아이를 살리려고 한다면[19] 부모는 물론 그의 식구들은 죽음을 면치 못할 것이라고 엄하게 명령했다. 이것을 당하는 사람들에게 이 명령은 진정으로 뼈를 깎는 듯한 고통이 아닐 수가 없었다. 부모들 입장에서 보면 아들을 죽이라는 명령에 복종할 수밖에 없었기에 아들을 빼앗기는 것이었고 민족적으로 보면 그들의 자녀들이 죽임을 당해 사멸되어 감으로 그들의 민족이 완전히 소멸되어 가는 것이었기 때문이다.

---

[17] 버나드(Bernard) 박사는 여기서 우리에게 이 애굽의 제사장 혹은 선지자의 이름이 요세푸스에는 언급되어 있지 않으나 요나단의 탈굼(Targum of Jonathan)에는 모세의 유명한 두 적대자인 얀네(Jannes)와 얌브레(Jambres)의 이름이 제시되어 있다고 말하고 있다. 이들 중에 한 사람이 모세가 장성하면 애굽에는 불행이, 이스라엘에겐 행복이 찾아올 것이라고 예언했을 가능성이 전혀 없는 것은 아니다.

[18] 요세푸스는 우리의 다른 사본들과는 달리 이 산파들이 이스라엘인들이 아니라 애굽인들이라고 분명히 말하고 있다. 바로가 동족을 해하라는 야만스러운 명령을 했을 때 이스라엘 산파들이 실행하리라고 신뢰할 수 있었다고 보기는 어렵기 때문에 요세푸스의 이 견해는 매우 타당성이 있다(그러므로 우리의 일반적인 사본들에서 출애굽기 1장 15절과 22절을 살펴보고 교정해야 한다). 사실 요세푸스는 우리의 히브리 성경이나 사마리아 오경이나 헬라어 성경보다 모세의 탄생과 행동들에 대해 지금은 분실되었으나 더 자세한 오경의 사본들이나 다른 권위 있는 기록들을 가지고 있었기에 모세에 대해 더 포괄적이고 자세히 설명할 수 있었던 것처럼 보인다.

[19] 이스라엘의 어린아이들을 살해한 세소스트리스의 조부 라메스테스 대왕(Ramestes the Great)에 대해서와 내 생각으로는 인류 최고(最古) 기록들의 하나를 포함하고 있는 그의 오벨리스크(obelisk)의 비문에 대해서는 『구약에 관한 소론』(Essay on the Old Testment) 부록 pp. 139, 145, 147, 217-220를 보도록 하라.

이 재난은 그들에게는 너무나 가혹한 것이었고 그 무엇으로도 위로받을 수 없는 것이었다. 이렇게 이스라엘인들은 악조건 아래 있었다. 그러나 비록 왕이 자기 목적을 이루기 위해 만 가지 신통한 묘책을 고안해 내었다고 하더라도 하나님의 목적을 방해할 자는 아무도 없었다. 왜냐하면 그 거룩한 서기관이 예언했던 이 아이는 왕이 임명한 감시자의 눈을 피해 양육되었기 때문이었다. 결국 그 서기관은 이 아이가 보호될 것이라고 예언한 점에서는 한 점의 착오도 저지르지 않았던 것이다. 그 자세한 사정의 내막은 아래와 같다.

3. 히브리 귀족 중 한 사람인 아므람(Amram)은 장차 양육할 젊은이들이 없으므로 자기 민족이 소멸될까 매우 걱정했다. 그는 자기 아내가 아이를 갖자 매우 불안해 했으며 어찌할 바를 몰랐다. 그러자 그는 하나님께 전심으로 기도하고 결코 하나님의 율법을 어긴 적이 없었던 자들을 불쌍히 여기시고 현재의 불행에서 건져 주시고 자기 민족을 말살하려는 적들의 소원을 허사로 돌아가게 해달라고 간청했다.

그러자 하나님이 그의 간청을 들으시고 그에게 자비를 베푸셨다. 하나님이 그의 꿈 가운데 나타나셔서 장래에 대해 염려하지 말라고 권면하셨다. 하나님이 또한 아므람에게 말씀하시기를 하나님은 결코 그들의 경건을 잊지 않으셨으며 전에 선조들에게 은총을 베푸셨듯이 항상 그들의 경건에 은총을 베푸실 것이며 그들을 적은 수에서 큰 무리로 만들어 주겠다고 하셨다. 하나님은 아브라함이 홀로 메소포타미아에서 가나안으로 왔을 때, 다른 점에서도 행복하게 해주셨을 뿐 아니라 처음에는 잉태치 못하던 그의 아내를 잉태케 하여 아들을 생산케 하심으로써 아브라함을 행복하게 해주셨음을 아므람에게 상기시키셨다. 또한 이스마엘과 그의 후손에게는 아라비아 지역을, 그두라의 소생들에게는 트로글로디티스(Troglodytis)를, 이삭에게는 가나안 땅을 주셨음도 상기시켜 주셨다. 하나님의 도우심으로 아브라함이 전쟁에서 큰 승리를 거둔 것을 너희들이 배은망덕만 하지 않았다면 아직도 기억할 것이 아니냐고 하셨다. 야곱도 크게 번창함으로 나그네들 가운데서 유명해졌으며 70명이나 되는 자손을 낳아 애굽에 들어옴으로 이제 너희들이 600,000명이 넘지 않았냐고 하셨다.

그러므로 내가 너에게 유익한 모든 것을 줄 것이며 너를 유명하게 만들어 줄 것이니 명심하라고 하셨다. 낳으면 애굽인들이 죽일까 봐 네가 두려워하고 있는 그 아이는 너의 아이가 될 것이며, 죽이려고 감시하고 있는 자들의 눈을 피해 숨겨질 것이고 기적적인 방법으로 성장한 후에는 히브리 민족을 애굽인의 학대에서 구원해 낼 것이라고 하셨다. 하나님은 또한 그의 이름은 히브리인들뿐 아니라 외국인들 사이에서도 이 세계가 지속되는 동안 빛나게 될 것이라고 하셨으며 이 모든 것은 다 너와 너의 후손에 대한 나의 은총임을 알라고 하셨다. 그의 형은 나의 제사장직을 맡게 될 것이며 그의 후손들은 세상 끝까지 그를 이어 제사장직을 갖게 될 것이라고 하셨다.

4. 환상으로 이런 일들을 알게 된 아므람은 잠을 깬 후 그의 아내 요게벳(Jochebed)에게 이 사실을 말했다. 그러나 그들은 아므람의 꿈속에서의 예언 때문에 더욱더 두려워했다. 왜냐하면 그들은 태어날 아이에 대해서뿐 아니라 장차 그에게 닥칠 행복에 대해서도 염려해야 했기 때문이었다. 그러나 요게벳의 산고(産苦)는 하나님의 예언을 확증해 주는 징표였다. 왜냐하면 요게벳이 진통이 심하게 오지 않았기 때문에 별 고통 없이 쉽게 출산을 하자 그녀를 감시하는 자들이 그녀의 출산을 알아차릴 수 없었기 때문이었다. 그 후 그들은 3개월 동안 집에서 그 아이를 몰래 키웠다. 그 후 아므람은, 발각되어 왕의 노여움을 사 자기와 아들이 동시에 죽음을 당해 하나님의 약속을 무력하게 만들까 봐 걱정이 되어 자기가 숨기는 것보다는 차라리 아이의 안전과 보호를 하나님께 맡기는 것이 좋겠다고 결심했다. 왜냐하면 그는 비록 자기가 몰래 키운다고 하더라도 아이와 자기가 급박한 위험에 처하게 될지도 모른다고 생각하고 하나님께 맡기면 하나님이 자신의 예언의 진실성을 굳게 지키기 위해 어떤 방법으로도 아이의 안전을 보호하실 것이라고 믿었기 때문이었다. 그들은 이렇게 결심을 굳힌 후에 갈 상자로 아기가 드러눕기에 충분할 정도의 요람을 만들고 물이 스며들지 못하도록 역청을 칠하고 아기를 그 안에 담고 강으로 떠내려 보내면서 하나님께 아기의 안전을 의탁했다. 갈 상자는 강물을 따라 흘러내려 갔다. 그러나 미리암은 그 상자가 어디로 흘러가는가를 지켜보라는 어머니의 지

시를 받고 상자가 흘러가는 대로 강둑을 따라갔다. 여기서 하나님은 인간의 지혜가 아무것도 아니며 절대자(Supreme Being)는 자기가 원하는 것은 무엇이나 하실 수 있는 분임을 보여주셨다. 즉 자기 자신의 안전을 위해 다른 이들을 죽이려고 결심하고 온갖 수단과 방법을 가리지 않는 자들은 오히려 실패하고 다른 이들이 기적적으로 보호를 받아 적들 가운데서 보란 듯이 번영을 누리는 것을 보여주셨다. 여기서 내 말의 뜻은 이런 위험이 하나님의 계획 가운데서 일어났다는 말이다. 사실상 이런 섭리가 하나님의 능력이 어떠함을 입증하듯이 이 아이의 경우에 적용되기에 이르렀다.

5. 테르무티스(Thermuthis)는 왕의 딸이었다. 그녀는 강둑으로 몸을 돌이키다가 물결을 따라 요람이 떠내려오는 것을 보고 수영을 할 줄 아는 사람 몇을 보내 그 요람을 가져오라고 지시했다. 이 지시를 받은 사람들이 요람을 건져오자 그녀는 크고 잘생긴 어린 아기의 모습을 보고 그만 홀딱 반해 버리고 말았다. 하나님은 히브리 민족을 말살하기로 엄청난 결정을 내린 자들이 모세를 보고 보호해 주고 양육시키고 싶은 마음이 들게 만듦으로써 모세에게 큰 관심을 베푸셨다. 테르무티스는 그들에게 아기에게 젖을 먹일 부인을 데려오라고 명령했다. 그들은 한 부인을 데려왔으나 그 아기는 그 부인의 젖을 빨려고 하지 않고 얼굴을 돌렸다. 여러 부인을 데려왔으나 결과는 마찬가지였다. 이러고 있을 때 미리암은 마치 무슨 목적이 있어서가 아니라 단지 아기를 보기 위해서 있는 것처럼 옆에 있다가 이렇게 말했다. "여왕님, 이 아이에게 젖을 먹이기 위해 전혀 피가 다른 이런 여인들을 불러야 아무 소용도 없습니다. 히브리 여인을 부르면 아마도 이 아기는 같은 민족의 부인 젖은 먹을 것입니다." 미리암의 말이 그럴싸해 보이니까 테르무티스는 젖을 먹일 수 있는 히브리 부인을 구해서 데려오라고 지시했다. 미리암은 그런 권한을 부여받자 집에 돌아와 자기 어머니를 데리고 갔으나 그곳 사람은 아무도 그녀가 누군지를 몰랐다. 그러자 그 아기는 기쁜 표정으로 젖을 빨면서 가슴에 파묻혀 떨어지지 아니하려고 했다. 그 모습을 본 여왕은 그 아기의 모든 양육을 모두 그 어머니에게 맡겼다.

6. 테르무티스는 그 아기를 강에서 건져냈기에 모세(Mouses)라는 이름을 붙여 주었다. 애굽인들은 물을 '모'(Mo)라고 불렀고 물에서 구원받은 자를 '우세'(Uses)라고 불렀다. 따라서 이 두 단어를 합해서 모세라는 이름을 붙여 준 것이다. 모든 이의 증언에 따르면 그는 어려운 것을 견디어 내는 점에 있어서나 마음이 관대한 점에 있어서 하나님의 예언처럼 히브리 최대의 인물이었다. 그는 아브라함의 7대손이었다. 모세는 아므람의 아들이었고 아므람은 그핫(Caath)의 아들이었고 그핫은 레위(Levi)의 아들이었으며 레위는 야곱의 아들이었고 야곱은 이삭의 아들이었으며 이삭은 아브라함의 아들이었다. 모세는 그의 나이에 비해 명철이 훨씬 뛰어났으며 한마디로 말해 보통 이상이었다. 그가 교육을 받을 때는 그 나이 또래보다 훨씬 이해력이 빨랐으며, 이미 그의 행동이 성인이 되면 그가 위대한 인물이 될 것임을 미리부터 보여주었다. 하나님은 그가 세 살밖에 되지 않았는데도 놀라울 정도로 성숙하게 하셨다. 모세의 준수한 얼굴을 보고 놀라지 않을 사람은 아무도 없었다. 모세가 길을 걸어갈 때 그를 본 사람들이 잘생긴 아기의 모습을 보려고 가던 길을 멈추고 한참 동안 서서 뒤돌아본 경우가 한두 번이 아니었다. 왜냐하면 아기의 모습이 어디를 보아도 흠잡을 데가 없이 지나가던 사람이 발길을 멈추고 다시 한번 쳐다볼 정도로 너무나 잘 생겼기 때문이었다.

7. 테르무티스는 자녀가 없었기에 그가 비범한 아이임을 눈치채고 양자로 맞아들였다. 한번은 그녀가 모세를 데리고 그녀의 아버지에게 가서 모세를 보이면서 신이 원하신다면 자기가 적자를 생산하지 못할 경우에 그를 아버지의 후계자로 삼았으면 좋겠다고 말했다. "제가 보니 이 아이는 신의 형상[20]을 지닌 데다 마음이 관대한 것 같아요. 제가 강에서 기적적으로 이 아기를 구해 낸 것을 보면 제 양자로 삼고 아버님의 왕국에 후계자로 삼는 것이 적합할 것 같아요." 그녀가 이 말을 마치고 아기를 그녀의 아버지 팔에 건네주었다. 그러

---

20) 요세푸스가 여기서 모세의 외모의 준수함에 대해 말하고 있는 것은 스데반이 사도행전 7장 20절에서 모세가 하나님 보시기에 아름다웠다고 모세의 외모에 대해 말하고 있는 점과 매우 유사하다.

자 그는 아기를 받아 가슴에 꼭 껴안고 딸을 생각해서 즐거운 듯이 그의 왕관을 모세의 머리에 씌워 주었다. 그러나 모세는 그 왕관을 땅에 집어 던지고 철없이 찌그러뜨리고 발로 밟았다. 이것은 마치 애굽 왕국에 대한 불길한 징조를 보여주는 것 같았다.

거룩한 서기관이 이것을 보자(그는 바로 모세의 탄생이 애굽 왕국에 지배권을 약화시킬 것이라고 예언했던 그 사람이었다) 놀라서 소리치며 달려들어 그를 죽이려고 했다. "왕이시여, 이 아이는 만일 우리가 죽여 없앤다면 어떤 위험도 없을 것이라고 신께서 예고하셨던 바로 그 아이입니다. 이 아이가 폐하의 통치권을 짓밟고 폐하의 왕관을 발로 밟음으로써 같은 사실이 일어날 것을 예고해 주고 있습니다. 그러므로 이 아기를 멀리 갖다 버리십시오. 그리고 그로 인해 당할 근심에서 애굽인들을 구원하시고 히브리인들에게서 그에 대한 희망을 버리게 하십시오." 그러나 테르무티스는 그를 제지하고 아기를 가로채 갔다. 한편 하나님은 모세를 보호하실 섭리를 갖고 계셨기에 왕으로 하여금 모세를 살려 줄 마음이 들도록 해 경솔하게 모세를 죽이려 하지 않았다. 따라서 모세는 특별한 배려를 받으면서 교육을 받았다.

결국 히브리인들은 그를 의지하게 되었고 장차 그가 큰일을 할 것이라는 큰 소망을 가졌으나 애굽인들은 그가 그런 교육을 받게 된 후 어떤 결과가 나타날지에 대해 크게 염려가 되었다. 그러나 만일 모세를 죽인다면 친척이나 양자들 가운데서 애굽의 왕관을 이어받게 될 것이라는 신탁을 받은 사람이나 왕위에 오를 만한 사람이 없었기에 그들은 모세를 죽일 수가 없었다.

제10장

모세가 에디오피아인들과 싸운 경위

1. 위에서 언급한 바와 같이 출생하여 양육 받은 모세는 성년이 되자 애굽인들에게 그의 성품이 출중함을 보여주었을 뿐 아니라 그는 애굽인들을 약화시키고 이스라엘인들을 강화시키기 위해 태어난 인물임을 보여주었다. 그 자세한 경위는 다음과 같다. 애굽인들 바로 이웃에 사는 에디오피아인들이 애굽 땅을 침략해서 애굽인들의 재산을 약탈해 갔다. 이에 격분한 애굽인들은 보복을 한다고 에디오피아인들과 전투를 벌였으나 그만 전투에 패해 어떤 이들은 전사하고 어떤 이들은 비겁하게 도망을 쳐 목숨을 건졌다. 에디오피아인들은 계속 추격해 왔다. 그들은 이 기회에 전 애굽을 정복하지 않는다면 자기들이 비겁한 증거라고 생각하고 남은 애굽을 더 맹렬하게 정복해 오기 시작했다. 그들은 이미 애굽 땅의 맛을 보았기 때문에 전쟁을 멈출 줄 몰랐다. 애굽 변경 지역은 애초부터 싸울 용기가 없었기 때문에 그들은 멤피스(Memphis)와 해안 지방까지 기세등등하게 밀고 들어왔고 한 도시도 감히 그들을 대항하지 못했다. 애굽인들은 이런 불행한 사태가 벌어지자 예언과 계시를 받고자 했다. 하나님이 그들에게 히브리인 모세에게 도움을 청하라고 권고하시자 왕은 딸에게 명령해 모세를 애굽 군대의 장관직[21]을 맡도록 설득시키라고 했다. 이에 그녀는 왕에게, 모세에게 어떤 해도 끼치지 않겠다는 맹세를 하게 한 후 모세를 왕에게 인도하고 그의 도움이 애굽인들에게 매우 큰 유익이 될 것이라고 말했다. 그녀는

---

21) 에디오피아인들을 대항하는 애굽 군대의 장관으로서 모세의 경력은 우리가 가진 성경에는 전적으로 생략되어 있으나 요세푸스 바로 후 시대의 이레나이우스(Irenæus)는 요세푸스로부터 다음과 같이 인용하고 있다. "요세푸스는 모세가 왕의 궁전에서 양육된 후 에디오피아인들을 격퇴하는 군대 장관으로 임명을 받았고 그들을 정복했으며 에디오피아 왕의 딸과 결혼을 했는데 왕의 딸이 그를 사랑한 나머지 그에게 도시를 주었다고 말하고 있다." 그라베(Grabe)판 p. 472의 이레나이우스(Irenæus)의 단편들(fragments)을 보도록 하라. 스데반이 모세에 대해 말할 때 모세가 하나님에 의해 이스라엘인들에게 가기 전에 "애굽 사람의 모든 지혜를 배워 그의 말과 하는 일들이 능하더라"(행 7:22)라고 한 것은 아마 모세의 이 경력 외에 다른 것을 지칭하는 것이 아니었을 것이다.

그 외에도 전에 애굽인들을 선동해 모세를 죽이려던 제사장이 모세의 도움이 필요하다고 인정하면서도 어찌 부끄러워하지 않느냐고 그를 책망했다.

   2. 테르무티스와 왕의 설득에 모세는 기꺼이 그 직을 수행하기로 했다. 그러자 양국의 거룩한 서기관들은 기뻐했다. 애굽의 서기관들은 모세의 용맹으로 적을 물리칠 수도 있고 그러다 보면 모세가 전사하게 될지도 모른다고 생각하고 기뻐했으나 히브리인들의 서기관들은 장차 모세가 그들의 장군이 되면 애굽인들에게서 벗어날 수 있으리라고 생각하고 기뻐했다. 모세는 적들이 그의 공격을 알아차리기 전에 군대를 거느리고 적들을 저지했다. 왜냐하면 그는 수로가 아니라 육로로 행군했기 때문이었다. 그는 육로로 행군하면서 그의 지혜가 매우 뛰어남을 실증해 보여주었다. 왜냐하면 뱀이 많기 때문에(이곳 뱀은 다른 지역과는 비교가 안 될 정도로 번식력이 뛰어나며 독성이 특히 강한 데다 보기에도 유달리 흉측해 보인다. 어떤 뱀은 눈에 띄지 않게 땅에 숨어 있다가 솟아올라 공중을 날아 부지중에 사람을 덮쳐 해를 가하기도 한다) 육로로 통과하기가 어려운데 모세는 군대가 해를 입지 않도록 무사하게 보호하는 멋진 계책을 창안해 냈기 때문이다. 모세는 사초(sedge)로 방주 모양의 바구니를 만들고 그 속에 이베스(ibes)[22]를 담아 들고 갔다. 이 새는 뱀들에게는 최대의 천적인데 이 새들이 접근하면 뱀들은 도망을 친다. 뱀들은 도망을 치다가 이베스에 의해 잡아먹히게 된다. 그러나 이베스는 길들여진 동물이며 단지 뱀 종류에만 해를 끼친다. 헬라인들은 이런 종류의 새에 대해 잘 알고 있으므로 이베스에 대해서는 더 이상 언급하지 않겠다. 모세는 이런 뱀들이 서식하는 지역에 도착하자마자 이베스를 풀어 놓아 뱀들을 물리쳤고 군대가 그 지역을 통과할 때까지 이베스를 이용했다. 결국 모세는 이렇게 행군을 거듭해 에디오피아인들이 예상하기도 전에 습격했다. 모세는 그들을 격퇴하고 애굽을 정복하겠다는 그들의 기대를 무산시키고 그들의 도시를 점령

---

[22] 플리니우스(Pliny)는 이 새들을 이베스(Ibes)라고 부르고 있다. 그는 "애굽인들은 뱀을 잡을 때 이 새들을 사용했다."라고 말하고 있다. 『자연사』(Hist. Nat.) 10권 28장. 스트라본(Strabo)은 이 섬을 메로에(Meroë)라 부르며 이 강들을 아스타푸스(Astapus)와 아스타보라스(Astaboras)라고 부르고 있다. 16권 pp. 771, 786, 17권 p. 821.

하고 에디오피아인들을 수없이 살육했다. 애굽인들은 모세 덕분에 이런 대승을 하자 추격의 끈을 늦추지 않고 에디오피아인들이 노예로 전락할 위험에 놓이기까지 공격하였으며 온갖 파괴 행위를 일삼았다. 마침내 에디오피아인들은 후에 캄비세스(Cambyses)가 자기 누이의 이름을 본떠 메로에(Meroë)라고 부른 에디오피아의 왕도(王都)인 사바(Saba)로 퇴각했다. 그곳은 나일강과 아스타푸스(Astapus)와 아스타보라스(Astaboras)의 두 강으로 둘러싸여 있었기에 공략하기가 매우 어려운 곳이었다. 그 도시는 마치 섬처럼 동떨어져 있는 데다가 강한 성벽으로 둘러싸여 있고 주위에 강이 흐르고 있어서 군대가 접근하기 어렵고 강과 성벽 사이에는 거대한 누벽(壘壁)이 설치되어 있어 강물이 범람해도 침수되거나 넘치는 일이 거의 없는 난공불락의 피난처였다. 적들이 나와 싸울 생각을 하지 않자 병사들이 빈둥거리는 것을 보고 모세가 걱정하고 있을 때 다음과 같은 사건이 벌어졌다.

타르비스(Tharbis)는 에디오피아 왕의 딸이었다. 그녀는 모세가 군대를 이끌고 성벽 근처까지 접근해서 용감하게 싸우는 모습을 우연히 보게 되었다. 그녀는 모세의 현명한 작전을 본 후, 자유를 얻을 희망이 없던 애굽에 승리를 안겨다 주고 오히려 전에 큰 전과를 자랑하던 에디오피아를 큰 위기 속에 몰아넣은 장본인이 바로 모세라고 생각하고 그를 깊이 연모하게 되었다. 그녀는 사모의 연정을 이기지 못해 가장 믿을 만한 종을 보내 자기와 결혼할 의사가 있는지를 타진해 보게 했다. 이에 모세는 그녀가 도시를 넘겨준다면 그 제안을 수락할 것이며 아내로 맞아들일 것을 엄숙히 맹세한다고 했다. 모세는 도시를 점령하면 결코 그녀와 한 맹세를 어기지 않을 것이라고 했다. 쌍방 간의 합의가 이루어지자 즉시 그 도시는 모세의 손아귀에 들어가게 되었다. 모세는 에디오피아인들을 죽인 후 하나님께 감사를 드리고 그녀와 결혼식을 올린 후 애굽 군대를 이끌고 애굽으로 되돌아왔다.

제11장

모세가 애굽에서 미디안으로 피신하게 된 경위

1. 애굽인들은 모세의 도움으로 나라를 보존할 수 있었음에도 불구하고, 모세가 개선장군인 점을 이용하여 애굽에 반역을 일으키고 변혁을 꾀할지도 모른다는 의혹을 품고 모세를 미워하고 적극적으로 해할 계책을 꾸미기 시작했으며 왕에게 모세를 죽여 없애야 한다고 주청했다. 왕도 역시 군대 장관으로서 혁혁한 공을 세운 모세에 대한 시기심에다가 그로 인해 자기의 세력이 약화될 것을 두려워한 나머지 같은 의도를 품고 있었다. 게다가 거룩한 서기관들이 옆에서 충동질까지 하니까 왕은 모세를 죽여 없애야 하겠다고 선뜻 결심했다. 그러나 모세는 자기를 해하려는 음모가 있다는 것을 눈치채고 몰래 도망쳤다. 그는 사람들이 많이 다니는 도로는 감시가 심하기 때문에 적들이 설마 그리로 도망치지는 않을 것이라고 생각하여 사막을 통해 도망쳤다. 비록 도중에 식량이 떨어졌으나 그 어려움을 끝까지 이겨내고 계속 앞으로 나아갔다. 결국 모세는 아브라함이 그두라를 통해 낳은 아들의 이름을 본떠 명명한 홍해(Red Sea) 연변에 위치한 미디안(Midian)에 도착하여 한 우물가에 앉아 그동안의 고되고 힘들었던 여독을 풀면서 잠시 쉬고 있었다. 그 우물은 도시에서 그리 멀리 떨어지지 않은 곳이었고 때는 정오쯤이었다. 그때 그는 그곳에서 그 지방의 풍습으로 볼 때 그의 덕이 뛰어남을 보여줄 수 있고 그의 환경을 호전시킬 수 있는 좋은 기회를 갖게 되었다.

2. 그 지방은 물이 적은 곳이기 때문에 목자들은 다른 목자들이 먼저 와서 물을 다 사용해 버려 자기 양 떼들에게 먹일 물이 없을까 봐 남들보다 먼저 우물을 차지하려고 했다. 그때 그곳 주민에게 칭송을 듣는 제사장인 라구엘(Raguel)의 일곱 딸들이 그 우물로 왔다. 아버지의 양 떼를 돌보는 이 처녀들-트로글로디테스(Troglodytes) 지역에서는 여인들이 이런 종류의 일을 하는 것

이 매우 보편적인 현상이었다-이 맨 처음 우물에 와서 양 떼들에게 먹이기에 충분한 양의 물을 길어 물통에 채웠다. 그러나 목자들이 처녀들에게 달려들더니 마치 자기들이 그 물의 주인인 양 내쫓았다. 모세는 처녀들이 피해 입는 것을 못 본 체한다면 자기에게 큰 수치가 아닐 수 없다고 생각하고 행패를 부리는 목자들을 쫓아 버리고 처녀들을 도와주었다. 처녀들은 모세로부터 이런 은혜를 입고, 아버지에게 우리가 목자들에게 모욕을 당하고 있을 때 어떤 나그네가 도와주었는데 이렇게 친절을 베풀어 준 사람을 그냥 보낼 수는 없지 않겠느냐고 했다. 처녀들의 아버지는 은혜를 보답하는 것이 바람직한 것으로 생각하고 마땅한 보상을 해줄 테니 모세를 데려오라고 딸들에게 지시했다. 모세가 오자 그는 딸들에게서 친절하게 도와준 이야기를 들었다고 하면서 모세의 덕을 칭찬했다. 그는 또한 자기들이 은혜를 모르는 사람들이 아니며 얼마든지 친절에 보답할 의향이 있다고 했다. 결국 그는 모세를 자기 딸과 결혼시켜 사위로 삼고 자기 가축을 돌보는 감독자와 책임자로 삼았다. 옛적에는 야만인들의 재산이란 바로 가축들이었다.

제12장

떨기나무 불꽃과 모세의 지팡이

1. 모세는 장인 이드로(Jethro, 라구엘의 이름 중 하나)의 총애를 받고 그곳에 거주하면서 그의 양 떼를 돌보았다. 얼마 후 모세는 양 떼를 시내(Sinai)산으로 몰고 가 그곳에서 양 떼를 치고 있었다. 그곳에서는 시내산이 가장 높은 산이었고 목초가 풍부해 양을 치기에도 가장 좋은 곳이었다. 하나님이 그곳에 거하신다고 사람들이 생각했기 때문에 목자들은 감히 그 산에 올라가려고 하지 않았

으므로 한 번도 양 떼를 친 적이 없는 곳이었다. 그런데 바로 이곳에서 모세에게 불가사의한 일이 일어났다. 왜냐하면 떨기나무에 불이 붙었는데 푸른 잎사귀나 꽃은 그냥 그대로 있었고 불꽃이 맹렬한데도 떨기나무가 조금도 타지 않고 있었기 때문이었다. 모세는 이 이상한 광경에 적이 놀라지 않을 수가 없었다. 더욱이 그를 더욱 놀라게 한 것은 불 가운데서 자기 이름을 부르는 것이었다. 하나님이 불 가운데서 말씀하시기를 이곳은 거룩한 곳이기에 지금까지 아무도 올라온 사람이 없는데 어찌하여 모세는 감히 이곳까지 올라왔느냐고 하셨다. 하나님은 비록 모세가 위대한 인간의 후손이요 그 자신도 선한 인간이지만 불꽃에서 멀리 떨어지되 단지 본 것으로만 만족하고 더 이상 묻지 말라고 충고하셨다. 하나님은 "너는 나의 축복을 받음으로 인간들 가운데서 영광과 영화를 누리게 될 것이다."라고 모세에게 예언하셨다. 하나님은 또한 모세에게 확신을 가지고 이곳을 떠나 애굽에 가서 히브리 민족의 지도자와 인도자가 되어 자기 백성을 고통 가운데서 구원해 내라고 명령하셨다. "왜냐하면 그들이 너의 선조 아브라함이 거주하던 이 행복의 땅에 거주해서 모든 좋은 것을 누리게 되어야 할 터인데 네가 총명함으로 그들을 인도해 이 좋은 것을 소유하도록 해야 하기 때문이다." 하나님은 모세에게 또한 히브리인들을 애굽 땅에서 이끌어 내어 이곳에 이르거든 감사의 제사를 드리라고 명령하셨다. 이것이 불꽃 가운데서 나온 하나님의 계시였다.

2. 그러나 모세는 자기가 본 것도 놀라운 데다가 들려온 내용이 너무나 엄청난 것이어서 놀란 나머지 이렇게 말했다. "오 주님, 제가 당신의 능력을 찬양하고 있고 나의 선조에게 행하신 당신의 능력을 아는 이상 나에게 그런 큰 관심을 베푸시는 당신의 능력을 믿지 못하는 것이 얼마나 어리석은 일인지 제가 잘 알고 있습니다. 그러나 별 능력도 없는 제가 제 동족을 어떻게 설득해서 그들이 지금 거주하는 곳을 떠나 제가 인도하는 땅으로 따라오도록 할 수가 있겠습니까? 더욱이 그들이 제 말을 따른다고 하더라도 그들의 노동력과 수고로 부와 번영을 증진시켜 온 바로에게 그들을 보내 주도록 제가 강요할 수 있겠습니까?"

3. 그러나 하나님이 범사에 담대하라고 격려하시면서 모세가 사람들을 설득시킬 때는 그의 말 가운데, 이적을 행할 때는 그의 행동 가운데 하나님이 함께 하시며 도와주시겠다고 약속하셨다. 하나님은 모세에게 자신이 하신 말씀의 진실성을 보여줄 테니 그의 지팡이를 땅에 던지라고 하셨다. 모세가 시킨 대로 하자 지팡이가 기어가더니 뱀이 되었다. 그러고는 마치 공격을 가한 자에게 반격을 하려는 듯이 똬리를 틀고 머리를 곧게 세웠다. 그리고 조금 후에 다시 전처럼 지팡이가 되었다. 이후에 하나님이 다시 모세에게 오른손을 가슴에 넣어 보라고 명하셨다. 모세가 순종하고 손을 넣었다 꺼내 보니 흰 분필처럼 희어졌으나 곧 본래의 살색으로 되돌아왔다. 모세는 또한 하나님의 명령대로 근처의 물을 퍼다 땅에 부으니 물의 색이 핏빛으로 변한 것을 보았다. 모세가 이런 표적을 보고 놀라자 하나님이 모세에게 담대하라고 권면하시면서 하나님 자신이 그를 크게 도와주실 것이라고 확신시키시고 "네가 나의 보냄을 받아 내 명령대로 모든 일을 행하는 것을 모든 이들에게 확신시킬 때 이 표적을 사용하라."라고 명령하셨다. "조금도 지체치 말고 밤낮으로 여행하여 서둘러 애굽에 가서 히브리인들이 노예 생활로 더 이상 고통당하지 않도록 하라."라고 명령하셨다.

4. 모세는 이런 하나님의 약속의 진실성을 확증하는 일련의 표적들을 보고 난 후에는 믿지 않으려야 믿지 않을 수 없었다. 따라서 모세는 자기가 애굽에 있을 때 능력을 부여해 줄 것을 간청했으며 하나님 자신의 이름을 알려 줄 것을 요구했다. 모세는 하나님을 뵙기도 하고 그의 음성을 듣기도 했을 뿐 아니라 하나님이 자기 이름을 가르쳐 주시겠다고 했기 때문에 하나님께 제사를 드려서 하나님 자신의 이름을 밝혀 달라고 하였다. 이에 하나님이 자신의 거룩한 이름을 선포하셨다. 그런데 이 이름은 결코 전에는 인간에게 알려진 적이 없었다. 나는 이 이름에 대해서는 더 이상 말하고 싶지 않다.[23] 이런 표적들은

---

23) 우리가 최근까지 여호와(Jehovah)라고 잘못 발음해 왔으나 원래는 야호(Jahoh) 혹은 야오(Jao)라고 발음되었을 것처럼 보이는 이 네 자로 된 하나님의 이름(יהוה-역자 주)을 발음하기를 꺼리는 이 미신적인 두려움은, 내가 보기에는 요세푸스가 이 글을 쓸 때는 물론 오늘날에 랍비적 유대인들(Rabbinical Jews)

그때뿐 아니라 모세가 표적이 일어나기를 기도할 때는 언제나 일어났다. 모세는 이런 표적들이 떨기나무 불꽃 사건을 확증해 주고 하나님이 자신을 도와주시며 자기가 자기 백성을 구원해 내고 애굽인들에게 재앙을 내릴 수 있을 것이라고 믿었다.

제13장

모세와 아론이 애굽의 바로에게 돌아온 경위

1. 모세는 자기가 도망칠 때 애굽을 다스리던 바로가 죽었다는 소식을 듣고는 자기 동족을 위해서 애굽에 갈 수 있도록 허락해 달라고 라구엘에게 요청했다. 모세는 아내인 라구엘의 딸 십보라(Zipporah)와 그녀에게서 낳은 두 아들 게르솜(Gersom)과 엘르아셀(Eleazer)을 거느리고 속히 애굽으로 왔다. 게르솜은 히브리어로 '나그네 땅에 있음'(he was in a strange land)이라는 뜻이고 엘르아셀은 '선조의 하나님의 도움으로 애굽을 탈출함'(by the assistance of the God of his fathers, he had escaped from the Egyptians)이라는 뜻이다. 그들이 변경에 이르렀을 때 모세의 형인 아론이 하나님의 명령을 받고 모세를 마중 나왔다. 모세는 아론에게 시내산에서 자기에게 일어난 일과 하나님이 내리신 명령을 이야기했다.

사이에서까지도 계속되는 것처럼 보인다. 사마리아인이나 카라이트 유대인(Caraites)이 초기부터 이렇게 하나님의 이름을 발음하는 것을 금지했는지는 모르겠다. 요세푸스는 또한 우리가 앞으로 「유대 고대사」 3권 5장 4절에서 보게 되겠지만 십계명조차도 밝히기를 꺼리고 있다. 이런 미신적 침묵이 오늘날의 랍비들 사이에서도 통용되지 않는다고 나는 생각한다. 요세푸스가 바리새인들에 의해 하나님의 이름이나 십계명에 대해 조심스러운 침묵을 지킬 것을 교육받은 것은 너무나도 분명하다. 바리새인들은 매우 악하며 또한 미신적인 집단임에 틀림이 없다.

그들이 온다는 소식을 들은 히브리인들 가운데 유력 인사들이 그들을 마중하러 나왔다. 모세는 그들에게 자기가 본 표적에 대해 이야기했다. 그러나 그들이 믿으려 하지 않자 그들 눈앞에서 표적을 보여주었다. 그제야 그들은 예상밖의 놀라운 기적을 보고 용기를 얻어 하나님이 자기들을 돌보심을 믿고 완전히 애굽에서 구원될 것을 소망하게 되었다.

2. 모세는 히브리인들이 약속한 대로 자기가 지시한 것은 무엇이나 순종할 의사와 자유를 갈망하는 욕구가 있음을 보고 최근에 왕위를 계승한 왕에게 나아갔다. 그리고 자기가 애굽이 에디오피아인들의 공격을 받아 폐허가 될 지경에 처해 있을 때 마치 동족의 일인 양 군대 장관직을 맡아 지휘한 일이 있음에도 불구하고 개선해서 돌아왔을 때 아무런 보답도 받지 못했음을 상기시켰다. 모세는 또한 왕에게 시내산에서 자기에게 일어난 일과 하나님이 내리신 명령과 그 명령의 권위를 확신시키기 위해 보여주신 표적에 대해 이야기한 후에 자기가 한 말을 믿지 않거나 하나님의 뜻에 대항하는 행위를 하지 말라고 권면했다.

3. 그러나 왕은 모세를 조롱했다. 이에 모세가 시내산에서 나타난 이적을 행하자 왕은 눈이 휘둥그레졌다. 그러나 왕은 매우 격분하여 노예 신분에서 도망쳤다가 이제 나타나서는 사기술과 기적과 마술로 사람을 놀라게 하는 나쁜 놈이라고 모세를 욕했다. 그리고 자기 제사장들에게 같은 이적을 보여주라고 명령했다. 왕은 애굽인들도 술법에 능하기에 모세만이 술법을 행할 줄 아는 신(神)인 척해봤자 무식한 사람 앞에서나 통할까 여기서는 통하지 않을 것이라고 모세에게 말했다. 애굽의 제사장들이 지팡이를 던지자 뱀이 되었다. 이에 모세는 조금도 굽히지 않고 "왕이시여, 나는 결코 애굽인들의 지혜를 무시하지 않습니다. 그러나 신의 능력은 인간의 능력보다 뛰어나기 때문에 내가 하는 것은 이들이 마술과 사기술로 하는 것과는 전혀 다릅니다. 따라서 나는 내가 하는 것이 마술이나 사기술이 아니요 하나님의 섭리와 능력으로 하는 것임을 보여 드리겠습니다."라고 했다. 이 말을 마치고 모세가 지팡이를 땅에 던지

고 명령하니 뱀이 되었다. 뱀이 모세의 말에 순종하고 돌아다니면서 애굽인들의 지팡이를 삼키기 시작했다. 지팡이를 모두 삼키니 흡사 용과도 같았다. 그 후 뱀이 다시 지팡이로 되돌아오자 모세가 다시 지팡이를 손에 잡았다.

4. 그러나 왕은 이런 일을 보고도 감정의 변화를 일으키지 않고 오히려 크게 격노하면서 이런 교활한 사기술로 애굽인들에 대항해 보았댔자 아무런 이익도 없을 것이라고 소리쳤다. 왕은 히브리인들을 감독하는 최고 간역자(看役者)에게 히브리인들에게 쉴 틈을 주지 말고 더욱 거세게 몰아붙이되 이제는 벽돌에 쓰이는 짚을 주지 말고 밤에 스스로 줍게 해서 낮에 벽돌을 만들게 하라고 명령했다. 히브리인들의 노역이 두 배로 무거워지자 그들은 모세 때문에 그렇게 되었다고 모세를 비난하기 시작했다.

그러나 모세는 왕의 위협에도 굴하지 않았을 뿐 아니라 히브리인들의 불평 때문에 그의 열정이 식지도 않았다. 모세는 스스로 기운을 북돋우고 왕과 히브리 백성 모두에 대해 결연히 대처하며 동족의 자유를 획득하기 위해 최선을 다하기로 결심했다. 따라서 모세는 왕에게 나아가 하나님이 명령하신 대로 히브리인들이 시내산까지 가서 그곳에서 하나님께 제사를 드리도록 해달라고 설득했다. 모세는 왕에게 왕이 하나님의 명령을 방해하는 자라는 것을 깨닫게 될 때면 그때는 이미 하나님의 명령을 거역한 자들이 받을 무서운 형벌을 받게 될 것이니 그러기 전에 하나님의 계획을 방해하지 말고 하나님의 은총을 우선적으로 생각해서 그들이 떠나도록 해주는 것이 좋을 것이라고 설득했다. 가장 무서운 형벌은 하나님의 계획을 방해한 자들이 받기 마련인데 그렇게 되면 땅도 하늘도 적이 될 것이며 태내의 열매들(아이들)도 순조롭지 못할 것이며 모든 것이 불리하게 전개될 것이라고 했다. 모세는 덧붙여 말하기를 애굽인들은 슬픈 체험을 통해서야 비로소 알게 될 것이며 히브리 민족은 그들의 동의 없이 애굽을 빠져나가게 될 것이라고 했다.

제14장

애굽인들에게 내린 10가지 재앙

1. 그러나 왕이 모세의 말을 무시하고 전혀 개의치 않자 무서운 재앙들이 애굽인들을 엄습했다. 그런 재앙들은 애굽 외의 다른 어떠한 나라에서도 일어난 적이 없었다. 나는 모세가 재앙을 예언하면 반드시 재앙이 임했다는 사실을 밝히고 싶을 뿐 아니라, 하나님을 거스르는 일을 할 때 인간은 하나님의 진노를 받고 죄의 대가를 치러야만 한다는 교훈을 애굽에 내린 재앙을 통해서 얻는 것이 인류에게 유익하기 때문에, 이 열 가지 재앙이 어떻게 임했는지 자세히 살필 것이다. 하나님의 명령으로 인해 애굽의 강이 마실 수 없는 피로 변했다. 따라서 애굽인들은 그 어디에서도 마실 물을 얻지 못했다. 왜냐하면 물은 피일 뿐 아니라 쓴맛과 큰 통증을 가져다주었기 때문이다. 애굽인들에게는 강물이 먹을 수 없는 물인 반면에 히브리인에게는 마시기에 적합할 뿐 아니라 달콤했으며 전에 마시던 것과 조금도 달라진 것이 없었다. 결국 왕은 이런 놀라운 상황에서 어찌해야 좋을지를 알지 못하고, 애굽인들은 두려워하여 히브리인들에게 떠나도 좋다는 허락을 내렸다. 그러나 재앙이 그치자 마음이 변해 그들이 떠나는 것을 허용치 않았다.

2. 하나님은 왕이 은혜를 모르는 자이며 재앙을 거두어들여도 조금도 나아지지 않음을 보고 애굽인들에게 또 다른 재앙을 내리셨다. 셀 수도 없는 개구리 떼가 땅의 소산을 모조리 먹어 치웠다. 강이 개구리로 가득 차 강물을 퍼 올리면 물에 빠져 죽은 개구리의 피로 물이 썩어 악취가 났다. 개구리가 계속 생겨나고 또 죽는 바람에 온통 악취로 가득했다. 개구리들이 집 안에서 사용하는 그릇들을 더럽혔고 그들의 음식물 속에도 들어갔으며 침상 위에도 수많은 개구리들이 들이닥쳤다. 개구리들이 생기고 또 죽어가자 코를 찌르는 악취가 났다. 애굽인들이 이런 불행한 재앙을 당하자 왕은 모세에게 히브리인들을 데리

고 어서 나가라고 명령했다. 그러자 그 엄청난 개구리들이 사라져 버렸고 육지와 강은 원래의 상태로 돌아왔다. 그러나 바로는 이 재앙이 물러간 것을 보자마자 재앙의 원인이 무엇인지를 잊어버리고 히브리인들을 억류했다. 왕은 심사숙고[24]해서라기보다 단지 두려워서 그들에게 떠날 것을 허락한 것이었기 때문에 그는 마치 그러한 재앙이 또 있을까 시험이라도 하려는 듯이 모세와 그 백성이 떠나는 것을 허락지 않았다.

3. 따라서 하나님이 다른 재앙을 내려 그의 어리석음을 벌하셨다. 애굽인들의 몸에 수많은 이가 득실거리게 되었다. 이는 워낙 해로운 해충이기 때문에 몸을 씻거나 연고를 발라도 아무 효험이 없어 애굽인들은 그냥 비참하게 죽어갔다. 이런 무서운 심판 앞에서 애굽 왕은 자기 백성이 전멸할지도 모른다는 두려움이 들기 시작했고 이런 종류의 죽음이 너무나 수치스러웠기 때문에 정신을 차릴 수가 없었다. 따라서 그는 화만 낼 수 없게 되어 약간은 정신을 가다듬을 수밖에 없었다. 왕은 히브리인들에게 떠나도 좋다고 허락했다. 그러나 그로 인해 재앙이 그치자 왕은 그들이 애굽으로 다시 돌아온다는 보장으로 처자들을 남겨두고 가야 한다고 요구했다. 왕이 히브리인들을 위해 애굽인들에게 재앙을 내리는 자는 하나님이 아니라 단지 모세뿐인 것처럼 생각하자 하나님은 그에게 더욱 무섭게 진노하셨다. 하나님은 애굽 땅에 전에는 결코 인간들이 보지도 못했던 그것들, 특유의 다양한 독성을 가진 여러 해로운 생물들로 가득 차게 하셨다. 그로 말미암아 인간들이 죽어 갔으며 따라서 땅을 경작할 농부들이 부족할 정도였다. 이것들로부터 죽지 않고 피한 것은 무엇이나 다시 병에 걸려 죽음을 면치 못했다. 이것은 인간들에게도 마찬가지였다.

4. 그러나 바로는 아직도 하나님의 뜻에 복종치 않았다. 남편들이 아내를 데리고 가는 것은 허락하면서도 자녀들은 남아 있어야 한다고 계속 고집을 피우

---

[24] 죄인들의 마음을 이렇게 완악하게 하고 그들의 눈을 어둡게 하는 것에 관해서나 혹은 그들의 또 다른 고의적인 죄악에 대한 형벌로서 분별력을 잃게 해 파멸에 이르도록 하는 것에 대해서는 『유대 고대사』 7권 9장 6절의 주를 보라.

자 하나님이 이제는 전보다 더 무섭고 다양한 종류의 재앙으로 그의 사악함을 벌하기로 결심하셨다. 이로 인해 그들은 여러 면으로 만신창이가 되었다. 왜냐하면 그들은 이미 몸속이 상할 대로 상한 데다가 피부에는 무서운 종기와 물집이 솟아 나왔기 때문이었다. 이 재앙으로 많은 애굽인들이 죽음을 당했다. 그러나 아직도 왕이 정신을 차리지 못하자 하늘에서 우박이 내렸다. 이 우박은 애굽의 기후로는 경험해 본 적이 없는 우박이었으며 겨울에 내리는 우박[25])과도 달랐으며 북부와 서북부 지역에 봄 중반에 내리는 우박보다 훨씬 큰 우박이었다. 이 우박은 열매가 가득 달린 나뭇가지들을 꺾어 버렸다. 그 후에 우박으로 상하지 않은 열매를 메뚜기떼가 모조리 먹어 치웠다. 따라서 애굽인들이 땅에서 장차 열매를 거둘 희망은 완전히 사라졌다.

5. 비록 그가 어리석다 하더라도 사악하지만 않다면 이런 재앙들을 당하고 나면 지혜로워져서 무엇이 그에게 유익한가를 깨달을 수 있었을 것이다. 그러나 바로는 그의 어리석음보다는 그의 사악함에 이끌려 재앙의 원인이 무엇인지를 알면서도 계속해서 하나님께 대항했고 고의로 덕행의 원리를 포기했다. 따라서 그는 모세에게 처자들을 데리고 떠나는 것은 좋으나 자기들의 가축이 죽었으므로 그들의 가축을 두고 가야 한다고 명령했다. 그러나 모세는 그 가축으로 하나님께 제사를 드려야 하기 때문에 왕의 요구는 부당하다고 반박했다. 이로 인해 시간이 지연되자 한 점의 빛도 없는 칠흑 같은 어두움이 애굽인들 위에 깔렸다. 따라서 그들은 시력의 장애를 받았을 뿐 아니라 공기의 탁함으로 호흡 장애까지 일어나 처참하게 죽어갔으며 검은 구름 속으로 삼켜지는 것이 아니냐는 공포에 휩싸였다.

3일 낮 3일 밤의 어두움이 사라지고 난 후에도 바로가 계속해서 회개치 않고 히브리인들을 보내 주려고 하지 않자 모세는 그에게 나아가 "하나님이 왕에게 히브리인들을 보내라고 명령하셨는데 왕은 언제까지 하나님의 명령을 불

---

[25]) 애굽과 유대 인근 지역에 겨울이나 봄에 내리는 이런 우박에 대해서는 『유대 고대사』 6권 5장 6절의 주에 천둥과 번개를 동반한 우박에 대한 기사를 보도록 하라.

순종할 것입니까? 왕이 말을 듣지 않는다면 결코 이런 재앙에서 벗어나지 못할 것입니다."라고 말했다. 그러나 왕은 모세의 말에 분노를 표시하면서 이런 일로 더 이상 자기를 괴롭히면 목을 잘라 버리겠다고 위협했다. 이에 대해 모세는 애굽의 유력 인사들은 물론 왕 자신도 히브리인들이 떠나가 주기를 간절히 바라게 되는 날이 오면 더 이상 자기에게 그런 말은 하지 못할 것이라고 했다. 모세는 이 말을 마친 후 왕의 앞을 떠났다.

6. 하나님이 모세에게 재앙을 한 번만 더 내리면 애굽인들이 히브리인들을 어쩔 수 없이 보내게 될 것이라고 가르쳐 주시고 히브리인들을 그들이 가진 모든 소유와 함께 산티쿠스(Xanthicus)월 제14일에 애굽에서 옮길 터이니 제14일을 대비하여 제10일에 제사를 드리고 떠날 준비를 하라고 백성들에게 말하라고 하셨다(이 달을 애굽인들은 파르무트[Pharmuth], 히브리인들은 니산[Nisan], 마게도냐인들은 산티쿠스[Xanthicus]라고 부른다). 따라서 모세는 히브리인들에게 떠날 채비를 시키고 백성을 지파별로 분류한 후에 한 장소에 그들을 모이게 했다. 제14일이 다가오자 모든 백성은 떠날 채비를 갖추고 제사를 드리고 우슬초 묶음을 사용해서 피로 그들의 집을 정결케 하였다. 그들은 저녁을 먹고 남은 고기를 불태우고 막 떠날 준비를 갖췄다. 우리가 오늘날까지 같은 방법으로 이런 제사를 드리고 이 명절을 파스카(Pascha)라고 부르는 것은 여기서 연유한 것이다. '파스카'라는 말은 '유월절 축제'(feast of the passover)라는 뜻이다. 왜냐하면 그날 하나님이 애굽인들에게는 재앙을 내리시되 우리는 넘어가셨기 때문이다. 그날 밤 애굽인들의 처음 난 것을 죽이시자 왕궁 근처에 사는 많은 애굽인들이 히브리인들을 보내도록 바로를 설득했다. 결국 바로는 모세를 불러 히브리인들이 애굽을 떠나야 애굽이 이런 재앙을 당하지 않을 것이라 생각하고 히브리인들을 데리고 떠나라고 명령했다. 애굽인들은 또한 히브리인들에게 선물[26]을 주

---

[26] 애굽인들이 준 이 푸짐한 선물들, 즉 은그릇, 금그릇 그리고 의복은, 우리가 가진 영어 성경이 잘못 번역한 것처럼 빌린 것이 아니라 요세푸스가 표현한 대로 실제로 이스라엘인들에게 준 선물이었다. 그것들은 애굽인들에게 빌린 것이 아니라 정당한 이권을 요구한 것이었다(창 15:14; 출 3:22, 11:2; 시 105:37). 출애굽기 12장 33절과 36절이 영어 성경에 번역이 잘못되어 있다. 하나님이 유대인들에게 이것들을 혹독한 노예 생활의 대가와 보상으로, 생명의 속전으로, 유대인들의 여행 필수품으로, 그리고 이런 무서운

었다. 어떤 애굽인들은 이스라엘인들이 빨리 떠나기를 원해서 선물을 주었고 어떤 이들은 함께 이웃에서 우정을 나누었기에 선물을 준 것이었다.

제15장

모세의 인솔로 히브리인들이 출애굽하는 경위

1. 히브리인들은 애굽인들이 그동안 자신들이 너무 가혹하게 대한 것이 미안하다고 하면서 흐느끼는 가운데 애굽을 빠져나왔다. 이제 그들은 그 당시에는 황폐한 곳이었으나, 후에 캄비세스(Cambyses)가 애굽을 정복할 때 바벨론인들이 건설한 레토폴리스(Letopolis)를 경유하는 여행길을 택했다. 그들은 빠른 속도로 진행을 했기에 제3일째 되는 날에는 홍해 연변에 놓인 바알스본(Beelzephon)에 도착할 수 있었다. 그곳은 사막이었기에 양식을 구할 수가 없자 그들은 밀가루를 반죽해서 만든 떡을 그저 미지근하게 해서 먹었다. 그들은 이 떡을 앞으로도 30일간 더 먹어야 했다. 왜냐하면 애굽에서 나올 때 가져온 음식은 이미 동이 나버렸기 때문이었다. 그들은 그것도 배부르게 먹는 것이 아니라 각 사람에게 단지 필요한 만큼씩만 나누어 주었다. 우리가 그 당시의 곤궁을 기념하여 무교절이라고 부르는 8일간의 절기를 지키는 것은 여기에서 연유한 것이다. 출애굽한 자의 전체의 수는 여자들과 아이들까지 합치면 쉽게 헤아릴 수가 없이 많았으나 싸움에 나갈 만한 자는 600,000명이었다.

재앙으로부터 애굽인들이 구원받은 보상─만일 재앙이 그치지 않았다면 그들 자신의 고백대로 그들은 곧 다 죽은 자가 되었을 것이다(출 12:33)─으로서 애굽인들에게 요구하라고 명령하셨다. 이스라엘인들이 마지막으로 영원히 애굽 땅을 떠나는데 꾼다거나 빌린다는 것은 아무래도 이치에 맞지 않는다.

2. 그들은 우리 선조 아브라함이 가나안 땅에 들어온 지 430년 후, 야곱이 애굽 땅으로 이주한 뒤 215년밖에 안 되는 해 산티쿠스(Xanthicus)월 음력 제 15일에 애굽을 떠났다.[27] 그때 모세의 나이 80세였고 아론은 그보다 세 살 위였다. 그들은 요셉이 아들들에게 분부한 대로 애굽 땅에서 나올 때 요셉의 해골을 함께 가지고 나왔다.

3. 애굽인들은 히브리인들을 그냥 내보낸 것을 곧 후회했다. 애굽 왕도 또한 자기가 모세의 마술에 홀려서 그랬던 것이 아닌가 싶어 그들 뒤를 추격하기로 결심했다. 따라서 애굽인들은 히브리인들이 하나님께 기도해 재앙을 내리도록 하겠다고 했지만 마냥 기도하는 체하지는 못할 것이라고 생각하고 그들을 따라잡기만 하면 붙잡아 오기 위해 무기와 전투 장비들을 준비했다. 게다가 히브리인들은 무기도 없고 여행으로 지쳐 있을 테니까 쉽게 이길 수 있을 것이라고 생각했다. 따라서 그들은 서둘러 추격을 했고 만나는 사람마다 그들의 행방을 물었다. 사실상 사막은 군대뿐 아니라 한 개인이 통과하기에도 무척 힘든 곳이었다. 모세는 애굽인들이 만일의 경우 자기들을 보내고 나서 후회하고 추격해 온다면 그들의 사악함의 희생물이 되며 쌍방 간의 약속은 깨질 것이라고 생각하고 이 길로 히브리인들을 인도했다. 또한 모세는 오래전부터 싸워서 적대 관계에 있는 블레셋(Philistines)이 히브리인들의 출애굽을 알아채지 못하게 하려고 이 길을 택한 것이었다. 왜냐하면 블레셋은 애굽 바로 근방에 위치하고 있었기 때문이었다. 따라서 모세는 블레셋으로 통하는 길을 택하지 않고 사막을 통과해 수많은 고통을 동반한 긴 여정 끝에 가나안 땅에 들어가고자 한 것이었다. 그러나 여기에는 또 다른 이유가 있었다. 그것은 하나님이 백성들을 시내산으로 인도해 그곳에서 제사를 드리도록 하라고 명령했기 때문이었

---

[27] 사마리아 오경과 70인역과 요세푸스의 본문에 나타난 명백한 표현뿐 아니라 다른 곳의 마소라 사본(Masorete copy)의 연대기를 보더라도 이스라엘이 애굽에 정착한 기간이 215년간임이 분명한데, 결국 그렇다면 나머지 반인 215년간은 애굽에 들어오기 전의 가나안 정착 기간인데, 어찌하여 우리가 소유하고 있는 마소라 사본은 아무 근거도 없이 이 기사를 출애굽기 12장 40절처럼 요약시켜서 마치 이스라엘의 애굽 거주 기간만도 430년이 되도록 했는지에 관해서는 답변하기가 어렵다. 「구약에 관한 소론」(Essay on the Old Testament) pp. 62, 63를 보라.

다. 그런데 벌써 애굽인들이 히브리인들을 따라잡고 전투태세를 갖추는 것이었다. 애굽인들은 수많은 군대로 히브리인들을 협소한 장소로 몰아넣었다. 히브리인들을 추격하는 애굽 군대의 수는 병거 600승, 기병이 50,000명, 보병이 200,000명이었다. 그들은 이미 히브리인들이 도망치리라고 예상되는 요소요소를 장악하고 접근하기 어려운 절벽과 바다 사이로 몰아넣어 히브리인들은 그야말로 진퇴양난이 아닐 수 없었다.[28] 사면에 산들이 바다에 가서 끝나고 있는 데다가 산세가 험해서 산을 넘어 도망을 칠 수가 없었다. 애굽인들은 히브리인들을 산과 바다로 둘러싸인 공간에 몰아넣고 산들 사이의 입구를 지키고 있었기에 평지로 도망갈 수도 없는 형편이었다.

4. 따라서 히브리인들은 이렇게 포위가 된 데다가 물자가 부족했기 때문에 대항해서 버틸 수도 없었고 포위망을 벗어날 길도 막연했다. 맞붙어 싸우려고 해도 무기가 없었기 때문에 애굽인들에게 항복하지 않는다면 전멸당할 지경에 놓이게 되었다. 결국 그들은 자기들에게 자유를 되찾아 주실 때 하나님이 행하셨던 모든 이적을 잊어버리고 모세를 비난하기 시작했다. 일이 여기에 이르자 그들 특유의 의심이 발동해 선지자인 모세에게 돌을 던지기까지 했다. 그러나 모세는 그들의 용기를 북돋우면서 구원의 길이 있음을 약속했다. 그럼에도 불구하고 히브리인들은 애굽인들에게 항복하기로 결심했다. 여자들과 어린아이

---

[28] 이 사건에 대해서는 요세푸스와 성경의 역사를 잘 설명해 주고 있는 렐란트(Reland)의 주(註)를 보도록 하자. "에네만(Eneman, 여행자의 이름)은 애굽에서 돌아온 후에 자기 생각에 옛 이스라엘인들이 여행했을 듯한 길을 애굽에서 떠나 시내산까지 여행하다 보니까 홍해 쪽으로 경사진 수많은 산길이 있더라고 내게 말했다. 그는 이스라엘인들이 광야 끝 에담(Etham)까지 갔다가(출 13:20) 하나님의 명령으로 되돌아와서(출 14:2) 바다와 믹돌(Migdol) 사이에 장막을 쳤다면 바다로 도망치지 않으면 빠져나갈 수 없게끔 사방이 산으로 둘러싸여 진퇴양난의 지경에 빠졌을 것이 분명하다고 생각했을 것이다. 그는 또한 이 스라엘인들이 어떻게 바다를 건너기 전에 에담에 있었다고 말할 수도 있고 동시에 바다를 건넌 후에 에담에 도착했다고도 말할 수 있는지 그 이유를 알 것 같았다고 했다. 그 외에도 그는 내게 수에즈(Suez)시에서 배로 강을 건넌 이야기를 하면서 그 근처에 그런 도시가 있을 법한 곳이 없는 것으로 보아서 수에즈시가 고대의 헤로오폴리스(Heroopolis)라고 자기 견해를 덧붙였다." 버나드(Bernard) 박사에 의하면 이스라엘인이 홍해로부터 팔레스타인에 이르기까지 거쳐 갔던 여행 경로에 대한 고대의 이방 증거로서 헤로도투스(Herodotus)에게서 인용 제시한 그 유명한 통로는 이미 모세 시대 이전부터 고대 가나안 목자나 베니게 목자들이 애굽에서 고국으로 돌아갈 때 지나다니던 통로였음이 컴버랜드(Cumberland) 주교에 의해 확증되었다고 한다. 『상코니아토』(Sanchoniatho) p. 374 등을 보라.

들은 산과 바다와 적으로 둘러싸여서 피할 구멍이 없음을 보고 절망에 빠져 통곡하기 시작했고 분위기는 온통 슬픔에 빠져 버렸다.

5. 군중들이 모세를 사납게 쏘아보아도 모세는 온통 그들 걱정뿐이었고 하나님을 신뢰하였기에 모든 위험이 문제가 되지 않았다. 하나님이 그들에게 예언한 대로 그들이 자유를 찾기 위해 지금까지 한 단계씩 여러 단계의 조처를 해 온 것처럼, 그들을 적들의 손에 넘겨 노예가 되거나 죽임을 당하도록 내버려두시지 않을 것이기 때문이었다. 따라서 모세는 군중들 가운데 서서 이렇게 말했다. "지금까지 어떤 사람의 도움으로 일이 잘 풀리다가 일이 이 지경에 이르렀다 하더라도 이제 와서 전혀 딴사람을 대하듯이 그 사람을 불신하는 것은 우리들의 정당한 태도가 아닐 것입니다. 하물며 이제 와서 여러분들이 전혀 기대도 하지 않고 있을 때 약속하신 대로 모든 일을 그의 권능으로 이루신 하나님의 섭리를 못 믿고 낙심하는 것은 바보짓이나 다를 바가 없습니다. 나는 지금까지 여러분의 구원과 노예로부터의 해방을 위해서 전력을 기울여 왔습니다. 여러분도 보시다시피 우리는 이제 큰 곤란에 봉착해 있습니다. 이런 때일수록 우리는 이런 일이 모두 하나님의 섭리인 줄 알고 하나님이 우리를 구원해 주시기를 소망해야 할 것입니다. 하나님은 우리나 우리의 적이 모두 도저히 빠져나갈 수 없다고 생각한 큰 어려움에서 예기치 못했던 방법으로 우리를 구원하시고 자신의 권능과 우리를 향한 그의 섭리를 드러내 보여주실 것입니다. 하나님은 그가 사랑하는 자들이 작은 어려움에 빠졌을 때만 도우시는 분이 아니라 인간의 힘으로 도저히 불가능한 큰 어려움에 빠졌을 때 도움을 베푸시는 분입니다. 그러므로 작은 것을 크게 하실 수도 있고 우리를 대항하는 이 큰 힘이 아무것도 아님을 보여주실 수도 있는 보호자이신 하나님만을 신뢰합시다. 앞에는 바다가 뒤에는 산이 가로막혀 있어서 도망가지도 못하게 되었다고 낙심하지도 말고, 애굽 군대도 두려워하지 맙시다. 하나님이 원하신다면 이 산들도 여러분을 위해 평지로 만드실 것이고 바다도 마른 땅이 되게 하실 것입니다."

제16장

히브리인들이 애굽인들의 추격을 받자
바다가 갈라져 그들로부터 도망칠 수 있었던 경위

1. 모세는 이 말을 마치고 애굽인들이 보는 가운데 히브리인들을 바닷가로 데리고 갔다. 왜냐하면 그들이 애굽인들의 가시거리 안에 있었기 때문이었다. 애굽인들은 추격해 오느라고 지쳐 있었기 때문에 전투는 그다음 날로 미루는 것이 좋겠다고 나름대로 생각하고 있었다. 모세는 바닷가로 가더니 지팡이를 들고 하나님만이 그들을 도우시는 자요 보호하시는 자라고 하면서 하나님께 간청하기 시작했다. "오, 여호와시여, 저희가 지금 당하고 있는 어려움이 인간의 능력과 지혜로 해결할 수 없는 것임을 당신은 아시지 않습니까! 당신의 명령으로 애굽을 떠난 이 무리를 구원하실 수 있는 것은 오직 당신의 능력뿐입니다. 저희는 다른 도움이나 계획을 단념하고 오직 당신께만 소망을 두고 있습니다. 당신의 섭리로 우리를 구원하실 무슨 방도가 있다면 저희는 오직 그것만을 의지할 것입니다. 그러므로 어서 속히 그 방법을 보이시고 당신의 능력을 우리에게 나타내 보여주십시오. 근심의 구렁텅이에 깊이 빠져버린 이 백성에게 구원의 소망을 보이시고 용기를 북돋워 주십시오. 우리는 오고 갈 데도 없는 처지에 빠져 있습니다. 그러나 이런 처지도 하나님의 장중 안에 있는 줄 압니다. 바다도 당신의 것이요 우리를 둘러싸고 있는 산도 당신의 소유입니다. 당신께서 명하신다면 이 산들도 스스로 앞길을 열 것이요, 바다도 마른 땅이 될 것입니다. 그러나 이런 것도 아니고 공중으로 날아가는 방법으로 우리를 구원하시기로 당신이 결정하셨다면 우리가 공중을 날기도 할 것입니다."

2. 모세는 이렇게 하나님께 기도한 후 지팡이로 바다를 내리쳤다. 그러자 바다가 갈라지고 마른 땅이 드러나 히브리인들이 도망갈 수 있는 길을 얻게 되었다. 모세는 하나님의 나타나심과 바닷물이 갈라지고 마른 땅이 드러나는 것을

보고 제일 먼저 그 안으로 들어가면서 히브리인들에게 하나님의 길을 따라 자기를 따라오라고 명령했다. 그리고 모세는 자기들을 추격하는 적들이 당할 위험을 보고 즐거워하고 이런 놀라운 구원을 베풀어 주신 하나님께 감사하자고 했다.

3. 히브리인들이 하나님의 인도를 받아 쉬지 않고 열심히 앞으로 나아가자 애굽인들은 처음에는 그들이 미혹을 당해 죽을지도 모르고 겁 없이 행동하는 줄로 생각했다. 그러나 한참 동안을 가도 그들이 아무런 해도 입지 않고 그들의 앞길에 어떤 방해나 어려움도 생기지 않자 애굽인들은 바다가 자기들에게도 무사하리라고 기대하고 추격을 서둘렀다. 그들은 말들을 앞세우고 바다로 뛰어들었다. 히브리인들은 애굽인들이 갑옷과 투구를 입느라고 시간을 보내는 사이에 그들을 피해 아무런 해도 받지 않고 반대편 육지에 먼저 도착했다. 애굽인들은 그것을 보고 바다가 자기들에게도 아무런 해를 끼치지 않을 것이라고 기대하고 용기백배하였다. 그러나 애굽인들은 자기들을 위해서가 아니라 히브리인들을 위해서 만든 길을 가고 있으며, 그 길은 위험에 처한 자를 구원하기 위해서 만든 길이지 남을 죽이는 데 열심인 사람들을 위해 만든 길이 아님을 알지 못했다. 결국 전 애굽 군대가 그 길 안에 들어서자마자 바다는 원상태로 돌아왔으며 폭풍[29]으로 인해 급류로 변하더니 애굽인들을 집어삼켰다. 또한 하늘에서는 폭우가 쏟아져 내렸고 번쩍하는 불빛과 함께 무서운 천둥과 번개가 몰아쳤다. 벼락이 또한 그들을 내리쳤으며 어둡고 무서운 밤이 그들을 짓눌렀으니 이때 보이신 하나님의 진노는 결코 전과는 비교할 수 없는 무서운 것이었다. 결국 이 모든 사람이 몰살을 당했기 때문에 애굽에 남은 애굽인들에게 이 참사를 전해 줄 사람이 단 한 명도 없었다.

---

[29] 우리가 가지고 있는 성경의 출애굽기 사본들에는 거의 빠져 있으나 다윗의 기록(시 77:16, 17, 18)과 이 부분의 요세푸스의 사본들에는 그대로 남아 있는 표현인, 바로의 군대가 물에 수장될 때 내린 이런 폭풍과 천둥과 번개에 대해서는 『구약에 관한 소론』(Essay on the Old Testament) 부록 pp. 154, 155를 보라.

4. 그러나 히브리인들은 자기들이 기적적으로 구원을 얻은 것과 적들이 전멸한 것을 보고 솟아오르는 기쁨을 억제할 수가 없었다. 자기들을 다시 노예로 삼으려고 하던 자들이 멸망을 당하게 되고 그것도 다른 민족들의 역사 기록에서는 살펴볼 수도 없는 기적적인 방법으로 전멸당한 것을 보고 하나님이 분명히 자기들의 보호자이심을 명백히 보게 된 히브리인들은 밤새도록 찬송을 부르며 즐거워했다.[30] 모세는 6보격(六步格)[31]으로 하나님의 자비에 대한 감사와 찬양이 담긴 노래를 지어 하나님께 바쳤다.

5. 나로서는 성문서(sacred books)에 있는 대로 이 역사의 각 부분을 기록하고 있다. 현대의 사악한 인간들과는 다른 옛사람에게는 그것이 하나님의 뜻에 의해 일어난 것인지 저절로 일어난 것인지 알 수 있는 길이 있었기에 이 글을 읽는 독자 중 그 누구도 이런 기록의 생소함에 의아해하지 않기를 바란다. 마게도냐(Macedonia) 왕 알렉산드로스(Alexander)를 수행했던 자들은 아직도 살

---

[30] 보통, 지도를 놓고서 하룻밤 사이에 그렇게 많은 이스라엘인들이 홍해를 어떻게 건넜을까, 즉 '홍해는 이 지점에서는 폭이 30마일이나 되는데 그렇게 짧은 시간에 그렇게 큰 무리가 어떻게 건널 수 있었을까?' 라고 어떤 이들이 이의를 제기하는데 이것은 큰 실수이다. 믿을 만한 목격자인 테브노(Thévenot)는 실제 여행자들의 보고로 만들어진 드 릴(De Lisle)의 지도-다른 지도를 보고 베낀 것이 아닌-에 따라 5일간 여행을 하는 동안 건너갈 수 있는 폭이 약 8마일 이상 되는 곳이 없었으며 한 곳은 단지 4-5마일 정도밖에 되지 않았다고 우리에게 알려주고 있다. 이스라엘인들이 이렇게 홍해를 건넌 것과, 그와 마찬가지로 기적적인 사건인 애굽인들의 수장(水葬)에 대해 또다시 이의를 제기하는 자들이 있다. 즉 모세는 기적적인 방법으로가 아니라 썰물일 때 이스라엘인들을 건너게 했는데 그에 반해 애굽인들은 모세만큼 조류에 대해 알지 못했기 때문에 물이 밀물일 때 건너다가 수장당한 것이라는 이론은 그야말로 어설픈 이야기가 아닐 수 없다. 그곳에서 산 경험이 없는 모세가 어떻게 그 근처에 사는 애굽인들보다 홍해의 조수 간만의 차와 시간을 더 잘 알 수 있단 말인가! 고대 이방 역사가 아르타파누스(Artapanus)는 이것은 마치 멀리 떨어져 살기에 사정을 잘 모르는 멤피스인들이, 가까이 살아 사정을 잘 아는 헬리오폴리스인들이 애굽인들의 전멸과 이스라엘인들의 구원은 기적적인 사건이었다고 인정하는 데도 불구하고 그렇지 않다고 주장하는 것과 같은 것이라고 말하고 있다. 수학자인 데 카스트로(De Castro)는 매우 정확하게 홍해를 측량한 후 이 가설을 입증해 줄 만한 큰 조수 간만의 차가 홍해의 이 부분에는 없으며 단지 사람의 키 반만큼의 간만의 차가 있을 뿐이라고 말하고 있다. 『구약에 관한 소론』(Essay on the Old Testament) 부록 pp. 239, 240를 보도록 하라. 이런 이론들과 이와 비슷한 현대의 회의론자들과 불신자들의 억측은 공허하고 증거가 없는 것들이며 철저한 연구와 믿을 만한 증거들을 통해서 이런 이론과 억측들이 잘못된 것임을 논박할 수가 있다.

[31] 여기서 모세가 승전가를 6보격으로 작사했다는 말이 무슨 뜻인지는 우리가 현재 고대 히브리 시(詩)의 운율에 대하여 무지하기 때문에 정확히 알 수가 없다. 비록 요세푸스는 이곳뿐 아니라 다른 곳(『유대 고대사』 4권 8장 44절; 7권 12장 3절)에서도 여러 종류의 운율에 대해 언급하고 있으나 그 자신이 운율에 대한 분명한 개념을 갖고 있었다고 보기는 어렵다.

아 있는데, 비교적 얼마 전에도 그들이 길이 막혔을 때 밤빌리아해(Pamphylian Sea)가 뒤로 물러나더니 그들을 위해 통과할 수 있는 길[32]을 만들어 주었다고 한다. 내 말의 뜻은 바사국(monarchy of the Persians, 페르시아국)을 무너뜨리는 것이 하나님의 뜻이었기 때문에 이런 일이 일어났다는 것이다. 이것은 알렉산드로스의 활동에 관한 역사를 기록한 모든 사람이 사실이라고 고백하고 있는 실정이다. 그러나 이런 사건들에 대해서는 각자가 마음에 맞는 대로 생각하도록 하라.

---

[32] 알렉산드로스 대왕(Alexander the Great)이 이렇게 밤빌리아해를 건넌 것에 대한 고대 저자들의 원래의 기록 중 현존하는 네 저자를 꼽아보면 칼리스테네스(Callisthenes), 스트라본(Strabo), 아리아누스(Arrian), 아피아누스(Appian) 등이다. 이 원정에서 알렉산드로스를 수행한 칼리스테네스에 대해서는 에우스타티우스(Eustathius)가 호메로스(Homer)의 『일리아스』(Iliad) 3권에 대한 그의 주(註)에서 "이 칼리스테네스는 밤빌리아해가 알렉산드로스를 위해 길을 열어 주었을 뿐 아니라 물을 높게 솟구쳐 그에게 신하로서의 예를 표했다."라고 쓰고 있다(이것은 버나드 박사가 우리에게 전한 바에 따른 것이다). 스트라본의 기사는 이와 같다. 『지리학』(Geog.) 14권 p. 666. "알렉산드로스가 그의 군대를 끌고 통과한 파셀리스(Phaselis)는 해변의 협소한 통로였다. 밤빌리아해의 바로 옆에 클리막스(Climax)라고 부르는 산이 위치하고 있어 해변에 난 통로는 매우 협소했는데 여행자가 통과할 수 있는 좋은 날씨는 드물었고 바다가 거칠 때면 그 통로는 큰 파도로 휩쓸리기 마련이었다. 산을 넘는 길은 구불구불한 데다 가파르기 때문에 날씨가 좋자 그들은 해변을 따라 난 통로를 이용했다. 그때는 겨울이었는데 알렉산드로스는 모든 것을 행운에 맡기고 파도가 물러가기도 전에 앞으로 나아갔다. 이렇게 해서 그들은 하루 종일 배꼽까지 차는 물을 건넜다." 아리아누스의 이야기는 다음과 같다. 1권 pp. 72, 73. "알렉산드로스는 파셀리스를 떠난 후 트라키아인들이 가르쳐 준 길을 따라 그의 일부 군대를 여러 산을 넘어 버가(Perga)로 보냈다. 그들이 가르쳐 준 길은 비록 험하기는 했으나 지름길이었다. 그러나 그는 스스로 해변을 따라 군대를 인솔했다. 이 길은 북풍이 불 때를 제외하고는 어느 때이든 지나다닐 수가 없었다. 남풍이 불면 해변으로는 지나갈 수 없었다. 그런데 마침 그때 강한 남풍이 불더니 다시 북풍이 불기 시작했다. 이것은 분명 하나님의 섭리였다(알렉산드로스와 그의 군대 모두가 그렇게 생각했다). 따라서 그는 쉽고 빠르게 행군해 나갈 수 있었다." 아피아누스는 카이사르(Cæsar)와 알렉산드로스를 비교하면서 말하고 있다. 『내란기』(De Bel. Civil.) 2권 p. 522. "그들은 모두 자신들의 전투력뿐 아니라 자신들의 용감성과 행운을 의지했다. 한 예를 들면 알렉산드로스는 유피테르 암몬(Jupiter Hammon)의 신탁(神託)을 따라 찌는 듯한 여름에 물 없이 여행했으며, 신의 섭리로 바다가 갈라져 밤빌리아만(Bay of Pamphylia)을 신속히 건넜다. (사막을) 여행할 때 신이 그에게 비를 내리신 것처럼 이때도 그를 위해 바다를 이같이 막은 것이다."
주의. 이미 언급한 바 있는 저자들이 분명히 확증하고 있듯이 알렉산드로스가 군대를 거느리고 바사국(Persian monarchy, 페르시아국)을 정벌하러 떠날 때 밤빌리아해의 물이 신의 섭리로 뒤로 물러갔다는 기사를 최초로 기록한 알렉산드로스의 역사가들이 요세푸스 시대에 더 많이 있었다는 요세푸스의 주장을 놓고 볼 때, 몇몇 후대의 저자들이 요세푸스가 이런 고대 저자들을 이 경우에 인용한 것은 잘못이라고 비난하는 것은 정당한 근거가 없다. 플루타르크(Plutarch)나 요세푸스 후대의 다른 저자들은 이 점에서 요세푸스를 조금도 반박하려 들지 않는다. 요세푸스는 그 당시 자기가 가지고 있는 증거와 권위 있는 다른 모든 증거에 의존한 것이었다. 따라서 현대인들이 그 사실 자체에 대해서 어떻게 생각하든 요세푸스를 비난할 것은 조금도 없다. 오히려 그가 이런 저자들을 인용하지 않았다면 많은 비난을 면치 못했을는지도 모른다.

6. 그다음 날 모세는 애굽인들의 무기를 한데 모았다. 이 무기들은 바닷물에 밀리고 바람에 날려 히브리 진영까지 오게 된 것이었다. 모세는 무기를 제공해 주시려는 하나님의 섭리가 여기에 나타난 것이 아닌가 생각했다. 따라서 모세는 히브리인들에게 그 무기들로 무장하라고 지시하고 전에 하나님께 받은 지시대로 하나님께 제사를 드리고 무리를 구원해 주신 데 대한 감사의 제물을 드리기 위해 그들을 시내산으로 인도했다.

제3권

2년간의 역사 기록

출애굽으로부터
그 세대가 버림받기까지

제1장

모세가 백성을 출애굽시킨 후
시내산까지 인도한 경위,
그러나 아직은 여행 중에 많은 고난을 당하지 않았음

1. 히브리인들은 이렇게 기적적으로 구원을 받았으나 그곳은 온통 광야뿐이었으며 먹을 음식도 부족했기 때문에 그들에게는 여간 큰 고통이 아니었다. 더욱이 물이 너무 없어서 가축들은 물론 사람들이 먹기에도 부족했다. 그곳은 식물이 자랄 수 있는 수분이 조금도 없는 바싹 마른 땅이었다. 그러나 그들은 다른 지역을 통해 여행할 수 없었기에 이 지역을 통과하지 않을 수가 없었다. 그들은 지도자가 지시한 대로 행진을 시작하기 전에 물을 길어서 함께 가지고 갔다. 물이 다 떨어지면, 땅이 단단했기 때문에 힘들어서 우물에서 물을 퍼 올려야 했다. 더욱이 그들이 찾아낸 물은 써서 마시기에 적합지 못했으며 양도 충분하지가 않았다. 그들은 이렇게 여행을 계속해 저녁 늦게 마라(Marah)[1]라고

---

1) 버나드(Bernard) 박사는 물이 썼던 이 장소 마르(Mar)는 수리아인(Syrians)과 아라비아인(Arabians)은 마리리(Mariri)라고 부르고 수리아인은 가끔 모라트(Morath)라고 부르기도 하는데 이들은 모두 히브리어 마르(Mar)에서 파생된 것이라고 말하고 있다. 그는 또한 플리니우스(Pliny)는 쓴 우물(Bitter

부르는 곳에 도착했다. '마라'라는 말은 물이 쓴 데서 연유한 것인데 마르(Mar)란 '씀'(bitterness)이란 뜻이다. 그들은 여행의 지루함뿐 아니라 양식의 부족으로 고통을 당하게 되었다. 왜냐하면 그때 양식이 완전히 바닥이 났기 때문이었다. 그런데 그곳에 우물이 있었기에 그들은 그곳에서 잠시 머무르기로 했다. 비록 그곳이 그 많은 무리를 만족시키기에 적합한 곳도 아니었고 사막 같은 곳에서 찾아볼 수 있는 류의 휴식을 제공할 만한 곳도 아니었으나 미리 탐색을 해본 사람들로부터 더 가보았자 적절한 곳이 없다는 이야기를 듣고 그곳에 머물기로 한 것이었다. 그러나 이곳 물은 너무 쓰기 때문에 사람이 도저히 먹을 수 없었고 심지어는 가축들조차도 먹을 수가 없을 정도였다.

2. 모세는 백성들이 크게 낙심한 것을 보았으나 그런 낙심의 원인을 부인할 수가 없었다. 왜냐하면 백성들은 부딪혀 오는 난관을 남자다운 용기로 대처할 수 있는 남자로만 이루어진 무리가 아니라 이치를 따져 납득하기에는 너무나 연약한 아이들과 여인네들이 속한 무리였으므로 남자들의 용기를 도리어 꺾어 놓곤 하였기 때문이었다. 따라서 모세는 큰 난관에 봉착하게 되었고 모든 사람의 어려움을 혼자서 짊어져야만 했다. 백성들이 무슨 문제가 생기면 한결같이 그에게 달려와 사정하였기 때문이었다. 부인들은 자기 자녀들을 위해서, 남편들은 부인들을 위해서 간청하자 모세는 그들을 외면할 수가 없었고 어떻게 해서든지 그들을 도와주어야만 했다.

따라서 모세는 지금의 쓴 물을 마실 수 있는 물로 바꾸어 달라고 하나님께 전심으로 기도했다. 하나님이 그에게 은총을 베푸시자 모세는 자기 발 앞에 놓인 막대기의 끝을 잡고 길이로 반을 쪼갰다. 그리고 나서 그것을 우물 속에 던졌다. 모세는 만일 백성들이 하나님이 명령하신 것을 순종하고 게을리하거나 태만하게 행하지 않는다면 하나님이 자기 기도를 들으시고 그들이 원하는 대로 물을 만들어 주실 것을 약속하셨다고 설득시켰다.

Fountain)이라고 부르고 있는데 그 물은 오늘날까지 그곳에 남아 있으며 테브노(Thévenot)에 의하면 지금은 전보다 더욱 쓰며, 아직도 그곳에는 수많은 종려나무가 있다고 말하고 있다. 그의 『여행기』(Travels) 1부 26장 p. 166를 보라.

백성들이 물을 마실 수 있게 변화시키려면 어떻게 해야 하는가를 묻자 모세는 그곳에 서 있는 사람 중 힘센 사람들에게 물을 퍼내라고 명령했다.[2] 물을 대부분 퍼내게 되면 남아 있는 물은 마실 수 있을 것이라고 했다. 모세의 명에 따라서 그들은 물이 휘저어져서 정화된 후 마시기에 적합할 때까지 계속 물을 퍼냈다.

3. 그들은 그곳을 출발해 엘림(Elim)에 도착했다. 그곳은 작은 종려나무 숲이 있었기에 멀리서 보기에는 머물기에 적당한 장소로 보였다. 그러나 가까이 가 보니 종려나무가 겨우 70그루밖에 없었으므로 적합하지 못한 장소였다. 게다가 종려나무들은 물이 모자라 제대로 발육을 못 한 데다가 굽어 있었다. 주변 땅은 바싹 말라 있었고 열둘이나 되는 샘이 있음에도 불구하고 샘에 물이 없어 성장해서 열매를 맺기에 충분한 수분을 공급받을 수가 없었다. 열두 샘은 우물이라기보다는 습지에 가까웠기에 땅을 뚫고 물이 솟아 나와 흐를 정도가 되지 못해 나무에 충분한 수분을 공급해 줄 수가 없었다. 그래서 그들은 모래 속을 파 보았으나 물을 찾을 수가 없었다. 어떻게 해서 물을 발견하고 한 줌 움켜보면 진흙 물이라 아무 데도 쓸모가 없었다. 따라서 종려나무는 충분한 수분 공급의 부족으로 열매를 맺을 수 없을 만큼 말라 있었다. 그러자 그들은 그들이 당하고 있는 역경과 불행한 사태는 모두가 모세 때문이라고 모세에게 비난과

---

[2] 마라의 물을 달게 한 사건에 대한 모세의 기록에 없는 이런 내용은 요세푸스가 보통 인용하는 저술가들보다 권위가 없는 어떤 고대 세속 저술가에게서 인용한 것처럼 보인다. 필론(Philo)이나 우리가 아는 다른 어떤 고대 저술가도 이에 대해서는 전혀 언급이 없다. 만일 요세푸스가 이 『유대 고대사』를 유대인들을 위해 저술했다면 아마도 그는 이런 있을 법하지 않은 내용을 기록하지 않았을 것이다. 그러나 이방인들을 상대로 글을 쓰고 있기에 이방인 저자가 쓴 글에 이 기적에 대한 기록이 있는데 왜 그것을 쓰지 않았냐는 불평의 소리를 듣지 않기 위해서 아마도 요세푸스는 이방 저자의 글을 그대로 인용한 것 같다. 이런 자세는 다른 곳에서도 여러 번 찾아볼 수 있는 요세푸스의 성격과 집필 태도와 완전히 일치한다. 이 주(註)는 순전히 추측에 근거한 것임을 나는 솔직히 고백한다. 요세푸스가 그가 성전에서 꺼내온 성경 사본에 그런 내용이 첨가되어 있었다거나 아니면 다른 고대 주(註)에 그런 내용이 기록되어 있었는지에 대해 전혀 언급한 바가 없고, 유대 고대 기록에서 인용했는지 아니면 이방 고대 기록에서 인용했는지에 대해서도 밝힌 적이 전혀 없기 때문에 이런 경우에는 단순한 추측 이상의 선을 넘어갈 수가 없다. 단지 우리는 유대인들의 개념이 일반적으로 이방인들의 개념과 너무 다르기 때문에 이런 종류의 첨가된 내용이 어디에 속하는가 하는 문제에 대해서는 개연적인 추측을 해볼 수는 있다. 여리고 근처의 쓰고 메마른 우물을 엘리사가 달게 한 사건에 대한 요세푸스의 기사에 이와 유사한 첨가의 예가 나타난다(『유대 전쟁사』 4권 8장 3절을 참조해 보도록 하라).

불만을 늘어놓았다. 30일 동안 내내 여행해 오면서 준비해 온 모든 양식을 다 먹었는데도 구조의 손길이 보이지 않으니 이제 남은 것이라고는 실망밖에 없다는 투였다. 그들은 오직 자기들이 현재 당하고 있는 불행에만 집착한 나머지 전에 하나님이 자기들에게 구원을 베푸신 것, 그것도 다른 누구도 아닌 모세의 지혜와 덕을 통해 구원받은 것을 망각하고 모세에 대해 격분하기 시작했으며 심지어는 현재 당하고 있는 불행의 직접적인 원인은 모세라고 말하면서 모세를 돌로 치려고까지 하였다.

4. 그러나 모세는 무리들이 자기에게 대적함에도 불구하고 용기를 잃지 않고 하나님만을 신뢰하였으며 지금까지 그래 왔던 대로 백성들을 염려했다. 심지어 무리들이 소리 높여 모세에 대해 불평을 늘어놓고 여차하면 죽여 버리려고 손에 손에 돌을 들고 있는데도 불구하고 그들 가운데로 나아갔다. 그때도 모세는 매우 낙관적인 태도였으며 언변으로 백성들을 설득시킬 수 있는 자신감이 있어 보였다. 모세는 백성들의 분노를 진정시키면서 만일 백성들이 전에 체험했던 하나님의 은총을 아직도 기억하고 있다면 현재의 역경에 그리 크게 마음을 쓸 필요가 어디 있겠느냐고 설득하기 시작했다. 그는 백성들에게 결코 현재의 불행으로 인해 지난날 그들이 하나님께 받았던 기적적인 큰 은총과 선물을 망각하지 말고, 우리 스스로는 어찌할 수 없는 이런 난관에서 하나님이 지금까지 지켜 오신 당신의 섭리로 우리를 구원해 주실 것을 바라보자고 요구했다. 하나님은 이런 난관 속에서도 하나님이 베푸신 은총을 그들이 잊어버리지 않고 기억하면서 용기 있게 참고 견디어 나가는지를 이번 시련을 통해 시험해 보시는 것이 분명하다고 모세는 역설했다.

모세는 그들이 인내할 줄도 모르고 은혜도 모르는 사람들이라고 항변하면서 하나님의 명령으로 출애굽할 때 하나님과 그의 계명을 업신여긴 적도 있었으며 말에 있어서나 하나님의 명령을 전하는 데 있어서 한 번도 속인 적이 없는 하나님의 종을 부당하게 대한 적도 있지 않느냐고 따졌다. 모세는 지금까지 일어난 모든 일을 하나도 빠짐없이 상기시켰다. 하나님의 명령을 정면으로 반대하면서 그들을 붙잡아 두려던 애굽인들이 멸망당한 일이며, 동일한 강물이 애굽인들에게는 먹을 수 없는 핏물이었던 반면에 그들에게는 먹을 수 있는 단물이었던 일이며, 애굽인들에게서 멀리 도망쳐 나오다가 바다에 난 새 길을 통과해서 구원을 얻고 적들은 수장당한 일이며, 무기가 부족하자 하나님이 무기를 풍족하게 보내 주신 일 등을 일일이 열거하면서 겉으로는 곧 죽게 된 그들을 지금까지 하나님이 기적적인 방법으로 구원해 주시지 않았느냐고 열변을 토했다. 그 하나님이 지금도 동일한 능력을 가지고 계시는데 어째서 그의 섭리를 지금도 믿지 못하고 있는 것이냐고 했다.

모세는 비록 즉시 도움이 오지 않는다고 하더라도 더 큰 불행을 당하기 전에 오기만 한다면 결코 늦은 것은 아니니 잠잠히 기다리는 것이 어떻겠느냐고 백성들을 설득했다. 모세는 백성들에게 하나님이 그들을 돌보시지 않기 때문에 도움의 손길을 늦추시는 것이 아니라 하나님이 먼저 그들의 용기와 자유 수호 의지를 시험해 보시고 그들이 자유를 지키기 위해 양식과 물이 부족해도 참고 견뎌 나갈 수 있는 용기가 있는지 아니면 마치 가축이 주인에게 노예가 되듯이 배부르게 먹여만 준다면 차라리 노예의 길을 택하기를 원하는지 알아보시기 위해 도움의 때를 늦추시는 것이라고 생각해야만 한다고 했다. 모세는 자기가 어떻게 되든지, 부당하게 죽는다 하더라도 상관이 없지만 자기에게 돌을 던지는 것이 바로 하나님 자신을 저주하는 것이 되지나 않을까 염려가 될 뿐이라고 했다.

5. 이렇게 해서 모세는 백성들을 진정시키고 돌로 치려는 것을 막았으며 자기들이 하려고 했던 행동이 잘못된 것임을 깨닫고 후회하도록 만들 수 있었다. 모세는 그들이 당하는 어려움 때문에 이런 과격한 행동이 나왔을 것이라고 동정하고 전심으로 하나님께 기도와 간구를 올려야만 하겠다고 생각했다. 모세는 높은 곳에 올라가 그들의 구원의 희망이 하나님, 아니 오직 하나님께만 있으니 그들이 처한 곤궁에서 구해 주시고, 또 역경에서는 기뻐할 줄 모르고 불평 잘하는 것이 인간의 본성이니만큼 백성들이 어쩔 수 없이 저지른 잘못을 용서해 달라고 하나님께 간청했다. 이에 하나님이 그들을 돌보아 주실 것이고 원하는 대로 구원을 베풀어 주시겠다고 약속하셨다. 모세는 하나님께 이 약속을

받은 후 무리에게로 내려왔다. 무리들은 하나님이 주신 약속으로 인해 기쁨에 찬 모세의 얼굴을 보자마자 슬픈 표정에서 기쁨으로 바뀌었다. 모세는 그들 중앙에 서서 하나님이 현재의 고통 가운데서 그들을 구원해 주실 것이라는 약속을 전해 주러 왔다고 했다. 그러자 얼마 안 있어 그 어디보다도 이 아라비아만에서 많이 서식하는 새인 메추라기 떼가 바다를 건너 수없이 날라왔다. 날개에 힘이 빠져 지칠 때까지 그들 위를 맴돌더니 보통 때처럼 땅바닥 바로 위를 날다가 히브리인들 위에 떨어졌다. 그러자 그들은 '하나님이 이런 식으로 자기들의 양식을 채워 주시는 방법도 있구나.'라고 생각하고 그 새들을 잡아 허기진 배를 채웠다. 이에 모세는 하나님이 약속하신 즉시 그렇게 급속하게 도움을 베푸신 데 대해 감사를 드렸다.

6. 이 같은 첫 번째 양식을 공급받은 직후 하나님이 그들에게 두 번째 양식을 주셨다. 모세가 손을 들고 기도하자 일종의 이슬 같은 것이 땅에 내렸다. 모세는 그것이 손에서 떨어지지 않는 것을 보니 이것도 또한 하나님이 주신 양식이라고 생각하고 맛을 보았다. 모세는 백성들이 그것이 무엇인지를 알지 못하고 그맘때쯤이면 내리기 마련인 눈이 오는 것이라고 생각할까봐 이 이슬(dew)은 그들이 생각하는 대로 하늘에서 자연적으로 내려오는 것이 아니라 그들의 생명 보존과 생활을 위해 특별히 내려오는 것이라고 가르쳐 주었다. 따라서 모세는 백성들이 자기가 한 말을 신뢰하도록 하기 위해 그것을 직접 맛본 후에 백성들에게 나누어 주었다. 그들도 모세를 따라 맛을 보았고 그 양식에 만족해 했다. 왜냐하면 그것은 맛이 좋고 달기는 꿀같고 모양은 베델리엄(bdellium) 같고 크기는 깟씨(coriander seed)와도 같았기 때문이었다. 그들은 열심히 그것을 거두어들였으나 강한 자의 횡포로 인해 약한 자가 제 분량을 못 거두어들이는 일이 없도록 한 사람이 하루에 한 오멜(omer)씩 공평하게[3] 거두어들이라는 명령이 떨어졌다. 그러나 지정된 분량보다 많이 거두어들인 강한 자들은 결국은

---

[3] 모세(출 16:18), 사도 바울(고후 8:15), 그리고 요세푸스의 이 부분의 기록을 비교해 보면, 매일 내렸고 상하지 않았다는 만나의 양은 전 이스라엘인들에게 정확히 한 사람에 한 오멜 정도의 분량이었지 그 이상은 아니었던 것처럼 보인다.

거두어들이느라고 힘만 썼을 뿐 다른 이들보다 결코 많이 소유하지를 못했다. 왜냐하면 여분으로 남은 것이 그만 벌레가 생기고 냄새가 나는 바람에 먹을 수가 없어서 그들은 한 사람당 한 오멜 이상 가졌어도 아무 소용이 없었기 때문이었다.

이 얼마나 기적적이고 신적인 양식인가! 이것은 다른 종류의 양식의 부족을 보충해 주었다. 심지어는 오늘날도 이곳 지역에서는 이 만나가 비 내리듯 내린다.[4] 이렇게 해서 모세는 하나님께 얻은 이 만나를 식량으로 백성들에게 나누어 주었다. 오늘날도 히브리인들은 이것을 만나(manna)라고 부른다. 왜냐하면 히브리어로 만(man)이란 '이것이 무엇이냐?'(What is this?)라는 뜻이기 때문이다. 히브리인들은 하늘에서 내려온 이 음식에 기뻐 어쩔 줄을 몰라 했다. 그들은 광야에서 있었던 40년 동안 이 음식을 먹었다.

7. 그들이 그곳을 떠나 르비딤(Rephidim)에 도착했을 때 그들은 목이 말라 도저히 견딜 수가 없었다. 전에는 그래도 작은 우물들이 여럿 있었으나 이곳은 전혀 물이 없는 곳이었기 때문에 큰 곤경에 빠졌다. 그들은 또다시 모세에게 분노를 터뜨렸다. 모세는 처음에는 무리의 분노를 피하려고만 했으나 그다음에는 하나님께 전심으로 기도하면서 전에도 양식이 없었을 때 양식을 주셨으니 지금 마실 물이 없어 고민하고 있는 그들에게 너무 지체하지 마시고 물을

---

[4] 고대와 현대의 저술가들이 특기(特記)하고 있는, 아라비아에서 자주 내린다는 달콤한 꿀 같은 이슬이나 혹은 만나가 이스라엘인들에게 내린 이 만나와 똑같은 것이라는 이 주장은 유대교나 기독교보다는 이교 (Gentilism)의 냄새가 더 짙다. 요세푸스가 읽은 어떤 고대 이방 저자가 그렇게 생각했을 가능성은 있다. 비록 요세푸스가 방금 전과 『유대 고대사』 4권 3장 2절에서 만나 전에는 보지 못했던 것이었다고 직접적으로 인정하고 있는 것처럼 보이지만, 이방 저자와 요세푸스 사이에는 여기서는 상충되지 않는다. 그러나 이 하늘에서 내린 음식은 여기서는 눈 같았다고 기술하고 있다. 이방 저술가인 아르타파누스 (Artapanus)는 그것은 "흰색의 오트밀(oatmeal) 같은, 하나님이 비처럼 내리신" 음식이었다고 말하고 있다. 『구약에 관한 소론』(Essay on the Old Testament) 부록 p. 239. 만나(manna)라는 말이 요세푸스의 말대로 '이것이 무엇이냐?'(What is it?)라는 뜻의 만(man)에서 파생되었는지, 아니면 '나누다.'(to divide), 즉 각 사람에게 할당된 '배당'(dividend), '몫'(portion)이라는 의미의 만나(mannah)에서 파생되었는지에 대해서는 확실하지 못하다. 나는 후자의 견해에 속한다. 이 만나는 천사들의 음식(angel's food, 시 78:25. 한글판 개역개정 성경에는 힘센 자의 떡이라고 되어 있음 – 역자 주)이라고도 부르고 있으며 요세푸스(『유대 고대사』 3권 5장 3절)뿐 아니라 우리 주님(요 6:31 등)도 하늘로부터 이 만나가 유대인들에게 내려왔다고 말씀하고 계시다.

달라고 간청했다. 하나님은 물을 줄 터인데 아무도 기대하지 못했던 곳으로부터 나오는 물을 마시게 될 것이라고 모세에게 약속하셨다. 그러고 나서 하나님이 모세에게 그들이 보고 있는 반석[5]을 지팡이로 치고 반석에서 나오는 물을 원하는 양만큼 받으라고 명령하셨다. 하나님은 백성들의 어떤 노동이나 수고 없이 물을 마실 수 있도록 큰 배려를 베푸신 것이다.

 모세는 하나님으로부터 이 명령을 받고 그가 높은 데서 내려오는 것을 멀리서 보고 기다리고 있는 백성들에게로 다가갔다. 모세는 백성들 가까이에 이르자 하나님이 그들이 현재 당하고 있는 곤경에서 구해 주시고 예상 밖의 은총을 베푸셔서 반석에서부터 물이 강처럼 흘러나오게 하실 것이라고 전했다. 그러나 백성들은 긴 여행과 심한 갈증으로 완전히 지쳐 있었는데 모세의 말을 듣고서는 부득이한 사정으로 반석을 부수는 방도밖에 다른 도리가 없을 거라고 생각하고 크게 놀랐다. 그러나 모세가 반석을 지팡이로 치기만 했는데도 수로가 열리고 깨끗한 물이, 그것도 엄청난 양이 쏟아져 나오자 이런 놀라운 결과에 경탄을 금치 못했을 뿐 아니라 보기만 해도 갈증이 사라지는 것만 같았다. 그들은 이 상쾌하고 신선한 물을 마셨다. 그 물은 너무나 맛이 좋았기에 하나님이 주시는 물이라고 생각할 때 기대할 수 있는 그런 모든 요소를 다 갖추고 있는 것 같았다. 그들은 하나님이 얼마나 모세를 귀하게 여기시는가에 대해서도 놀라지 않을 수가 없었다. 그들은 하나님께 베풀어 주신 섭리에 대해 감사의 제사를 드렸다. 성전에 보관되어 있는 성경[6]은 우리에게 물이 이런 식으로 바위 속에서 흘러나올 것이라고 하나님이 모세에게 예언하셨음을 가르쳐 주고 있다.

---

[5] 이 반석은 지금까지 그곳에 있다는 것이 여행자들의 일치된 보고인데 현대의 수송 장비로도 옮겨 놓을 수 없을 만큼 큰 것이기에 모세 시대에 그곳에 놓여 있던 반석과 동일한 반석임에 틀림이 없다.

[6] 모세의 주요 율법을 담은 소책자는 성소(holy house)에 보관되어 있으나 좀 더 부피가 큰 오경은 여기서와 같이 성전과 그 뜰 구역 내의 어디엔가 보관되어 있다고 항상 말하고 있음을 주목하라. 『유대 고대사』 5권 1장 17절을 보도록 하라.

제2장

아말렉과 인근 국가들이 히브리인들과 전투를 벌여 대패하고 대부분의 병사들이 전사하게 된 경위

1. 히브리인들의 이름은 이미 사방에 알려져 있었고 그들에 대한 소문이 떠돌아다니고 있었다. 이로 인해 그곳 지역 주민들은 적지 않은 두려움에 사로잡히게 되었다. 따라서 그들은 서로 사절을 파견해서 히브리인들로부터 스스로 안전 대책을 세워야 하지 않겠느냐고 권면하기 시작했다. 다른 이들을 선동하여 이런 일에 가담케 한 자들은 고볼리티스(Gobolitis)와 페트라(Petra)에 거주하는 자들이었다. 그들은 아말렉 족속(Amalekites)이라고 불리는 자들로 그 근처 주변 국가 가운데서는 가장 호전성이 강한 민족이었다. 아말렉 왕은 인근 국가들에게 애굽의 노예 생활에서 도망친 일단의 나그네 무리들이 그들을 파멸시킬 준비를 하고 있는데 국가의 안전상 무시할 존재가 아니므로 히브리인들이 강성해진 후 힘을 모아 먼저 공격해 오기 전에 꾸물거리는 틈을 타서 선수를 치고 전멸시켜 버리자고 선동했다. 아말렉 왕은 히브리인들이 아직 광야에 있을 때 선제공격을 해야 하며 그들이 먼저 자기들의 도시와 소유를 습격해 올 때는 이미 때가 늦은 것이며 위험한 세력은 처음에 뿌리를 뽑아야지 나중에 막강한 힘을 구축한 후에는 적대하기가 힘든 법이라고 설득했다. 왜냐하면 처음에는 남의 나라에 신경을 쓰고 괴롭힐 여유가 없지마는 나중에 강성해지면 남의 나라가 잘되는 것은 눈 뜨고 못 보기 때문이라는 것이었다. 이렇게 인근 국가들끼리 사절들이 왕래하더니 마침내는 히브리인들을 공격하기로 결정을 내렸다.

2. 이들의 이와 같은 행동은 모세에게 큰 당혹감과 고민을 안겨다 주었다. 모세는 그런 전쟁이 일어날 것이라고는 전혀 예기치 못했기 때문이었다. 이 국가들이 전투태세를 갖추자 히브리 군중들은 어쩔 수 없이 무운(武運)을 시험해

보는 수밖에 없었다. 그러나 히브리인들은 모든 장비와 물자가 부족한 데다가, 철저히 훈련된 병사들과 전쟁을 하게 되자 크게 당황한 빛이 역력했다. 그러자 모세는 전에 애굽인들이 수적으로 우세한 것은 물론 그 외의 병사들이 소유하게 되면 사기충천해지는 여러 장비 등 부족한 것이 조금도 없는 데에 비해 우리들은 수적으로 열세이고 무기도 없으며 나약하고 마땅히 있어야 할 것을 갖추지 못했으나 그들을 이기게 해주시고 자유를 향한 발걸음을 내딛게 해주신 하나님의 도움만을 믿고 용기를 내자고 백성들을 격려했다. 자기들의 전력상의 우위가 하나님의 도움 정도는 이길 수 있다고 자만했을 때 여지없이 전멸하게 한 것이 바로 하나님의 뜻이 아니었냐고 모세는 덧붙였다. 단지 인간들하고만 상대하는 전쟁보다 훨씬 무서운 수많은 시련 가운데서, 하나님의 도움이 얼마나 소중한 것인가를 몸소 체험했으며, 도저히 견디기 어려운 기근과 기갈은 물론, 피할 길 없이 막힌 산과 바다의 난관 속에서도 자비로운 은혜로 인해 이런 모든 역경을 극복해 오지 않았느냐는 것이었다. 이렇게 모세는 백성들에게 지금은 적들을 물리칠 수 있다는 확신을 가지고 용기를 낼 때라고 훈계했다.

3. 모세는 무리에게 용기를 북돋워 준 후 개별적으로뿐 아니라 공동으로 지파의 족장(prince)들과 유력 인사(chief man)들을 소집시켰다. 모세는 젊은이는 장로(elder)들에게 순종하도록 하며 장로들은 지도자에게 순종하도록 하라고 지시했다. 그러자 백성들은 용기가 생겨 무운을 시험해 볼 태세를 갖추면서 결국은 이런 모든 불행에서 구원받게 될 것이라는 소망을 갖게 되었다. 그들은 우물쭈물하면 지금의 결심이 무너질지도 모르니 촌각도 지체하지 말고 적을 공격할 수 있도록 해달라고 모세에게 요구했다. 따라서 모세는 전쟁에 나갈 수 있는 모든 사람을 각 부대로 편성하고 에브라임 지파 눈(Nun)의 아들 여호수아를 대장으로 삼았다. 여호수아는 대담한 용기와 인내력과 뛰어난 이해력과 요령 있는 말솜씨와 하나님에 대한 열성적인 신앙을 소유하였기에 경건의 교사요, 제2의 모세로 지목되는 인물이었다. 모세는 또한 일단의 소부대로 하여금 물과 아이들과 여자들과 전 진영을 수비하라고 지시했다. 그들은 밤새도록 전

투 준비를 했다. 그들은 쓸 만한 무기가 있으면 모조리 꺼내 무장을 갖추고 모세의 명령이 떨어지면 쏜살같이 돌진할 태세를 갖추고 지휘관들만 바라보고 있었다. 모세 또한 여호수아에게 어떤 식으로 진영을 배치할 것인지 가르치느라고 뜬눈으로 밤을 새웠다. 날이 밝자 모세는 여호수아를 다시 불러 이번 전투에서 큰 전공을 세워 부하들에게서 신망을 얻어내야 할 뿐 아니라 백성들이 그에게 거는 기대에 부응하는 인물임을 입증해 보여야 한다고 격려를 아끼지 않았다. 그는 또한 백성들의 지휘관들에게 특별히 건투를 빈다고 말하고 전 군대 앞에 서서 그들에게 부디 용기를 잃지 말라고 당부했다. 그는 이렇게 말과 행동으로 군대의 사기를 드높이고 만사를 준비시키고 난 후에 산에 올라가서 군대를 하나님과 여호수아의 손에 모두 맡겼다.

4. 결국 쌍방이 전투를 벌이게 되었는데 쌍방 모두 동작이 민첩하고 사기가 충천해 있었기에 누구의 우세를 정할 수 없는 촌각의 대접전이 벌어지게 되었다. 모세가 손을 하늘을 향해 들면[7] 히브리인들이 이겼으나 팔이 아파 더 이상 지탱할 수가 없자 (손을 내릴 때마다 히브리인들은 열세에 몰렸기 때문에) 형인 아론(Aaron)과 미리암의 남편인 훌(Hur)에게 자기 양편에 서서 힘에 부쳐 손이 내려올 때마다 그의 손을 붙들어 올려서 계속 손을 들고 있을 수 있도록 하라고 지시했다. 이렇게 되자 히브리인들은 있는 힘을 다해 아말렉을 정복했으며, 밤이 되어 히브리인들이 더 이상 아말렉인들을 죽일 수는 없었지만 아말렉은 거의 멸절되었다. 이렇게 해서 우리 선조들은 매우 시기적절하고도 주목할 만한 대승리를 거두게 된 것이다. 그들은 이번 전투로 쳐들어오는 적을 무찔렀을 뿐 아니라 인근 국가들을 떨게 만들었고 빛나는 큰 수확을 얻었다. 왜냐하면 그전까지만 하더라도 양식도 제대로 없었는데 이제는 적의 진영에서 대중용과 가정용 전리품을 많이 획득할 수 있었기 때문이었다. 이 전쟁의 승리로 말미암아

---

[7] 이 유명한 사건이 구약과 신약의 다른 성경 구절들이 우리에게 가르쳐 주는 대로 하늘을 향해 손(과 눈)을 들고 기도를 하는 것이 고대의 장엄한 기도 자세였음을 보여주는 최초의 암시가 아닌가 나는 생각한다. 어쨌든 이 자세는 성직자들이 기도를 암송하는 대신 기도서에서 일부분을 낭송하기 시작할 때까지 기독교 교회 안에서 계속되었으리라고 본다. 기도서에서 일부분을 낭송함으로 기도를 대신하는 것은 손을 들고 기도하는 자세와는 전혀 맞지 않으며 교회의 부패 시에 도입된 후대의 산물에 불과한 것 같다.

그 시대는 물론 후대까지도 히브리인들이 번창할 수 있었다. 왜냐하면 포로들을 노예로 삼았을 뿐 아니라 그들의 마음까지도 정복할 수 있었기에 그 후로는 히브리인은 그 인근 지역에 거주하는 모든 이들에게 두려운 존재가 되었기 때문이다. 더욱이 그들은 전쟁의 승리로 많은 부를 획득할 수가 있었다. 적의 진영에는 수많은 은과 금, 집에서 흔히 쓰는 놋그릇, 수놓은 많은 용품, 즉 짜서 만든 가정용품과 가구들이 즐비했다. 그 밖에도 그들은 가축들과 진영(陣營)을 옮길 때 따라다니는 여러 도구들을 전리품으로 얻게 되었다. 이렇게 되자 히브리인들은 자기들의 용기를 뽐내기 시작했고 자기들의 공적을 자랑하기 시작했다. 이제 그들은 수고하는 데 익숙해졌으며 어떤 난관도 수고하고 애쓰면 넘지 못할 벽이 없다고 생각하게 되었다. 이러한 것들이 이 전쟁에서 얻은 결과였다.

5. 그다음 날 모세는 죽은 적병들의 몸에서 무기를 취하고 도망한 자들이 두고 간 무기를 모아서 전투에서 공을 세운 자들에게 나누어 주었고, 또 다른 병사들은 뛰어난 전투력을 가진 사령관이라고 입을 모아 여호수아를 특별히 칭찬했다. 히브리인들은 단 한 명의 전사자도 없었는데 적군의 전사자는 셀 수도 없이 많았다. 따라서 모세는 감사의 제사를 하나님께 드리고 제단을 쌓고 그 이름을 '정복자이신 주님'(The Lord the Conqueror)이라고 했다. 모세는 또한 아말렉 족속이 히브리인들을, 그것도 광야에서 큰 고통을 당하고 있을 때 공격해 왔으나 그들은 진멸당해 한 사람도 살아남지 못할 것이라고 예언했었다. 그 후 모세는 잔치를 베풀고 군대의 사기를 북돋워 주었다. 그들은 이렇게 출애굽한 후 처음으로 감히 대항해 오는 자들과 첫 전투를 벌였다. 모세는 전쟁의 승리를 축하하는 이 축제를 즐긴 후에 히브리인들에게 며칠간 쉬도록 허락했다. 왜냐하면 이제는 그들도 경무장한 병사가 꽤 많기 때문이었다. 서서히 이동해 애굽을 떠난 지 3개월 만에 모세는 이미 언급한 바 있었던 불타는 떨기나무의 환상과 기적이 일어났던 시내산에 도착했다.

제3장

모세가 시내산에서
그를 찾아온 장인 이드로를 반갑게 맞이함

모세의 장인 라구엘(Raguel)은 모세가 잘 되고 있다는 소식을 듣고 만나러 왔다. 모세는 아내 십보라와 자녀들을 거느리고 장인을 영접하러 나왔으며 장인의 예방에 기뻐했다. 모세는 제사를 드리고 난 후 전에 타는 떨기나무를 보았던 그 근처에서 잔치를 베풀었다. 무리는 가족별로 잔치에 참여했다. 그러나 아론과 그 가족은 라구엘을 초청했고 자기들에게 구원을 베푸시고 자유를 허락하신 하나님께 찬송을 드렸다. 그들은 그들의 지도자의 덕으로 모든 일이 성사되었다면서 모세를 칭송했다. 라구엘은 모세에 대한 칭찬의 말을 늘어놓는 가운데 무리에 대해서도 찬사의 말을 아끼지 않았다. 그는 모세가 백성들에게 보여준 사랑과 용기에 감탄하지 않을 수가 없었다.

제4장

라구엘이 지휘 계통이 없었던 이스라엘 백성을
천부장, 백부장의 제도로 조직을 갖추라고 제안하자
모세가 장인의 충고에 동의한 경위

1. 그다음 날 라구엘은 모세가 일에 시달리고 있는 모습을 보았다. 모세는 자기에게 호소하는 사람들의 불화를 해결해 주느라고 정신이 없었다. 모든 사

람이 모세가 재판해야 공정한 재판을 받을 수 있다고 생각했기 때문이었다. 모세가 재판하면 재판에 진 사람들도 공정한 판결이라고 생각하고 불평하는 사람들이 없었다. 그래서 모든 사람이 모세에게만 달려오는 것이었다. 라구엘은 그 당시에는 지도자를 믿고 찾아온 사람들에게 방해가 되고 싶지 않아서 아무 말도 하지 않았다. 그러나 후에 모세가 혼자 있을 때 조용히 모세에게 가르쳐 주었다. 그는 모세에게 히브리인들 가운데 불화를 해결하는 데 적합한 인물들이 있을 것이니 작은 문제는 그들에게 맡기고, 모세와 같은 사람이 아니고서는 수만의 무리들의 안전을 돌볼 수 없을 것이니 이런 큰 문제, 즉 백성들의 안전 같은 것은 손수 처리하라고 충고했다. "자네의 임무, 특히 지금까지 자네가 백성들의 보존을 위해 하나님을 섬겼던 사실을 망각하지 말게. 따라서 보통 문제는 다른 이에게 맡기고 자네는 오직 하나님만을 받들고 백성들을 현재의 곤경에서 구해 내는 방법을 강구하는 데 전념하도록 하게. 인간사에 대해서는 내가 제안하는 방법을 사용해 보도록 하게. 백성들의 조직을 재검토하고 만부장, 천부장, 오백부장, 백부장, 오십부장을 뽑아 백성들을 다스리도록 하게. 더 세분하고 싶다면 삼십부장, 이십부장, 십부장으로 나누어도 되네. 온 백성이 시험해 보고 선하고 의로운 자라고 인정한 사람을 유사(有司, ruler)로 세우도록 하게.[8] 이 유사들로 하여금 백성들 상호 간의 문제를 해결케 하게. 그러나 큰 문제가 발생한다면 상급 유사들에게 그 문제를 이송하도록 하고 그들도 해결할 수 없는 큰 문제가 발생하면 자네에게 가져오도록 체계를 세우게. 이런 방법으로는 두 가지 유익을 얻게 될 걸세. 첫째, 히브리인들은 정당한 재판을 받게 될 것이고 둘째, 자네는 항상 하나님만 받들고 하나님이 백성들에게 은혜를 베푸시도록 하는 일에만 전념할 수 있게 될 테니까 말일세."

2. 라구엘이 이렇게 충고하자 모세는 그의 충고를 고맙게 받아들이고 그대로 실행에 옮겼다. 그는 이런 방식을 창안해 낸 사람이 누구인지를 숨기고 마

---

[8] 하나님이나 혹은 모세에 의해 임명되기 전에 백성들의 증거와 투표에 의해 이스라엘의 재판장(judge)과 관리(officer)들을 선택하는 이 방법은 기독교 교회 내에서 감독, 장로, 집사 등을 선택하고 안수하는 방식과 유사한 패턴이기에 주목할 만한 가치가 있다.

치 자기인 것처럼 가장하지 않았으며 백성들에게 사실을 있는 그대로 밝혔다. 모세는 자기가 쓴 책에도 이런 식으로 백성들의 조직 방식을 창안해 낸 사람으로서 라구엘의 이름을 밝혔다. 비록 모세는 자기가 창안해 냈다고 씀으로써 명성을 얻을 수도 있었으나 사실을 그대로 밝히는 것이 옳다고 본 것이다. 여기서 우리는 모세의 성품을 보게 되나 이에 대해서는 이 책의 다른 곳에서 적절한 때에 자세히 다루어 보도록 하자.

제5장

모세가 시내산에 올라가서 하나님으로부터 율법을 받아 히브리인들에게 전달한 경위

1. 모세는 백성들을 한데 모으고 자기가 시내산에 올라가 하나님과 대화를 나누고 하나님으로부터 계시를 받아 가지고 내려올 때까지 하나님으로부터 가까이 있는 것이 좋으니까 멀리 떨어져 있지 말고 시내산 근처에 장막을 치라고 명령했다. 이 말을 마치고 모세는 그 지역의 산 중에서 최고봉[9]인 시내산으로 올라갔다. 시내산은 높을 뿐 아니라 유난히 가파르기 때문에 오르기가 무척 힘

---

[9] 이 시내산이 그 지역 산 중 최고봉이었다는 표현으로 볼 때 그 산은 테브노(Thévenot)가 『여행기』(Travels) 1부 23장 p. 168에서 말하고 있는 대로 지금 시내산으로 부르고 있는 산보다 1마일 이내에 있으며 세 배나 높은 카타리나(St. Katherine)산임에 틀림없다. 시내산의 또 다른 이름인 호렙(Horeb)이란 명칭은 요세푸스가 단 한 번도 사용하지 않고 있는데 아마도 시내산이 아라비아인들, 가나안인들 그리고 다른 민족들이 부르는 명칭인 데 반해 호렙산은 이스라엘인들이 최근에 나온 애굽에서만 사용되던 명칭인 것 같다. 따라서 성경에서 엘리야가 "하나님의 산 호렙에 이르니라"라는 표현을 썼을 때(왕상 19:8) 요세푸스는 그가 시내산에 이르렀다고 한 것이다(『유대 고대사』 8권 13장 7절). 허드슨(Hudson) 박사에 따르면, 히에로니무스(Jerome)는 이 산이 두 개의 이름, 즉 시내(Sinai)산과 코렙(Choreb)산으로 불렸다고 말했다고 한다. 『히브리어 명칭에 관하여』(De Nomin. Heb.) p. 427.

든 산이다. 사실상 쳐다보기만 해도 아찔할 정도이다. 게다가 그곳에 하나님이 거하신다는 소문 때문에 아무도 함부로 가까이 접근하려고 하지 않는 무서운 산이었다. 그러나 히브리인들은 모세가 시킨 대로 장막을 옮기고 산 바로 밑에 자리를 잡았다. 그들은 모세가 약속한 대로 하나님의 풍성한 약속을 가지고 돌아오기를 기다리면서 들떠 있었다. 그래서 그들은 잔치를 베풀고 모세의 지시대로 3일간 아내와 동침하지도 않고 다른 점에서도 몸을 정결케 하면서 그들의 지도자를 기다렸다. 또한 그들은 하나님이 모세와의 대화 중에 모세의 청을 기꺼이 받아 주시고 그들이 잘 살 수 있도록 선물을 내려 달라고 기도했다. 그들은 또한 전보다 풍성한 식사를 즐겼으며 처자들에게는 전에 평상시 입던 것보다 더 화려하고 멋있는 옷을 입혔다.

2. 그들은 이렇게 잔치를 베풀면서 이틀을 보냈다. 그러나 제3일째 되는 날 해가 돋기도 전에 그 누구도 본 적이 없는 구름이 히브리인들의 전 진영을 덮고 그들이 장막을 친 곳을 에워싸기 시작했다. 다른 하늘은 온통 맑은데 강풍이 불어오더니 폭우까지 동반해 그만 무서운 폭풍우로 변해 버렸다. 그들이 바라보면 섬뜩한 번개와 벼락을 동반한 천둥이 치더니, 모세가 바라던 대로 하나님이 은혜로 그들을 위해 그들과 함께 임재하신다는 선언이 들려왔다. 이런 문제에 대해서는 독자들은 자기 나름대로 생각하고 해석해도 좋다. 그러나 나는 성문서에 있는 대로 이 역사를 쓸 의무가 있다. 이런 광경을 보고 귀에 들려온 무서운 소리에 히브리인들은 보통 당황한 것이 아니었다. 이런 것을 처음 겪어본 데다가 하나님이 그 산에 종종 나타나신다는 소문이 있었기 때문이었다. 그들은 하나님의 진노로 모세는 이미 죽었고 자기들도 마찬가지로 죽을 것이라고 생각하고 슬픔에 잠겨 장막 안에 꼼짝 않고 있었다.

3. 그들이 이런 불안에 사로잡혀 있을 때 모세는 기쁨에 찬 얼굴과 신바람이 난 모습으로 나타났다. 그들은 모세를 보자 불안에서 벗어날 수 있었고 장차 무슨 일이 일어날지에 대해 일말의 희망을 가질 수 있게 되었다. 모세가 나타나자 하늘도 맑고 청명해졌다. 모세는 하나님이 하신 말씀을 전하기 위해 백성

들을 총회로 소집했다. 백성들이 다 모이자 모세는 모두가 들을 수 있도록 높은 곳에 서서 말했다. "히브리인들이여! 하나님이 전처럼 나를 은혜로 대해 주셨습니다. 그리고 우리에게 행복한 삶의 방법과 정치 질서를 가르쳐 주셨습니다. 하나님은 현재 우리 가운데 임재해 계십니다. 그러므로 나는 하나님과 그의 하신 일을 위해 그리고 지금까지 우리가 그의 은혜로 살아온 이상 내가 지금부터 하는 말을 가볍게 듣지 않기를 부탁합니다. 내가 전하려 하는 말은 한 인간의 말이 아니라 하나님이 우리에게 주신 명령이기 때문입니다. 내가 전하는 내용의 중요성을 알고 주의를 기울이신다면 이런 제도를 내시고 우리 모두의 유익을 위해 내게 가르쳐 주신 하나님의 위대하심을 깨닫게 될 것입니다. 이런 제도들의 창안자는 단지 아므람과 요게벳의 아들인 모세가 아니라 여러분을 위해 나일강을 핏빛으로 물들게 하시고, 여러 재앙으로 애굽인들의 교만을 꺾으시고, 우리를 위해 바다에 길을 내시고, 양식이 없어 굶주릴 때 하늘로부터 양식을 보내는 방법을 강구하시고, 물이 없을 때 반석에서 물이 쏟아지게 하시고, 아담에게 땅과 바다의 소산을 먹게 하시고, 노아로 홍수를 면하게 하시고, 방랑하는 나그네였던 우리 조상 아브라함을 가나안 땅의 상속자가 되게 하시고, 늙은 부모에게서 이삭을 태어나게 하시고, 야곱에게 훌륭한 열두 아들을 주시고, 요셉을 애굽의 실질적인 지배자가 되게 하신 바로 그 하나님이십니다. 그 하나님이 이 교훈들을 여러분에게 주시면서 나를 해석자로 쓰신 것입니다. 따라서 여러분은 여러분의 자녀나 아내보다도 이 교훈들을 더 소중히 여기고 지키도록 애써야 할 것입니다. 왜냐하면 여러분이 이 교훈들을 지킬 때야 비로소 여러분이 복된 삶을 누리게 될 것이며 땅도 소산이 많아질 것이고 바다는 잔잔해질 것이며 순리대로 자녀들도 건강하게 태어날 것이며 여러분의 적들에게는 두려운 존재가 될 것이기 때문입니다. 나는 하나님의 임재 앞에 나아가 그의 거룩하신 음성을 듣는 특권을 얻었습니다. 이것은 다 우리 민족의 생존에 대해 하나님이 지극한 관심을 가지고 계시기 때문입니다."

4. 이 말을 마친 후에 모세는 백성들에게 처자들을 모두 데리고 오게 하고 하나님이 그들이 지켜야 할 교훈에 대해 말씀하시는 것을 직접 들을 수 있도록

하기 위해서뿐 아니라 불완전한 전달 수단인 인간의 혀를 통해 하나님의 말씀이 전달됨으로써 하나님의 말씀의 힘(energy)이 손상되지 않도록 하기 위해서 시내산 가까이에 모이게 했다. 그들은 모두 위로부터 아무도 그 음성을 피할 수 없을 정도로 들려오는 음성을 들었다. 이 음성을 모세는 두 판(two tables)에 받아 적었다. 이것을 자세히 기록하는 것은 우리에게는 법에 저촉되는 것이다. 그러나 대강의 취지를 밝힐 수는 있다.[10]

5. 제1계명은 오직 하나님은 한 분이시라는 것과 우리는 오직 그에게만 경배해야 한다는 것을 우리에게 가르친다. 제2계명은 그것에 경배하기 위해 어떤 생물의 형상이라도 만드는 것을 금하고 있다. 제3계명은 거짓되게 하나님의 이름으로 맹세해서는 안 된다는 것이다. 제4계명은 제7일에는 모든 노동을 멈추고 안식해야 된다는 것이다. 제5계명은 부모를 공경해야 한다는 것이다. 제6계명은 살인해서는 안 된다는 것이다. 제7계명은 간음해서는 안 된다는 것이다. 제8계명은 도적질해서는 안 된다는 것이다. 제9계명은 거짓 증거해서는 안 된다는 것이다. 제10계명은 남의 소유를 탐내서는 안 된다는 것이다.

6. 백성들은 하나님이 손수 이런 교훈을 내리신 것을 듣고 난 후 그 교훈에 대해 기뻐하면서 해산했다. 그다음 날 백성들은 모세의 장막을 찾아와 하나님께 그 외의 다른 율법들도 가르쳐 달라고 간청하라고 모세에게 부탁했다. 그러자 모세는 그런 율법을 그들에게 전해 줄 시간을 약속했고 후에 모든 경우에 어떤 방식으로 그들이 행동해야 마땅한지에 대한 율법을 가르쳐 주었다. 이 율법들에 대해서는 나중에 적절할 때 언급하게 될 것이다. 그러나 대부분의 율법은 다른 저서[11]로 미루었다가 그곳에서 분명한 해설을 붙일 작정이다.

---

10) 요세푸스도 찬동하고 있는 바리새파의 이런 미신적 관념과 그 외의 또 다른 미신적 관념에 대해서는 『유대 고대사』 2권 12장 4절의 주를 보라.
11) 여기서 언급하고 있는 요세푸스의 다른 저서는 출판할 의도는 있었으나 모세의 율법이 워낙 방대하다 보니까 결국은 한 번도 출판되지 않았던 것 같다. 이에 대해서는 서문 4절의 주를 보라.

7. 사태가 이에 이르자 모세는 전에 약속한 대로 다시 시내산에 올라갔다. 모세는 백성들이 보는 가운데 산에 올랐다. 그러나 모세가 그곳에서 너무 오랫동안 머무르자(왜냐하면 그가 40일간 그곳에 있었기 때문이었다) 모세에게 무슨 좋지 않은 일이 일어나지나 않았나 하는 생각이 들어서 히브리인들은 두려움에 휩싸이기 시작했다. 모세가 죽었다는 추측만큼 그들을 슬프고 괴롭게 만드는 것은 없었다. 따라서 의견들도 각양각색이었다. 어떤 이들은 모세가 맹수에게 잡아먹혔을 것이라고 했다. 이런 말을 하는 사람들은 주로 모세에 대해 호감을 갖고 있지 않은 사람들이었다. 또 어떤 이들은 그가 세상을 떠나 하나님께 갔을 것이라고 했다. 그러나 조금 지혜로운 자들은 맹수에게 잡아먹혀 세상을 떠나는 경우는 인간사에 종종 있는 일이니 그럴 수도 있는 일이고 모세가 특별히 덕이 있는 인물이니 세상을 떠나 하나님께로 갈 수도 있을 것이라고 생각하고 조금이라도 마음을 달래면서 이성을 잃지 않고 이 두 의견 중 어느 의견에도 현혹되지 않았다. 따라서 그들은 잠자코 있으면서 사태의 추이를 관망했다. 그러나 그들은 자기들의 지도자요 보호자요 다시 찾으려야 찾을 수가 없는 그런 위대한 인물을 잃었다고 생각하니 여간 슬픈 게 아니었다. 이런 의심이 들다 보니까 모세에게 별일이 없을 것이라는 기대는 들어설 자리가 없었으며 그들의 우울함과 고민은 달랠 길이 없었다. 그러나 그들은 모세가 그곳에서 움직이지 말라고 명령했기 때문에 감히 이 와중에도 그곳을 이탈하려고 하는 자가 없었다.

8. 40일이 지난 후 생명 보존을 위해 먹어야 할 음식을 입에도 대지 않은 모세가 산 아래로 내려왔다. 그가 나타나자 온 무리 가운데는 기쁨이 넘쳤다. 그는 백성들에게 하나님이 그들을 어떻게 돌보셨는지를 설명해 주었으며 어떻게 살아야 행복한 삶을 얻을 수 있는지 가르쳐 주었다고 했다. 모세는 하나님이 자기에게 하나님을 위해 장막을 지으면 하나님이 그들에게 오실 때 그 장막 안으로 내려오실 것이므로 우리가 시내산으로 더 이상 올라갈 필요가 없으며 하나님이 그의 장막을 치시고 우리의 기도를 들으시겠다고 말씀하셨다고 했다. 모세는 또한 하나님이 진영을 이동할 때 장막을 운반하는 방법과 장막의 구조

와 치수도 가르쳐 주셨으니 백성들은 장막을 짓는 일을 착수하고 성심껏 그 일을 끝마쳐야 한다고 했다. 이 말을 마친 후 십계명이 각각 다섯 계명씩 적힌 두 판을 보여주었다. 그 판의 글은 하나님의 손이 쓰신 것이었다.

제6장

모세가 광야에서 하나님의 영광을 위해 지은 성막

1. 이스라엘 백성들은 모세가 그들에게 한 말을 듣고 즐거워하면서 정성을 다했다. 그들은 은, 금, 놋, 양질의 목재, 결코 부패하지 않은 것들, 약대 털, 푸른 물을 들인 양가죽과 자주색 물을 들인 양가죽, 그리고 푸른 물을 들인 양털과 자주색 물을 들인 양털, 가는 베실, 금 패물에 박는 비싼 보석, 다량의 향료를 가지고 왔다. 모세가 이 재료들을 가지고 이동식 성전과 조금도 다를 바 없는 성막을 지을 것이기 때문이었다. 백성들이 이런 예물들을 정성을 다해 가져오자(모든 사람이 제 능력 이상으로 바치려는 열성이 있었다) 모세는 이 일을 맡을 건축자를 하나님의 명령에 따라 세웠다. 아마 백성들에게 투표하게 했더라도 바로 이 사람들이 뽑혔을 것이다. 성문서에 기록된 이들의 이름은 모세의 누이 미리암의 증손인 유다 지파 우리(Uri)의 아들 브살렐(Besaleel)과 단 지파 아히사막(Ahisamach)의 아들 오홀리압(Aholiab)이다. 백성들이 계속해서 정성껏 예물을 가져오자 모세는 건축자들의 충분하다는 말을 듣고 이제 넉넉하니 더 이상 가져오지 말라고 백성들을 말리지 않을 수 없는 상태까지 도달하게 되었다. 이렇게 해서 그들은 성막을 짓는 일을 시작하게 되었다. 모세는 하나님의 지시대로 치수와 크기 그리고 제사용 그릇의 수를 그들에게 일러두었다. 여자들도 자기들이 맡은 역할을 해내느라고 열심이었다. 그들이 맡은 일은 제사장

의 의복과 제사장 일을 할 때 필요한 다른 용품들, 즉 장식품과 제사용품들을 만드는 것이었다.

2. 모세는 전에 축제를 베풀고 각자 능력에 따라 제사를 드리기로 약속했기 때문에 금, 은, 놋, 그리고 (베실로) 짠 것들 등 모든 것이 준비되자 성막을 일으켜 세웠다.[12] 성막을 세우고 뜰의 치수를 재어 보니 너비가 50규빗, 길이가 100규빗이었다. 모세는 높이 5규빗의 놋기둥을 뜰의 긴 쪽 양 측면에 20개, 짧은 쪽 한 면에 10개를 세웠는데 각 기둥에는 고리가 달려 있었다. 기둥머리는 은으로 되어 있었으나 받침은 놋으로 되어 있었다. 이 기둥들은 창끝처럼 끝이 뾰족했으며 놋으로 되어 있었고 땅속에 고정되어 있었다. 기둥 고리마다 달려 있는 끈은 각 기둥 밑 땅속에 박혀 있는 1규빗 길이의 놋으로 만든 못에 연결되어 있어서 폭풍에 성막이 심하게 흔들리지 않도록 했다. 기둥머리부터 헐겁고 느슨하게 세마포(細麻布) 휘장을 기둥 둘레에 쳐서 전 뜰을 감싸니 마치 벽과도 같았다. 이것이 뜰 안쪽 세 측면의 구조였다. 너비가 50규빗인 나머지 네 번째 측면은 성막의 정면으로서 그 중 20규빗은 들어가는 문이 차지하고 있었다. 이 문 안에는 항시 열린 문을 본떠 양편에 각기 두 개의 기둥이 서 있었다. 이 기둥은 놋으로 된 받침을 제외하고는 온통 은으로 되어 있어서 광택이 났다. 문 양편에는 위의 두 기둥 외에 그 사이에 세 개의 기둥이 받침대 위에 세워져 있었고 그 둘레에는 세마포 휘장이 드리워져 있었다. 너비 20규빗, 높이 5규빗인 문 자체는 자주색, 주홍색, 푸른 실로 동물 모양을 제외한 다양한 모양의 수를 놓은 세마포 휘장이 드리워져 있었다. 이 문 안에는 제사장들이 손과 발을 씻을 수 있도록 놋으로 만든 물두멍과 받침이 놓여 있었다. 이것이 성막 뜰의 구조인데 지붕이 없이 하늘 아래 노출되어 있었다.

3. 모세는 성막을 뜰 가운데 위치하게 하되 해가 뜰 때 첫 햇살이 성막의 정면을 비추도록 정면을 동편으로 향하게 했다. 성막을 세우면 길이 30규빗, 너

---

[12] 이 모세의 성막의 각 부분과 기구들에 대해서는 후에 상술(詳述)하게 될 것이다(6-12장을 보라).

비가 12(10)규빗이었다. 성막 벽의 양쪽 측면은 남과 북을 향했고 후면은 서쪽을 향했다. 성막의 높이는 너비와 그 치수가 (10규빗으로) 같아야 할 필요가 있었다. 남과 북 양편에는 20개씩의 나무 기둥이 있었다. 그 기둥들은 너비 1규빗 반, 두께가 네 손가락 폭(가운데 손가락 길이, 4인치 반-역자 주)의 사각형이었다. 기둥들에는 안과 밖 양면이 모두 얇은 금으로 입혀져 있었다. 기둥에는 각기 두 개의 장부(tenon, 이쪽 끝을 저쪽 구멍에 맞추기 위하여 얼마쯤 가늘게 만든 부분. 한글판 개역개정 성경에는 촉이라고 번역되어 있음-역자 주)를 만들어 받침 위에 끼웠으며 받침에는 장부가 들어갈 수 있는 구멍(socket, 한글판 개역개정 성경에는 받침이라고 번역되어 있음-역자 주)이 나 있었다. 그러나 서쪽의 기둥은 모두 여섯 개였다. 이 모든 장부와 구멍은 끼워 맞춘 게 보이지 않아서 하나로 완전히 연결된 벽처럼 정교하게 들어맞았다. 이것도 안과 밖 양면이 모두 금으로 입혀져 있었다. 남과 북이 마주 보는 양쪽 벽의 기둥의 수는 각기 20개로 똑같았다. 각 기둥은 두께가 기둥 간격의 3분의 1씩을 차지하고 있었기에 20개의 기둥으로 30규빗을 충분히 지탱할 수 있었다. 여섯 개의 기둥으로 단지 9규빗만을 지탱하고 뒤쪽 벽에는 두 개의 다른 기둥을 만들어서 1규빗씩을 자른 후에 모퉁이에 세우고 다른 기둥처럼 금으로 입혔다. 기둥마다 바깥쪽 정면에는 마치 기둥에 뿌리를 박고서 빙 둘러 일렬로 줄을 선 것처럼 금고리들이 달려 있었다. 이 금고리들에는 각기 5규빗 되는 금으로 입힌 가로 막대(bar, 한글판 개역개정 성경에는 띠로 되어 있음-역자 주)가 끼워져 있어 기둥과 연결되어 있었으며 한 가로 막대의 끝부분은 한 장부가 다른 장부와 맞물려 있듯이 다른 가로 막대와 맞물려 있었다. 그러나 뒤편 벽으로 모든 기둥을 연결하는 가로 막대는 오직 한 열(row)만이 있어서 긴 쪽 벽의 양 가로 막대 끝이 모두 이에 맞물려 있었다. 오목한 부분과 볼록한 부분이 정교하게 연결되어 있기에 전체가 튼튼하게 결합되었다. 이렇게 모든 것이 단단하게 결합되어 있었기에 성막은 바람이나 그 어떤 힘에 의해서도 흔들리거나 움직이지 않았고 원래대로의 모습을 유지해 나갈 수가 있었다.

4. 모세는 성막의 내부를 세 칸으로 나누었다. 모세는 가장 깊숙한 곳에서 10규빗 되는 곳에 네 개의 기둥을 세웠다. 이 기둥은 다른 기둥들과 완성된 모

양이 똑같았다. 이 기둥을 받치고 있는 받침도 다른 받침과 똑같았으나 서로 조금 멀찌감치 떨어져 있었다. 이 기둥들 안이 바로 지성소(至聖所)였다. 이 외의 나머지 장소는 성막으로 제사장들의 출입이 가능한 곳이었다. 성막을 이렇게 구분한 것은 세상의 질서를 모방한 것이었다. 제사장들의 출입이 허용되지 않는 네 기둥 안의 지성소는 소위 하나님만이 계시는 하늘이고, 20규빗의 공간은 인간이 거주하는 소위 땅과 바다인 것이다. 따라서 이곳은 제사장들만의 장소이다. 그들은 입구인 정면에 놋받침 위에 금 기둥을 일곱 개 세웠다. 그러고 나서 자주색, 푸른색, 주홍색 실로 수놓은 세마포 휘장을 성막 위에 폈다. 첫 번째 휘장(揮帳, veil)은 사방이 10규빗인데 지성소 앞의 네 기둥에 드리워서 지성소가 밖에서 보이지 않게 만들었다. 그러니까 이 첫 번째 휘장은 지성소를 누구에게도 드러내 보이지 않도록 하기 위해서 만든 것이었다. 전체 성전은 성소(Holy Place)라고 불렸고 그 누구의 출입도 허용되지 않는 네 기둥 안은 지성소(Holy of Holies)라고 불렸다. 이 휘장은 온갖 종류의 꽃들과 동물의 형상을 제외한 온갖 모양으로 공교히 수놓은 매우 아름답고 화려한 것이었다. 입구의 다섯 개의 기둥에도 크기나 천이나 색깔이 모두 같은 휘장이 드리워졌다. 각 기둥의 모퉁이에 달려 있는 고리는 휘장이 꼭대기에서 기둥의 반 높이 이하로 내려가지 못하도록 막고 있었다. 나머지 기둥의 반 높이는 제사장들이 기어서 들어가는 입구였다. 이 위에 전의 것과 같은 크기의 다른 세마포 휘장이 또 드리워져 있었다. 이 휘장은 끈으로 끌어당겨서 드리우는 것을 조절할 수 있었다. 기둥에 달린 고리는 휘장을 올렸다 내렸다 할 수도 있으며 구석에다 묶어 놓을 수 있었기 때문에 특별히 거룩한 절기에는 백성들이 성소를 보는 데 방해가 되지 않았고, 다른 때 특히 눈이 올 것 같은 경우에는 완전히 휘장을 밑에까지 드리워서 푸른색, 자주색, 주홍색 실로 수놓은 세마포 휘장을 덮어 보호할 수도 있었다. 성전을 지은 후에 입구에 세마포 휘장을 드리우는 관습은 여기서 유래한 것이다. 그러나 그 밖의 10폭의 앙장(仰帳, curtain)은 너비가 4규빗, 길이가 28규빗이었으며 앙장을 서로 연결하는 금걸쇠(golden clasp)가 있었다. 앙장들은 금걸쇠로 어찌나 정교하게 연결했는지 마치 한 앙장 같았다. 그들은 이 앙장들을 성전 위에 펴서 성막 위와 양편 벽과 뒤편 벽에 드리웠으며 앙장의 끝 1규빗이 땅에 파묻히도록 했다. 이 밖에도 그들은 너비 4규빗, 길이 30규빗 되는 앙장 11폭을 양털을 가지고 만들 때처럼 정교하게 (약대) 털로 짜서 만든 후에 성막 정면이 삼각형으로 보이고 입구가 높아 보이게 땅까지 내려오도록 느슨하게 드리웠다. 11번째 앙장은 바로 이런 목적을 위해 만든 것이었다. 그들은 또한 그 밖에도 가죽으로 앙장들을 만들어서 뜨거운 햇볕과 비로부터 털로 짜서 만든 앙장을 덮어서 보호했다. 멀리서 이 앙장들을 바라보는 사람들의 감탄은 이만저만한 것이 아니었다. 왜냐하면 앙장의 색이 하늘의 색과 조금도 다르지 않은 것처럼 보였기 때문이었다. 그러나 털과 가죽으로 만든 앙장들은 입구의 세마포 휘장이 수놓은 휘장을 보호하듯이 태양열과 비의 피해로부터 다른 앙장들을 보호했다. 성막은 이런 식으로 세워진 것이었다.

5. 그들은 또한 자연적으로 강하고 썩지 않는 나무를 가지고 하나님께 거룩한 궤(櫃, ark)를 지었다. 이 궤는 히브리어로 에론(Eron)이라고 부른다. 그 구조는 이와 같다. 궤의 길이는 5뼘(span, 1뼘은 약 20cm-역자 주), 너비와 높이는 각 3뼘이었고 안과 밖을 온통 금으로 싸서 나무는 전혀 보이지 않았다. 궤를 덮는 뚜껑은 금으로 만든 경첩에 의해 놀랄 정도로 꼭 들어맞았다. 뚜껑은 사방 어디를 보아도 너무 잘 들어맞았고 결합 부분에 조금도 이상이 없었다. 긴 판에는 각기 두 개씩의 금고리가 단단히 박혀 있었고 필요한 경우에는 움직이거나 이동할 때 사용할 금이 입혀진 가로 막대가 길이로 고리에 꿰어져 있었다. 왜냐하면 이 궤는 짐승들이 끄는 짐수레로 운반되는 것이 아니라 제사장들의 어깨에 메여 운반되는 것이기 때문이다. 궤 뚜껑 위에는 히브리인들이 그룹(Cherubim)이라고 부르는 형상(形象)을 만들어 놓았다. 그룹은 날아다니는 생물로서 그 모양은 비록 모세가 하나님의 보좌 옆에서 그런 존재를 본 적이 있다고 말은 했으나 인간의 본 어떤 생물의 모습과도 닮지 않았다. 모세는 이 궤 안에 십계명이 담긴 두 판을 넣었다. 십계명은 한 판에 다섯 계명씩 양면에 적혀 있었으니까 한 면에는 두 계명 반씩 적혀 있는 셈이다. 모세는 이 궤를 지성소에 두었다.

6. 모세는 성소에 델피(Delphi) 신전에 있는 것과 비슷한 상(床, table)을 지성소에 두었다. 그 상의 길이는 2규빗, 너비는 1규빗, 높이는 3뼘이었다. 상에 다리가 달렸는데 다리 하반부는 도리아인(Dorians)의 침대 다리를 닮은 완벽한 다리였으나 상반부는 정사각형으로 만들어져 있었다. 상은 손바닥 너비만 한 턱이 있어서 턱 주위에 나사 모양으로 돌아가는 우묵한 곳이 생기게 되었다. 각 다리에는 상단부에 고리가 달려 있어서 나무 가로 막대들이 그곳에 꿰어져 있었다. 나무 가로 막대는 이따금 필요할 때 빼어내면 고리와 결합하는 부분에는 구멍이 보이기 때문에 금으로 싸여 있었다. 왜냐하면 가로 막대들이 완전히 둥글지가 못하고 둥글둥글하다가 갑자기 각이 진 것이기 때문에 하나는 상의 턱에 끼고 다른 하나는 다리에 끼워서 운반했기 때문이었다. 성소의 북쪽 편 지성소 가까운 곳에 놓인 이 상 위에는 12개의 무교병이 여섯 개씩 놓여 있었다. 이 무교병들은 순결한 밀가루 10분의 2디일(deal)−10분의 1디일(1오멜)은 히브리인들의 도량 단위로서 아테네식으로 보면 7코틸로에(cotyloe)가 된다−로 만드는데, 그 무교병 위에는 유향이 가득 담긴 병 두 개가 놓여 있었다. 7일이 지나고 우리가 안식일(Sabbath)이라고 부르는 날이 되면 다른 무교병으로 대치가 되었다. 우리는 제7일을 안식일이라고 부른다. 여기다 무교병을 놓는 이유에 대해서는 다른 곳에서 다루기로 하자.

7. 이 상(床) 맞은편 남쪽 벽 근처에는 100파운드(pound)나 되는 우묵한 주금(鑄金) 등대(燈台)가 놓여 있었다. 히브리인들은 이 100파운드의 무게를 킨카레스(Chinchares)라고 부른다. 이를 헬라어로 바꾸면 달란트(talent)를 의미한다. 등대에는 꽃받침, 백합, 석류, 잔(이런 장식이 모두 70개나 된다) 등의 장식이 있었다. 이렇게 장식이 많다 보니까 밑판은 그냥 밑바닥만 있는 것보다는 높았으며 태양을 포함한 혹성의 수와 같은 수만큼 가지가 밑판에서 갈라져 나왔다. 가지는 모두 일곱으로 일렬로 되어 있었다. 이 가지들은 혹성의 수를 따라 일곱 개의 등잔이 하나씩 그 위에 놓이게 되어 있었다. 등대가 비스듬하게 놓여 있었기 때문에 등잔들은 동쪽과 남쪽을 향하고 있었다.

8. 이 등대와 상(床) 사이에는 지금까지의 기구를 만든 재료와 같은 썩지 않는 나무로 만든 분향단(焚香壇)이 있었다. 이 단은 전체가 금으로 싸여 있었으며 너비는 가로 세로가 모두 1규빗이었고 높이는 2규빗이었다. 단 위에는 금그물이 있었고 단 주위에는 금테를 둘렀고 고리가 달려 있었다. 제사장들은 이 고리에 가로 막대를 꿰어서 분향단을 운반했다. 이 성막 앞에 놋단(brazen altar)이 놓여 있었다. 그러나 사실상 이 놋단은 속은 가로 세로 5규빗, 높이 3규빗의 나무 단인데 겉에 금처럼 빛나는 놋을 입혀 장식한 것이었다. 놋단에는 놋그물 화상(火床)도 있었다. 놋그물 화상에는 받침이 없기 때문에 화상에서 불이 땅으로 떨어졌다. 이 놋단 바로 옆에는 물두멍과 대접과 향로와 큰 솥이 있었다. 이것들은 다 금으로 만들어졌으나 제사를 드릴 때 사용하는 다른 기구들은 모두 놋으로 만들어졌다. 이것이 성막의 구조요, 그에 속한 기구들이었다.

제7장

제사장과 대제사장의 옷

1. 제사장들은 코하네에(Cohanoeoe, 제사장의)라고 부르는 특별한 옷을, 대제사장은 코하네에 라베(Cohanoeoe Rabboe, 대제사장의 옷)라고 부르는 특별한 옷을 입어야만 했다. 제사장은 제사를 드리러 나아갈 때는 율법이 정한 대로 자신을 정결케 했다. 그리고 우선 마카나세(Machanase, '꽉 잡아매는 것'이란 뜻)라고 부르는 속옷(girdle)을 입었다. 이 속옷은 가늘게 꼰 베실로 만든 것으로서 음부(privy parts)를 가리도록 입는 반바지(breeches)와 다름이 없었다. 따라서 넓적다리 밑의 부분은 없고 넓적다리에서 꽉 조여 매서 입는 옷이었다.

2. 이 위에 가는 세마포 두 겹으로 만든 긴 옷을 입었다. 이 옷은 케토네(Chethone)라고 부른다. 우리는 세마포를 케토네라고 부른다. 이 옷은 발까지 내려오고 몸에 밀착된 옷으로서 소매가 달려 있었고 팔에서 꽉 조여 매게 되어 있었다. 넓이는 손바닥만 하지만 너무 느슨하게 짜여 있어서 뱀의 껍질처럼 보이는 띠를 팔꿈치 조금 위 가슴팍 정도에서 띠게 되어 있었다. 이 띠에는 주홍색, 자주색, 푸른색의 가늘게 꼰 베실로 꽃들이 수놓아져 있었다. 그러나 날실(warp)은 단지 가는 베실로만 되어 있었다. 띠는 가슴에서 등 위로 한 바퀴 돌려서 가슴에서 묶은 다음에 무릎까지 길게 늘어지게 했다. 제사장들이 제사드리지 않는 때에도 이런 식으로 띠를 띠어야 한다는 것이다. 이런 식으로 띠를 띠는 것은 사람들 보기에 가장 멋이 있었으나 제사를 직접 하나님께 드릴 때나 제사드리는 것을 도울 때나 띠가 일하는 데 방해가 되므로 왼쪽으로 옮기거나 어깨 위에 걸치곤 하였다. 모세는 이 띠를 아바네트(Abaneth)라고 불렀으나 우리는 바벨론인들에게서 이 띠를 에미아(Emia)라고 부르는 것을 배웠다. 이 옷은 머리가 들어가는 구멍을 제외하고는 헐렁하거나 구멍 난 부분이 전혀 없었다. 이 옷에는 멜빵이 달려서 어깨에서 각기 묶게 되어 있었다. 이것은 마사바자네스(Massabazanes)라고 부른다.

3. 제사장들은 원추 모양도 아니고 머리 전체가 아니라 머리 반만을 가리게 된 제모(制帽, cap)를 썼다. 이 제모는 마스나엠프테스(Masnaemphthes)라고 부른다. 이 제모는 두꺼워서 왕관처럼 보였으나 사실은 세마포를 여러 겹으로 접어서 꿰맨 것이었다. 그 외에 꿰맨 흔적이 보일까 봐 꼭대기에서부터 이마 부분까지 세마포로 감쌌다. 이 제모는 이마에 밀착시켜서 제사를 드리는 거룩한 작업을 할 때 떨어지는 일이 없도록 했다. 지금까지 우리는 제사장들의 일반적인 복장에 대해서 살펴보았다.

4. 대제사장은 지금까지 우리가 살펴본 복장을 하나도 빼놓지 않고 다 착용한 후에 그 위에 푸른색 옷을 또 입었다. 이 옷은 히브리어로 메이르(Meeir)라고 부르는 것으로, 발까지 내려오는 긴 옷인데 푸른색과 금색 실을 섞어 꽃을

수놓은 띠로 띠를 띠었다. 이 옷 끝에는 석류 모양의 술(fringe)을 달고 금으로 방울을 만들어 달았다. 대제사장의 긴 옷 끝에 달린 금으로 만든 방울의 용도는 아래와 같았던 것처럼 보인다. 대제사장이 대속죄일에 성전에서 분향할 때나 다른 큰 절기 때 성전에서 대제사장의 고유 직무를 행할 시간에 옷을 흔들면, 백성들이 알아듣고 분향 때나 그 고유 직무를 행하는 시간에 각자 기도를 시작함으로써 전 회중이 대제사장과 함께 하나님께 공동의 기도를 드렸던 것처럼 보인다(누가복음 1장 10절, 요한계시록 8장 3-4절을 보도록 하라). 시락의 아들(son of Sirach)이 집회서(Ecclesiasticus) 45장 9절에서 첫 대제사장 아론에 대해서 다음과 같이 말하고 있는 것을 다른 식으로는 이해할 수가 없을 것이다. "하나님이 아론의 옷에 석류들과 많은 금방울을 다셔서 아론이 움직이면 하나님의 백성의 기억을 일깨울 수 있는 소리가 성전에서 나게 하셨다." 금방울 하나에 석류 하나, 방울 하나, 석류 하나 이렇게 섞어 가면서 방울을 달았는데 매우 신기하면서도 아름다운 장식이었다.

이 옷은 두 부분으로 된 것이 아니고 어깨나 옆부분에서 꿰맨 것도 아니었으며 머리가 들어갈 구멍만 생기게끔 짜서 만든 옷이었다. 한쪽으로 기울어지게 구멍이 뚫린 게 아니고 가슴과 등을 따라 고르게 구멍이 뚫렸다. 구멍의 가장자리는 보기 싫지 않도록 실이 박혀 있었다. 또한 손이 나올 부분도 구멍이 뚫려 있었다.

5. 이 옷들 외에 대제사장은 헬라의 에포미스(Epomis)를 닮은 에봇(Ephod)이라고 부르는 옷을 입었다. 에봇은 금색실 외에 여러 색실을 섞어서 수를 놓아 가며 1규빗 정도 길이로 짜서 만든 옷으로 가슴팍 있는 부분이 파여 있는 옷이었다. 물론 소맷자락도 있어서 짧은 상의(short coat)와 크게 달라 보이지 않았다. 에봇의 비어 있는 부분에는 금실과 에봇의 다른 여러 색실로 수를 놓은 엣센(Essen)이라고 부르는 흉패(胸牌, 가슴받이)가 붙여져 있었다. 이 흉패는 에봇의 비어 있는 부분에 정확히 들어맞았다. 흉패는 사방에 달린 금고리와 에봇에 달린 금고리로 연결되었다. 이 고리들은 푸른색 끈(riband)으로 연결되어 있었다. 단추식으로 어깨에 잠글 수 있도록 두 개의 홍마노(紅瑪瑙)가 에봇에 부착되어

있었다. 이 홍마노 위에 야곱의 아들들의 이름이 히브리 문자로 새겨져 있었다. 양면에 세 명씩의 이름이 두 개의 홍마노 위에 새겨져 있었는데 형들 여섯 명의 이름은 오른쪽 어깨 위에 놓인 홍마노 위에 새겨져 있었다.

흉패 위에는 특별히 크고 아름다운 보석들이 달려 있었다. 이 보석들은 너무나 큰 가치가 있는 것들이기에 사람이 돈 주고 살 수 없는 것들이었다. 보석들은 한 줄에 넷씩 세 줄로 박혀 있었다. 보석들은 흉패에 박힌 금테 안에 박혀 있었기에 떨어져 나올 염려가 없었다. 첫 줄에는 홍마노(sardonyx), 황옥(topaz), 취옥(emerald, 한글판 개역개정 성경에는 녹주옥이라고 되어 있음 – 역자 주)이 박혀 있었고 둘째 줄에는 홍옥(carbuncle, 한글판 개역개정 성경에는 석류석이라고 번역되어 있음 – 역자 주), 벽옥(jasper), 청옥(sapphire, 한글판 개역개정 성경에는 남보석이라고 되어 있음 – 역자 주)이 박혀 있었다. 셋째 줄에는 풍신자석(ligure, 한글판 개역개정 성경에는 호박이라고 되어 있음 – 역자 주), 자수정(amethyst), 마노(agate, 한글판 개역개정 성경에는 백마노라고 되어 있음 – 역자 주)가 박혀 있었으며, 넷째 줄에는 귀감람석(chrysolite), 얼룩마노(onyx, 한글판 개역개정 성경에는 호마노로 되어 있음 – 역자 주), 감람석(beryl, 한글판 개역개정 성경에는 녹보석이라고 되어 있음 – 역자 주)이 박혀 있었다. 이 보석들 위에는 야곱의 열두 아들, 즉 우리가 존경하는 지파의 우두머리의 이름들이 태어난 순서대로 새겨져 있었다.

고리들이 보석의 무게를 견디지 못할까 봐 그들은 두 개의 큰 고리를 목 부분에 닿는 흉패의 상단의 천에 단단히 끼워 넣어서 어깨에 댄 금깃(golden band)에 연결되어 있는 아름다운 사슬과 연결시켰다. 또 어깨에 댄 금깃은 에봇 등판에 달린 고리와 연결되어 있었다. 따라서 흉패가 떨어져 나갈 위험성은 전혀 없었다. 또한 앞에서 언급한 색깔의 실과 금실로 만든 띠로 흉패의 주위를 한 바퀴 꿰매어 단 다음 솔기에서 다시 한번 묶어 늘어뜨렸다. 띠의 맨 끝에는 술을 달고 술을 완전히 집어넣을 수 있는 금으로 만든 고(golden loop)들도 달려 있었다.

6. 대제사장의 관(mitre, 제모)은 우리가 앞서 묘사한 바 있는 제사장의 제모와 똑같았는데 단지 푸른색 실로 수가 놓여 있었고 금으로 된 테가 아래 위 세

줄로 되어 있는 것만 달랐다. 이 테로부터 우리가 사카루스(Saccharus)라고 부르나 식물학에 조예가 깊은 헬라인들은 히오스키아무스(Hyoscyamus)라고 부르는 식물과 비슷한 금 꽃받침이 돌출되어 있다. 이 식물을 보지도 못하고 들어 보지도 못한 사람과, 이름을 들어 보았다 하더라도 보고서도 알지 못하는 사람을 위해 이 식물에 대해 약간의 설명을 덧붙이려고 한다. 이 식물은 키가 세 뼘 정도 되고 뿌리는 순무(turnip)의 뿌리와 같고 잎은 박하(mint)의 잎과 같이 생겼다. 줄기에서 꽃받침(calyx)이 나와 줄기에 붙어 있는데 표피가 둘러싸고 있다가 열매를 맺을 때가 되면 자연스럽게 표피가 벗겨진다. 이 꽃받침은 새끼손가락 뼈 크기만 하지만 구멍 둘레가 마치 찻종(cup)처럼 생겼다. 열매는 이 꽃받침 표피 속에 들어 있게 되는데 시데리티스(Sideritis) 식물의 씨와 비슷하다.

머리 뒷부분부터 관자놀이까지는 테에 이런 장식이 붙어 있었다. 즉 이 에피엘리스(Ephielis)-이 꽃받침(calyx)을 이렇게 부른다-는 이마에 달려 있는 것이 아니다. 이마에는 거룩한 문자로 하나님의 이름이 새겨진 금패[13]가 달려 있었다. 이것이 대제사장의 복장이었다.

7. 여기서 독자들은 다른 민족들이 히브리인들에게 가지는 악의, 즉 자기들이 섬기는 신(Deity)을 우리가 멸시한다는 이유로 이런 악감정을 가지는 것이 당연하다고 생각하는 것에 대해 의아하게 생각할 것이다. 왜냐하면 장막의 구조, 대제사장의 의복, 제사용 기구들을 훑어본 사람이라면 누구나 우리의 입법자(모세를 말함-역자 주)가 신적인 인간이며 우리 민족이 비난받는 것이 부당하다는 것을 금방 느끼게 될 것이기 때문이다. 누구든지 편견을 갖지 않고 공정하게 이런 것들을 살펴보면 모든 것이 우주를 대표하고 있고 모방하고 있다는 사실을 발견하게 된다.

---

[13] 독자는 여기서 유대교 대제사장들의 이마에 다는 모세의 페탈론(Mosaic Petalon), 혹은 금패는 요세푸스 시대뿐 아니라 오리게네스(Origen) 시대까지 보존되어 왔으며 하나님께 성결(Holiness to the Lord)이라는 말은 사마리아 글자로 새겨져 있었다는 점을 주목해야 한다. 『유대 고대사』 8권 3장 8절, 『구약에 관한 소론』(Essay on the Old Testament) p. 154, 렐란트(Reland)의 『성전 약탈에 관하여』(De Spol. Templi) p. 132를 보도록 하라.

모세가 성막을 세 부분[14]으로 나누고 두 부분을 제사장들이 출입하는 곳으로 정한 것은, 그는 그곳을 모든 사람이 일반적으로 접근할 수 있는 곳으로 보아 땅과 바다를 의미하는 곳으로 본 것이었던 반면에 하늘은 인간이 접근할 수 없는 곳으로 보았기 때문에 세 번째 부분은 하나님을 위해 따로 구분한 것이었다. 모세가 상(床) 위에 12개의 무교병을 올려놓은 것은 1년이 12개월로 나누어짐을 의미하는 것이었다. 등대의 장식 부품들이 70개인 것은 데카니(Decani) 혹은 혹성들의 70구분을 모방한 것이고 등대의 등잔이 일곱 개인 것은 일곱 개의 혹성의 행로를 가리키는 것이었다. 휘장(揮帳)이 네 가지 재료로 만들어진 것은 네 가지 원소를 표시하는 것이었다. 삼(flax)이 땅에서 자라기 때문에 세마포는 지구를 의미하며, 자주색 실은 바다 조개의 피로 염색해서 자주색 물을 들인 것이기에 바다를 의미하며, 푸른색 실은 공기를 의미하는 것이며, 주홍색은 불을 가리키는 것이다. 세마포로 된 대제사장의 옷은 땅을 상징하고 푸른색 실은 하늘을 가리키며 석류는 번개를, 방울 소리는 천둥을 의미하는 것이다. 에봇에 대해 생각해 볼 것 같으면 에봇은 하나님이 우주를 4원소(元素)로 만들었음을 보여주고 있으며 금실이 섞여 짜인 것은 만물이 그로 인해 밝아지는 광채를 상징하는 것이라고 나는 생각한다. 하나님이 에봇 가운데 흉패를 달게 하신 것은 땅을 상징하는 것이다. 왜냐하면 땅이 지구의 중심에 있기 때문이다. 대제사장이 띠고 있는 띠는 대양을 상징한다. 왜냐하면 대양은 만물을 둘러싸고 포함하고 있기 때문이다. 홍마노 둘은 각기 해와 달을 가리킨다. 내 생각에는 그래서 이 홍마노 두 개가 대제사장의 어깨에 단추 모양으로 달려 있지 않나 생각한다. 12개의 보석은 열두 달을 상징하는 것으로 보든지 아니면 헬라인들이 조디아코스(Zodiac)라고 부르는 12궁(宮)을 가리키는 것으로 보든지 간에 그 의미에 큰 차이는 없을 것이다. 대제사장의 관(mitre, 제모)이 푸른 것은 내 생각에는 하늘을 의미하는 것 같다. 그렇지 않다

---

[14] 요세푸스가 여기서뿐 아니라 6장 4절에서 성막이 세 부분으로 구분되어 있었다고 말하고 있는 것을 볼 때, 사실상 그는 성막을 성소와 지성소로밖에 구분하지 않았기 때문에 단지 들어갈 수 있다는 권한을 한 부분으로 친 것이 아닌가 싶다. 물론 후에 성전에는 낭실(Porch)이라고 부르는 분명한 제3의 부분이 있으므로 성전이 세 부분으로 구성되어 있다는 말은 맞는 말이다. 그러므로 만일 그렇지 않다면 요세푸스는 자신이 성막을 묘사할 때 두 부분밖에 설명하지 않았기 때문에 자기모순에 걸려들고 마는 셈이다.

면 어떻게 하나님의 이름이 그 위에 쓰일 수 있겠는가? 더욱이 관에 금테가 있다는 것으로 보아도 이것은 증명된다. 왜냐하면 금테는 하나님이 기뻐하시는 광채이기 때문이다. 내가 앞으로 이야기를 해나가다 보면 우리의 입법자(모세)의 덕을 칭송할 기회가 많이 주어질 것이므로 이런 해설[15])은 이 정도에서 만족하도록 하자.

제8장

아론의 제사장직

1. 우리가 지금까지 묘사한 모든 공사가 끝이 났지만 아직 예물을 드리지 않았을 때 하나님이 모세에게 나타나셔서 그의 형 아론이 덕 있는 사람으로서 그럴 만한 자격이 있으니 그에게 대제사장직을 맡기라고 명령하셨다. 모세가 백성들을 한자리에 모으고 아론이 백성들을 위해 위험을 무릅썼던 일과 백성들에게 최선을 다했던 일, 즉 한마디로 말해서 그의 덕을 칭찬했다. 이에 백성들이 한가지로 그의 말이 사실임을 인정하고 아론에게 대제사장직을 주는 데 적극 찬성하자 모세는 이렇게 말했다. "이스라엘 백성은 들으십시오. 이 공사는

---

15) 유대 장막과 장막의 기구, 그리고 대제사장의 의복의 신비한 의미에 대한 이런 해설은 필론(Philo)에게서 이끌어 내서 이방 철학의 개념에 맞춘 것이다. 필론을 보아도 그렇고 이 『유대 고대사』를 쓴 요세푸스를 보아도 그렇듯이 유대인들이 이방 학문과 철학에 정통하는 것이 유대 사회에서 허용된 것 같다. 이 사실은 부인할 수 없다. 그러나 우리가 바나바 서신(Epistle of Barnabas)이나 히브리서(Epistle to the Hebrews)나 그 외의 고대 유대인들의 문서에서 살펴볼 수 있듯이 유대인들은 교육을 받을 때 유대교적 해석을 더 많이 배웠음이 분명하다. 따라서 요세푸스는 유대인들을 위해 『유대 전쟁사』를 썼을 때 그러니까 그가 상대적으로 젊었고 이방의 서적들을 덜 참조했을 때 우리는 그러한 유대교적 해석의 한 실례를 찾아볼 수가 있다. 『유대 전쟁사』 7권 5장 5절에서는 성전 등대의 7가지와 7등잔을 여기서처럼 7혹성의 상징으로 보지 않고 창조와 안식의 7일의 상징으로 보고 있다. 고대 유대교의 상징은 고대 유대교적 개념 외의 다른 이방 개념에 따라 해석되어서는 안 된다. 『유대 전쟁사』 1권 33장 2절을 보도록 하라.

하나님이 기뻐하실 만큼 우리의 최선을 다해 이미 완공되었습니다. 여러분도 보시다시피 이 성막 안에 하나님을 모시려면 우선 우리를 위해 직무를 행할 사람, 즉 우리를 대신해 제사와 기도를 올리는 일에 봉사할 사람이 필요합니다. 그런 일에 적격인 사람을 추천하는 권한이 내게 주어진다면 나는 내가 그런 영광을 받을 자격이 있다고 생각합니다. 거기에는 두 가지 이유가 있습니다. 첫째는, 인간들이란 본능적으로 자기 자신을 사랑하기 때문이고 둘째는, 여러분의 구원을 위해 내가 무진 애를 썼다고 스스로 자부하기 때문입니다. 그러나 하나님은 아론이 여러분들 중에 가장 의로운 사람임을 보시고 그가 이런 영광을 받을 자격이 있기에 하나님의 제사장으로 그를 택하기로 스스로 결정하셨습니다. 그러므로 아론은 하나님께 성별된 의복을 입고 제단을 돌보면서 모든 제사 준비를 하는 일을 맡게 될 것입니다. 아론은 여러분을 위해서 하나님께 기도를 올릴 것입니다. 그러면 하나님이 즐겨 그 기도를 들으실 것입니다. 그 첫째 이유는 하나님도 히브리 민족에 대해 큰 관심을 가지고 계시기 때문이고 둘째 이유는 하나님이 친히 세우신 자가 올리는 기도이기 때문입니다."[16] 히브리인들은 모세의 말을 기쁨으로 받아들이고 하나님이 아론을 대제사장으로 임명한 것에 동의했다. 아론은 동생인 모세가 덕이 출중한 데다가 그 자신도 예언의 은사를 소유하고 있었기에 그 누구보다도 이런 영광을 누릴 자격이 있었기 때문이었다. 아론은 그 당시 나답(Nadab), 아비후(Abihu), 엘르아살(Eleazar), 이다말(Ithamar)의 네 아들을 슬하에 두고 있었다.

2. 모세는 그들에게 성막의 구조에 필요한 기구 이상의 모든 도구를 동원해서 성막 자체뿐 아니라 등대, 분향단, 그 외 다른 기구들을 포장해서 이동할 때 비나 먼지에 의해 기구들이 상하는 일이 없도록 하라고 명령했다. 그리고 나서 모세는 백성들을 다시 한자리로 불러 모으고 모든 남자는 한 사람당 반 세겔

---

16) 비록 임명은 하나님이 스스로 하셨지만 첫 번째 대제사장을 세우는 데는 두 가지 자격(즉 첫째, 모범된 행동과 좋은 성품을 갖추고 있어야 하며 둘째, 백성들의 동의를 얻어야 한다는 점)이 요구된다는 점을 요세푸스가 여기서 놓치지 않고 기록하고 있다는 점은 우리가 특별히 주목할 만하다. 사도적 규정(Apostolical Constitutions) 2권 3장이 우리에게 제공해 주고 있는 정보에 따르면 이 자격은 기독교에서 감독, 목사, 집사를 뽑는 데 요구하는 자격과 너무나도 흡사하다.

(shekel)씩 하나님께 예물로 바쳐야 한다고 지시했다. 1세겔은 히브리 화폐의 일종으로 아테네식으로 따지면 4드라크마[17]에 해당된다. 이에 백성들이 즐거운 마음으로 모세의 명령에 순종하니 예물을 드린 자의 수가 605,550명이었다. 예물을 바친 자들은 20세 이상 50세 이하의 자유민 남자들만이었다. 이렇게 거두어들인 돈은 성막을 위해 쓰였다.

3. 모세는 성막과 제사장들을 성결케 했다. 그 성결 의식은 아래와 같이 치러졌다. 모세는 그들에게 특상품 몰약(choice myrrh), 계피(cassia) 각 500세겔과 육계(cinnamon)와 창포(calamus, 일종의 향기 좋은 향품) 각 250세겔을 가져다가 잘게 부순 후에 올리브 기름(oil of olives, 한글판 개역개정 성경에는 감람 기름이라고 되어 있음-역자 주) 한 힌(hin)-1힌은 히브리의 도량형으로서 2아테네 코아(Athenian choa) 혹은 콩기우스(congius)에 해당된다-을 넣고 섞어서 향을 제조하는 법대로 매우 향기 좋은 관유(灌油)를 만들어서 제사장들은 물론 모든 성막과 희생 제물에 이 관유를 발라 정결케 하라고 지시했다. 이 밖에도 성막 안의 금으로 만든 분향단 위에는 매우 비싼 향품들이 여러 종류가 있었으나 독자들에게 부담이 될 것 같아 그 자세한 것에 대해서는 기술하지 않겠다. 향(incense)[18]은 하루에 두 번 해 뜰 때와 해질 때에 분향단 위에서 사르게 되어 있었다. 제사장들은 이미 정결케 된 기름이 등잔에 떨어지지 않도록 해야 했다. 등잔 셋은 거룩한 등대 위 하나님 앞에서 하루 종일 켜져 있어야 했으나[19] 나머지 네 개의 등잔은 저녁이 되어야 불이 켜졌다.

---

[17] 요세푸스 당시에 영화(英貨, sterling)로 따져 2실링 10펜스(2s. 10d.)에 해당하는 유대 화폐 1세겔의 중량과 가치는 유대인 학자에 따르면 유대 고대 시대의 1세겔보다 5분의 1이나 더 높았다고 한다. 이런 계산은 요세푸스가 『유대 고대사』를 출판하기 약 230년 전쯤에 마카비가(家)의 시몬(Simon the Maccabee)이 주조해 낸, 사마리아의 문자가 새겨진 세겔 중 현존하는 것들이 2실링 4펜스 반 이상 나가는 것이 없고 보통 2실링 4펜스의 반의반(farthing, 4분의 1페니를 뜻함-역자 주)밖에 나가지 않는 것과 정확히 일치한다. 렐란트(Reland)의 『사마리아인의 동전에 관하여』(De Nummis Samaritanorum) p. 188를 보도록 하라.
[18] 요세푸스는 여기서 향은 해 뜰 때와 해질 때 사르게 되어 있다고 해 놓고 폼페이(Pompey) 시대에는 아침과 제9시에 제사를 드렸다고 말하고 있다. 『유대 고대사』 14권 4장 3절을 보도록 하라.
[19] 눈으로 직접 본 증인인 요세푸스가 낮 동안에는 등잔 셋에 불이 켜져 있었다고 한 것을 보면 등잔 하나에만 켜져 있었다고 주장하는 현대 랍비들의 견해는 수정되어야 한다고 생각한다.

4. 이제 모든 공사가 끝났다. 브살렐(Besaleel)과 오홀리압(Aholiab)은 전의 그 누구보다도 정교한 기구들을 만들어 내었으며 남이 생각지 못한 아이디어를 창안해 내는 능력을 가지고 있었기에 가장 뛰어난 기술자임이 입증되었다. 이 둘 중에 브살렐이 더 우수했다. 이들이 공사에 투자한 시간은 모두 7개월간이었다. 공사가 끝나자 출애굽한 지 1년이 지났다. 그래서 그들은 출애굽 제2년째 시작, 그러니까 마게도냐인들이 산티쿠스(Xanthicus)라고 부르나 히브리인들은 니산(Nisan)월이라고 부르는 정월 초하루(new moon, 한글판 개역개정 성경에는 월삭이라고 되어 있음-역자 주)에 성막과 그에 속한 모든 기구를 하나님께 드렸다.

5. 하나님은 히브리인들이 이루어 놓은 일에 만족하셨다. 하나님은 그들의 수고를 헛되게 만들거나 그들이 만들어 놓은 것을 사용하기를 거부하지 않으시고 오셔서 그들과 함께 거하시고 성전에 그의 장막을 치셨다. 하나님은 다음과 같이 성막에 임하셨다. 하늘은 청명한데 오직 장막 위에만 구름이 덮였다. 그 구름은 겨울에 볼 수 있는 그런 짙은 구름도 아니었고 그렇다고 해서 사람들이 물체를 분간할 수 있을 정도로 옅은 구름도 아니었다. 그리고 그 구름으로부터 달콤한 이슬, 즉 하나님의 임재를 믿고 사모하는 자들에게 하나님의 임재를 보여주는 그런 이슬이 내렸다.

6. 모세는 기술자들에게 각 개인의 공로에 따라 응분의 선물을 나누어 준 후에 하나님의 지시대로 성막 뜰에서 황소(bull)와 숫양(ram)과 새끼 염소(kid of goats)를 잡아 속죄제를 드렸다. 앞으로 제사에 대해서 언급할 때 제사장이 어떻게 제사를 드리는지와 어떤 경우에 전체를 번제로 드리고 어떤 경우에는 일부를 음식으로도 먹을 수 있는지에 대해서 자세히 설명하도록 하겠다. 모세가 잡은 짐승의 피를 아론과 그의 아들 옷에 뿌리고 물과 관유로 그들을 정결케 하니 그들이 하나님의 제사장들이 되었다. 모세는 7일간 이런 식으로 그들과 그들의 옷을 정결케 하였다. 그는 또한 하루에 한 마리씩 황소와 숫양을 잡고 그 피와 기름으로 성막과 성막에 속한 모든 것을 정결케 했다. 제8일째 되는 날 모세는 백성들을 위해 잔치를 베풀고 각자 능력껏 제사를 드리라고 명령

했다. 그러자 그들은 서로 제사를 드리는데 남보다 더 잘하려고 경쟁을 벌였다. 이렇게 해서 모세의 명령이 충족되었다. 제단 위에 제물을 쌓아 놓자 갑자기 저절로 불이 붙었고 그것은 마치 번갯불과도 같이 보였으며 제단 위에 있는 모든 제물을 모조리 태워버렸다.

7. 얼마 안 있어 한 인간으로서, 한 가정의 아버지로서 볼 때 아론에게 불행이 닥쳐왔으나 그는 진정 용기 있게 그 역경을 잘 견뎌냈다. 그가 불상사 속에서도 용기를 잃지 않은 것은 그가 재난이 그에게 닥친 것도 다 하나님의 뜻이라고 생각했기 때문이었다. 그 내막은 아론의 네 아들 중에 큰아들과 둘째 아들인 나답과 아비후는 모세가 명한 제물을 가지고 들어가지 않고 전에 그들이 항상 드리던 제물을 가지고 들어갔다가 그만 불에 타 죽고 만 것이었다. 불이 그들을 엄습해 몸에 불이 붙기 시작했을 때 아무도 그 불을 끌 수가 없었다. 결국 그들은 이렇게 죽음을 당했다. 모세는 그 아비와 동생들에게 그들의 시신을 진 밖으로 가져다가 장엄하게 매장해 주도록 하라고 지시했다. 백성들은 그들이 청천벽력 같은 죽음을 당한 것에 큰 충격을 받고 심히 애도하였다. 모세는 그 아비와 동생들에게 이미 제사장의 옷을 입었으니 그들이 당한 불행으로 너무 슬퍼하지 말고 하나님의 영광을 먼저 생각하라고 권면했다.

8. 모세는 백성들이 그에게 부여하려고 애쓰는 모든 영광을 거절하고 오직 하나님께 봉사하는 일에만 전념했다. 그는 더 이상 시내산에 올라가지 않았으나 성막 안에 들어가 하나님으로부터 기도의 응답을 얻었다. 그의 습관은 일반 서민의 습관과 다를 바 없었으며, 다른 일상생활에서 평민처럼 행동하려고 했고 무리들과 다르게 보이지 않으려고 애를 썼음에도 불구하고 그는 오직 백성들만을 생각하고 염려한다는 사실이 다르게 보였다. 모세는 또한 백성들이 순종하기만 하면 하나님을 기쁘게 해드릴 수 있는 삶을 살 수가 있고 서로 다투지 않고 지낼 수 있는 정치 형태(form of government)와 율법을 글로 남겼다. 그러나 그가 명한 율법은 하나님이 그에게 지시한 바로 그 율법이었다. 따라서 나는 잠시 후에 모세가 정한 정치 형태와 율법에 대해서 설명하려고 한다.

9. 나는 이제 대제사장의 의복 가운데서 설명하지 않고 빼놓았던 부분을 다루려고 한다. 그(모세)는 (거짓) 선지자들이 악한 행습을 할 여유를 남기지 않았다. 거짓 선지자들은 하나님의 권위를 마구 도용(盜用)하려고 하였으나 모세는 하나님이 원하실 때는 그의 제사에 임재하시고 원하지 않으실 때는 임재하시지 않을 것을 하나님께 맡겼다.[20] 그는 하나님의 임재 여부가 히브리인들뿐 아니라 그곳에 있는 나그네들에게도 알려져야 한다고 생각했다. 내가 전에 언급한 바 있듯이 대제사장이 어깨에 달고 있는 보석[21]인 홍마노(이에 대해서는 누구나

---

[20] 모세가 "하나님이 원하실 때는 그의 제사에 임재하시고 원하지 않으실 때는 임재하지 않을 것을 하나님께 맡겼다."라는 이상한 표현에 대해서는 『아피온 반박문』(Against Apion) 2권 16절의 주를 보라.

[21] 나는 우림(Urim)과 둠밈(Thummim)-이 단어들은 '빛과 완전', 혹은 70인역의 해석을 따르면 '계시와 진리'라는 뜻이다 - 의 계시(oracle)에 의한 이런 응답은 하나님이 자기 백성 이스라엘에게 완전하고 참된 방법으로 하나님의 뜻을 계시하시는 데 사용되었던 밝게 빛나는 보석 그 자체 이상의 어떤 것도 의미하는 것이 아니라는 글을 읽어 본 적이 있다. 그러나 이런 응답은 현대 랍비들의 공상처럼 대제사장의 흉패에 달려 있는 보석들이 어색하게도 빛을 냄으로써 이루어지는 것이 아니라고 나는 생각한다. 왜냐하면 보석이 밝게 빛나는 것은 계시가 있기 바로 직전이나 아니면 계시와 함께 수반되는 것이지 보석 자체가 계시를 말하는 것은 아니며(『유대 고대사』 4권 6장 4절을 보도록 하라) 계시하실 때는 그룹 사이의 속죄소로부터 음성이 들려왔을 것임이 분명하기 때문이다. 프리도(Prideaux)의 『구약과 신약의 연결성』(Connect,)에서 534년 부분을 보도록 하라. 요세푸스가 여기서 우리에게 알려주고 있는 바에 따르면 이 계시는 그가 『유대 고대사』를 쓰기 전 200년 동안, 즉 마카비 가문의 선한 마지막 대제사장 요한 히르카누스(John Hyrcanus) 이래로 계속 침묵을 지키고 있다는 것이다. 여기서 우리는 이스라엘 백성들이 하나님께 복종하는 동안, 즉 하나님의 지시를 따르지 않고 자기들 뜻과 소위 정치의 원리라는 것을 따라 백성을 다스리는 그런 독자적인 왕들을 그들 위에 세우기 전까지는 하나님이 항상 이스라엘의 왕으로서 이런 계시를 통해 자기 백성에게 지시를 내리시고 또한 함께하셨다는 사실을 크게 주목할 필요가 있다. 따라서 우리는 이런 계시(천사와 예언자의 충고를 제외하면)를 모세와 여호수아 시대를 걸쳐 첫 번째 왕인 사울이 기름 부음 받는 날까지는 계속 찾아볼 수가 있다(민 27:21; 수 6:6 등; 19:50; 삿 1:1; 18:4, 5, 6, 30, 31; 20:18, 23, 26, 27, 28; 21:1 등; 삼상 1:17-18; 3장 여러 곳, 4장 여러 곳). 사울이 아말렉과의 전쟁에서 하나님의 명령을 어기고도 하나님의 계시를 받을 자격이 있는 것처럼 행세했을 때(삼상 14:3, 18, 19, 36, 37) 이런 계시는 완전히 사울을 떠났다가(전에도 하나님께 여쭈어서 행동한 적은 거의 없었지만, 삼상 14:35; 대상 10:14; 13:3; 『유대 고대사』 7권 4장 2절) 사울의 뒤를 이어 기름 부음을 받은 다윗에게 다시 나타났다. 다윗은 자주 하나님께 여쭈어 이런 계시를 받았고 항상 하나님이 지시하신 대로 순종했다(삼상 14:37, 41; 15:26; 22:13, 15; 23:9, 10; 30:7, 8, 18; 삼하 2:1; 5:19, 23; 21:1; 23:14; 대상 14:10, 14; 『유대 고대사』 6권 12장 5절). 하나님이 사울의 불순종으로 그를 파멸에 이르도록 버려 두기로 결정하신 지 오래 지난 후인데도 사울은 다시 한번 하나님께 여쭈어보려고 애를 썼다. 그러나 때는 이미 늦었기에 하나님은 꿈으로도, 우림으로도 선지자로도 그에게 대답하지 아니하셨다(삼상 28:6). 우리가 아는 한에 있어서 다윗의 후계자인 유대의 왕들은 바벨론(Babylon, 바빌론) 포로로 잡혀가 왕통이 끊어질 때까지도 하나님께 여쭈어 이런 계시를 받으려고 한 자가 아무도 없었다. 비록 몇몇 왕들은 가끔 선지자에게 물어 대답을 듣기도 하였으나 그들은 전제적인 권력과 왕권만을 내세운 채 이스라엘의 하나님을 이스라엘의 최고의 왕으로 인정하려고 하지 않았다. 왕이 지배하는 통치 제도 없이 두 지파가 본국으로 귀환한 후에는 이런 계시가 회복되기를 기대했다(느 7:63; 에스드라 1서 5:40; 마카비 1서 4:46; 14:41). 바벨론 포로 후 얼마 동안은, 적어도 요세푸스가 왕이요 제사장이요 선지자라고 존경하는 뛰어난 대제사장인 요한 히르카누스 시대에는 이런 계시가 회복되었는지도 모른다. 요

다 알기 때문에 자세히 설명하는 것이 불필요한 것 같다)는 그들의 제사에 하나님이 임재하실 때면 그중 하나가 밝게 빛이 나곤 했다. 오른쪽 어깨에 단추식으로 달려 있는 홍마노가 원래의 광채와는 다른 광채가 휘황찬란하게 비췄기 때문에 매우 멀리 떨어져 있는 사람도 알아볼 수 있을 정도였다. 이것은 지금까지 신의 계시(Divine Revelation)를 경멸할 정도로 철학에 깊이 심취해 본 적이 없는 사람들에게 있어서는 정말 놀랄 만한 일이 아닐 수 없었다. 그러나 이보다 더 놀랄 만한 일을 한 가지 소개하겠다. 그것은 다름 아닌 하나님이 대제사장의 흉패에 달린 12보석으로 전쟁에서 승리할 것인지를 미리 예고하셨다는 점이다. 군대가 행진하기 전에 휘황찬란한 광채가 12보석에서 쏟아져 나오면 하나님이 임재하셔서 자기들을 도와주심으로 전쟁에서 승리할 것이라는 사실을 알 수 있었다. 우리의 율법에 경의를 표하는 헬라인들은 이것을 부인할 수가 없는

세푸스에 따르면 요한 히르카누스는 몇 가지 사건을 예언했는데 그대로 이루어졌으며 임종의 순간에 이런 계시가 완전히 끝이 나서 전과 같지 않을 것이라는 암시의 말을 남겼다는 것이다. 그의 뒤를 이은 대제사장들은 주변 이방 국가의 왕들처럼 머리에 왕관을 쓰고 제멋대로 통치하면서 자기 권위만을 내세웠다. 이렇게 볼 때 결국 이스라엘 백성들이 이스라엘의 하나님을 이스라엘의 최고의 왕으로 인정하고 그의 지시만을 믿을 만한 지침으로 받아들일 때에만 하나님이 그들에게 최고의 통치자요 왕으로서 그런 계시를 주셨음을 알 수가 있다. 이런 우림(Urim)의 계시로 그들은 신정국가 안에 살 수 있었으나 더 이상 그런 행복은 지속되지 않았다(버나드 박사의 주를 보도록 하라). 유대 대제사장 계열에 속하는 것이 당연한 대제사장 야두스(Jaddus)의 신적인 꿈(divine dream, 『유대 고대사』 11권 8장 4절)이나 대제사장 가야바(Caiphas)의 매우 주목할 만한 예언(요 11:47-52)이 이런 고대 계시의 작은 두 유물이나 실례라는 사실을 부인할 수는 없다. 또한 우리의 요세푸스, 아스모네우스(Asamoneus) 왕가 혹은 마카비가에 속한 대제사장 바로 밑의 제사장인 자신도 네로(Nero) 시대에 갈바(Galba)나 오토(Otho), 비텔리우스(Vitellius) 중의 하나가 네로의 뒤를 이을 것이라고 생각하던 당시에, 베스파시아누스(Vespasian)와 디도(Titus, 티투스)가 로마 제국의 황제가 될 것이라는 것을 예고한, 주목할 만한 예언적인 꿈을 잊어서도 안 될 것이다(『유대 전쟁사』 3권 8장 9절). 나는 이것이 유대 국가의 치명적인 멸망 직전에 나타난 유대 국가 내의 우림의 예언과 비슷한 그 무엇의 마지막 실례(實例)라고 보아도 무방하다고 생각한다. 그런데 존 마샴 경(Sir John Marsham)과 스펜서(Spenser) 박사 같은 유명한 인물이 이 우림과 둠밈의 계시는 모세 율법과 동시대거나 더 오래된 고대의 다른 풍습과 함께 애굽인들 가운데 있었던 것을 본떠서 제정된 것이라고 어떻게 상상하게 되었는지 나는 도저히 납득할 수가 없다. 왜냐하면 애굽인들 가운데 이런 풍습이 있었다는 것은 디오도루스 시클루스(Diodorus Siculus), 아일리아누스(Ælian), 마이모니데스(Maimonides)까지는 전혀 알려진 바가 없으며 기껏해야 기독교 시대 바로 직전일 것이기 때문이다. 모세 율법의 주요 임무가 주변 이방 국가들의 우상 숭배적이고 미신적인 행습에서 이스라엘 백성을 보호하는 것이었고, 또한 모세 율법의 고대성(古代性)을 입증하는 증거는 애굽이나 그 외의 국가들의 그런 풍습의 고대성을 입증하는 증거와는 비교도 안 될 정도로 압도적이라는 점은 그 누구도 부인할 수가 없는 명백한 사실이기 때문에, 모세 율법이 이방 국가의 풍습을 본뜬 것이라는 이론은 너무나 터무니없는 주장이다. 이런 가설들은 아무리 학식이 많은 사람이라고 하더라도 한 인간의 경향이 증거를 얼마나 압도적으로 지배할 수 있는지를 웅변적으로 보여주고 있다.

사실로 알고 있기 때문에 그 흉패를 신탁(神託, Oracle)이라고 부른다. 그런데 하나님이 이스라엘 백성들이 율법을 범하여서 진노하셨기 때문에 이제 이 흉패와 홍마노는 내가 이 글을 쓰기 200년 전부터 광채를 잃어버렸다. 이 점에 대해서는 적절한 시기에 다시 거론하기로 하고 지금까지 하던 이야기를 계속하도록 하자.

10. 이제 성막도 정결케 되고 제사장들이 지켜야 할 규칙이 정연하게 세워지자 백성들은 하나님이 그들 가운데 거하신다고 판단하고 가능한 한 모든 죄에서 구해 주시고 앞으로 행복한 나날을 영위할 수 있도록 해달라고 간청하면서 제사와 기도를 드리는 데 전념했다. 그들은 또한 하나님께 예물을 드렸다. 전체 백성을 위해서 드리는 공동 예물도 있었고 특별히 자기들만을 위해 드리는 예물도 있었으며 또한 지파별로 드리는 예물도 있었다. 각 지파 두령들은 둘씩 짝을 지어서 수레와 소 한 겨리를 가져왔다. 이것들을 모두 합하면 수레가 여섯이요, 소가 여섯 겨리였다. 이동할 때는 이 소와 수레가 성막을 운반했다. 이 외에도 각 지파의 두령들은 각기 대접 하나와 쟁반 하나와 10다릭(daric, 고대 페르시아 금화-역자 주) 나가는 향을 가득 채운 숟가락 하나를 하나님께 드렸다. 쟁반과 대접은 은으로 만들어져 있었으며 이 둘의 무게는 200세겔이나 되었는데 대접은 기껏해야 70세겔밖에 나가지 않는 것이었다. 이 쟁반과 대접 안에는 제사 때 단 위에서 쓸 기름 섞은 고운 가루로 가득 차 있었다. 그들은 또한 번제로 황소와 숫양과 1년 된 어린 양을, 그리고 속죄제로 염소를 한 마리씩 가져왔다. 각 지파의 두령들은 화목제(peace-offerings)로 매일 황소 두 마리와 숫양 다섯 마리와 1년 된 어린 양들과 새끼 염소들을 가져왔다. 하루에 한 지파의 두령이 제사를 드렸으므로 열두 지파가 제사를 드리는 데는 모두 12일이 걸렸다. 모세는 더 이상 시내산에 올라가지 않고 성막에 들어가 그들이 해야 할 일이 무엇이며 어떤 율법을 제정해야 할 것인지를 하나님께 배웠다. 이 율법들은 인간의 이성으로 고안된 것보다 더 적합하고 좋았으며, 그것을 하나님의 선물로 믿었기에 히브리인들이 평강의 시대에 쾌락의 유혹을 받을 때나 전쟁의 때에 고통으로 인해 낙심할 때에도, 율법을 어기지 않는 한도

내에서는 장차 올 모든 시대에 이스라엘 백성들에 의해 굳게 지켜져 왔음이 입증되었다. 그러나 나는 우리의 율법에 대한 책 한 권을 따로 쓸 생각을 가지고 있기 때문에, 여기서 더 이상 율법에 대해 언급하는 것은 피하기로 하겠다.

제9장

제사 방법

1. 그러나 나도 모르게 어쩌다 제사 문제가 나왔으니 정결(purification)에 관한 몇몇 율법과 그에 관련된 거룩한 직무들을 약간만 언급하기로 하자. 제사는 두 가지 종류가 있다. 한 종류는 한 개인을 위해 드리는 제사이고 다른 종류는 일반 백성 전체를 위해 드리는 제사이다. 제사는 두 가지 다른 방법으로 드려진다. 한 방법은 전번제(whole burnt-offering)로서 짐승을 잡은 것을 불사르는 것인데, 여기에서 번제란 이름이 붙여진 것이다. 두 번째 방법은 감사제(thank-offering)로, 희생 제물을 먹고 즐기기 위해 만든 것이다. 우선 번제부터 이야기하도록 하자. 한 개인이 번제를 드린다고 가정해 보자. 그러면 그는 황소나 숫양이나 새끼 염소 중 하나를 잡아야 한다. 황소는 나이가 조금 먹은 것도 허용되나 숫양이나 새끼 염소는 1년 된 것이어야 한다. 특히 주의할 것은 모든 번제물은 수컷이어야 한다는 점이다. 짐승을 잡으면 제사장은 제단 주위에 피를 뿌린다. 그다음에는 희생 제물을 깨끗이 씻고 여러 부분으로 나눈 다음 소금을 뿌리고 이미 불이 붙은 단 위에 나무를 쌓아 놓는다. 그런 다음에 그들은 희생 제물의 정강이와 내장을 깨끗이 씻고 단 위에 올려놓는다. 제사장은 짐승의 가죽만 차지한다. 이것이 번제를 드리는 방법이다.

2. 감사제를 드리는 자도 제물로 드리는 동물은 이와 동일하다. 1년 이상 된 흠 없는 것이라야 제물로 드릴 수가 있다. 그러나 여기서는 암컷을 드리든지 수컷을 드리든지 아무런 상관이 없다. 제사장은 피를 제단에 뿌리고 콩팥과 껍질과 모든 기름과 간의 껍질과 꼬리는 단 위에 올려놓고 번제로 드린다. 제물을 드리는 자는 가슴과 우편 뒷다리를 제사장에게 주고 나머지 고기는 이틀간 먹고 남은 것은 불에 태운다.

3. 속죄제 또한 감사제와 똑같은 방식으로 드린다. 그러나 완벽한 제사를 드릴 재정적 형편이 못 되는 사람은 집비둘기나 산비둘기 두 마리를 제물로 드려서 한 마리는 하나님께 번제로 드리고 나머지 한 마리는 제사장들의 음식으로 주었다. 앞으로 희생 제물에 대해서 언급할 때 예물로 드리는 이런 생축에 대해서 더 자세히 다루도록 하자. 사람이 모르고 죄를 지은 경우에는 1년 된 암양이나 새끼 암염소를 제물로 드린다. 그러면 제사장은 제단에 피를 뿌릴 때 앞에서 제사드릴 때와 같이 하지 않고 제단의 모서리에 뿌린다. 제사장은 콩팥과 모든 기름과 간의 껍질을 제단에 올려놓고 불사른다. 제사장은 짐승 가죽과 고기를 취하고 그날 성소에서 고기를 먹어 치운다.[22] 왜냐하면 아침까지 그 고기를 남겨 놓는 것은 율법이 금하고 있기 때문이다. 그러나 사람이 죄를 짓고 그것을 자기는 알고 있으나 남이 모르는 경우에는 율법이 명한 대로 숫양을 드려야 한다. 이 희생 제물의 고기는 제사장들이 앞에서와 같이 같은 날 성소에서 먹게 되어 있었다. 유사(有司, ruler)들이 속죄제를 드리는 경우에는 평민들과 똑같은 예물을 드리되 희생 제물로 황소나 새끼 염소 중에서 수컷으로만 드려야 한다는 점이 달랐다.

---

22) 렐란트(Reland)가 요세푸스의 기록과 모세 율법 레위기 7장 15절을 비교해 본 후에 내린 결론(희생 제물의 고기를 제사드리는 당일에 먹어야 된다는 것은, 유대 계산법을 엄격히 따른다면, 비록 밤은 그다음 날에 속하는 것이지만 그다음 날 아침 전까지는 괜찮다는 뜻인 것처럼 보인다는 결론)은 다른 경우에 있어서도 크게 주목해야 할 필요가 있다. 이런 경우에 유대인들의 원리는 낮이 밤보다 앞선다(the day goes before the night)는 것 같으며 그것이 내게는 구약과 신약 모두의 어투 같아 보인다. 『유대 고대사』 4권 4장 4절의 주와 렐란트의 『유대 고대사』 4권 8장 28절에 관한 주를 참고하도록 하라.

4. 율법의 규정에 따르면 개인 제사나 공중 제사 때 모두 어린 양 한 마리에는 10분의 1디일(deal), 숫양 한 마리에는 10분의 2디일, 황소 한 마리에는 10분의 3디일의 고운 가루도 가져오게 되어 있었다. 이것을 기름에 섞은 후에 단 위에 올려놓고 하나님께 드렸다. 따라서 제사드리는 자들은 기름도 드려야 했다. 황소 한 마리에 2분의 1힌(hin), 숫양 한 마리에는 3분의 1힌, 어린 양 한 마리에는 4분의 1힌의 기름을 드렸다. 힌(hin)은 고대 히브리 도량형으로서 2아테네 코아(Athenian choa) 혹은 콩기우스(congius)에 해당한다. 그들은 포도주도 기름과 동일한 분량을 가지고 와서 제단 주위에 부었다. 그러나 누구든지 완벽한 희생 제물로 드리지 않고 단지 서원(vow)을 위해서만 고운 가루를 가져온 경우에는 첫 열매로서 한 움큼만 집어 단 위에 올려놓고 나머지는 제사장들이 기름으로 반죽을 하든지 아니면 튀기든지 해서 과자로 만들어 자기들의 음식으로 먹었다. 그러나 제사장이 자신을 위해 드리는 제물은 무엇이나 남기지 말고 모두 불살라야 했다.

우리의 율법은 그것이 어떤 동물이든지 간에 어미와 새끼를 동시에 희생 제물로 드리는 것을 금하고 있으며 새끼를 제물로 바칠 때도 그 새끼가 태어난 지 7일이 지나기 전에는 제물로 바칠 수가 없게 되어 있다. 이 외에도 병을 피하기 위해 드려야 할 제사와 그 밖의 다른 경우에 꼭 드려야 할 제사들이 여럿 있다. 이때는 소제의 예물(meat-offering)을 희생 제물과 함께 드렸는데 그다음 날까지 고기를 조금이라도 남겨 두어서는 안 되며 오직 제사장만이 자기 몫을 차지할 수 있었다.

제10장

절기와 절기를 지키는 방법

1. 율법은 매일 낮이 시작되고 끝나는 때에 두 번 공비(公費)에서 자금을 지불하여 1년 된 어린 양 한 마리씩을 잡아야 하며 안식일(Sabbath)이라고 부르는 제7일에는 두 마리씩을 잡아 번제로 드려야 한다고 규정하고 있다. 매월 초하루에는 매일 드리는 번제 외에 백성들이 모르고 지은 죄를 속죄하기 위해 황소 두 마리와 1년 된 숫양 일곱 마리와 새끼 염소 한 마리를 잡아 제사를 드렸다.

2. 마게도냐인(Macedonians)이 휘페르베레타이우스(Hyperberetaeus)라고 부르는 제7월 초하루에는 위에 언급한 제물 외에도 속죄를 위해 황소와 숫양 각 한 마리와 어린 양 일곱 마리, 그리고 새끼 염소 한 마리를 잡아 제사를 드리게 되어 있었다.

3. 제7월 10일에는 백성들은 저녁까지 금식했으며 속죄를 위해 황소 한 마리와 숫양 두 마리와 어린 양 일곱 마리와 새끼 염소를 잡아 제사를 드렸다. 이 외에도 염소 새끼 두 마리를 가져다가 한 마리는 속죄의 염소(scapegoat)로 살려서 진(陣) 밖 광야로 보내 전 백성의 죄를 속죄하는 속죄물로 삼았으며 다른 한 마리는 진 안 성소에 끌고 가서 거기서 정결케 하는 어떤 단계도 거치지 않고 가죽을 벗기지도 않은 채 그냥 번제로 드렸다. 이 염소와 함께, 백성들이 드린 것이 아니라, 대제사장이 자비(自費)로 황소 한 마리를 번제로 드렸다. 대제사장은 황소를 잡은 후에 황소 피를 염소 새끼의 피와 함께 성소에 가지고 들어가서 손가락으로 일곱 번씩 안벽(ceiling)과 휘장에 뿌리고 또 지성소를 향해서와 금 제단 주위에 일곱 번씩 뿌렸다. 또한 그 피를 뜰로 가지고 나와 대제단 주위에도 뿌렸다. 그들은 사지와 콩팥과 기름과 간의 껍질은 단 위에 올려놓고 번제로 드렸다. 대제사장은 이와 마찬가지로 숫양도 하나님께 번제로 드렸다.

4. 계절이 겨울로 바뀌는 제7월 15일에는 겨울의 추위에 대비하기 위해 가정마다 하나씩 장막을 칠 것을 율법으로 명령하고 있다. 그뿐 아니라 우리가 우리의 고국에 도착해 우리의 수도를 세우고 성전을 건설한 후에는 8일간을 절기로 지키고 번제를 올리고 감사 제물을 드리며 손에 화석류 가지와 시내 버들과 종려 가지와 시트론(pome citron) 가지를 들고 기뻐해야 한다고 율법은 규정하고 있다. 첫째 날에는 황소 13마리와 어린 양 14마리와 숫양 15마리, 거기다가 새끼 염소 한 마리를 속죄 제물로 드렸으며, 그다음 6일 동안은 황소만 한 마리 적게 드리는 것 외에는 첫째 날과 똑같은 제물을 하나님께 드렸다. 제8일째 되는 날에는 모든 일을 멈추고 우리가 전에 언급한 바와 같이 황소와 숫양 각 한 마리씩과 어린 양 일곱 마리와 새끼 염소 한 마리를 속죄 제물로 하나님께 드렸다. 이것이 히브리인들이 장막을 치고 지키는 엄숙한 절기이다.

5. 우리가 니산(Nisan)이라고 부르는 산티쿠스(Xanthicus)월 제14일, 그러니까 해가 숫양자리(Aries)에 있을 때(우리가 애굽의 노예에서 해방된 때가 바로 이달이다) 우리는 출애굽할 때 잡았던 동물을 매년 잡아서 제사를 드려야 한다. 이 절기를 유월절(passover)이라고 부르는데, 한데 모여서 유월절을 지키고 난 후에 다음 날까지 제사드린 고기를 남겨서는 안 된다. 무교절이 유월절 바로 뒤를 따르게 된다. 그러니까 무교절은 산티쿠스월 제15일에 시작해서 7일간 계속되는데 이 기간에는 무교병을 먹으며 매일 황소 두 마리와 숫양 한 마리, 어린 양 일곱 마리가 제물로 하나님께 드려졌다. 새끼 염소 외에도 이 양들은 모두가 속죄를 위한 번제로 드려졌다. 무교절 두 번째 날, 그러니까 그달 제16일에 그들은 땅의 소산을 처음 수확한다. 백성들은 하나님이 이런 풍성한 수확을 주셨으므로 그에게 영광을 돌리는 것이 마땅하다고 보고 우선 보리 첫 열매를 아래와 같이 하나님께 드린다. 그들은 이삭을 한 줌 취해서 말린 후에 타작하고 보릿겨를 벗겨낸 다음 10분의 1디일(deal)을 하나님께 드린다. 그중에서 한 움큼을 집어 단 위에 올려 불사르고 나머지는 식량으로 쓰도록 제사장에게 준다. 이 일이 끝난 후에야 공적으로든 개인적으로든 수확할 수가 있는 것이다. 그들은 또한 땅의 첫 열매를 수확할 때 어린 양을 잡아 하나님께 번제로 드린다.

6. 이 제사 후 49일이 지나고 제50일째가 되는 날, 즉 히브리인들이 아사르타(Asartha)라고 부르는 오순절(Pentecost)날에 그들은 밀가루 10분의 2디일에다 누룩을 넣어 만든 떡을 하나님께 드리고 어린 양 두 마리를 제물로 하나님께 드렸다. 그들은 하나님께 예물을 드리게 되면 제사를 드리고 남은 고기는 제사장들이 먹었는데 그다음 날까지 조금이라도 남겨서는 절대로 안 되었다. 그들은 또한 속죄를 위해 황소 세 마리와 숫양 두 마리와 어린 양 14마리와 새끼 염소 두 마리를 번제로 드렸다. 절기 중에 번제를 드리지 않는 절기는 단 하나도 없다. 그들은 절기마다 노동을 멈추고 쉰다. 결국 율법에는 그들이 드려야 할 희생 제물의 종류가 어떤 것이 있으며 어떻게 전적으로 안식해야 하는지가 규정되어 있다.

7. 가루 10분의 24디일(12개의 떡을 만들려면 이 정도가 들어감)로 만든 구운 무교병을 공비(公費)에서 자금을 지출하여 만들어 진설병 상 위에 놓았다. 이 무교병은 두 무더기로 쌓아 놓았는데 모두 구운 것이었다. 무교병은 안식일 전날 구워져 안식일 아침에 지성소로 옮겨졌으며 거룩한 상 위에 한 개씩 포개어 두 무더기로 여섯 개씩 쌓아 놓았다. 유향이 가득 담긴 두 개의 금잔을 무교병 위에 두었다. 이 무교병은 그다음 안식일에 다른 무교병으로 대치될 때까지 진설병 상 위에 놓여 있다가 나중에 제사장들의 음식으로 제사장들에게 주어졌다. 유향은 모든 제사가 드려지는 거룩한 불에 살랐다. 그리고 다른 유향을 전에 있던 유향 대신 무교병 위에 올려놓았다. (대)제사장은 또한 자비(自費)로 매일 두 번씩 제사를 드렸다. 제물은 가루를 기름에 섞어 반죽해서 살짝 구워낸 것으로서 이에 들어가는 가루의 분량은 10분의 1디일(deal)이었다. 반은 아침에, 나머지 반은 저녁에 불에 살랐다. 이런 제사들에 대해서는 후에 더 상세하게 언급할 때가 있을 것이다. 따라서 지금 이 정도면 만족하다고 생각한다.

제11장

정결(purification)

1. 모세는 레위 지파를 나머지 백성과 구별하여 거룩한 지파로 세우고 계속 솟아나는 샘에서 길어온 물과 이와 유사한 경우에 보통 하나님께 드리는 제사로 그들을 정결케 했다. 모세는 그들에게 성막과 거룩한 기구들과 성막을 덮는 데 사용되는 앙장들을 맡겨서 이미 하나님께 거룩하게 구별된 제사장들의 밑에서 봉사하도록 하게 했다.

2. 모세는 또한 먹을 수 있는 짐승과 먹을 수 없는 짐승을 구별했다. 이에 대해서는 본서에서 적절한 때에 상세히 다루도록 하겠다. 그때 가서 왜 어떤 것은 먹으라고 하고 어떤 것은 먹지 말라고 했는지도 밝히도록 하겠다. 어쨌든 모세는 피를 먹는 것은 절대적으로 금지하고 피 안에 혼과 영이 포함되어 있는 것으로 보았다. 모세는 또한 자연사(自然死)한 짐승의 고기와 염소, 양, 황소의 내장 껍질과 기름도 먹지 말라고 했다.

3. 모세는 문둥병과 임질(gonorrhoea)에 걸린 자는 도시 안으로 들어오지 못하도록 했다.[23] 모세는 월경 기간의 여자들은 7일 동안 (도시 밖으로) 이전시켰다가 7일이 지나야 깨끗한 것으로 간주하고 다시 들어오는 것을 허락했다. 장례를 치르다가 시체를 만진 사람들도 이와 마찬가지로 7일이 지나야 (도시 안으로) 들어오는 것이 허락되었다. 만일 7일 이상 부정한 상태에 있게 될 때는 어린 양 두 마리를 제물로 드리도록 율법은 규정하고 있다. 그중 한 마리는 번제로 드려져 그들을 정결케 하는 데 사용되는 것이고 다른 한 마리는 제사장이 취하

---

[23] 우리는 여기서 요세푸스가 후에 나타날 도시(성), 성전, 성소를 자주 암시하듯이 진(陳, camp)을 도시(city)로, 모세의 장막 뜰을 성전(temple)으로, 성막 자체를 성소(holy house)로 부르고 있음을 주목할 필요가 있다.

는 것이다. 임질이 걸린 자도 이와 같이 제물을 드려야 한다. 그러나 잠자다가 사정한 자는 찬물로 전신을 씻으면 아내와 합법적으로 동침한 자와 같은 면제권을 갖게 된다.

모세는 문둥병 환자에 대해서는 마치 사실상 죽은 사람처럼 결코 도시에 들어오지 못하도록 했으며 다른 이들과 함께 어울려 살지 못하도록 했다. 그러나 하나님께 기도함으로 문둥병에서 나음을 얻고 건강한 안색을 회복하게 되면 그러한 사람은 여러 종류의 제사를 드리고 하나님께 감사하면서 도시 안으로 들어올 수가 있다. 이에 대해서는 후에 다루도록 하자.

4. 따라서 우리는 모세 자신이 출애굽할 때 문둥병에 걸려 있었으며 문둥병 때문에 애굽을 떠나는 자들의 인도자가 되어 그들을 가나안 땅으로 인도한 것이라고 말하는 이들에 대해 조소를 금할 수가 없다. 왜냐하면 만일 이것이 사실이라면 모세가 이런 법을 만들어 스스로 치욕 거리를 삼았을 리 없으며, 다른 이들이 그런 법들을 도입하려고 했다 하더라도 극력 반대했을 것이 너무나 분명하기 때문이다. 오히려 여러 나라에는 비난하거나 만나면 외면할 수 없을 만큼 존경받는 인사 가운데, 특히 군대의 장관이라든지 아니면 국가의 고위 관리라든지 성소나 신전을 출입할 수 있는 특권이 있는 자 가운데 문둥병자들이 있었으며 아무도 그들이 성소에 들어오는 것을 막을 사람이 없기 때문에 이런 법을 제정한 것 같다.

만일의 경우 모세나 혹은 그와 함께한 백성들도 문둥병에 걸릴 수 있다는 것을 가정하여 그런 사람을 곤경에 빠뜨리기 위해서가 아니라 그들의 유익과 명예를 위해서 이런 법을 제정했을 것이다. 결국 모세가 문둥병에 걸렸다는 이야기는 극단적인 편견에서 나온 것임이 너무나도 명약관화하다. 모세는 문둥병에 걸리지 않았고 또한 문둥병에 걸리지 않은 백성들과 함께 살았다. 그러므로 법을 제정한 것은 그 병에 걸린 다른 이들을 대상으로 한 것이었다. 모세가 이런 법을 제정한 것은 하나님의 영광을 위해서였다. 그러나 이런 문제에 대해서는 각자 좋은 대로 생각하기 바란다.

5. 여자가 아이를 낳았을 경우 사내아이일 때는 40일, 계집아이일 경우에는 사내아이의 두 배인 80일이 경과하기 전에는 성전에 들어오거나 희생 제물에 손을 대는 것을 율법은 엄격하게 금지했다. 그러나 위에서 말한 각각의 경우에 규정된 기일이 지나서 희생 제물을 드리면 제사장은 그것을 가지고 하나님께 제사를 드렸다.

6. 누구든지 자기 아내가 간음은 하지 않았으나 의심이 생길 경우에는 보릿가루 10분의 1디일(deal)을 가져다가 한 움큼은 하나님께 드리고 나머지는 제사장에게 식량으로 주도록 율법은 규정하고 있다. 그러면 제사장은 그 여인을 성전을 향해 있는 문 앞에 세우고 머리에서 면박을 벗겨내고 하나님의 이름을 양피지(parchment) 위에 쓰고 그 여인에게 결코 남편에게 해를 끼친 일이 없음을 맹세하게 하고 "만일 내가 순결을 잃었다면 내 오른쪽 넓적다리가 떨어져 나가고 내 배가 부어올라 죽어도 좋되 남편이 너무 사랑한 나머지 질투심이 생긴 것이라면 의심이 빨리 사라지고 10개월 안에 사내아이를 낳기 원합니다."라고 말하게 시켰다. 이러한 맹세가 끝나면 제사장은 양피지에서 하나님의 이름을 지우고 물을 대접에 담은 후 성전에 있는 먼지(만일 먼지가 거기 있다면)를 취해서 그 물에 탄 다음 그 여인에게 주어 마시게 했다. 이렇게 하면 부당하게 의심을 받은 경우에는 그 여인은 아이를 잉태하여 낳게 되었으며, 남편에 대한 신의를 저버리고 하나님 앞에서 거짓 맹세를 한 경우에는 오른쪽 넓적다리가 떨어져 나가고 수종(dropsy)으로 배가 부어올라 마침내는 처참한 죽음을 면치 못했다. 지금까지는 모세가 자기 백성을 위해 제정한 제사 의식과 정결 의식에 관한 이야기였다. 이 밖에도 모세는 아래와 같은 율법을 제정했다.

제12장

다양한 율법들

1. 모세는 성 문제에 있어서 남자들은 지혜롭게 행동해야 행복한 삶을 누릴 수 있으며 자녀들도 혈통이 확실해야 국가나 가정에 유익이 된다고 생각하고 간음을 전적으로 엄중하게 다뤘다. 그는 어미와 동침하는 것을 최대의 죄악으로 혐오했으며, 아비와 함께 사는 여인이나 아주머니나 누이나 며느리와 동침하는 것도 가증할 만한 죄악으로 보았다. 또한 아내가 월경으로 부정할 때 동침하는 것도 금했으며 짐승과 교접하는 것은 물론 남자끼리 동침(교접)하는 것도 금했다. 남자끼리 동침하는 것은 미(美)에 끌려 부당한 쾌락을 좇는 것이다. 이런 더러운 행위를 하는 자는 사형에 처하도록 모세는 율법으로 규정해 놓았다.

2. 제사장들에 대해서, 모세는 순결성을 두 배나 강조하는 규정을 제정했다.[24] 모세는 제사장들에게 위에서 언급한 규정을 지켜야 할 것은 물론 창녀와 결혼하는 것을 금지했다. 그뿐 아니라 노예나 포로나 사기를 쳐서 생활하는 여자나 주막을 경영하는 여자나 어떤 이유로든지 남편과 이혼한 여자와는 결혼하는 것을 금했다. 더욱이 모세는 제사장의 경우는 미망인과의 결혼은 허락했음에도 불구하고 대제사장의 경우는 미망인과의 결혼도 허락하지 않고 오직 숫처녀와만 결혼하여 살도록 율법으로 규정했다. 제사장들은 형제나 부모나 자녀가 죽었을 경우 시신에 가까이 가는 것을 금하지 않았지만, 유독 대제사장만은 죽은 자 근처에 가까이 갈 수 없도록 규정되어 있는 것은 바로 여기에서 나온 것이다. 제사장들은 모든 점에서 흠이 있어서는 안 된다. 모세는 흠이

---

[24] 유대인의 율법 수여자는 제사장들에게 백성들과 비교해서 두 배의 순결성을 요구했다(이에 대해 요세푸스는 즉시 몇 가지 실례를 들고 있다)는 요세푸스의 말은 매우 주목할 만하다. 사도적 규정(Apostolical Constitutions)과 정경(Canon)이 곳곳에서 우리에게 보여주듯이 초대 그리스도인들 사이에서도 성직자는 평신도에 비해 두 배나 순결해야 할 것을 말하고 있는 것은 마찬가지이다.

있는 제사장들은 제사장들 가운데서 자기 몫을 차지할 수는 있으나 제단에 오르거나 성소(holy house)에 들어가지 못한다고 명령했다. 그는 또한 제사장들은 성무(聖務)를 집행할 때는 물론 일상생활에서도 순결을 지켜야 한다고 지시했다. 제사장의 옷을 입은 사람은 흠이 없어야 하고 특히 순결하며 절제할 줄 알아야 하는 이유가 여기에 있다. 제사장은 제사장의 옷을 입고 있는 한은 포도주를 입에 대서는 안 되었다.[25] 더욱이, 제사장들은 온전한 제사를 드려야지 조금이라도 흠이 있는 것을 드리면 안 되었다.

3. 모세는 백성들에게 이런 교훈들을 지켜야 할 율법으로 제정했다. 그러나 현재는 광야 생활을 하고 있으므로 그들이 가나안 땅을 점령한 후에 율법을 어떻게 지켜야 할 것인가에 대해서 미리 조치를 취했다. 모세는 7일마다 노동을 멈추고 안식한 것처럼 7년마다 경작하는 것을 쉬고 땅에 안식을 주라고 지시했다. 그리고 1년 경작을 쉴 때 땅에서 저절로 자란 것은 동족이거나 타민족이거나를 가릴 것 없이 누구나 먹을 수 있는 공동의 소유라고 했다. 모세는 또한 7년씩 일곱 번 그러니까 49년이 지나고 50년째 해에도 마찬가지로 땅에 안식을 주라고 지시했다. 50년째 해를 히브리인은 희년(Jubilee)이라고 부르는데, 희년에는 채무자는 빚을 면제받게 되고 노예는 해방되게 되어 있다. 즉 동족으로서 사형에 해당되지 않는 죄를 범한 사람은 이렇게 노예로서 죄의 대가를 치르게 되어 있다. 그러다가 희년이 되면 해방되는 것이다. 희년에는 또한 다음과 같이 땅을 원래의 소유자에게 돌려주게 되어 있다. 자유(liberty)라는 뜻의 희년이 오면 땅을 판 사람과 땅을 산 사람이 함께 만나서 얻은 수확과 들어간 경비를 계산한다. 얻은 수확이 들어간 경비보다 많을 경우에는 땅을 판 사람이 땅을 다시 차지하고, 들어간 경비가 수확보다 많을 경우에는 현재 소유자가 전 소유자에게서 차액을 받고 땅을 주고, 수확과 경비가 똑같은 경우에는 현 소유

---

[25] 여기서 우리는, 제사장의 옷을 입고 있을 때는 포도주를 마셔서는 안 된다는 규칙은 성전에서 그들이 봉사할 때는 언제나 포도주를 입에 대서는 안 된다는 것과 같은 뜻이라는 렐란트(Reland)의 견해에 주목해야 한다. 왜냐하면 제사장들은 성전에서는 언제나 제사장의 옷을 입는데 성전에서만 입고 자기 직무 기간이 끝나면 다음 기간이 돌아올 때까지는 성전에 옷을 보관해 두기 때문이다.

자가 전 소유자에게 땅을 양도한다. 모세는 이와 동일한 율법을 마을 안에 있는 팔린 집의 경우에도 동일하게 적용하려고 했으나 도시 안에 있는 팔린 집의 경우에는 다른 율법을 제정했다. 도시의 경우에는 1년 안에 집을 판 자가 산 자에게 집값을 도로 지불하면 산 자는 판 자에게 집을 반환해야 하나, 1년이 경과하는 경우에는 집을 산 자가 계속 소유할 수 있게 되어 있었다. 이것이 시내산 밑에 이스라엘이 진을 치고 있을 때 모세가 하나님에게서 배운 율법 체계였다. 모세는 이것을 히브리인들에게 글로 남겨 주었다.

4. 율법 제정이 잘 마무리가 된 후에 모세는 혹시라도 장차 있을지도 모를 전쟁에 대비하는 것이 옳다고 생각하고 장정들의 수를 자세히 조사해 보기로 결정했다. 따라서 모세는 레위 지파를 제외하고 전 지파의 두령들에게 전쟁에 나갈 수 있는 자의 수를 정확히 조사해 보고하라고 지시했다. 왜냐하면 레위 지파는 거룩한 지파였기에 그런 모든 부역(負役, burden)에서 면제함을 받았기 때문이었다. 백성들의 수를 계수하니 20세에서 50세까지 전쟁에 나갈 수 있는 자가 603,650명이었다. 모세는 레위 대신에 요셉의 아들 므낫세(Manasseh)를, 요셉 대신에 에브라임을 열두 지파 가운데 넣었다. 내가 전에 언급했듯이 이것은 야곱이 요셉의 두 아들을 양자로 자신에게 주었으면 좋겠다고 요셉에게 말한 야곱의 소원이 이루어진 것이었다.

5. 그들은 성막을 그들의 진(陳, camp) 가운데에 세우고 성막 사면에 세 지파씩 장막을 쳤다. 도로들은 이 장막들 사이로 훤하게 뚫려 있었다. 그 모습은 마치 모든 상품이 질서 정연하게 진열된 설비 좋은 상점 같았다. 어떤 때에는 이동하는 도시요, 어떤 때에는 고정된 도시라는 점에서 그 어디에서도 유래를 찾을 수가 없는 모습이었다. 제사장들이 성막 주위의 첫 번째 자리를 차지했고 그다음에 레위인들이 자리를 차지했다. 레위인을 계수하니 30세 이상 장정만 23,880명이었다. 구름이 성막 위에 멈추어 서 있을 때는 하나님이 그곳에 그들 가운데 거주하신다고 생각하고 그곳에 머무르는 것이 좋다고 여겼다. 그러나 구름이 움직이면 그들도 따라서 여행을 계속했다.

6. 더욱이 모세는 은으로 된 나팔의 발명자였다. 나팔의 모습은 다음과 같다. 그 크기는 1규빗도 채 못 되었고 플루트(flute)보다 약간 두꺼운 정도의 좁은 관(tube)으로 만들어졌으나 사람이 입으로 공기를 불어 넣을 수 있을 정도의 넓이로는 충분했다. 이 나팔은 보통 나팔처럼 끝이 종(bell)처럼 생겼다. 나팔 소리는 히브리어로 아소스라(Asosra)라고 불렀다. 나팔은 두 개를 만들었는데, 나팔의 용도는 회중을 소집하는 데 있었다.

나팔 하나만 불 때는 각 지파의 두령들이 모여서 그들이 맡은 임무를 의논하였고 두 나팔을 불 때는 모든 회중이 모였다. 성막이 이동할 때는 언제나 아래와 같은 장엄한 순서로 이동하였다. 첫 번째 나팔 소리가 나면 동편 진들이 움직이기 시작했고, 두 번째 나팔 소리에는 남편 진들이 움직이기 시작했으며, 그다음에 모든 레위인의 도움으로 성막이 분해되어 성막 앞뒤에 있는 여섯 지파 사이에서 운반되었다. 세 번째 나팔 소리에는 서편 진들이, 네 번째 나팔 소리에는 북편 진들이 움직이기 시작했다. 나팔은 절기뿐 아니라 안식일에도 희생 제물을 제단에 가져갈 때 사용되었다. 모세가 출애굽한 후 처음으로 광야에서의 유월절(Passover in the Wilderness)이라고 부르는 희생 제사를 드린 것이 바로 이때였다.

제13장

모세가 시내산을 떠나
백성들을 가나안 지방 경계까지 인도한 경위

모세는 시내산을 출발한 지 얼마 되지 않아 하세롯(Hazeroth)이라는 곳에 도착했다. 여기서 다시 백성들은 불평하기 시작했고 여행 중에 겪은 고난에 대해서 모세를 비난하기 시작했다. 행복한 곳으로 인도하겠다는 설득에 좋은 땅을 버리고 나왔더니 이제는 그 좋은 땅을 잃어버린 것은 물론 약속한 행복은 간데 없고 먹을 물은 떨어진 데다가 만나마저 끊긴다면 그때는 꼼짝없이 전멸할 수 밖에 없는 비참한 지경에 처하게 되지 않느냐고 맹공격을 하는 것이었다. 백성들 모두가 모세에 대해 심하게 비난을 늘어놓는 데 반해 유독 한 사람만이 모세가 백성들의 공동의 안전을 위해 얼마나 애썼는가를 상기시키면서 하나님의 도움을 기다리고 낙심하지 말자고 백성들을 권면하였다. 그러나 백성들은 전보다 더 난폭해지고 모세에게 더 심한 불평을 늘어놓았다.

그러자 모세는 백성들의 심한 욕설을 받음에도 불구하고 낙심한 백성들의 용기를 북돋워 주면서 하루 이틀도 아니고 여러 날 동안을 신선한 고기를 마음껏 먹게 해주겠다고 약속했다. 백성들은 이것을 선뜻 믿으려고 하지 않았다. 백성 중 하나가 모세에게 어디서 그 많은 양의 고기를 얻을 수 있느냐고 질문하자 모세는 "비록 여러분에게서 심한 욕설을 들었지만 하나님이나 나 여러분을 위한 노력에는 변함이 없을 것입니다. 조금만 있으면 알게 될 것입니다." 라고 대답했다. 그가 말을 마치자마자 메추라기 떼가 진 전체를 덮었다. 그러자 백성들은 많은 메추라기를 거두어들였다.

그러나 하나님이 백성들의 무례함과 불평에 대한 벌로 히브리인들을 치신 것은 그로부터 얼마 안 있어서였다. 이로 인해 수많은 백성이 죽음을 당했으니 그 장소는 '탐욕의 무덤'(Graves of Lust)이라는 뜻의 기브롯 핫다아와(Kibroth-hattaavah)라는 이름으로 부르고 있어 이 무서운 파멸의 기억을 오늘날까지도 간직하고 있다.

제14장

모세가 몇 사람을 보내
가나안 땅과 가나안 도시의 크기를 정탐하라고 시켰으나,
40일 후 정탐꾼들이 돌아와서
가나안인들의 병력을 극구 칭찬하면서
자기들은 그들의 적수가 되지 못할 것이라고 보고하자,
백성들이 듣고 놀라 크게 낙심한 나머지
모세를 돌로 치려 하고
애굽으로 되돌아가 애굽인들을 섬기려고 결심한 경위

1. 모세는 그곳을 출발해 계속 정주하기는 어려운, 가나안 변경에 위치한 바란(Paran)이라는 곳에 도착했을 때 백성들을 총회로 소집하고 그 가운데 서서 이렇게 말했다. "하나님이 우리에게 주시기로 결정하신 두 가지, 즉 자유와 행복한 나라의 소유 가운데서 자유는 이미 여러분의 것이 되었고 이제 남은 하나도 여러분의 손에 넣을 수 있게 되었습니다. 우리는 이제 가나안 변경에 이르렀고 눈앞에 가나안 땅을 보게 된 이상 그 무엇도 우리가 가나안 땅을 소유하는 것을 막을 수는 없습니다. 어떤 왕이나 어떤 도시라도, 심지어는 전 인류가 다 모인다고 하더라도 우리를 방해할 수는 없을 것입니다. 그러나 가나안인들이 싸워보지도 않고 자기들의 땅을 선뜻 내줄 리는 만무합니다. 따라서 우리는 전쟁 준비를 해야 합니다. 가나안 땅은 큰 전투를 치러야 비로소 우리가 차지할 수 있을 것입니다. 우선 정탐꾼을 보내 가나안 땅의 형편과 가나안인들의 병력을 알아보도록 합시다. 그러나 무엇보다도 먼저 한마음이 되어 우리의 구원자요, 후원자이신 하나님께 영광을 돌리도록 합시다."

2. 모세가 이같이 말을 마치자, 백성들은 모세에게 존경의 마음을 표시하고 한 지파에서 한 명씩 12명의 출중한 인물을 정탐꾼으로 뽑았다. 정탐꾼들은

애굽 경계에서부터 가나안 모든 땅을 두루 살펴보고 하맛(Hamath)시와 레바논 (Lebanon)산까지 올라가서 40일 동안 가나안 땅과 가나안인들의 형편을 모두 살펴보고 귀환했다. 그들은 가나안 땅에서 난 열매들을 가지고 와서 그 열매가 얼마나 좋은가를 실제로 보여주었으며, 가나안 땅에서 얼마나 좋은 것들이 많이 나오는지를 이야기해 주었다. 이 말을 듣자 백성들은 기대에 부풀어 당장이라도 전쟁에 나갈 태세였다. 그러나 백성들은 가나안 땅을 점령하기 위해서 치러야 할 큰 난관들이 어떤 것인지에 대해 듣고서는 그만 공포에 질려 버리고 말았다. 강폭은 넓고 수심이 깊어 건널 수 없는 데다가 산은 높아 넘기 힘들고 도시들은 강한 성벽과 요새로 난공불락이며, 헤브론(Hebron)에는 거인들의 후손이 버티고 있다는 것이었다. 결국 가나안 땅을 돌아보고 온 정탐꾼들은 이런 모든 난관이 출애굽한 후 자기들이 지금까지 겪은 어떤 난관들보다 더 힘든 것처럼 보이자 그만 공포에 휩싸이게 되었고 따라서 백성들도 공포에 질리게 하려고 과장되게 말했다.

3. 결국 백성들은 정탐꾼들의 말을 듣고 가나안 땅을 차지하는 것은 불가능한 일이라고 생각하기에 이르렀다. 백성들은 총회가 해산되자 집으로 돌아와서, 마치 하나님은 자기들을 도와주실 마음은 조금도 없으면서 단지 말로만 약속하신 분으로 생각하고 처자들과 함께 큰 슬픔에 잠기게 되었다. 백성들은 다시 모세를 비난하기 시작했고 모세와 대제사장인 그의 형 아론에 대해 불평을 늘어놓기 시작했다. 따라서 백성들은 모세와 아론에 대해 욕설을 퍼부으면서 그날 밤을 내내 언짢게 보낸 후에, 아침이 되자 모세와 아론을 돌로 쳐 죽이고 애굽으로 되돌아가려고 모두 총회로 뛰쳐나왔다.

4. 그러나 정탐꾼들 가운데는, 이런 사태의 결말을 두려워하면서 백성들 가운데 뛰어들어 백성들을 진정시키며 용기를 내자고 호소하는 눈(Nun)의 아들 여호수아(Joshua)와 유다 지파의 갈렙(Caleb)이 있었다. 그들은 백성들에게 마치 하나님이 거짓말이나 하신 것처럼 하나님을 원망하지 말고, 가나안에 대해 진실을 말하지 않고 과장하여 백성들을 공포에 휩싸이게 만든 자들의 말에 귀

를 기울이지 말고, 성공할 수 있다는 희망으로 백성들을 격려하는 자들의 말에 귀를 기울이라고 했다. 특별히 하나님이 그들보다 한발 앞서서 그들을 보호하시고 도와주시는 이상 제아무리 산이 높고 강이 깊다 하더라도 진정 용기 있는 사람의 앞을 가로막지는 못할 것이며, 하나님이 약속하신 행복은 꼭 얻게 될 것이라고 호소했다. 그들은 "패배할 것이라는 의심은 버리고 우리를 인도하시는 하나님을 의지하고 우리의 지도자들을 따라서 적을 쳐부수러 갑시다."라고 말했다. 이같이 이 두 사람은 백성들을 격려하면서 폭동을 진정시키느라고 애를 썼다. 모세와 아론은 땅에 엎드려 자기들을 구원해 달라고 구한 것이 아니라 백성들이 경솔하게 저지르려고 하는 일을 저지시켜 주시고 현재 휘말려 들어간 걱정에서 헤어 나와 마음의 안정을 찾을 수 있도록 해달라고 하나님께 간구했다. 그러자 구름이 나타나 성막 위를 덮더니 하나님이 그곳에 임재하신다는 선언이 들려왔다.

제15장

모세가 이에 격분하여 하나님이 진노하셨으므로 이스라엘 백성들은 40년간 광야에서 살아야 할 것이며, 그동안은 애굽으로 돌아가지도, 가나안 땅을 차지하지도 못할 것이라고 예언한 경위

1. 이제 모세는 담대하게 백성들 앞에 나와 하나님이 백성들이 모세를 비방한 것에 진노하셔서, 죄에 대한 형벌로서가 아니라 자식을 바로 이끌기 위해 부모가 내리는 징계와 같은 징계로 그들에게 벌을 내리실 것이라고 말했다. 모세가 성막 안에서 백성들에게 불어닥칠 파멸을 생각하고 눈물을 흘리고 있을

때, 하나님이 모세에게 나타나 하나님이 백성들에게 많은 은혜를 베푸셨는데도 불구하고 백성들은 하나님께 감사할 줄 모르고 정탐꾼들의 겁먹은 말을 듣고 하나님 자신의 약속보다는 겁쟁이들의 말을 더 믿었으므로, 다른 어떤 인류보다도 더 사랑한 이스라엘 국가를 완전히 소멸시켜 버리기까지 하지는 않더라도 가나안 땅을 차지하고 행복을 누리게 하지는 않을 것이며, 죄의 형벌로 40년 동안 고정된 거주지도 없이 광야에서 방황하게 하실 것이나, 무절제한 격정을 이기지 못해 빼앗기고 만 행복을 자녀들은 누리게 될 것이라고 백성들에게 말했다.

2. 모세가 하나님의 지시에 따라 이같이 말하자 백성들은 슬퍼하며 괴로워하였고 마침내는 모세에게 하나님과 자기들 사이를 화목하게 해서 더 이상 광야에서 방황하지 않고 도시에 들어가 살 수 있도록 해달라고 간청하기에 이르렀다. 그러나 모세는 하나님이 어떤 인간적인 변덕이나 분노를 이기지 못하셔서 그런 결정을 내리신 것이 아니고, 그런 형벌을 받는 것이 당연하다고 생각하시고 내리신 결정이기 때문에 그런 요구를 들어주시지 않을 것이라고 대답했다. 우리는 여기서 모세 한 사람이 수십만의 분노에 찬 군중을 설득시켜서 차분한 마음을 갖도록 만들었다는 사실을 의심해서는 안 된다. 왜냐하면 하나님이 그와 함께 계셨고 백성들이 모세의 말을 듣고 설득당하게끔 미리 백성들의 마음에 변화를 일으키셨기 때문이다. 백성들은 여러 번 하나님께 불순종한 경험이 있기에 이제는 그런 불순종은 자기들에게 해가 될 뿐이며 그로 말미암아 지금까지 계속 큰 어려움에 빠지게 되었음을 깨닫게 되었다.

3. 모세는 덕이 출중한 인물이었으며 호소력 있는 말로 백성들을 설득하는데 능한 인물이었다. 그것은 그가 살아 있을 때뿐 아니라 지금까지도 그러하다. 오늘날도 히브리인들은 마치 모세가 지금 살아 있어 자기가 조금이라도 잘못하면 당장이라도 벌을 줄 것같이 행동을 조심한다. 즉 죄를 충분히 숨길 수 있는데도 불구하고 모세가 명한 율법을 함부로 어기는 히브리인은 아무도 없다. 그의 능력이 인간 이상의 것이었음을 입증하는 증거들이 또 많이 있다. 한

증거를 들어보자. 성전을 사모해서 엄청난 비용을 들이고 수많은 위험을 동반한 4개월간의 여행을 통해, 유브라데강 건너편에서 찾아와 예물을 드리려고 할 때 모세 율법이 금하고 있거나 우리 고대 관습에 어긋나서 제사를 드릴 수 없는 경우가 종종 있을 때도 그들은 모세의 율법에 순종했다. 어떤 이들은 아예 제사를 드리지 않았고 어떤 이들은 제물을 흠이 있는 상태로 버려두었다. 심지어 어떤 이들은 아예 처음부터 성전에 들어갈 수 없는 경우도 많았다. 그러나 그들은 자기의 잘못을 알 사람이 아무도 없어 아무런 두려움이 없는 경우에도 단지 양심을 두려워한 나머지 자기만족을 채우기보다는 모세 율법에 복종하는 것을 우선으로 여겼다. 이같이 신적인 성격을 띤 것처럼 보이는 이 율법은 모세를 그 자신의 본모습보다 더 뛰어난 자로 존경받게 만들었다. 다른 증거를 하나 더 들어 보자. 이 전쟁의 시작 바로 얼마 전 글라우디오(Claudius, 클라우디우스)가 로마의 황제였고 이스마엘(Ismael)이 우리의 대제사장이었을 때 (밀가루) 10분의 1디일(deal)이 4드라크마의 값이 나갈 정도로 심한 기근[26]이 닥쳐왔을 때였다. 무교절에 밀가루 70고르(cor)-31시칠리아 메딤노스(Sicilian medimnos), 41아테네 메딤노스(Athenian medimnos)에 해당한다-가 성전으로 들어왔다. 그러나 심한 기근으로 고통을 당하면서도 단 한 명의 제사장도 그것에 손을 대지 않았다. 이것은 율법을 두려워했을 뿐 아니라, 아무도 그런 행위를 한 자를 고소할 수 없는 환경에서라도 사악한 행위를 벌하시는 하나님의 진노를 두려워하기 때문이었다. 오늘날까지도 모세가 남긴 글은 큰 힘을 가지고 있어서 우리를 미워하는 자들까지도 이런 규정을 명하신 분은 신이라는 사실과 이런 규정이 전달된 것은 모세와 그의 덕을 통해서라는 사실을 시인하고 있음을 볼 때 이런 사실은 그리 놀랄 것이 못 된다. 그러나 이런 문제들에 대해서는 각자가 좋은 대로 생각하도록 하라.

---

[26] 「유대 고대사」 20권 2장 6절, 사도행전 11장 28절을 보도록 하라.

제4권

38년간의 역사 기록

그 세대가 버림받은 때부터
모세의 죽음까지

제1장

모세의 승낙 없이 히브리인들이
가나안인들과 전투하다가 패배한 경위

1. 히브리인들은 광야에서 40년간 생활해야 한다는 것이 도무지 마음에 들지 않았고 너무 불쾌했기 때문에 가나안인들과 싸우지 말라는 하나님의 명령에도 불구하고 잠자코 있으라는 모세의 말에 순종하지 않았다. 그들은 모세의 승낙이 없어도 적을 물리쳐 이길 수 있을 것이라고 생각했다. 그들은 모세가 하는 일이란 자기들을 고통 가운데로 끌고 가서 항상 모세의 도움의 손길을 기다리도록 만드는 것이 아닌가 의심하고 그를 비난하기 시작했다.

백성들은 하나님이 그들을 도우신 것은 모세의 중보 기도 때문이 아니라 하나님이 몸소 돌보셨던 그들의 선조 때문이며 하나님이 전에 그들에게 자유를 허락하셨고 그 자유를 자기들이 이제 지키려고 할 때 도와주시려고 하는 것은 자기들의 미덕 때문이라고 떠들어댔다. 그들은 또한 비록 모세가 자기들과 하나님 사이를 이간하려고 할지라도 자기들은 적을 정복하기에 충분한 능력을 갖추고 있다고 말했다. 각자가 자기의 주인이 되기 위해서이지 모세의 독재를 위해 출애굽한 것은 아니라는 것이었다. 마치 자기들은 아브라함의 후손이 아니기에 하나님이 모세의 얼굴만을 보고 자기들에 관한 일을 예언해 주시거나 하는 것처럼, 또 하나님이 모세만을 유일한 지식의 소유자로 만드셨기에 아직도 그에게서 배워야 하는 것처럼 모세가 하라는 대로 복종하기 위해 출애굽한 것은 절대로 아니라는 것이었다.

따라서 모세의 이런 교만한 독단적 주장에 대항하고 하나님만을 의지하면서 하나님이 약속하신 땅을 정복할 결의를 다시 한번 다지고, 신적인 권위를 내세워 자기들이 하려는 일을 방해하려는 모세의 말에 귀를 기울이지 않는 것이 현명하다고 떠들어댔다. 결국 그들은 현재 당한 곤경도 견디기 힘든데 앞으로 40년간 광야에서 더욱 고통스러운 일을 당할 것을 생각하니 그만 앞이 캄캄해져 자기들의 입법자에게 어떤 도움도 기대하지 말고 가나안인들과 싸우자고 결의했다.

2. 백성들은 이런 결정이 최선의 방도라고 생각하고 적을 치러 나갔다. 그러나 적들은 그들의 공격이나 수적 우세에도 전혀 당황하지 않고 대담하게 맞섰다. 결국 수많은 히브리인들이 전사하고 나머지 병사들도 전열을 가다듬지 못해 적에게 패하여 수치스럽게도 쫓겨 진영으로 도망쳐 들어왔다. 이런 예상 밖의 패배에 그들은 크게 낙망하게 되었고, 하나님의 승낙도 없이 성급하게 전투에 나갔기에 하나님의 진노로 패한 것임을 알게 되자 큰 슬픔에 잠겼다.

3. 모세는 전쟁의 패배로 백성들이 크게 낙심하고 있는 데다가 적들이 승리에 자만한 나머지 더 큰 승리를 얻으려고 공격해 오지나 않을까 하는 두려움에 사로잡힌 것을 보고는 백성들을 가나안 땅에서 멀리 떨어진 광야 가운데로 후퇴시켜야 하겠다고 결심했다. 백성들은 모세의 돌봄이 아니면 자기들의 일이 제대로 되는 것이 없음을 깨닫고 모세의 말에 다시 순종하게 되었다. 모세는 백성들을 쉬게 할 목적으로 광야 깊숙이 후퇴시키고 하나님이 좋은 기회를 주시기 전에는 가나안인들과 싸우는 것을 허락하지 않았다.

제2장

제사장직에 대하여 모세와 아론에게
반역하는 고라와 백성들

1. 특히 일이 제대로 안 풀릴 때 큰 무리가 모이면 항상 생기게 마련인 불평과 불만이 백성들 사이에서도 일기 시작했다. 평탄할 때도 지배자들에게 쉽게 복종하지 않는 무리가 600,000명이나 되는 데다가 고통과 역경이 계속되다 보니 백성들은 상대방에 대해서뿐 아니라 지도자에 대해서도 성을 더 잘 내게 되었다. 헬라인들이나 야만인들 사이에서도 그 유래를 찾기 힘든 무서운 반역이 일어나 모두가 전멸할 지경에 이르렀으나, 그들이 자기를 돌로 쳐 죽이려고 했던 점을 기억하지 않고 용서한 모세에 의해 그 위험한 상황을 모면할 수가 있었다. 하나님도 그들이 파멸하는 것을 두고 보실 리 없었다. 율법 수여자와 율법에 대한 백성들의 무례한 행동과 모세를 통해 내려 준 계명에 대한 불순종에도 불구하고 하나님은 하나님의 섭리적 돌보심이 없었다면 이런 반역 행위로 인해 그들에게 불어닥쳤을 무서운 재난으로부터 그들을 건져내셨다. 그러므로 나는 먼저 이런 반역이 일어나게 된 원인을 살펴보고 난 후에 반역의 자세한 경위를 추적하고 반역 후에 모세가 취한 정치적 조치들을 기술하려고 한다.

2. 가문으로 보나 재산으로 보나 유력 인사인 고라(Corah)라는 인물이 있었다. 그는 달변가이며 군중을 쉽게 설득할 줄 아는 설득력을 가진 인물이었다. 고라는 모세가 매우 존엄한 위치에 오르게 되자 내심 불쾌했으며 시기하는 마음이 생기게 되었다(그는 모세와 같은 지파에 속해 있었으며 모세와는 인척 관계에 있었다). 고라는 출생 신분으로 보아도 모세에게 뒤지지 않으며 재산이 엄청나게 많은 부자이므로 모세보다 오히려 자기가 그 영광스러운 직위를 차지할 자격이 있다고 생각하기에 이르자 불쾌하기 짝이 없었다. 따라서 그는 모세와 같은 지파

가운데, 특히 모세의 인척들 가운데서 불평이 일어나게 만들었다. "모세는 자기 영광을 추구하는 데 여념이 없으며 실제로 하나님의 명령이라는 미명 아래 악한 계책으로 영광을 취하고 있습니다. 게다가 율법에 어긋나게, 백성들의 일반 투표에 의해서가 아니라 자기가 원하는 사람만을 임명하는 폭군처럼 아론에게 제멋대로 제사장직을 주었습니다."라고 선동하기 시작했다. 고라는 덧붙였다. "이런 비밀스러운 임명은 공공연한 폭력에 의한 임명보다 더욱더 악한 것입니다. 모세는 이제 본인의 동의는 물론 미리 통고도 없이 권력을 빼앗고 있습니다. 고위직에 오를 자격이 있다고 스스로 생각하는 사람들은 누구나 거만한 폭력의 방법이 아니라 설득에 의해 고위직들을 차지해야 합니다. 그러나 고위직의 영광을 정당하게 차지하기가 불가능하다고 생각하는 사람들은 처음에는 폭력을 행사하지 않고 호의를 베풀면서 환심을 산 후에 계략을 써서 힘을 키우기 마련입니다. 그러므로 백성들은 그런 자들이 계략을 아직 감추고 있는 때라 하더라도 벌을 가해 노골적으로 적대 행위를 할 만큼 힘을 키우지 못하도록 해야 합니다. 도대체 모세는 무슨 이유로 아론과 그의 아들들에게 제사장직을 주었는지 알 수 없습니다. 만일 하나님이 레위 지파 중 한 사람에게 제사장직을 주기로 결정하셨다면 나는 아론보다 더 자격이 있다고 봅니다. 가문을 보아도 모세 못지않으며 재산이나 연령에 있어서도 모세보다 앞섭니다. 그러나 만일 하나님이 장자 지파에게 제사장직을 주기로 결정하셨다면 르우벤 지파가 차지해야 마땅할 것이며 다단(Dathan)과 아비람(Abiram)과 벨렛(Peleth)의 아들인 온(On)이 제사장직을 차지해야 했을 것입니다. 왜냐하면 이들은 르우벤 지파 가운데서 가장 나이 많은 이들이며 또한 재산도 많은 이들이기 때문입니다."

3. 고라는 이 말을 하면서 자기가 공공의 복지에 관심이 많은 사람인 양 보이려고 했으나 실제로는 군중들의 힘을 빌려 대제사장직을 빼앗고자 하는 계략이 그 이면에 깔려 있었다. 이와 같이 고라는 사악한 계략을 꾸미면서도 그럴싸한 말로 자기 지파 사람들에게 호소했다. 이런 말들이 점차 더 많은 백성에게 퍼졌고 듣는 자들이 더 보태서 아론을 비방하는 투로 이야기하다 보니 온

백성에게 소문이 퍼지고 말았다. 고라와 공모한 이들은 250명으로서 모두 유력 인사들이었는데 아론에게서 제사장직을 빼앗는 일에 혈안이 되어 있었다. 백성들도 이들의 선동에 넘어가 반역을 일으키고 모세를 돌로 쳐 죽이려고 모여들어 무질서와 혼란이 극에 달했다. 백성들은 모두 하나님의 성막 앞에 모여 하나님의 명령이라는 미명 아래 독재를 휘둘러 온 폭군을 몰아내고 그 손아귀에서 벗어나자고 소리를 질러댔다. 만일 하나님이 제사장 직무를 행할 사람을 손수 택하셨다면 그 직에 맞는 사람을 뽑았을 것이지 다른 이들보다 못한 그런 자를 뽑아 제사장직을 맡겼을 리 없다는 것이었다. 더욱이 하나님이 아론에게 제사장직을 주기로 결정하셨다면 그의 동생인 모세의 손에 의해서가 아니라 백성들의 손에 의해 아론에게 제사장직을 주도록 허락하셨을 것이라고 했다.

4. 모세는 이미 오래전부터 고라의 중상모략을 예견하고 있었고 백성들이 흥분하는 모습을 보고 있었으나 조금도 놀라지 않았다. 모세는 자기가 한 일이 옳았다는 확신이 있었기에 결코 용기를 잃지 않았다. 모세는 또한 자의(自意)에 의해서가 아니라 하나님의 명령에 의해서 아론이 제사장이 된 것에 자신이 있었기 때문에 회중들 앞에 나아갔다. 그는 백성들에게는 아무 소리도 하지 않고 고라에게 있는 힘을 다해 고함을 질렀다. 모세는 능숙한 연설 솜씨와 설득력으로 백성들의 마음을 움직였다. "고라여, 당신은 물론 당신과 함께 한 사람들(250명을 가리키면서)은 이런 영광을 받을 자격이 있는 것처럼 보입니다. 그러나 비록 그들이 당신만큼 부유하고 위대하지 못하다 하더라도 여기에 모인 백성이 어쩌면 모두 그 직책을 받을 자격이 있는지도 모릅니다. 당신처럼 나의 형 아론이 재산이 많으므로 그에게 이 직책을 준 것이 아닙니다.[1] 물론 그가 명문 출신이기에 제사장이 된 것도 아닙니다. 하나님이 우리를 같은 조상에게서 태어나게 하시고 우리 가문을 모두 동등하게 만드셨기 때문입니다. 또 형제간의 정 때문에 그에게 제사장직을 준 것도 아닙니다. 왜냐하면 내가 하나님과 상

---

[1] 렐란트(Reland)는 여기서 비록 우리가 소유하고 있는 성경은 고라의 부(富)에 대해서 거의, 아니 전혀 언급하고 있지 않으나 요세푸스는 물론 유대인이나 이슬람교도들은 이에 대해서 많이 말하고 있음을 주목하고 있다.

관없이 내 마음대로 이 영예를 수여한 것이라면 형제보다는 바로 나 자신이 더 가깝고 더 친밀하기 때문에 다른 이에게 제사장직을 주지 않았을 것입니다. 이런 영예로운 직을 남에게 주고 자기만 죄를 범하게 되는 어리석은 짓을 할 사람이 어디 있겠습니까? 더욱이 나는 그런 미천한 짓을 할 사람은 아닙니다. 하나님도 이런 문제를 눈감아 주시고 스스로 멸시받을 분이 아니십니다. 하나님은 당신들이 어떻게 해야 하나님을 기쁘시게 해드릴 수 있는지에 대해서 무지한 상태로 당신들을 내버려두기를 원치 않으셨습니다. 따라서 하나님은 그 성스러운 직무를 행할 사람을 손수 택하셔서 우리로 하여금 그런 문제에 대해서는 걱정하지 않도록 하신 것입니다. 결국 제사장직은 하나님의 결정에 따라서만 수여할 수 있는 것이지 내가 멋대로 수여할 수 있는 그런 성질의 직무가 아닙니다. 따라서 나는 제사장직을 맡고 싶은 사람들이 모여 경쟁을 벌였으면 어떨까 생각합니다. 이미 제사장직을 맡고 있는 사람도 입후보하기로 하고 말입니다. 그러나 아마도 그는 제사장직에 연연해하기보다는 당신들의 행복과 평안을 우선으로 여길 것입니다. 사실상 아론은 당신들의 승낙으로 제사장이 되었습니다. 비록 제사장직을 수여하신 분은 하나님이시지만 당신들이 선의로 그것을 승낙한다면 그보다 더 좋은 일이 어디 있겠냐고 생각하고 우리가 당신들의 의사를 전에 물어보았던 것뿐입니다. 따라서 하나님이 제사장직을 수여하셨을 때 그것을 받아들이지 않는다면 그것은 불신앙이 되는 것입니다. 하나님이 이 사람이 앞으로 제사장직을 계속 맡는 것이 좋겠다고 생각하셨는데도 불구하고 그 사람이 그것을 거절한다면 그보다 더 어처구니없는 짓은 없을 것입니다. 그러나 일이 이렇게 된 이상 누가 제사를 드리는 일과 종교의 문제를 관할하는 일에 더 적격인지를 하나님이 다시 손수 결정하시도록 하나님께 맡기도록 합시다. 제사장직에 욕망이 있는 고라로 하여금 제사장직을 수여하는 권한을 하나님에게서 박탈하도록 내버려둘 수는 없는 노릇 아닙니까? 그러므로 이제는 난동과 반역을 중지하고 내일 아침에 제사장직을 원하는 사람은 누구나 집에서 향로와 향과 불을 가지고 이리로 모이도록 합시다. 고라여, 더 이상 당신 자신을 하나님보다 더 높이지 말고 하나님께 판결을 맡기고 하나님이 어느 편을 드시는지 기다려 보도록 합시다. 이 영예로운 직위를 놓고 벌어지고 있는 경쟁에 결말을 지을 수 있도록 당신도 내일 아침에 나오도록 하시오. 아론도 당신과 같은 가계(家系)에 속해 있고 제사장직으로서 이런 일에 특별히 제외될 만한 잘못을 범한 적이 없으므로 아론도 하나님 앞에 나와 같이 판결을 받도록 하는 것이 당연하다고 봅니다. 그러므로 내일 다 같이 모여 모든 백성 앞에서 향을 하나님께 드리도록 합시다. 향을 태워 하나님께 드릴 때 하나님이 그 향을 열납하시는 사람이 제사장직에 임명될 것이며 그렇게 되면 내가 정말 형제의 정에 끌려 내 형 아론에게 제사장직을 주었는지의 여부가 밝혀지게 될 것입니다."

제3장

반역자들이 하나님의 뜻에 의해 죽음을 당하고 모세의 형 아론과 그 후손들이 제사장직을 보유하게 된 경위

1. 모세가 이렇게 말하자 백성들은 모세에게 품었던 의혹이 사라지게 되었고 지금까지의 난폭한 행동을 중지하게 되었다. 모세의 제안은 백성들이 납득할 수 있는 멋진 제안이기 때문이었다. 이렇게 해서 그날은 백성들이 모두 해산했다. 그러나 그다음 날 백성들은 제사에 참여하여 제사장 입후보자들 사이에 내릴 하나님의 판결을 보기 위해 총회로 모였다. 백성들은 어떤 일이 일어날 것인가에 대한 기대감으로 잔뜩 긴장되어 있었다. 어떤 이들은 모세의 잘못이 입증되기를 잔뜩 고대하고 있었으나 지혜로운 자들은 이런 반역이 지속된다면 사회의 질서가 파괴될 것을 염려한 나머지 어떻게 해서든지 현재 겪고 있는 혼동과 혼란의 와중에서 헤쳐 나오게 되기를 바라고 있었다. 그러나 군중들이란 원래 지도자들에게 불만을 늘어놓기를 즐기는 자들이며 군중 심리 때문

에 이 사람 저 사람의 말에 따라 쏠리기를 잘함으로써 사회의 평안을 깨뜨리는 속성이 있다. 모세는 아비람(Abiram)과 다단(Dathan)에게 사람을 보내어 총회에 나와서 성직을 맡을 자격이 있는지 하나님의 판결을 기다려 보라고 지시했다. 그러나 그들은 모세가 보낸 사람에게 모세의 명령에 순종하지 않겠다고 대답했다. 비록 모세가 악한 행습으로 큰 권력을 소유하게 되었으나 결코 모세의 행동을 간과하지는 않을 것이라고 했다. 모세는 이들의 대답을 듣고 다단의 무리가 있는 곳으로 가면서 백성의 두령들에게 자기 뒤를 따르라고 명령했다. 그러자 그들은 아무 반대도 하지 않고 모세의 뒤를 따랐다. 다단과 그의 추종자들은 모세와 백성의 두령들이 온다는 이야기를 듣고 처자들을 거느리고 나와서 각기 장막 앞에 서서 모세가 무슨 일을 하려는지 유심히 쳐다보았다. 그들은 만일의 경우 모세가 무력을 쓸 것을 대비해서 자기들의 신변을 보호하기 위해 종들을 주위에 배치했다.

  2. 모세는 그들 가까이에 이르자 하늘을 향하여 두 손을 들고 전체 무리가 다 들을 수 있도록 큰 소리로 이같이 외쳤다. "하늘과 땅과 바다 가운데 사는 모든 피조물의 주님이시여! 주님은 제가 한 모든 일이 주님의 지시대로 한 것임을 증명해 줄 수 있는 최고의 확실한 증인이시옵니다. 우리 히브리인들이 모든 어려움에 처해 있을 때 도와주시고 자비를 베푸신 분도 바로 주님이십니다. 이제 우리에게 오셔서 제가 드리는 모든 말씀을 들어주시옵소서. 주님 앞에서는 어떤 행동이나 생각도 감출 수가 없사오니 이 자들의 무례한 비난을 듣지 마옵시고 저의 무죄함을 변호하여 주옵소서. 제가 태어나기 전에 행했던 일은 주님이 제일 잘 알고 계실 것입니다. 남을 통해 들어서가 아니라 주님이 직접 보시고 함께 하셨기 때문에 잘 알고 계시지 않습니까? 그러나 최근에 일어난 일에 대해서는 이 자들도 잘 알고 있으면서 부당하게 저를 의심하고 있사오니 주님이 친히 저의 증인이 되어 주옵소서. 저는 조용한 은둔 생활을 즐길 때 저의 근면함과 주님의 섭리로 인해 장인 라구엘과 함께 누리던 좋은 것들을 다 포기하고 저 자신을 이 백성을 위해 바쳤고 또한 그들을 위해 많은 고난을 마다하지 않았습니다. 저는 처음에는 백성들의 자유를 위해서, 이제는 그

들의 보전을 위해서 많은 수고를 했습니다. 그뿐 아니라 백성들이 고난을 당할 때는 언제나 돕는 일에 최선을 다했습니다. 그럼에도 불구하고 저는 저의 수고의 덕택으로 생명을 부지하고 있는 바로 그자들에 의해 의심을 받고 있습니다. 오셔서 저의 형편을 보살펴 주옵소서. 도와주실 것이라고 기대하는 것이 결코 무리가 아님을 저는 알고 있나이다. 주님은 시내산에서 제게 불꽃을 보이시고 음성을 듣게 하셨으며 여러 이적을 보게 하시고 저를 애굽으로 보내 주님의 뜻을 이 백성에게 선포하라고 명령하신 분이 아니십니까? 주님은 애굽인들의 행복을 깨뜨리시고 저희를 종노릇 하던 데서 해방시켜 주셨고 바로의 권세를 저의 권세보다 못하게 하셨으며, 우리가 갈 바를 알지 못할 때 바다를 마른 땅으로 만드셨고 애굽인들을 무서운 파도로 전멸시킨 분이 아니십니까? 주님은 저희에게 무기가 없을 때 무기를 보내 주셨고 마실 수 없을 정도로 부패한 물을 마실 수 있게 만들어 주셨으며, 물이 없어 기갈을 당할 때 바위에서 물이 나게 하셨으며, 땅의 소산이 떨어져 먹을 것이 없을 때 바다로부터 양식 메추라기를 보내 주셨으며 하늘로부터 보지도 듣지도 못했던 양식을 내려 주셨고 주님의 율법을 우리에게 가르쳐 주시고 저희에게 통치 형태를 지정해 주신 분이 아니십니까? 전 우주의 주인이시요 결코 뇌물로 매수할 수가 없으신 심판 주시요 증인이신 주님, 제가 비옵나니 오셔서 저를 통촉해 주옵시고 제가 히브리인들에게서 뇌물을 받고 부당한 재판을 한 적이 없으며 부자의 편에 서서 죄 없는 가난한 자를 죄 있다고 한 적이 없으며 이 백성에게 해를 끼치려고 한 적이 없음을 증거하여 주옵소서. 주님, 마치 제가 주님의 명령에 의해서가 아니라 형제의 정에 끌려 아론에게 제사장직을 준 것처럼 지금 의심을 받고 있나이다. 이제 주님이 모든 일이 주님의 섭리대로 이루어진 것이며 아무것도 우연에 의해 일어난 것이 없으며 모든 것이 주님의 뜻에 지배를 받아 그 목적에 도달한 것임을 확실히 보여주옵소서. 주님은 히브리인들에게 선을 행한 자들을 돌보신다는 사실을 아비람과 다단을 벌하심으로 분명히 보여주옵소서. 이들은 주님을 무감각한 존재로, 즉 저의 계략에 쉽게 넘어간 존재로 비난하고 있나이다. 주님, 당신의 영광의 면전에서 미친 듯이 날뛰는 이 자들을 공개적으로 처벌하시되 평상적이 아닌 방법으로 이들을 세상에서 사라지게 하옵소서. 따라서 이런 자들은 보통 사람과는 다른 죽음을 맞이할 수밖에 없음을 보여주옵소서. 그들이 밟고 있는 땅이 갈라져 그들과 그들의 가족과 재산을 모두 삼키게 하옵소서. 이렇게 함으로써 모든 이들에게 주님의 권세를 드러내 보이시고 주님에 대해 불경건한 생각을 가진 자들에게 큰 교훈이 되게 하옵소서. 이렇게 되어야 저는 당신이 저를 통해 주신 교훈을 받드는 성실한 종으로 드러날 수가 있나이다. 그러나 만일 그들이 제게 퍼붓는 비난이 사실이라면 저들을 모든 불행한 사태에서 건지시고 제가 그들에게 내리기를 기원했던 파멸이 제게 임하게 하옵소서. 주님이 이 백성들을 농락한 자들에게 벌을 내리시고 이 백성에게 화합과 평화를 내려 주옵소서. 당신의 계명을 지키는 이 무리를 구원하시고 모든 해가 엄습하지 못하게 하시고 죄를 범한 자들로 인해 형벌을 받지 않게 하옵소서. 이 자들의 죄 때문에 이스라엘의 모든 백성이 벌을 받는 것은 합당치 않음을 주님도 잘 알고 계시리라 믿습니다."

3. 모세가 눈물을 글썽이며 이 말을 마치자마자 땅이 갑자기 움직이기 시작했다. 땅이 요동하는 모습은 마치 바람에 의해 파도가 이는 모습과 흡사했다. 백성들은 모두 공포에 휩싸였다. 반역하던 무리의 장막 주위의 땅이 큰 소리와 함께 꺼지면서 그 무리들이 소중히 여기던 모든 것을 모조리 쓸어가 버렸다. 마치 전에 누군가가 그곳에 있었다고는 조금도 생각할 수 없을 정도로 아무것도 남지 않았다. 열렸던 땅이 다시 닫혔다. 나중에 본 사람들은 그런 사건이 일어났으리라고는 도저히 생각할 수 없을 정도로 완전히 전과 똑같이 원상 복구되었다. 이렇게 반역의 무리들은 사라졌고 하나님의 능력이 실증되었다. 그들은 우리의 동정을 받을 만한 불행한 재난을 당했음에도 불구하고 그 누구도 그들을 위해 슬퍼하지 않았다. 심지어는 친척들도 그들의 죽음을 오히려 기뻐했을 정도였다. 그들은 이런 불행한 사건을 보고 하나님이 내린 심판이 분명해지자 인척 관계라는 것을 잊어버렸으며, 다단의 무리들을 유해한 무리들로 단정하고 마땅히 받을 벌을 받은 것뿐이라고 생각하고 그들을 위해 슬퍼하지 않았다.

4. 이제 모세는 제사장직을 둘러싸고 경쟁을 벌이는 후보자들을 불러 모으고 누구의 제사를 하나님이 기뻐 받으시는지를 보아 누가 제사장이 되어야 마땅한지를 결정하자고 했다. 그러자 250명이 모였다. 이들은 모두가 조상들의 능력뿐 아니라 그들 각자의 능력이 남보다 탁월함으로 백성들의 존경을 받는 자들이었다. 아론과 고라도 함께 나왔다. 이들은 모두 성막 앞에 서서 집에서 가지고 온 향로에 향을 피웠다. 그러자 인간의 힘으로 만들 수 있는 불이나, 지진으로 인해 땅속에서 솟아 나오는 불이나, 나무들끼리 부딪혀 일어나는 산불과는 비교도 할 수 없는 강한 불이 그들을 엄습했다. 이 불은 하나님의 명령에 의해 붙은 불로서 보기에 매우 밝았으며 불꽃은 매우 무서웠다. 이 불로 인해 고라를 포함해서 모든 사람이 완전히 타 죽어서 시신조차도 찾을 길이 없었다.[2] 불을 보내어 죽어 마땅한 사람만 불에 타 죽게 한 분은 하나님이시기 때문에 아론만 홀로 불에 타 죽지 않고 살아남았다. 이 사람들이 멸절된 후에 모세는 이런 하나님의 심판이 후손들에게도 알려져 경계가 되는 것이 좋을 것 같아 아론의 아들 엘르아살(Eleazar)을 시켜 그들의 향로를 놋제단 근처에 갖다 놓게 했다. 따라서 하나님의 능력 앞에서는 그 누구도 피할 수 없다는 사실을 후손들이 보고 경계로 삼기를 바랐다. 이렇게 해서 아론은 더 이상 모세의 호의로 제사장이 되었다는 소리를 듣지 않게 되었으며 하나님의 공적인 판결로 제사장으로 인정되었다. 그 후부터 그와 그의 후손들은 그 영예로운 직무를 계속해서 평화롭게 누릴 수가 있었다.

---

[2] 여기서뿐 아니라 사마리아 오경(Samaritan Pentateuch), 시편 기자, 사도적 규정(Apostolical Constitutions), 클레멘스의 고린도 교회에 보낸 첫 번째 서신(Clement's first epistle to the Corinthians), 이그나티우스의 마그네시아 교회에 보낸 편지(Ignatius's epistle to the Magnesians), 그리고 에우세비우스(Eusebius)를 보면 고라는 르우벤 지파 사람들과 함께 땅이 갈라져 죽은 것이 아니라 자기 지파인 레위 지파 사람들과 함께 불에 타 숨진 것처럼 보인다. 「구약에 관한 소론」(Essay on the Old Testament) p. 64를 보도록 하라.

제4장

광야 생활 38년간 히브리인들에게 일어난 사건

1. 그러나 이스라엘 백성의 반역은 하나님의 심판으로 끝이 나기는커녕 더 이상 묵과할 수 없을 만큼 커져만 갔다. 사태가 악화되는 원인은 그 반역 행위가 무서운 심판으로는 끝을 낼 수 없는 속성을 가지고 있는 데 있었다. 왜냐하면 하나님의 섭리가 아니고는 그 어떤 일도 일어날 수 없다고 믿는 사람들도 이런 일이 일어난 것은 모세를 향한 하나님의 각별한 호의와 무관하지 않다고 보았기 때문이었다. 따라서 그들은 이런 일이 일어난 것은 벌을 받은 자들의 사악함 때문이 아니라 모세가 벌을 받기를 하나님께 간청했기 때문이며 이들은 아무 죄도 없이 단지 제사장직을 열망했다는 이유 하나 때문에 죽임을 당한 것이고 하나님이 화를 내신 것도 다 모세 때문이라고 모세를 비난하게 되었다. 또한 그렇게 많은 사람을 그것도 모두 출중한 인물들을 한꺼번에 죽임으로써 백성들의 힘을 크게 감소시킨 장본인인 모세가 벌을 받지 않은 것도 부족해서 자기 형의 제사장직을 아무도 그것에 대해서는 더 이상 이론을 달 수 없을 정도로 확고부동하게 만들어 놓았다고 중상모략을 했다. 맨 처음 후보자들이 그렇게 비참하게 죽임을 당하는 광경을 보고서도 제사장직에 입후보할 사람이 어디 있겠느냐는 것이었다. 그 밖에도 죽음을 당한 자들의 친척들은 모세의 교만을 꺾어 달라고 백성들에게 호소했다. 이들이 이렇게 무리에게 호소한 이유는 그렇게 해야 자기들의 신변이 안전할 수 있을 것이라고 생각했기 때문이었다.

2. 모세는 백성들이 흥분하고 있다는 소식을 듣고는 그들이 또 다른 혁신을 꾀하다가 결국은 무섭고 슬픈 심판을 면치 못할까 봐 두려운 마음이 들었다. 모세는 백성들을 총회로 소집했다. 그러고는 백성들에게 이의를 제기하지 않고 백성들의 변명을 인내심을 갖고 경청했다. 모세는 각 지파의 두령들이 각

지파의 이름이 새겨진 지팡이를 가져온 후에 하나님이 표적을 보여주시는 지팡이[3]에 새겨진 지파가 제사장직을 맡는 것이 어떻겠느냐고 제안했다. 백성들은 모세의 제안에 동의했다. 레위 지파라고 쓴 지팡이를 가져온 아론처럼 다른 지파의 두령들도 각기 지파의 이름이 쓰인 지팡이를 가지고 왔다. 모세는 이 지팡이들을 하나님의 성막 안에 가져다 두었다. 그다음 날 모세는 지팡이들을 꺼내왔다. 각 지팡이에는 분명한 표식이 있었기 때문에 지팡이를 가져온 두령들뿐 아니라 백성들도 쉽게 분간할 수가 있었다. 다른 지파의 지팡이는 모세가 두령에게 받을 때와 조금도 달라진 점이 없었으나 유독 아론의 지팡이에는 가지와 꽃봉오리와 다 익은 열매들이 매달려 있었다. 아론의 지팡이는 아몬드(한글판 개역개정 성경에는 살구라고 번역되어 있음 – 역자 주) 나무로 만든 것이므로 아몬드 열매가 달려 있었다. 백성들은 이런 신기한 광경에 너무 놀란 나머지 비록 그때까지는 모세와 아론을 미워했으나 이제는 그들을 미워하는 마음을 버리고 하나님의 판결에 찬사를 보내기 시작했다.

결국 그 뒤로 백성들은 하나님이 명하신 것을 인정하고 아론이 제사장직을 마음 놓고 누리도록 허락했다. 이같이 하나님이 아론을 세 번씩이나 제사장으로 임명하셨기 때문에 아론은 더 이상의 방해를 받지 않고 그 영예로운 직을 계속 보유할 수 있었다. 이렇게 해서 장기간 지속되었던 히브리인들의 대 반역은 마침내 수습되기에 이르렀다.

3. 모세는 레위 지파가 전쟁 및 그와 유사한 원정에 병사로 동원되는 의무에서 면제받아 오직 하나님께 제사드리는 일에 봉사하도록 구별되었기 때문에 혹시라도 생활필수품에 부족을 느끼고 그것을 얻느라고 성전 봉사를 등한히 할까 봐 장차 히브리인들이 가나안 땅을 정복하면 48개의 좋은 도시를 레위 지파에게 할애하고 도시 성벽에서 반경 2,000규빗까지는 레위인들이 소유할 수 있도록 허락해야 한다고 히브리인들에게 명령했다. 이 밖에도 모세는 백

---

[3] 이스라엘 열두 지파의 12지팡이에 대해서는 우리가 소유하고 있는 성경보다 좀 더 자세한 클레멘스의 고린도 교회에 보낸 첫 번째 서신(1 Epist.) 45절을 보도록 하라. 요세푸스의 기사도 성경보다는 어떤 면에서는 좀 더 자세한 편인 것 같다.

성들은 땅의 1년 소산의 10분의 1을 레위인들과 제사장들에게 드려야 한다고 지시했다. 이것이 레위 지파가 백성들에게서 받는 것인데, 나는 그중에서도 특히 백성들이 제사장들에게 주어야 할 것을 상술할 필요가 있다고 생각한다.

4. 모세는 레위인들에게 48개 도시 중에서 13개 도시를 제사장들에게 주어야 하며 매년 백성들에게서 받는 십일조의 10분의 1을 다시 제사장들을 위해 떼어 놓아야 한다고 명령했다. 모세는 또한 땅의 모든 소산의 첫 열매를 하나님께 드려야 하며 제물용으로 쓸 수 있는 네발 달린 짐승의 첫 새끼는 수컷이면 제사장들에게 주어 그들과 식구들이 거룩한 도시에서 먹게 해야 한다고 규정해 놓았다. 우리 율법에 따라 제물용으로 쓸 수 없는 짐승의 첫 새끼의 소유자는 첫 새끼 대신 1과 2분의 1세겔을 제사장들에게 주어야 했으며 사람의 경우에는 장자 대신 5세겔을 내야만 했다. 그뿐 아니라 첫 번째 양털 깎은 것도 제사장들에게 주어야 했으며 밀가루로 구워 만든 떡이 있으면 그 중 얼마도 내야만 했다.

더욱이 거룩한 맹세를 한 적이 있는 사람들, 즉 나실인(Nazarites)이라고 부르는 사람들은 머리를 길게 길러야 하며 술을 마셔서는 안 되고 머리카락을 하나님께 봉헌[4]해 제물로 드릴 때는 그 머리카락을 제사장에게 주어 (불 속에) 던지도록 해야만 했다. 고르반(corban, 헬라어로 '선물'이라는 의미)으로 하나님께 자신을 드린 사람들도 헌신의 의무에서 벗어나고 싶은 경우에는 제사장들에게 돈을 내야 한다. 여자인 경우에는 30세겔, 남자인 경우에는 50세겔을 내야 하나 너무 가난해서 규정된 금액을 내지 못할 경우에는 제사장들이 그에게 적정한 금액을 결정하도록 되어 있다.

종교적 축제가 아니라 개인적인 축제로 가정에서 짐승을 잡았을 경우에는 짐승의 두 볼과 위와 (혹은 가슴과) 오른쪽 넓적다리를 제사장들에게 드려야 한다. 내가 전권(前卷)에서 언급한 바 있는 속죄제의 경우에서뿐 아니라 이런 경

---

[4] 그로티우스(Grotius)는 민수기 6장 18절에 대해서 언급하면서 유대인뿐 아니라 헬라인들도 때로는 자기 머리카락을 신들에게 봉헌했다는 점을 주목하고 있다.

우에도 백성들이 제사장들에게 고기를 주도록 규정함으로써 모세는 제사장들의 생활이 풍성해지도록 조치를 해놓았다. 모세는 또한 속죄제 희생 제물에서 나오는 고기를 제외하고는 제사장들에게 돌아가도록 규정된 모든 것은 제사장 자신들뿐 아니라 종들과 (아들들과) 딸들과 아내들이 함께 나누어 가지도록 규정해 놓았다. 속죄제 희생 제물의 고기는 제사장들 집안의 남자들만, 그것도 성소에서 제사드린 당일에 먹도록 되어 있었다.

5. 모세는 백성들의 반역이 수습된 후 이런 규정들을 정해 놓은 다음 전 백성들을 이끌고 이두매(Idumea) 변경으로 이동했다. 그리고 나서 이두매의 왕에게 사신들을 보내 이두매 땅을 통과할 수 있도록 허락해 줄 것을 요청했고, 원한다면 저당 잡힐 용의까지도 있으며 절대 해를 끼치지 않을 것을 보장한다고 했다. 모세는 왕에게 자기 백성이 필요한 것들을 살 수 있는 자유를 허락해 줄 것과 굳이 원한다면 백성들이 마시는 물값까지도 내겠다고 요청했다. 그러나 왕은 모세의 요구가 마음에 들지 않았다. 따라서 그는 자기 땅을 통과하도록 길을 허락하지 않았을 뿐 아니라 자기 백성들을 무장시켜 모세를 맞으러 나왔고 만일의 경우 모세가 무력으로 나올 경우에는 무력으로 저지할 심산이었다. 이에 모세는 하나님께 여쭈어보았고 하나님은 모세에게 처음부터 전쟁을 시작하지 말라고 명령하셨다. 따라서 모세는 그의 백성들을 후퇴시켜 광야를 통해 우회하는 길을 택했다.

6. 모세의 누이 미리암이 애굽을 떠난 후 40년째 해를 채우고[5] 산티쿠스(Xanthicus)월 제1일에[6] 세상을 떠난 것이 바로 그때였다. 따라서 백성들은 막

---

[5] 요세푸스는 여기서 마치 누가가 "오순절 날이 이미 이르매"(When the day of Pentecost was completed)라는 표현을 쓴 것처럼(행 2:1) 40년째 되는 해가 이제 시작되는 데도 불구하고 "40년째 해를 채우고"(When the fortieth year was completed)라는 표현을 쓰고 있다.
[6] 요세푸스의 헬라어 사본들이 암시하고 있듯이 미리암이 산티쿠스월 제1일에 죽었는지는 의문의 여지가 있다. 왜냐하면 버나드 박사에 따르면, 라틴어 사본은 제10일이라고 말하고 있고 유대 달력도 그렇게 말하고 있기 때문이다. 그녀의 무덤은 아론의 무덤에서 얼마 멀지 않은 곳, 즉 아라비아 페트레아(Arabia Petrea)의 고대 수도인 페트라(Petra)에 지금까지도 현존하고 있다고 전해진다.

대한 비용을 들여서 그녀를 위해 공식적인 장례를 치러 주었다. 미리암은 그들이 신(Sin)이라고 부르는 어떤 산에 장사되었다. 백성들이 그녀를 위해 30일간 곡하는 것이 끝나자 모세는 다음과 같이 백성들을 정결케 했다. 모세는 한 번도 쟁기질이나 경작하는 데 사용되지 않았던 흠 없는 붉은 색의 암소를 진영에서 조금 떨어진 곳에서 완전히 깨끗한 장소로 끌고 왔다. 대제사장은 이 암소를 죽여 손가락으로 그 피를 찍어 하나님의 성막 앞에서 일곱 번 뿌렸다. 그러고 나서 가죽과 내장을 포함해서 암소 전체를 번제로 드렸다. 그들은 백향목과 우슬초와 주홍색 털실을 불 속에 던져 넣었다. 그러고 난 후 정결한 남자가 재를 한데 모아 완전히 깨끗한 장소에 갖다 놓았다. 따라서 누구든지 시체를 만져 부정하게 되는 경우에는 이 재를 조금 가져다가 물에 타서 우슬초로 제3일과 제7일에 뿌리고 난 다음에야 정결해졌다. 모세는 백성들이 가나안 땅에 들어간 후에도 마찬가지로 이것을 지켜야 한다고 명령했다.

7. 위와 같이 백성들을 정결케 하는 일이 끝나자 모세는 백성들을 이동시켜 광야와 아라비아를 통해 행군하게 했다. 모세가 아라비아인들이 그들의 수도로 생각하는 장소, 과거에는 아르케(Arce)라고 불렸으나 지금은 페트라(Petra)라고 부르는 높은 산들로 둘러싸인 곳에 이르자 아론은 모든 백성이 보는 가운데 그중 한 산으로 올라갔다. 모세는 미리 아론에게 죽을 것을 예고해 주었다. 아론은 자기의 대제사장 의복을 벗어서 아들 엘르아살에게 넘겨주었다. 엘르아살은 장자였기에 대제사장의 직위는 그의 것이었다. 그 후에 아론은 백성들이 쳐다보는 가운데 세상을 떠났다. 아론은 123세를 일기로 누이가 죽던 해에 같이 세상을 떠난 것이다. 아론은 아테네인들은 헤카톰보이온(Hecatombœon), 마게도냐인들은 루우스(Lous), 히브리인들은 아바(Abba)라고 부르는 달 제1일에 세상을 떠났다.

제5장

모세가 아모리인의 왕들인 시혼과 옥을 정복하고 아모리 적군을 전멸시키고 그 땅을 제비 뽑아 두 지파와 반 지파에게 분배한 경위

1. 백성들은 아론을 위해 30일간 곡을 했다. 이 곡 하는 기간이 끝나자 모세는 백성들을 이동시켜 아라비아 산맥에서부터 흘러나와 광야 한가운데를 통과해 사해로 흘러 들어가면서 모압인의 땅과 아모리인들의 땅의 경계를 이루는 아르논(Arnon)강에 도달했다. 이 땅은 비옥한 데다가 소산이 풍부했기 때문에 수많은 인구를 부양할 수가 있었다. 따라서 모세는 아모리인의 왕 시혼(Sihon)에게 사신을 보내어 무엇이든지 저당을 잡아도 좋으니까 지나갈 수 있도록 길을 터주면 결코 왕이 다스리는 나라나 백성들에게 해를 끼치지 않을 것이며, 필요한 것이 있으면 원하는 가격으로 살 것이며 심지어 마실 물까지도 원한다면 사서 마시겠노라고 요청했다. 그러나 시혼은 모세의 제안을 거절하고 군대를 동원하여 전투태세를 갖추게 한 후 어떻게 해서든지 아르논강을 건너지 못하도록 만반의 준비를 다 갖추었다.

2. 모세는 아모리인의 왕이 적대적인 자세를 취하는 것을 보고는 이런 모욕은 참아서는 안 된다고 생각했다. 모세는 히브리인들의 나태한 기질(이것이 전에 일어났던 반역의 원인이었으며, 백성들의 마음이 아직도 완전히 아물지 않은 상태였다)이 또 나타나서 혼란이 일어나는 것을 방지하기 위해 아모리인들과 싸워도 좋은지 하나님께 여쭈어보았다. 하나님이 승리하게 해주시겠다고 약속하자 모세는 용기가 솟아났으며 당장이라도 아모리인들과 전투를 하고 싶었다. 모세는 하나님이 싸워도 좋다고 허락하셨으니 마음 놓고 아모리인들을 쳐부수자고 병사들의 사기를 북돋워 주었다. 백성들은 그토록 기다렸던 하나님의 허락이 떨어졌다는 이야기를 듣고 완전 무장을 하고 지체 없이 전투에 나섰다. 아모리인들은

히브리인들이 공격해 오자 처음 마음먹었을 때와는 달리 왕뿐 아니라 부하 병사들도 히브리인들의 공격에 겁을 집어먹고 말았다. 전에는 사기충천하더니 이제는 벌벌 떨게 되었다. 따라서 그들은 히브리인들의 첫 번째 공격을 막아내지 못했고 더 이상 버틸 힘이 없자 강한 성벽으로 요새화된 도시들을 믿고 있었기에 싸우는 것보다는 후퇴하는 편이 더 좋겠다고 생각하여 후퇴하기 시작했다. 그러나 그들은 도시로 후퇴해 보았지만 아무런 이득을 얻지 못했다. 그 이유는 다음과 같다. 히브리인들은 아모리인들이 물러서는 것을 보자마자 그들 뒤를 바짝 추격하기 시작했다. 히브리 병사들이 아모리 병사들의 대열을 흐트러뜨리자 아모리 병사들은 크게 겁을 집어먹게 되었고 일부 병사들이 대열을 이탈해 도시로 도망치기 시작했다. 그러자 히브리 병사들은 그들 뒤를 끝까지 추격하기 시작했다. 히브리인들은 돌이나 창 같은 것을 던지는 데는 유난히 소질이 있었으며 경무장을 하고 있었기에 빠른 걸음으로 추격해 아모리인들을 따라잡을 수 있었다. 너무 멀리 떨어져 있어서 따라잡을 수 없는 적들에게는 돌이나 화살을 쏘아서 쓰러뜨렸다. 따라서 수많은 아모리인이 죽음을 당했으며 죽음을 면한 자들은 심한 중상을 입었다. 때는 여름이었기 때문에 아모리 병사들은 히브리 병사들보다도 갈증과 싸우는 것이 더욱 고통스러웠다. 따라서 수많은 병사가 물을 마시기 위해 강가로 내려갔고 나머지 병사들은 떼를 지어 도망치기에 바빴다. 강가로 내려간 아모리인들을 포위한 히브리인들은 창과 활을 쏘아 모조리 사살해 버렸다. 아모리 왕인 시혼도 역시 전사했다. 히브리인들은 적병을 약탈하고 전리품을 챙겼다. 그들이 차지한 땅은 농작물들이 풍성하게 쌓여 있었으므로 가축 떼들에게 먹을 것을 마음껏 나누어 주었다. 아모리 병사들이 모두 전사했으므로 히브리인들은 어떤 방해도 받지 않고 아모리인들을 포로로 잡을 수 있었다. 경륜도 모자랄 뿐 아니라 행동에서도 용기가 없었던 아모리인들은 이렇게 해서 전멸을 당하고 만 것이었다. 결국 히브리인들은 세 강 사이에 위치하고 있기 때문에 자연히 섬처럼 되어버린 아모리인들의 땅을 정복하게 되었다. 즉 아르논(Arnon)강은 남쪽 경계를, 지금 이름은 남아 있지 않으나 요단강으로 흘러 들어가는 얍복(Jabbok)강은 북쪽 경계를, 요단(Jordon)강은 서쪽 경계를 이루고 있어 마치 섬과도 같았다.

3. 사태가 이에 이르자 길르앗과 골란(Gaulanitis, 가울라니티스)의 왕인 옥(Og)이 이스라엘을 공격해 왔다. 그는 병사를 이끌고 서둘러 우방인 시혼을 도우러 왔다. 옥은 시혼이 이미 전사했음을 알고도 이스라엘은 자기들의 적수가 될 수 없다고 생각하고 자기들의 용맹을 시험해 보고자 히브리인들에게 다가와 싸움을 걸었으나 그만 그의 희망은 물거품처럼 사라졌고 자신만 전사한 것이 아니라 그의 모든 군대도 전멸하고 말았다. 즉시 모세는 얍복강을 건너 옥의 왕국을 공략해서 도시들을 전복시켰고 땅이 비옥하고 자원이 풍부해 인근 지방 가운데서는 가장 부유한 주민들을 한 사람도 살려두지 않고 쳐 죽였다. 그런데 옥은 키가 얼마나 크고 용모가 준수한지 그를 따라갈 만한 사람이 별로 없었다. 그는 또한 손놀림이 재빨라 그의 행동은 그 큰 키와 준수한 용모에 썩 잘 어울렸다. 암몬 왕국의 수도인 랍바(Rabbath)에서 취한 옥이 쓰던 침상을 보면 그의 힘과 키와 덩치가 얼마나 컸었는가를 능히 짐작할 수가 있었다. 그의 침상은 철로 만들어져 있었는데 너비가 4규빗, 길이가 9규빗이나 되었다. 옥의 패배로 인해 히브리인들의 상황은 많이 좋아졌으며 그의 전사는 히브리인들이 계속되는 성공을 거둘 수 있는 좋은 계기가 되었다. 왜냐하면 히브리인들은 옥이 다스리던 강한 성벽으로 요새화된 60개의 도시를 손에 넣었고 국가적으로뿐 아니라 개인적으로도 많은 전리품을 획득할 수 있었기 때문이었다.

제6장

선지자 발람과 그의 인간 됨됨이

1. 모세는 이스라엘 백성을 요단강까지 인도한 후 여리고(Jericho) 맞은편 대평야에 진을 쳤다. 여리고는 매우 살기 좋은 곳이었으며 종려나무와 발삼

(balsam)이 자라기에 매우 적합한 곳이었다. 이것을 본 이스라엘 백성들은 의기양양해져서 한시라도 빨리 싸우고 싶은 마음이 굴뚝같았다. 따라서 모세는 수일간 하나님께 감사의 제물을 드리고 난 후 일단의 병사를 보내 미디안인의 왕국을 쳐부수고 도시들을 탈취하도록 했다. 모세가 미디안인들과 싸우게 된 이유는 아래와 같다.

2. 조상 때부터 미디안인들과 우방으로 동맹을 맺고 있었던 모압(Moabite) 왕 발락(Balak)은 이스라엘의 세력이 막강한 것을 보고 자기 신변과 자기 나라의 안전에 큰 위협을 느끼게 되었다. 발락은 하나님이 이스라엘 백성에게 가나안 땅을 정복할 뿐 더 나아가서 다른 나라들과 전쟁을 해서는 안 된다고 명령하신 것을 알고 있었는데[7] 사태가 이렇게 발전하자 그만 놀라지 않을 수가 없었다. 따라서 그는 이스라엘이 상승 기세를 타고 있어 사기가 충천한 것을 보고 맞서 싸우는 것은 현명하지 못하다고 인식했으나 어찌 되었든 가능하다면 이스라엘의 세력이 더 이상 팽창하는 것은 저지해야겠다고 생각하고 미디안인들에게 사신을 보냈다. 이에 미디안인들은 유브라데 강가에 발람(Balaam)이라는 사람이 살고 있는데 당대 최고의 선지자이며 자기들과 교분도 있으니 그를 청하여 이스라엘이 망하도록 저주를 하게 하는 것이 어떻겠느냐고 제안하고 자기네 귀족들을 발락의 사신과 함께 발람에게로 보냈다. 발람은 사신들을 융숭하게 대접했다. 발람은 저녁을 먹은 후 미디안인들이 자기를 오라고 한 이유가 무엇이며 하나님의 뜻이 어디에 있는지를 하나님께 여쭈어보았다. 하나님이 가면 안 된다고 반대하시자 발람은 사신들에게 돌아와서 자기 자신은 요청을 얼마든지 들어주고 싶지만 진실한 예언을 하도록 해주심으로써 자기에게 큰 명성을 안겨다 주신 바로 그 하나님이 반대하신다고 밝혔다. 발람은 자기에게 와서 저주해 달라는 그 백성들은 하나님의 총애를 받는 자들이므로 고국에

---

[7] 여기서 요세푸스가 언급한 말, 즉 이스라엘 백성은 모압이나 암몬이나 그 외의 다른 나라들과 전쟁을 해서는 안 되며 가나안 땅에 속한 나라들과 광야와 유브라데강에 이르는 요단강 건너편 시혼과 옥의 왕국과만 전쟁을 하도록 되어 있었기 때문에 다른 민족들은 이스라엘의 정복을 두려워해야 할 등의 이유가 없다. 왜냐하면 이 나라들은 하나님이 열방 중에 그들의 특별한 소유로 허락하신 까닭에 이것을 빼앗으려는 자들은 멸절시키는 것이 정당했기 때문이었다는 말은 우리가 이 시점에서 주목할 필요가 있다.

돌아가거든 그들과 대적하지 말라고 사신들에게 충고했다. 발람은 이렇게 대답을 한 후 그들을 돌려보냈다.

3. 미디안인들은 발락의 진지하고도 간절한 애원에 못 이겨 다른 사신들을 발람에게 보냈다. 발람은 사람들의 요구를 들어주었으면 하는 바람으로 하나님께 다시 여쭈어보았다. 그러나 하나님은 발람의 (두 번째) 요구에 불쾌한 나머지[8] 사신들의 요구를 들어주라고 명령하셨다. 발람은 하나님이 이런 명령을 내리신 것은 자신을 속이기 위한 것인 줄도 모르고 사신들을 따라갔다. 그러나 그가 좁은 통로에 들어섰을 때 하나님의 천사가 나타나 그를 벽으로 둘러싸인 곳에 몰아넣자 발람이 타고 있던 나귀는 앞에 나타난 존재가 하나님의 영인 것을 알아보고 벽에 부딪치니 화가 난 발람이 채찍을 휘두르는 데도 불구하고 나귀는 발람을 벽에 부딪히게 했다. 나귀는 천사가 자기를 계속 괴롭히는 데다가 주인까지 채찍을 휘두르니 그만 넘어지면서 인간의 목소리를 사용해 자기에게 왜 부당하게 대하느냐고 발람에게 불평을 늘어놓았다. 지금까지 자기가 주인에게 봉사하는 데 한점의 허술한 면이 없었는데 하나님이 섭리로 주인이 가려고 하는 길을 막고 있음을 알지 못하고 왜 채찍으로 자기를 때리느냐는 것이었다. 나귀가 사람의 말을 하는 것을 보고 크게 놀란 발람에게 천사가 분명하게 나타나 채찍으로 나귀를 때린 것을 책망하면서 그 짐승은 조금도 잘못한 것이

---

8) 요세푸스는 결코 발람을 우상숭배자나 이교적인 마술을 부리는 자나 거짓 예언을 하는 자로 보지 않고 단지 악의를 품은 참 하나님의 선지자(ill-disposed prophet of the true God)로 보고 있음을 주목하라. 그리고 같이 가도 좋다고 허락한 하나님의 두 번째 대답은 발람을 속이려는 의도가 숨겨져 있는 의도적이면서도 아이로니컬한 대답이라는 점을 요세푸스가 암시하고 있음을 주목하라(즉 요세푸스는 마치 그런 악인들은 속임을 당하는 것이 정당한 것이며 또 하나님의 섭리에 의한 것인 양, 그전에 지은 죄에 대한 형벌로서 이런 종류의 속임수가 있을 수 있다는 것을 주저하지 않고 인정하고 있다). 그러나 우리는 여기서 민수기 22장 20-21절의 본문에 더 충실한 것이 좋을 것 같다. 이 본문에 따르면 하나님은 단지 사신들이 와서 부르거나 아니면 적극적으로 함께 가 줄 것을 강권할 경우에만 그들과 함께 가도 좋다고 허락한 반면에 발람은 참을성이 없어서 아침에 일어나 나귀에 안장을 얹고 사신들이 부를 때까지 기다리지 않고 먼저 그들을 부른 것처럼 보인다. 그는 예언의 대가, 즉 불의의 삯을 얻기 위해 혈안이 된 것처럼 보인다(민 22:7, 17, 18, 37; 벧후 2:15; 유 5, 11). 우리는 요세푸스가 사무엘의 경우(『유대 고대사』 5권 4장 1절)와 다니엘의 경우(『유대 고대사』 10권 11장 8절)에서 옳게 지적한 것처럼 이런 불의의 대가와 삯은 하나님의 참 선지자들은 결코 요구하거나 받아서는 안 된다. 창세기 14장 22-23절, 열왕기하 5장 15, 16, 26, 27절, 사도행전 8장 17절도 보도록 하라.

없고 단지 발람의 행동이 하나님의 뜻에 어긋난 것이기에 자기가 가로막은 것뿐이라고 알려 주었다. 이에 발람이 크게 두려운 마음이 들어 오던 길을 다시 돌아가려고 했다. 그러나 하나님은 그에게 가려고 의도했던 길을 가되 하나님이 그의 마음속에 생각나게 한 것 외에는 어떤 것도 절대로 예언해서는 안 된다는 명령을 내리셨다.

4. 발람은 하나님의 이 명령을 받고 발락에게로 왔다. 발락은 발람을 융숭하게 대접한 후에 히브리 진영을 살펴볼 수 있는 산에 오를 것을 요구했다. 발락 자신도 발람과 왕의 수행원 하나를 거느리고 산에 올랐다. 이 산은 히브리인들의 바로 위에 있었고 그들의 진영으로부터는 60펄롱(furlong) 떨어져 있었다. 발람은 히브리 진영을 살펴보고 왕에게 일곱 단을 쌓고 수송아지와 숫양 일곱 마리를 준비시켜 달라고 요구했다. 그러자 왕은 이 요구를 즉석에서 들어주었다. 발람은 히브리인들의 앞날의 징조를 알아보기 위해 희생 제물을 잡아 번제를 드렸다. 그리고 이렇게 말했다. "하나님이 수많은 좋은 것들을 내려 주시고 자신의 섭리로 인도하시고 보호하시는 백성은 행복하도다. 이 세상에 너희와 같은 나라가 없을 것이며, 덕에 있어서나 삶의 최선의 법칙을 진지하게 추구해 나가는 데 있어서나, 악에서 벗어나 순결한 면에 있어서나 삶의 최선의 법칙을 후손들에게 물려주는 데 있어서 너희와 견줄 나라가 없을 것이다. 하나님이 너희를 귀중히 여기시기에 해 아래 그 어떤 나라보다 행복한 삶을 누릴 수 있도록 필요한 것들을 너희에게 공급해 주실 것이다. 하나님이 너희에게 주실 그 땅을 너와 네 후손이 언제나 차지하게 될 것이다. 바다뿐 아니라 온 땅에 너희의 영광이 가득 찰 것이며 전 세계 곳곳에 너희 후손이 번창할 것이다. 오! 행복한 백성이여, 한 조상에게서 그리도 많은 후손이 나오다니 놀라지 않을 수 없구나! 지금은 비교적 좁은 땅인 가나안 땅을 너희가 소유할 것이나 언젠가는 전 세계가 영원히 너희 거주지가 될 것을 알라. 너희 후손은 육지뿐 아니라 섬들에서도 살게 되리니 그 수가 하늘의 별보다 많게 되리라. 너희의 수가 많아진다고 해서 하나님이 너희를 돌보시지 않는 것이 아니다. 하나님이 평화 시에는 모든 좋은 것으로 풍성히 채워 주실 것이고 전쟁 시에는 승리와 지배권을

너희에게 안겨 주실 것이다. 네 적들의 후손들이 너희 후손들과 대적해서 싸우고 싶은 마음이 들 때도 쉽게 무장을 하고 네 후손들을 공격하지 못할 것이다. 왜냐하면 전쟁을 해도 승리하지 못할 것이기에 전쟁 후 본국으로 귀환할 때 처자들 보기가 민망하기 때문일 것이다. 너희는 하나님의 섭리로 인해 용기백배할 것이다. 하나님은 부유한 자의 부를 빼앗아 가난한 자의 부족함을 채워 주실 수 있는 분이기 때문이다."

5. 발람은 자기 능력이 아니라 하나님의 영의 인도로 영감을 받아 이렇게 말했다. 그러나 발락은 이에 기분이 상해 자기와 자기 동맹국들이 많은 선물을 주기로 계약을 맺고 오라고 했는데, 와서 자기 적들을 저주하기는커녕 오히려 찬사만 늘어놓고 그들이 가장 행복한 사람들이라고 선언하고 있으니 어찌 그럴 수가 있느냐고 힐난했다. 이에 발람은 이렇게 대답했다. "오, 발락이여! 이 모든 문제를 올바로 보십시오. 하나님의 영이 우리를 사로잡을 때 우리 마음대로 침묵을 지키거나 혹은 어떤 말을 마음대로 할 수 있는 줄 아십니까? 하나님의 영은 자기가 원하는 말들을 우리 입에 담아 넣으시고 우리가 의식할 수 없는 그런 내용을 예언하게 만드십니다. 나는 왕과 미디안인들이 나를 이곳까지 부른 목적을 잘 기억하고 있습니다. 그래서 여기까지 오지 않았습니까? 따라서 나는 될 수 있는 한 왕이 내게 요구한 것을 들어주려고 했으며 왕의 귀를 거스르고 싶은 마음은 조금도 없었습니다. 그러나 하나님은 나보다 힘이 세시기 때문에 왕의 요구를 들어주고 싶어도 어쩔 수가 없었던 것입니다. 마치 자기의 능력을 발휘해서 인류의 미래사를 예언할 수 있다고 가장하는 자들은, 전적으로 미래를 예언할 수 없거나 하나님이 그들에게 보여주신 것을 말하지 않거나 하나님의 뜻을 정면으로 거스르는 자들입니다. 하나님이 우리를 간섭하시고 우리 안에 들어오시면 우리가 말하는 것은 모두가 우리 자신의 말이 아닙니다. 나는 이스라엘 백성을 칭찬하거나 하나님이 이 족속에게 주시고자 하는 많은 좋은 것들을 예언할 의도가 전혀 없었습니다. 그러나 하나님이 그들을 총애하시고 행복한 삶과 영원한 영광을 내려 주시기를 너무나도 원하신 나머지 내게 이런 것들을 선포하라고 지시하신 것입니다. 그러나 이제 미디안인뿐 아니

라 왕의 요구를 거절하고 그냥 돌아가는 것은 나답지 않은 행동이므로 왕과 미디안인들의 소원을 들어주도록 노력하겠습니다. 우리 다시 한번 다른 단을 쌓고 하나님께 이전과 같은 제사를 드려 봅시다. 그러고 나서 내가 히브리 족속을 저주하는 것을 하나님이 허락하시게끔 하나님을 설득할 수 있는지의 여부를 알아보도록 합시다."

발락이 이에 동의해서 두 번째 제사를 드렸으나 두 번째 제사에도 불구하고 하나님은 이스라엘을 저주하는 것을 승낙하시려고 하지 않았다.9) 그 즉시 발람은 엎드러져서 여러 왕국의 왕들과 유명한 도시들에 임할 재난을 예언하기 시작했는데 어떤 고대 도시들은 심지어 사람조차 살지 못할 정도로 황폐할 것이라고 했다. 발람의 예언은 지금까지 그래왔을 뿐 아니라 앞으로 다가올 시대에서도 그 예언과 관련된 나라들 가운데서 실제로 실현될 것이 분명하다. 발람의 일부 예언이 성취된 것을 볼 때 나머지 예언도 장차 성취될 것임을 누구나 쉽게 짐작할 수가 있다.

6. 발락은 발람이 이스라엘을 저주하지 않은 것에 크게 격분하여 발람은 믿을 만한 인물이 못 된다고 생각하고 돌려보냈다. 발람은 유브라데강을 건너기 위해 막 여행을 떠날 준비를 하면서 발락과 미디안의 방백들을 불러서 이렇게 말했다. "발락왕과 여기에 있는 미디안 방백 여러분, (하나님의 허락이 없었지만 당신들의 요구를 들어주지 않을 수가 없군요) 전쟁으로도, 병으로도, 땅의 소산의 결핍으로도, 그리고 그 밖의 어떤 예기치 않은 사건으로도 히브리 국가를 전멸시킬 수가 없다는 것을 확신합니다. 왜냐하면 하나님이 섭리로 그들을 그런 불행한 사태에서 보호하실 뿐 아니라 그들이 전멸할 그런 큰 불상사는 일어나지 못하도록 미리 막고 계시기 때문입니다. 단지 그들을 겸손하게 만들 목적으로 내리는 작은 재앙만이 있을 뿐입니다. 그러나 그것도 단기간의 재앙에 불과할 뿐 그

---

9) 요세푸스의 책에는 발람이 이스라엘을 모두 합해 두 번 저주하려고 시도했다는 의미인지, 아니면 '두 번 제사를 드렸다는 것'이 이미 언급한 바 있는 첫 번째 제사 외에 또 두 번을 더 드렸다는 의미(그럴 가능성은 매우 희박하다)인지는 지금으로서는 확실히 결정할 수가 없다. 한편 이 역사를 기록하고 있는 다른 모든 성경 사본에는 발람이 이스라엘을 모두 세 번 저주한 것으로 기록되어 있다.

재앙이 끝나면 그들에게 해를 끼친 자들이 놀랄 정도로 그들은 다시 번창합니다. 그러므로 만일 당신들이 단기간이라도 그들을 이기고 싶은 마음이 있거든 내 지시대로 하십시오. 그러면 아마 승리할 수 있을 것입니다. 우선 여러분들의 딸 중에서 사람의 마음을 사로잡아 흔들어 놓을 수 있는 뇌쇄적(惱殺的)인 미모의 처녀들을 골라서 할 수 있는 한 최대로 아름답게 치장시키십시오.[10] 그리고 그 처녀들을 이스라엘 진영 가까이 보내십시오. 그리고 다음과 같이 지시하십시오. 젊은 히브리인들이 사귀기를 원하면 처음에는 좋다고 같이 있다가 그들이 사랑에 완전히 빠진 것같이 보이면 떠나겠다고 위협하고 그때 그들이 제발 함께 있어 달라고 애원하면 율법과 하나님을 섬기는 것을 버리고 미디안과 모압의 신을 섬기겠다고 말할 때까지는 절대로 허락할 수 없다고 해야 합니다. 이렇게 되면 하나님은 히브리인들에게 크게 진노하실 것입니다."[11] 발람은 이런 계략을 그들에게 가르쳐 주고 자기 갈 길로 갔다.

7. 발람의 계책대로 미디안인들이 자기 딸들을 보내자 젊은 히브리인들은 이들의 미모에 매혹되어 이야기라도 나누고 싶어 다가가서는 당신과 이야기를 나눌 수 있는 특권을 허락해 달라고 간청했다. 미디안의 딸들은 그들의 청을 기꺼이 받아들였고 그들과 함께 유했다. 처녀들은 히브리 청년들이 자기들의 미모에 꼼짝 못 하게 되고 깊은 애정을 느끼고 있는 것을 보자 그들 곁을 떠나야겠다고 말할 때가 되었다고 생각하게 되었다. 떠나겠다는 여인들의 말에 히브리 청년들은 수심이 가득하게 되었고 제발 떠나지 말고 같이 있다가 아내가 되어 달라고 애원하면서, 아내가 되면 자기들이 가진 모든 재산을 소유할 수 있는 여주인으로서 대우받고 살도록 해주겠다고 약속했다. 그들은 하나님

---

10) 우리가 가진 성경 사본들에는 단지 짧은 암시만 되어 있는데(민 31:16; 벧후 2:15; 유 11; 계 2:14) 렐란트(Reland)에 의하면 이스라엘인들의 미디안 여인들과의 음행 사건에 관한 이렇듯 자세하고 분명한 기사는 여기 요세푸스뿐 아니라 『사마리아 역대기』(Samaritan Chronicle), 필론(Philo)과 그리고 유대인의 다른 저서들 속에 보존되어 있다고 한다.
11) 하나님의 백성인 이스라엘은 하나님께 죄를 짓도록 유도하지 않고는 결코 해하거나 전멸시킬 수가 없다는 이 위대한 공리(maxim)는 성경이나 요세푸스에 나타난 이스라엘의 모든 역사를 놓고 볼 때 사실인 것처럼 보이며 성경과 요세푸스의 저서 속에서도 가끔 주목의 대상이 되고 있다. 특별히 이런 의노로 말하고 있는 암몬인들의 주목할 만한 증언을 참조해 보도록 하라(유딧[Judith] 5:5-21).

을 자기들이 한 약속의 증인으로 삼겠다면서 맹세까지 했다. 더욱이 그들은 그 여인들이 없는 삶이 얼마나 비참한가를 스스로 잘 알고 있다는 것을 보여주어 여인들의 동정을 사려는 듯이 눈물을 흘리는 등 갖은 방법을 다 동원했다. 미디안 여인들은 히브리 청년들을 사랑의 포로로 만들었다는 것을 알게 되자마자 이같이 말했다.

8. "탁월한 젊은 청년들이여! 우리는 고향에 가면 부모와 친구도 있을 뿐 아니라 집과 좋은 것들을 많이 가지고 있어요. 우리가 당신들과 교제를 나눈 것은 그런 것들이 부족했기 때문이 아니에요. 우리가 아름다운 몸매를 팔아 창녀처럼 무엇인가 이득을 보려고 계획적으로 당신들의 초청을 수락한 것도 아니에요. 단지 우리는 당신들이 용감하고 존경할 만한 사람들인 줄 알았기에 당신들을 환대하기 위해 당신들의 청을 받아들인 것뿐이에요. 그런데 당신들이 우리들을 사랑하게 되었는데 갑자기 우리가 떠난다는 이야기에 그만 큰 수심에 싸여 있다는 말을 듣자 우리는 당신들의 간청을 뿌리칠 수가 없게 되었어요. 따라서 만일 우리가 생각하기에 이 정도면 충분하다는 당신들의 선의에 대한 확약을 받아 낼 수만 있다면 기꺼이 당신들의 아내로 평생을 살아갈 용의가 있어요. 그러나 우리는 시간이 지나면 당신들이 우리와 함께 있는 것을 싫어하여 우리를 학대하고 마침내는 치욕적인 방법으로 우리 부모님 집으로 내어 쫓지는 않을까 심히 걱정돼요." 미디안 여인들은 그런 위험이 있을까 봐 경계하는 것이 미안하다고 했다. 그러나 히브리 청년들은 여인들이 원하는 대로 무엇이든지 확약하겠다고 약속했다. 너무 사랑하기 때문에 원하는 대로 들어주겠다는 것이었다. 그러자 미디안 여인들이 이렇게 말했다. "당신들의 결심이 이와 같다니 저희가 말씀드리겠어요. 당신들이 먹는 음식과 물이 독특한 점에서 잘 드러나듯이 당신들의 삶의 풍습과 행위는 다른 사람들과 조금도 같은 점이 없기 때문에[12] 당신들이 우리를 아내로 삼기 원한다면 우리가 믿는 신을 경배

---

[12] 요세푸스가 여기서 이스라엘로 하여금 음행과 우상 숭배를 저지르도록 유혹하기 위해 온 미디안 여인들의 입을 통해 하고 있는 말의 요지, 즉 이방 신들에 대한 경배와는 정반대되는 이스라엘의 하나님에 대한 경배에는 이방의 거짓 신들이 내렸다는 더러운 법과는 정반대되는, 참 하나님이 모세를 통해 그들에게 내

하는 것이 절대적으로 필요하다고 생각해요. 우리와 같은 신을 섬기겠다는 이 말보다 당신들이 지금까지 보여주었고 앞으로도 보여주겠다고 약속한 친절을 보증하는 확실한 보장은 없는 것 같아요. 당신들이 이 나라에 들어와서 이 나라 고유의 신들을 경배한다고 해서 뭐라고 말할 사람이 있겠어요? 특히 우리가 믿는 신은 모든 사람이 섬기는 신인 데에 반해 당신들의 신은 오직 당신들만 섬기는 신이니까 문제 될 것은 없다고 봐요." 이렇게 미디안 여인들은 다른 모든 사람과 같이 그들의 신을 경배하고 살아가든지 아니면 자기들 스스로의 힘을 의지하고 자기들 스스로 세운 법을 따라 사는 다른 세계를 찾아보든지 둘 중에 하나를 선택해야 한다고 말했다.

9. 히브리 청년들은 이 여인들을 향한 사랑에 눈이 멀어 그들의 말이 옳다고 생각한 나머지 여인들의 말에 속아 넘어가게 되었고 마침내는 율법을 범하게 되었다. 이 세상에는 신이 많이 있다고 생각한 나머지 그들은 미디안의 율법이 정한 바에 따라 제사를 드리기로 작정하고 나아갔다. 그들은 히브리 율법이 정면으로 금하는 데도 불구하고 미디안의 이상한 음식을 좋아했을 뿐 아니라 여인들이 시키는 것은 무엇이든지 다 하기에 이르렀다. 마침내 거의 대부분의 히브리 청년들이 이런 범죄를 저지르기에 이르자 전보다 더 악한 반역, 즉 그들 민족의 제도를 완전히 전복시키려는 위험한 행동을 하게 되었다. 왜냐하면 한 번 이 이상한 풍습의 맛을 본 젊은이들은 그쪽으로 마냥 끌려가지 않을 수가 없었기 때문이었다. 선조들의 덕분에 유명하게 된 몇몇 유력 인사들도 다른 청년들과 함께 타락의 길로 끌려 들어갔다.

10. 시므온 지파의 두령인 시므리(Zimri)조차도 미디안의 세력가인 수르(Sur)의 딸 고스비(Cozbi)와 함께 지냈으며 모세의 율법을 무시하고 자기네 풍습을

리신 거룩한 율법을 따라 삶을 살아야 한다는 사실이 함의되어 있다는 점은 특별히 우리의 주목을 끌 뿐 아니라 모세의 율법이 이스라엘을 우상 숭배로부터 보호하여 참 하나님을 경배하는 데 최고의 관심을 보인 이유를 충분히 설명할 수 있도록 해준다. 하나님의 백성이 참 하나님의 거룩한 율법의 지배를 받고 있는가 아니면 이방 우상을 숭배하면서 마귀에게서 나온 더러운 법의 지배를 받고 있는가는 결고 소홀히 할 수 없는 무서운 결과를 빚는 문제인 것이다.

따르자는 고스비의 말에 순순히 따랐다. 즉 모세의 율법의 규정과는 전혀 다른 방법으로 제사를 지낸 것과 이방 여인을 아내로 삼은 것, 이 두 가지가 모두 문제였다. 사태가 이렇게 발전하자 모세는 문제가 악화될 것을 두려워한 나머지 백성들을 총회로 소집하였다. 그러나 모세는 이름을 들먹거리면서 나무라면 회개할 사람도 회개하지 않고 오히려 크게 낙심할 것을 고려해서인지 구체적인 이름을 지적하면서 비난하지는 않았다. 모세는 단지 그들이 하나님과 하나님의 뜻보다는 쾌락을 좇음으로써 자신의 명예나 조상의 명예에 먹칠하는 일을 하고 있음을 지적하면서 사태가 더 악화되기 전에 행실을 고치는 것이 현명할 것이며 진정한 용기는 율법을 범하는 데 있는 것이 아니라 정욕을 이기는 데 있음을 역설했다. 그 외에도 모세는 지금까지 광야에 있을 때는 정신을 차려 행동하더니 이제 상황이 조금 호전되니까 미친 짓을 하는 것은 말도 되지 않으며 어려울 때 얻은 것을 이제 풍부해졌다고 해서 손에서 놓아서는 안 된다는 점을 거듭 강조했다. 모세는 어떻게 해서든지 젊은이들을 바로잡아 주고 그들이 저지른 잘못을 회개하고 돌아올 수 있도록 하기 위해 많은 수고를 아끼지 않았다.

11. 그러나 시므리는 모세의 말이 끝나자마자 뒤따라 일어나더니 이렇게 말했다. "모세, 당신은 당신의 맘에 드는 율법만을 규칙으로 정해 놓은 다음 자기를 그 율법에 적응시킴으로써 그 율법을 이 나라의 확고한 율법으로 세워 놓았소. 만일 그렇지 않았다면 당신은 벌써 여러 번 벌을 받았을 것이며 히브리인들이 그렇게 쉽게 넘어갈 사람들이 아니라는 것을 일찌감치 깨달았을 것이오. 나를 당신의 전제적인 명령이나 따르는 당신의 추종자로 만들지 마시오. 당신은 우리 뜻대로 행동할 때 얻을 수 있는 자유민의 권리인 삶의 환희를 우리에게서 박탈했소. 당신은 사악하게도 율법과 하나님이라는 미명 아래 우리 위에 군림하면서 우리를 노예로 삼는 일 외에는 아무것도 한 일이 없소. 속으로는 동조하는 모든 사람의 행위를 당신 스스로 세워 놓은 율법에 따라 처벌해야 한다고 주장하면서, 애굽인들보다 우리 히브리인들을 더 가혹하게 대하고 있소. 그러나 오히려 벌을 받아 마땅한 사람은 바로 당신이오. 왜냐하면 당

신은 모든 사람이 유익하다고 인정하는 것은 모두 없애버리고 다른 사람의 견해는 무시하고 유독 당신 혼자의 견해만 내세우며 그것을 실행에 옮기려고 애쓰고 있기 때문이오. 따라서 나는 요즈음 나의 생각과 행동이 나 자신의 표준에 의한 것임을 이제부터는 부인하지 않을 것이오. 당신의 표현을 빌려 말하면 나는 이방 여인과 결혼한 것이오. 그것도 내가 자유인으로서 스스로 결정하고 행동한 것이오. 나는 더 이상 나 자신을 숨기고 싶지는 않소. 또한 나는 당신이 제사드려서는 안 된다고 생각한 그런 신들에게 제사드린 점도 인정하오. 나는 독재자 밑에 살면서 나의 삶의 모든 소망을 한 사람에게 두기보다는 많은 사람과의 대화를 통해 진리에 도달하는 것이 옳다고 생각하고 있소. 자기 자신보다 더 높은 권위가 자기 행동을 지배하고 있다고 선언하는 사람들은 결코 기쁨을 맛볼 수 없을 것이라고 생각하오."

12. 시므리가 자기와 그 외의 사람들이 저지른 죄에 대해 이같이 변명하자 백성들은 그들에게 무슨 일이 일어날까 하고 두려워하였다. 왜냐하면 모세가 더 이상 공중 앞에서 시므리의 교만한 말이 연장되는 것을 원하지 않으며 그와 공개석상에서 다투는 것도 원하지 않는다는 것을 알았기 때문이다. 모세는 많은 사람이 시므리의 건방진 언동을 흉내 내면 백성들이 혼란에 빠질 것 같아 염려스러운 나머지 백성들을 해산시켰다. 다음과 같은 이유로 인해, 시므리가 처음으로 살해되지 않았다면 더 엄청난 일이 발생했을지도 모른다. 훌륭한 아버지를 두었다는 점(그는 대제사장 엘르아살의 아들이었고 모세의 형인 아론의 손자였다)에서뿐 아니라 다른 점에서도 당대의 청년들보다 뛰어난 청년이었던 비느하스(Phineas)는, 시므리가 한 행동을 크게 걱정한 나머지 그의 더러운 행동을 그대로 방치해 두면 더 악화될 것이 분명했고 주모자를 벌하지 않고 내버려두면 흔히 나타나는 현상으로 이 범죄가 더 극성을 부릴 것이 자명했기 때문에 그를 해치기로 심각한 결정을 내렸다. 비느하스는 정신력이나 체력에 있어서 그 누구보다도 강했기 때문에 어떤 위험한 시도를 할 때도 적을 굴복시켜 완전히 승리하기 전까지는 물러서는 법이 없는 그런 인물이었다. 따라서 그는 시므리의 장막으로 가서 시므리는 물론 고스비까지도 창으로 찔러 죽였다. 이에 덕을 중

히 여기고 영광스러운 행동을 사모하는 모든 젊은이들이 비느하스의 용감성을 본받아 시므리와 같은 죄를 범한 것이 드러난 사람은 모조리 죽였다. 따라서 범죄한 수많은 사람이 이 젊은 청년들의 용기에 의해 죽음을 당했고 나머지는 하나님이 내리신 병으로 세상을 떠났다. 더욱이 이런 범죄를 저지른 자들을 말리는 것이 당연함에도 불구하고 말리기는커녕 오히려 잘한다고 칭찬해 준 친척들도 공범자로 인정되어 하나님의 징계로 죽음을 당했다. 따라서 이때 죽음을 당한 사람은 무려 14,000(24,000)명[13]에 달했다.

13. 모세가 화가 나 미디안인들을 쳐부수기 위해 군대를 파견한 이유가 여기에 있었다. 이 미디안 원정 기사에 대해서는 빠뜨려서는 안 될 것을 먼저 이야기한 다음에 바로 언급하려고 한다. 빠뜨려서는 안 될 것이란 다름 아닌 우리 민족의 율법 수여자인 모세가 여기서 취한 행동을 볼 때 그를 칭찬하지 않을 수가 없다는 점이다. 히브리인들을 저주하라는 미디안들의 요청을 받고 왔으나 하나님의 섭리로 인해 뜻을 이루지 못하게 되자 계책을 적에게 가르쳐 주는 바람에 그로 말미암아 거의 모든 히브리 백성이 타락할 뻔했고 많은 사람이 범죄하여 죽음을 당하게 만든 장본인이 발람인데도 불구하고 모세는 발람의 예언을 자기 책에 기록함으로써 발람에게 큰 영예를 돌렸다. 모세는 보는 사람도 없고 또 그렇게 했다고 비난할 사람이 아무도 없었기 때문에 이 영예를 자기에게 돌릴 수도 있었으나 발람의 이름을 언급하면서 그에게 영광을 돌렸다. 그러나 이런 점에 있어서는 독자들이 각기 좋은 대로 생각하도록 하라.

---

[13] 24,000명이 아니라 14,000명이라고 기록되어 있는 요세푸스의 헬라어와 라틴어 사본에 나타난 실수는 너무나 분명하기 때문에 매우 뛰어난 학식을 가진 편집자인 버나드(Bernard)와 허드슨(Hudson)까지도 본문에 직접 24,000명이라고 바꾸어 기입해 넣었다. 그러나 나는 괄호 안에 넣어 처리하는 편을 택했다.

제7장

히브리인들이 미디안인들과 싸워 승리한 경위

1. 모세는 조금 전에 언급한 이유 때문에 비느하스를 사령관으로 임명하고 열두 지파에서 골고루 병사를 뽑아 모두 12,000명의 부대를 보내 미디안 땅을 공격하게 했다. 이 비느하스는 조금 전에 언급한 바 있는 인물로서 히브리 율법을 지키기 위해서 율법을 범한 시므리를 쳐 죽인 바로 그 사람이다. 미디안인들은 히브리인들이 공격해 온다는 사실을 미리 알았기 때문에 군대를 모아서 미디안 땅으로 들어오는 통로를 요새화하고 히브리인들이 오기만을 기다렸다. 결국 미디안인들과 히브리인들 사이에 큰 전투가 벌어졌고 그로 인해 수많은 미디안인들이 땅에 엎드려졌다. 전사한 숫자가 너무 많아 셀 수도 없을 정도였다. 전쟁 중에 다섯 명의 왕도 모두 전사하고 말았다. 그들의 이름은 에위(Evi), 수르(Zur), 레바(Reba), 후르(Hur), 레겜(Rekem)이다. 레겜은 전체 아라비아의 수도 이름과 똑같다. 아라비아인들은 지금도 도시 창립자인 왕의 이름을 본떠서 그 도시를 아르겜(Arecem)이라고 부르나 헬라인들은 페트라(Petra)라고 부르고 있다. 적을 패퇴시킨 히브리인들은 미디안인들의 나라를 약탈해서 전리품을 획득하고 모세가 비느하스에게 명한 대로 처녀만을 제외하고 남자들과 부인들은 모조리 죽여버렸다. 비느하스는 조금도 피해를 입지 않은 군대를 이끌고 많은 전리품을 가지고 개선했다. 전리품을 살펴보면 소가 52,000마리, 양이 75,600마리, 나귀가 60,000마리였으며 그 외에도 미디안인들이 가정에서 쓰던 수많은 양의 금, 은 가구들이 있었다. 미디안인들은 부유했기 때문에 매우 사치스러웠다. 그들은 또한 32,000명의 처녀를 포로로 잡아 왔다.[14] 모세는 전리품을 분배하기 시작했다. 전리품의 50분의 1은 엘르

---

[14] 패역한 이스라엘인들과 음행을 한 미디안 여인들을 죽이고 여기에서와 민수기 31장 15, 16, 17, 35, 40, 46절에 다 같이 언급된 바대로 이 사건과 관련이 없는 32,000명이나 되는 여인들의 목숨은 하나님의 특별한 명령에 의해 살려 주었다는 사실은 주목할 만한데, 파멸을 당할 운명에 처할 정도로 사악한 나라

아살과 두 제사장에게 주었고 또 50분의 1은 레위인들에게 나누어 주었으며 나머지는 백성들에게 주었다. 그 후 이스라엘 백성들은 용기로 인해 좋은 것들을 많이 소유할 수 있었던 데다가 행복을 가로막는 어떤 불상사도 일어나지 않았기 때문에 행복한 삶을 누릴 수 있었다.

2. 이제 모세도 연로해졌다. 따라서 모세는 여호수아를 하나님의 지시를 전달하는 선지자로서뿐 아니라 언제라도 전쟁이 일어나면 군대의 사령관으로서 두 가지 임무를 수행해야 할 자기 후계자로 임명했다. 이것은 모두 하나님의 명령에 따른 것으로서 백성들을 돌볼 큰 책임이 여호수아의 어깨에 지워진 것이다. 지금까지 여호수아는 모세의 가르침을 받아 율법과 하나님에 관한 모든 종류의 지식을 습득해 왔었다.

3. 다른 재산뿐 아니라 가축이 유난히 많은 갓(Gad)과 르우벤, 두 지파와 므낫세(Manasseh) 지파의 반이 자기들끼리 연합 모임을 갖고 떼를 지어 모세에게 몰려와서 전쟁으로 빼앗은 미디안 땅이 비옥하여 가축을 치기에 적합하니 그 땅을 자기들의 기업으로 분배해 달라고 간청한 것이 바로 이때였다. 그러나 모세는 그들이 가나안인들과 싸우기를 두려워한 나머지 가축을 치기에 좋은 땅이라는 핑계를 대서 전쟁에서 빠지려고 하는 것이 분명하다고 나름대로 추측

들에서도 무죄한 자들은 때로는 하나님의 섭리에 의해 보호를 받고 파멸에서 구원을 받는다는 사실을 보여준다. 이 사실은 또한 가나안 민족이 가나안 땅에서 쫓겨난 것은 다름 아닌 그들의 사악함 때문이라는 사실을 직접적으로 암시하고 있다. 창세기 15장 16절, 사무엘상 15장 18, 33절, 그리고 사도적 규정(Apost. Constit.) 8권 12장 p. 402를 보도록 하라. 창세기 15장 16절에는 아모리인들의 형벌의 시기를 늦춘 이유를 "아모리 족속의 죄악이 아직 가득 차지 아니함이니라"라고 밝히고 있다. 사무엘상 15장 18절에서는 사울에게 "가서 죄인 아말렉 사람"을 진멸하라고 명령하고 있는데, 이것을 보면 그들이 진멸되어야 하는 이유는 그들이 죄인이기 때문이지 그 밖의 다른 이유가 없음을 보여주고 있다. 사무엘상 15장 33절에는 아각(Agag)의 목숨을 살려 두어서는 안 되는 이유가 그가 전에 행한 포악한 행위에 있음이 분명히 기록되어 있다. "네 칼이 (히브리) 여인들에게 자식이 없게 한 것같이 여인 중 네 어미에게 자식이 없으리라." 마지막으로 사도적 규정 8권 12장 p. 402에는 사도들, 혹은 사도들의 필사자(筆寫者, amanuensis)인 클레멘스(Clement)가 그리스도의 도래(到來)의 필요성에 대한 이유를 이같이 밝히고 있다. "인간들은 전에 적극적인 율법(positive law)뿐 아니라 자연의 법까지도 어기고 그 마음에서 노아 홍수와 소돔성의 멸망과 애굽인들이 받은 재앙과 팔레스타인 주민들이 진멸당한 기억을 망각하였다." 즉 노아 홍수와 소돔성의 멸망과 애굽에 내린 재앙과 팔레스타인 주민의 파멸을 회개할 줄 모르는 인간의 완악함이라는 죄에 대한 무서운 심판의 상징으로서 인정하지도 않고 기억하지도 않았다는 말이다.

하고, 그들을 향해 형편없는 겁쟁이들이라고 소리를 치고는, 다른 지파들이 가나안 땅을 정복하기 위해 갖은 수고를 아끼지 않고 있을 때 자기들만 편안히 앉아서 잘 먹고 잘 살려고 마음먹고서는 그래도 비겁하다는 소리는 듣고 싶지 않아서 교묘한 핑계를 꾸며댈 생각이나 하고 있느냐고 나무랐다. 하나님의 명령에 따라 요단강을 건너 적들을 쳐부수고 가나안 땅을 정복해야 할 힘든 과업이 산적해 있는데 어째서 자기들만이 안일한 삶을 살 생각에만 골몰하고 있느냐고 꾸중했다. 그러나 그들은 모세가 자기들에게 화내는 것을 보고 모세가 자기들의 청을 오해하고 화를 내는 것도 일리가 있다고 생각하고 변명을 하기 시작했다. 자기들이 그런 요청을 한 것은 위험을 두려워해서도 아니고 나태해서도 아니며 단지 힘들여 빼앗은 땅을 안전하게 확보해 놓고 싶었을 따름이기에 누구보다도 어려운 일을 마다하지 않을 것이며 앞장서서 전투에 참여할 각오가 되어 있다고 밝혔다. 만일 모세가 그 땅을 자기들에게 준다면 처자들과 소유를 안전하게 보호할 수 있는 도시를 건설한 후에 다른 지파들과 가나안 정복의 길에 함께 나서겠다고 덧붙였다. 모세는 이들의 말을 듣고서는 만족을 표시하고 대제사장인 엘르아살과 여호수아와 각 지파의 두령(chief)들을 불러서 가나안 땅 정복이 끝날 때까지 전쟁에 함께 참여하는 것을 조건으로 이 지파들에게 아모리인의 땅을 주도록 하자고 했다. 위와 같은 조건 하에서 그들은 아모리인의 땅을 소유했고, 강대한 도시들을 건설한 후에 처자들과 전쟁하러 나갈 때 방해가 되는 것은 무엇이나 그 안에 두었다.

4. 모세는 또한 (레위인들을 위해) 장차 줄 48개의 도시들 가운데서 우선 10개의 도시를 세웠다. 그리고 그중에서 세 개의 도시는 실수로 사람을 죽인 자가 피할 수 있는 도피성으로 지정해 놓았다. 모세는 실수로 사람을 죽이고 도피한 자는 그 당시의 대제사장이 살아 있는 동안에는 도피성에서 나와서는 안 되며 대제사장이 죽은 후에야 집으로 돌아올 수 있도록 규정했다. 당시의 대제사장이 살아 있는 동안에는 도피성 밖에서 죽음을 당한 자의 친척들이 살인자를 만났을 경우에 이 법에 의해 그를 죽일 수 있었다. 물론 친척 외의 다른 사람의 경우에는 해당이 되지 않는다. 이런 목적으로 지은 도피성은 아라비아(Arabia)

변경의 베셀(Bezer)과 길르앗(Gilead) 땅의 라못(Ramoth)과 바산(Bashan) 땅의 골란(Golan)이었다. 또한 모세는 가나안 정복이 끝난 후 가나안 땅에 있는 레위인의 도시들 가운데서 또 다른 세 도시를 도피성으로 삼으라고 명령했다.

5. 이때 므낫세 지파의 두령이 모세에게 와서 자기 지파 가운데 슬로브핫(Zelophehad)이라는 저명한 인물이 아들을 낳지 못하고 딸들만 남겨 두고 세상을 떠났는데 그 딸들이 그의 땅을 상속받을 수 있는지의 여부를 물어보았다. 모세는 만일 그 딸들이 자기 지파 사람들에게로 시집을 가면 그 땅을 기업으로 가져갈 수 있으나 다른 지파 사람들에게로 시집을 가면 그 땅은 아버지의 지파에 남겨 두고 가야 한다고 대답했다. 모세가 이스라엘 자손 지파가 각각 자기 기업을 지켜야 한다고 명한 것은 바로 이때였다.

제8장

모세가 세운 정체(政體)와 모세의 죽음

1. 40년이 다 차려면 30일이 남았을 때 모세는 오늘날 아빌라(Abila) 도시가 서 있는 요단강 근처 종려나무가 우거진 곳에서 백성들을 총회로 소집했다. 모든 백성이 모이자 모세는 이같이 말했다.

2. "이 지루하고 오랜 여행 기간에 나의 동반자였던 이스라엘 백성들과 동료 병사 여러분! 하나님의 뜻도 그러하고 나이도 120세나 된 내가 이 생을 떠날 때가 다 된 것 같습니다. 요단강을 건너 여러분들이 해야 할 일을 돕고 싶지만 하나님이 허락하시지 않습니다. 그러나 그렇다고 해서 여러분의 행복을 위

한 나의 노력을 여기서 멈추기보다는 여러분이 좋은 것들을 영원히 누릴 수 있도록 나의 최선을 다하고 싶습니다. 여러분이 장차 크게 번영하고 번창할 때에는 내 생각이 나게 말입니다. 그러므로 어떻게 해야 여러분이 행복한 삶을 누릴 수 있으며 영원히 풍요한 기업을 후손에게 물려줄 수 있는지를 말씀드릴 터이니 이제부터 내가 하는 말을 경청해 주십시오. 그러고 나서 내가 갈 길을 떠나게 해주십시오. 내가 이미 여러분을 위해 큰일을 성취해 놓았을 뿐 아니라, 인간들이란 죽음을 목전에 두고는 그 무엇에도 구애를 받지 않고 자유롭고 허심탄회하게 말을 하는 법이므로 여러분들이 내가 하는 말을 신빙성 있게 받아들일 가치가 있다고 생각합니다. 오! 이스라엘 자손들이여! 모든 인류의 유일한 행복의 원천은 하나님의 은총뿐입니다.15) 왜냐하면 하나님만이 받을 만한 자격이 있는 자들에게는 좋은 것을 주시고 범죄한 자들에게서는 빼앗을 수 있는 능력이 있으시기 때문입니다. 만일 여러분들이 하나님의 뜻을 따라 하나님의 마음을 잘 아는 내가 여러분에게 권면하는 대로 이 세상을 살아간다면, 여러분은 복 있는 자로 인정될 뿐 아니라 만인의 부러움을 한 몸에 받게 될 것이며, 불상사를 당하거나 불행하지 않을 것이며, 여러분이 이미 가지고 있는 좋은 것들을 잃어버리지 않을 것이며, 현재 필요한 것들도 곧 소유하게 될 것입니다. 그러므로 하나님이 순종하라고 하신 자들의 말에 복종하기만 하면 되는 것입니다. 여러분들에게 주어진 율법 외에 다른 어떤 통치 체제를 더 좋아하지 마십시오. 또한 지금 드리고 있는 하나님에 대한 예배 방법을 무시하거나 다른 형태로 함부로 바꾸지 마십시오. 만일 여러분이 이것을 잘 지킨다면 전쟁터에서 가장 용맹한 자들이 될 것이며 필적할 만한 대적이 없을 것입니다. 하나님이 여러분과 함께하시고 도와주실 것이기 때문에 모든 인간이 달려들어도 눈 하나 깜짝하지 않게 될 것입니다. 만일 여러분이 이 덕을 평생 잘 지킨다면 그에 대한 보상을 받게 될 것입니다. 사실상 덕(virtue) 자체가 가장 중요하고 첫째가는 보상이며 그 후에야 다른 보상들이 풍성히 주어지는 것입니다. 따라서 여러분들이 다른 사람들을 덕으로 대하게 될 때 여러분 자신의 삶이 행복

---

15) 이 요세푸스의 말은 너무나 분명한 진실이기에 항상 염두에 두고 기억할 만한 가치가 있다.

하게 될 것이며 어느 이방인들보다도 영광스럽게 될 것이며 후손들에게 큰 칭송을 듣게 될 것입니다. 내가 하나님의 계시를 받아 여러분에게 전해 준 율법에 귀를 기울이고 잘 지키는 경우에만, 즉 여러분이 그 율법 안에 들어 있는 지혜를 늘 묵상하는 경우에만 여러분은 이런 축복들을 누릴 수 있을 것입니다. 나는 여러분이 장차 누리게 될 좋은 것들을 생각하고 기뻐하면서 여러분 곁을 떠나려고 합니다. 율법의 지혜로운 행위와 우리 특유의 정체의 질서(order of polity)와 여러분의 유익만을 생각할 여러분의 지도자들의 덕과, 지금까지 여러분의 지도자이셨으며 내가 여러분에게 유익한 존재가 될 수 있도록 선하신 뜻으로 인도하신 하나님을 여러분의 보호자로 갈망하는 한, 섭리로 인도하시고 보호하실 그분께 여러분들을 맡기고자 합니다. 여호수아뿐 아니라 대제사장 엘르아살 그리고 의회(senate)와 각 지파의 두령들이 여러분 앞에 서서 항상 좋은 충고를 할 것입니다. 이 충고를 귀담아들을 때 여러분은 행복한 삶을 누리게 될 것입니다. 지도자들이 충고를 할 경우에는, 지배를 받을 줄 아는 사람이 남을 잘 지배할 줄도 안다는 사실을 명심하고, 즐겨 충고에 귀를 기울이도록 하십시오. 지금처럼 은인(恩人)도 몰라보고 반대하는 것이 자유라고 생각하지 말고, 지도자들의 지시를 잘 순종하는 곳에 자유가 있음을 명심하도록 하십시오. 만일 여러분이 이런 실수만 범하지 않는다면 여러분의 상황은 지금보다 몰라보게 호전될 것입니다. 여러분들이 내게 화가 나면 종종 그랬던 것과 같은 격정의 소용돌이 속에 휘말려 들어가지 마십시오. 여러분도 잘 알다시피 나는 적들에게서보다 여러분에게서 더 많은 죽음의 위험을 경험했습니다. 내가 이렇게 지난 일을 여러분들에게 상기시키는 것은 여러분을 비난하고자 함이 아닙니다. 내가 여러분에게서 고통을 당할 때도 화를 내지 않았는데 이제 세상을 떠날 때가 되어 아픈 상처를 건드려서 여러분의 기분을 상하게 할 리가 있겠습니까? 나는 단지 이것을 교훈 삼아 여러분이 이제부터는 더 지혜로워졌으면 하는 마음이 간절할 뿐이며 또 이렇게 해야 여러분의 안전에도 도움이 될 것이기 때문에 지난날을 언급한 것입니다. 내 말뜻은 여러분이 요단강을 건너서 가나안 땅을 정복한 후에 크게 번창하게 될 때도 지도자들을 중상모략해서는 안 된다는 말입니다. 여러분이 덕을 무시하고 경멸할 정도로 부유하게 될 때 여러분은 하나님의 은총을 빼앗기게 될 것입니다. 여러분이 하나님을 적으로 삼는 날에는 전쟁에서 패배하게 될 것이고, 여러분이 소유한 땅을 적에게 빼앗기게 될 것이며, 그것도 아주 치욕적인 방법으로 그렇게 될 것입니다. 여러분은 전 세계에 흩어질 것이며 종으로서 온 땅과 바다를 가득 채우게 될 것입니다. 여러분은 내가 지금 말한 것을 한번 체험하고 나서야 회개할 것이며 여러분이 어떤 율법을 범했는가를 돌이켜 보겠지만 이미 때는 늦을 것입니다. 그러므로 내가 여러분에게 충고하려고 합니다. 만일 여러분이 이 율법을 보존하기를 원한다면 적들을 정복했을 때 한 사람도 살려 두지 마십시오. 한 명도 남기지 않고 전멸시키는 것이 여러분에게 유익할 것이라는 점을 잊지 마십시오. 만일 여러분이 그들을 살려 둔다면 그들의 풍습을 맛보게 될 것이고 마침내는 여러분 고유의 제도들을 부패하게 만들 것입니다. 다시 한번 강조하거니와 그들의 제단과 작은 숲과 신전이라는 신전은 모두 다 훼파하고 그런 모든 것과 그들의 국가와 그들에 대한 기억조차도 불로 살라 버리도록 하십시오. 단지 그렇게 해야만 여러분의 고유한 좋은 제도가 안전하게 확보될 수 있기 때문입니다. 덕에 대한 무지와 인간의 본성이 악해져 타락하는 것을 막기 위해서 내가 하나님의 계시를 받아 여러분에게 알맞은 율법과 통치 형태를 이미 규정해 놓은 것을 여러분은 잘 알고 계실 것입니다. 만일 여러분이 이것들을 제대로 잘 지킨다면 여러분은 만인들 가운데서 가장 행복한 사람들로 여겨질 것입니다."

3. 모세는 말을 마친 후에 백성들에게 율법과 통치 체제가 담긴 책을 한 권 주었다. 이에 백성들은 모세가 수많은 위험을 겪으면서도 일편단심 백성들의 안전에만 신경을 쓴 것을 생각하고는 눈물을 흘렸다. 그들은 벌써부터 위대한 민족의 지도자를 잃는 슬픔이 어떤 것인지를 느꼈다. 백성들은 모세가 죽은 후에 어떤 일이 닥칠까를 생각하니 낙심천만이 아닐 수 없었다. 그와 같은 위대한 지도자가 다시 나타날 수 있을까 하고 생각하니 앞이 캄캄했고 자기들을 위해 중재의 역할을 담당하던 모세가 죽은 후에는 자기들에 대한 하나님의 관심이 줄어들지나 않을까 크게 염려가 되었다. 그들은 또한 자기들이 광야에서 화가 났을 때 모세에게 했던 말들이 후회스럽기 그지없었다. 이 때문에 그들은

전 이스라엘 백성이 비통에 잠겨 눈물을 흘릴 만큼 괴로워했다. 그러나 모세는 백성들을 위로했다. 모세는 자기가 백성들이 울 만큼 가치 있는 존재는 아니라고 생각한다면서 부디 자기가 가르쳐 준 통치 형태를 잘 지켜 달라고 당부하고 나서 백성들을 해산시켰다.

4. 나는 이제 모세의 위엄과 덕과 합치했던 통치 형태를 설명함으로써 이 『유대 고대사』를 읽는 독자들에게 우리 민족의 최초의 정체(政體)가 어떤 것이었으며 그 후에 어떤 역사를 이루어 왔는지를 가르쳐 주고자 한다. 이런 통치 형태들은 모세가 율법에 규정한 그대로 모두 성문화되어 남아 있다. 따라서 나는 아름답게 꾸미기 위해 무엇을 덧붙이지 않을 것이며 모세가 우리에게 남겨 준 것 외에 다른 것을 첨가하지도 않을 것이다. 단지 나는 다양한 종류의 율법들을 정연한 체계로 조직하는 방법만을 약간 쇄신했을 뿐이다. 왜냐하면 율법들은 여기저기 모세의 연설에 분산된 그대로, 또한 때로는 하나님께 질문해서 얻어낸 그대로 그에 의해 문서화되어 우리에게 전해져 내려왔기 때문이다. 내가 이렇게 허두(虛頭)를 놓는 것은 내 동족 누구에게서도 비난을 받고 싶지 않아서이다. 우리 민족의 율법 체계 속에는 정치적 상황에 속하는 율법들이 포함되어 있다. 우리 민족 상호 간의 일상적인 교섭이나 교제를 규정하는 이런 율법과 그 율법을 내신 이유에 대해서는 우리 민족의 삶의 방식을 거론할 때 언급하기 위해 당분간 보류하고자 한다. 이런 것들에 대해서는 이 『유대 고대사』를 다 쓴 후에 하나님의 도우심이 있으면 그때 가서 책을 한 권 써볼까 생각하고 있다.

5. 너희가 가나안 땅을 정복하고 도시들을 다 건설하고 가나안 땅의 좋은 것들을 누릴 여가가 생겼을 때, 하나님을 기쁘시게 해드리는 일을 한다면 너희는 풍성한 행복을 누릴 수 있을 것이다. 가나안 땅의 훌륭하고 유명한 도시들 가운데서 하나님이 손수 예언적 계시로 골라 주실 한 도시를 택해서 그 안에 한 성전을 세우고 한 단을 쌓아야 한다. 단을 쌓을 때는 다듬은 돌로 쌓아서는 안 되며 닥치는 대로 주워 모은 돌로 쌓아야 한다. 이 돌들을 회반죽으로 하얗게

바르면 외관상 보기에도 아름다울 것이다. 단에 오르는 방식을 층계식으로 해서는 안 되며[16] 흙으로 치받이 경사를 만드는 식으로 해야 한다. 그 외 다른 도시에는 단이나 성전을 세워서는 결코 안 된다. 왜냐하면 하나님은 단지 한 분뿐이시고 히브리 국가도 단지 하나뿐이기 때문이다.

6. 하나님을 모욕한 자는 돌로 쳐 죽인 다음 하루 종일 나무에 매달아 놓았다가 치욕적이고 불명예스럽게 장사 지내야 한다.

7. 멀리 히브리인들이 장차 소유할 땅의 경계에 사는 자들도 1년에 세 번 성전이 세워진 도시에 와서 하나님이 베풀어 주신 은총에 감사해야 하며 앞으로도 계속 필요한 것들을 채워 주시기를 간구해야 한다. 이렇게 히브리인들은 한데 모여 절기를 지킴으로써 상호 간의 우애를 돈독히 해야 한다. 같은 혈통에서 태어나 동일한 율법의 제도 아래 사는 사람들이 서로 친숙해지는 것은 좋은 일이다. 이같이 서로 만나 이야기를 하고 교제를 나누며 공동체라는 인식을 새롭게 함으로써 상호 간의 친밀함을 계속 유지할 수 있을 것이다. 왜냐하면 만일 이들이 계속해서 함께 모여 교제를 나누지 않는다면 나중에는 서로 이방인처럼 느끼게 되기 때문이다.

8. 제사장들과 레위인들에게 주기 위해 떼어 놓은 것 말고 너희 소산의 10분의 1을 또 따로 떼어 놓아라. 너희는 이것을 팔 수는 있으나 거룩한 도시에서 거행되는 절기와 제사 때에 꼭 사용해야 한다. 왜냐하면 하나님이 너희에게 소유하라고 주신 땅의 소산을 하나님의 영광을 위해 사용하는 것이 마땅하기 때문이다.

---

[16] 이 율법은 성막의 단(출 27:4)이나 에스겔의 단(겔 43:17)에 해당되는 율법이 아니라 상당히 높고 큰 크기의 임시적인 단들에 해당되는 율법인 것 같다. 솔로몬의 단에 해당되는 율법이었을 가능성도 있다. 이런 율법을 내린 이유는 분명하다. 즉 제사장들의 제복인 풍성한 옷을 입고서 층계를 오르락내리락한다면 품위를 유지할 수가 없었기 때문이었다.

9. 너희는 창녀를 고용해 제물을 드려서는 안 된다.[17] 하나님은 육체의 욕구를 오용하는 이들에게서 나오는 것은 무엇이라도 기뻐하시지 않는데 이 중에서도 몸을 파는 이런 행위보다 더 악한 것은 없기 때문이다. 이와 마찬가지로 사냥할 때나 양을 지킬 때 데리고 다니는 개의 덮개를 팔아서 그 돈을 하나님께 바쳐서는 안 된다.

10. 다른 도시들이 섬기는 신들을 모욕하지 말라.[18] 이방 신전에 속한 것은 무엇이나 도적질하지 말며 다른 신에게 바쳐진 예물은 훔치지 말아라.

11. 양털과 베실로 만든 의복은 제사장들만 입도록 되어 있으니 너희는 결코 입어서는 안 된다.

12. 7년마다 장막절에 제사를 드리러 백성들이 거룩한 도시에 모일 때 대제사장은 모든 사람이 다 들을 수 있도록 높은 단 위에 서서 율법을 모든 백성에게 들려주어야 한다. 이때는 여자나 아이들은 물론 종들까지도 율법을 듣도록 해야 한다. 이 율법을 마음속에 새겨 잊어버리는 일이 없도록 하는 것이 좋기 때문이다. 이렇게 해야 율법의 내용을 몰라서 어쩔 수 없이 죄를 지었다고 변명할 수가 없기 때문에 죄를 짓지 않으려고 애를 쓸 것이다. 그뿐 아니라 율법을 지키지 않았을 때 받을 하나님의 형벌이 예고되어 있기 때문에 백성들에게 큰 권위를 행사할 수가 있다. 더욱이 율법이 요구하는 바를 이렇게 들어서 마음 판에 새김으로써 자기들이 지금까지 무시하고 지키지 않았기에 삶의 고통을 안겨다 준 율법의 참된 의도가 무엇인가를 항상 마음에 간직할 수가 있다. 자녀들에게 제일 먼저 율법을 가르치라. 율법은 자녀들이 배워야 할 것 중 가장 좋은 것일 뿐 아니라 미래의 행복한 삶의 원인이 되기 때문이다.

---

[17] 창녀를 신전에서 고용하는 일이 수리아의 베누스(Venus) 신전에서 있었다. 이 율법은 그런 풍습을 경계하기 위해 만들어진 율법인 것 같다.
[18] 사도적 규정(Apostolical Constitutions)이 이 모세의 율법을 주해했다.

13. 모든 백성은 매일 하루에 두 번, 낮이 시작될 때와 잠자는 시간이 되었을 때 애굽 땅에서 구해 내사 그들에게 베푸신 은혜가 얼마나 큰 것이었는가를 하나님 앞에서 기념하도록 하라. 감사란 그것 자체가 정당한 일인 동시에 과거사에 대한 보답일 뿐 아니라 미래의 하나님의 은총을 미리 기다리는 방법이기도 하다. 하나님으로부터 받은 주요 축복들을 문설주에도 새기고 그 표식을 팔에도 맴으로써 기념하도록 하라. 또한 하나님은 언제나 축복하기를 원하신다는 사실이 어디에서나 분명히 나타나도록 하기 위해 하나님의 능력과 너희를 향한 선의(善意)를 선포하는 놀라운 기사들을 이마와 팔에 붙이라.[19]

14. 각 도시에 덕망 있고 의로운 사람 일곱 명을 재판장으로 세우도록 하라.[20] 각 재판장(judge)은 그 밑에 레위 지파 출신의 관리(officer)를 두 명씩 두도록 하라. 재판장으로 뽑힌 사람들은 크게 존경하되 재판장들이 함께 있을 때는 함부로 남을 중상하거나 재판장들에게 무례히 굴어서는 안 된다. 고위직에 있는 사람들을 두려워할 줄 알아야 하나님을 두려워하고 존경할 줄 아는 법이기 때문이다. 재판장들은 누군가가 그들이 뇌물을 받고 정의를 저버렸다고 고소하거나 그 외의 다른 비난을 가함으로써, 그들이 불공정한 판결을 내린 것이 사실로 밝혀지거나 그런 혐의가 짙어지는 경우를 제외하고는 자기들이 옳다고 생각하는 대로 판결을 내릴 수 있는 분위기가 보장되어야 한다. 소송 사건을 이득이나 원고(原告, 소송자)의 지위에 전혀 구애받지 않고 공정하게 처리할 수 있느냐는 문제는 그리 쉬운 것이 아니다. 그러나 재판장들은 다른 무엇보다도 무엇이 옳은 것인가를 항상 우선적으로 생각해야 한다. 만일 어떤 이의 권력이 무서워 불공정한 판결을 내렸다면 그로 인해 하나님은 경멸을 당하시고 그 권

---

[19] 이런 성구함(聖句函, phylactery. 성경의 구절을 기록한 양피지를 넣은 작은 가죽 상자 – 역자 주)이나 요세푸스가 여기서 언급하고 있는 다른 종류의 율법을 기념하는 것들을 하나님이 문자적인 의미로 이해하시고 율법으로 주셨을까에 대해서는 나는 적지 않은 의심이 생긴다. 기록된 율법을 엄격히 지키는 카라이트 유대인(Karaites, 랍비적 전승들을 거부하고 성경의 문자적 해석 위에 교의를 세우는 유대주의의 한 종파 – 역자 주)은 이 율법을 문자적으로 이해해서는 안 된다고 주장한다.
[20] 현대의 율법학자들의 주장처럼 23명을 주장하지 않고 여기에서는 다른 데서와 마찬가지로 작은 도시들에서는 단지 일곱 명의 재판장만을 임명하는 것으로 나와 있다.

력가보다 못한 분으로 낮게 평가를 받은 셈이 된다. 정의는 하나님의 권세이기 때문이다. 그러므로 고위직을 차지한 사람들의 요구를 들어주기에 급급한 사람은 그들의 권세가 하나님의 권세보다 더 크다고 생각하는 사람이다. 만일 재판장들이 자기가 처리해야 할 소송 사건을 옳게 판결할 능력이 없을 때는(이런 경우가 인간사에 있어서는 다반사이다) 그 소송 사건을 미결인 채로 거룩한 도시로 보내 대제사장과 선지자와 산헤드린(sanhedrin)이 옳게 처리하도록 해야 한다.

15. 한 증인의 말만을 너무 신뢰하지 않도록 해라. 세 명 아니 적어도 두 명 이상의 증인이 있어야 하며 그것도 그들의 평소 삶의 모습을 볼 때 그들의 증거를 믿을 수 있는 자들이어야 한다. 여자들은 원래 경솔하며 뻔뻔스러운 면이 있기 때문에 여자들의 증거를 인정해서는 안 된다.[21] 종들은 비천하기 때문에 증인으로 채택되어서는 안 된다. 종들은 무엇인가 이득을 얻을 게 없을까 하고 기대하거나 형벌을 두려워하기 때문에 진실을 말하지 않을 가능성이 많기 때문이다. 누구든지 거짓 증거한 것이 드러날 때에는 그가 거짓 증거했기 때문에 벌을 받은 사람과 동일한 형벌을 받도록 해야 한다.

16. 어떤 곳에서 살인이 일어났는데 살인한 자는 물론 심지어는 살인 혐의를 받을 만한 사람도 나타나지 않을 경우에 살인자를 제보해 주는 자에게는 현상금을 걸어서라도 최선을 다해 살인자를 수소문해서 알아보아야 한다. 이렇게까지 했는데도 아무런 단서가 잡히지 않을 때는 살인이 일어난 근처 도시의 재판장들이나 의회를 소집해서 시신이 놓였던 곳에서부터 거리를 측정하고 난 후 재판장들이 송아지 한 마리를 사서 나무가 심겨 있지 않고 경작한 흔적이 없는 골짜기로 끌고 가 송아지의 힘줄을 끊은 후에 그 도시의 제사장들과 레위인들과 의회원들이 물을 가져다가 송아지 머리 위에서 손을 씻고 나서 자기들은 이 살인과 아무 상관이 없고 자기들이 직접 살인하지도 않았으며 살인을 방

---

[21] 오경에는 정의의 법정에서 여인들을 증인으로 채용하면 안 된다고는 단 한마디도 하지 않았다. 그러나 요세푸스 시대에 이것이 유대인의 풍습이었을 가능성은 충분히 있다.

조하지도 않았다고 선언해야 한다. 그들은 또한 이런 무서운 일이 다시는 그 땅에서 발생하지 않도록 하나님께 간청해야만 한다.

17. 귀족 정치(aristocracy)와 귀족 정치 밑에서의 삶의 방식이 가장 좋은 제도이다. 너희는 다른 정치 형태를 좋아해서는 안 되며 항상 귀족 정치만을 사랑해야 한다. 지배자들에게도 지켜야 할 율법이 있다. 지배자들은 스스로 모든 행동을 율법에 따라 통제할 줄 알아야 한다. 왜냐하면 너희에게는 하나님 외에 어떤 절대 지배자도 필요하지 않기 때문이다. 그러나 만일 왕을 원하게 될 때에는 동족 중에서 왕을 택하도록 해야 한다. 왕은 항상 정의와 다른 덕에 유의해야 한다. 왕은 율법에 복종해야 하며 하나님의 명령을 최고의 지혜로 여겨야 한다. 왕은 대제사장과 의회의 투표 없이 무엇이든 단독으로 결정해서는 안 된다. 왕은 아내를 많이 두어서도 안 되며 부를 크게 축적해서도 안 되고 말을 많이 소유해서도 안 된다. 이렇게 되면 교만해져서 율법에 순종할 줄 모르기 때문이다. 왕이 이런 일을 하려고 할 때는 하지 못하도록 제지를 해서 왕이 너무 강력해진 나머지 백성들의 삶에 피해를 끼치는 일이 없도록 해야 한다.

18. 우리 자신의 경계나 우리와 우호 관계에 있는 자들의 경계를 막론하고 경계를 옮기는 것은 율법에 어긋나는 것이다. 하나님이 영구히 정해 놓으신 권리의 신적이고 불변의 한계인 지계표를 함부로 옮기지 않도록 조심하라. 경계를 넘어서 남의 땅을 침범하는 것은 전쟁과 분쟁의 원인이 된다. 지계표를 옮기려는 자들은 바로 율법을 전복하려고 시도하는 자들과 다를 바가 없는 자들이다.

19. 어떤 이가 땅에 나무를 심었는데 4년도 채 되지 않아 열매를 맺었을 경우에는 하나님께 첫 열매를 드려서는 안 되고 주인이 가져서도 안 된다. 그것은 제 때에 달린 열매가 아니기 때문이다. 자연이 나무에 무리를 가해 때가 차기도 전에 열매를 맺도록 했기 때문에 그 열매는 하나님께 드리기에 적합하지 못할 뿐 아니라 주인이 마음대로 사용할 수도 없다. 땅 주인은 제4년째 되

는 해에 열매를 거두어들여야 한다. 왜냐하면 4년이면 열매가 달리기에 충분한 기간이기 때문이다. 열매를 거두어들인 다음에는 다른 열매의 십일조와 함께 거룩한 도시로 가져가서 친구들과 고아와 과부들과 함께 즐기는 데 사용해야 한다. 그러나 5년째 난 소산은 땅 주인의 것이기 때문에 자기가 원하는 대로 사용해도 좋다.

20. 포도나무를 심은 땅에 씨를 뿌려서는 안 된다. 땅이 포도나무에 자양분을 대는 것만도 족한데 거기다가 경작까지 하게 되면 땅이 혹사당하기 때문이다. 땅을 경작할 때 소와 다른 동물이 한 멍에를 지도록 해서는 안 된다. 항상 같은 동물을 한 쌍으로 해서 멍에를 지어 땅을 경작하도록 해야 한다. 자연은 그 본질상 서로 같지 않은 것들이 섞여 있는 것을 좋아하지 않기 때문에 씨는 한 종류만 뿌려야지 두세 가지를 섞어서 뿌려서는 안 된다. 서로 다른 종류의 짐승들을 교합시켜 새끼를 낳게 해서는 안 된다. 왜냐하면 본래 악이란 이런 작은 것에 대한 악한 폐습에서부터 발단되기 마련인 까닭에 이런 부자연스러운 결합이 짐승들에게서 인간들에게로 확산될 위험이 있기 때문이다. 모방할 때 조금이라도 율법 체계의 전복을 가져올 가능성이 있는 것은 아예 용납해서는 안 된다. 아무리 작은 일이라도 무시해서는 안 된다. 이런 일이 비난받을 정도는 아니라는 생각 때문에 그냥 넘어가다 보면 무서운 결과를 초래할 수 있기 때문이다.

21. 곡식을 추수하고 거두어들일 때는 이삭은 줍지 말고 생계유지가 곤란한 사람들이 가져다가 목숨을 연명할 수 있도록 몇 줌 정도는 떨어뜨려야 한다. 이와 마찬가지로 포도를 수확할 때도 가난한 자들을 위해 작은 가지들은 몇 개 남겨 두어야 하며, 감람나무 열매를 거둘 때에도 약간의 열매들은 못 본 체하고 지나가서 없는 자들이 나누어 가질 수 있도록 해야 한다. 왜냐하면 하나도 남기지 않고 다 수확했을 때 얻는 이득이 가난한 이들의 감사의 보답에서 얻을 수 있는 이득과 비교할 때 그리 큰 것이 못 되기 때문이다. 또한 자기 자신의 유익만을 생각지 않고 다른 사람 형편도 생각할 때 하나님이 땅이 더 많은 소

산을 낼 수 있도록 도와주시기 때문이다. 타작마당에서 곡식 이삭을 밟는 소의 입에 망을 씌우지 말라. 곡식을 생산하기 위해 함께 일한 짐승에게 그들의 수고의 열매를 먹지 못하도록 하는 것은 정당하지 못하기 때문이다. 너희는 열매가 익었을 때 지나가는 나그네가 열매를 따먹는 것을 금하지 말고 배불리 먹을 수 있도록 해야 한다. 이것은 나그네가 너희 동족이거나 이방인이거나를 막론하고 동일하게 지켜야 한다. 열매가 익었을 때 일부를 남에게 나누어 줄 수 있는 기회가 있었다는 것을 기뻐하고 나그네가 따먹는 것을 법에 저촉되는 것으로 생각지 말라. 포도를 수확해 포도즙 틀로 운반하다가 만나는 사람들이 포도를 먹기 원할 때는 포도를 주어 먹도록 해야 한다. 수확이 한창인데도 시기심이 생겨 하나님의 뜻으로 열린 땅의 소산들을 남과 나누기를 거절하는 것은 정당하지 못하기 때문이다. 소심해서 이런 열매들을 달라고 하지 못하는 자들이 있거든 같은 동족이니까 주인인 셈 치고 먹어도 좋다고 용기를 북돋워 주도록 하라(이스라엘 나그네인 경우를 뜻한다). 다른 나라에서 온 이방인들과도 하나님이 때맞춰 주신 이런 우정의 표시들을 함께 나누도록 하라. 하나님은 많은 좋은 것들을 주인들의 유익을 위해서만 준 것이 아니라 남들에게도 풍성히 나누어 주라고 준 것이기 때문에, 친절에서 우러나와 남들과 나누어 갖는 것은 결코 낭비가 아니다. 하나님은 이런 방법으로 심지어 외국 이방인들에게까지 잉여 농산물을 풍성히 나누어 줌으로써 이스라엘 백성을 향한 하나님의 특별한 사랑이 어떤 것이며 하나님이 얼마나 풍성히 축복해 주셨는가를 다른 이들에게 보여 주기 원하신다. 이 율법을 지키지 않는 자는 정부 집행인(public executioner)이 데려다가 40에서 하나 감한 매[22]를 때려야 한다. 이익에만 눈이 어두워 자기 인격에 손상이 가도 모르는 그런 자는 자유민(free man)으로서 가장 수치스러운 처벌을 받아야 마땅하다. 왜냐하면 애굽에서뿐 아니라 광야에서도 굶주린 경험이 있는 너희가 같은 상황에서 고통을 당하는 자들을 도와주는 것은 너무나도 당연하기 때문이다. 더욱이 하나님의 섭리와 자비하심으로 이제는 풍요를 누리게 되었으니 궁핍한 자들을 동정으로 풍성하게 보살피도록 해야 한다.

---

[22] 이런 형벌이 유대인에 의해 바울에게 다섯 번이나 내려졌다(고후 11:24).

22. 내가 방금 언급한 바대로 매년 10분의 1씩 레위인들과 절기들을 위해 각각 드리는 10분의 2 외에 3년마다 가난한 자, 즉 과부나 고아들을 돕기 위해 세 번째 10분의 1을 드려야 한다.[23] 열매가 익으면 우선 성전으로 수확한 열매를 가지고 가서 땅을 주시고 열매를 맺게 해주신 하나님께 감사를 드리고 율법이 명한 대로 제물을 드리고 첫 열매를 제사장들에게 주도록 하라. 레위인들에게 줄 것과 절기 때 사용할 첫 열매와 함께 가진 모든 소유의 10분의 1을 하나님께 드리고 집으로 돌아가려고 할 때에, 성소(holy house) 앞에 서서 애굽의 학대받던 삶에서 구해 주시고 크고 좋은 땅을 주시고 게다가 풍성한 열매까지 맺게 해주신 것에 대해 하나님께 감사하도록 하라. 그리고 나서 모세의 율법에 따라 10분의 1(과 다른 의무들)을 다 바쳤음을 공개적으로 증언하고 난 후에, 이미 주신 것은 잃어버리지 않도록 지켜 주시고 더 주실 수 있는 것은 더해 주시고 자기뿐 아니라 모든 히브리인에게 은혜와 인자를 베풀어 주시기를 간절히 간구하는 기도를 하나님께 드리도록 하라.

23. 히브리인들은 결혼 적령기가 되면 좋은 부모 밑에서 태어난 자유인 처녀와 결혼하도록 하라. 처녀와 결혼하지 않는 자는 남의 아내를 더럽히지 말고 결혼을 함으로써 그녀의 전남편을 근심시키지 않도록 하라. 아무리 사랑한다 하더라도 자유인 남자는 노예와 결혼해서는 안 된다. 이런 애정을 절제할 줄 아는 것이 점잖은 모습이며 품위를 유지하는 길이기 때문이다. 더욱이 창녀와 결혼해서는 안 된다. 창녀의 결혼 예물은 몸을 팔아서 나온 것이기에 하나님이 받지 않으시기 때문이다. 이런 것을 조심해야 자녀들의 품성이 교양과 덕성을 고루 갖추게 된다. 천한 부모 밑에 있는 자나 자유인이 아닌 여자와 결혼한 정욕적인 아버지 아래에서는 자녀들이 교양과 덕성을 갖추기가 어렵다는 뜻이다. 처녀인 줄 알고 약혼을 했으나 후에 알고 보니 처녀가 아니었을 경우에는

---

[23] 유대인은 3년마다 레위인들을 위해서, 예루살렘에서 드리는 제사들을 위해서, 곤궁한 자 즉 과부와 고아들을 위해서 10분의 3을 드려야만 했다는 이 모세 율법에 대한 요세푸스의 명백하고 분명한 해석은 그 당시 랍비들의 견해에 반대한 선한 옛사람 토비트(Tobit)의 종교 행위에 의해 완전히 확증된다(토비트 [Tobit] 1:6, 7, 8).

소송을 제기해 여자를 고소하고 그의 고소를 입증할 수 있는 증거[24]를 제출해야 한다. 이때 여자의 아비나 오라비 혹은 그 외의 가장 가까운 친척 중 누군가가 그 여자를 변호할 수 있다. 여자에게 죄가 없다는 승소 판결이 내려지는 경우 고소한 남편은 그 여자와 함께 살아야 한다. 즉 의혹이 생기고 그것이 반박할 수 없는 사실로 입증되기 전에는 여자를 쫓아내서는 결코 안 된다. 자기 아내를 뻔뻔스럽고 경솔하게도 중상하고 고소한 남편은 사십에서 하나 감한 매를 맞아야 하며 50세겔을 장인에게 주어야 한다. 그러나 여자가 순결을 잃은 것이 드러날 때는 합법적으로 결혼할 때까지 처녀성을 지키지 못한 이유로 돌로 쳐 죽여야 한다. 특히 제사장의 딸인 경우에는 산 채로 화형에 처해야 한다. 어떤 이에게 아내가 둘이 있어 미모나 그 밖의 이유로 한 아내는 아끼고 사랑하는 데 반해 다른 한 아내는 덜 아끼고 사랑하는 경우에, 사랑받는 아내의 아들이 다른 아내가 낳은 아들보다 나이가 어린 데도 불구하고 자기 어미에 대한 아비의 극진한 사랑을 이용해서 장자 상속권을 빼앗아 율법에 의해 장자가 마땅히 차지해야 할 두 배의 몫을 차지하려고 애쓸 때 이것을 용납해서는 안 된다. 그의 어미도 무시를 당했는데 다시 그가 장자임에도 불구하고 아비의 편애로 인해 그가 받을 몫을 빼앗기는 것은 부당하기 때문이다. 다른 남자와 약혼한 여인을 욕보인 자는 여자의 동의가 있었을 경우에는 둘 다 사형에 처해야 한다. 왜냐하면 둘 다 똑같은 죄를 범했는데, 말하자면 남자는 여자를 꾀어 매우 부도덕한 행위를 하게 만든 죄를 범했고 여자는 이득을 얻기 위해서든 쾌락을 얻기 위해서든 간에 몸을 순순히 허락한 죄를 범했기 때문이다. 그러나 여자가 혼자 있는 것을 보고 강제로 욕을 보인 경우에 주위에 여자를 구해 줄 사람이 아무도 없었을 때에는 남자만 죽여야 한다. 그러나 아직 약혼하지 않은 처녀를 더럽힌 경우에는 그 처녀와 결혼해야 한다. 그러나 처녀의 아비가 딸을 그의 아내로 주기를 거절할 때에는 정절을 빼앗은 대가로 50세겔을 내야

---

24) 요세푸스는 여기서 처녀인지 아닌지를 보여주는 이런 특별한 표식이 무엇인지에 대해서는 밝히지 않고 있다. 아마도 요세푸스는 이방인들이 보기에 점잖지 못한 이야기를 하지 않고는 그것을 설명하기가 힘들다고 생각하고 자세히 언급하지 않은 것처럼 보인다. 그러나 율법은 그 성격상 점잖지 못한 이야기라고 해서 항상 피할 수는 없는 법이다.

한다. 어떤 이유로든지 간에[25] (살다 보면 많은 이유가 있을 수 있는데) 아내와 이혼하기를 원하는 자는 더 이상 아내로 생각하지 않겠다는 내용의 증서를 써 주어야 한다. 이혼 증서를 받기 전에는 다른 남자와 결혼하는 것이 금지되어 있으나 이혼 증서를 받은 후에는 마음대로 다른 남자와 결혼할 수 있다. 그러나 재혼한 남편이 그 여자를 학대한 경우나, 혹은 그가 죽은 경우라 하더라도 첫 번째 남편이 한 번 이혼한 아내를 다시 아내로 맞아들일 수는 없다. 남편이 자녀를 남기지 않고 죽은 경우에는 시동생과 결혼해야 한다. 시동생은 형수와 결혼해서 낳은 아들은 죽은 형의 이름을 따라서 지어야 하며 형의 기업을 상속할 자로 양육해야 한다. 이런 절차는 모두가 공공의 복리를 위해서이다. 이렇게 함으로써 대가 끊어지지 않고 재산이 다른 집안으로 넘어가지 않게 될 뿐 아니라 전 남편의 가장 가까운 친척과 결혼함으로써 미망인의 고통을 덜어 줄 수 있기 때문이다. 시동생이 형수와 결혼하려고 하지 않을 때는 형수는 의회(senate)에 나아가서 자기는 그 집안에 계속 머물러 있어 자녀를 갖고 싶은데 시동생이 자기를 아내로 맞아들이려고 하지 않고 죽은 남편에게 누를 끼치고 있다고 공개적으로 항의해야 한다. 그러면 의회는 시동생을 불러 무슨 이유로 결혼하기를 꺼리는지를 묻고 그 이유가 타당하든지 않든지 간에 아래와 같이 처리해야 한다. 형수는 시동생의 신을 벗기고 얼굴에 침을 뱉으면서 죽은 형에게 누를 끼쳤으니 이런 모욕을 자기에게서 받아 마땅하다고 욕을 하고 나면 의회는 그를 의회에서 내쫓고 평생 이런 치욕을 안고 살도록 해야 한다. 그 후에 형수는 구혼하는 사람 중에 자기 마음에 드는 사람과 결혼을 해도 된다. 처녀든지 결혼한 여자[26]든지 간에 포로로 잡아 온 여자와 결혼하고자 할 때는 우선 여자가 머리를 깎고 상복을 입고 전사한 친척들의 친구들을 위해 애곡을 함으로써 슬픔을 달래기 전에는 동침하거나 아내로 삼아서는 안 된다. 여자 쪽의 심정은 조금도 고려하지 않고 단지 자기의 쾌락만을 추구하기보다는 여자의 비위를 맞추고 난 후 아내를 삼아 자녀를 낳는 것이 현명하기 때문이다. 그러므로 분별 있는

---

[25] 이 주제에 관해서는 우리 주님의 말씀을 보도록 하라(마 19:3).
[26] 여기 문맥을 보면 이 포로의 남편은 이미 전에 죽었거나 전쟁 중 전사한 것처럼 보인다. 만일 그렇지 않은 경우 결혼한 여자 포로와 결혼했을 때에는 간음죄를 범한 셈이 된다.

자들은 친한 친구들이 세상을 떠났을 때 30일을 애곡하는 것이 보통이니까 애곡의 기간으로 30일을 보낸 후에 재혼하도록 해야 한다. 그러나 남자가 자기 정욕을 채운 후에 갑자기 마음이 달라져 아내로 삼고 싶은 마음이 생기지 않는다고 해서 자기 마음대로 노예로 삼아서는 안 된다. 이런 경우에는 여자에게 자유인의 특권을 주어 자기가 원하는 대로 가도록 내버려두어야 한다.

24. 부모 때문에 창피하다고 느껴서든지, 아니면 자기가 부모보다 지혜롭다고 생각해서든지 간에 부모를 경멸하고 모욕하며 존경하지 않는 젊은 자들이 있을 경우에는 우선 그들의 부모들이 말로 이렇게 타일러야 한다(왜냐하면 부모들은 본질상 자녀들을 심판할 권위가 있기 때문이다). "우리가 함께 사는 것은 쾌락을 위해서도 아니고 재산을 늘리기 위해서도 아니다. 우리가 너희들을 낳은 것은 우리 노년에 너희들의 보살핌을 받고자 함이었다. 너희가 태어났을 때 우리는 몹시 기뻤고 너희로 인해 하나님께 큰 감사를 드렸다. 그리고 너희들을 매우 조심스럽게 양육했으며 잘 키우는 데 도움이 되는 것은 그 어떤 것도 아끼지 않았다. 그뿐 아니라 가장 뛰어난 교육도 받게 해주었다. 그런데 이제 너희가 우리를 경멸하는 빛이 역력하더니 아무리 철이 없다고 해도 이럴 수가 있느냐? 행실을 고치고 장래를 위해서 좀 더 지혜롭게 행동해 줄 수 없겠니? 하나님은 자기 부모에 대해 무례한 자들을 기뻐하지 않는다. 왜냐하면 하나님은 모든 인류의 아버지이시기에 같은 아버지라는 이름을 가진 분들에게 자녀들이 보인 경멸의 일부가 하나님께도 돌아가기 때문이다. 이런 자들에게는 너희가 결코 경험해 보지 못한 무서운 형벌을 내리도록 율법은 규정하고 있다." 이런 부모의 충고에 자녀들이 무례한 행실을 고치면 비록 전에 저지른 잘못이 있지만 형벌은 면할 수가 있다. 이렇게 되면 자녀들이 형벌을 받지 않게 되어 부모들도 기쁘고 율법 수여자도 즐거운 일이 되기 때문이다. 그러나 부모의 충고를 듣고도 행실을 고치지 않을 경우에는 율법이 그에게 무서운 적대자가 된다. 따라서 그 부모가 직접 그를 도시 밖으로 끌어내면[27] 백성들은 그 뒤를 따라가서 도시

---

[27] 헤롯 대왕이 이 율법의 시행을 강조한 것을 주목해 보라(『유대 고대사』 16권 11장 2절).

밖에서 돌로 쳐 죽여야 한다. 이런 자의 시신은 모든 백성이 볼 수 있도록 온종일 밖에 그대로 방치한 후에 밤에 장사 지내야 한다. 어떤 이유로든지 간에 율법이 정한 바에 따라 죽음을 당한 자는 이런 식으로 장사 지내야 한다. 전사한 적군의 시체도 장사 지내 주어야 한다. 어떤 자의 시체도 땅 위에 그대로 방치되어 너무 참혹한 형벌을 받지 않도록 해야 한다.

25. 히브리인들은 먹을 것이 없어서든지 마실 것이 없어서든지 간에 고리(高利)를 받고 빚을 주어서는 안 된다. 같은 동족의 불행을 이용해 돈을 버는 것은 정당하지 못하기 때문이다. 동족의 곤궁함을 보고 도와주면 그들이 너희에게 감사할 터인데 이것을 너희의 이익으로 여기라. 이렇게 되면 하나님도 너희의 인자함을 보고 상을 주실 것이다.

26. 은이나 혹은 온갖 종류의 수분이 많은 과일이나 마른 과일을 빌려 쓴 자들은 빌려준 자들에게 기쁨으로 되돌려주어야 한다. 말하자면 자기 창고에 쌓아 놓았다가 필요하면 다시 꺼내 오는 것이 마땅한 것처럼 다시 빌려줄 것을 기대하고 도로 갚아야 한다는 말이다. 그러나 빌려 간 자가 뻔뻔스럽게도 갚지 않을 경우에는 판결이 나기 전에 빌려준 자가 빌려 간 자의 집을 찾아가 직접 그를 담보로 잡아서는 안 된다. 채권자가 채무자에게 담보를 요구하면 채무자는 법의 힘을 빌려 빚을 갚을 것을 요구하는 채권자에게 조금이라도 대항할 생각을 하지 말고 자발적으로 담보를 제공해야 한다. 담보를 내놓은 자가 부자일 경우에는 빌려 간 것을 갚을 때까지는 채권자가 담보를 가지고 있어도 되지만, 가난한 자일 경우에는 특히 담보로 잡은 것이 옷일 경우에는 해가 지기 전에 그것을 되돌려주어야 한다. 왜냐하면 채무자가 잘 때 그것을 덮고 자야 하기 때문이다. 하나님은 이렇게 가난한 자들에게까지 자비를 보이신다. 또한 맷돌이나 맷돌에 속한 기구들을 담보로 잡아서는 안 된다. 이것들은 사람이 먹을 음식을 장만하는 도구이기 때문에 이것이 없는 채무자가 생계의 위협을 받기 때문이다.

27. 사람들을 유괴하는 자는 사형에 처해야 하나 금이나 은을 도적질한 자는 두 배로 갚아야 한다. 비록 담만 타넘었다 하더라도 물건을 훔치려고 들어온 도적을 죽인 경우에는 죄가 되지 않는다. 가축을 훔친 자는 다섯 배를 물어야 하는 황소의 경우를 제외하고는 네 배로 물어야 한다. 너무 가난해서 벌금을 물 수 없는 사람은 벌금을 받아야 할 사람의 종이 되어야 한다.

28. 누구든지 자기 동족에게 팔렸을 경우에는 6년간은 주인을 섬겨야 하나 제7년에는 해방되어야 한다. 그러나 만일 그가 주인집의 여종과 결혼을 해서 아들을 낳은 경우에 주인이 베푼 선의와 처자식에 대한 본능적인 사랑 때문에 계속 주인의 종으로 있기를 원할 때에는 단지 희년이 되어야만 해방될 수 있는데, 50년째 희년이 되면 처자들과 함께 자유할 수가 있다.

29. 길에서 금이나 은을 주웠을 경우에는 남이 잃은 것으로 자기의 이익을 삼으려고 하지 말고 어디서 주웠는지를 밝히고 임자를 찾아서 돌려주어야 한다. 아무도 없는 데서 방황하는 길 잃은 가축을 발견한 경우에도 마찬가지의 법칙이 해당된다. 임자가 당분간 나타나지 않을 때에는 일단은 주운 사람이 보관하면서 남의 것을 절취하지 않도록 해달라고 하나님께 간청해야 한다.

30. 폭풍으로 인해 진흙 구덩이에 빠져 애쓰고 있는 짐승을 못 본 체하고 지나가서는 안 된다. 짐승이 고통을 당하고 있는 것을 애처롭게 여기고 건져 주어야 한다.

31. 길을 모르는 자들에게 길을 잘못 가르쳐 주고서 뒤에서 애쓰는 모습을 보고 조롱해서는 안 되며 바른길을 가르쳐 주어서 그들이 손해가 되는 일이 없도록 해야 된다.

32. 이와 마찬가지로 소경이나 벙어리를 욕해서는 안 된다.

33. 철 연장을 갖지 않고 서로 싸우다가 어느 한쪽이 다쳤을 경우, 때린 사람은 다치게 한 대로 자기도 즉시 당해야 한다. 맞은 사람이 집으로 실려 와 여러 날 병석에 누워 있다가 죽는 경우에 때린 사람은 형벌을 면한다. 그러나 맞은 사람이 죽지 않고 병에 걸려 치료하느라고 많은 비용을 들였을 경우에는 때린 사람은 치료 기간의 생활비와 치료비를 물어 주어야 한다. 임신한 여인을 때려서 낙태시켰을 경우에[28] 때린 사람은 자궁에 있는 아이를 죽임으로써 인구를 줄인 대가로 재판장들이 판결하는 대로 벌금을 물어야 하며 낙태한 여인의 남편에게도 돈을 주어야 한다. 만일 임신한 여인이 죽었을 경우에는 때린 사람도 역시 죽여야 한다. 율법은 생명을 생명으로 갚는 것이 공평하다고 보기 때문이다.

34. 이스라엘인들은 사람을 죽이거나 해를 가할 수 있는 독(poison)[29]을 지니고 다녀서는 안 된다. 독을 지니고 다니다가 잡히는 경우에는 죽음을 당할 것이고 그 독으로 남에게 해를 가하려고 했던 대로 해를 받게 될 것이다.

35. 불구가 된 사람이 몸을 다친 보상으로 돈을 받으려고 하지 않을 때는 그를 불구로 만든 사람도 똑같은 지체가 잘려 불구의 신세가 되어야 한다.[30] 왜냐하면 율법은 다친 사람이 너무 잔혹한 성품의 소유자가 아닌 경우에는 스스로 자기의 다친 것을 판단하고 평가할 수 있도록 허용하기 때문이다.

36. 뿔로 사람을 받은 황소는 그 주인이 죽여야 한다. 만일 황소가 타작마당에서 사람을 받아 죽였을 경우에는 돌로 쳐 죽여야 하며 그 고기는 먹지 못한다. 만일 황소가 원래 받는 버릇이 있음을 주인이 알고도 단속하지 않았을 경우에는 그 주인도 죽여야 한다. 왜냐하면 황소가 사람을 죽이게 한 원인이 주

---

28) 이 율법은 요세푸스가 이해한 것처럼 임신한 여인이 죽었을 경우만이 아니라, 어미가 죽지 않고 아기만 죽은 경우라 하더라도 때린 사람은 사형에 처하도록 되어 있었던 것 같다.
29) 우리가 마술사(witch)라고 번역하는 단어를 필론(Philo)과 요세푸스는 '독을 가진 자'(poisoner)로 이해하고 있다.
30) 돈으로 이런 형벌을 면할 수 있다는 허용 규정은 성경에는 나오지 않는다.

인이기 때문이다. 만일 황소가 남종이나 여종을 받아 죽였을 경우에는 황소는 돌로 쳐 죽이고 황소 주인은 그 종의 주인에게 30세겔[31]을 물어 주어야 한다. 어떤 황소가 다른 황소를 받아 죽였을 경우에는 산 황소와 죽은 황소 모두를 팔아 두 주인이 나누어 가져야 한다.

37. 우물이나 구덩이를 판 사람은 다른 사람이 물을 퍼가는 것을 막기 위해서가 아니라 그 속에 누가 빠지는 것을 방지하기 위해서 널빤지 같은 것으로 구멍을 막아서 사람들을 안전하게 보호해야 한다. 어떤 이의 가축이 뚜껑을 덮지 않은 우물이나 구덩이에 빠져 죽은 경우에 우물이나 구덩이의 소유자는 가축의 소유자에게 가축 값을 물어 주어야 한다. 지붕에는 벽 대신 난간을 설치해서 지붕에서 굴러떨어져 죽는 일이 없도록 해야 한다.

38. 남의 물건을 맡은 사람은 그 물건을 마치 신성하고 거룩한 물건처럼 잘 간수해야 한다. 남자든지 여자든지 간에 남이 맡기고 간 물건을 빼앗으려고 해서는 안 된다. 비록 이렇게 해서 수많은 이익을 얻으며 아무도 보는 사람이 없다고 하더라도 이런 짓을 해서는 안 된다. 자기가 한 일은 알게 되기 마련이므로 인간의 양심이 명령하는 것은 행하는 것이 좋다. 이 양심에 비추어 깨끗하게 행동함으로써 항상 다른 이의 칭찬을 받도록 하라. 아무리 사악한 인간도 하나님 앞에서는 자기의 악한 행실을 결코 숨길 수 없다는 사실을 명심하라. 남의 물건을 맡은 사람이 고의적인 잘못을 범하지 않았음에도 불구하고 맡은 물건을 잃어버렸을 경우에는 일곱 재판장들 앞에 나아가서 고의나 악한 의도가 있어서 잃어버린 것은 결코 아니며 조금도 그 물건을 사용한 적이 없다고 하나님의 이름으로 맹세하면 그에게 어떤 책임도 묻지 않는다. 그러나 남이 맡긴 물건을 조금이라도 사용하다가 분실했을 경우에는 하나도 남김없이 모두 배상해야 한다. 노동을 시키는 사람이 육체노동을 하는 사람을 속였을 경우에도 위의 맡긴 물건의 경우와 같은 법이 적용된다. 가난한 사람의 삶을 부당하

---

[31] 우리 주님이 팔린 몸값인 30세겔은 옛날 시대의 노예나 종의 몸값에 불과한 것이다.

게 편취해서는 결코 안 된다는 점을 명심하라. 하나님은 그 가난한 자에게 땅이나 다른 소유물 대신 삯을 주셨다는 사실을 기억해야 한다. 하나님은 일꾼들이 수고한 노동의 대가를 바로 받아 쓰는 것을 보기 원하시므로 삯은 다음날로 미루어서는 안 되며 일한 바로 그날 지불하여야 한다.

39. 너희는 부모의 잘못을 그 자녀들에게 물어서는 안 된다. 나쁜 부모들 밑에서 태어났다고 미워하지 말고 비록 악한 부모들 밑에서 태어났다 하더라도 그들 자신의 덕을 보고 불쌍히 여길 줄 알아야 한다. 또한 젊은 청년들은 교육 받은 것과는 다른 악한 풍습에 몰두하면서 자기들이 받은 교육을 교만하게 내팽개치는 법이 많으나, 그렇다고 해서 자녀들의 죄를 그 부모들에게 전가해서도 안 된다.

40. 너희는 거세한 자들을 멸시하라. 스스로 남자됨, 즉 하나님이 인간의 번성을 위해 남자에게 주신 생식력을 포기한 자들과는 말도 하지 말아라. 그런 자들은 이미 자기들이 마땅히 확보해야 할 것을 잃어버린 자들이므로 버린 자식으로 생각하고 내어 쫓아야 한다. 이미 그들의 영혼이 여성적이 되었기에 여성의 편향성을 심지어 육체에까지 스며들게 한 것이 분명하기 때문이다. 너희는 쳐다볼 때 기괴하게 생긴 것은 무엇이나 이와 마찬가지로 취급해야 한다. 사람이나 다른 어떤 동물을 막론하고 거세해서는 안 된다.[32]

41. 이것을 평화 시에 너희 정치적 율법의 체계로 삼으라. 그리하면 하나님이 이 놀라운 율법 체계를 혼란에 빠지지 않도록 잘 보호해 주실 것이며 어떤 변혁이나 정반대되는 변화가 일어나는 일이 없도록 지켜 주실 것이다. 그러나 인간들은 우연이든지 고의든지 간에 혼란과 위험에 빠질 경우가 있을 때를 대비해서 몇몇 규정을 정해 보도록 하자. 그래서 미리부터 그럴 때는 어떻게 해

---

[32] 다른 곳에서는 이 율법을 어긴 자에게 사형을 내렸을 만큼 엄격했다고 전해지고 있다. 그러나 이것은 단지 바리새적인 해석인 것처럼 보인다. 이렇게 볼 때 우리는 여기서 유대인들은 거세한 수소(ox)는 한 마리도 없었고 오직 거세하지 않은 황소(bull)와 암소(cow)만을 가지고 있었던 것을 알 수가 있다.

야 하는가를 알고 있어야 그런 혼란과 위험이 닥칠 때 지혜를 얻을 수 있다. 그 때 가서 어떻게 해야 좋을지를 찾다가 좋은 방도를 얻지 못하면 그만 위험한 상태 속으로 빠져들어 갈 수가 있다.

너희는 근면한 백성이 되고 다툼 없이 그 땅을 소유하고 후손에게 물려주면서 고결한 삶을 살도록 하라. 너희 선조들의 삶을 본받고 율법을 지키면 어떤 나라도 그 땅을 넘보지 않을 것이며 내란도 일어나지 않을 것이다. 그러므로 하나님이 인정하시고 너희에게 내려 주신 율법을 계속 준수하며 살도록 하라.

너희 대에 일어나는 것이든지 후대에 가서 일어나는 것이든지 간에 모든 전쟁은 너희의 국경선 밖에서 치르도록 하라. 전쟁을 하기 전에는 적들에게 사신을 보내도록 하라. 왜냐하면 직접 전쟁을 하기 전에, 병사나 무기나 말에 있어서도 우세에 있고 더욱이 항상 자비하시며 도우시기를 원하시는 하나님이 계셔서 무서울 것이 전혀 없지만, 남과 싸워서 남의 것을 빼앗아 내 것으로 삼고 싶지 않으니 굳이 싸울 마음이 없다면 우리도 싸울 마음이 없다는 내용을 사신을 통해 적에게 알려 말로 타협을 보는 것이 옳기 때문이다. 만일 적들이 너희 말을 듣고 옳게 여길 때는 싸우지 않고 평화를 유지하고 지내는 것이 좋다. 그러나 적들이 자기들의 군사력이 우세하다고 믿고 너희의 말에 귀를 기울이지 않을 때는, 하나님을 너희의 최고 사령관으로 모시고 그 아래 너희 가운데 가장 용기가 있는 자 한 명을 부사령관(lieutenant)으로 임명하여 적과 싸우도록 하라. 지휘관이 여러 명이면 기습 공격을 하는 데 오히려 방해가 되므로 부사령관은 한 명이 좋다. 신체 건강하고 담력 있는 사람들을 뽑아서 군대를 편성하라. 용기가 없는 자들은 결정적인 순간에 도망을 쳐서 이적(利敵) 행위를 할 위험이 있으므로 돌려보내도록 하여라. 최근에 새집을 지어서 1년도 채 못산 사람들과 포도를 심고 한 번도 열매를 수확해 보지 못한 사람들을 그냥 집에 남아 있도록 조치하라. 그뿐 아니라 약혼한 사람이나 최근에 결혼한 사람들은 약혼녀나 아내를 사랑하기 때문에 목숨을 아까워할 뿐 아니라 아내를 생각하고 즐길 것을 생각한 나머지 비겁한 사람이 되기 쉬우므로 이들도 집에 남아 있도록 조치하라.

42. 진영을 칠 때는 잔학한 행위는 절대 하지 않도록 주의하라. 적 공략 시 전쟁 병기를 만들 나무가 필요할 경우에 유실수들을 모조리 잘라서 사용함으로써 초목이 없는 땅으로 만들어서는 안 된다. 이 유실수들은 인간의 유익을 위해 하나님이 만드신 것임을 기억하고 건드리지 않도록 하라. 만일 이 유실수들이 말을 할 줄 안다면 자기들이 전쟁의 원인도 아닌데 어째서 부당하게 취급을 당해야만 하느냐고 정당한 항의를 제기할 것이고 능력만 있다면 다른 땅으로 옮겨 가려고 할 것이다. 너희는 전투에서 적을 쳐부순 후에는 너희를 대항한 자들은 죽이되 다른 이들은 살려서 너희에게 조공을 바치도록 하라. 단, 여기서 가나안 족속만은 제외이다. 왜냐하면 가나안 족속은 너희가 완전히 진멸시켜야 하기 때문이다.

43. 특별히 전쟁을 할 때에는 여자가 남자 의복을 입는다든지 남자가 여자 옷을 입는다든지 해서는 안 된다.

44. 이것이 모세가 우리에게 남겨 준 정치적 통치 형태(form of political government)였다. 더욱이 모세는 (출애굽한 지) 제40년째 되던 해에 율법들을 글로 써서[33] 남겨 주었다. 이에 대해서는 내가 다른 책에서 논할 작정이다. 모세는 그다음 여러 날 동안(모세는 계속해서 백성들을 총회로 소집했다) 백성들에게 축복을 베풀었으며 율법대로 살지 않고 지켜야 할 의무를 범한 사람들에게는 저주가 있을 것이라고 선언했다. 그 후에 모세는 6보격(hexameter)으로 작곡된 시적인 노래를 들려주었으며 거룩한 책에 적어 그들에게 남겨 주었다. 이 노래에는 장차 일어날 예언이 들어 있었는데 이 예언에 따라 지금까지 모든 일이 일어나고 있으며 하나도 성취되지 않은 것이 없다. 모세는 이 책들을 두 판에 새겨진 십계명이 담긴 궤(ark)와 함께 제사장들[34]에게 맡겼다. 그는 또한 성막도 제사장들에게 맡기고 그들이 그 땅을 점령해서 그 안에 거할 때 아말렉 사람들의 악

---

[33] 이 율법들은 8장 4절에서 언급한 율법들인 것 같다.
[34] 『유대 고대사』 3권 1장 7절의 주를 보도록 하라.

한 행위를 잊어버리지 말고 그들을 쳐부수고 우리가 광야에 있을 때 그들이 보인 악행에 대해 보복을 하도록 하라고 백성들을 권면했다.

그는 또한 백성들에게 이같이 명했다. "너희가 가나안 땅을 점령하고 가나안 전 주민을 전멸시킨 후에는 세겜(Shechem) 도시에서 그리 멀지 않은 곳에 있는 두 산, 즉 오른쪽에 그리심(Gerizzim)산과 왼쪽에 에발(Ebal)산 사이에 단을 쌓고 백성들은 둘로 나누어 한 산에 여섯 지파씩 따로 서게 하고 레위인들과 제사장들도 함께 서도록 하라. 그리고 나서 먼저 그리심산에 선 자들이 하나님을 진실히 섬기고 그의 율법을 성실히 준행하며 모세가 명한 모든 것을 지키는 자에게 큰 축복이 있도록 해달라고 기도하라. 그 후에 에발산에 선 자들도 마찬가지로 그런 자들에게 큰 행복이 있도록 해달라고 간청하도록 하라. 나중 사람들이 이런 기도를 올리고 있는 동안에 먼저 사람들은 그런 자들에게 축복이 있기를 찬양하도록 하라. 그리고 나서 너희들이 지금까지 한 말을 확증하는 방법으로 서로 돌아가면서 화답을 하듯이 율법을 지키지 않는 자들에게 저주가 있을 것이라고 선언하라."

모세는 또한 백성들이 철저히 배우고 익혀 시간이 흘러도 잊어버리지 않도록 그들이 받은 축복과 저주들에 대해 글로 써서 그들에게 남겨 주었다. 모세는 죽기 직전에 그가 서서 말하던 곳인, 백성들이 세운 단(altar)의 양편에 이 축복과 저주들을 새기고 제물을 번제로 드렸다. 그 후로는 이 단 위에서 다른 제물을 결코 드릴 수가 없었다. 왜냐하면 그렇게 하는 것을 율법이 금하고 있기 때문이다. 이것들이 모세의 규정들(constitutions of Moses)이며 지금까지도 히브리 국가는 이 규정들에 따라 삶을 살아가고 있다.

45. 그다음 날 모세는 여자들과 아이들과 심지어는 종들까지도 포함해서 백성들을 총회로 소집하고 이 율법들을 꼭 지킬 것을 맹세하도록 했다. 모세는 백성들에게 하나님이 그들 가운데 계신 의미를 제대로 깨달아 인척 관계로 인한 호의라든지 남에 대한 두려움에서라든지 기타 다른 어떤 동기에서든지 간에 이 율법들보다는 다른 것을 우선으로 여기고 율법을 범하는 일이 없도록 할 것이며, 같은 동족 중 어떤 한 개인이나 어떤 도시가 모세의 통치 규정을 전복

하고자 꾀할 경우에는 국가 전체로서뿐 아니라 개인적으로도 이런 자들을 쳐서 정복해야만 하며 정복한 후에는 그들의 도시를 그 기초가 드러날 정도로 뒤집어엎고 가능하다면 그런 광적인 자들의 족적(足跡)이 남지 않도록 해야 하며, 만약 복수할 힘이 없을 경우에는 그들이 행한 일이 결코 옳은 일이 아님을 말로서라도 명백히 보여주어야만 한다고 말했다. 이에 백성들은 그렇게 하겠다고 맹세했다.

46. 모세는 어떻게 제사를 드려야 하나님이 열납하시는지를 백성들에게 가르쳐 주었을 뿐 아니라 내가 이미 언급한 바와 같이 전쟁을 하러 나갈 때 하나님의 지시를 받기 위해서 보석들(대제사장의 흉패에 달린)을 어떻게 이용해야 하는지도 가르쳐 주었다.[35] 모세가 아직 살아 있을 때 여호수아 역시 예언을 했다. 이렇게 모세는 전쟁 시나 평화 시에 백성들의 보존을 위해 자기가 했던 일을 다시 한번 반복해서 이야기하고 율법을 적은 책을 백성들에게 전달하고 뛰어난 통치 형태를 제시해 준 후에 하나님이 그에게 선언하신 대로 다음과 같이 예언했다. "만일 여러분이 하나님에 대한 경배의 규정을 어기면 다음과 같은 불행을 겪게 될 것입니다. 즉 여러분의 땅은 적들의 전쟁 무기로 가득 찰 것이며 여러분의 도시들은 전복될 것이고 여러분의 성전은 불에 탈 것이며 여러분은 고통을 당하는 노예를 보고도 눈 하나 깜짝하지 않는 무자비한 자들에게 노예로 팔려 갈 것입니다. 회개해 보았자 고통은 마찬가지일 뿐 아무 소용도 없을 그때에 가서야 여러분은 회개하게 될 것입니다. 그러나 회개하면 여러분의 국가를 세우신 하나님이 장차 여러분을 여러분의 도시들과 성전이 있는 곳으로 되돌려 보내 주실 것입니다. 결국 여러분은 단 한 번이 아니라 여러 번 이런 좋은 특권을 빼앗기게 될 것입니다."

---

35) 버나드(Bernard) 박사는 여기서 여호수아가 기브온인들의 경우에 있어서 우림에 상의해 보는 것을 소홀히 한 결과 얼마나 큰 불행이 초래되었는가를 잘 지적하고 있다. 기브온인들은 계략을 꾸며서 여호수아를 함정에 빠뜨려 가나안인들을 하나도 남기지 않고 모조리 진멸하라는 그의 사명에 정면으로 반대되는 줄도 모르고 그들을 살려 주겠다고 엄숙히 맹세하게 만들었기 때문이다.

47. 모세는 여호수아를 불러 하나님이 그가 하는 모든 일을 도와주실 것이며 백성들을 이끌고 가나안인들을 정복하는 일에 용기를 내라고 격려한 후에 이렇게 백성들을 축복했다. "하나님이 정한 나의 떠날 날이 가까워 이제 나는 선조들에게 갈 준비를 하고 있습니다. 나는, 지금까지 여러분과 함께하는 동안에 우리를 모진 불행에서 건져 주셨을 뿐 아니라 풍성한 행복을 내려 주셨고 내가 괴로워할 때마다 와서 도와주셨고 여러분을 더욱 편안하게 보살피려는 나의 마음을 아시고 지혜를 주셨으며, 우리 모두에게 은총을 베푸신 하나님께 감사를 드리고 싶습니다. 나를 그분 밑에 부사령관으로 임명하시고 여러분을 위해 일하는 봉사자로 사용하셔서 우리 문제를 좋은 결론이 나오도록 친히 해결해 주신 분은 하나님이셨습니다. 따라서 나는 장차 이후에도 이런 하나님의 능력이 여러분을 돌보게 되기를 하나님께 기도합니다. 이것이 내가 그분께 진 빚을 갚는 일일 것입니다. 그러므로 여러분은 하나님께 경배와 영광을 드려야 할 것이며 율법을 잘 지켜야 할 것입니다. 이 율법이야말로 하나님이 과거에 우리에게 주셨으며 앞으로도 주실 선물 중의 가장 큰 선물입니다. 율법 수여자가 인간일 경우에도 그가 낸 율법이 아무 효력도 발휘하지 못한 채 멸시를 당한다면 그 율법을 지키지 않는 자에게는 무서운 적대자로 변할 것입니다. 하물며 여러분의 창조주이신 그분이 내리신 이 율법들을 무시할 때 어떤 결과가 나타날 것인가는 너무나 자명하지 않습니까?"

48. 모세가 임종을 맞이해서 이같이 말하고 장차 이스라엘 각 지파[36]에게 일어날 일들을 예언하면서 축복을 빌고 나자 백성들은 모두 눈물을 흘렸다. 여인들은 가슴을 치면서 곧 임종을 맞이할 모세를 생각하고 슬피 울었다. 어린아이들도 슬픔을 억제하지 못하고 엉엉 울어 댔다. 비록 나이는 어렸지만 어린아이들도 모세의 출중한 덕과 용기에 대해서는 그 누구보다도 잘 알고 있었던 것이다. 누구보다도 모세의 죽음을 슬퍼한 연장자들과 젊은이들 사이에는 슬퍼

---

36) 요세푸스가 여기서 우리에게 모세가 이스라엘의 모든 각 지파를 축복했다고 주장하고 있는 것을 볼 때 오늘 우리가 가지고 있는 히브리 성경이나 사마리아 오경과는 달리 요세푸스가 가진 성경에는 시므온이 빠져 있지 않았음이 분명하다.

하는 이유에 차이가 있었던 것처럼 보인다. 연장자들은 뛰어난 지도자를 잃었으니 앞날이 걱정되어 근심한 데 반해 젊은이들은 앞날에 대해서뿐 아니라 모세의 덕이 어떤가를 체험해 보기도 전에 모세가 세상을 떠난 것 때문에 괴로워했다. 모세 자신이 눈물을 억제하지 못하고 눈물을 흘리자 백성들은 더욱 슬퍼하지 않을 수가 없었다. 죽음이 하나님의 뜻과 자연법칙에 따라 어쩔 수 없는 이상 죽음이 다가와도 슬퍼하는 기색을 보이지 말자고 내심 굳게 다짐했지만 백성들이 슬피 우는 통에 모세도 감정을 억제하지 못하고 그만 같이 울 수밖에 없었다. 모세가 백성들 곁을 떠나 보이지 않는 곳을 향해 떠나자 백성들은 모두 울면서 그의 뒤를 따랐다. 모세는 가까이에 있는 사람들에게 자기의 죽음을 너무 슬퍼하지 말라고 위로하면서 멀리 떨어져 있는 사람들에게는 손을 흔들어 보이면서 그만 따라오고 조용히 있으라고 지시했다. 이에 백성들은 모세가 원하는 대로 해주는 것이 그에게 베풀 최후의 존경의 표시라고 생각하고 더 이상 따라가지 않고 자제하면서 속으로 흐느껴 울었다.

계속 모세를 따라간 자들은 의회(senate)와 대제사장 엘르아살과 사령관 여호수아였다. 그들이 아바림(Abarim)이라고 부르는 산(여리고 맞은편 위에 위치한 산으로서 그 위에 서면 가나안의 아름다운 땅 대부분이 한눈에 들어오는 전망이 좋은 산이다)에 도착하자마자 모세는 의회는 돌아가도록 지시하고 엘르아살과 여호수아만 남게 했다. 모세가 엘르아살과 여호수아와 대화를 나누는 도중에 갑자기 구름이 모세 위에 내리더니 모세가 어떤 한 계곡으로 사라지는 것이었다. 그러나 모세는 거룩한 책에 자기가 죽었다고 기록했다. 그가 이렇게 한 것은 백성들이 모세는 아마 그의 출중한 덕 때문에 하나님께 갔을 것이라고 함부로 말을 할까 봐 두려워했기 때문이었다.

49. 모세는 120년간을 살았다. 그중 40년에서 한 달 모자라는 기간을 백성들의 지도자로 일하다가 마게도냐인들은 뒤스트루스(Dystrus), 그리고 우리는 아달(Adar)이라고 부르는 마지막 달 제1일에 세상을 떠났다. 그는 남보다 지혜가 뛰어난 사람이었으며 또 그 지혜를 잘 이용할 줄 아는 사람이었다. 그는 또한 멋진 화술과 웅변력을 소유한 인물이었으며 마치 걱정과는 전혀 관련이 없

는 사람처럼 자기의 격정을 잘 지배할 줄 아는 사람이었다. 그는 또한 드물게 보는 위대한 군대 사령관인 데다가 그가 말을 하면 마치 하나님의 음성을 듣는 것처럼 느낄 정도로 뛰어난 선지자였다.

  백성들은 30일간 그를 위해 애곡했다. 이때만큼 히브리인들이 큰 슬픔에 빠진 적은 결코 없었다. 모세의 인격을 직접 체험해 본 사람만 모세를 사모했던 것이 아니라 모세가 남긴 율법을 따르는 사람들도 모세를 사모했다. 따라서 이들에 의해 모세의 덕에 대한 칭송은 날이 갈수록 더해 갔다. 모세의 죽음에 대해서는 이쯤으로 끝내 두도록 하자.

제 5 권

476년간의 역사 기록

모세의 죽음부터 엘리의 죽음까지

제1장

히브리인의 사령관 여호수아가
가나안인들과 싸워 그들을 쳐부수고 죽인 후에
그 땅을 이스라엘 각 지파에게
제비뽑아 분배한 경위

1. 모세가 위에서 말한 것처럼 세상을 떠났고 백성들이 그를 위해 애곡하면서 슬퍼하던 기간도 지났다. 즉시 여호수아는 백성들에게 가나안 원정을 채비하라고 명령했다. 그는 정탐꾼들을 여리고로 보내 그들의 군사력과 동태를 살펴보는 한편 적당한 때에 요단강을 건널 마음의 준비를 단단히 하게 하고 일사불란하게 진영을 갖추었다. 여호수아는 르우벤 지파와 갓 지파와 므낫세 (반) 지파(이 반 지파는 가나안 땅의 제 일곱 번째 부분[1]인 아모리인의 땅에 거주해도 좋다는 허락이 있었다)의 두령들을 불러 그들이 모세와 맺었던 약속을 상기시키며 이미 고인이 되었지만 그들을 위해서 지칠 줄 모르고 노심초사 애쓰던 모세의 노고를 생각

---

[1] 아모리인들은 가나안 일곱 족속의 하나였다. 따라서 렐란트(Reland)는 여기서 요세푸스가 말한 것은 요단강 건너편 땅이 가나안 땅의 일곱 번째 부분이라는 뜻이 아니고 아모리인이 가나안 일곱 족속 중의 한 족속이라는 뜻으로 한 말이라고 주저하지 않고 주장한다.

하고 히브리 민족 전체의 복지를 위해서 그들이 약속한 대로 실행할 준비를 갖추라고 권고했다. 따라서 그는 50,000명을 거느리고 아빌라(Abila)에서 요단 강까지 60펄롱(furlong)을 행군했다.

2. 여호수아가 진을 치자 정탐꾼들이 가나안의 동태를 잘 살피고 돌아왔다. 정탐꾼들은 정체가 드러나기 전에 아무런 방해도 받지 않고 여리고(Jericho)시를 샅샅이 살폈다. 그들이 어느 쪽 성벽이 강하고 약한지 그리고 어떤 성문이 뚫고 들어갈 가능성이 있는지를 살피고 있는데도 여리고 사람들은 이방인들이 신기하게 도시의 이곳저곳을 살피는 것을 늘 보아왔기 때문인지 별로 의심하지 않고 그냥 지나쳤다. 그런데 저녁을 먹기 위해 성벽 근처에 있는 여인숙에 들어가 식사를 마치고 어떻게 빠져나갈까를 궁리하고 있는 동안, 저녁 식사를 하고 있는 왕에게 히브리 진영에서 이 시를 정탐하러 몇 명의 정탐꾼이 들어와서는 라합(Rahab)이 운영하는 여인숙에 들어가 숨겨 달라고 애원하고 있다는 정보가 흘러 들어갔다. 그러자 왕이 즉시 사람들을 보내 자기가 직접 고문해서 무슨 목적으로 들어왔는지를 알아낼 터이니 사로잡아 오라고 명령했다. 라합은 왕의 사신들이 온다는 소식을 듣고 지붕 위에 말리려고 벌여 놓은 삼대 속에 정탐꾼들을 숨기고 왕이 보낸 사신들에게 해가 지기 전에 어떤 모르는 나그네들이 와서 저녁 식사를 마치고는 곧장 떠났다고 둘러댔다. 라합에게 이처럼 감쪽같이 속은 왕의 사신들은[2] 속은 줄도 모르고 여인숙을 수색해 볼 생각도 하지 않았다. 그들은 즉시 그들 생각에 정탐꾼들이 도망쳤을 가능성이 높은 퇴각로를 추격하여 강에까지 이르렀으나 수상한 사람을 보았다는 사람을 만나 보지 못했다. 따라서 그들은 더 이상 추격하기를 중지했다. 소동이 끝나자 라합은 정탐꾼들을 지붕에서 내려오게 하고는 가나안 땅을 정복한 후에 자기가 위험을 무릅쓰고 도와준 것을 잊어버리지 말고 기억해 달라고 당부했다. 라합

---

[2] 정탐꾼과 여인숙 주인 라합이 여리고 왕의 사신들을 속인 역사와 신약(히 11:31; 약 2:25)에 라합의 믿음과 선행을 칭찬한 점을 놓고 볼 때 심지어 가장 뛰어난 인물들이라도 곧 멸망당할 공공의 적들에게는 아무리 새빨간 거짓말을 해도 양심에 거리낌을 느끼지 않았던 것이 분명한 것 같다. 내가 보기에는 맹세를 요구하지 않았기 때문에 이런 일이 가능했던 것 같다. 맹세를 요구했다면 그들은 아마도 그런 일은 엄두도 못 냈을 것이 분명하기 때문이다.

은 자기가 거짓말한 것이 드러나 잡힐 경우에는 자기뿐 아니라 온 가족이 무서운 형벌을 받을 것을 각오하고 도와주었으니 그들이 여리고(Jericho)시를 점령하고 주민들을 진멸할 때 자기와 자기의 모든 식구를 살려 주겠다고 맹세할 것을 요구했다. 라합은 이미 이스라엘 백성에게 베푸신 하나님의 기적을 소문으로 들어서 잘 알고 있다는 것이었다. 따라서 정탐꾼들은 라합에게 도와준 것에 대해 감사를 표하고 그녀가 베풀어 준 친절에 말뿐 아니라 행동으로 꼭 보답해 주겠다고 맹세했다.

정탐꾼들은 라합에게 여리고시가 점령될 순간이 오면 안전을 위해서 식구들과 소유물을 여인숙 밖으로는 절대 나가지 못하도록 하고 히브리 사령관이 쉽게 알아보고 보호 조치를 취할 수 있도록 문(창문) 앞에 주홍색 줄을 매달아 놓아야 한다고 당부했다. 정탐꾼들은 라합에게 "우리는 당신이 우리를 보호해 준 이상 이 사실을 사령관에게 보고할 것이오. 그러나 당신 가족 중에 누구든지 전쟁에 나왔다가 전사한다면 그것은 우리 책임이 아니오. 우리가 이름을 걸고 맹세한 그 하나님이 우리가 맹세를 어긴 것으로 생각하고 진노하시지 않도록 부디 조심하기를 바라오."라고 말했다. 정탐꾼들은 라합과 이런 약조를 맺고 난 후 밧줄을 타고 성벽을 내려와 도망을 쳤다. 그리고는 이스라엘 백성들에게 돌아와 그들이 겪은 일을 모두 이야기했다. 여호수아는 대제사장 엘르아살과 의회를 불러서 정탐꾼들이 라합에게 맹세한 이야기를 전해 주었다. 이들은 맹세한 것을 지키기로 결정했다.

3. 사령관 여호수아는 요단강을 건널 생각을 하니까 걱정부터 앞섰다. 요단강은 급류인 데다가 다리도 놓여 있지 않았기 때문이었다. 다리를 건설한다 하더라도 적들이 다리를 완성할 시간적 여유를 주지 않을 것이 분명하고 나룻배 한 척 없으니 어찌하면 좋을까 걱정하고 있을 때 하나님이 강의 흐름을 다른 곳으로 돌려 강의 수량을 줄임으로써 걸어서 강을 건널 수 있도록 해주겠다고 약속하셨다. 따라서 여호수아는 이틀 후에 아래와 같이 모든 백성을 거느리고 요단강을 건넜다. 제사장들이 맨 먼저 궤를 들고 앞장을 섰고 그 뒤를 성막과 제사용 기구들을 든 레위인들이 따랐으며 마지막으로 이스라엘의 각 지파가

순서대로 뒤를 따랐다. 백성들은 처자들이 급류에 휘말리게 될까 봐 두려워 처자들을 가운데 두고 강을 건넜다. 그러나 제사장들이 먼저 강에 들어서자마자 수심이 줄어들어 밑바닥의 모래가 보일 정도로 얕은 여울이 되었다. 물의 흐름이 바닥의 모래를 씻어 갈 정도로 강하거나 빠르지 않았기 때문이었다. 따라서 그들은 조금도 두려워하지 않고 모두 강을 건넜다. 이 모든 것이 이미 하나님이 예고하신 그대로였음을 백성들은 깨달을 수 있었다. 제사장들은 백성들이 모두 안전하게 강기슭에 도착할 때까지 강 한가운데 그대로 서 있었다. 백성들이 모두 강을 건너자 제사장들도 강에서 올라왔다. 히브리인들이 강을 모두 건너자 강은 예전처럼 수위가 높아졌고 급류로 변하게 되었다.

4. 히브리인들은 앞으로 50펄롱을 나아가서 여리고에서 10펄롱 떨어진 곳에 진을 쳤다. 여호수아는 선지자들의 명령에 따라 요단강 물의 흐름이 나누어진 것을 길이 기념하기 위해서 각 지파의 두령들이 강 깊은 곳에서 가져온 돌들로 제단을 쌓고 하나님께 제물을 드렸다. 그리고 그곳에서 유월절을 지켰다. 히브리인들은 그곳에서 완전히 익은 가나안인들의 곡식과 그 외 다른 것들을 충분히 얻을 수 있었다. 그들이 전에 40년간이나 먹었던 음식인 만나가 더 이상 내리지 않은 것은 바로 이때부터였다.

5. 이스라엘인들이 자기들의 곡식을 탈취하는 것을 보고도, 가나안인들은 공격해 오지 않고 성 안에서 꼼짝도 하지 않았다. 이에 여호수아는 성을 공략하기로 결심했다. (유월절) 절기의 첫날 제사장들은 일단의 무장 병사의 호위 아래 궤를 들고 여리고시를 돌았다. 제사장들은 일곱 나팔을 불고 앞으로 나아가면서 병사들의 사기를 북돋워 주었고 의회는 제사장들의 뒤를 따라 여리고 성을 돌았다. 한 바퀴 돈 다음에 제사장들이 나팔을 불면 다시 진으로 돌아왔다. 이렇게 6일간을 같은 행동만 되풀이하더니 제7일째 여호수아는 병사들과 모든 백성을 불러 모아 하나님이 여리고시의 성벽을 저절로 무너뜨리실 것이므로 애쓰지 않고도 손쉽게 여리고시를 점령하게 될 것이라는 기쁜 소식을 들려주었다. 여호수아는 백성들에게 동정심에서나 힘에 부친다는 이유로 적들을

한 명이라도 살려두어서는 안 되며, 전리품에 신경을 쓰느라고 도망가는 적을 추격하는 일을 게을리해서도 안 되고 심지어는 가축들도 모조리 죽여야 한다고 명령했다. 그는 또한 여리고시는 그들이 정복할 첫 번째 가나안 도시이므로 그곳에서 나온 모든 은과 금은 이런 찬란한 승리를 얻게 해주신 하나님께 감사를 드리는 뜻에서 첫 열매로 하나님께 드리도록 따로 구별해 놓아야 한다고 지시했다. 정탐꾼들이 이미 살려 주기로 맹세한 이상 오직 라합과 그 친척만은 살려 주고 나머지 모든 여리고 사람들은 모조리 멸절시켜야 한다고 여호수아는 다시 한번 엄명했다.

6. 여호수아는 지시를 끝내고 부대의 진을 질서 정연하게 편성한 후에 성을 공략하기 위해 출발했다. 이스라엘인들은 다시 궤를 앞세우고 제사장들의 뒤를 따라 여리고시를 계속 돌기 시작했다. 그들이 여리고성을 일곱 바퀴 돈 후에 가만히 서 있자 무기를 사용하지도 않았고 어떤 힘도 가하지 않았는데 성벽이 무너져 내리기 시작했다.

7. 이렇게 해서 히브리인들은 여리고시 안으로 들어가 주민들을 모두 죽였다. 여리고 주민들은 성벽이 무너지자 놀란 나머지 사기가 떨어졌고 심지어는 자신들을 방어할 의욕조차 가지지 못했다. 따라서 어떤 이들은 길에서, 어떤 이들은 집에서 목이 잘려 죽음을 당했다. 그들을 도와줄 자가 아무도 없었기에 심지어는 여인들과 아이들까지 살육을 당했으며 결국은 한 사람도 살아남지 못했다. 따라서 여리고시는 시체들로 가득 차게 되었다. 히브리인들은 모든 도시와 근처 마을들을 불살라 버렸다. 그러나 그들은 오직 라합과 그녀의 여인숙 안에 있던 친척들만은 살려주었다. 여호수아는 라합을 불러 정탐꾼을 숨겨 준 데 대해 감사의 뜻을 전하고 결코 섭섭하게 대우하지 않겠다고 약속한 후 즉시 땅을 하사하고 그 후로 계속해서 라합을 존중해 주었다.

8. 여호수아는 도시의 일부가 타지 않고 남아 있는 것을 보고 기초부터 완전히 뒤집어엎어 버렸으며 이것을 다시 건축하는 자는 기초를 놓을 때 장자를 잃

을 것이고 완공할 때 막내를 잃을 것이라고 저주했다.[3] 이런 저주로 인해 후에 어떤 일이 일어났는가에 대해서는 적당한 때에 언급하기로 하자.

9. 여리고시 점령 후 탈취하여 도시 밖에 쌓아 놓은 전리품은 다량의 놋 이외에도 엄청난 분량의 은과 금이 있었다. 아무도 여호수아의 명령을 어기고 사욕을 취한 이들이 없었기 때문이었다. 여호수아는 이 전리품을 제사장들에게 주어 보관케 했다. 이렇게 해서 여리고시는 세상에서 자취를 감추게 되었다.

10. 유다 지파의 세베디아스(Zebedias)의 아들인 갈미(Charmi)의 아들 중에 아갈(Achar)[4]이란 자가 있었다. 그는 금실로만 짜인 왕의 의복 하나와 금 200세겔[5]을 발견하고는 하나님께 드려야 마땅하지만 하나님께는 이런 것이 필요하지 않은 반면 자기에게는 유익한 보물이므로 이런 기회도 그리 많지는 않을 것이라고 생각하고 한번 모험을 해보아야겠다고 마음을 먹었다. 따라서 그는 자기 동료 병사는 물론 하나님도 모르시도록 감쪽같이 감추어야 한다고 생각하고 자기 장막 안에 구덩이를 파고 그 속에 그것들을 감추었다.

11. 여호수아가 그때 진을 친 곳은 길갈(Gilgal)이라고 부르는 곳이었다. 길갈이란 '자유'(liberty)란 뜻이다. 히브리인들은 요단강을 건넌 후에 자기들이 이제는 애굽에서와 광야에서 겪은 고통에서 자유로워졌다고 생각하고 그것을 기념하기 위해 이런 지명을 붙인 것이었다.

---

3) 여리고시를 이렇게 완전히 파괴한 사건과 아갈(Achar)이 표본적으로 형벌을 받은 사건과 사울이 형벌받은 사건(삼상 15장)뿐 아니라 히엘(Hiel)이 형벌 받은 사건(왕상 16:34)을 놓고 볼 때, 우리는 레위기 27장 29절의 "온전히 바쳐진 그 사람은 다시 무르지 못하나니 반드시 죽일지니라"라는 율법의 참 의미를 깨달을 수가 있다. 즉 유대인의 공공의 적들은 파멸시키기로 하고 한 번 엄숙하게 하나님께 바치면 그 누구도 이들을 살려서는 결코 안 되는 것이다.
4) 이 유력 인사의 이름이 보통 성경 사본들처럼 아간(Achan)이 아니라 아갈(Achar)이란 사실은 여호수아의 저주의 말 "네가 어찌하여 우리를 괴롭게 하였느냐 여호와께서 오늘 너를 괴롭게 하시리라"(수 7:25)라는 말 속에 명백히 암시되어 있다. 즉 이 말 속의 괴롭게 한다는 히브리 단어는 아간(Achan)이란 이름이 아니라 아갈(Achar)이란 이름만을 암시하고 있다. 따라서 길갈(Gilgal) 조금 북쪽의 지명이 아갈(Achar) 혹은 아골(Achor) 골짜기라는 이름이 된 것이다.
5) 이 구절은 '금 50세겔과 은 200세겔'이라고 읽어야만 한다.

12. 여리고가 함락된 지 수일이 지난 후에 여호수아는 여리고 위에 위치한 도시인 아이(Ai)를 정복하기 위해 3,000명의 병사를 출동시켰다. 그러나 히브리인들은 아이 사람들에게 패배당했고 36명의 전사자를 내고야 말았다. 이 소식이 전해지자 이스라엘인들은 큰 슬픔과 낙망 속에 빠졌다. 이들이 슬픔에 빠진 것은 전사한 사람들이 다 훌륭하고 존경받는 인물이었으며 그들과 인척 관계까지 맺고 있었을 뿐 아니라 패배의 소식이 너무나 실망스러웠기 때문이었다. 그들은 하나님이 약속하신 대로 사실상 가나안 땅은 정복한 것이나 다름이 없을 뿐 아니라 전투 중에 전사자가 한 명도 생기지 않을 것이라고 굳게 믿고 있었는데 예상 밖으로 적이 승리를 거두었다는 소식이 들리자 그만 어안이 벙벙해졌다. 따라서 그들은 베옷을 입고 음식을 입에 대지도 않고 눈물과 애통으로 온종일을 보내면서 그들이 패배한 것을 곰곰이 마음에 새겼다.

13. 여호수아는 백성들이 괴로워하면서 앞으로의 가나안 정복이 순탄하지 않을 것이라는 불길한 예감에 사로잡혀 있는 것을 보고는 하나님께 허물없이 나아갈 수 있는 자신의 특권을 이용해서 하나님께 이렇게 기도했다. "저희는 저희 힘으로 이 땅을 충분히 정복할 수 있을 것이라고 스스로 믿고 이곳까지 온 것이 아닙니다. 저희는 당신이 이 땅을 저희에게 기업으로 주실 것이며 저희 군대를 항상 전쟁에서 적들을 이길 수 있게 해주실 것이라는 약속을 많은 표적으로 보여주셨다는 당신의 종 모세의 말을 믿고서 이곳까지 오게 된 것입니다. 그런데 저희는 뜻밖에도 전쟁에서 패하고 전사자까지 생겨 당신이 저희에게 하신 약속과 모세가 예언한 모든 것이 거짓인 것 같아 심히 괴로워 견딜 수가 없습니다. 첫 시도에서 이렇게 실패를 했기 때문에 앞날을 생각하면 할수록 괴로움만 더해 갈 뿐입니다. 오 주님! 우리를 이런 의혹에서 건져내 주십시오. 당신은 이런 혼란을 없앨 수 있는 방도를 가지고 계실 것이라고 저는 믿고 있습니다. 저희에게 승리를 주십시오. 그리하면 저희가 현재 겪고 있는 이 괴로움을 이길 수 있을 것이며 앞날에 대한 불신도 말끔히 사라질 수 있을 것입니다."

14. 여호수아는 땅에 엎드려 하나님께 이런 중보의 기도를 드렸다. 하나님은 그 기도를 들으시고 "일어나 백성들의 불순함을 제거하여라. 누군가 나에게 바쳐야 할 물건을 무례하게도 도둑질했다. 이것이 너희들이 패배한 이유이다. 그러므로 도둑질한 자를 찾아내어 벌을 준다면 내가 너희에게 승리를 안겨다 줄 것이다."라고 대답해 주셨다. 여호수아는 이 하나님의 말씀을 백성들에게 전하고 난 후 대제사장 엘르아살과 권세 있는 자들을 불러 모아 한 지파씩 제비를 뽑게 했다. 제비를 뽑은 결과 유다 지파 중의 한 사람이 이런 악한 행동을 한 것이 드러나게 되었다. 따라서 그는 유다 지파에 속한 여러 가문을 나오게 하여 제비를 뽑았다. 그 결과 사갈(Zachar) 가문 중 한 사람의 범죄임이 드러나게 되었다. 그래서 이제는 한 사람씩 질문을 했다. 결국은 아갈(Achar) 차례가 되었는데 하나님이 아갈을 궁지에 몰리게 하셨기 때문에 범행 사실을 숨길 수가 없었다. 그는 자기의 범행을 자백하고 숨긴 물건을 백성들 앞에 내어놓았다. 이에 그는 즉시로 사형에 처해졌고 그의 시체는 치욕스럽게도 밤에 장사 지냈다. 이런 장사 방법은 저주받은 이들에겐 당연한 결과였다.

15. 여호수아는 이같이 백성들을 정결케 한 후 아이(Ai)를 공략했다. 밤을 틈타 도시 주변에 병사들을 매복시키고 동이 트자마자 적을 공격하기 시작했다. 그전의 승리로 인해 의기양양한 아이 주민들이 담대히 맞서 나오자 여호수아는 거짓으로 퇴각하는 것처럼 꾸몄다. 이렇게 해서 아이 주민들을 도시에서 상당한 거리까지 끌어냈다. 아이 주민들은 상황이 전과 똑같은 것처럼 생각하고 히브리인들을 얕보고 계속 추격해 왔다. 여호수아는 도망가는 척하던 부대에 돌아서서 맞서 싸우라는 명령을 내리고 숨어 있는 복병들에게 신호를 보내 병사들의 싸움을 독려했다. 주민들이 성벽 위에 서서 당황하고 있는 틈을 타서 숨어 있던 복병들은 갑자기 성 안으로 뛰어들어 성을 점령했다. 그러고는 만나는 자들을 한 사람도 남기지 않고 전멸시켰다. 여호수아도 대항하는 적들과 접전을 벌여 승리를 거두었다. 적들은 마침내 도망치기 시작했다. 그들은 자기들의 성은 안전할 것이라고 생각하고 그리로 도망을 쳤으나 성이 이미 적의 수중에 들어갔고 처자들은 죽었으며 도시마저 불타고 있다는 사실을 깨닫고는

뿔뿔이 이곳저곳으로 흩어져 방황하다가 그만 모조리 죽음을 당했다. 아이 도시가 함락될 때 그 안에는 많은 여인과 아이들과 종들과 수많은 가구가 있었다. 아이시는 부유한 도시였기 때문에 히브리인들은 많은 가축과 다량의 돈을 획득할 수가 있었다. 여호수아는 길갈로 돌아와서 이 모든 전리품을 백성들에게 나누어 주었다.

16. 예루살렘 바로 옆에 거주하고 있는 기브온인(Gibeonites)은 여리고와 아이 주민들이 당한 패배의 소식을 듣고 언젠가는 자기들에게도 무서운 화가 미칠 것이라 생각하고 살 수 있는 방법을 모색했으나 여호수아에게 자비를 호소하는 방법은 적합지 못하다는 결론을 내렸다. 가나안 종족을 전멸시키기 위해 전쟁을 걸어오는 여호수아에게 자비를 호소해 보아야 별 이득이 없을 것이라고 판단했기 때문이었다. 따라서 그들은 동맹을 맺기 위해 인근 그비라(Cephirah)와 기럇여아림(Kiriathjearim) 주민들을 초청해서 만일 이스라엘이 자기들을 공격해 오는 날에는 살아남을 수 없으니 이스라엘 군대와 맞부딪치는 길은 될 수 있으면 피하자고 설득했다. 그러자 그비라와 기럇여아림 주민들은 이들의 제안에 동의하고 유능하고 인정받는 주민들을 사신으로 뽑아 여호수아에게 보내 화친하자고 제의했다. 사신들은 자기들이 가나안인이라고 솔직히 고백하는 것은 위험을 자초하는 일이라고 생각하고 자기들은 가나안인들과는 전혀 관계가 없으며 가나안에서 멀리 떨어진 곳에 살고 있는 사람들이라고 꾸며댔다. 게다가 이들은 여호수아의 명성을 듣고 먼 길을 찾아온 것처럼 가장했다. 그들은 자기들이 입고 있는 옷이 떠날 때는 새것이었는데 기나긴 여행을 계속하는 동안 이렇게 해어졌다고 옷을 가리켜 보이면서 자기들의 말이 사실이니 믿어 달라고 했다. 사실상 그들은 그렇게 보이기 위해 일부러 낡은 옷을 입고 왔다. 그들은 이스라엘 백성들 가운데 서서 자기들은 가나안 땅에서 매우 멀리 떨어진 기브온(Gibeon) 주민이 이스라엘과 우호 관계를 맺기 위해 파견한 사신들인데, 하나님의 은총으로 이스라엘이 가나안 땅을 소유하게 될 것이라는 사실을 듣고 기뻐하여 이스라엘의 시민이 되기 원해서 이렇게 찾아왔으니, 선조들이 하던 조건대로 친선 관계를 맺는 것이 어떻겠느냐고 제안했다. 이 사

신들은 오래 여행한 증거를 보여주면서 자기들과 화친해 줄 것을 히브리인들에게 간청했다. 결국 여호수아는 그들이 가나안 종족이 아니라는 말을 고지식하게 믿고 그들과 화친하겠다고 했다. 대제사장 엘르아살과 의회는 그들을 친구와 우방으로 존중할 것이며 그들에게 부당한 행동은 절대 하지 않을 것을 맹세했고 백성들은 그들의 맹세를 추인했다. 결국 이 사신들은 이스라엘인들을 속이고 목적을 달성한 후에 귀국했다. 여호수아는 백성들을 이끌고 가나안 땅의 산간 지역으로 이동하다가 기브온인들이 예루살렘에서 멀지 않은 곳에 거주하는 가나안 종족이라는 것을 알게 되었다. 따라서 그는 기브온의 지배자들을 불러 어떻게 그런 새빨간 거짓말을 할 수가 있느냐고 신랄하게 비난을 퍼부었다. 그러자 그들은 자기들은 그 방법밖에는 달리 목숨을 부지할 수 있는 길이 없어서 어쩔 수 없이 속임수를 썼으니 용서해 달라고 했다. 여호수아는 대제사장 엘르아살과 의회를 불러서 의논한 끝에 그들이 이미 맹세를 한 이상, 맹세는 지키되 기브온인들을 국가의 종으로 삼기로 하자고 결의했다. 결국 히브리인들은 기브온인들을 종으로 삼았다. 기브온인들은 이렇게 해서 화를 당하지 않고 신변을 안전하게 보호할 수가 있었다.

17. 그러나 예루살렘의 왕은 기브온인들이 여호수아에게 항복했다는 소식을 듣고는 인근 국가의 왕들과 동맹을 맺고 기브온인들을 공격해 왔다. 기브온인들은 예루살렘 왕 외에 네 왕이 군사를 동원해서 기브온시에서 얼마 떨어지지 않은 샘가에 진을 치고 공격 준비를 하고 있다는 정보를 입수하고는 여호수아에게 도와 달라고 도움을 청했다. 상황이 그럴 수밖에 없었다. 그들이 이스라엘과 맺은 우호 관계 때문에 같은 가나안 종족에게는 공격을 당하고 가나안 종족을 멸하기 위해 온 자들에 의해 구원을 기대할 수밖에 없는 묘한 처지에 놓이게 된 것이었다. 따라서 여호수아는 서둘러 전군을 출동시켜 기브온인들을 도우러 떠났다. 낮과 밤을 쉬지 않고 행군한 결과 아침에는 막 기브온인들을 공격하려는 적들을 급습할 수 있었다. 여호수아는 이들을 패배시키고 추격하기 시작해 벧호론(Beth-horon) 비탈길까지 쫓아갔다. 그는 그곳에서 하나님이 보통 때와는 다른 천둥과 번개와 우박을 내리시는 것을 보고 자기를 도와주

고 계신다는 사실을 깨달을 수 있었다. 더욱이 밤이 일찍 찾아와 히브리인들이 적을 추격하는 데 방해가 될까 봐 하나님은 낮의 길이를 연장하셨다.[6] 여호수아는 막게다(Makkedah)의 동굴에 숨은 왕들까지 잡아서 죽일 수가 있었다. 이때 낮의 길이가 보통 때보다 길게 연장되었다는 사실은 성전에 보관된 책들 속에 기록되어 있다.[7]

18. 기브온인들을 공격해 온 왕들을 이같이 섬멸한 후에 여호수아는 가나안의 산간 지역으로 되돌아왔다. 즉 여호수아는 전쟁에서 수많은 인명을 살육하고 많은 전리품을 획득하여 길갈(Gilgal)에 있는 진으로 돌아온 것이었다. 인근 가나안 종족들 간에는 히브리인들의 용기에 대한 소문이 떠돌게 되었고 히브리인들과 싸우다 전사한 자의 수가 어마어마하다는 소식에 그만 모두 놀라게 되었다. 리바누스(Libanus)산 근처에 거주하는 가나안 종족의 왕들과 평지에 사는 가나안인들은 블레셋 땅에서 온 지원군과 합세해서 갈릴리의 가데스(Cadesh)에서 멀리 떨어지지 않은 상갈릴리의 브롯(Beroth)에 진을 쳤다. 이들의 수는 보병이 300,000명, 기병이 10,000명, 병거가 20,000승이나 되었으므로 백성들은 물론 여호수아까지도 그만 놀라지 않을 수가 없었다. 이들은 승리할 것이라는 희망은 간데없고 그만 큰 두려움에 벌벌 떨게 되었다. 이에 하나님은 무엇 때문에 두려워하느냐고 백성들을 꾸짖으시고 나에게는 능치 못함이 없으며 능히 적들을 무찌를 수 있도록 해주겠다고 약속하셨다. 하나님은 적을 패배시킨 후에 적들의 말을 쓸 수 없도록 만들고 병거들을 불사르라고 명하셨다. 이 하나님의 약속에 여호수아는 용기백배하여 갑자기 적을 습격하기로 결심했다. 5일간의 행군 끝에 여호수아는 도주하는 적들을 끝까지 추격해 모든 적의 병사를 하나도 남기지 않고 다 죽였다. 가나안 왕들도 모두 전사했

---

[6] 낮의 길이가 이렇게 연장된 것이 물리적이고 실제적인 연장인지 아니면 단지 현장시(現場時)의 연장에 불과한 것인지는 지금으로서는 결론을 내릴 수가 없다. 천문학자들이나 철학자들은 후자의 견해를 취하는 것이 보통이다. 그러나 낮의 길이가 연장되었다는 사실 자체는 지금은 분실된 야샬(Jasher)의 책(수 10:13)에 언급되어 있었으며 이사야(사 28:21)와 하박국(합 3:11)과 시락의 아들(집회서 46:4)에 의해 확증되어 있다.

[7] 『유대 고대사』 3권 2장 7절의 주(註)를 보도록 하라.

고 살아남아 도망친 적은 소수에 불과했다. 여호수아는 적의 병사뿐 아니라 말들을 모두 죽였으며 병거를 하나도 남기지 않고 불살랐다. 감히 대항해 오는 자들이 없었기에 여호수아는 적국들을 종횡무진 휩쓸고 다니면서 도시들을 정복하고 그 주민들을 모두 전멸시킬 수 있었다.

19. 벌써 5년의 세월이 흘렀다. 따라서 철통같은 요새 안으로 숨어 들어간 소수의 가나안인들을 제외하고는 단 한 명의 가나안인도 남지 않았다. 따라서 여호수아는 그의 진을 산간 지방으로 옮기고 성전을 지을 때까지 실로(Shiloh)시에 성막을 두기로 했다. 그곳은 경관이 수려한 곳이기에 성막을 두기에는 알맞은 곳으로 보였기 때문이었다. 그는 다시 백성들을 이끌고 세겜(Shechem)으로 가서 전에 모세가 지시한 곳에 단을 쌓았다. 그다음에 그는 백성들을 두 그룹으로 나누어서 반은 그리심산 위에 서게 하고 나머지 반은 제단을 쌓은 산인 에발산 위에 서게 했으며 레위 지파와 제사장들도 그곳에 모이게 했다. 백성들은 그곳에서 제사를 드리고 (축복과) 저주를 선언하고 단 위에 (축복과) 저주를 새긴 후에 다시 실로로 돌아왔다.

20. 이제 여호수아는 늙었고 가나안 도시들은 쉽게 탈취할 수가 없었다. 왜냐하면 가나안의 도시들은 험한 지형에 위치해 있는 데다가 강한 성벽으로 요새화되어 있었기 때문이었다. 그곳은 천연의 요새들이었기 때문에 쉽게 공략할 수도 없었을 뿐 아니라 공략할 엄두조차 내지 못했다. 가나안인들은 이스라엘인들이 자기들을 정복하기 위해 애굽을 탈출했다는 소식을 듣고 도시를 요새화하는 데 그동안 전력투구해 왔기 때문이었다. 따라서 여호수아는 실로에서 백성들을 총회로 소집했다. 백성들이 서둘러 모이자 여호수아는 그동안 그들이 혁혁한 전과와 성공을 거둔 사실을 상기시키면서 이 모든 일이 가능할 수 있었던 것은 하나님이 그들에게 은혜를 베푸신 결과라고 말했다. 그는 또한 그들에게 대항해 온 31명의 왕을 쳐부수고 자기 능력만을 과신하고 덤벼든 막강한 군대를 전멸시킨 결과 이제 적의 후손은 찾아보기가 힘들게 되었음을 상기시켰다. 적의 도시들 가운데 몇몇 도시는 탈취했으나 나머지 도시들은 요새화

되어 있는 데다가 주민들이 힘을 다해 대항하는 바람에 장기간의 전쟁을 해야만 비로소 정복할 수 있을 것 같다고 자기의 견해를 피력했다. 따라서 같은 동족이라는 이유로 요단강을 같이 건너와 지금까지 온갖 위험을 무릅쓰고 전투에 참가했던 지파들에게 그들이 감사의 표시를 하고 집으로 돌아갈 수 있도록 해주는 것이 좋겠다고 말했다. 그뿐 아니라 각 지파에서 출중하게 덕이 있다는 평판을 듣는 자를 한 사람씩 뽑아 가나안 땅을 성실하게 측량하여 속이지 않고 실제의 크기를 틀림없이 보고하도록 하는 것이 좋겠다는 의견을 제시했다.

21. 여호수아가 이렇게 제안하자 백성들은 모두 그의 의견에 찬성했다. 따라서 그는 기하학에 조금도 착오가 없는 능통한 기하학자들을 동반시켜 그 땅을 측량할 사람들을 각 지파에서 뽑아 파견했다. 그는 또한 이들에게 비옥한 땅과 그렇지 못한 땅을 나누어서 정확히 측량해 오라고 지시했다. 가나안 땅은 비옥한 정도가 일정하지 않아 매우 비옥해 보이는 평지도 여리고나 예루살렘 근방의 비옥한 땅과 비교해 보면 상대도 되지 않는 경우가 있기 때문이다. 따라서 주로 산이 많고 평지는 얼마 안 되지만 이런 곳은 유독 비옥하고 경관이 수려하기 때문에 다른 어떤 지역보다 조금도 못하지 않다. 이런 이유로 여호수아는 각 지파에 땅을 분배할 때 땅의 크기보다는 땅의 비옥성에 기준을 두고 분배해야겠다고 생각한 것이다. 왜냐하면 잘못 분배했을 때 어떤 땅 1에이커가 다른 땅 1,000에이커와 맞먹는 경우가 생길지도 모르기 때문이었다. 10명의 파견인들은 모든 땅의 측량을 마치고 제7월에 성막이 있는 실로시로 돌아왔다.

22. 여호수아는 엘르아살과 의회와 각 지파의 두령들을 불러 지파의 크기에 비례하여 아홉 지파와 므낫세 반 지파에게 땅을 분배했다. 제비를 뽑은 결과 유다 지파는 북으로는 예루살렘에 이르고 동으로는 소돔(Sodom) 호수에 이르는 상부 유대(Judea) 지방을 차지하게 되었다. 유다 지파의 땅 안에는 아스글론(Askelon)과 가사(Gaza)시가 포함되었다. 두 번째로 시므온 지파는 애굽과 아라비아(Arabia)와 국경을 접하고 있는 이두매(Idumea) 땅을 소유했다. 베냐민 지

파는 길이는 요단강에서 바다(사해-역자 주)에 이르고 너비로는 예루살렘과 벧엘에 이르는 땅을 차지했는데 땅의 크기는 제일 작았지만 여리고와 예루살렘 시를 포함하고 있는 가장 비옥한 부분이었다. 에브라임 지파는 길이로는 요단강에서 게셀(Gezer)에 이르고 너비로는 벧엘에서부터 대평야(Great Plain)까지 이르는 땅을 차지했다. 므낫세 반 지파는 요단강에서 돌(Dora)시에 이르고 길이로는 지금 스키토폴리스(Scythopolis)라고 부르는 벧산(Bethshan)에 이르는 땅을 소유했으며 잇사갈 지파는 길이로는 갈멜산과 그 강에 이르고 너비로는 다볼(Tabor)산에 이르는 지경의 땅을 차지했다. 스불론 지파는 게네사렛(Genesareth) 호수에 이르는 땅과 갈멜산과 바다에 속하는 땅을 소유했다. 아셀 지파는 지형상 계곡이기에 그 계곡(the Valley)이라고 부르는 땅과 시돈(Sidon) 맞은편에 놓인 모든 땅을 소유했다. 악티푸스(Actipus)라고도 부르는 아크레(Acre)시가 이들의 지경에 속했다. 납달리 지파는 다메섹(Damascus)시와 상갈릴리(Upper Galilee)와 리바누스(Libanus)산, 리바누스산에서 발원하는 요단강의 근원에 이르는 동쪽 지방을 차지했다. 단 지파는 해가 지는 모든 골짜기 땅, 즉 아조투스(Azotus)와 소라(Dora)에 접하는 부분을 차지했으며 에그론(Ekron)에서부터 유다 지파가 시작하는 산 있는 곳까지의 모든 얌니아(Jamnia)와 갓(Gath) 지방을 차지했다.

23. 여호수아는 이와 같이 가나안 아들들의 이름을 딴 여섯 국가와 그 땅을 아홉 지파와 반 지파가 소유하도록 분배해 주었다. 우리가 이미 살펴본 대로 두 지파와 반 지파는 가나안의 한 아들의 이름을 딴 아모리인들의 땅을 이미 모세에 의해 분배받았다. 그러나 알가 족속(Arkites)과 아맛 족속(Amathites)과 아랏 족속(Aradians)에게 속한 땅과 시돈(Sidon) 주위의 땅은 아직 분배되지 않았다.

24. 이제 여호수아는 노쇠하여 마음먹은 대로 일을 처리할 수가 없게 되었다(게다가 여호수아의 뒤를 이어 백성을 다스릴 통치자들이 공공의 이익에 별 관심이 없었다). 따라서 그는 각 지파가 분배받은 땅 안에 남은 가나안 종족을 진멸시키는 일을

각 지파에게 일임했다. 그는 모세가 이미 예언한 대로 그들의 안전과 율법의 보전이 오직 이 관건에 달려 있으므로 편안히 가나안 땅에서 행복을 누리고 살고 싶으면 이 점을 명심해야 한다고 백성들에게 거듭 당부했다. 그는 또한 레위인들이 아모리인의 땅에서 10개의 도시를 받았으니, 38개의 도시를 레위인들에게 더 주고 그중에 세 개의 도시는 살인자가 도피해 살 수 있는 도피성으로 만들라고 명령했다. 왜냐하면 그는 모세가 명한 것은 조그마한 것 하나라도 무시해서는 안 된다고 생각했기 때문이었다. 이 세 도피성은 유다 지파의 지경에서는 헤브론(Hebron), 에브라임 지파의 지경에서는 세겜(Shechem), 납달리 지파의 지경에서는 상갈릴리에 위치한 게데스(Cadesh)였다. 여호수아는 또한 분배하지 않고 남겨 두었던 엄청난 양의 전리품을 백성들에게 나누어 주었다. 이렇게 해서 히브리 백성들은 국가 전체뿐 아니라 개인적으로도 엄청난 부를 소유하게 되었다. 결국 그들은 셀 수 없이 많은 가축 떼들 외에 다량의 금과 의복, 그리고 그 밖의 다른 수많은 가구를 소유하게 된 것이었다.

25. 이 일이 끝나자 여호수아는 백성들을 총회로 모으고 요단강 건너 아모리 땅에 거주하는 지파들(50,000명이 그들과 함께 무장하고 싸우러 왔다)에게 이같이 말했다. "우리 히브리 국가의 아버지시요 주님이신 하나님이 우리에게 이 땅을 주셨고 영원히 우리의 소유가 되게 해주시겠다고 약속하셨습니다. 또한 여러분도 지금까지 우리가 도움을 필요로 했던 때에 하나님의 명령을 따라 이토록 선뜻 도와주셔서 뜻하던 것을 다 이룰 수 있었습니다. 따라서 이제 모든 난관이 다 해결된 이상 여러분을 더 이상 붙잡아 두고 있기보다는 즉시 집으로 돌아갈 수 있도록 조처를 하는 것이 마땅하다고 생각합니다. 지금 너무 오래 붙잡아 두면 지치고 염증이 나서 앞으로 도움이 필요할 때에 선뜻 도와주지 않을지도 모르는 일이 아닙니까? 우리는 여러분이 위험을 무릅쓰고 우리를 도와준 데 대해 거듭 감사를 드립니다. 우리는 단지 이 순간뿐 아니라 영원토록 여러분에 대해 감사의 마음을 가지게 될 것입니다. 우리는 또한 여러분과의 우정을 영원히 기억할 것입니다. 우리는 여러분이 우리를 돕기 전에는 안락한 삶을 영위하지 않겠다고 스스로 결심하고 우리를 위해 자신의 행복까지 마다하

고 우리와 함께 고생을 나누었다는 점을 영원히 잊어버리지 않을 것입니다. 그러나 여러분은 손해만 본 것은 아닙니다. 우리와 함께 수고한 결과 여러분은 많은 부를 획득하고 금, 은 등 전리품을 가지고 돌아갈 수 있게 되었습니다. 그러나 그 무엇보다도 소중한 소득은 우리가 여러분에게 호의를 갖게 되었다는 점과 여러분이 원한다면 언제라도 보답할 마음의 자세가 되어 있다는 점입니다. 여러분은 모세가 요구했던 사항을 하나도 빠뜨리지 않고 다 지켰습니다. 따라서 여러분은 우리의 감사의 마음을 마음껏 받아들일 수가 있을 것입니다. 이제 여러분은 즐거운 마음으로 여러분의 기업이 있는 곳으로 돌아가셔도 됩니다. 그러나 여기서 우리는 여러분에게 간곡히 부탁할 것이 하나 있습니다. 비록 우리 사이에 강이 놓여 있다고 하더라도 우리 사이의 친밀한 관계를 가로막는 것은 아무것도 없다고 생각해 주기를 바랍니다. 강을 사이에 두고 떨어져 있으니까 우리는 이제 히브리 종족이 아니라고 생각하지 않기를 바랍니다. 비록 우리는 이곳에 거주하고 여러분은 저쪽 건너에 거주한다 하더라도 우리는 모두 아브라함의 후손이 아닙니까? 우리와 여러분의 선조들을 이 땅에 보내신 분은 같은 하나님입니다. 따라서 우리 모두는 하나님이 제정하신 제사와 통치 형태를 주의 깊게 지켜야 할 것입니다. 여러분이 이 율법을 지킬 때는 하나님이 여러분에게 자비를 베풀고 여러분을 도와주실 것이나 여러분이 다른 나라들을 본받아 그의 율법을 버릴 때는 하나님이 여러분을 버리실 것이기 때문입니다." 여호수아는 이 말을 마치고 그들과 인사를 나누었다. 지도급 인사들과는 한 사람씩 차례로 인사를 나누고 나머지 백성들과는 전체적으로 작별의 인사를 나누었다. 여호수아만 남고 히브리 백성들은 그 지파들을 전송하기 위해 따라나섰다. 이들은 모두가 눈물을 흘리면서 섭섭해했고 못내 이별을 아쉬워했다.

26. 르우벤 지파와 갓 지파와 므낫세 반 지파는 강을 건넌 후에 강 건너 거주민들과 자신들의 관계의 상징으로서, 그리고 후손에게 물려줄 기념물로서 요단강 둑에 단을 쌓았다. 그러나 요단강 이쪽 사람들은 저쪽 사람들이 단을 쌓았다는 소식만 듣고 그 의도가 무엇인지는 알아보지도 않은 채 다른 신들

을 숭배하려고 변혁을 획책하는 것이 아닌가 의심하기에 이르렀다. 단지 소문만을 믿은 이스라엘 백성들은 요단강 건너편의 동족들을 징벌하기 위해 무기를 들었다. 이들은 같은 동족이라고 할지라도 율법을 어긴 것은 묵과할 수 없으며, 혈육의 정보다는 하나님의 뜻과 그가 정하신 제사 방법이 더 중요하다면서 전투태세를 갖추고 동족을 징벌하기 위해 요단강을 건너려고 하였다. 그러나 여호수아와 대제사장 엘르아살과 의회가 나서서 백성들을 만류하였다. 먼저 말로 그들의 의도가 무엇인지를 알아낸 다음에 그들의 의도가 악하다면 그때 가서 무력을 사용해도 늦지 않을 것이라고 설득했다. 따라서 백성들은 요단강 건너편에 거주하는 자들이 요단강을 건넌 후에 강둑에 단을 쌓은 의도가 무엇인지를 알아 오도록 엘르아살의 아들인 비느하스(Phineas)와 그 외 10명의 존경받는 인물들을 사신으로 보내기로 결의했다.

사신들은 강을 건너 동족들에게 나아갔다. 그 후에 동족들을 총회로 소집한 후 비느하스는 일어서서 이렇게 말했다. "여러분이 범한 죄는 말로 해결할 수 없는 무서운 죄이고 미래를 위해서도 우리들이 꼭 징벌해야 마땅한 범죄이나, 즉시 무력을 동원해 여러분을 징벌하기보다는 서로 같은 동족이므로 여러분의 이야기도 들어 볼 겸 이렇게 사신을 파견하기로 해서 우리가 사신으로 온 것입니다. 우리는 여러분이 단을 쌓았다는 소식을 들었을 때 선불리 여러분을 무력으로 징벌하는 조치를 하지 않았습니다. 이렇게 됐을 때 여러분이 정말 이방신을 섬기기 위해서 단을 쌓았다면 징벌하는 것이 당연한 결과가 되겠지만 만일 여러분이 그럴 만한 이유가 있어서 단을 쌓았다면 경솔한 행동이 되지나 않을까 걱정했기 때문입니다. 더욱이 하나님의 뜻을 잘 알고 하나님이 직접 우리에게 율법을 내려 주신 것을 체험한 여러분이 우리와 헤어져 여러분의 기업으로 돌아갔다고 해서 하나님의 크신 은혜와 섭리를 잊어버리고 우리에게 하나님이 정해 주신 궤와 단을 떠나 가나안 종족의 악한 풍습을 따라 이방 신을 섬기리라고는 도저히 상상할 수도 없었습니다. 그러므로 만일 여러분이 이제 회개하고 그런 행위를 그치고 하나님의 율법을 존중하고 성실히 지킨다면 여러분이 지은 죄는 가벼운 죄가 될 것입니다. 그러나 만일 여러분이 계속해서 죄를 범한다면 우리는 율법을 수호하기 위해 어떤 수고도 아끼지 않을 것이며 율법과 하나님을 수호하기 위해 당장이라도 요단강을 건너올 것이며 여러분을 가나안 종족과 똑같이 취급해 그들을 진멸한 것처럼 여러분도 진멸할 것입니다. 여러분이 요단강을 건너왔다고 해서 하나님의 능력 밖으로 벗어났다는 생각은 아예 하지 마십시오. 여러분이 무슨 수를 써도 하나님의 능력을 피할 수 없을 것입니다. 만일 여러분이 거주하는 이 장소가 하나님을 섬기는 데 조금이라도 방해가 된다면 이 땅은 양을 치는 곳으로 놔두고 가나안 땅을 새로 다시 분배하는 방법도 우리는 고려할 생각을 하고 있습니다. 그러나 이 새로운 범죄를 버리고 본연의 의무로 돌아가는 것이 더 급선무라고 우리는 생각합니다. 여러분의 처자들과 여러분에게 간청합니다. 제발 우리로 하여금 어쩔 수 없이 여러분을 처벌하는 일이 없도록 해주십시오. 여러분 자신의 안전과 여러분에게 가장 소중한 자들의 안전이 여기에 달려 있다는 점과 계속 고집을 부리다가 전쟁까지 하게 되느니보다는 차라리 말로 할 때 복종하는 것이 백번 좋을 것이라는 점을 명심하고 바로 이 자리에서 모두 다 모였을 때 무슨 조치를 취하기를 바랍니다."

27. 비느하스가 말을 마치자 백성들의 지도자들과 모인 무리들이 해명했다. "우리는 여러분과 맺은 관계를 단절할 생각은 조금도 없습니다. 무엇인가 변혁을 꾀하려고 단을 쌓은 것은 더더욱 아닙니다. 우리는 모든 히브리인이 섬기는 하나님을 함께 섬길 것이며 성막 앞에 놓인 놋단 위에서만 하나님께 제사를 드릴 작정입니다. 우리가 여러분에게 의심을 받고 있는 단을 쌓은 것은 다른 신에게 제사를 드리려고 쌓은 것이 아니라 여러분과 우리의 관계를 영원토록 나타내는 상징이요 기념물로 세운 것입니다. 여러분이 의심하는 대로 범죄하기 위해 쌓은 것은 결코 아닙니다. 단지 우리에게, 지혜롭게 행동해야 할 것과 율법을 지키며 살아가야 할 것을 지적해 주는 산 경고로서 단을 쌓은 것뿐입니다. 우리가 단을 쌓은 동기가 이것뿐이라는 사실은 하나님도 입증해 주실 것입니다. 우리는 아브라함의 후손이 우리의 평상시의 제사법과는 다른 제사법을 도입할 때 어떤 멸망을 당하는지 잘 알고 있습니다. 그러므로 우리를 너무 오해하지 마시고 좋게 평가해 주시기를 간곡히 부탁드립니다."

28. 그들이 이렇게 대답하는 것을 듣고 비느하스는 오히려 그들을 칭찬해 준 후에 여호수아에게로 돌아와 백성들이 모두 듣는 앞에서 그들의 답변을 전해 주었다. 이에 여호수아는 백성들을 이끌고 전쟁의 와중에 뛰어들어, 그것도 동족끼리 피를 흘리게 되는 일이 없어지게 되자 매우 기뻐했으며 그로 인해 하나님께 감사의 제물을 드렸다. 여호수아는 모든 백성을 각기 자기 기업으로 돌려보내고 난 후 자기는 세겜에 거주했다. 그로부터 20년이 지났고 여호수아는 매우 연로해 있었다. 여호수아는 여러 도시의 지도자들과 권세자들과 의회와 많은 평민들을 불러 모은 후에 하나님이 그들에게 베푸셨던 은총을 상기시켰다. 하나님의 은혜로 말미암아 미천한 상태에서 영광과 풍요의 상태로 올라설 수 있었음을 기억하고 하나님의 뜻이 무엇인가를 늘 살피면서 살아가라고 권면했다. 그는 또한 하나님에 대한 신앙만이 하나님의 은총과 사랑을 받을 수 있는 유일의 길임을 강조했다. 그는 자기가 떠날 날이 가까워져 마지막으로 이런 충고를 하는 것이니 부디 자기가 한 말을 잊지 말고 명심하라고 거듭 당부했다.

29. 여호수아는 백성들을 이같이 권면한 후 110세를 일기로 세상을 떠났다. 그는 40년 동안은 모세 밑에서 지도자로서의 자질을 익혔으며 모세가 죽은 후에는 25년간 이스라엘의 지도자로 백성들을 다스렸다. 그는 자기 의도를 백성에게 전달하는 뛰어난 지혜와 웅변력을 가지고 있는 인물이었다. 그는 또한 과단성 있게 행동할 줄 알며 위험에 처해도 두려워하지 않는 인물이었을 뿐 아니라 백성들 사이에 평화를 유지시킬 줄 알며 여러 면에 있어서 남보다 덕이 출중한 그런 인물이었다. 그는 에브라임 지파의 딤낫(Timnah)시에 장사되었다.[8] 여호수아와 비슷한 때에 대제사장 엘르아살도 대제사장직을 아들 비느하스에게 물려주고 세상을 떠났다. 그의 기념비와 무덤이 가바타(Gabatha)시에 지금도 있다.

---

[8] 모세 코레넨시스(Moses Chorenensis)는 여호수아에 의해 가나안에서 내어 쫓긴 옛 가나안 종족에 관한 탕헤르(Tangier)의 유명한 비문을 아래와 같이 밝히고 있다. "우리는 가나안의 족장들이었으나 강도 여호수아에 의해 쫓겨나 이곳에 온 유랑객들이다."

제2장

지도자인 여호수아가 죽자
이스라엘인들이 율법을 어기고 큰 고통을 당하게 된 경위와
소동이 일어나 베냐민 지파가 단지 600명을 제외하고는
모두 전멸하게 된 경위

1. 여호수아와 엘르아살이 죽은 후 비느하스(Phineas)는 백성들이 하나님의 뜻을 알고 싶어 하자 그들이 통솔권을 유다 지파에게 주어 이 지파가 통치권을 가지고 가나안 종족을 전멸시키는 것이 하나님의 뜻이라고 예언했다.[9] 유다 지파는 시므온 지파에게, 가나안 종족을 진멸할 때 유다 지파가 차지할 땅의 종족을 먼저 진멸하면 시므온 지파가 차지할 땅의 종족들도 함께 진멸하겠으니 도와달라고 요청했다.

2. 그러나 그 당시 가나안 종족들은 막강한 힘을 소유하고 있었다. 따라서 그들은 아도니베섹(Adonibezek) − 아도니(Adoni)는 히브리 말로 '주'(Lord)라는 뜻이므로 아도니베섹은 '베섹의 주'(Lord of Bezek)라는 의미이다 − 에게 통솔권을 넘기고 베섹(Bezek)시에서 대군을 거느리고 이스라엘을 기다리고 있었다. 그들은 여호수아가 죽었으므로 이스라엘은 자기들의 적수가 되지 못할 것이라고 생각했다. 그러나 이스라엘인들과 싸워 보니 예상 밖이었다. 여기서 이스라엘인들이란 내가 이미 언급한 대로 두 지파를 의미한다. 이스라엘인들은 용감하게 돌진해 왔으며 그 결과 10,000명 이상의 적을 살해하고 나머지 적을

---

[9] 대제사장에 대해서 '예언했다.'라는 말을 요세푸스가 사용할 때는 우림(Urim)으로 하나님께 여쭈어보았다는 뜻을 의미하는 것이다. 요세푸스와 동시대 인물인 요한이 "이 말은 스스로 함이 아니요 그 해에 (가야바가) 대제사장이므로 예수께서 그 민족을 위하시고 또 그 민족만 위할 뿐 아니라 흩어진 하나님의 자녀를 모아 하나가 되게 하기 위하여 죽으실 것을 미리 말함이러라"(요 11:51-52)라고 말을 했을 때, 만일 이런 문체를 사용한 것이라면 아마도 요한은 이것이 그룹들 사이에서부터 특별한 음성으로 대제사장에게 계시되었거나 아니면 흉패를 입고 있을 때 우림(Urim)이나 둠밈(Thummim)에 의해 계시되었다는 뜻으로 말했을 가능성이 있다.

추격하다가 아도니베섹을 사로잡았다. 아도니베섹은 이스라엘인들에 의해 손가락과 발가락이 잘리자 이렇게 탄식했다. "내가 72명의 왕들[10]에게 내가 당한 고통을 당하게 하고도 부끄러워하지 않았더니 결국은 하나님 앞에서 들통이 나 내가 이 꼴을 당하게 되었구나!" 그들은 아도니베섹을 산 채로 예루살렘까지 끌고 왔고 그가 죽자 땅에 매장했다. 그리고 계속해서 가나안 도시들의 정복에 나섰다. 낮은 곳에 있는 도시들은 정복하고 주민들을 진멸하는 데 그리 많은 시간이 걸리지 않았으나, 높은 곳에 있는 도시들은 그 천연적인 지형의 우세와 요새화된 성벽 때문에 쉽게 탈취할 수가 없었다.

3. 따라서 그들은 헤브론으로 진을 옮기고 헤브론을 공략해서 탈취한 후에 모든 주민을 다 죽였다. 이들은 모두가 듣기만 해도 놀라고 보기만 해도 두려워할 정도로 다른 이들과는 달리 몸집이 엄청나게 큰 거인들이었다. 이들의 뼈는 오늘날까지도 남아 있다. 그들은 이 도시를 특별 선물로 레위인들에게 주었으나 그 도시에 속한 땅은 모세의 명령에 따라 갈렙에게 그냥 선물로 주었다. 이 갈렙(Caleb)은 모세가 가나안 땅에 보냈던 정탐꾼 중의 하나였다. 그들은 또한 모세의 장인인 미디안 사람 이드로의 후손들에게도 거할 땅을 주었다. 이들은 자기들의 땅을 버리고 이스라엘을 따라가기로 결심하고 광야에서부터 동행했기 때문이었다.

4. 유다와 시므온 지파는 가나안 산간 지방에 있는 도시들은 물론 해변가에 있는 아스글론(Askelon)과 아스돗(Ashdod)은 빼앗을 수 있었으나 가사(Gaza)와 에그론(Ekron)은 탈취하지 못했다. 이 두 도시는 평지에 위치했으나 수많은 병거를 소유하고 있었기에 쉽게 공략할 수 없었다. 이 두 지파는 전쟁으로 큰 부를 소유할 수 있게 되자 자기 고향으로 돌아가서 무기를 놓고 편히 쉬었다.

---

[10] 여호수아가 굴복시킨 왕이 31명이었고 수리아의 벤하닷(Benhadad)왕이 거느리고 온 왕이 32명이었다(왕상 20:1)는 점과 여기서 언급한 대로 왕이 72명씩이나 된다는 점을 볼 때, 군주 정치가 시작되기 전의 고대 통치 형태가 어떠한 것이었는가를 짐작할 수가 있다. 즉 각 도시는 물론 조금 큰 마을은 인근 소읍들을 통합하여 그 자체가 하나의 독립된 정부 형태를 갖추고 있었음을 알 수가 있다.

5. 그러나 베냐민 지파는 예루살렘 주민들을 살려 주고 그냥 조공을 바치라고 허락했다. 그들은 죽여 없애야 후환이 없을 사람들을 그냥 내버려둔 것이었다. 다른 지파들도 베냐민 지파를 본받아 가나안인들이 조공을 바치는 것만으로 만족하게 여기고 그냥 살려 두었다.

6. 그러나 에브라임 지파는 벧엘(Bethel)을 공략할 때 고생은 고생대로 하고도 시간을 들인 만큼 전과가 나타나지 않았음에도 불구하고 성을 포위하고 끈덕지게 버티었다. 얼마 후 벧엘시 주민 중 하나가 생필품을 구하기 위해 그들에게 왔다. 그들은 그 사람에게 만일 그가 도시를 넘겨준다면 그와 식구들을 모두 살려 주겠다고 약속했다. 그러자 그는 그렇게만 해준다면 도시를 그들의 손에 넘겨주겠다고 맹세했다. 이렇게 해서 자기 동족을 배반하고 도시를 넘겨준 사람은 식구들과 함께 목숨을 보존했으나 모든 주민들은 이스라엘인들에 의해 몰살당하고 말았다. 결국 벧엘시는 에브라임 지파의 소유가 되었다.

7. 그 후 이스라엘인들은 점점 여자처럼 약해만 지더니 적들과 더 이상 싸울 생각도 않고 땅을 경작하는 데만 전념했다. 땅을 경작하면 큰 부를 얻을 수 있었기 때문에 그들은 가나안인을 전멸시켜야 한다는 점은 무시하고 사치와 쾌락에 깊이 빠지게 되었다. 그들은 더 이상 주의해서 율법을 들을 생각도 하지 않았다. 이에 하나님은 진노하시고 첫째, 그들이 하나님의 지시에 어긋나게도 가나안인들을 살려 두고 있다는 점과 둘째, 가나안인들은 장차 기회가 생기면 오히려 그들을 괴롭히게 될 것이라는 두 가지 점을 상기시키셨다. 그러나 이스라엘인들은 하나님의 이 충고를 진지하게 받아들이기는 했지만 좀처럼 전투를 하려고 하지 않았다. 그들은 가나안인들에게서 막대한 조공을 얻고 있었으며 현재 상태로 편한데 굳이 고생을 할 필요가 어디 있느냐고 생각하고는 율법이 정한 대로 의회를 구성하거나 행정 장관을 임명하지 않았기 때문에 그들의 귀족 정치도 점점 부패해 갔다. 그들은 단지 땅을 경작해 부를 축적하는 데만 혈안이 되어 있었다. 그들의 이러한 나태로 인해 무서운 소동이 일어나게 되었고 마침내는 아래와 같은 무서운 동족상잔의 비극으로 발전하게 되었다.

8. 에브라임 지파에 속해 있으며 그 안에 거주하는 미천한 가문 출신의 한 레위인이 있었다.[11] 이 사람은 유다 지파에 속한 베들레헴 출신의 한 여자를 아내로 맞이했다. 그는 아내의 미모에 반해 아내를 무척 사랑했다. 그러나 아내가 그만큼 남편을 사랑하지 않았다는 점에서 그는 불행한 인간이었다. 왜냐하면 아내는 오히려 남편을 역겨워했기 때문이었다. 그런데 이런 아내의 태도는 오히려 남편의 아내에 대한 열정에 불을 붙이는 결과를 낳았고 이로 말미암아 이 부부 사이에는 싸움이 그칠 날이 없었다. 마침내 아내는 이 싸움에 지친 나머지 제4월에 남편에게서 도망쳐 친정으로 가버렸다.

남편은 아내의 가출이 몹시 못마땅했으나 아내를 사랑한 나머지 장인 장모를 찾아가 아내와 화해를 했다. 그리고는 장인 장모의 푸짐한 대접을 받으며 나흘을 머물렀다. 제5일째 되는 날 그는 집으로 가기로 결심했으나 장인 장모가 자기 딸과 헤어지기 섭섭하니까 자꾸 시간을 연장하다 보니 낮이 다 지나고 저녁때가 되어서야 출발하게 되었다. 그는 종을 하나 거느리고 아내를 나귀에 태우고 집을 향해 떠났다. 30펄롱(furlong)을 여행한 후 그들이 거의 예루살렘 근처에 가까이 왔을 때, 종이 말하기를 적이 멀리 떨어져 있지 않은 곳에 있고 친구도 믿을 수가 없는 때인 만큼 밤에 여행하다 보면 어떤 일을 당할지도 모르니까 근처 어디에서 하룻밤 묵고 가는 것이 어떻겠느냐고 충고했다. 그러나 남편은 그 도시가 가나안인들에게 속해 있으니까 앞으로 20펄롱 정도 더 가면 이스라엘인이 거하는 도시에 도착할 수 있을 것이라고 생각하고 이방인들 가운데서 하룻밤을 쉬고 싶지 않아 종의 충고를 듣지 않았다.

결국 그들은 막 어두워져 가는 때에 용케도 베냐민 지파에 속한 기브아(Gibeah)에 도착할 수 있었다. 그러나 시장에 거주하는 자들은 아무도 그에게 들어와 쉬어 가라고 청하는 자가 없었다. 그런데 에브라임 지파에 속해 있으나 기브아에 거하는 한 노인이 들에서 오다가 그를 만나 그대는 누구이기에 이렇게 늦은 시각에 이곳에 와서 저녁 식사할 곳을 찾고 있느냐고 그에게 질문해

---

11) 요세푸스가 이 역사의 연대를 사사 시대 시작 전이나 아니면 아직 이스라엘에 왕이 없을 때(삿 19:1)로 일찍 잡은 것은, 이 사건으로 인해 베냐민 지파의 수가 단지 600명으로 줄어든 데 반해 아사(Asa)와 여호사밧(Jehoshaphat) 시대에 엄청난 숫자로 늘어난 사실(대하 14:8; 16:17)로 볼 때 매우 신빙성이 있다.

왔다. 이 노인의 질문에 그는 자기는 레위인으로서 아내를 장인 집에서 데려가는 중이며 집은 에브라임 지파 가운데 있다고 대답했다. 노인은 같은 동족이요, 더욱이 같은 지파 가운데 살고 있으며 이렇게 우연히 만났으니 자기 집에 가서 유숙하자고 그를 초청했다.

그런데 기브아에 거하는 젊은 청년들이 시장에서 그의 아내를 보고 그 미모에 감탄한 나머지 노인의 집에서 유숙한다는 사실을 알아낸 후에 노인의 가세가 약하고 식구 수가 얼마 안 되는 것을 알고 얕잡아 보고는 노인의 집에 찾아와 행패를 부렸다. 노인이 그들에게 제발 난폭한 짓이나 폭행은 그만두고 가 달라고 간청하자 그들은 웬 못 보던 여인을 자기들에게 넘겨주면 그에게 조금도 해를 끼치지 않겠다고 했다. 노인이 자기에게 찾아온 손님은 레위인으로서 자기와 친척이며 만일 그들이 정욕을 이기지 못한다면 무서운 죄악을 범하게 되는 것이며 이로 인해 결국은 율법을 범하게 되는 것이라고 충고하자 그들은 노인의 옳은 충고를 무시하며 코웃음을 쳤다. 그들은 만일 노인이 계속 방해를 하면 그냥 살려 두지 않겠다고 으름장을 놓았다. 노인은 이미 큰 곤경에 빠지게 되었으나 손님들을 순순히 넘겨주어 고통을 당하게 할 수 없다고 생각하고 자기 딸을 그들에게 주면서 손님들을 괴롭히는 것보다는 내 딸을 데려가는 것이 경미한 죄를 범하는 것이 될 것이라고 설득했다. 노인은 이렇게 하면 손님들을 보호할 수 있을 것이라고 생각했기 때문이었다. 그러나 그들은 노인의 설득에도 불구하고 그 낯선 여인에 대한 욕망이 수그러들지 않고 오히려 더 강경하게 그 여인을 내놓으라고 강요했다.

노인은 그러한 부당한 행위를 해서는 안 된다고 애걸복걸했으나 그들은 끓어오르는 욕망을 이기지 못하고 폭력으로 그 여인을 납치해서 자기들 집으로 데려갔다. 그들은 밤새도록 그 여인을 능욕하고 난 후 새벽이 되어서야 그 여인을 풀어 주었다. 그 여인은 자기가 당한 일로 인해 큰 고통과 슬픔을 안고 노인의 집을 찾아왔으나 부끄러워 감히 남편의 얼굴을 쳐다보지 못했다. 남편이 자기를 용서해 주지 않을 것이라고 스스로 결론을 내렸기 때문이었다. 이런 생각이 들자 그 여인은 그만 쓰러져 죽고 말았다. 그러나 남편은 아내가 단지 잠이 든 것으로만 생각했다. 그는 지난밤에 있었던 씁쓸한 생각은 아예 잊어버리고 "당신이 자발적으로 사내들을 따라간 것이 아니고 어쩔 수 없이 끌려간 것이니까 너무 걱정하지 말라."라고 위로해 주려고 마음먹고 아내를 일으키려고 했다. 그러나 그는 아내가 이미 죽었다는 것을 알게 되자 무서우리만큼 신중하게 행동했다. 그는 죽은 아내를 나귀에 싣고 집으로 돌아온 다음 아내의 시체를 마디마디 열두 토막을 내어 각 지파에게 보내고 자기 아내를 욕보이고 죽게 한 지파가 베냐민 지파라는 사실을 알렸다.

9. 백성들은 전에는 결코 들어 보지도 못했던 이런 끔찍한 사실에 큰 충격을 받았고 의롭고 정당한 분노를 참지 못해 실로(Shiloh)로 모여들었다. 백성들은 성막 앞에서 대회로 모인 즉시 기브아 주민들을 적으로 간주하고 무력으로 징벌하기로 결의했다. 그러나 의회가 이를 저지하고 나서면서 우선 말로서 그들과 대화를 나누어 보기도 전에 같은 동족끼리 맞붙어 싸우는 것은 너무 성급한 행동이라고 설득했다. 이방인들이 잘못한 경우라도 먼저 사신들을 보내 잘못을 회개할 것인지 아닌지 의사 타진을 하기도 전에 병력을 동원해 공격하는 것은 율법이 금지하고 있다는 점을 상기시켰다. 따라서 율법에 따라 먼저 기브아 주민들에게 사신을 보내 범죄한 자들을 넘겨주도록 요청하고 범죄한 자들을 넘겨주는 경우에는 그들만을 처벌하는 것으로 만족하면 되고 그렇지 않고 사신들을 무시하는 경우에는 그때 가서 무력으로 그들을 징벌하는 것이 마땅할 것이라고 백성들을 설득시켰다.

결국 그들은 기브아 주민들에게 사신을 보내 레위인의 아내를 욕보인 젊은 청년들을 고소한 후에 율법에 어긋난 행동을 한 그들은 죽여야 마땅하니까 자기들에게 넘겨 달라고 요청했다. 그러나 기브아 주민들은 전쟁의 두려움 때문에 다른 이의 요구에 복종하는 것은 치욕적인 것이라고 여기고 젊은이들을 넘겨주려고 하지 않았다. 더욱이 그들은 자신들이 전쟁을 해도 수에 있어서나 용감성에 있어서 남에게 결코 뒤질 것이 없다고 자만하고 있었다. 나머지 베냐민 지파 사람들도 역시 전쟁 준비를 시작했다. 이들은 힘에는 힘으로 대항하겠다고 결의할 만큼 완전히 미쳐 있었다.

10. 기브아 주민들의 반응을 전해 들은 이스라엘인들은 누구도 베냐민 지파에게는 딸을 주지 않기로 맹세하고 우리 선조들이 가나안인들을 정복할 때보다도 더 무서운 적개심에 차서 베냐민 지파를 치러 나섰다. 그들은 400,000명의 군대를 동원해 베냐민 지파를 공격한 반면에 베냐민 지파의 군대는 25,600명에 불과했다. 그러나 그중 500명은 왼손잡이로, 모두가 돌을 던지는 데 있어서는 당할 자가 없는 자들이었기에 기브아에서 벌어진 전투에서는 베냐민 지파가 이스라엘을 이길 정도였다. 이 전투에서 이스라엘은 2,000명이나 되는 전사자를 냈다. 만일 밤이 찾아오지 않아 전투가 계속됐다면 아마도 더 많은 전사자가 나왔을 것이다. 이에 베냐민 지파는 승리의 기쁨을 안고 자기 도시로 돌아갔으나 이스라엘 사람들은 전쟁에 패배한 데 대해 크게 당황하면서 진영으로 돌아왔다. 그다음 날 다시 전투가 벌어졌으나 다시 베냐민 지파가 승리를 거두었고 18,000명의 이스라엘인들이 전쟁에서 죽음을 당했으며 나머지는 죽을까 두려워서 진영을 버리고 도망쳤다. 따라서 그들은 진영 근처에 있는 벧엘로 가서 그다음 날 금식하면서, 대제사장 비느하스를 통해서 그만 진노를 그치시고 자기들이 두 번 패한 것으로 만족하시고 이제는 적을 이길 수 있도록 해달라고 하나님께 간청했다. 이에 하나님은 비느하스의 예언을 통해 전쟁에서 승리하게 해주겠다고 약속하셨다.

11. 따라서 그들은 부대를 둘로 나누어 밤을 이용하여 반은 기브아시 주변에 매복하게 하고 나머지 반은 베냐민을 공격했다. 히브리인들은 공격하다가 도중에 후퇴하는 척했다. 그러자 베냐민 사람들이 뒤를 추격해 왔다. 히브리인들은 베냐민인들을 도시에서부터 멀리 떨어진 곳으로 이끌어 내기 위해 계속 도망을 쳤다. 이에 베냐민인들은 싸울 능력이 없어 도시에 남겨 두고 온 노인들과 어린아이들까지 적을 섬멸해야겠다는 일념에 불타서 히브리인들을 추격하기 시작했다. 도시에서 상당한 거리가 떨어지자 히브리인들은 더 도망가지 않고 되돌아서서 반격을 시도하면서 매복해 있는 자들에게 신호를 보냈다. 그러자 매복해 있던 자들이 일어나서 큰 함성을 지르며 도시를 습격했다. 이에 베냐민인들은 속았다는 생각이 들자 어찌할 바를 몰라 했다. 그들은 계곡

에 움푹 파인 곳으로 몰리게 되었고 이스라엘인들에 의해 둘러싸여 협공을 당해 600명을 제외하고는 모조리 전멸당하고 말았다. 이 600명도 똘똘 뭉쳐 적 사이를 간신히 뚫고 인근 산들로 도망을 쳐서 간신히 살아남았다. 그러나 그 외 나머지 약 25,000명은 모조리 전사했다. 이스라엘인들은 기브아를 불태우고 부인들과 성년이 된 남자들은 모두 죽였다. 그뿐 아니라 그들은 베냐민 지파에 속한 다른 도시들에도 마찬가지로 행했다. 그들은 어찌나 격분했던지 야베스 길르앗이 베냐민 지파를 징벌하는 전쟁에 참여하지 않았다는 이유로 12,000명의 병사를 보내 야베스 길르앗을 함락시키라고 명령했을 정도였다. 병사들은 400명의 처녀를 제외하고 전쟁에 나갈 만한 남자들과 여자들과 아이들을 모두 죽였다. 이들이 이렇게 격분한 데는 두 가지 이유가 있었다. 첫째는 레위인의 아내의 죽음 때문이었고 둘째는 자기편 병사들도 많이 전사했기 때문이었다.

12. 이스라엘 백성들은 비록 베냐민 사람들이 율법을 어긴 죄로 인해 마땅한 벌을 받은 것이지만 자기들이 너무 가혹하게 대했다는 생각이 들자 하루 날을 정해 금식을 했다. 그러고는 사신을 보내 도망친 600명을 다시 불러들였다. 이들은 광야에 있는 림몬(Rimmon)이라는 바위에 거주하고 있었다. 사신들은 이들을 찾아가 베냐민 지파에게 내린 재난은 곧 동족의 상잔이었기에 모든 이스라엘의 재난이었음을 상기시키면서 재난을 인내로 참고 자기들과 함께 거하면서 베냐민 지파가 완전히 멸절되지 않도록 하는 것이 어떻겠느냐고 설득했다. 그러고는 이렇게 제안했다. "우리는 당신들에게 베냐민 지파의 온 땅을 줄 것이며 당신들이 가져갈 수 있는 한 마음껏 전리품을 가져가도 좋소." 그러자 이들은 슬픔에 잠겨 이런 모든 일이 자기들이 지은 죄에 대한 형벌로 하나님의 뜻에 따라 일어난 것임을 고백하고 사신들의 제안에 동의했다. 이스라엘 사람들은 야베스 길르앗의 처녀 400명을 그들의 아내로 주었다. 그러나 아직도 200명이나 여자가 부족했다. 전쟁 전에 아무도 베냐민인들에게 딸을 아내로 주지 않기로 맹세한 적이 있기 때문에 이들에게 아내로 줄 처녀들이 없어 어떻게 해야 좋을지를 궁리하게 되었다.

이때 몇 사람이 그전에 그들이 한 맹세는 지혜롭게 한 맹세가 아니고 격정을 이기지 못해 한 맹세이므로 맹세에 너무 신경을 쓸 필요가 없으며 어쩔 수 없어서가 아니라 사악한 의도에서 맹세를 깨뜨린다면 두렵고 슬픈 일이 되겠지만 멸절의 위기에 놓인 한 지파를 구원하는 일이기에 하나님의 뜻에 어긋나는 것이 아니라고 생각한다고 말했다. 그러나 의회는 맹세를 깨뜨린다는 말 자체만을 듣고도 도저히 그렇게는 할 수가 없다고 했다.

그러자 한 사람이 나와서 맹세를 지키고도 베냐민 사람들에게 아내를 구해 줄 수 있는 좋은 묘안이 자기에게 있다고 했다. 그러자 그들은 그 묘안이 무엇이냐고 물었다. 그는 말했다 "우리는 1년에 세 번 아내와 딸들을 데리고 실로에 모이지 않습니까? 이때 베냐민인들로 하여금 처녀들을 납치해다가 결혼하도록 하는 것입니다. 우리는 그들을 선동하지도 말고 막지도 말고 그냥 있기만 하면 되는 것입니다. 딸을 잃은 부모들이 못마땅하게 생각하고 우리에게 그들을 처벌할 것을 요구해 오면 당신들이 딸을 잘 간수하지 못했기 때문에 일어난 것이므로 누구를 탓할 것이 못 되며 이미 그 정도 화를 냈으면 되었지 베냐민 지파에게 화를 낼 것은 무어냐고 따돌리면 되는 것입니다." 이에 이스라엘인들은 이 제안을 따르기로 하고 베냐민인들에게 이렇게 처녀를 훔쳐서 결혼해도 좋다는 허락을 내렸다.

절기가 다가오자 200명의 베냐민인들은 둘 셋씩 짝을 지어 그 도시 앞에 숨어 있으면서 포도원이나 그 밖의 다른 곳에 처녀들이 나타나기만을 기다렸다. 처녀들은 아무것도 눈치채지 못하고 주위를 살피지도 않고 희희낙락하면서 거리로 나왔다. 이때 길에 흩어져 숨어 있던 자들이 일어나서 처녀들을 잡아갔다. 이렇게 해서 베냐민인들은 아내를 구할 수 있었고 농사에 전념하면서 그 전의 행복을 다시 찾기 위해 전력을 다했다. 이런 이스라엘인들의 지혜로 인해 베냐민 지파는 멸절의 위기 일보 직전에 구출함을 받았고 곧 번창하기 시작하더니 얼마 안 가서 큰 수로 불어났고 전처럼 행복을 누릴 수 있게 되었다. 이렇게 해서 내란은 끝이 났다.

제3장

재난을 겪은 다음 이스라엘인들이 사악해지다가
결국은 앗수르인을 섬기게 되더니
마침내 하나님이 옷니엘을 통해 그들을 구원해 주신 이야기와
그 후 40년간 옷니엘이 이스라엘을 다스리게 된 경위

1. 단 지파도 베냐민 지파와 같은 운명을 겪게 되었다. 그 자세한 경위는 다음과 같다. 이스라엘인들이 더 이상 전투할 생각이 없어 무기를 손에서 내려놓고 땅을 경작하는 일에만 몰두하게 되자, 가나안인들이 무력을 증강시키면서 이스라엘인들을 무시하기에 이르렀다. 이들이 무력을 증강시키는 것은 단지 이스라엘인들의 공격에 대비하기 위해서가 아니라 때가 되면 히브리인들을 몰아내고 자기들의 도시를 도로 찾아서 좀 더 편안히 살고자 하는 데 그 목적이 있었다. 따라서 그들은 병거를 마련하고 병사들을 동원하고 도시들끼리 동맹을 맺은 다음 유다 지파 지경에 속한 아스글론과 에글론 및 평지에 있는 많은 도시들을 공격해 왔다. 그들은 단 지파를 산간 지역으로 몰아내고 식량을 얻을 수 있는 평지는 단 한 치의 땅도 차지하지 못하도록 했다. 이때부터 단 지파는 가나안인들과 싸울 능력도 없고 그렇다고 해서 식량을 얻을 만한 땅도 없게 되자 다섯 명을 뽑아서 가나안 땅 중앙부에 보내 그들이 거주할 곳이 있는지를 알아보게 했다. 따라서 이들은 시돈 대평지에서 하루 거리가 되는 리바누스산 인근 지역과 작은 요단강의 근원까지 거슬러 올라갔다. 그들은 그곳에서 땅을 바라보니 땅이 너무 비옥하고 좋다는 것을 알 수 있었다. 따라서 그들은 이 사실을 자기 지파에게 알렸고 이에 단 지파는 무력을 동원해 이 지역을 정복하고 야곱의 아들의 이름이요, 자기 지파의 명칭인 단의 이름을 본떠서 단(Dan)시라고 불렀다.

2. 이스라엘인들은 너무 게으르고 태만했기 때문에 점점 더 무서운 재난이 닥치게 되었다. 이런 재난은 부분적으로는 하나님께 드리는 제사를 경시한 데서 온 것이다. 그들은 한번 율법이 정한 정상적인 규정으로부터 이탈되어 나가기 시작하더니 갈수록 점점 자신의 쾌락과 자신의 뜻만을 좇아 삶을 영위해 나가게 되었다. 따라서 그들은 가나안 종족들 가운데 성행하는 모든 악한 행실들로 가득 차기에 이르렀다. 마침내 하나님은 이들에게 진노하셨다. 따라서 그들은 무진 애를 써서 얻은 행복을 잃어버리게 되었다. 그것은 앗수르 왕 구산(Chusan)이 쳐들어왔기 때문이었다. 구산과의 전쟁에서 이스라엘인들은 많은 희생자를 내었고 결국은 무력에 의해 점령당하고야 말았다. 물론 두려움 때문에 자진해서 항복한 사람들도 있었다. 그들이 감당하기에는 너무나 벅찰 정도로 엄청난 양을 조공으로 바쳐야 했으며 그 밖에도 8년간 온갖 종류의 압박을 받고 살아야만 했다. 8년이 지난 후에야 비로소 그들은 다음과 같이 자유를 얻을 수가 있었다.

3. 유다 지파 그나스(Kenaz)의 아들 중에는 용맹하고 활동적인 옷니엘(Othniel)이라는 아들이 있었다. 그는 이스라엘이 당하는 고통을 못 본 체하지 말고 그들의 자유를 위해 용감하게 싸우라는 하나님의 명령을 받게 되었다. 따라서 그는 이 위험한 일을 도와줄 사람들을 끌어모았다(자기들의 처지에 부끄러움을 느낀 자들이나 무엇인가 변화되어야 한다고 느낀 자들은 그리 많지 않았으나 옷니엘의 말을 듣고 그를 돕겠다고 나섰다). 그는 우선 구산이 배치해 둔 수비대를 습격해서 전멸시켰다. 그의 첫 번째 전투가 승리로 돌아갔다는 소식을 전해 들은 백성들이 그를 돕겠다고 나섰다. 따라서 이스라엘 백성들은 앗수르와 맞서 싸워 그들을 완전히 쫓아내고 멀리 유브라데강 건너까지 몰아냈다. 이 일로 용맹한 인물임이 입증된 옷니엘은 백성들로부터 다스리는 권한을 위임받아 40년간 백성을 다스린 후에 세상을 떠났다.

제4장

이스라엘 백성이 18년간 모압인을 섬긴 후에
에훗이 그들을 노예에서 해방시키고
80년간 이스라엘을 다스린 경위

1. 옷니엘이 죽자 이스라엘은 다시 혼란에 빠지게 되었다. 그들은 하나님께 마땅히 돌려야 할 영광을 돌리지 않았으며 율법을 준행하지도 않았다. 따라서 그들의 고통은 가중되었으며 마침내 모압 왕 에글론(Eglon)이 이스라엘의 정치적 무질서를 보고 이스라엘을 깔보고 공격해 오기에 이르렀다. 에글론은 이스라엘과의 전투에서 여러 번 승리를 거두었고 마침내는 이스라엘의 가장 용맹한 자들을 무찌르고 이스라엘 전체를 장악한 후에는 자기에게 조공을 바칠 것을 명령했다. 그는 여리고에 왕궁을 세우고[12] 갖은 방법을 다 동원해 이스라엘을 수탈해 갔다. 에글론의 18년간의 강탈로 인해 이스라엘인의 생활은 말할 수 없이 퇴폐해져 있었다. 하나님은 이스라엘인들이 당하는 고통을 보고 불쌍히 여기시고 그들이 부르짖은 애원을 들고 긍휼히 여기셔서 모압인들의 손에서 그들을 구원해 내셨다. 하나님이 이들에게 자유를 주신 경위는 아래와 같다.

2. 베냐민 지파 게라(Gera)의 아들 중에는 에훗(Ehud)이라는 젊은 청년이 있었다. 그는 힘든 일을 감당해 내기에 적합한 강건한 육체와 용맹을 겸비한 자로서 왼손잡이였다. 그는 에글론 왕이 거주하는 여리고에 살고 있었다. 그는 왕에게 선물을 바침으로 에글론의 마음에 들려고 노력했다. 결국 그는 에글론

---

[12] 사사기 1장 16절과 3장 13절을 통해서 볼 때 에글론의 왕궁(pavilion)은 파괴된 여리고 도시 근처 종려나무 도시(city of Palm-Trees, 여리고 도시가 서 있던 곳은 여호수아에 의해 여리고시가 파괴된 후 이런 명칭으로 불렸다)에 있었던 것이 분명하다. 따라서 요세푸스는 여리고 아니면 여리고시가 전에 있던 곳 근처에 왕궁이 있었다고 말하는 것이다.

과 친하게 되었으며 에글론도 그에게 호의를 베풀어 에글론의 주위에 있는 자들에게까지도 신임을 얻게 되었다. 기회를 엿보던 에홋은 왕에게 선물을 드릴 때를 이용하기로 결심하고 두 종을 거느리고 오른쪽 넓적다리에 칼을 숨긴 다음 왕에게 나아갔다. 때는 여름 한낮이었다. 따라서 날씨가 무더운 데다가 저녁을 먹으러 가느라고 왕에 대한 경비가 그리 삼엄하지 않았다. 에홋은 더위를 피할 수 있도록 만든 작은 접견실(parlour)에 앉아 있는 왕에게 다가가 선물을 드리고 나자 단둘이서만 대화를 나눌 수 있는 기회가 생겼다. 왕이 에홋하고만 이야기를 나누고 싶어 시종들을 다 내보내었기 때문이었다. 왕이 보좌에 앉아 있었기 때문에 에홋은 걱정이 되었다. 제대로 찌르지 못하고 빗나가는 날이면 치명상을 주지 못하게 될 것이기 때문이었다. 따라서 그는 몸을 일으키면서 하나님이 전해 주라고 명하신 꿈이 하나 있다고 말했다. 이에 왕은 그가 전해 줄 꿈이 있다는 말에 그만 기뻐서 보좌 위에서 벌떡 일어났다. 그 순간 에홋은 칼로 에글론의 가슴을 찌르고 칼이 몸에 꽂힌 채로 내버려두고 밖으로 나와 문을 닫았다. 이에 왕의 시종들은 왕이 주무시는 것으로 생각했기 때문에 왕이 죽은 것을 뒤늦게야 알게 되었다.

3. 그 즉시 에홋은 자기가 한 행동을 여리고 주민들에게 은밀히 알리고 어서 빨리 자유를 쟁취하자고 설득했다. 이에 여리고 주민들은 그의 이야기를 듣고 몹시 기뻐하며 무장을 한 후에 각지에 사신들을 보내 양각 나팔을 불라고 했다. 백성들을 소집할 때 양각 나팔을 부는 것이 우리의 풍습이기 때문이었다. 에글론의 신하들은 한동안 왕에게 무슨 일이 일어났는지를 모르고 있었다. 저녁때가 다 되어서야 불길한 예감이 든 그들은 접견실에 들어가 보았다. 접견실에 들어가서 왕이 죽은 것을 본 그들은 대경실색하여 어찌할 줄을 몰랐다. 그러나 군대를 동원하기 전에 벌써 이스라엘 백성들이 몰려오고 있었다. 결국 이들 중 일부는 이스라엘인들에 의해 살해당했으며 일부는 목숨을 구하기 위해 모압 땅을 향해 도주했다. 이때 도망간 모압인의 수는 10,000명을 넘었다. 이스라엘인들은 요단강 나루를 지키고 있다가 도망쳐 오는 모압인들을 잡아 죽였다. 이때 많은 모압인들이 요단강 나루에서 죽음을 당했으며 결

국은 단 한 명도 빠져나가지 못했다. 이렇게 해서 히브리인들은 모압인들의 굴레에서 벗어날 수 있었다. 에훗은 이 일로 인해 백성을 다스리는 자리에 올랐고 80년간[13] 이스라엘을 다스린 후에 세상을 떠났다. 그는 앞서 언급한 용맹스러운 행위 외에도 칭찬할 만한 점이 많은 인물이었다. 아낫(Anath)의 아들 삼갈(Shamgar)이 그의 뒤를 이어 총독(governor)으로 선출되었으나 1년도 채 못 되어 세상을 떠나고 말았다.

제5장

이스라엘인들이 20년간 가나안인들의 종노릇 하는 것을 바락과 드보라가 구원한 후에 40년간 그들을 다스린 경위

1. 이스라엘인들은 그 전에 모진 고통을 겪은 것을 교훈 삼아 행실을 고치려고 하지 않았다. 그들은 하나님께 제사를 드리지 않았고 율법을 준행하지도 않았다. 결국 그들은 모압인들의 압제에서 벗어나 숨 돌릴 틈도 없이 다시 가나안인의 왕인 야빈(Jabin)의 손에 들어가게 되었다. 야빈은 세메코니티스(Semechonitis) 호숫가에 위치한 하솔(Hazor)시의 왕으로 보병 300,000명, 기병 10,000명, 거기에다가 3,000병거를 동원했다. 시스라(Sisera)는 그의 군대 장관으로서 왕의 총애를 한 몸에 받는 인물이었다. 그는 이스라엘인들을 쳐서 무찌르고 조공을 바치라고 명령했다.

---

[13] 출애굽과 성전 건축 사이의 기간을 요세푸스는 480년간이라고 짧게 보지 않고(어떤 때는 이 짧은 기간을 따르는 것처럼 보이는 때도 있지만) 592년간이나 612년간으로 길게 보기 때문에 그는 여기서 에훗의 통치 기간을 80년간으로 길게 잡을 필요가 있다.

2. 이스라엘인들은 고난으로 인해 지혜로워질 줄 몰랐기에 20년간 계속 압제를 받고 살았다. 하나님이 그들의 완고함과 감사할 줄 모르는 죄를 깨닫게 하시기 위해 계속 모른 체하셨기 때문이었다. 마침내 그들은 회개하기 시작했고 율법을 무시했기 때문에 고통받는 것을 깨닫기 시작했다. 그들은 여선지자인 드보라(Deborah, 드보라란 히브리어로 '벌'[Bee]이란 의미이다)에게 자기들이 가나안인들에게 핍박을 당하고 있으니 하나님이 자기들을 불쌍히 보시고 모른 체하지 않으시도록 기도해 줄 것을 간청했다. 이에 하나님은 그들을 구원하기로 약속하시고 납달리 지파 사람 바락(Barak)을 대장으로 뽑으라고 지시하셨다. 바락은 히브리어로 '번개'(Lightning)란 뜻이다.

3. 이에 드보라는 바락을 불러서 적을 치러 가기 위해 젊은 청년 10,000명만 뽑으라고 지시했다. 하나님이 10,000명으로도 충분히 이길 수 있다고 말씀하셨기 때문이었다. 바락은 만일 드보라가 대장으로서 자기와 함께 전쟁에 나가지 않으면 대장직을 수락할 수가 없다고 말했다. 이에 드보라는 격노하면서 "오, 바락이여 당신은 하나님이 당신에게 준 권위를 비천하게도 한 여인의 손에 넘겨주었소. 좋소. 나도 함께 가겠소."라고 말했다. 그들은 10,000명의 청년을 뽑아 다볼(Tabor)산에 진을 쳤다. 이에 시스라는 왕의 명령을 받고 이스라엘이 진 친 곳에서 멀지 않은 곳에 진을 쳤다. 적이 진 친 것을 보고 이스라엘인들은 물론 바락까지도, 적의 숫자가 엄청나게 많은 것에 놀란 나머지 드보라가 그들을 제지하고 하나님이 그들을 도울 것이고 승리를 안겨다 주실 것이니 바로 그날 싸우라고 명령하지 않았다면 모조리 도망갔을 것이다.

4. 결국 전투가 벌어지게 되었다. 그들이 접전을 벌이고 있을 때 하늘로부터 엄청난 비와 우박을 동반한 폭풍이 몰아치기 시작했다. 바람이 가나안인들의 정면으로 불어 비가 그들의 얼굴에 부딪혀 눈을 뜨지 못하게 되니 그들이 던지는 창과 쏘는 화살은 아무 소용이 없게 되었으며 날씨가 추워 병사들이 칼을 마음대로 쓸 수가 없었다. 그러나 이스라엘인들은 폭풍을 등지고 있었기에 별로 큰 장애를 받지 않았다. 이스라엘인들은 하나님이 도와주시고 있다는 것을

깨닫자 용기백배하여 적의 중앙부를 강타하기 시작했다. 이에 가나안 병사 중 일부는 이스라엘인에 의해 쓰러지고 일부는 자기가 탄 말에 의해 쓰러져서 큰 혼란을 빚게 되니 적지 않은 수가 자기네 병기에 깔려 죽음을 당했다.

마침내 시스라는 자기마저도 죽을 것 같은 생각이 들자 도망을 쳐서 겐 족속(Kenite)의 여인인 야엘(Jael)에게 찾아가 숨겨 달라고 요청했다. 이에 야엘은 그를 숨겨 주었다. 시스라가 마실 것을 좀 달라고 하자 야엘은 신 우유를 가져다 주었다. 시스라는 신 우유를 엄청나게 마시더니 그만 잠이 들고 말았다. 그가 잠에 들자 야엘은 쇠못과 망치를 들고 들어가 시스라의 관자놀이 부분에 못을 박으니 못이 관자놀이를 뚫고 땅에 박혔다. 바락이 조금 후에 도착하니 야엘이 땅에 못 박힌 시스라를 보여주었다. 결국 드보라가 예언한 대로 이번 전쟁의 승리는 한 여인의 손에 의한 것이 되고 말았다. 바락은 또한 하솔의 야빈과 싸워 그를 무찌르고 살해하였다. 적의 대장을 죽인 후에 바락은 하솔시를 그 기초가 드러나도록 완전히 폐허로 만들었다. 그리고 그는 40년간 이스라엘의 사령관으로 이스라엘을 다스렸다.

제6장

미디안인들 및 다른 국가가
이스라엘을 쳐서 정복한 후 7년간을 괴롭히자
기드온이 일어나 이들을 무찌르고
이스라엘을 40년간 다스린 경위

1. 바락과 드보라가 거의 동시에 죽자 미디안인들은 아말렉 족속과 아라비아인들에게 지원군을 보내 달라고 도움을 청하고 이스라엘을 공격해 왔다. 이

스라엘로서는 도저히 중과 부적이었다. 결국 이들은 이스라엘을 정복하고 땅의 소산을 불태운 후에 약탈해 갔다. 이런 일이 3년간 계속되자 이스라엘 백성들은 평지를 버리고 산속으로 숨어 들어갔다. 그들은 땅을 파서 굴을 만들고 간신히 약탈당하지 않은 것은 무엇이나 그 속에 감추었다. 왜냐하면 미디안인들이 겨울에는 땅을 경작하도록 내버려두었다가 추수 때만 되면 공격해 와서 약탈해 갔기 때문이었다. 미디안인들은 남이 지어 놓은 농산물을 빼앗아 가기만 하면 되니까 구태여 땅을 빼앗을 생각은 하지 않았다. 이로 인해 이스라엘 백성은 기근과 굶주림에 시달렸다. 견디다 못해 이스라엘인들은 전심으로 하나님께 구원해 달라고 간청했다.

2. 므낫세 지파의 유력 인사인 요아스(Joash)의 아들 기드온(Gideon)도 적들이 무서워서 타작마당에서 타작하지 못하고 남몰래 곡식의 이삭을 가져다가 포도주 틀 곁에서 타작하고 있었다. 그때 젊은 청년의 모습을 한 사자가 그에게 나타나더니 "당신은 하나님의 사랑을 받는 행복한 사람이오."라고 했다. 이에 대해 기드온은 "내가 타작마당에서가 아니고 이 포도주 틀 곁에서 어쩔 수 없이 타작하는 것을 보고도 하나님의 은총이 내게 있단 말이오?"라고 소리쳤다. 그러자 그 존재는 용기를 잃지 말고 자유를 회복하기 위해 노력해 보는 것이 어떻겠느냐고 기드온을 권면했다. 기드온은 자기 지파가 수도 많지 않으며 자신도 그런 큰일을 할 만큼 성숙하지 못한 애송이 청년에 불과하기 때문에 자기로서는 자유를 회복하는 것이 불가능한 일이라고 대꾸했다. 이에 그 사자는 하나님이 그의 부족한 것을 채우실 것이고 그를 통해 이스라엘에 승리를 안겨 주실 것이라고 기드온에게 약속했다.

3. 이에 기드온이 이 일을 젊은 청년들에게 이야기하자 그들은 그의 말을 믿게 되었고 순식간에 싸울 준비가 다 되어 있는 젊은이들이 10,000명이나 모이게 되었다. 그러나 하나님이 밤에 기드온의 꿈에 나타나셔서 인간들이란 자기중심적이고 우매하므로 숫자가 많으면 하나님이 승리하게 해주셨다고 생각하지 않고 자기들의 능력을 의지하기 쉬운 법이라고 말씀하셨다. 그러므로 모

두가 하나님의 도우심 덕택이라고 고백할 수 있게 하기 위해서는 소수만을 추려내야 한다고 말씀하셨다. 그래서 그들을 정오쯤 볕이 무척 따가울 때에 강가에 데리고 나가 물을 마시게 한 후, 그때 무릎을 꿇고 마시는 자들은 용감한 자들이고 요란하게 물을 마시는 자들은 두려움이 많은 자들이라고 생각하면 된다고 말씀하셨다. 기드온이 하나님이 가르쳐 주신 대로 하니 무릎을 꿇고 손으로 물을 마시는 자들이 300명 있었다. 하나님은 이 300명을 데리고 적을 공격하라고 말씀하셨다. 따라서 그들은 다음날 강을 건너기 위해 요단강 강가에 진을 쳤다.

4. 기드온은 하나님이 밤에 적을 습격하라고 하신 것 때문에 크게 걱정이 되었다. 그러나 하나님은 그의 두려움을 없애 주기 위해서 부하 한 명을 데리고 미디안 진영 근처에 가보라고 지시하셨다. 하나님은 그가 그곳에 가서 보고 다시 용기를 얻고 담대해지기를 바라셨다. 기드온은 하나님의 명령에 순종해서 종인 부라(Phurah)를 거느리고 미디안 진영으로 갔다. 그가 미디안 진영의 한 장막 근처에 이르렀을 때 장막 안에 있는 병사들이 잠을 깬 후에 한 병사가 동료 병사에게 자기가 꾼 꿈 이야기를 하는 것을 분명히 들을 수 있었다. 꿈을 꾼 병사가 말하기를 사람이 먹을 수 없는 더러운 보리떡 한 덩이가 굴러오더니 왕의 장막은 물론 모든 병사의 장막을 무너뜨리는 꿈을 꾸었다고 하자 동료 병사가 그 꿈은 자기네 군대가 전쟁에 질 것을 의미하는 것 같다고 해몽했다. 그 이유는 보리(barley)라고 부르는 씨앗은 모든 씨앗 중에서 가장 더러운 씨앗으로 알려져 있다. 게다가 이스라엘인들은 아시아(Asia)의 종족 중에서 가장 더러운 족속으로 알려져 있으므로 보리 씨앗은 이스라엘을 가리키며, 이스라엘인들 가운데서 크게 보이는 것은 기드온과 그와 함께 한 군대를 의미하고, 보리떡 한 덩이가 모든 장막을 무너뜨리는 것은 하나님이 기드온에게 승리를 안겨 주는 것으로 볼 수 있기 때문이라는 것이었다.

5. 기드온은 이 꿈 이야기를 듣자 용기와 희망이 용솟음쳤다. 따라서 그는 병사들에게 무장을 하라고 지시한 후에 적 병사가 꾼 꿈 이야기를 들려주었다.

이에 병사들도 기드온의 말을 듣고 용기가 생겨 기드온이 지시하는 것은 무엇이나 할 태세가 되어 있었다. 이에 기드온은 그의 병사를 세 대로 나누고 빈 항아리와 횃불을 주면서 적에게 들키지 않기 위해 빈 항아리에 횃불을 감추게 했다. 그들은 또한 나팔 대신 사용할 양의 뿔도 각자가 모두 들고 있었다. 적은 수많은 약대를 소유하고 있었기에 적의 진영은 넓은 지면을 차지하고 있었다. 적들은 여러 종족이 혼합되어 있는 부대였으나 모두 다 둥그렇게 원을 그리고 진을 치고 있었다. 히브리 병사들은 지시받은 대로 적의 진영 가까이 움직였다. 신호가 있자 그들은 양의 뿔로 나팔을 불며 항아리를 깨뜨려 횃불을 치켜들고 "하나님의 도우심으로 기드온이 승리한다!"라고 고함을 쳤다. 적들은 밤에 잠을 자다가 불시에 일이 터지니 아직도 잠이 덜 깬 상태에서 혼비백산하여 그만 수라장이 되어 버렸다. 이스라엘인들의 손에 죽은 적들은 불과 얼마 안 되었으며 대부분은 서로 언어가 통하지 않는 데다가 혼란에 빠져서 만나는 자를 적으로 오인하고 자기들끼리 치고받다가 죽어간 것이다. 이렇게 해서 그날 죽은 적의 수는 이루 헤아릴 수 없이 많았다. 기드온이 승리했다는 소식이 전해지자 이스라엘인들은 무기를 들고 적을 추격하기 시작했다. 적들은 급류로 둘러싸여 건널 수 없는 계곡에 갇히게 되었다. 이에 이스라엘인들은 그들을 포위하고 왕인 오렙(Oreb)과 스엡(Zeeb)을 포함해서 한 명도 남기지 않고 모두 사살했다. 다른 왕들은 살아남은 자 약 18,000명의 부하들을 이끌고 이스라엘에서 멀리 떨어진 곳까지 도망을 쳐 그곳에 진을 쳤다. 기드온은 힘든 것도 아랑곳하지 않고 자기 부대를 이끌고 이들을 추격해서 습격하여 그들을 모조리 죽이고 남은 왕인 세바(Zebah)와 살문나(Zalmuna)를 사로잡았다. 미디안인들과 원군인 아라비아인들과의 전투에서 전사한 자의 수는 120,000명이었다. 히브리인들은 금과 은과 의복과 약대와 나귀 등 푸짐한 전리품을 얻었다. 기드온은 자기 고향 오브라(Ophrah)에 돌아온 후 미디안 왕들을 죽였다.

6. 에브라임 지파는 기드온의 대성공에 불만을 품고, 미디안을 쳐 나갈 때 자신들에게 알리지 않았다는 이유로 기드온을 비난하면서 기드온과 싸우려는 태세를 취했다. 그러나 덕이 남보다 출중하며 절제할 줄 아는 사람인 기드온은

그들에게 알리지 않고 적을 치러 나간 것은 자기 자신의 판단이나 권위로 그렇게 한 것이 아니라 하나님의 명령에 의한 것이었으므로 승리는 전쟁에 나간 사람들만의 것이 아니라 바로 그들의 것도 되지 않느냐고 설득했다. 이렇게 에브라임 지파의 격정을 진정시킴으로써 기드온은 적을 무찌르고 승리한 것보다 오히려 더 큰 유익을 히브리인들에게 안겨다 주었다. 왜냐하면 이렇게 해서 히브리인들을 내란에서 구해 낼 수 있었기 때문이었다. 그러나 에브라임 지파는 후에 기드온을 괴롭힌 일로 벌을 받게 된다. 이에 대해서는 후에 상세히 다루도록 하자.

7. 이에 기드온은 통치권을 사양하려고 했으나 백성들의 간청에 못 이겨 40년간 이스라엘을 통치하면서 공의로 백성들을 재판했다. 따라서 그가 결정한 것은 무엇이나 백성들이 따르고 순종했다. 기드온이 죽자 백성들은 그를 그의 고향 오브라에 장사 지냈다.

제7장

기드온의 뒤를 이은 사사들이 인근 국가들과 오랫동안 전쟁을 한 경위

1. 기드온은 아내를 여럿 두었기 때문에 적자가 70명이나 되었다. 그러나 그에게는 첩인 드루마(Drumah)의 소생인 서자 아비멜렉(Abimelech)이 있었다. 그는 그의 아버지가 죽은 후 그의 어머니가 있는 곳인 세겜에서 살았다. 그는 비행을 저지르기로 이름난 악당들을 돈으로 산 후에 그들을 데리고 자기 아버지의 집으로 가서 그의 형제들을 한꺼번에 모두 살해했다. 그러나 요담

(Jotham)은 용케도 피하여 목숨을 건졌다. 그리고 아비멜렉은 스스로 지배자로 행세했다. 그는 율법을 준행하기보다는 자기 멋대로 행동하였다. 그는 또한 정의를 수호하려는 자들을 마구 짓눌렀다.

2. 절기를 지키는 때가 되자 모든 세겜 주민들이 그리로 모여들었다. 도망을 쳐 목숨을 건진 요담이 세겜시가 내려다보이는 그리심산에 올라가서 백성들이 다 들을 수 있도록 큰 소리로 고함을 쳤다. 그러자 주민들이 그쪽을 주목하기 시작했다. 요담은 이제부터 자기가 하는 말을 잘 들어 달라고 부탁했다. 주민들은 이에 잠잠히 그의 말에 귀를 기울였다. 요담이 말을 꺼냈다. "나무들이 모두 한데 모여 의논을 한 끝에 무화과나무더러 자기들의 왕이 되어 달라고 부탁을 했습니다. 그러자 무화과나무가 자기는 외부에서 주어지는 명예보다는 열매를 맺을 수 있는 영광을 가진 것만으로도 충분히 만족하고 있기 때문에 왕위를 맡아 달라는 부탁을 들어줄 수 없다고 했습니다. 나무들은 왕을 두고 싶은 마음을 버리지 못한 채 포도나무에게 가서 자기들의 왕이 되어 달라고 요청했지만 무화과나무가 했던 것과 똑같은 말을 하면서 왕이 되기 싫다고 거절했습니다. 나무들은 다시 감람나무에게 요구를 해봤지만 사정은 마찬가지였습니다. 이때 나무들이 가시나무(땔감으로 쓰기에 알맞은 나무이다)에게 왕이 되어 달라고 부탁하자 가시나무는 왕이 되고 싶어 하던 차에 잘됐다고 생각하고 나무들에게 자기 그늘 밑에 와서 앉지 않으면 불이 나와서 나무들을 사를 것이라고 말했습니다." 요담은 주민들에게 자기가 한 말은 웃을 일이 아니라고 말했다. 백성들이 기드온의 덕택으로 많은 축복을 받았으면서도 아비멜렉이 자칭 지배자로 군림하는 것을 방관만 하는 정도가 아니라 한 걸음 더 나아가 자기 형제들을 살해하는 데 한패가 되었으니 이 어찌 웃고만 있을 수 있냐고 했다. 결국은 아비멜렉이 그들을 사르는 불이 될 것이라고 했다. 요담은 이 말을 마친 후에 아비멜렉을 두려워하여 도망을 친 후 3년간 산속에서 몰래 숨어 살았다.

3. 절기가 지나고 얼마 후에 세겜 주민들은 기드온의 아들들을 죽인 것에 대해 후회하기 시작했고 마침내는 아비멜렉을 그들의 도시와 지파에서 추방해

버렸다. 이에 아비멜렉은 세겜시를 괴롭힐 계략을 꾸몄다. 포도 수확기가 되었으나 주민들은 아비멜렉이 해를 끼칠 것을 염려하여 포도 따기를 두려워했다. 그때 권세 있는 가알(Gaal)이란 사람이 친구들과 병사들을 거느리고 세겜에 와서 거하게 되었다. 이에 세겜 주민들은 포도 수확을 하는 동안 자기들을 보호해 달라고 가알에게 부탁했다. 가알은 그들의 요구를 들어주겠다고 했다. 이에 세겜인들은 포도원에 나가 포도를 딸 수 있게 되었다. 가알은 병사를 거느리고 나가 그들이 포도를 수확할 수 있도록 보호해 주었다. 그들은 여러 무리로 나뉘어서 저녁 식사를 하면서 아비멜렉을 공공연하게 저주했다. 또한 도시 장관들은 시 주변에 병사들을 매복시켜 아비멜렉의 추종자들을 잡아 죽이게 하였다.

4. 세겜의 장관(magistrate) 가운데는 아비멜렉을 추종하는 스불(Zebul)이라는 자가 있었다. 스불은 사신들을 아비멜렉에게 보내 가알이 세겜인들을 선동해 그를 대적하게 하고 있으니 도시 앞에 매복하고 있으면 자기가 가알을 충동해서 싸움에 나가도록 할 테니 그때 알아서 처리하도록 하라고 했다. 이렇게 되면 다시 세겜시와 화목해질 수 있을 것이라고 했다. 이에 아비멜렉은 병사들을 매복시키고 자신도 매복해 있었다. 가알은 신변의 안전을 생각하지 않고 도시 주변에 거하고 있었다. 그때 스불이 그와 함께 있었다. 가알이 무장 병사가 다가오는 것을 보고는 스불에게 무장 병사들이 오는 것이 아니냐고 물어보았다. 이에 스불은 무장 병사가 아니라 큰 돌의 그림자에 불과하다고 대답했다. 무장 병사들이 가까이 다가오자 그제서야 눈치를 챈 가알은 그림자가 아니라 매복한 무장 병사가 아니냐고 소리쳤다. 그때 스불은 "당신이 아비멜렉은 겁쟁이라고 비난한 적이 있지 않소? 나가서 맞서 싸워 당신의 용맹을 한번 보여주시오."라고 대꾸했다. 그러자 가알은 전열을 가다듬지도 못한 채 아비멜렉과 맞서 싸웠으나 그만 부하 병사 몇이 쓰러지게 되었다. 이에 가알은 부하를 거느리고 세겜시로 도망쳤다. 스불은 가알이 아비멜렉의 병사들과 싸울 때 비겁하게 도망을 쳤다고 세겜인들 앞에서 비난을 해서 가알을 세겜시 밖으로 쫓아냈다. 아비멜렉은 세겜인들이 포도를 수확하기 위해 밖으로 나온다는 사실

을 알아내고 도시 앞에 병사들을 매복시켰다. 세겜인들이 밖으로 나오자 그의 병사 중 3분의 1은 성문을 가로막아 세겜인들이 성 안으로 도로 들어가지 못하게 했고 나머지 병사들은 흩어져 도망치는 세겜인들을 추격하기 시작했다. 결국 여기저기에 죽은 시체가 가득 깔렸다. 아비멜렉은 기초가 드러나도록 세겜시를 완전히 폐허로 만들고 난 후 소금을 뿌리고 모든 세겜인들을 죽였다. 간신히 도망을 쳐 목숨을 건진 사람들은 한 바위에 모여 그곳에 거하며 그곳에 성을 쌓을 준비를 했다. 아비멜렉이 이들의 의도를 눈치채고 그들을 방해하기 위해 병사들을 거느리고 습격하여 그곳 주위에 마른 장작을 쌓고 병사들에게도 자기처럼 따라 하라고 지시했다. 바위 주위에 장작을 가득 쌓아 놓은 후에 그들은 불을 지르고 불이 잘 붙는 것은 무엇이나 던져 넣었다. 그러자 무섭게 불이 타올랐다. 이로 인해 그곳에 숨은 사람은 단 한 명도 살아남지 못했다. 남자만 약 1,500명 가량이 죽었고 그 외에도 처자들까지 합치면 엄청난 숫자가 몰살을 당한 것이었다. 이것이 세겜인들이 당한 큰 재난이었다. 만일 이들이 행한 대로 보응을 받은 것이 아니었다면 이들에 대한 애곡 소리는 아마 더 컸을 것이다.

5. 아비멜렉은 세겜 사건으로 이스라엘인들을 깜짝 놀라게 한 후 더 무서운 독재를 휘두르기 시작했고 폭력을 마구 사용하기에 이르렀다. 마침내 그는 데베스(Thebes)를 급습하여 강제로 탈취하였다. 데베스에는 큰 망대가 하나 있었는데 그리로 모든 주민들이 피신하자 그는 그 망대를 공격할 준비를 서둘렀다. 그가 힘으로 문을 파괴하려고 달려들 때 한 여인이 그의 머리를 향해 맷돌을 던졌다. 아비멜렉은 맷돌에 맞아 쓰러지면서 여인의 손에 죽었다는 소리를 듣기 싫으니 자기를 죽이라고 병기를 든 소년에게 지시했다. 이에 병기를 든 소년은 그가 시키는 대로 했다. 결국 아비멜렉은 그의 형제들에게 행한 사악함과 세겜인들에게 행한 야만적인 행위에 대한 벌로 이런 죽음을 당하게 된 것이었다. 세겜인들이 당한 재난은 요담이 예언한 그대로였다. 아비멜렉을 따르던 병사들은 그가 죽자 뿔뿔이 흩어져 각기 자기 집으로 돌아갔다.

6. 그다음에 통치권을 장악한 자는 므낫세 지파에 속한 길르앗인 야일(Jair)[14]이었다. 그는 다른 면에서도 행복한 사람이었으나 특히 그의 아들들이 성품이 좋다는 점에서 더욱 그러했다. 그의 아들들은 모두 30명이나 되었는데 모두 말을 타는 솜씨가 뛰어났기 때문에 야일은 길르앗 도시들의 통치를 아들들에게 맡겼다. 그가 22년간 통치한 후에 세상을 떠났는데 길르앗 도시인 가몬(Camon)에 장사되었다.

7. 히브리인들의 사회 정세는 불안하고 혼란스러웠으며 하나님과 율법을 경멸하는 풍조가 만연되어 가고 있었다. 그러자 암몬인들과 블레셋인들이 히브리인들을 얕보고 대군을 거느리고 쳐들어와 이스라엘을 황폐시켰다. 이들은 온 페레아(Perea)를 정복한 후에 나머지 땅도 정복해야겠다고 나설 만큼 교만해져 있었다. 이때서야 히브리인들은 비로소 자신의 잘못을 깨닫게 되었고 전심전력으로 하나님께 도와 달라고 간청했다. 그들은 하나님께 제물을 드리고 더 이상 자기들을 너무 가혹하게 대하지 마시고 그만 노를 멈추시고 자기들의 기도를 들어 달라고 간구했다. 이에 하나님은 그들을 자비로 대하시고 도와주기로 결심하셨다.

8. 암몬인들이 길르앗 땅을 공격해 오자 길르앗 주민들은 한 산에서 그들을 맞아 싸우려고 했으나 사령관이 없었다. 그 당시 아버지의 출중한 덕뿐만 아니라 자비(自費)로 키우는 사병(私兵)이 있었기에 세력가로 이름을 떨치고 있던 입다(Jephtha)라는 사람이 있었다. 이에 이스라엘인들은 그에게 사신을 보내어 도와주면 평생 지배권을 줄 터이니 제발 한번 도와 달라고 간청했다. 그러나 그는 그들의 간청을 들으려고도 하지 않고 오히려 자기가 부당한 일을, 그것도 공공연히 자기 형제들에게 당하고 있을 때는 도와주지 않더니 이제 와서 도와 달라고 하는 법이 어디 있느냐고 그들을 비난했다. 사실은 입다의 형제들이 입

---

14) 요세푸스는 사사 중에서 돌라(Tola)를 뺐으나 그의 주석가들은 요세푸스가 사사 시대의 기간을 계산한 가운데 돌라가 통치한 23년간이 포함되어 있다고 결론을 내린다.

다가 (자기를 변호할) 능력이 없는 것을 기화로 자기들의 어머니와는 다른 여인의 소생이라는 이유를 들어 그를 내쫓았다. 입다는 길르앗 땅에 거하면서 자기를 찾아오는 사람들은 누구나 받아 주고 급료를 나눠 주면서 지금과 같은 큰 세력가로 성장한 것이었다. 이때 이스라엘인들이 강력하게 자기들을 다스려 줄 것을 요청하면서 평생 그의 지배를 받으면서 살겠다고 맹세하자 그는 그들을 이끌고 전쟁터로 나가기로 약속했다.

9. 입다는 즉시 전황을 살펴본 후 그의 군대를 미스바(Mizpeh)에 진 치게 하고 암몬인들(의 왕)에게 사신을 보내어 왜 부당하게 남의 땅을 침범했느냐고 항의했다. 이에 암몬 왕은 입다의 주장과는 정반대되는 내용의 메시지를 전해 왔다. 즉 이스라엘이 출애굽하면서 자기 선조들의 땅을 빼앗았으니 자기 선조들의 소유였던 아모리인들의 땅을 자기에게 넘겨 달라는 것이었다. 이에 입다는 아모리인의 땅은 모세가 정복해서 선조들에게 준 땅이며 하나님도 그 땅을 그들에게 주기로 작정하신 것이고 또한 300년(이상)을 이 땅에서 살아온 이상 결코 그 땅을 호락호락 넘겨줄 수 없으니 한번 싸워 볼 테면 싸워 보자고 단호히 거절하는 회신을 보냈다.

10. 그는 이런 회신을 써서 사신들에게 준 후 돌려보냈다. 그리고 승리를 위한 기도를 드린 후 자기를 무사히 돌아오도록 해주신다면 돌아올 때 자기를 마중하러 나오는 첫 생명은 무엇이든지 하나님께 거룩한 제물로 드리겠다고 서원했다.[15] 그는 적과 싸워 대승을 거두었고 민닛(Minnith)까지 추격해서 적들을 모조리 죽였다. 그 후 암몬인의 땅까지 쳐들어가서 많은 도시를 함락시키고 많은 제물을 약탈하였고 18년간의 종 생활에서 동족들을 구해 냈다. 그러나 그가 돌아올 때 전쟁에서 대승을 거둔 것과는 다르게 큰 불행을 만나게 되었다. 그를 처음 마중 나온 자는 다름 아닌 자기 딸이었기 때문이었다. 그의 딸은 아

---

[15] 그것이 딸을 제물로 드린다는 것이었든지, 아니면 딸을 바쳐 평생토록 처녀로 있게 한다는 것이었든지 간에 입다가 성급하게 서원한 것이라는 요세푸스의 비난은 정당한 것이다. 만일 그가 딸을 제물로 바치겠다고 서원했다면 딸은 속함을 받았어야만 했을 것이다(레 27:1-8).

직 어린아이였고 처녀였다. 이에 입다는 그가 당한 큰 고통으로 인해 심히 애통하였으며 왜 앞장서서 자기를 마중하러 나와 자기로 하여금 딸을 제물로 바칠 수밖에 없게 만들었느냐고 딸을 책망했다. 이에 딸은 아버지의 승리와 동족의 자유를 위해 죽는 것이라면 기꺼이 죽겠다고 했다. 딸은 아버지에게 두 달간의 여유를 주면, 친구들과 함께 자기가 꽃다운 나이에 죽는 것으로 인해 울고 난 후에 아버지께서 맹세하신 대로 실천해도 좋으니 자기의 소원을 들어 달라고 부탁했다. 이 기간이 지나자 그는 딸을 번제로 드렸다. 이런 제사는 율법에는 어긋나는 것이며 하나님이 받으실 만한 제사도 아니었다. 그뿐 아니라 듣는 사람들이 이에 대해 어떻게 생각할지 신중하게 생각해 보지 않은 행위였다.

11. 에브라임 지파는 입다가 암몬 원정을 나갈 때 자기들을 부르지 않았으며 혼자만 영광을 독차지하고 전리품을 소유하고 있다고 비난하면서 입다에게 싸움을 걸어왔다. 입다는 그들에게 자기 형제들이 자기를 내어 쫓은 사실을 모르면 가만히 있는 것이 좋고 또 초청하기도 전에 먼저 와서 도와줘야 할 사람들이 초청을 했는데도 와서 도와주지 않더니 왜 이제 와서 큰소리를 하는 것이냐고 따졌다. 또한 그는 적과 싸울 때는 우물쭈물하던 자들이 자기 동족을 치기 위해서는 재빨리 행동하는 모습이 스스로 생각해도 우습지 않느냐고 비난했다. 입다는 좀 더 현명하게 행동하지 않으면 따끔한 맛을 보여주겠다고 경고했다. 그러나 그들이 그의 말을 듣지 않자 그는 길르앗 주민들을 동원해 그들을 쳐부수고 많은 사람을 죽였다. 그는 요단강 길목에 병사들을 미리 보내 지키게 했다. 그러고 나서 에브라임 지파의 병사들을 추적하여 요단강 길목에서 42,000명을 살해했다.

12. 입다가 6년을 다스리고 죽으니 길르앗 땅에 있는 그의 고향 세베(Sebee)에 장사되었다.

13. 입다가 죽은 후에 유다 지파 베들레헴(Bethlehem) 출신의 입산(Ibzan)이 통치권을 이어받았다. 그는 60명의 자녀를 두었는데 그중 아들이 30명이었고

나머지는 딸이었다. 그는 아들과 딸을 결혼시켜 며느리와 사위를 맞아들였다. 그는 7년 동안 특기할 만하거나 기념할 만한 일을 하지 못한 채 나이 들어 죽자 그의 고향에 장사되었다.

14. 입산이 죽은 후 그의 뒤를 이어 통치권을 행사한 엘론(Helon)은 10년 동안 아무 특기할 만한 업적도 남기지 못했다. 그는 스불론(Zebulon) 지파에 속한 인물이었다.

15. 에브라임 지파 힐렐(Hilel)의 아들로서 비라돈(Pyrathon)에서 태어난 압돈(Abdon)이 엘론의 뒤를 이어 최고 통치자가 되었다. 그는 단지 자녀들 때문에 행복했다는 것만 전해지고 있다. 그 당시 이스라엘은 안정되고 평화로운 사회였기 때문에 뛰어난 업적을 남길 만한 상황이 아니었다. 그는 아들 40명을 두었고 그들을 통해 손자 30명을 두었다. 그는 말을 잘 타는 70명의 자손들을 거느리고 위풍당당하게 거리를 누볐다. 그는 나이 들어 죽었으며 비라돈에서 장엄하게 장사되었다.

제8장

삼손의 용기와
삼손이 블레셋을 대항하여 해를 가한 경위

1. 압돈이 죽자 블레셋인들이 이스라엘을 정복하고 40년간 조공을 받아 갔다. 그러나 이스라엘인들은 40년간의 압제 밑에서 다음과 같이 구출 받았다.

2. 마노아(Manoah)는 그 당시의 이스라엘에서는 따를 만한 사람이 별로 없는 유력 인사요 덕이 출중한 인물이었다. 그에게는 빼어난 미모를 자랑하는 아내가 있었다. 그러나 그에게는 자녀가 없었다. 후사가 없음을 걱정하던 마노아는 하나님께 자기 뒤를 이을 자녀를 낳게 해달라고 간청했다. 이렇게 간청하기 위해서 그는 항상 아내를 거느리고 대평원(Great Plain)의 교외16)로 자주 나갔다. 마노아는 미칠 정도로 아내를 사랑했기에 질투심이 많았다. 그런데 한번은 아내가 혼자 있을 때 키 큰 미남 청년의 모습으로 한 천사가 나타나더니 하나님이 아들을 낳게 해주실 텐데 그는 힘이 장사여서 장성한 후에는 블레셋을 괴롭힐 만한 인물이 될 것이라고 좋은 소식을 전해 주었다. 그 천사는 여인에게 아이의 머리털을 깎지 말아야 하며 술은 어떤 종류라도 입에 대지 않도록 해야 한다고 지시했다. 천사는 이런 하나님의 뜻을 전하고는 가버렸다.

3. 아내는 남편이 집에 돌아왔을 때 키가 크고 잘생긴 청년의 모습을 한 천사가 나타나서 자기가 아들을 낳을 것이라는 말을 했다는 사실을 알려 주었다. 이에 남편은 한편으로는 크게 놀랐으나 다른 한편으로는 질투심을 느끼더니 그만 아내를 의심하기 시작하는 것이었다. 아내는 자기 남편의 부질없는 슬픔을 덜어주기 위해 하나님께 다시 천사를 보내서 남편에게도 같은 사실을 전해 달라고 간청했다. 결국 그들이 교외에 있을 때 하나님은 은혜를 베푸시고 다시 천사를 보내셨다. 그러나 천사가 도착했을 때 남편은 없고 아내 혼자만 있었다. 아내는 천사에게 자기 남편을 불러올 때까지만 기다려 달라고 간청했다. 천사가 그 요구를 들어주겠다고 하자 여자는 마노아를 부르러 갔다. 마노아는 천사를 보고서도 의혹을 버리지 못하고 자기 아내에게 한 말을 모두 다시 자기에게도 해달라고 간청했다. 천사가 자기가 전에 한 말은 아내 혼자만 알고 있어도 충분하다고 말하자 마노아는 감사의 표시로 선물을 드릴 테니까 우선 당신 정체가 무엇인지 밝히고 아이가 언제 태어날 것인지 가르쳐 달라고 간청했다. 그러자 천사는 선물을 얻기 위해 아들을 낳을 것이라는 좋은 소식을 전해

---

16) 아마도 교외에는 회당이나 기도 처소가 있었던 것처럼 보인다.

주는 것이 아니기 때문에 선물은 바라지도 않는다고 대답했다. 마노아가 잠시만 머물면서 자기의 호의를 받아 달라고 간청했지만 천사는 들으려고 하지 않았다. 그러나 마노아의 끈질긴 간청에 못 이겨 천사는 잠시만 머물겠다고 허락했다. 이에 마노아는 염소 새끼를 잡은 후 아내에게 고기를 삶으라고 지시했다. 만반의 준비가 끝나자 천사는 그에게 떡과 고기를 그릇에 담지 말고 바위 위에 올려놓으라고 지시했다. 마노아가 시키는 대로 하자 천사는 손에 들고 있던 지팡이를 고기에 갖다 댔다. 그러자 불이 나와 고기와 떡을 다 살랐다. 천사는 연기를 타고 그들이 보는 가운데 하늘로 올라갔다. 마노아는 자기들이 이렇게 하나님을 보았으므로 벌을 받지나 않을까 몹시 두려워했다. 그러나 그의 아내가 하나님이 그들의 유익을 위해 오신 것이었으므로 두려워하지 말라고 용기를 북돋워 주었다.

4. 결국 아내는 임신하게 되었고 천사가 전해 준 지시를 잘 지켰다. 아이가 태어나자 그들은 삼손(Samson)이라고 불렀다. 그 뜻은 '강한 자'라는 의미이다. 아이가 성장하매 음식을 조심하고 머리를 깎지 않았으므로 장차 선지자(prophet)[17]가 될 것이 분명해 보였다.

5. 한번은 삼손이 블레셋 도시인 딤나(Timnath)에 축제가 있어서 부모와 함께 그곳에 갔다가 그곳 처녀와 사랑에 빠졌다. 삼손은 그 처녀와 결혼할 수 있도록 해달라고 부모에게 간청했다. 그러나 그의 부모는 그 처녀가 이스라엘 출생이 아니라는 이유로 결혼을 허락할 수 없다고 했다. 그러나 이 결혼은 히브리인들의 유익을 위해서 하나님이 의도하신 결혼이기에 부모님의 승낙을 얻어낼 수 있었다. 그는 그 처녀의 집에 자주 다니는 중에 언젠가 사자를 만났다. 그는 맨몸이었으나 사자가 달려들자 피하지 않고 맞서 싸워 손으로 사자를 찢어 죽이고 그 시체를 길옆 풀숲에 던졌다.

---

17) 여기서 요세푸스가 선지자(prophet)란 말을 쓴 것은 '예언은 전혀 하지 않으나 특별한 섭리에 의해 태어났고 나실인으로서 살아가고 있으며 장차 그의 백성 이스라엘을 다스리고 복수해야 할 특별한 임무와 능력을 하나님으로부터 부여받을 자'라는 의미에서 그런 용어를 사용한 것처럼 보인다.

6. 그 후에 다시 처녀의 집으로 가는 도중에 그는 사자의 몸에 벌떼들이 벌집을 만들고 있는 것을 보았다. 그는 벌집 세 개를 가져다가 처녀와 자기 부모에게 주었다. 딤나의 주민들은 삼손의 힘이 두려운 나머지 결혼 잔치 때 명목은 신랑 친구였으나 사실은 삼손이 소란을 피우지 못하도록 감시하기 위해 자기네 쪽의 건장한 청년 30명을 삼손에게 붙여 놓았다. 그들이 즐겁게 마시고 놀 때 삼손은 "자, 내가 너희들에게 수수께끼 하나를 낼 터인데 만일 너희들이 7일 안에 그것을 알아맞히면 내가 너희들의 지혜의 대가로 베옷과 겉옷을 한 벌씩 모두 나눠 주겠다."라고 제의했다. 이런 일은 잔치 때면 항상 있는 풍습이었다. 그러자 그들은 지혜롭다는 말을 듣고 싶고 또 공짜로 옷을 얻고 싶은 나머지 수수께끼를 내보라고 했다. 삼손은 "원래 단 식물을 내지 못하는 삼키는 자가 그 몸에서 단 식물을 내는 것이 무엇이냐?"라는 수수께끼를 냈다. 그들은 3일이 지나도 그 수수께끼의 의미를 알아낼 수가 없자 삼손의 아내를 찾아가서 그의 아내인 점을 이용해 그 수수께끼의 답을 알아 가르쳐 주지 않으면 불에 태워 죽이겠다고 위협했다. 그러자 그의 아내는 삼손에게 자기에게만 그 수수께끼의 답이 무엇인지 알려 달라고 간청했으나 삼손은 처음에는 가르쳐 줄 수 없다고 딱 잘라 말했다. 이에 삼손의 아내는 답을 안 가르쳐 주는 것을 보면 자기를 사랑하지 않는 것이 분명하다면서 눈물을 흘렸다. 일이 이렇게 되자 삼손은 자기 아내에게 사자를 죽인 일과 사자의 시체에서 꿀을 발견하고 벌집 세 개를 가져다가 주었던 이야기를 자세히 해주었다. 이같이 삼손은 아내가 자기를 속이고 있다는 것도 모르고 솔직히 수수께끼의 답을 가르쳐 주었다. 그러자 그의 아내는 답을 알기 간절히 원하는 자들에게 가르쳐 주었다. 수수께끼의 답을 알아맞혀야 할 날짜인 제7일이 다가오자 그들은 해가 지기 전에 삼손을 만나서 "사자보다 만나기 무서운 짐승은 없으며 먹기에 꿀보다 단 음식도 없다."라고 했다. 이에 삼손은 "해답을 가르쳐 준 자가 여인이니 여인보다 더 믿기 어려운 자도 없다."라고 대꾸했다. 결국 삼손은 길에서 블레셋 족속 중의 하나인 아스글론인들을 만나자 그들을 약탈하여 약속한 대로 선물을 그들에게 나누어 주었다. 삼손은 이 아내와 별거했다. 그러자 이 여자는 삼손의 분노를 우습게 여기고 전에 삼손과 내기를 하던 삼손의 친구에게 시집을 갔다.

7. 이런 부당한 행동에 격분한 삼손은 자기 아내뿐 아니라 모든 블레셋 사람들을 징벌하기로 결심했다. 때는 여름이었고 곡식들은 무르익어 추수를 기다리고 있었다. 그는 300마리의 여우를 잡아 꼬리에 횃불을 매달고 블레셋인들의 곡식밭으로 몰아넣어서 모든 곡식을 다 태웠다. 블레셋인들은 이것이 삼손의 짓인 것과 또 그 이유가 무엇인지를 알고 있었기에 관원들을 딤나에 보내 이번 사건의 원인인 삼손의 그전 아내와 그 친척을 불에 태워 죽였다.

8. 삼손은 평야 지역에서 많은 블레셋인을 살해하고 유다 지역의 에담(Etam)에 있는 바위틈에 거주했다. 블레셋인들이 유다 지파를 공격해 오자 유다 주민들은 삼손이 잘못했지 자기들은 조공을 빠짐없이 바치는데 이렇게 징벌을 가하려고 하는 것은 부당한 처사라고 항의했다. 그러자 블레셋인들은 삼손을 잡아다 자기들에게 넘겨주면 화를 모면할 수 있을 것이라고 대답했다. 이에 유다 주민들은 화를 모면하기 위해 3,000명의 무장 병사를 거느리고 삼손을 찾아가서 블레셋을 공격한 그의 행동 때문에 전 히브리 국가가 위기에 빠지게 되었다고 비난을 늘어놓았다. 그들은 자기들이 삼손을 붙잡아 블레셋인들에게 넘겨주기 위해 이렇게 찾아왔으니 순순히 자기들의 말을 들어 달라고 요청했다. 이에 삼손은 적들에게 넘겨줄 뿐 자기에게 다른 해는 가하지 않겠다는 확약을 그들에게서 받아 내고 바위틈에서 나와 그들에게 순순히 몸을 맡겼다. 유다 주민들은 그를 두 줄로 묶고 블레셋인들에게 넘겨주기 위해 끌고 갔다. 그들이 지금 턱뼈(Jaw-bone)라고 부르는 장소(옛날에는 특별한 명칭이 없었으나 여기서 삼손이 보인 용맹한 행동 때문에 이런 명칭이 붙게 되었다)에 도착하자 멀지 않은 곳에 진을 치고 있던 블레셋인들이 목적을 달성하여 기쁜 나머지 소리를 지르고 즐거워하면서 그들을 맞으러 나왔다. 이때 삼손이 묶인 줄을 끊고 발밑에 떨어져 있던 나귀의 턱뼈를 집어 들고 그것으로 블레셋인들을 공격하여 1,000명을 죽이니 나머지 블레셋인들은 혼비백산하여 도망쳤다.

9. 이런 대승을 거둔 삼손은 교만해져서 이번 승리는 하나님의 도우심 때문이 아니라 자기의 용맹함 때문이었다고 자화자찬하며, 적들이 도망친 것은 자

기가 나귀 턱뼈 하나로 수많은 사람을 쓰러뜨리는 모습을 보고 두려워서였다고 으스댔다. 그러나 그때 무서운 갈증이 그를 엄습해 왔다. 그제야 그는 인간의 용기라는 것이 부질없는 것임을 깨닫고 모든 것이 다 하나님으로부터 말미암는 것임을 고백하면서 자기가 한 말에 대해 너무 노하신 나머지 자기를 적의 손에 넘기지 마시고 지금 당하고 있는 고통 가운데서 제발 건져 달라고 하나님께 청했다. 이에 하나님은 그의 간청을 듣고 불쌍히 여기시고 바위에서 물이 나오게 하셔서 삼손의 기력을 다시 회복시켜 주셨다. 그때부터 삼손이 그 장소를 턱뼈(Jaw-bone)[18]라고 불렀으며 오늘날까지도 그렇게 부르고 있다.

10. 이후에 삼손은 블레셋인을 얕보고 가사(Gaza)로 내려가 그곳의 한 여관에 거처를 정했다. 가사의 지배자들은 삼손이 그리로 왔다는 소식을 듣고 도망치지 못하도록 성문을 장악하고 그가 거처하는 곳 주위에 병사들을 매복시켰다. 그러나 삼손은 적의 동태를 환히 들여다볼 수 있었기 때문에 한밤중에 일어나 성 문짝과 두 기둥과 빗장을 빼어 어깨에 메고 헤브론에 있는 산으로 갔다.

11. 그러나 그는 마침내[19] 이스라엘의 율법을 어기고 말았다. 그는 그의 정상적인 삶의 방식을 깨뜨리고 이방의 이상한 풍습을 본받기 시작했으니 이것이 그의 비극의 시작이었다. 왜냐하면 그는 블레셋의 창기인 들릴라(Delilah)에게 반하여 동거까지 하게 되었기 때문이었다. 그러자 블레셋의 방백들이 들릴라를 찾아와서 삼손이 어디서 큰 힘이 나와서 천하무적을 자랑하는지 알아내면 큰 보상을 해주겠다고 유혹했다. 들릴라는 삼손이 술에 취하자 적들을 해치우는 삼손의 멋진 모습을 극구 칭찬하면서 어디에서 그러한 무서운 힘이 나오는지 슬쩍 물어보았다. 삼손은 아직 정신은 말짱했기 때문에 들릴라를 골려줄 속셈으로 포도나무의 푸른 줄기 일곱으로 자기를 묶으면 자기도 다른 사람들처럼 약해져서 힘을 쓰지 못하게 될 것이라고 대답했다. 들릴라는 더 이상 묻

---

[18] 레히(Lehi) 혹은 턱뼈(Jaw-bone)라고 부르는 이 샘은 지금도 존재하고 있음이 여행자들에 의해 입증되고 있다.
[19] 삼손의 기도는 하나님이 들으셨으나 삼손이 율법을 어기기 전의 이야기였다.

지 않고 있다가 블레셋 방백들에게 이 사실을 알리고 집안에 몇몇 병사들을 매복시켰다. 삼손이 술에 취해 잠에 곯아떨어지자 들릴라는 그를 재빨리 포도나무 줄기로 꽁꽁 묶었다. 그리고 그를 흔들어 깨우면서 적이 공격해 오고 있다고 말했다. 그러자 삼손은 묶은 줄기를 끊어버리고 마치 적의 공격에 대비하듯이 수비 자세를 취했다. 들릴라는 삼손과 이야기할 때마다 그렇게도 자기가 알고 싶어 해도 알려주지 않는 것을 보면 자기를 믿지 못하고 의심하는 것이 아니냐면서 매우 섭섭하다고 했다. 그러자 삼손은 다시 들릴라에게 일곱 줄로 자기를 묶으면 힘을 쓰지 못하게 될 것이라고 거짓말을 했다. 들릴라가 다시 시도해 보았으나 그것도 허사였다. 머리를 거미줄 모양으로 짜면 힘을 못 쓸 것이라는 삼손의 세 번째 이야기를 듣고 또 그대로 해보았으나 결과는 마찬가지였다. 마침내 삼손은 들릴라의 성화에 견디다 못해 여자를 즐겁게 해주고 싶어서 "나는 하나님이 돌보시며 태어날 때부터 하나님의 섭리 가운데서 태어났소. 따라서 하나님이 머리를 깎지 말라고 명령하셨기 때문에 나는 머리를 길러야만 하오. 결국 내 힘은 이 머리털에서 나오는 것이오."라고 실토했다. 사실을 알아낸 들릴라는 삼손의 머리카락을 잘라내고 블레셋인들에게 넘겨주었다. 삼손은 머리카락이 잘리자 힘이 약해져 적들의 포로가 되는 신세가 되었다. 블레셋인들은 삼손의 눈을 빼내고 그를 묶어 블레셋 여러 지역으로 끌고 다녔다.

12. 그러나 시간이 흐르자 삼손의 머리카락은 다시 자라기 시작했다. 블레셋의 방백들과 유력 인사들이 모여 즐기는 블레셋인들의 공적인 절기가 있었다. 이때 그들은 두 개의 기둥이 지붕을 떠받치고 있는 건물에서 즐기고 있었다. 그들은 삼손을 데리고 오라고 지시했다. 삼손이 끌려오자 그들은 그를 모욕하기 시작했다. 삼손은 이런 모욕을 당하고도 보복하지 않는 것은 최대의 불행이라고 생각한 나머지 그의 손을 잡고 길을 안내하는 소년에게 피곤하고 지쳐서 쉬고 싶으니 자기를 기둥 근처로 데려가 달라고 요청했다. 그는 기둥 근처에 다가서자 기둥에 힘을 주기 시작했다. 그러자 기둥이 무너지면서 건물이 폭삭 가라앉아 그 안에 있던 3,000명이 모두 죽음을 당했다. 이때 삼손도 함께 죽었다. 이스라엘을 20년간 다스린 한 인간의 종말이 이렇게 끝난 것이었

다. 사실상 삼손은 그의 뛰어난 용맹과 무서운 힘과 장엄한 죽음을 볼 때 찬사를 받아야 마땅한 인물이다. 적들에 대한 분노에서 그치지 않고 적과 함께 죽기로 비장한 각오를 할 만큼 결단력이 강한 인물이었다. 그러나 한 여인의 올무에 걸려 비참한 최후를 맞이했으니 이것은 인간의 연약함에 기인한 것으로 남자가 여자의 유혹을 이겨낸다는 것은 보통 어려운 일이 아니다. 그러므로 우리는 이외의 모든 다른 면에서는 그가 덕이 출중한 인물이었다고 말할 수 있다. 삼손의 친척은 그의 시체를 가져다가 그의 고향인 사라삿(Sarasat)의 식구들 곁에 장사 지내 주었다.

제9장

엘리가 이스라엘을 다스릴 때 보아스가 룻과 결혼하여 다윗의 조부인 오벳을 낳은 경위

1. 삼손이 죽은 후 대제사장 엘리(Eli)가 이스라엘의 지배자가 되었다. 엘리의 통치 때에 이스라엘에 기근이 찾아들자 유다 지파의 베들레헴(Bethlehem)에 사는 엘리멜렉(Elimelech)은 극심한 기근 속에서 가족들을 부양할 능력이 없게 되자 아내 나오미(Naomi)와 나오미가 낳은 기룐(Chilion)과 말론(Mahlon)을 거느리고 모압 땅으로 거처를 옮겼다. 모압 땅에서 사는 형편이 좋아지자 그는 모압 여인을 자부로 맞아들였다. 기룐을 위해서는 오르바(Orpah)를, 말론을 위해서는 룻(Ruth)을 택했다. 그러나 10년 어간에 짧은 간격을 두고 엘리멜렉과 그의 두 아들이 모두 다 세상을 떠났다. 나오미는 이 불상사에 어떻게 몸을 가눌지를 몰랐다. 고향을 떠나 이곳까지 온 것이 모두 남편과 아들들 때문인데 그렇게 소중하던 사람들이 자기 곁을 떠나고 나자 나오미는 외로워서 견딜 수가

없었다. 따라서 나오미는 고향이 살기가 나아졌다는 풍문을 듣고 고향으로 다시 되돌아가기로 결심했다. 그러나 며느리들이 나오미 곁을 떠나려고 하지 않았다. 그들이 시어머니를 따라가겠다고 나서자 나오미는 그들을 만류했다. 그래도 그들은 막무가내였다. 그러자 나오미는 다른 사람한테 시집가서 부디 행복하게 사는 것이 좋을 것이라고 설득했다. 자기는 고향으로 돌아가 봐야 뾰족한 수가 없으니 따라가서 고생만 하지 말고 각자 살길을 찾아보라고 권고했다. 이에 오르바는 따라가지 않기로 했으나 룻은 시어머니에게 어떤 일이 닥쳐와도 운명을 같이하고 싶다면서 떨어질 생각을 하지 않기에 나오미는 룻을 데리고 가기로 했다.

2. 룻이 시어머니를 따라 베들레헴에 오자 엘리멜렉의 가까운 친척인 보아스(Booz)가 나오미를 환대해 주었다. 아는 사람이 나오미를 보고 나오미가 아니냐면서 반갑게 대하자 "나는 마라(Mara)라고 부르는 게 사실에 더 가까울 것이요."라고 대답했다. 나오미는 히브리어로 '행복'(happiness)이라는 뜻이며, 마라는 '슬픔'(sorrow)이라는 뜻이기 때문이다. 그때는 추수기였다. 룻은 시어머니의 허락을 받고 먹을 곡식을 얻기 위해 이삭을 주우러 나갔다. 그런데 우연히도 룻은 보아스의 밭에 이르게 되었다. 얼마 안 있어 보아스가 그리로 왔다. 보아스는 웬 여자가 이삭을 줍는 것을 보고 추수꾼들을 감독하는 종에게 저 여자가 누구냐고 물어보았다. 그 종은 조금 전에 룻에 대한 상세한 신상을 물어보았던 터라 주인에게 그에 대해 상세히 가르쳐 주었다. 그러자 보아스는 룻이 남편을 잊지 않고 시어머니를 극진히 보살핀다는 사실에 놀라 룻을 부드럽게 껴안고 모든 일이 잘되기를 바란다고 말했다. 보아스는 룻에게 이삭을 줍지 말고 가지고 갈 수 있을 만큼 곡식을 직접 베어 가지고 가도 좋다고 했다. 그리고는 추수꾼들을 감독하는 종에게 룻이 곡식을 베더라도 방해하지 말 것과 저녁 때는 저녁 식사를 줄 것과 목마를 때는 추수꾼들이 마시는 물을 마시게 할 것을 지시했다. 룻은 곡식을 베어서 저녁에는 시어머니에게 갖다 드렸으며 나오미는 나름대로 이웃 사람들이 넘치도록 가져다주는 곡식을 룻을 위해 남겨 놓았다. 룻은 시어머니에게 보아스가 자기에게 한 말을 그대로 전해 주었다. 그

러자 나오미는 보아스가 자기들에게는 가장 가까운 친척이며 자기들을 위해 무엇인가를 도와줄 경건한 사람임이 틀림없다고 룻에게 말해 주었다. 룻은 그 다음 날도 보아스의 종들과 함께 곡식을 거두기 위해 보아스의 밭으로 나갔다.

3. 그로부터 며칠 안 되어 보아스는 보리를 까부르고 난 후 타작마당에서 잠을 자게 되었다. 나오미는 이런 사실을 알고 보아스가 룻과 이야기를 나누게 되는 날에는 자기들에게 유익이 돌아올 것이라 생각하고 어떻게 해서든지 룻을 보아스의 곁에 눕게 해야겠다고 결심했다. 나오미는 룻에게 보아스의 발치에 누워서 잠을 자라고 보아스의 타작마당으로 보냈다. 룻은 시어머니의 명령을 어기는 것은 며느리의 도리가 아니라고 생각하고 시키는 대로 했다. 보아스는 깊이 잠들었기 때문에 룻이 발치에 와서 눕는 것을 눈치채지 못했으나 밤중에 깨어 한 여인이 자기 곁에 누운 것을 보고 누구냐고 물었다. 이에 룻은 자기 이름을 밝히고 자기는 보아스의 종이니 부디 용서해 달라고 간청했다. 그러자 보아스는 더 이상 아무 말도 하지 않았다. 아침이 되어 종들이 일을 시작할 때가 되자 보아스는 룻을 깨워 누가 같이 누운 것을 보기 전에 가지고 갈 수 있는 만큼 보리를 가지고 빨리 집으로 가라고 명령했다. 아무 일도 없었는데 공연히 좋지 않은 소문만 들리면 피차가 곤란할 터이니 빨리 서두르라고 했다. 그러면서 보아스는 "나보다 더 가까운 친척이 그대에게 있으니 그에게 그대를 아내로 데려갈 의사가 있는지 물어보시오. 만일 그가 그렇게 하겠다면 그대는 그를 따르도록 하고, 그렇게 하지 않겠다면 율법에 따라 내가 그대를 아내로 맞아들이겠소."라고 말했다. 결국 룻은 이렇게 해서 목적을 달성할 수 있었다.

4. 룻은 이 사실을 시어머니에게 알렸다. 그들은 보아스가 이제 그들을 부양해 줄 것이라는 기대감에 기뻐 어쩔 줄을 몰랐다. 정오쯤 되어서 보아스는 도시로 내려와 의회를 소집하고 룻과 룻의 가장 가까운 친척을 불렀다. 룻의 가장 가까운 친척이 오자 보아스는 "당신이 엘리멜렉과 그의 아들들의 기업을 보유하고 있지요?"라고 물었다. 그러자 그는 자기가 엘리멜렉과 그의 아들들의 기업을 보유하고 있는 것은 사실이나 자기가 그들의 가장 가까운 친척이기

에 율법에 비추어 보아도 자기는 하등 잘못한 것이 없다고 대답했다. 이에 보아스는 "당신은 율법을 어중간하게 지키지 말고 철저히 지키도록 하시오. 여기 말론의 아내가 왔으니 만일 당신이 그들의 땅을 소유하기를 원한다면 율법에 따라 이 여자와 결혼해야만 하오."라고 말했다. 이에 그는 자기는 죽은 자의 가장 가까운 친척이나 이미 결혼을 해서 처자를 둔 몸이기에 룻과 결혼할 수 없다면서 룻과 땅을 모두 보아스에게 넘겨주었다. 이에 보아스는 의회를 증인으로 삼은 후에 율법에 따라 룻에게 그의 신을 벗기고 그의 얼굴에 침을 뱉으라고 명령했다.

이 일이 끝난 후에 보아스는 룻과 결혼했고 1년도 채 못 되어 아이를 하나 낳았다. 나오미는 이 아이를 극진히 보살폈다. 나오미는 이 아이가 자기 노년에 자기 말을 잘 듣는 아이로 자라났으면 하는 바람을 가지고 이름을 오벳(Obed)이라고 지었다. 오벳이란 히브리어로 '종'(servant)이란 의미이다. 오벳은 이새(Jesse)의 아버지였으며 왕이 되어 21세대 동안 후손들에게 통치권을 물려준 다윗에게는 할아버지가 되는 인물이었다. 나는 다윗처럼 미천한 부모 밑에서 태어난 인물들을 아무런 어려움 없이 영광과 존귀의 위치에까지 올리시는 하나님의 크신 능력을 보여주고 싶어 이 룻의 역사를 결코 지나칠 수가 없었다.

제10장

사무엘의 출생과
그가 엘리의 아들들에게 미칠 화를 예언한 경위

1. 히브리인들의 사회가 타락했는데도 불구하고 그들은 블레셋을 공격하기에 이르렀다. 그 원인은 이와 같다. 대제사장 엘리(Eli)에게는 홉니(Hophni)와

비느하스(Phineas)라는 두 아들이 있었다. 이들은 백성들에게는 불공평하고 하나님께는 불경건한 인물로서 온갖 종류의 악행을 서슴지 않았다. 그들은 제사장이라는 영예스러운 직위를 맡고 있다는 것을 내세워 백성들이 하나님께 드리는 예물을 빼돌렸으며 어떤 때는 강제로 빼앗아 가기도 했다. 그들은 또한 (성막에) 하나님께 경배하러 오는 여인들과 불순한 관계를 맺었다. 어떤 때는 여인들을 강제로 욕을 보이기도 했고 어떤 때는 돈을 주고 여인들을 유혹하기도 했다. 이들의 삶의 일거수일투족은 폭군보다 나을 것이 조금도 없었다. 엘리는 자기 아들들의 사악한 행위에 크게 격분한 나머지 하나님이 그들의 사악한 범죄를 불시에 벌하시기를 기대했다. 백성들도 이들의 행위를 가증스럽게 생각하고 있었다. 하나님은 엘리의 아들들에게 어떤 무서운 화가 내릴 것인가를 엘리는 물론 아직 어린아이이긴 하나 선지자인 사무엘(Samuel)에게도 가르쳐 주셨다. 이에 엘리는 자기 아들들에게 닥칠 화로 인해 몹시 슬퍼하였다.

2. 나는 여기서 사무엘 선지자에 대해 먼저 살펴보고 그다음에 엘리의 아들들과 이들이 히브리 전 백성에게 끼친 재난에 대해 계속 살펴보려고 한다. 에브라임 지파에 속한 라마다임(Ramathaim)시에 거주하는 중류층의 레위인 엘가나(Elcanah)에게는 한나(Hannah)와 브닌나(Peninnah)라는 두 아내가 있었다. 그는 브닌나에게서는 자식을 낳았으나 한나에게서는 자식을 보지 못했다. 그렇지만 그는 한나를 더 사랑했다. 엘가나는 제사를 드리기 위해 아내들을 거느리고 실로(Shiloh)시에 왔다. 왜냐하면 우리가 이미 살펴본 대로 실로에 하나님의 성막이 있었기 때문이었다. 그는 제사를 드리고 난 후 고기를 아내들과 자녀들에게 나누어 주었다. 한나는 브닌나의 자녀들이 엄마 주위에 앉아 있는 모습을 보고는 눈물을 흘리면서 자녀를 낳지 못해 외로운 자기 형편을 생각하고 애통했다. 남편의 위로가 소용이 없을 정도로 너무 슬퍼, 한나는 성막에 나아가 아들을 낳게 해주시면 첫아들은 하나님께 바쳐서 다른 이들과는 다른 삶을 살아가도록 하겠다고 맹세하면서 아이 엄마가 되게 해달라고 하나님께 간청했다. 한나가 오랫동안 계속 기도를 하자 대제사장 엘리는 성막 앞에 앉았다가 한나가 술 취한 줄 알고 성막에서 나가라고 명령했다. 한나는 자기는 술을 마신 게

아니라 아이가 없어 슬픈 나머지 하나님께 아이를 갖게 해달라고 간청하는 중이라고 대답했다. 그러자 엘리는 한나에게 용기를 내라고 하면서 하나님이 아이를 낳게 해주실 것이라고 말했다.

3. 이에 한나는 소망을 가지고 남편에게 돌아와 기쁨으로 음식을 먹었다. 집에 돌아오자 한나는 아이를 가진 것을 알게 되었다. 결국 한나는 아들을 낳게 되었고 아이의 이름을 사무엘(Samuel)이라고 불렀다. 그 뜻은 '여호와께 구함'(asked of God)이란 뜻이다. 그 후에 부부는 다시 성막에 나아가 아이의 출생을 감사하는 제물과 10분의 1을 하나님께 드렸다. 이때 한나는 자기가 한 맹세를 기억하고 아들을 하나님께 바쳐 선지자가 되도록 하기 위해 엘리에게 데려다 주었다. 사무엘은 머리를 깎아서는 안 되었으며 술을 마셔도 안 되었다. 사무엘은 이렇게 해서 성전에 거하며 자라게 되었다. 엘가나는 사무엘 외에도 한나를 통해서 여러 아들과 세 딸을 두었다.

4. 사무엘은 열두 살 때부터 예언을 하기 시작했다. 언젠가 사무엘이 잠이 들었을 때 하나님이 그의 이름을 부르셨다. 그는 대제사장이 자기를 부르는 것이라고 생각하고 엘리에게로 달려갔다. 그러나 엘리는 자기가 그를 부른 것이 아니라 하나님이 세 번씩이나 부른 것이라고 말했다. 엘리는 지혜가 있었기에 사무엘에게 "사무엘아! 나는 너를 부른 적이 없다. 너를 부른 분은 다름 아닌 바로 하나님이시다. 다시 하나님이 너를 부르시거든 '예, 제가 여기 있습니다.'라고 대답하도록 해라." 하고 가르쳐 주었다. 다시 하나님이 그를 부르시자 그는 "예, 제가 여기 있습니다. 말씀하십시오. 그러면 무엇이나 시키는 대로 하겠습니다."라고 대답했다. 그러자 하나님이 말씀하셨다. "너는 다 준비되었느냐? 이스라엘에 말로 표현할 수도 없고 믿기조차도 어려운 큰 재난이 닥칠 것이다. 엘리의 아들들이 한 날에 죽을 것이며 제사장직은 엘르아살(Eleazar) 가문으로 넘어갈 것이다. 왜냐하면 엘리가 나를 경배하는 것보다 자기 아들들을 더 사랑했기 때문이다. 그 사랑이 오히려 그의 아들들에게는 해가 될 것이다." 엘리는 사무엘을 불러 자기 걱정은 말고 하나님이 어떤 말씀을 하셨는지 자기

에게 가르쳐 달라고 했다. 결국 엘리는 자기 아들들이 멸망할 것을 더욱 확실히 깨닫게 되었다. 사무엘이 예언하는 것은 무엇이나 실제로 실현됨에 따라, 사무엘의 영광은 계속 치솟아 올랐다.[20]

제11장

엘리의 아들들과 하나님의 궤와
백성들이 당한 재난과 엘리의 비참한 죽음

1. 블레셋인들이 이스라엘을 공격하기 위해 아벡(Aphek)시에 진을 친 것은 이때쯤이었다. 이스라엘인들은 적의 공격이 잠시 동안은 없을 것이라고 생각했으나 블레셋인들은 바로 그다음 날 공격을 감행해 왔다. 이 전투에서 승리는 블레셋에게로 돌아갔고 히브리인들은 4,000명의 전사자를 내고 진영으로 후퇴했다.

2. 이에 히브리인들은 전세가 불리한 것을 염려하여 의회와 대제사장에게 전갈을 보내 하나님의 궤를 보내 달라고 간청했다. 히브리인들은 그들을 징벌하시려는 하나님이 하나님의 궤보다 크시며 하나님의 궤가 존중을 받는 것도 다 하나님 때문이라는 사실을 모르면서 하나님의 궤가 도착해 전열을 가다듬기만 하면 적도 꼼짝 못 할 것이라고 오판한 것이었다. 결국 하나님의 궤를 대제사장의 아들들이 메고 왔다. 엘리는 아들들에게 "너희들이 하나님의 궤를

---

[20] 전에도 가끔 선지자가 있기는 했으나 유대 국가에 계속되는 선지자 계열의 첫 선지자는 사무엘이었다(사도행전 3장 24절을 보라). 선지자는 때로는 의인이라고도 불리었다(마 10:41; 13:17).

가지고 되돌아올 수 있다고 장담하나 너희는 다시 되돌아오지 못할 것이다."라고 말했다. 엘리는 연로했다는 이유로 이미 그의 대제사장직을 아들에게 물려주었기 때문에 비느하스가 이미 대제사장직을 수행하고 있었다. 하나님의 궤가 도착하자 히브리인들은 적도 이제는 자기들에게 꼼짝 못 할 것이라고 생각하고 사기가 충천했다. 적들은 이스라엘의 진영에 하나님의 궤가 들어왔다는 소식을 듣고 몹시 걱정했다. 그러나 실제 부딪혀보니 양편 모두 생각 밖의 결과가 나타났다. 전투가 벌어졌으나 히브리인들이 기대했던 승리는 오히려 블레셋인들에게로 돌아갔고 블레셋인들이 두려워하던 패배는 이스라엘에게로 돌아가고 말았다. 이스라엘인들은 하나님의 궤를 믿었으나 그 믿음은 그만 허사가 되고 말았다. 접전이 벌어지게 되자 이스라엘은 30,000명의 전사자를 내었다. 그 속에는 대제사장의 아들들도 끼어 있었다. 그뿐 아니라 그들은 하나님의 궤도 블레셋인들에게 빼앗기고 말았다.

3. 전쟁에서 패배했을 뿐 아니라 하나님의 궤도 빼앗겼다는 소식이 실로에 전해지자(전쟁에 참여했던 젊은 베냐민 청년이 이 소식을 전하러 왔다) 시 전체는 통곡으로 떠나갈 듯했다. 성문 앞 높은 의자에 앉아 있던 대제사장 엘리는 이 비보를 듣고 자기 아들들도 전사했을 것이라고 생각했다. 따라서 그는 소식을 전하러 온 젊은 청년을 불렀다. 엘리는 전쟁의 상세한 소식을 듣고 자기 아들들이나 백성들이 당한 참사에 대해서 별로 놀라는 기색이 없었다. 왜냐하면 하나님의 계시로 이미 그런 일이 일어날 줄 알고 있었고 또 그런 일이 일어날 것이라고 자신이 직접 말한 적도 있었기 때문이었다. 원래 불상사란 불시에 일어나야 괴로운 것이지 이미 알고 있으면 그 고통이 덜한 법이다. 그러나 하나님의 궤를 적들에게 빼앗겼다는 말을 듣자마자 엘리는 생각도 못 했던 엄청난 일이라 매우 괴로워하더니 의자에서 떨어져 죽었다. 그는 이스라엘을 40년간 다스렸으며 그의 나이 98세를 일기로 세상을 떠난 것이다.

4. 같은 날 엘리의 아들 비느하스의 아내도 남편의 비보를 듣고 세상을 떠났다. 그 여자는 해산 중에 남편이 죽었다는 소식을 들었다. 그 여인은 임신 7개

월 만에 아이를 낳고 이가봇(Icabod)이란 이름을 붙여 주었다. 이가봇이란 '치욕'(disgrace)이란 뜻이다. 왜냐하면 그 당시 이스라엘은 치욕을 당하고 있었기 때문이었다.

5. 엘리는 아론의 아들 중 하나인 이다말(Ithamar) 가문의 장자였다. 처음에 제사장직을 차지한 쪽은 엘르아살(Eleazar) 가문이었다. 엘르아살은 대제사장직을 비느하스(Phineas)에게 넘겨주었으며 비느하스는 그의 아들 아비에셀(Abiezer)에게, 아비에셀은 그의 아들 북기(Bukki)에게, 북기는 그의 아들 웃시(Ozi)에게 대제사장직을 물려주었다. 그러나 웃시(Ozi) 후에 우리가 방금 언급한 바 있는 엘리가 대제사장직에 오르게 되어 솔로몬의 통치 시대까지 그의 후손들이 대제사장의 일을 수행하게 되었다. 그러나 솔로몬 시대에 대제사장직은 다시 엘르아살 가문의 손으로 넘어가게 되었다.

제6권

32년간의 역사 기록

엘리의 죽음부터 사울의 죽음까지

제1장

블레셋인들이 하나님의 궤를 빼앗아 갔다가
하나님의 진노로 무서운 징벌을 당한 후에
히브리인들에게 그 궤를 반납한 경위

1. 내가 조금 전에 언급했던 바와 같이 블레셋인들은 하나님의 궤를 전리품으로 노획하여 아스돗(Ashdod)시로 가지고 가서 다른 전리품들과 함께 다곤(Dagon)[1]이라고 부르는 그들이 믿는 신의 신전으로 갖다 놓았다. 그들이 그다음 날 아침 자기 신에게 경배하기 위해 신전에 들어가 보니 다곤 신이 마치 자기들이 경배를 드릴 때의 모습으로 하나님의 궤에 경배를 드리고 있었다. 즉, 다곤 신이 받침대 위에서 넘어져 길게 엎드러져 있는 것이었다. 이에 그들은 이 희한한 일에 놀라면서 다곤 신을 다시 받침대 위에 세워 놓았다. 그러나 그 후에 신전에 다시 올라와 보면 올 때마다 또다시 다곤 신이 궤에 경배하는 모습으로 넘어져 있는 것이었다. 이에 블레셋인들은 큰 혼란과 괴로움에 빠지게 되었다. 마침내 하나님이 아스돗시와 인근 지방의 사람들에게 무서운 병을 내

---

1) 다곤은 배꼽 위는 사람, 그 아래는 물고기 모양을 한 신이라고 일반적으로 추정되고 있다.

리셨다. 이 지방 블레셋인들은 이질과 설사라는 무서운 병에 걸려 손쓸 사이도 없이 죽어갔다. 보통 죽음과는 달리 영혼이 몸을 떠나기도 전에 내장을 토해 내고 먹은 음식과 병으로 이미 부패한 것을 게우면서 비참하게 죽어가는 것이었다. 게다가 땅에서 수많은 쥐 떼가 몰려오더니 땅의 식물과 그 소산을 하나도 남겨 놓지 않고 다 쓸어가는 것이었다. 아스돗 주민들은 이 무서운 재난을 더 이상 견뎌낼 재간이 없었다. 그들은 곰곰이 생각해 본 끝에 자기들이 이런 재난을 당하는 것은 바로 하나님의 궤 때문이라는 결론에 도달했다. 전쟁에서 승리를 거둔 후에 하나님의 궤를 빼앗아 온 것이 오히려 그들에게 해가 되었다는 것을 알게 된 것이었다. 이에 그들은 아스글론(Askelon) 주민들에게 사람을 보내 궤를 그쪽으로 가져가 달라고 간청했다. 이 아스돗 주민들의 간청이 자기들에게는 그리 손해되는 일이 아니라고 생각한 나머지 아스글론 주민들은 그런 호의를 달게 받겠다고 고마워했다. 그러나 그들이 궤를 들여오자 그들에게도 똑같이 처참한 사태가 일어나게 되었다. 왜냐하면 궤가 아스돗 주민이 당했던 재난을 그대로 아스글론 주민들에게로 옮겨왔기 때문이었다. 이에 그들은 궤를 다른 주민들에게로 보냈다. 그러나 그 옆 도시에서도 사정은 마찬가지였다. 그래서 그 도시도 인근 도시로 궤를 보냈다. 이렇게 해서 궤는 이런 무서운 재난을 마치 조공을 강요하는 대국의 사신처럼 블레셋의 다섯 도시를 한 바퀴 순회한 셈이 되어버렸다.

2. 이 무서운 재난을 직접 체험해 본 사람들은 진절머리가 났고 이 소식을 들은 사람들은 궤를 자기들 지방에 들여놓으려고 하지 않게 되었다. 왜냐하면 그 대가로 너무나 많은 희생을 치러야 하기 때문이었다. 마침내 블레셋인들은 무슨 대책을 강구하지 않으면 안 되는 절박한 상황에 처하게 되었다. 이에 블레셋 다섯 도시 그러니까 가드(Gath), 에그론(Ekron), 아스글론(Askelon), 가사(Gaza), 아스돗(Ashdod)의 다섯 방백은 어떤 조치를 취해야 할지를 강구했다. 그들은 자기들이 궤를 가져온 것에 대해 하나님이 진노하셔서 이런 불상사가 일어난 것이라는 사실을 인정하고 우선 궤를 이스라엘 백성들에게 돌려줘야 한다는 데 의견을 같이했다. 그러나 궤를 돌려보내야 한다는 의견에 반대하는

자들이 있었다. 마치 궤가 그들이 당하고 있는 재난의 원인인 것처럼 생각하는 것은 착각이라는 것이었다. 왜냐하면 궤가 그런 능력을 발휘할 수 없기 때문이라는 것이었다. 만일 하나님이 궤를 그렇게 소중히 여긴다면 어떻게 해서 적의 손에 넘어가도록 그대로 방치해 두었겠느냐는 논리였다. 이들은 모두에게 정신을 차리고 끝까지 재난을 견디어 내야만 한다고 설득했다. 때로는 갑자기 자연에 큰 변화가 생기면 사람의 몸이나 땅에, 식물이나 땅의 소산에 변화가 생길 수도 있는 것이므로 재난의 원인을 자연 밖에서 찾는 것은 있을 수 없는 노릇이라는 것이었다. 그러나 이들의 의견을 누르고 채택된 의견은 그전부터 지혜와 식별력이 있다는 인정을 받아 왔으며 이번 사태에서도 가장 현명한 해결 방법을 내놓은 일단의 사람들이 주장한 것이었다. 이들은 궤를 보내는 것도 잘못이고 궤를 그대로 붙들고 있는 것도 잘못이라고 했다. 그보다는 먼저 하나님께 그들의 생명을 보존하고 그 무서운 병에 걸리지 않도록 해달라는 뜻으로 한 도시에 하나씩 모두 다섯 개의 금형상을 감사의 제물로 바쳐야 한다는 것이었다. 즉 그들의 땅을 해롭게 한 쥐의 모양을 한 금 쥐 다섯을 만들어서[2] 자루에 넣어 궤 위에 올려놓아야 한다는 것이었다. 그리고 궤를 실을 새 수레를 만들고 젖 나는 암소로 수레를 메게 해야 한다는 것이었다.[3] 이때 송아지가 어미 소를 따라가면 어미 소가 새끼를 보고 싶어 중간에 되돌아올지도 모르니까 새끼는 집에 가두어 두고 어미 소만 수레를 메게 하고 삼거리로 끌고 가서 제 가고 싶은 곳으로 가게 해야 한다는 것이었다. 이때 만일 소가 히브리로 가는 길로 올라가 히브리인들의 땅으로 가면 그들이 당한 재난의 원인이 바로 궤 때문이라 생각하면 되고, 만일 다른 길로 가면 그 원인이 딴 데 있는 것으로 생각하면 된다는 것이었다.

---

[2] 테네도스(Tenedos)와 그 밖의 도시들의 동전 위에는 아폴론 스민테우스(Apollo Smintheus), 즉 들쥐를 쫓아낸 아폴론(Apollo, the driver away of field mice)이 들쥐와 함께 새겨져 있는데 이는 그가 어떤 지역에서 그 쥐들을 몰아내었다고 여겨졌기 때문이다. 이 동전들은 그 당시 들쥐가 얼마나 큰 피해를 입혔으며 또한 들쥐를 쫓아내는 것이 얼마나 큰 신적 능력의 발휘로 존경받았는가를 잘 보여주고 있다.
[3] 이 블레셋인들의 고안품은 농부 아그루에루스(Agrouerus) 혹은 아그로테스(Agrotes)가 한 동상(statue)과 성전(temple)을 가지고 있었고 이를 베니게(Phoenicia, 페니키아)에서 한 쌍 이상의 소로 운반했다는 사실에서 드러난다.

3. 블레셋 방백들은 이들의 말이 현명하다고 여기고 즉시 행동에 옮기기로 결의했다. 그들은 이들의 의견대로 만반의 준비를 갖추고 수레를 삼거리로 끌고 가서 제 가고 싶은 곳으로 가도록 내버려두었다. 암소는 마치 누군가에 끌려가듯이 우측 길로 가기 시작했다. 블레셋의 방백들은 암소가 어디로 가서 어디에서 멈출 것인가 자못 궁금해서 암소의 뒤를 따랐다. 그런데 암소는 유다지파의 벧세메스(Bethshemesh)라는 한 마을로 가는 것이었다. 그 앞에 넓고 좋은 평야가 있는데 암소는 더 이상 나아가지 않고 그 자리에 멈추어 섰다. 벧세메스 주민들은 이 광경을 보고 매우 기뻐했다. 때는 여름이라 모든 주민이 곡식을 수확하기 위해 들에 나와 있다가 궤를 보고는 너무 기쁜 나머지 하던 일을 멈추고 즉시 수레로 달려와서 궤와 금 쥐 형상이 담긴 그릇을 수레에서 내려놓은 다음 그 평야에 있는 한 바위 위로 옮겼다. 그리고 수레와 암소를 번제로 하나님께 성대한 제사를 드리고 즐거워했다. 블레셋 방백들은 이 광경을 지켜 보고 난 후 돌아갔다.

4. 그러나 하나님은 벧세메스 주민들이 제사장들도 아니고 궤를 만져도 될 만큼 깨끗하지도 않은 상태에서 궤를 만졌기 때문에 그들에게 진노하시고 그들 중 70명[4]을 치셨다. 벧세메스 주민들은 하나님의 진노로 죽은 사람들을 위해 애통해했다. 하나님으로부터 그런 무서운 징벌을 당했으니 애통해하는 것은 너무나도 당연한 일이었다. 모든 사람은 자기 친척 중 죽은 사람을 위해서 슬퍼했다. 벧세메스 주민들은 자기들 가운데 궤를 두는 것이 합당하지 않다는 것을 깨닫고 이스라엘 의회에 사람을 보내 궤가 블레셋에서 돌아왔음을 알렸다. 이에 이스라엘 의회는 궤를 벧세메스 옆에 있는 기럇여아림(Kirjathjearim)시로 옮겼다. 이 시에는 삶이 의롭고 경건하다는 평판이 자자한 레위인 아비나답(Abinadab)이라는 사람이 살고 있었다. 따라서 그들은 경건한 인물이 사는 곳이 하나님이 거하시기에 적합한 곳이라고 여기고 궤를 그의 집

---

[4] 이 70명은 레위인들도 아닌데 성급하고 불결하게 궤에 손을 댔기 때문에 하나님의 손에 의해 죽음을 당한 것이었다.

에 갖다 두었다. 그의 아들들은 궤 옆에서 하나님께 제사를 드리는 일을 도왔을 뿐 아니라 20년간 궤를 잘 관리했다. 그러니까 궤는 블레셋에서는 단지 4개월간 있었을 뿐 기럇여아림에서 무려 20년간이나 있었다.

제2장

블레셋이 히브리를 공격해 왔으나
선지자 사무엘의 영도 아래 블레셋을 이기게 된 경위

1. 하나님의 궤가 기럇여아림시에 있는 동안 모든 이스라엘 백성은 하나님께 기도드리고 제사를 올리는 일에 전념하였으며 하나님을 경배하는 데 큰 관심과 열정을 보였다. 이에 선지자 사무엘은 의무에 충실하려는 백성들의 마음 자세를 보고, 백성들의 마음이 이럴 때 자유 회복과 그에 따른 축복에 대해 이야기하는 것이 가장 효과적일 것이라고 나름대로 생각했다. 따라서 사무엘은 백성들을 감동시키기 위해 다음과 같은 열변을 토했다. "오, 이스라엘인들이여! 아직도 블레셋이 우리의 귀찮은 적으로 남아 있기는 하지만 하나님은 우리를 은혜로 대하고 계십니다. 이럴 때 우리는 적당한 방법을 써서 자유를 획득해야만 합니다. 적의 압제하에서 살 수밖에 없는 행동을 하면서, 단지 적의 지배에서 벗어나야겠다는 마음만 있어서는 아무것도 안 됩니다. 모든 악을 버리고 의롭게 사십시오. 마음을 다해 하나님의 엄위를 찬양하고 그의 영광을 위해 사십시오. 우리가 이렇게 살면 번영을 누리게 될 것입니다. 그리고 적을 누르고 적의 압제에서 벗어나게 될 것입니다. 이런 축복은 전쟁 무기로, 육체의 힘으로, 수많은 사람의 도움으로 얻을 수 있는 것이 아닙니다. 이런 축복은 오직 의롭고 선한 삶을 살아야만 얻을 수 있습니다. 만일 우리가 이런 삶을 살아

간다면 하나님의 약속은 영원히 우리의 소유가 될 것입니다." 사무엘이 이렇게 말하자 백성들은 그의 열변에 박수를 치면서 그가 권고한 대로 하나님이 기뻐하시는 일만 하겠다고 약속했다. 이에 사무엘은 히브리어로 '망대'(watch-tower)라는 뜻의 미스바(Mizpeh)시로 백성들을 모았다. 백성들은 미스바에 모여 물을 길어 하나님께 붓고 하루 종일 금식하면서 하나님께 전심으로 기도하였다.

2. 이같이 이스라엘 백성이 한곳에 모였다는 사실은 블레셋인들에게 숨기려야 숨길 수가 없었다. 블레셋인들은 그 많은 이스라엘인들이 한자리에 운집해 있다는 사실을 알아내고는 아무런 준비도 하고 있지 않을 때 불시에 습격하면 좋은 성과를 얻을 수 있을 것이라고 기대하고 대군과 막강한 무력을 동원해서 이스라엘을 공격해 왔다. 블레셋인들이 공격해 온다는 소문은 이스라엘을 경악하게 했고 혼란과 공포의 도가니로 몰아넣었다. 이에 그들은 사무엘에게 달려와 전에 블레셋에게 패한 적이 있기 때문에 두렵고 떨려 죽을 지경이라고 호소하면서 이렇게 말했다. "우리는 적을 자극하지 않기 위해서 지금까지는 될수록 잠자코 있었습니다. 그런데 이제 당신이 우리를 이곳으로 모이게 해서 제사와 기도를 드리고 (순종하겠다는) 맹세를 하게 했습니다. 우리에게는 무기가 하나도 없으며 그야말로 알몸뿐인데 적이 우리를 공격해 오고 있습니다. 이제는 당신만 믿을 수밖에 없습니다. 당신이 하나님께 간구하면 하나님이 우리를 도우실 것이고 그렇게 되면 우리가 블레셋에서 해방될 수 있을 것이라고 생각합니다." 이에 사무엘은 하나님이 도와주실 것이니 걱정하지 말고 용기를 내라고 격려했다.

사무엘은 젖 먹는 어린 양을 한 마리 잡아 백성들을 위해 제사를 드리고, 이스라엘이 블레셋과 싸울 때 도움의 손길을 펴서 백성들을 보호하시고 다시 블레셋의 압제하에 들어가는 비극을 당하지 않게 해달라고 하나님께 간청했다. 이에 하나님은 그들의 제사를 열납하시고 사무엘의 기도를 들으시고 그들이 적을 이기고 승리할 수 있도록 해주시겠다고 약속하셨다. 단 위에 드린 제물이 아직 거룩한 불에 의해 완전히 살라지지도 않았는데 적군이 진영에서 나와 전투 대형을 갖추기 시작했다. 적들은 유대인(Jews)[5]이 무기를 전혀 갖고 있지 않고 전쟁을 하기 위해 모인 것도 아니기 때문에 틀림없이 이길 수 있을 것이라고 은근히 기대하고 있었다. 그러나 누가 미리 예언했다 하더라도 도저히 믿을 수 없을 만큼 전혀 다른 결과가 나타나고야 말았다. 하나님은 처음에는 지진으로 블레셋군을 혼동 속에 몰아넣었다. 하나님은 블레셋군이 밟고 서 있는 땅이 세차게 흔들려 사람들이 넘어질 정도로 강도가 센 지진을 일으키셨다. 게다가 또 땅을 벌려 넘어지지 않고 서 있는 자들을 그 속으로 떨어지게 하셨다. 그 후에 하나님은 고막이 터질 것 같은 큰 천둥과 사람의 얼굴이 익어 버릴 것만 같은 무서운 번개를 내리셨다. 이에 블레셋인들은 모두 겁을 집어먹고 무기를 버리고 맨몸으로 뿔뿔이 도망쳤다. 사무엘은 백성들을 거느리고 벧갈(Bethcar)까지 블레셋인들을 추격했다. 그러고는 그곳에 적을 패퇴시키고 승리한 것을 기념하는 돌을 세워 그 이름을 '능력의 돌'(Stone of Power)이라고 불렀다. 즉 적을 무찌르게 해주신 하나님의 능력을 기념하는 의미에서 이런 이름을 붙인 것이다.

3. 결국 블레셋은 이렇게 대패당한 이후에 다시는 이스라엘을 공격해 오지 못했으며 자기들이 당한 끔찍한 패배를 생각하고 계속해서 이스라엘을 두려워했다. 전에는 블레셋인들이 히브리인들을 대할 때 항상 용기와 자신감이 있었지만 이제는 히브리인들이 블레셋인들을 대할 때 용기와 자신감을 갖게 되었다. 사무엘은 블레셋을 공격하여 많은 블레셋인들을 죽이고 그들의 교만한 마음을 완전히 꺾어 놓았으며, 유대인들에게서 빼앗아 간, 가드(Gath)에서 에그론(Ekron)에 이르는 영토를 되찾았다. 그러나 이때 다른 가나안 종족들과는 우호 관계를 맺고 있었다.

---

5) 요세푸스가 『유대 고대사』에서 자기 모국을 유대인(Jews)이라고 부른 것은 이번이 처음이다. 지금까지는, 항상 그렇지는 않지만 주로 히브리인(Hebrews) 혹은 이스라엘인(Israelites)이라는 용어를 사용했다.

제3장

사무엘이 연로하여 공무를 보살필 수 없게 되어
공무를 그의 아들들에게 인계하였으나,
그들이 악정을 베풀자
백성들이 격분하여 사무엘의 반대에도 불구하고
왕을 세워 달라고 요구하게 된 경위

1. 선지자 사무엘은 편리한 방법으로 백성들을 다스렸다. 그는 각 지방에 도시를 하나씩 정해 놓은 다음, 일 년에 두 번씩 자기가 직접 그곳을 방문해서 시비를 가려줄 테니까 문제가 있는 사람들은 그리로 오라고 지시했다. 이런 방법으로 그는 오랫동안 백성들에게 선정(善政)을 베풀었다.

2. 그는 연로해서 더 이상 전과 같이 공무를 보살필 수 없게 되자 백성을 보살피는 일과 공무를 아들들에게 인계했다. 그의 아들은 장남이 요엘(Joel)이었고 차남이 아비야(Abiah)였다. 그는 두 아들을 각기 벧엘(Bethel)과 브엘세바(Beersheba)에 거주하게 하면서 백성들을 둘로 나눠 다스리게 하였다. 그런데 이들은 어떤 자식들은 부모의 성품을 닮지 않을 수도 있다는 사실을 분명하게 보여주는 본보기였다. 즉 사악한 부모 밑에서도 선량한 자녀들이 나올 수 있으며, 선량한 부모 밑에서도 사악한 자녀들이 나올 수 있다는 사실을 단적으로 보여주는 실례였다. 왜냐하면 이들은 그들의 아버지의 선한 행실을 떠나 오히려 정반대의 사악한 길을 걸었기 때문이었다. 이들은 더러운 이익과 뇌물을 받기 위해 불의를 서슴지 않았으며 진리에 따라 판결하기보다는 뇌물을 받고 편파적인 판결을 내리기를 주저하지 않았다. 더욱이 이들은 사치와 향락을 즐기기를 매우 좋아했다. 결국 이들은 첫째로는 하나님의 뜻에 어긋나는 행동을 한 것이었으며, 둘째로는 백성들이 의롭게 살도록 하기 위해 온갖 수고와 정성을 아끼지 않은 아버지 사무엘 선지자의 뜻에 어긋나는 행동을 한 것이었다.

3. 백성들은 사무엘 선지자의 아들들의 포악과 악정으로 인해 큰 피해를 입게 되자 격분하여 라마(Ramah)시에 살고 있는 사무엘에게 달려가서 그의 아들들의 범죄를 고하기에 이르렀다. 그 자리에서 백성들은 사2무엘이 연로하여 전과 같이 공무를 집행할 수가 없게 되었으니 이스라엘 국가를 다스리고 블레셋의 못된 행동을 징벌할 수 있는 사람을 자기들의 왕으로 임명해 달라고 간청했다. 이 백성들의 간청은 정의에 대한 본능적 사랑과 왕정(王政)에 대한 미움을 마음속 깊이 간직하고 있는 사무엘을 몹시 괴롭혔다. 왜냐하면 그는 귀족정치(aristocracy)를 매우 좋아했기 때문이었다. 귀족 정치를 하게 되면 사람들을 행복하게 해줄 수 있고 신적인 성품의 소유자들로 만들어 줄 수 있을 것이라고 생각했기 때문이었다. 따라서 그는 이런 백성들의 말에 가슴이 찢어지는 것 같아서 음식을 먹을 생각도, 잠을 잘 생각도 하지 못했다. 그는 이런저런 생각으로 잠도 제대로 자지 못하고 뜬눈으로 밤을 지새웠다.

4. 이런 고민에 빠져 있을 때 하나님이 사무엘에게 나타나셔서 그를 위로해 주셨다. 하나님은 백성들의 요구에 너무 신경 쓰지 말라고 하셨다. 백성들의 무례한 행동은 사무엘에 대한 무례함이 아니라 바로 하나님 자신에 대한 무례함이며, 하나님만을 왕으로 모시지 않겠다는 그들의 생각은 출애굽할 때부터 그들이 품고 있던 생각이므로 그리 놀랄 필요가 없다는 것이었다. 하나님은 또한 그들이 얼마 안 가 자기들이 한 행동을 후회하게 될 것이나 그때는 그런 회개가 아무 소용 없을 것이라고 말씀하셨다. 하나님은 백성들의 하나님에 대한 무례한 행동과 사무엘 선지자에 대한 은혜를 모르는 태도를 그냥 묵과하지 않을 것이며 그에 상응하는 징벌을 가할 것이라고 덧붙이셨다. "그러므로 이제 너는 가서 백성들에게 왕정(王政)이 가져다줄 폐습을 이야기하고 그들이 지금 얼마나 급격한 변혁을 꾀하고 있는가를 설명해 준 후에 내가 지명하는 자로 왕을 세우도록 하라."라고 하나님이 사무엘에게 명하셨다.

5. 사무엘은 이런 하나님의 말씀을 듣고 아침 일찍 유대인들을 불러 모으고 백성들이 원하는 대로 왕을 세워 줄 것이나 그 전에 왕정이 몰고 올 결과들, 즉

백성들이 왕에 의해 어떤 취급을 받게 될 것이며 어떤 피해를 입게 될 것인가를 설명해 주겠다고 했다. "여러분은 아셔야 할 것입니다. 우선 왕은 여러분의 아들들을 여러분에게서 빼앗아 간 후에 어떤 이들은 왕의 병거 모는 자로, 어떤 이들은 기병으로, 어떤 이들은 왕실 경호원으로, 어떤 이들은 소식을 전하는 전령으로, 어떤 이들은 천부장으로 또는 백부장으로 삼을 것입니다. 또한 왕들은 여러분의 자녀를 데려다가 무기와 병거와 전투 장비를 만드는 숙련공으로 삼을 것이며, 왕의 토지를 경작하는 농부와 관리인으로 삼을 것이며, 왕의 포도원의 일꾼으로 만들 것입니다. 여러분의 자녀들은 마치 돈에 팔린 노예처럼 왕이 시키는 것은 무엇이나 하지 않을 수 없는 신세로 전락할 것입니다. 또한 왕은 여러분의 딸들을 데려다가 향료 만드는 자와 요리하는 자와 빵 굽는 자로 삼을 것입니다. 여러분의 딸들도 아들들과 마찬가지로 채찍이 무서워 온갖 종류의 일을 시키는 대로 해야만 하는 노예의 신세를 면치 못하게 될 것입니다. 이외에도 왕은 여러분의 재산을 빼앗아 자기 내시들과 경호원들에게 나누어 줄 것이며 여러분의 가축을 취하여 자기 종들에게 줄 것입니다. 요약해서 말하자면 여러분과 여러분의 모든 식구들은 왕의 종이 될 것이며 그의 노예보다 하등 나을 것이 없는 신세로 떨어질 것입니다. 그때 여러분이 과거의 행동을 뉘우치고 하나님께 기도하면서 왕의 손에서 구해 달라고 간청할 것이나, 하나님은 여러분의 기도를 듣지 않으실 것이며 여러분의 사악한 행동으로 인해 마땅히 받아야 할 모든 벌을 다 받게 하실 것입니다."

6. 그러나 백성들은 이러한 사무엘의 예언을 듣고도 깨닫지 못할 만큼 우둔해져 있었으며, 한번 결심한 것은 그것이 비록 잘못된 결심이라 할지라도 고치려고 하지 않을 만큼 완고해져 있었다. 백성들은 사무엘의 말에 귀를 기울이려 하지 않았으며 자기들의 결심도 굽히려 들지 않았다. 그들은 사무엘에게 장차 무슨 일이 일어날 것인가에 대한 걱정은 뒤로 미루고 즉시 왕을 임명해 달라고 요구했다. 자기들 앞에서 자기들의 싸움을 싸우며 자기들의 적을 징벌할 한 사람이 필요하며, 더욱이 이웃 나라들도 왕정 체제를 갖추고 있으니 자기들이 왕정(王政)의 통치 형태를 취한다고 해서 이상할 것은 하나도 없다는 것이었

다. 결국 사무엘은 자기 말이 백성들을 기쁘게 하기는커녕 오히려 빈축만 사는 결과를 낳게 되자 "당분간은 각자 집으로 돌아가 있도록 하시오. 하나님이 어떤 자로 여러분의 왕을 삼으시려는지 알게 되는 즉시 여러분을 부르겠소."라고 말했다.

제4장

하나님의 명령에 따라 사울을 이스라엘의 왕으로 임명하게 된 경위

1. 베냐민 지파에 속한 명문 출신으로서 덕이 출중한 기스(Kish)라는 사람이 살고 있었다. 그에게는 사울(Saul)이라는 아들이 하나 있었다. 그는 키가 크고 잘생긴 미남 청년이었다. 더욱이 그의 지혜와 총명함은 외모보다 나으면 나았지 결코 못하지 않았다. 기스는 그 무엇보다 아끼던 암나귀들을 잃어버리게 되자 아들에게 암나귀들을 찾아오라고 명령하고 종을 한 명 딸려 보냈다. 사울은 베냐민 지파의 온 땅을 샅샅이 뒤진 후에 다른 지파의 땅들도 찾아보았으나 잃어버린 암나귀들을 찾을 수가 없었다. 이에 사울은 자기 아버지가 자기의 안부를 염려할까 봐 집으로 속히 돌아가야 하겠다고 결심했다. 그러나 그때 같이 있던 종이 여기서 라마(Ramah)시가 멀지 않은데 그곳에 참 선지자가 계시니 그에게 가서 암나귀들의 향방을 물어보는 것이 어떻겠느냐고 사울에게 의견을 제시했다. 이에 사울은 선지자에게 가려면 예언에 대한 보수를 주어야 하는데 노자가 다 떨어졌으니 무슨 방도로 보답을 할 수가 있겠느냐고 했다. 그러자 종은 자기에게 한 세겔의 4분의 1이 있으니 그것을 드리면 되지 않겠냐고 했다. 이들의 이런 행동은 선지자는 그런 보수를 받지 않는다는 사실을 알

지 못한 데서 기인한 것이었다.[6] 따라서 이들은 선지자를 찾아갔다. 이들이 성문 앞에 다다랐을 때 물을 길으러 가는 몇몇 처녀들을 만나게 되었다. 이에 그들은 선지자의 집이 어디에 있느냐고 물어보았다. 그러자 처녀들은 집이 어디에 있는지를 가르쳐 준 후에 사무엘이 손님들을 초대해서 저녁을 들 시간이 다 되었으니 빨리 가보라고 했다. 이때 사무엘은 바로 이 일로 인해 많은 손님을 초대해 놓고 있었다. 사무엘은 매일 누구를 왕으로 세우실 것인지 미리 가르쳐 달라고 하나님께 기도드리고 있었는데 하나님이 내일 이맘때에 베냐민 지파에 속한 한 청년을 보낼 것인데 바로 그가 왕이 될 자라고 그 전날 알려 주셨던 것이다. 따라서 사무엘은 그때가 되기까지 지붕 위에서 기다리고 있었다. 시간이 되자 사무엘은 저녁을 먹기 위해 지붕에서 내려왔다. 그 후 사무엘이 사울을 거리에서 만났을 때 하나님이 이 자가 바로 이스라엘을 다스릴 왕이 될 사람임을 일러 주셨다. 사울은 사무엘을 보더니 인사를 한 후에 자기는 타향 사람이라 지리를 잘 모르는데 선지자의 집이 어디에 있는지 알려 주면 고맙겠다는 부탁을 했다. 그러자 사무엘은 자기가 바로 선지자라고 신분을 밝히면서 저녁 식사에 초대하고 싶다고 했다. 그러더니 그가 찾고 있는 암나귀들은 곧 찾게 될 것이니 아무 걱정하지 말라고 하면서 장차 왕이 될 것이라는 천만뜻밖의 소식을 알려 주었다. 이에 사울은 이렇게 말했다. "저는 그런 것을 바라기에는 너무나 미미한 존재이며 왕이 나오기에는 너무나 작은 베냐민 지파 출신이며 제 집안 또한 다른 집안보다 작은 집안입니다. 그런데 당신께서 제가 필요로 하는 것보다 훨씬 큰 것을 말씀하고 있는 것을 보면 저를 바보 취급하고 우스꽝스러운 놈으로 만들려고 하는 것이 아닌가 하는 생각밖에 들지 않습니다." 그러나 선지자는 사울과 그의 종을 잔치석으로 데리고 들어가더니 초대 손님 70명 중 그 누구보다도 상석에 그를 앉히는 것이었다.[7] 그리고 나서 종들에게 왕의 몫(royal portion)을 사울 앞에 갖다 놓으라고 지시하는 것이었다. 취침 시

---

6) 『유대 고대사』 4권 6장 3절의 주를 보도록 하라.
7) 사무엘을 우두머리로 해서 이 잔치석에 모인 70명의 초대 손님은 유대 공회(Jewish sanhedrin)의 회원들로서, 이렇게 함으로써 사무엘은 사울에게 이 71명이 사울의 상임 고문관(constant counsellor)임을 넌지시 암시했을 가능성이 없지 않다.

간이 되자 나머지 손님들은 각자 집으로 돌아갔으나 사울과 그의 종은 선지자와 함께 그 집에 유하게 되었다.

2. 날이 밝자마자 사무엘은 사울을 깨우고 집으로 가라면서 가는 길을 전송해 주겠다고 했다. 사무엘은 도시 밖으로 나오자 아무도 없는 데서 단둘이 긴히 이야기할 것이 있으니 종을 앞서 보냈으면 좋겠다고 했다. 이에 사울은 종에게 먼저 앞서가라고 지시했다. 종이 먼저 가자 선지자 사무엘은 즉시 기름병을 꺼내 사울의 머리 위에 기름을 붓고 입을 맞춘 후에 이같이 말했다. "당신은 이제 하나님의 명을 따라 이스라엘을 괴롭혀 온 블레셋을 징벌하는 왕이 되시오. 내가 이제부터 당신에게 말하는 것이 당신에게 한 표징이 될 것이오. 당신은 이곳을 떠나자마자 하나님을 경배하러 벧엘로 올라가는 세 사람을 길에서 만나게 될 것이오. 한 사람은 빵 세 덩이를 들었을 것이고, 또 한 사람은 염소 새끼 세 마리를 끌 것이며, 마지막 한 사람은 포도주 한 가죽 부대를 들었을 것이오. 이 세 사람이 당신에게 문안하고 친절히 말을 붙이면서 빵 두 덩이를 줄 것이고 당신은 그것을 받게 될 것이오. 그리고 나서 당신이 라헬의 기념비(Rachel's Monument)라고 부르는 곳에 도착하면 당신이 찾고 있는 암나귀들은 이미 찾았다는 소식을 전해 줄 사람들을 만나게 될 것이오. 그리고 당신이 가바다(Gabatha)에 이르면 선지자의 무리를 만나게 될 것인데 그때 당신은 하나님의 영에 사로잡혀서[8] 그들과 함께 예언하게 될 것이오. 이때 당신을 보는 사람들이 크게 놀라고 기이하게 여기면서 '기스(Kish)의 아들이 이 정도의 행복의 경지에 도달해 있다니 이 어찌 된 일인가?'라고 소리치게 될 것이오. 이런 표징들이 당신에게 일어나거든 하나님이 당신과 함께하신다는 사실을 깨닫도록 하시오. 그 후에 당신의 아비와 친척들에게 문안하도록 하시오. 우리가 함께 이런 축복을 주심에 대해 하나님께 감사의 제물을 드릴 수 있도록 내가 당신을 부르거든 곧바로 길갈(Gilgal)로 오도록 하시오."

---

[8] 사울이 이렇게 하나님의 영에 사로잡히는 경우를 우리는 5장 2, 3절과 사무엘상 11장 6절에서 찾아볼 수가 있다.

사무엘은 이렇게 예언한 후에 사울을 집으로 보냈다. 결국 사무엘이 예언한 모든 일이 사울에게 그대로 일어났다.

3. 사울이 친척 중 그 누구보다 더 사랑하는 아브넬(Abner)의 집에 들어가자마자 아브넬은 여행 중에 무슨 일이 있었는지에 대해 알고 싶다고 했다. 사울은 사무엘 선지자에게 갔던 이야기며 암나귀들을 찾게 된 경위 등을 솔직하게 숨기지 않고 털어놓았으나 왕국에 대한 이야기만은 하지 않았다. 이런 이야기를 하면 자칫 시기심을 자극할 위험도 있을 뿐 아니라 쉽게 믿으려 하지 않을 것이라고 생각했기 때문이었다. 사울은 비록 아브넬이 자기에게 친절하게 대해 주고 또 자기도 아브넬을 누구보다도 사랑했지만 그런 일은 말하지 않는 것이 오히려 더 현명한 일이라고 생각했다. 내 생각에는 아마도 사울이 아무리 친한 친구이고 친척이라 하더라도 믿을 만한 친구란 없는 법이고 한 사람이 높은 위치에 올라가면 우정은 깨어지고 시기심과 질투가 생기는 것이 인간의 본성이라는 사실을 너무나도 잘 알고 있었던 것이 아닌가 생각한다.

4. 그 후 사무엘은 백성들을 미스바(Mizpeh)시로 모이게 하고 하나님의 지시를 따라 이같이 말했다. "하나님이 여러분에게 자유를 주셨고 적을 이길 수 있게 해주셨음에도 불구하고 여러분은 하나님의 은혜를 망각하고 하나님을 여러분의 왕이 되지 못하도록 만들고 그 대신 인간을 여러분의 왕으로 모시기로 결정했습니다. 여러분은 최고의 존재이신 하나님의 지배를 받기보다는 자기의 뜻과 경향과 정욕대로 백성들을 마치 짐승처럼 취급하는 인간의 지배를 받기 원한 것입니다. 왕들이란 전적으로 권세욕에 사로잡혀 있기 때문에 하나님처럼 인간을 보살피는 데는 관심이 전혀 없습니다. 그러나 여러분이 이미 확고한 결정을 내리고 하나님을 이같이 부당하게 대하기로 마음을 굳힌 만큼 지파별로 정돈해 제비를 뽑도록 합시다."

5. 히브리인들이 사무엘의 지시대로 하니 베냐민 지파가 뽑혔고, 베냐민 지파 중에서는 마드리(Matri) 가족이 뽑혔으며, 마드리 가족 중에서는 기스의 아

들 사울(Saul)이 왕으로 뽑혔다. 사울은 이 소식을 듣고 (자기를 부르러 사람을 보내는 것을) 방해하고 즉시 어디론가 가서 몸을 숨겼다. 내가 보기에는 사울이 이런 행동을 한 것은 자진해서 통치권을 장악하려고 한다는 인상을 백성들에게 심어주지 않으려는 의도에서 나온 것 같다. 즉 사울은 이 정도로 자기를 통제할 줄 아는 인물이었으며 겸손한 사람이었다. 대부분의 평범한 사람들은 약간의 이익만 생겨도 기쁨을 감추지 못하고 즉시 모든 사람에게 그것을 드러내는 데 반해, 사울은 그렇게 많고 거대한 지파들을 다스리는 왕으로 뽑혔는데도 불구하고 좋아하는 내색은커녕 자기가 장차 다스릴 백성들의 눈을 피해 숨는 바람에 백성들이 그를 찾느라고 아주 혼이 날 정도였다. 백성들은 사울이 없어지자 크게 당황하면서 어디에 있는지를 알고 싶어 그만 안달이 났다. 이에 사무엘은 사울이 어디에 있는지를 가르쳐 달라고 하나님께 간청했다. 백성들은 하나님께 물어 사울이 어디에 숨어 있는지를 알아낸 후에 사람들을 보내 사울을 데리고 왔다. 사울은 누구보다도 키가 훨씬 컸으며 그의 풍채는 위풍당당했다.

6. 사무엘은 "하나님이 이 사람을 여러분의 왕으로 주셨습니다. 보십시오! 이 사람이 얼마나 크며 왕이 되기에 얼마나 적합한가를!" 하고 외쳤다. 백성들이 왕 만세를 외치자마자 선지자 사무엘은 장차 일어날 일을 책에다 기록하고 왕에게 읽어 준 후에 미래의 세대들에게 증거가 되도록 하기 위해 그 책을 하나님의 성막 안에 보관해 두었다. 사무엘은 이 일을 마친 후 백성들을 해산시키고 자신은 고향인 라마(Ramah)시로 돌아갔다. 사울 역시 그가 태어난 고장인 기브아(Gibeah)로 돌아갔다. 사울에게 경의를 표하는 많은 선량한 백성들이 있는 반면에 사울을 경멸하고 다른 이들을 조롱하는 사악한 무리들도 있었다. 오히려 이런 사악한 무리들이 선량한 백성들보다 수적으로는 더 많은 실정이었다. 이들은 사울에게 예물을 드리지 않았을 뿐 아니라 그저 겉치레뿐인 인사조차도 하지 않았다.

제5장

사울이 암몬 국가를 정복하고
전리품을 획득하게 된 경위

1. 한 달 후에 벌어진 암몬 왕 나하스(Nahash)와의 전쟁으로 인해 사울은 일약 백성들로부터 존경을 한 몸에 받게 되었다. 왜냐하면 나하스는 호전성이 강한 대군을 이끌고 자주 요단강 건너편에 사는 유대인들을 습격해 막대한 피해를 입혔던 인물이기 때문이었다. 나하스는 유대인들을 굴복시켜 노예로 만들곤 했다. 그것도 당분간만 노예로 만든 것이 아니라 잔혹하고 잔인한 방법으로 유대인들을 무력화(無力化)시켜 후에도 노예의 굴레에서 벗어날 수 없도록 만들었다. 그는 포로로 잡은 자들뿐 아니라 항복한 자들의 오른쪽 눈을 모조리 빼냄으로써[9] 전쟁에서는 아무 쓸모도 없는 무용지물로 만들고 말았다. 왜냐하면 전투 때 방패를 들면 왼쪽 눈이 가려지기 때문에 오른쪽 눈을 빼내면 아무 것도 볼 수 없기 때문이었다.

암몬 왕 나하스는 이런 식으로 요단강 건너편에 사는 자들을 괴롭혀 오더니 이번에는 길르앗인(Gileadites)을 정복하기 위해 군대를 끌고 쳐들어왔다. 그는 길르앗의 수도인 야베스(Jabesh)시 근처에 진을 친 후에 사신들을 길르앗인에게 보내 항복하고 오른쪽 눈을 뽑히든지, 아니면 공격을 받고 전멸을 당하든지 양자택일하라고 엄포를 놓았다. 즉 몸의 작은 지체 한 부분을 뽑히든지, 아니면 전멸을 당하든지 둘 중의 하나를 택할 선택권을 준 것이었다. 그러나 길르앗인들은 이 제안에 너무나 놀란 나머지 항복하겠다는 말을 할 용기도 나지 않았고 싸우겠다는 말을 할 용기도 나지 않았다. 그들은 7일간의 말미를 주면 그동안에 사신들을 동족들에게 보내어 도움을 청해 보고, 도와준다면 싸울 것

---

[9] 테오도레투스(Theodoret)의 주(註)를 보라. "왼손으로 방패를 들고 적과 싸우는 사람은 방패 때문에 왼쪽 눈은 가리게 되고 오른쪽 눈으로 적을 보며 싸울 수밖에 없다. 따라서 오른쪽 눈이 뽑히면 전쟁에서는 그야말로 무용지물이 되는 것이다."

이고 도와주지 않는다면 항복해서 무슨 요구라도 들어줄 터이니 제발 7일간의 말미를 달라고 간청했다.

2. 이에 나하스는 길르앗 주민들을 우습게 여기고 말미를 줄 테니까 누구한테라도 가서 도움을 청해 보라고 했다. 그러자 길르앗 주민들은 즉시 이스라엘의 모든 도시에 사신을 보내어 나하스의 공격으로 인해 자기들이 큰 위험에 빠져 있음을 알렸다. 이에 백성들은 야베스에서 온 사신들의 말을 듣고 눈물을 흘리며 괴로워했으나 공포에 질린 나머지 감히 용기를 내지 못하고 있었다. 사신들이 사울왕의 도시에 도착해 야베스 주민들이 처해 있는 위험을 알리자 이들도 다른 도시의 주민들처럼 몹시 괴로워하며 동족이 당하고 있는 재난으로 인해 통곡했다. 사울이 밭에서 일을 마치고 시내로 들어오다가 동료 시민들이 울고 있는 모습을 발견하고는 무엇 때문에 울고 있느냐고 물어보았다. 사울은 그 이유를 듣고 그만 하나님의 영에 감동되어 제3일에 길르앗 주민들을 도우러 가겠다고 약속했다. 사울은 해 뜨기 전에 적을 쳐서 해가 뜰 때는 이미 적을 무찌르고 승리를 쟁취했을 것이며 두려움에서 해방되어 있을 것이라고 말하면서 야베스로 가는 길을 안내할 사람 몇 명만 남겨 놓고 나머지 사신들은 돌아가라고 했다.

3. 백성들의 마음을 돌이켜서 암몬인을 치는 전쟁에 동원하기 위해서, 그것도 빠른 시일 내에 백성들을 소집하기 위해서 사울은 소의 힘줄을 끊고, 내일 아침까지 무장하고 요단강에 나와 자기와 사무엘 선지자의 뒤를 따르지 않는 자는 누구든지 그의 소도 이와 같이 할 것이라고 위협했다. 이에 백성들은 시키는 대로 하지 않으면 손해 볼 것이 무서워 지정된 시각에 모두 나왔다.

사울은 베섹(Bezek)시에서 백성들의 수를 계수했다. 그 수는 유다 지파가 70,000명이었고 그 외 나머지 지파가 700,000명이었다. 사울은 요단강을 건너 밤새도록 30펄롱(furlong)을 행군하여 해 뜨기 전에 야베스에 도착했다. 사울은 군사를 세 대로 나누고 적을 사방에서 불시에 습격했다. 적은 전혀 예기치 못한 공격에 당황하면서 대항했다. 그러나 이스라엘인들은 왕 나하스를 위시해서 다수의 암몬인들을 죽였다. 이 혁혁한 전과는 모두가 사울의 공로였고 따라서 그는 용기가 있는 인물이라는 인정을 받게 되었다. 전에 그를 무시하던 자들도 생각이 변해서 사울을 최고의 인물로 인정하며 존경하게 되었다. 사울은 야베스 주민만을 구해 낸 것으로 만족하지 않고 암몬인의 땅을 정복해 폐허로 만들고 많은 전리품을 획득해 가지고 의기양양하게 개선했기 때문이었다.

이에 백성들은 사울의 혁혁한 전공으로 인해 크게 기뻐하고 사울을 왕으로 뽑은 것을 즐거워했다. 백성들은 전에 사울이 자기들에게 아무 유익도 없는 인물이라고 중상하던 자들을 비방하면서 "그자들은 지금 어디에 있지? 우리 모두 그자들을 끌어내어 벌을 주도록 합시다."라고 소리쳤다. 군중들이란 으레 자기들이 번창하게 되면, 최근에 그들을 번창하게 해준 은인을 모욕한 자들을 비방하게 마련인 것이다. 그러나 사울은 백성들의 호의와 애정은 고맙게 받아들이겠으나 동족들은 그 누구도 해하지 않겠다고 맹세했다. 하나님이 주신 승리에 같은 피를 나눈 동족을 살해한 피를 섞는 것은 어리석은 짓이니 지난날의 허물은 용서하고 함께 승리를 기뻐하는 것이 더 합당하지 않겠느냐는 것이었다.

4. 사무엘은 사울에게 두 번째로 기름을 부음으로써 왕권을 튼튼하게 해주어야 한다고 백성들에게 말하고 길갈로 모두 모이라고 명령했다. 이에 온 백성들이 모두 길갈(Gilgal)에 모였다. 선지자 사무엘은 백성들이 보는 앞에서 거룩한 기름을 사울에게 붓고 그를 왕으로 두 번째 선포했다. 이에 히브리인의 정치 형태는 왕정(regal government)으로 바뀌게 되었다. 모세와 그의 제자 여호수아 시대에는 귀족 정치(aristocracy)였으나 여호수아가 죽은 후 18년간은 어떤 고정된 정치 형태가 없는 무정부(anarchy) 상태였었다. 그러나 그 후에는 전의 정치 형태로 돌아가서 가장 용감한 최고의 전사(戰士)에게 통치권을 일임했었다. 이 기간을 사사(Judges) 시대라고 부르는 것은 여기에서 연유한 것이다.

5. 그 후 사무엘 선지자는 백성들을 다시 한번 소집하고 이렇게 말했다. "그 뛰어난 형제들, 즉 모세와 아론을 이 땅에 보내셔서 애굽에서 노예 생활하던

우리 선조들을 구해 주신 전능하신 하나님 앞에서 여러분에게 엄숙히 부탁합니다. 내가 듣기에 좋은 말을 하지도 말고, 내가 무서워서 숨기지도 말고 솔직히 말해 주시오. 내가 언제 잔인하고 부당한 짓을 행한 적이 있었습니까? 아니면 내가 이익을 위해서나 시기심에서나 남을 즐겁게 해줄 목적으로 어떤 일을 한 적이 있습니까? 다른 사람을 부양하기 위해서(이것은 죄가 안 되는데) 내가 남의 소나 양이나 그 밖의 것을 빼앗은 적이 있습니까? 내가 쓰려고 남의 나귀를 빼앗아 남을 괴롭힌 적이 있습니까? 있으면 한번 솔직히 말해 주시오. 여기 여러분의 왕이 있는 앞에서 기탄없이 말씀해 주시길 바라오." 이에 백성들은 사무엘이 그런 일을 한 적은 결코 한 번도 없었으며 항상 거룩하고 의롭게 이스라엘을 다스려 왔다고 이구동성으로 말했다.

6. 백성들이 이구동성으로 이렇게 말하자 사무엘은 다음과 같이 말을 이었다. "여러분이 나에게 아무것도 허물 돌릴 일이 없다고 말했으니 이리 와서 내가 기탄없이 하는 말을 이제부터 잘 경청해 주길 바랍니다. 여러분은 왕을 구함으로써 하나님께 무서운 불신앙의 죄를 범했습니다. 여러분은 이런 사실을 기억해야만 할 것입니다. 우리 조상 야곱은 단지 70명의 식구를 이끌고 기근으로 인해 애굽으로 내려갔으나 그곳에서 후손들이 많은 수로 불어났습니다. 이에 애굽인들은 우리 조상들을 노예로 만들고 모진 학대를 가했습니다. 우리 조상들의 기도를 들으신 하나님은 손수 형제인 모세와 아론을 보내시고 우리 조상들을 고통에서 구해 낼 수 있는 능력을 주셨습니다. 이때는 물론 왕이 없었습니다. 이들은 우리를 지금 여러분이 소유하고 있는 이 땅으로 인도했습니다. 여러분은 이 축복을 하나님으로부터 받아 누리면서도 하나님을 섬기는 것과 신앙에서 떠났습니다. 더욱이 여러분이 적의 손아귀에 들어가 고통당하고 있을 때 하나님은 여러분을 구해 내셨습니다. 처음에는 앗수르인들과 그들의 군대에서 구해 내셨고, 그다음에는 암몬인들과 모압인들을 이길 수 있도록 해 주셨으며 마지막으로는 블레셋인들의 압제에서 구원해 주셨습니다. 이런 승리는 모두가 입다(Jeptha)와 기드온(Gideon)의 인도로 얻은 것이었습니다. 그런데 여러분은 하나님에게서 도망을 쳐서 왕 밑에 들어가기를 원했으니 이 어찌 미

친 짓이라고 아니할 수 있습니까? 물론 나는 하나님이 여러분을 위해 택한 사람을 왕으로 임명했습니다. 그러나 나는 여러분이 왕정을 택한 것에 대해 하나님이 진노하고 계신다는 사실을 여러분에게 보여주기 위해 이상한 표징으로 친히 이 사실을 여러분에게 알려주시기를 간청했습니다. 이상한 표징이란 추수기가 한창일 때 겨울 폭풍우가 내리는 것으로서[10] 여러분은 전에 이런 일을 결코 본 적이 없었을 것입니다. 나는 이런 표징을 보여 달라고 하나님께 간청했습니다. 이제 곧 이런 표징이 여러분 앞에 분명히 나타날 것입니다."

사무엘이 이 말을 마치자마자 하나님은 그의 말을 입증하는 증거로 천둥과 번개와 우박을 내리셨다. 이에 백성들은 크게 놀라고 두려워하면서 자기들이 무지해서 죄를 범하게 되었다고 고백했다. 그러고는 선지자 사무엘에게 자기들이 지은 죄를 하나님께 용서해 달라고 기도하라고 간청했다. 이에 사무엘은 백성들에게 자기가 하나님께 그들의 죄를 용서해 달라고 간청해 보겠다고 약속했다. 그러나 만일 그들이 그들의 왕과 함께 목숨을 보전하고 행복하게 살고 싶은 소망이 있다면 의롭고 선해야 하며, 덕(德)을 떠난 이유로 받은 재난과 하나님이 보여주신 이상한 표징과 모세가 남겨 준 율법을 잊지 않고 기억해야 할 것이라고 백성들에게 충고했다. 또한 만일 그들이 이 일들을 소홀히 여기면 무서운 심판이 그들과 그들의 왕 위에 내리게 될 것이라고 경고했다. 사무엘은 이같이 히브리인들에게 예언하고 사울의 왕권을 두 번째로 확고히 한 후 백성들을 각기 집으로 돌려보냈다.

---

[10] 천둥과 번개는 보통 여름에 내리는 것이지만 팔레스타인과 수리아(시리아)에서는 주로 겨울에만 국한되어 있다고 렐란트(Reland)는 말한다.

제6장

블레셋이 다시 히브리인들을 공격해 왔다가
패배한 경위

1. 사울은 백성 중에서 3,000명을 뽑아 그중 2,000명은 자기의 신변 경호원으로 삼아 벧엘시에 거주하게 하였고 나머지 1,000명은 그의 아들 요나단(Jonathan)의 신변 경호원으로 주어 기브아(Gibeah)로 보냈다. 기브아에서 요나단은 길갈에서 멀리 떨어져 있지 않은 블레셋의 한 수비대를 공격했다. 왜냐하면 기브아의 블레셋인들이 유대인들을 공격해서 무기를 탈취해 가고 그 지역의 요새에 수비대를 파견해 놓고 철 연장을 가지고 다니거나 철로 무엇을 만드는 것을 엄금했기 때문이었다. 따라서 농부들이 풀 베는 날(coulter)이나 삽이나 그 밖의 농기구들을 날카롭게 만들 필요가 있을 때는 블레셋인들에게 가야만 했다.

블레셋인들은 그들의 수비대가 습격당했다는 소식을 듣고 큰 모욕을 당했다고 생각한 나머지 격분하여 보병 300,000명과 병거 30,000승, 기병 6,000명을 거느리고 유대인들을 공격하기 위해 믹마스(Michmash)시에 진을 쳤다. 히브리인의 왕인 사울은 이 소식을 듣고 길갈로 내려가 자유를 되찾자는 내용의 포고를 전국에 내리고, 블레셋인들은 병력도 얼마 안 되고 숫자도 적어 대단치 않으니 블레셋과 한번 싸워 보자고 백성들을 소집했다. 그러나 백성들은 블레셋 군대의 숫자가 엄청난 것을 보고는 그만 대경실색하고 말았다. 따라서 어떤 이들은 굴속에 숨고 어떤 이들은 땅속에 숨었으며 많은 이들은 요단강 건너 갓과 르우벤 지파의 땅으로 도망쳤다.

2. 사울은 선지자 사무엘에게 사람을 보내어 전쟁과 공무(公務)에 대해 함께 의논했으면 좋겠다고 했다. 그러자 사무엘은 사울에게 그곳에서 제사를 준비하고 기다리고 있으라고 했다. 그러면 자기가 7일 안에 와서 제7일에 제사를

드리고 전투에 임하면 된다는 것이었다. 그래서 사울은 사무엘이 시키는 대로 기다렸다.[11] 그러나 결국 사울은 사무엘이 내린 명령을 지키지 못하고 말았다. 사울은 자기가 기대했던 것보다 선지자 사무엘이 지체하는 데다가 병사들이 도망치는 것을 보고는 자기가 직접 제사를 드리고 말았다. 사울은 사무엘이 왔다는 소식을 듣고 그를 맞으러 나왔다. 그러나 사무엘은 사울이 자기가 내린 명령을 불순종하고 하나님이 정하신 시간까지 기다리지 않은 것은 잘못한 것이라고 말했다. 사울은 제사장직을 잘못 수행한 것이고 너무 성급하게 제사를 드린 것이라는 꾸중을 들었다. 이에 사울은 자기를 변명하기에 급급했다. 즉 자기는 사무엘이 지시한 날짜만큼 기다렸으며, 제사를 조금 성급하게 드린 것은 어쩔 수 없는 상황에 처했기 때문이라는 것이었다. 자기 병사들이 믹마스에 진친 적들을 두려워하고 있는데 적들이 길갈로 쳐들어온다는 소식을 듣고 모두가 도망을 쳤기 때문에 어쩔 수가 없었다는 것이었다. 이에 사무엘은 이렇게 대답했다. "만일 당신이 의인이었고,[12] 내 말을 불순종하지 않았으며 하나님의 명령을 어기지 않았고 현재 상황이 요구하는 것보다 성급하게 행동하지 않았다면, 당신과 당신의 후손은 오랫동안 이 나라를 다스릴 수 있었을 터인데 너무나 안타깝소." 사무엘은 이에 크게 근심하면서 집으로 돌아갔다.

사울은 아들 요나단과 단지 600명의 병사만 거느리고 기브아시로 갔다. 병사들 대부분은 이스라엘에 철제 무기를 만들 줄 아는 사람도 부족할 뿐 아니라

---

[11] 사울은 하나님의 선지자 사무엘이 지시한 대로 제7일 저녁 제사드릴 무렵까지는 기다린 것 같으나 그날 마지막 순간까지는 기다리지 못했던 것 같다. 사무엘은 제7일 저녁 제사 시간이 다 찰 때까지 오는 것을 연기함으로써, 사울(그는 이미 가끔 하나님과 그의 선지자에게 엄격하고 철저하게 복종하지 않았던 적이 있었던 것처럼 보이는데)이 제사장(그만이 제사를 드릴 수 있는, 유일하게 합법적인 인물이다)이 올 때까지 기다릴 것인지, 아니면 뻔뻔스럽고도 무례하게 제사장직을 대신할 것인지(그렇게 하다가는 왕직에서 쫓겨나는 것은 당연한 것이다)를 시험해 보려고 했던 것처럼 보인다. 사실상 사울이 왕의 권세를 부여받은 이상, 만일 하나님이 사울이나 다른 왕들을 어느 정도 자기에게 복종하도록 하는 제한을 두지 않았더라면, 모세가 세운 신적인 규정은 왕들 밑에서 금방 폐기되었을 것이다. 그러나 이런 가혹한 처사도 이스라엘과 유다의 대부분의 왕들을 무서운 우상 숭배와 불경건으로부터 격리시키는 데는 불충분했다.

[12] 이 사무엘의 답변과 겉으로 보기에 어쩔 수 없는 상황에서 제사장의 역할을 대행한 사울의 무서운 죄악에 대한 하나님의 특별 선언(사무엘상 13장 14절에 좀 더 자세히 나옴)을 통해서 비추어 볼 때, 우리는 성직자가 없는 도시나 지방에서 평신도만으로 세례를 주고 성찬을 거행하는 것이 합법적인지 아니면 성직자가 올 때까지 성례는 거행하지 않고 단지 신앙과 경건에만 전념해야 하는 것인지에 대한 문제에 어느 정도 답변을 할 수가 있다. 나는 후자의 견해가 옳다고 생각한다.

철도 부족했기 때문에 무기를 갖고 있지 못했다. 우리가 전에 살펴보았듯이 블레셋인들은 이스라엘인들이 철을 갖고 다니는 것이나 철제 무기를 만드는 기술자가 되는 것을 엄격하게 금지했기 때문이었다. 블레셋인들은 병사들을 세대로 나누고 여러 길로 쳐들어와서 히브리 땅을 폐허로 만들었으나 사울왕과 그의 아들 요나단은 단지 600명의 병사만을 거느리고 있었기 때문에 적을 당해 낼 수가 없어 그냥 지켜보는 수밖에 없었다. 사울과 요나단과 대제사장 엘리의 후손인 아비야(Abiah) 대제사장은 매우 높은 언덕에 앉아서 땅이 황폐되는 모습을 지켜보면서 그만 안절부절못하고 있을 따름이었다.

사울의 아들 요나단은 병기 드는 자와 적의 진영에 몰래 침입해서 소란을 일으키기로 의견을 같이했다. 병기 드는 자가 비록 죽는 한이 있더라도 요나단의 뒤를 따르겠다고 선뜻 응낙하자 요나단은 그의 도움을 힘입어 언덕을 내려가 적 진영이 있는 데로 가까이 접근했다. 적의 진영은 작지만 날카롭고 긴 세 개의 봉우리를 가진 절벽 위에 위치하고 있었다. 그리고 주위에는 적의 공격을 저지하는 방어선처럼 바위가 빙 둘러 놓여 있었다. 적의 보초병들은 자연 지형이 험준한 곳이므로 히브리인들이 감히 올라오기는커녕 근접도 못 할 것이라고 생각하고 경계를 소홀히 하고 있었다. 적의 진영에 가까이 이르자 요나단은 그의 병기 드는 자에게 용기를 북돋워 주면서 "이제 적을 공격하도록 하자. 적이 우리를 보고 올라오라고 하면 그것은 우리가 승리할 수 있다는 표징이니까 공격하도록 하고, 적이 우리를 보고도 아무 말 하지 않으면 그냥 돌아가도록 하자."라고 말했다. 날이 새자마자 그들이 적의 진영에 가까이 접근하자 블레셋인들이 보고 "히브리인들이 토굴과 동굴에서 나왔나 보다."라고 쑥덕대면서 요나단과 그의 병기 드는 자에게 "자, 올라와서 덤벼 봐라. 성급하게 덤벼드는 네놈들에게 본때를 보여주겠다."라고 소리쳤다. 이에 요나단은 적이 올라와서 덤벼 보라고 소리치는 것을 승리의 표징으로 보고 즉각 적이 보지 못하는 곳으로 몸을 숨기고 몰래 위치를 이동해서 험준한 곳이기에 보초를 세워두지 않은 바위 쪽으로 접근하기 시작했다. 그들은 천신만고 끝에 바위를 기어오를 수 있었고 따라서 적을 불시에 공격할 수 있는 유리한 위치에 있게 되었다. 이들은 적이 잠든 틈에 불시에 습격을 가해 20명쯤을 살해했다. 이에 적들은 큰 혼란과 두려움에 빠져 어떤 이들은 무기를 모두 내버리고 도망을 칠 정도였다. 그러나 서로 국적이 달라 같은 편끼리도 누가 누군지를 모르는 적들은 서로를 적으로 오인하고(왜냐하면 그들은 단지 두 명의 히브리인들이 올라왔을 것이라고는 짐작도 하지 못했기 때문이었다) 자기들끼리 싸움이 붙고 말았다. 따라서 어떤 이들은 자기들끼리의 싸움에서 죽음을 당했고 어떤 이들은 도망을 치다가 바위 위에서 거꾸로 떨어져 죽고 말았다.

3. 사울의 파수꾼이 사울왕에게 블레셋 진영이 혼란의 와중에 빠져 있다고 보고하자 사울은 누가 없어졌는지 알아보라고 지시했다. 사울은 자기 아들과 그의 병기 드는 자가 없어졌다는 말을 듣고 대제사장에게 대제사장의 의복을 가져와서 그들이 어떤 승리를 거두게 될 것인지 예언하도록 하라고 지시했다. 이에 대제사장은 그들이 적을 누르고 승리하게 될 것이라고 예언했다. 그러자 사울은 블레셋을 공격하기로 결심하고 블레셋인들이 저희끼리 서로 살육을 벌이는 혼돈 속에 빠져 있을 때 습격을 했다. 토굴과 동굴 속으로 숨어 들어갔던 자들도 사울이 승리했다는 소식을 듣고 사울에게로 달려 나왔다. 사울에게로 달려 나온 히브리인들의 수가 약 10,000명 가까이 되자 그는 전국 각처에 흩어진 블레셋인들을 추격하기로 결심했다. 그러나 이때 사울은 자칫하면 불행을 초래할 수도 있고 극심한 비난을 받을 우려가 있는 행동을 하고야 말았다. 무지(無知)해서 그랬는지, 아니면 너무나 졸지에 얻은 승리의 기쁨에 취해서 그랬는지(너무나 기쁘다 보면 이성을 잃는 수가 사람에게 종종 있는 법이다) 알 수는 없지만, 블레셋인들에게 앙갚음을 하고 싶은 열정에 불탄 나머지 사울은 누구든지 밤이 되기 전에 적을 추격하는 것을 멈추고 음식을 먹는 자는 저주를 받을 것이라고 선언했다.[13] 사울이 저주를 선포한 후에 그들은 벌이 많은 에브라임 지파의 산간 지역을 통과하게 되었다. 이때 사울의 아들은 자기 아버지가 저주를

---

[13] 요나단이 이를 알지 못했다는 이유 때문에 실행되지 않은 것으로 보이는 사울의 이 성급한 맹세 혹은 저주는 매우 주목할 필요가 있다. 모든 법은 충분히 알려지고 선포되어야만 하는 것이 법의 필수 조건임에도 불구하고 요나단이 맹세를 깨뜨린 사실이 인정되고 올바로 교정되기까지 하나님이 우림으로 대답하시기를 거절했다는 사실은 우리에게 많은 점을 시사해 준다.

선포하는 것도 듣지 못했고 또 백성들이 왕의 제의에 좋다고 승낙한 것도 알지 못했기 때문에 벌집을 하나 취해서 일부분을 먹었다. 꿀을 먹고 있는데 해가 지기 전까지 음식을 입에 대는 자는 저주를 받을 것이라고 사울이 선언했다는 이야기를 요나단은 그제야 처음 듣게 되었다. 이에 요나단은 먹기를 중단하고 자기 아버지에게 나아가 아버지가 음식을 금한 것은 크게 잘못한 것이라고 말했다. 음식을 먹고 기운을 내면 더 빠르고 힘 있게 적을 추격하여 더 많은 적들을 따라잡고 죽일 수 있었다는 것이었다.

4. 그들은 수많은 블레셋인들을 살육하고 블레셋 진영을 습격하여 많은 전리품을 노획했다. 그들은 또한 많은 가축을 사로잡은 후에 죽여서 고기와 피를 함께 먹었다. 이에 서기관은 백성들이 제사를 드릴 때 하나님께 범죄하며 피를 깨끗이 씻어내 고기를 정결하게 하기도 전에 고기를 먹는다고 왕에게 고했다. 이에 사울은 큰 돌을 굴려다 백성 가운데 놓도록 지시하고 그 위에서 제사를 드릴 것과 피째 고기를 먹지 말 것을 명령했다. 모든 백성이 왕이 명한 대로 순종하자 사울은 그곳에 단을 세우고 그 위에 하나님께 번제를 드렸다.[14] 이것이 사울이 세운 첫 번째 단이었다.

5. 사울은 날이 어둡기 전에 적의 진영을 습격해 약탈하고 싶다고 병사들에게 말하자 병사들은 싫다고 하지 않고 왕이 명령하는 대로 하겠다고 선뜻 앞으로 나섰다. 이에 사울은 대제사장 아히둡(Ahitub)을 불러 적의 진영을 습격해 적을 살육해도 좋은지 하나님께 여쭈어보라고 말했다. 대제사장이 사울에게 하나님이 어떤 대답도 하지 않으신다고 말하자 사울은 이렇게 말했다. "얼마 전까지만 하더라도 우리가 원하는 모든 것을 미리 아시고 허락해 주시던 하나님이 우리의 물음에 대답하기를 꺼리시는 데는 필히 무슨 이유가 있을 것이오. 필시 우리가 모르는 죄를 누군가 범한 것이 분명하오. 그렇지 않고서야 하나님

---

14) 사울이 사무엘이나 산헤드린과 상의 없이 제멋대로 제사장직을 침범하고 성급한 맹세나 저주를 선포하는 것을 볼 때 우리는 여기서 그의 전제적 왕권의 강한 징후를 볼 수가 있다.

이 침묵을 지키실 리가 없지 않소. 비록 죄를 범한 자가 내 아들 요나단임이 드러난다 하더라도 맹세코 그를 죽일 것이오. 나와는 하등의 인척 관계도 없는 것으로 여기고 전혀 모르는 사람에게 하듯 벌을 줄 것이오." 그러자 백성들은 사울에게 어서 그렇게 하라고 아우성을 쳤다. 이에 사울은 백성들을 모두 한편에 세우고 자기와 아들은 그 맞은편에 서서 제비를 뽑아 죄지은 자를 가려내기 시작했다. 결국 제비는 요나단에게 떨어졌다. 이에 사울은 자기 아들에게 무슨 죄를 지었으며 여태까지 살아오는 동안 죄책감이나 불경한 행동을 했다고 생각되는 잘못을 저지른 적은 없는지 물어보았다. 이 질문에 요나단은 "네, 아버지. 제가 어저께 아버님이 맹세와 저주를 선포하신 것을 알지 못하고 그만 적을 추격하다가 꿀을 조금 먹은 적이 있습니다."라고 대답했다. 그러자 사울은 부자지간의 정보다는 맹세를 지키는 것이 더 소중하므로 아들을 죽이겠다고 맹세했다. 그러나 요나단은 죽음의 위협에도 전혀 놀라는 기색이 없이 이렇게 담대하게 말했다. "아버님, 저는 제 목숨을 살려 달라고 애걸복걸하지 않겠습니다. 영광스러운 승리를 거둔 이 마당에, 맹세를 지키시려는 아버님의 경건함 때문에 죽어야 한다면 죽음은 오히려 제게 기쁜 것입니다. 히브리인들이 블레셋을 누르고 승리한 것을 보고 눈을 감는 것이 제게는 큰 위로가 됩니다." 이 말을 들은 모든 백성은 요나단에 대해 매우 애석하게 생각하며 몹시 괴로워했다. 결국 백성들은 승리의 주역인 요나단이 죽는 것을 그냥 묵과하지는 않을 것이라고 맹세했다. 백성들은 이렇게 해서 그를 아버지의 손아귀에서 구해 내고 하나님께 요나단의 죄를 용서해 달라고 간청했다.

6. 사울은 약 60,000명의 적을 죽이고 난 후 고향으로 돌아와서 평화롭게 나라를 다스렸다. 그는 또한 인근 국가들과 전쟁을 해 암몬과 모압과 블레셋과 에돔과 아말렉과 소바(Zobah)의 왕을 정복했다. 사울에게는 요나단(Jonathan)과 이스위(Isui)와 말기수아(Melchishua)라는 세 아들이 있었고 메랍(Merab)과 미갈(Michal)이라는 두 딸이 있었다. 사울은 숙부 넬(Ner)의 아들인 아브넬(Abner)을 군대 장관으로 삼았다. 넬과 사울의 아버지 기스(Kish)는 형제지간이었다. 사울은 또한 많은 병거와 기병을 소유하고 있었기 때문에 누구와 싸우든지 꼭

승리했으며 히브리의 국력을 높이 신장시켜서 다른 나라들보다 부강하게 만들었다. 그는 키 크고 잘생긴 미남 청년들을 모아 왕실 경호대를 만들었다.

제7장

사울이 아말렉과 싸워 승리한 경위

1. 사무엘은 사울에게 와서 이렇게 말했다. "하나님이 당신을 누구보다도 사랑하셔서 당신을 왕으로 세우셨습니다. 따라서 당신은 하나님께 순종해야 하며 그의 권위에 복종해야 합니다. 비록 당신이 다른 지파들까지도 지배하는 왕의 위치에 있지만 당신과 만물을 지배하시는 분은 바로 하나님이심을 잊어서는 안 될 것입니다." 그리고 나서 사울에게 하나님의 말씀을 전했다. "히브리인들이 광야에 있을 때 그러니까 출애굽하여 가나안 땅으로 오던 도중에 아말렉 족속이 히브리인들을 심히 괴롭혔으므로 이제 너는 아말렉을 쳐서 징벌하도록 하라. 그들을 정복한 후에는 부녀자나 아이들이나 할 것 없이 단 한 명도 살려 두어서는 안 되며 너의 선조들에게 행한 죄의 대가가 얼마나 무서운 것인가를 보여주도록 하여라. 심지어는 나귀나 다른 가축들도 살려 두어서는 안 된다. 너의 이익을 생각해서 남겨 두는 일이 있어서는 결코 안 되며 전적으로 모든 것을 하나님께 바쳐야 하며 모세의 명령대로 아말렉이라는 이름을 세상에서 아예 없애 버려야 한다."[15]

---

[15] 이런 가혹한 처사를 분부하시는 이유는 명백하다. "가서 죄인 아말렉 사람을 진멸하되 다 없어지기까지 치라"(삼상 15:18). 사실상 이 아말렉 사람들은 매우 잔인하고 포악한 족속들로밖에 묘사된 적이 없다. 야만스러울 정도로 잔인하여 역사에 길이 기억될 만한 인물인 아각 사람 하만(Haman the Agagite)은 아말렉의 옛 왕 아각(Agag)의 후손임을 주목하도록 하라(에 3:1–15).

2. 이에 사울은 하나님이 분부하신 대로 하겠다고 약속했다. 하나님에 대한 자기의 복종심을 드러내기 위해서 사울은 촌각의 지체도 없이 즉각 병사들을 소집했다. 사울이 길갈에서 병사들의 수를 계수하니 유다 지파 외에 이스라엘 사람이 400,000명이었고 유다 사람이 30,000명이었다. 사울은 이들을 이끌고 아말렉 족속의 땅으로 물밀듯 밀고 들어갔다. 사울은 많은 병사들을 여러 대로 나누어 강가에 매복시켰다가 불시에 아말렉 사람들을 급습하여 포위하고 살해하였다. 사울은 적과 싸워 승리를 거두었으며 도망가는 적을 추격하여 한 명도 살려 두지 않았다. 하나님이 예언한 대로 전투에서 순조롭게 승리를 거둔 사울은 아말렉의 도시들을 공격하기 시작했다. 사울은 때로는 공성(攻城) 장비를 동원하고, 때로는 땅속으로 굴을 파고, 때로는 성 밖에 벽을 쌓아서 도시들을 공략하여 무력으로 도시들을 함락시켰다. 어떤 도시는 음식물 공급을 중단시켜 굶주리게 함으로써 함락시킨 적도 있었고 또 그 밖의 여러 방법으로 함락시킨 도시들도 있었다. 사울은 부녀자와 아이들까지 모조리 죽이면서도 야만스럽거나 비인간적인 행위라는 생각은 조금도 하지 않았다. 첫째로 그들은 사울이 그렇게 다루어야만 하는 적들이기 때문이었고, 둘째로는 그것이 하나님의 명령이기 때문이었다.

그는 또한 아말렉 왕 아각(Agag)을 포로로 잡았다. 아각은 훤칠한 키에 용모가 준수했기 때문에 사울은 살려 둘 만한 가치가 있을 것이라고 생각했다. 그러나 이 행동은 하나님의 뜻에 따른 것이 아니라 자기 신변이 위태로울 지경까지 인간 감정에 휘말려 쓸데없는 동정을 베푼 데서 기인한 것이었다. 왜냐하면 하나님이 아말렉 족속을 어찌나 미워하셨던지 우리가 측은하게 여기기 마련인 어린아이까지 모조리 죽여 버리라고 명령하실 정도였기 때문이었다. 그러나 사울은 마치 하나님이 일깨워 준 아말렉인들의 추악한 옛 행위보다는 아름다운 외모를 더 소중히 여기듯이 아각을 죽이지 않고 살려 두었다. 백성들도 하나님의 명령을 어기고 살려 두지 말라는 가축들을 살려 두고 전리품으로 삼으려고 했다는 점에서 사울과 함께 하나님께 죄를 범했다. 백성들은 또한 아말렉인들의 재산을 각기 취했으며 가치가 없는 것들만 파괴했다.

3. 사울은 애굽의 펠루시움(Pelusium)에서부터 홍해에 이르는 이 모든 아말렉 족속들을 정복하고 그들의 땅을 온통 폐허로 만들었다. 그러나 세겜인(Shechemites)의 나라는 미디안(Midian) 땅의 중심부에 위치해 있음에도 불구하고 사울은 그들을 조금도 건드리지 않았다. 전쟁이 일어나기 전에 사울은 그들에게 미리 사신을 보내 아말렉 사람들과 함께 멸망당하고 싶지 않거든 즉시 그곳을 떠나라고 지시했기 때문이었다. 여기에는 그럴 만한 이유가 있었다. 그들은 다름 아닌 모세의 장인 라구엘(Raguel)의 친족들이기 때문이었다.

4. 이에 사울은 마치 자기가 아말렉과의 전쟁 때 선지자가 지시한 것은 하나도 어기지 않고 모두 잘 지킨 것처럼 생각하고 전쟁을 승리로 이끈 것에 대해 의기양양해져서 기쁜 마음으로 돌아왔다. 그러나 하나님은 아말렉의 왕이 살아 있으며 백성들이 가축들을 전리품으로 노획한 데 대해 매우 진노하셨다. 절대로 이런 일들을 해서는 안 된다고 미리 주의를 주었기 때문이었다. 하나님은 이스라엘 백성들이 하나님이 주신 힘으로 적을 무찌르고 승리를 해놓고서도 인간의 왕이라도 도저히 견딜 수 없을 정도의 심한 모욕과 무시를 당한 것은 묵과할 수 없는 일이라고 생각하셨다.

그래서 하나님은 선지자 사무엘에게 사울이 명령한 대로 하지 않고 제멋대로 행동하는 것을 보니 사울을 왕으로 세운 것이 후회스럽다고 말씀하셨다. 사무엘은 하나님의 말씀을 듣고 그만 크게 당혹하여 밤새도록 사울에게 진노를 거두시고 그의 죄를 용서해 달라고 하나님께 간청했다. 그러나 하나님은 사무엘이 요구하는 대로 사울의 죄를 용서해 주시지 않으셨다. 이런 모욕은 모욕을 당한 사람이 부드럽게 보아주게 되면 더 커지기 때문에 결코 용서해 줄 수가 없다는 것이었다. 부드럽고 인자하게 대하다 보면 또 다른 죄를 짓고 만다는 것이었다.

하나님이 선지자의 중보 기도를 듣지 않으시고 마음을 바꿀 의사가 전혀 없으신 것이 분명해지자 사무엘은 날이 밝자 길갈에 있는 사울에게로 나아갔다. 사울왕은 사무엘을 보자 달려와 껴안으면서 "내게 승리를 안겨 주신 하나님께 감사를 드리고 싶습니다. 하나님이 내게 명령하신 것은 모두 다 지켰습니다."

라고 말했다. 이에 대해 사무엘은 "그렇다면 진영에서 들려오는 양과 가축 떼의 울음소리는 무엇입니까?"라고 대꾸했다. 사울은 백성들이 제사를 드리기 위해 남겨 놓은 것이라고 변명했다. 사울은 "그러나 아말렉 족속은 한 사람도 남겨 놓지 않고 모조리 진멸시켰습니다. 단지 아말렉 왕만을 살려서 포로로 잡아 왔습니다. 이 자에 대해서는 당신과 의논해서 처리하고 싶습니다."라고 덧붙였다.

그러나 사무엘 선지자는 이 말을 듣고 이렇게 말했다. "하나님은 제사를 기뻐하시지 않습니다. 하나님은 하나님의 뜻과 율법을 준행하며 하나님이 명령하신 대로 하지 않으면 일이 잘 될 리가 없다고 믿는 의인을 기뻐하십니다. 하나님은 제사를 드리지 않을 때가 아니라 자기 명령에 불순종할 때 모욕을 당했다고 느끼십니다. 하나님의 명령을 순종하지도 않고 받으실 만한 참 경배를 드리지도 않는 사람들이 내는 제물은 그것이 아무리 많고 기름지다 하더라도 기쁘게 받지 아니하며 금과 은으로 만든 아름다운 예물이라도 열납하지 않으십니다. 오히려 하나님은 이런 예물을 경건의 행위로 보기보다는 사악한 행위로 간주하십니다. 하나님은 어떻게 하든, 무엇을 하든 간에 하나님이 명령하신 것은 지키려고 애쓰며 하나님의 명령을 어기기보다는 차라리 죽음을 택하겠다는 마음을 가진 자를 기뻐하십니다. 이런 자들이 제사를 드리면 비록 예물이 보잘것없는 것이라 할지라도 부자가 낸 예물보다 더 즐겨 열납하십니다. 당신은 하나님이 명령하신 것을 업신여기고 무시하였으므로 하나님의 진노를 받게 될 것입니다. 당신은 어떻게 하나님이 파멸시키기로 작정하신 것들을 가지고 하나님께 제사를 드리겠다고 생각합니까? 당신이 죽이는 것과 하나님께 제물로 바치는 것을 동일시하지 않고서야 어떻게 이런 일을 할 수가 있습니까? 따라서 당신은 당신의 왕국과 권위를 빼앗기게 될 것입니다. 당신은 무례하게도 그 권위를 주신 하나님을 무시하는 범죄를 저질렀기 때문입니다."

그러자 사울은 자기가 부당하게 행동했음을 고백하며 죄를 범했다는 사실을 부인하지 않았다. 사실상 그는 선지자의 지시를 어겼기 때문이었다. 그러나 사울은 병사들이 가축을 살려 두고 노획품으로 잡아 올 때 제지하거나 금지하지 않은 것은 병사들을 의식하고 두려워했기 때문이었다고 말했다. 사울은

"앞으로는 조심할 터이니 제발 나를 용서해 주시고 자비를 베풀어 주십시오."라고 간청했다. 사울은 사무엘에게 자기와 함께 가서 하나님께 감사의 예물을 드리도록 해달라고 간청했다. 그러나 사무엘은 하나님이 마음을 바꾸시지 않을 것을 알았기 때문에 그냥 집으로 돌아가려고 했다.

5. 그러나 이때 사울은 사무엘을 붙잡아 두고 싶은 심정에서 그의 겉옷 자락을 붙잡았다. 그러자 사무엘이 힘 있게 몸을 돌이켜 떠나려고 하다가 그만 옷이 찢어지고 말았다. 이것을 보고 사무엘은 나라가 이같이 찢어져 의로운 사람이 차지하게 될 것이며 하나님이 한번 정하신 것은 그대로 성취될 것인데 결심이 변하고 바뀌는 것은 인간들에게나 있는 것이지 하나님께는 있을 수 없는 일이라고 말했다. 이에 사울은 자기가 잘못한 것은 시인하나 이미 엎질러진 물은 다시 퍼 담을 수 없으니 한 번만 자기에게 은혜를 베풀어서 우리가 함께 경배하러 가는 모습을 백성들이 볼 수 있도록 해달라고 간청했다. 이에 사무엘은 사울에게 은혜를 베풀고 사울과 함께 가서 하나님께 경배했다.

아말렉 왕 아각(Agag)이 사무엘 앞에 끌려왔다. 아각이 "죽음이 얼마나 괴로운지 아시오?"라고 질문하자 사무엘은 이렇게 대답했다. "네가 많은 히브리 여인들로 하여금 자식을 잃고 슬퍼하며 애통하게 한 것처럼 너도 죽어 네 어미가 너로 인해 슬퍼하게 될 것이다." 이에 사무엘은 길갈에서 아각을 즉시 죽이라고 명령하고 난 후 라마시로 갔다.

제8장

사울이 선지자의 명령을 어기자
사무엘이 하나님의 명령에 따라
다윗을 남몰래 왕으로 세우게 된 경위

1. 사울은 자신이 스스로를 비참한 상황에 떨어뜨렸다는 사실과 하나님을 적으로 만들었다는 사실을 깨닫고 기브아(Gibeah, '언덕'이라는 뜻)에 있는 왕궁으로 올라가서는 그 후로 다시는 선지자 앞에 나타나지 않았다. 사무엘이 사울을 위해 슬퍼하자 하나님이 그에 대한 걱정은 그만하고 거룩한 기름을 가지고 베들레헴(Bethlehem)에 있는 오벳(Obed)의 아들 이새(Jesse)의 집에 가서 내가 지시하는 자를 미래의 왕으로 기름 부어 세우라고 지시하셨다. 그러자 사무엘은 사울이 이 사실을 안다면 자기를 그냥 두지 않고 어떻게 해서든지 없애려고 할 터인데 그것이 두렵다고 말했다. 그러나 하나님이 베들레헴으로 가는 안전한 길을 가르쳐 주셔서 그 길로 베들레헴으로 갔다. 모든 베들레헴 주민들은 사무엘을 영접하고 무슨 일로 이렇게 오셨느냐고 물었다. 이에 사무엘은 하나님께 제사드리기 위해 왔다고 했다. 사무엘은 제사 준비를 완료한 후에 이새와 그의 아들들을 제사에 참석하도록 불렀다. 사무엘은 이새의 장남이 키가 훤칠한 미남인 것을 보고 '이자가 장래의 왕이겠구나.' 하고 속으로 생각했다. 그러나 그것은 오판이었다. 왜냐하면 사무엘이 하나님께 "이자에게 기름을 부어 왕을 삼을까요?"라고 물어보았을 때 하나님은 이렇게 말씀하셨다. "내가 보는 것은 사람이 보는 것과 다르다. 너는 이 청년의 준수한 외모에 반해 그를 왕의 재목감으로 보는 모양이지만 나는 외모를 보지 않고 영혼의 미덕을 본다. 나는 이 점에서 남보다 뛰어난 자를 찾고 있는 것이다. 즉 경건과 의와 용기와 순종에 있어서 아름다운 자를 찾는다는 말이다. 영혼의 미덕이란 이런 것들로 구성되어 있기 때문이다." 하나님이 이같이 말씀하시자 사무엘은 이새에게 아들들을 모두 보여달라고 했다. 이에 이새는 사무엘에게 남은 다섯 아들을 보

여주었다. 엘리압(Eliab)은 장남이었고 아미나답(Aminadab)은 차남이었고 삼마(Shammah)는 삼남이었고 나다니엘(Nathaniel)은 사남이었고 라엘(Rael)은 오남이었고 아삼(Asam)은 육남이었다. 사무엘은 이들이 모두 그 외모에 있어서 장남보다 결코 못하지 않은 것을 보고는 하나님께 이들 중에 누구를 왕으로 뽑을 것인가를 물어보았다. 그러나 하나님은 그들 중에는 없다고 대답하셨다. 이에 사무엘은 이새에게 이들 외에 다른 아들이 없느냐고 물었다. 이새는 다윗이라는 아들이 하나 더 있는데 목동이라 양 떼를 돌보고 있는 중이라고 대답했다. 사무엘은 그를 즉시 불러오라고 명령했다. 그가 오기까지는 잔치석에 앉을 수가 없다고 했다. 이에 이새는 다윗을 부르러 보냈다. 곧 다윗이 왔다. 그는 누르스름한 얼굴빛에 총기가 번뜩이는 눈을 가지고 있었으며 그 밖의 점에 있어서도 매우 준수하게 잘생긴 외모를 가지고 있었다. 사무엘은 내심으로 '이자가 하나님이 우리의 왕으로 세우시기를 기뻐하는 자구나.'라고 중얼거렸다. 사무엘은 잔치석에 앉고 그 아래 다윗을 앉히고 이새와 그의 아들들도 함께 앉혔다. 그 후에 사무엘은 거룩한 기름을 취해 다윗에게 붓고 "하나님이 그대를 왕으로 뽑으셨네. 그러므로 의롭게 살아야 하며 하나님의 명령에 늘 복종해야 하네. 이렇게 해야 그대의 나라가 영구할 것이며, 그대의 집이 세상에서 영광과 존귀를 누리게 될 것이며, 블레셋을 무찌르고 승리할 수 있을 것이며, 어느 나라와 싸워도 살아남아 항상 승리자가 될 것이며, 사는 날 동안 영광스러운 이름을 얻게 될 것이고 그 이름을 후손에게 물려줄 수 있을 것이네."라고 귓가에 속삭였다.

2. 사무엘은 다윗에게 이런 충고를 남기고 떠났으며 하나님의 능력이 사울에게서 떠나 다윗에게로 옮겨 갔다. 하나님의 영(Divine Spirit)이 다윗에게로 옮겨 오자 다윗은 예언하기 시작했다. 그러나 사울에게는 기괴하고 사탄적인 힘이 임해 때로는 호흡이 곤란해 질식할 것 같은 발작을 일으키곤 하였다. 의사들은 이에 대한 뾰족한 처방을 내리지 못하고 단지 하프를 타면서 노래를 불러 괴로움을 잊게 해줄 수 있는 사람을 찾아서 왕의 곁에 있게 하고, 언제 귀신이 임해 왕을 괴롭게 하는가를 살펴서 하프(harp)를 타면서 찬송을 부르게 하는

수밖에 다른 도리가 없다고 했다.¹⁶⁾ 이에 사울은 부하들에게 지체 없이 그런 자를 찾아보라고 명령했다. 시종 한 사람이 베들레헴에 이새의 한 아들이 있는데 나이는 아직 어리지만 준수하고 용모가 아름다우며 하프를 타면서 노래하는 데 있어서나 (전투하는 데 있어서) 매우 뛰어난 소질을 갖고 있다는 이야기를 들은 적이 있다고 말하자 사울은 이새에게 사람을 보내 다윗이 용모가 준수하며 용기까지 겸비했다고 해서 한번 보고 싶으니 자기에게 보내 달라고 요청했다. 이에 이새는 사울에게 줄 선물과 함께 다윗을 사울에게로 보냈다. 다윗이 오자 사울은 매우 기뻐하고 그를 자기 병기 드는 자로 삼았으며 매우 총애했다. 왜냐하면 사울이 귀신으로 인해 괴로워할 때 괴로움을 잊게 해주는 유일한 의사는 다름 아닌 다윗이었기 때문이었다. 사울에게 악귀가 임할 때마다 다윗은 하프를 타면서 찬송을 불러 사울이 제정신을 차리도록 해주었다. 사울은 이새에게 사람을 보내 다윗이 나와 함께 있는 것이 좋으니 함께 있게 해달라고 요청했다. 이에 이새는 사울의 청을 뿌리칠 수 없어 그렇게 하라고 허락했다.

제9장

사울왕 때 블레셋이 이스라엘을 공격해 왔으나 다윗이 골리앗을 단판에 쓰러뜨려 패배하게 된 경위

1. 불과 얼마 안 되어서 블레셋은 다시 힘을 합해서 대군을 이끌고 이스라엘을 공격해 왔다. 그들은 소고(Shochoh)와 아세가(Azekah) 사이에 진을 쳤다. 사

---

16) 헬라인들에게도 이렇게 찬송 부르는 자(singers of hymns)가 있었는데 보통 소년들이나 청년들이 찬송을 부르는 자로 뽑혔다. 소위 하프에 맞춰 노래하는 자(singers to the harp)라고 부르는 자들은 다윗과 같이 악기와 목소리를 다 사용해 노래하는 자였다.

울도 역시 그의 군대를 이끌고 적에 대항하였다. 사울은 언덕 위에 진을 침으로써 블레셋이 사울의 군대가 진친 곳과 마주 보이는 언덕에 진치도록 만들었다. 이렇게 해서 양 진영이 포진하고 있는 언덕 사이의 골짜기는 양 진영을 둘로 나누고 있었다.

그런데 블레셋 진영에서 골리앗(Goliath)이라고 부르는 자가 나왔다. 그는 가드(Gath)시 출신으로 몸집이 거대하였다. 그는 키가 4규빗 한 뼘(span)이었으며 그 몸집에 걸맞은 무기를 들고 있었다. 그의 흉갑은 5,000세겔이나 되며 머리에는 놋 투구를 착용하고 다리에는 놋 각반을 착용하고 있었다. 거인의 몸집에 맞는 놋 투구와 놋 각반이 얼마나 큰 것인지는 상상해 보아도 쉽게 알 수가 있을 것이다. 그의 창은 어찌나 무거운지 오른손만 가지고는 들 수가 없어 어깨에 메고 다녔다. 그의 창날은 600세겔이나 나갈 정도였다. 따라서 많은 이들이 그의 병기를 운반하기 위해 그의 뒤를 따라다녔다. 이 골리앗이 전투 대형으로 포진하고 있는 두 진영 사이에서 서서 사울과 히브리인들을 향해 이렇게 고함을 질렀다. "내가 네놈들을 전쟁을 치르지 않아도 되도록 만들어 주겠다. 네놈들이 모두 전사하고 고통을 당할 필요가 있겠느냐? 한 놈만 나와서 나와 겨루어 보도록 하자. 단둘이 싸워서 전쟁의 승패를 결정짓도록 하자. 패자 쪽이 승자 쪽을 섬기면 될 것이 아니냐. 여러 사람보다는 한 사람의 모험으로 원하는 것을 획득할 수가 있다면 이보다 좋고 바람직한 것이 어디 있겠느냐?" 골리앗은 이렇게 고함을 지르더니 자기 진영으로 되돌아갔다. 그다음 날 다시 나오더니 똑같은 말을 반복하는 것이었다. 이러기를 장장 40일간이나 계속하였다. 이에 사울과 그의 군대는 크게 두려워하였다. 양 진영은 전투 대형으로 포진하고 있으면서도 접전은 하지 않고 있었다.

2. 히브리와 블레셋 사이의 전쟁이 계속되자 사울은 다윗을 그의 아비 이새에게 돌려보냈다. 이미 이새는 자기 아들 셋을 사울에게 보내 그를 돕게 했고 전쟁 중에 그의 힘이 되도록 했다. 따라서 사울은 아들 셋을 보내 준 것만으로 만족하고 다윗을 자기 아버지 곁으로 가게 한 것이었다. 처음에 다윗은 자기 양 떼 곁으로 돌아가 목동의 일을 했으나 얼마 안 있어 다시 히브리 병사의 진

영으로 되돌아오게 되었다. 그것은 아버지 이새가 아들들에게 먹을 것을 보내주고 안부를 알아보기 위해 다윗을 보냈기 때문이었다.

이때 골리앗이 다시 나와 자기와 싸울 용기가 있는 사람이 단 한 명도 없느냐면서 히브리인들을 조롱하며 모욕하고 있었다. 다윗은 아버지가 보낸 용건을 가지고 형들과 이야기하던 도중에 골리앗이 히브리 병사들을 조롱하고 멸시하는 소리를 듣고는 분개하여 "내가 저놈과 한번 싸워 보고 싶습니다."라고 형들에게 말했다. 그러자 장남인 엘리압(Eliab)이 너무 경솔하게 까불지 말고 아버지에게 돌아가서 양이나 돌보라고 크게 나무랐다. 형의 꾸지람을 들은 다윗은 얼굴이 빨개져 형들 곁을 떠나면서도 몇몇 병사들에게 히브리인들을 모욕하는 그놈과 한번 싸워보고 싶다고 말했다. 이에 병사들이 사울에게 한 청년이 골리앗과 싸워보고 싶다고 하더라고 보고하자 사울은 다윗을 불러 할 말이 있느냐고 물어보았다. 이에 다윗은 이렇게 대답했다. "오, 왕이시여! 낙심하거나 두려워하지 마십시오. 제가 내려가 그놈과 싸워 코를 납작하게 만들어 놓겠습니다. 제 놈이 제아무리 키가 크고 몸집이 큰 거인이라 하더라도 제가 이길 자신이 있습니다. 싸울 줄도 모르고, 부대를 통솔하거나 전쟁을 지휘할 줄도 모르며, 이제 막 아이 티를 벗은 소년에게 져서 죽음을 당했다고 한다면 왕의 군대는 큰 영광을 얻게 될 것이며, 모욕을 받은 데 대한 복수는 충분히 갚는 셈이 될 것입니다."

3. 이에 사울은 다윗의 담대함과 용기를 기이하게 여기면서도 나이가 너무 어려 그 능력을 선뜻 믿기가 힘들어지자 "너는 나이가 너무 어려 전쟁에 능숙한 자와 싸우기엔 역부족이다."라고 말했다. 다윗은 이 말에 이렇게 대답했다. "저는 하나님의 도우심을 여러 번 체험한 적이 있으므로 이번에도 하나님이 저와 함께하심을 믿고 한번 해볼 작정입니다. 저는 제 양을 탈취해 간 사자의 뒤를 쫓아 제 양을 구해 낸 적이 한 번 있으며 맹수의 입에서 어린 양을 구해 낸 적은 여러 번 있습니다. 하나님이 저에게 힘을 주시면 저는 맹수의 꼬리를 잡고 땅에 내동댕이칩니다. 그뿐 아니라 저는 곰을 때려잡은 적도 있습니다. 그놈도 이런 맹수와 같다고 생각하면 될 것 같습니다. 더욱이 그놈이 오랫동안

우리 군대를 경멸하고 우리 하나님을 모욕했으므로 하나님이 그놈을 내 손아귀에 들어오도록 해주실 것입니다."

4. 이에 사울은 하나님이 도우셔서 이 소년의 용기와 담대함에 어긋나는 결과를 빚지 않도록 해달라고 기도한 후 "가서 싸우라."라고 명령했다. 사울은 다윗에게 자기 흉갑을 입히고 자기 칼을 차게 하고 자기 투구를 머리에 쓰게 한 후 내보냈다. 그러나 다윗은 갑옷에 익숙지 않아 오히려 짐이 되었으며 잘 걸을 수조차 없었다. 이에 다윗은 "왕이시여, 이 갑옷은 입을 줄 아는 왕이 입으시고 제가 원하는 대로 나가서 싸울 수 있도록 해주십시오."라고 요청했다. 다윗은 갑옷을 벗어 놓고 막대기를 들고 시내에서 돌 다섯 개를 주워 목자의 제구 곧 주머니에 넣고 오른손에 물매를 들고 골리앗에게로 나아갔다. 골리앗은 다윗이 보통 전투할 때 사용하는 무기를 들지 않고 개를 물거나 쫓을 때 사용하는 도구를 들고나오는 것을 보고는 "네 놈은 내가 사람이 아니라 개인 줄 아느냐?"라고 소리쳤다. 이에 다윗은 "개가 아니라 개보다 훨씬 못한 짐승으로 생각한다."라고 대꾸했다. 이 말을 들은 골리앗은 격분하여 하나님의 이름을 들먹거리면서 다윗을 저주하고 그의 시체를 땅의 짐승과 하늘의 새에게 주어 산산조각이 나게 만들어 주겠다고 위협했다.

그러자 다윗은 이렇게 대답했다. "너는 칼과 창과 흉갑으로 내게 오지만, 나는 하나님을 갑옷으로 삼고 네게 간다. 하나님은 너와 너의 군대를 내 손에 붙이셨다. 따라서 나는 오늘 네 목을 자를 것이며 남은 몸뚱이는 개들에게 던질 것이다. 이에 만민이 하나님은 히브리인들의 보호자시며 우리의 갑옷과 힘은 하나님의 섭리에 있는 것이며 그의 도움 없는 무력과 병력은 그야말로 무용지물임을 알게 될 것이다." 골리앗은 워낙 갑옷이 무거워 거동이 불편했으며 무장도 하지 않은 소년 하나쯤이야 쉽게 처리할 수 있을 것이라고 얕잡아 보고 천천히 움직였다.

5. 다윗은 눈에 보이지 않는 원군, 하나님의 도움을 받아 적과 맞섰다. 다윗은 시냇가에서 주워다가 목자의 제구 속에 넣어 두었던 돌멩이 하나를 꺼내 물

매에 끼우고 골리앗을 향해 물매를 던졌다. 그 돌이 골리앗의 이마에 박혀 머릿속까지 뚫고 들어가는 바람에 골리앗은 그만 기절해서 쓰러지고 말았다. 이에 다윗은 달려가서 골리앗의 칼로 그의 머리를 베었다. 왜냐하면 다윗은 칼을 가지고 있지 않았기 때문이었다.

골리앗이 쓰러지자 블레셋인들은 모두 도망치기 시작했다. 그들은 자기들의 최고의 투사가 땅에 꼬꾸라지자 자기들도 같은 꼴을 당할지도 모른다는 두려움이 들어 그냥 있다가는 큰일 나겠다고 생각하고 목숨을 건지기 위해 굴욕적인 모습으로 도망을 치기 시작한 것이었다. 사울과 히브리 전군은 함성을 지르고 블레셋인들을 습격하여 수많은 적을 사살하고 가드(Gath) 변경과 에그론(Ekron) 성문까지 추격하기에 이르렀다. 이에 전사당한 블레셋 병사는 30,000명이었고 부상자는 그 두 배에 달했다. 사울은 군대를 돌이켜 블레셋 진영으로 돌아와서 적의 요새를 산산이 부숴 버리고 불을 질렀다. 다윗은 골리앗의 머리를 자기 장막까지 들고 왔으며 그 칼은 (성막에서) 하나님께 바쳤다.

제10장

사울이 다윗의 전공을 시기하여
블레셋인의 머리 600개를 가져오면
자기 딸을 아내로 주겠다는 미끼로
다윗을 위험에 빠뜨리고자 획책한 경위

1. 사울이 다윗을 시기하고 미워하게 된 동기는 여인들 때문이었다. 여인들은 제금과 소고를 가지고 환호성을 지르며 개선하는 병사들을 환영했다. 이때 부인들이 "사울은 블레셋인 수천 명을 죽였다."라고 소리치면 처녀들은 "다윗

은 블레셋인 수만 명을 죽였다."라고 응수했다. 사울은 자기는 수천 명을 죽였으나 다윗은 수만 명을 죽였다는 여인들의 노랫소리를 듣고 그런 큰 칭찬을 들은 다윗이 원할 만한 것은 왕국을 빼놓으면 무엇이 있겠느냐고 추측하고 다윗을 의심하며 두려워하기 시작했다. 사울은 다윗이 그전에는 자기 병기를 드는 자였으나 자기 옆에 너무 가까이 있는 것이 아닌가 하는 두려움이 들자 그를 천부장의 지위로 이동 발령했다. 사울이 다윗을 천부장으로 발령한 것은 적과의 전쟁터에 나가면 혹시라도 전사하지나 않을까 하는 기대를 가지고 그렇게 한 것이었다. 즉 자기의 신변 안전을 더 확고히 하기 위한 조치였다.

2. 그러나 다윗이 어디를 가든지 하나님이 동행하시므로 그가 하는 일은 성공하지 않는 것이 없었다. 아직 처녀인 사울의 딸이 다윗을 연모할 정도로 그는 눈에 띄게 크게 성공했다. 사울의 딸은 다윗을 너무나 연모했던 나머지 주위 사람들에게 들통이 나지 않을 수 없었고 마침내 사울도 이 사실을 눈치채게 되었다. 이 소리를 듣고 사울은 이를 미끼로 다윗을 옭아맬 것을 기대하고 은근히 좋아했다. 사울은 이 일로 다윗이 몰락했으면 좋겠다고 내심 바라게 되었다. 이에 사울은 자기 딸이 다윗을 연모하고 있다는 사실을 알려 준 부하들에게 그 딸을 다윗에게 아내로 줄 용의가 있다고 말했다. "만일 다윗이 블레셋 놈들의 머리 600개[17]를 가져온다면 내 딸을 그에게 아내로 주겠네. 이렇게 굵직한 보상을 걸면 그것이 위험한 줄도 모르고 영광을 얻기 위해서 즉시 일을 시작할 것이 분명한데 이렇게 되면 블레셋인들에게 잡혀 죽을 확률이 클 것이다. 내 손으로 죽이지 않아도 블레셋 놈들이 알아서 다 처리해 줄 터이니 내 계획이 그럴듯하지 않느냐?"

이에 사울은 시종들에게 다윗이 이 제안을 어떻게 생각하는지 알아보고 오라고 지시했다. 그러자 시종들은 다윗에게 와서 사울왕이 모든 백성을 사랑하

---

[17] 요세푸스는 이 장(章)에서 세 번, 그리고 다른 곳에서 두 번, 사울이 블레셋인의 포피(foreskin)를 단지 100개만 요구한 것이 아니라 그들의 머리 600개를 요구했다고 말하고 있다. 70인역(Septuagint)은 포피 100개라고 말하나 수리아역 성경과 아라비아역 성경은 200개라고 말한다. 그런데 여기서 200개란 포피(foreskin)를 의미하는 것이 아니라 요세푸스처럼 머리(head)를 의미하는 것이라는 사실은 사무엘상 29장 4절로 비추어 볼 때 가능성이 있는 것처럼 보인다.

지만 유독 그를 사랑하셔서 딸을 주어 사위로 삼고 싶어 한다고 말했다. 이에 다윗은 "당신들은 왕의 사위가 되는 것이 그렇게 쉬운 일인 줄 아시오? 나는 미천한 가문 출신이며, 명예도 없고 자랑할 것도 없어 왕의 사위가 된다는 것은 어림도 없는 소리오."라고 대꾸했다.

사울은 시종들에게서 다윗의 답변을 듣고 이렇게 말했다. "내가 딸을 돈 받고 파는 것이 아니라 시집을 보내는 것이므로 돈이나 지참금은 필요 없다고 그에게 말하라. 물론 다른 덕들도 갖춰야 하지만 나는 무엇보다도 용기 있는 사위를 두고 싶다고 말이다. 다윗은 다른 덕은 이미 갖추었으니 금이나 돈을 아버지에게서 얻어 가지고 올 필요가 없고 다만 블레셋 놈들을 무찌르는 용기를 보고 싶다고 전하라. 블레셋 놈들의 머리 600개보다 나에게 더 값지고 바람직한 선물은 없다고 일러라. 보통 가지고 오는 지참금보다 이것이 훨씬 나에게 유익이 된다고 말이다. 내 딸이 그런 용기가 있는 사람, 적을 이기고 승리한 증거가 있는 사람에게 시집가는 것보다 더 큰 유익이 어디 있겠느냐고 전하도록 하라."

3. 사울의 말을 전해 들은 다윗은 사울이 진정으로 자기와 인척 관계를 맺고 싶어 하는 줄로 생각하고 몹시 기뻐했다. 이에 다윗은 더 이상 생각해 보지도 않고, 사울이 요구하는 것이 가능한 것인지 아닌지를 따져 보지도 않고 동료들을 데리고 적을 습격해서 사울의 결혼 요구 조건을 충족시키기 위해 애를 썼다. 다윗에게 만사를 가능하고 손쉽게 만들어 주시는 하나님이 계셨기에 다윗은 많은 블레셋인을 살해하고 그중 600명의 머리를 베어 왕에게로 가지고 와서 보여주며 딸을 아내로 달라고 요구했다. 이에 사울은 약속을 지키지 않을 수 없었다. 결혼 약속을 지키지 않으면 거짓말쟁이로 보일 뿐 아니라 다윗을 죽이기 위해 일부러 불가능한 일을 시킨 것이라는 비난을 면키가 어려웠기 때문이었다. 결국 사울은 자기 딸 미갈(Michal)을 다윗에게 주었다.

제11장

다윗이 요나단의 사랑과 관심으로, 아내 미갈의 계책으로, 사울이 그에게 놓은 올무에서 벗어나 사무엘 선지자에게 가게 된 경위

1. 그러나 사울은 자기가 처한 상황에서 오래 견딜 수 있는 능력이 부족한 사람이었다. 사울은 다윗이 하나님에게서나 백성들에게 존중히 여김을 받는 것을 보자 그만 두려운 생각이 들었다. 그는 자기 왕국이나 자기 생명에 큰 위험이 밀어닥칠 것 같은 두려움을 이기지 못해 다윗을 죽이기로 결심하고 그의 아들 요나단(Jonathan)과 충실한 종들에게 그를 죽이라고 명령했다. 그러나 요나단은 자기 아버지가 다윗을 대하는 태도가 너무나 크게 돌변한 데 대해 매우 의아하게 생각했다. 전에는 적지 않은 호의를 보이더니 이제 와서 죽이라고 명령하는 것을 이해할 수가 없었다. 요나단은 다윗을 사랑하고 그의 덕을 흠모하고 있었기 때문에 사울이 자기에게 내린 비밀 지령과 사울의 의도에 대해 다윗에게 미리 귀띔해 주었다. 더욱이 요나단은 다윗에게 몸조심하고 내일은 어디에 피해 있으라고 충고했다. 그러면 자기가 사울을 만나 문안을 드리고 기회를 엿보다가 다윗에 대한 사울의 적대감의 원인을 알아보고 난 후, 백성들에게 큰 유익을 끼치고 사울 자신에게도 은인이 되는 그런 자를 죽이는 것은 옳지 않으며, 비록 큰 죄를 저질렀다 하더라도 그의 공로를 생각해서 용서해 주시라고 간청한 다음, 사울의 결심이 변하는지의 여부를 알려 주겠다고 했다. 이에 다윗은 요나단의 유익한 충고를 받아들여서 사울왕 앞에 당분간은 나타나지 않기로 했다.

2. 그다음 날 요나단은 사울이 매우 기분이 좋은 모습을 보고는 그에게 다가가 다윗에 대한 이야기를 꺼내기 시작했다. "아버님, 블레셋을 정복한 큰 공을 세웠으며 아버님의 생명을 보존하는 데 기여한 다윗을 죽이라고 명령하신

것은 크든 작든 간에 부당한 행위임이 틀림없습니다. 다윗은 히브리 백성들이 40일 동안이나 모욕과 수모를 당하고 있을 때 적의 도전을 받아들인 유일의 용사(勇士)로서 우리를 모욕과 수모에서 건져 준 인물입니다. 그 후에도 아버님께서 요구한 블레셋 놈들의 머리 600개를 가져왔고 그 대가로 제 누이동생과 결혼한 자입니다. 따라서 그의 죽음은 우리를 크게 슬프게 만들 것입니다. 그는 덕이 출중한 자일뿐더러 우리와는 매우 가까운 친족이기 때문입니다. 또한 아버님의 딸은 그가 죽으면 타격을 입게 될 것이며, 부부의 낙을 누려 보기도 전에 과부 신세가 되고 말 것입니다. 이런 점들을 고려하시고 마음을 좀 더 부드럽게 잡수시고 그에게 해를 끼치지 말아 주십시오. 첫째로 그는 아버님께서 악한 영과 귀신에게 사로잡히셨을 때 귀신들을 쫓아내고 아버님의 영혼을 편하게 해줌으로써 아버님에게 큰 은혜를 끼친 자이며, 둘째로는 우리의 적을 물리친 공로자입니다. 이런 은혜를 잊어버리는 것은 사람이 할 짓이 못 됩니다."
사울은 이 말을 듣고 그만 마음이 누그러져서 다윗에게 어떤 해도 끼치지 않겠다고 맹세했다. 사실상 바른말은 왕의 분노나 두려움도 삭일 수가 있는 법이다. 이에 요나단은 다윗을 부르러 사람을 보내고 절대로 해를 끼치지 않겠다고 사울이 맹세했다는 기쁜 소식을 들려주었다. 요나단은 다윗을 자기 아버지에게로 데리고 왔고 결국 다윗은 전처럼 왕과 함께 있게 되었다.

3. 블레셋이 다시 히브리를 공격해 오자 사울이 다윗에게 군사를 주어 블레셋을 막게 한 것이 바로 이때쯤이었다. 다윗은 블레셋과의 전쟁에서 많은 블레셋인을 사살하고 승리를 거둔 후 왕에게로 돌아왔다. 그러나 사울이 다윗을 영접하는 태도는 다윗의 기대와는 아주 딴판이었다. 왜냐하면 사울이 다윗의 승전을 매우 못마땅하게 생각했기 때문이었다. 사울은 다윗이 혁혁한 승리를 거두게 됨으로써 자기는 좀 더 불리한 위치에 놓이게 되었다고 생각했던 것이다. 악한 영이 사울을 사로잡아 제정신을 잃게 만들자 사울은 자기가 누워 있는 침실로 다윗을 불렀다. 그는 손에 창을 들고서 다윗에게 하프를 타면서 찬송을 불러 귀신을 쫓아 달라고 지시했다. 다윗이 시키는 대로 하자 사울은 있는 힘껏 다윗을 향해 창을 던졌다. 그러나 다윗은 이미 사울의 침실에 들어가

기 전에 이것을 알았기에 창을 피하고 자기 집으로 도망 와서 하루 종일 꼼짝 않고 있었다.

4. 그러나 밤이 되자 왕은 관원들을 보내 다윗이 도망가지 못하도록 감시하라고 지시했다. 사울은 아침이 되면 다윗을 재판정에 세우고 유죄 판결을 내려 사형시킬 계획이었다. 그러나 다윗의 아내요 왕의 딸인 미갈이 자기 아버지의 의도를 알아내고서는 자기 남편을 구해 낼 소망이 없게 되자 자기도 살아서 무엇하겠느냐고 걱정하면서 다윗에게로 왔다. 미갈은 자기 남편을 빼앗기는 경우에는 도저히 더 이상 살아갈 수가 없을 것만 같았다. 그래서 미갈은 이렇게 말했다. "태양이 떠도 제발 당신이 여기 있는 것만은 몰랐으면 좋겠어요. 그러나 만일 그렇게 되는 날이면 당신을 더 이상 볼 수가 없을 거예요. 그러니까 날이 밝기 전에 야음을 틈타 도망하세요. 하나님이 당신을 위해 밤의 길이를 연장해 주셨으면 좋겠어요. 이 한 가지를 명심하세요. 만일 내 아버님이 당신을 발견하는 날이면 당신은 살아남지 못할 거예요." 이에 미갈은 창문에서 다윗을 끈으로 달아 내려서 도망치게 했다. 이렇게 한 후 미갈은 마치 다윗이 병들어 누운 것처럼 침대를 꾸미고 침대보 밑에 염소의 간(goat's liver)[18]을 갖다 놓았다. 날이 밝자마자 사울은 다윗을 잡아 오라고 사람들을 보냈다. 미갈은 왕의 명령을 받고 온 자들에게 다윗이 밤새도록 몸이 편치 못했다면서 침대를 가리켰다. 미갈은 간을 펄떡펄떡 뛰게 함으로써 이불보가 움직여 마치 다윗이 천식에 걸려 헐떡이는 것처럼 보이게 했다. 왕이 보낸 자들은 미갈에게 여지없이 속아 넘어갔다. 왕명을 받은 자들이 사울에게 돌아가 다윗이 밤새 몸이 편치 않았다고 보고하자 사울은 자기가 죽여 버릴 테니 그대로 끌고 오라고 명령했다. 이들이 다시 돌아와 침대보를 벗겨 보고서야 미갈에게 속은 줄 알고 왕에게 사실 그대로 보고했다. 사울이 딸에게 어찌해서 자기 적을 살려 주고 자기를 감쪽같이 속일 수가 있느냐고 불평하자 미갈은 그럴듯한 핑계를 댔다. 다

---

[18] 요세푸스뿐 아니라 70인역도 여기에 사용된 용어를 염소의 간으로 번역했기 때문에, 그리고 이런 번역이 더 분명하고 개연적이기 때문에, 주석가들이 있는 그대로 해설하기를 주저하지 않은 것도 그럴 만한 이유가 있는 것이다.

윗이 자기를 죽이겠다고 위협해서 어쩔 수 없이 도와준 것뿐이라고 했다. 자발적인 의도에서가 아니라 어쩔 수 없어서 도와준 것뿐이니 자기에게는 아무 죄도 없다고 둘러댔다. 미갈은 "저는 아버님께서 저를 용서해 주고 싶어 하는 만큼이나 다윗을 그렇게 죽이고 싶어 하셨다는 것은 정말 몰랐어요."라고 했다. 이에 사울은 미갈을 용서해 주었다. 한편 용케 위험을 모면한 다윗은 라마에 있는 선지자 사무엘에게로 갔다. 그는 사울에게 죄를 지은 적도 없고 적들과의 전투에서 비겁하게 군 적도 없으며 오히려 하나님의 도우심을 받아 적을 모조리 정복했음에도 불구하고 사울이 자기를 잡으려고 올무를 놓은 이야기와 창을 던져 거의 죽을 뻔했던 이야기를 사무엘에게 들려주었다. 자기가 승승장구하는 것이, 사울이 자기를 미워하는 원인이 된 것 같다고 말했다.

5. 사무엘 선지자는 사울왕의 부당한 처사를 알게 되자 다윗을 데리고 라마(Ramah)시를 떠나 나욧(Naioth)이라 부르는 곳에 가서 거기서 머물렀다. 다윗이 선지자 사무엘과 함께 있다는 소식이 들리자 사울은 병사들을 보내 다윗을 붙잡아서 자기에게 데리고 오라고 명령했다. 병사들이 사무엘에게 이르렀을 때 선지자의 무리를 보더니 그만 하나님의 영이 그들에게 임해 그들도 예언을 하기 시작했다. 이 소식을 듣고 사울은 다른 병사들을 보냈으나 이들도 먼젓번 병사들과 마찬가지로 예언을 했다. 이에 사울은 다른 병사들을 보냈으나 이들도 역시 마찬가지였다. 마침내 사울은 크게 격분하여 자기가 직접 급히 서둘러 그리로 갔다. 사울이 그곳에 막 도착했을 때 사무엘은 사울이 자기를 보기 전에 사울도 역시 예언하게 했다. 사울이 사무엘에게 왔을 때는 이미 제정신이 아니었고[19] 영이 강한 흥분 상태에 놓여 있었다. 사울은 옷을 모두 벗어 팽개치고[20] 사무엘과 다윗이 보는 앞에서 하루 종일 땅바닥에 드러누워 있었다.

---

[19] 사울의 이런 흥분 상태는 내가 보기에는 악한 귀신이 일으킨 흥분 상태였던 것처럼 보인다. 사울은 이미 하나님이 버리셨으므로 사울을 사로잡았던 바로 그 악한 영이 이제는 다윗을 해하려는 사울의 의도를 무력하게 만들고 사울로 하여금 그를 보는 모든 사람의 조롱거리가 되도록 하기 위해 사울에게 임했던 것처럼 보인다.

[20] 사울이 벌거벗고 하루 종일 드러누워 있었던 것이 무엇을 의미하며, 옷을 벗었다는 것이 왕의 의복이나 혹은 겉옷을 벗어버린 것 이상을 의미하는지는 결코 확실하지 않다.

6. 다윗은 그곳을 떠나 사울의 아들 요나단에게 가서 자기는 사울에게 해를 끼친 일도 죄를 범한 일도 없는데 자기 앞에 올무를 놓아 죽이지 못해 안달이 났으니 어쩌면 좋겠느냐고 비통해했다. 이에 요나단은 그런 불길한 예감을 믿지 말고 누가 뭐라고 중상모략해도 거기에 귀 기울이지 말며 오직 자기만 믿고 용기를 내라고 격려했다. 그런 일이 있으면 아버지가 항상 자기와 의논해서 결정하는데 그런 얘길 나눈 적이 없는 것으로 보아서는 자기 아버지가 그런 의도를 가지고 계실 리 없다는 것이었다. 이에 다윗은 맹세컨대 그것이 사실이라고 하면서 자기가 솔직히 말하는 것을 흘려듣지 말고 자기를 믿고 신변 보호 조치를 취해 달라고 요청했다. 다윗은 자기가 죽는 꼴을 보고서야 자기 말을 믿겠냐고 했다. 그렇게 믿기 어려우면 다른 이에게 물어보라고 했다. 사울이 요나단에게 이 문제를 의논하지 않은 것은 요나단이 다윗을 친구로 생각하고 사랑하는 것을 눈치챘기 때문이라고 했다.

7. 요나단은 자기 아버지가 다윗을 죽이려고 한 것이 사실임을 알게 되자 다윗에게 무엇을 도와주면 좋겠느냐고 물어보았다. 이에 다윗은 이렇게 대답했다. "나는 자네가 어떻게 해서든지 나를 도우려고 한다는 점을 잘 알고 있네. 내일은 월삭이라서 전 같으면 마땅히 왕과 함께 저녁 식사를 해야 할 것이나 지금은 사정이 그럴 수 없으니 도시 밖에 나가 아무도 모르게 숨어 있겠네. 만일 자네 아버님이 내가 왜 참석하지 않았느냐고 묻거든 나의 지파 사람들과 함께 절기에 참석하기 위해 내 고향 베들레헴에 갔다고 말하게. 그리고 한 가지 꼭 덧붙일 것은 자네가 그렇게 해도 좋다는 허락을 했다고 말하게. 그때 자네 아버님이 멀리 떠난 친구에 대해 걱정하듯이 그 친구가 무사히 도착했으면 좋겠다고 말씀하시면 나에 대한 적대감이나 미움이 없는 것으로 보면 되고, 만일 이와 달리 대답하시면 나를 해칠 궁리를 하고 계신 것이 틀림없다고 봐야 할 것이네. 따라서 자네는 이점을 잘 살펴 두었다가 내게 알려 주게. 자네가 내 사랑을 받아 주고 또 내게 그 같은 사랑을 베풀어 준 것은 마치 주인이 종을 사랑하는 것 같은 것임을 나는 잘 알고 있네. 그러나 만일 내가 조금이라도 잘못한 점이 있거든 자네 아버님을 말리고 대신 자네 손으로 직접 나를 죽이도록 하게."

8. 요나단은 다윗의 이 마지막 말을 듣고 크게 분노하면서 그가 원하는 것을 도와줄 것이며 자기 아버지의 대답이 슬픔에 잠긴 대답인지 아니면 살의가 있는 대답인지 알려 주도록 하겠다고 약속했다. 요나단은 다윗에게 자기에 대한 신념을 더 확고히 해주기 위해 그를 데리고 들판으로 나가 바깥 공기를 쐬면서 다윗의 생명을 보전할 수 있는 방도를 최대한 강구해 보겠다고 하면서 이렇게 말했다. "나는 어디에나 계시며 내 마음의 의도를 표현하기도 전에 미리 아시는 하나님을 자네와 내가 맺은 언약의 증인으로 삼아, 내 아버님의 영혼 깊숙한 곳에 어떤 의도가 숨어 있는지를 알아내기까지 계속 노력할 것이며 그 의도를 알아낸 후에는 그것이 선한 것이든 악한 것이든 간에 숨기지 않고 즉시 자네에게 알릴 것을 맹세하겠네. 내가 하나님이 자네와 항상 함께 계시기를 기도한다는 사실을 하나님은 알고 계시네. 그 하나님이 지금 자네와 함께 계시며, 앞으로도 결코 자네를 버리지 않을 것이며, 항상 적을 이길 수 있도록 힘을 주실 것일세. 비록 내 아버님이나 내가 자네의 적이 된다 하더라도 결과는 마찬가지일세. 우리가 여기서 맺은 맹세를 결코 잊지 말아주게. 내가 혹 죽는다면 내 자식들을 좀 돌봐 주게나. 내가 자네에게 베푼 친절을 내 자식들에게 베풀어 주길 당부하네."

요나단은 이렇게 맹세한 후 자기가 무술 연습을 위해 자주 가는 곳에 가 있으라고 했다. 그러면 자기가 자기 아버지의 의중을 알아보고 종 하나만을 데리고 그리로 가겠다는 것이었다. "그때 만일 내가 화살 셋을 과녁에 맞추어 쏜 다음 종에게 '화살이 네 앞에 있으니 치워 버리라.'라고 말하면 내 아버님이 너를 해할 의향이 전혀 없는 줄로 알면 되고, 만일 그 반대로 이야기하면 내 아버님의 의향도 그 반대인 줄 알면 되네. 이렇게 하면 자네 신변이 안전할 것이고 어떤 해도 입지 않을걸세. 그러니 자네가 장차 번창하게 될 때는 내가 조금 전에 부탁한 것을 잊지 말고 내 자식들을 잘 돌봐 주도록 하게." 다윗은 요나단으로부터 이런 확약을 받은 후에 요나단이 지정해 준 장소로 떠났다.

9. 월삭인 그다음 날 사울왕은 관습에 따라 몸을 정결케 하고 저녁 식사를 하게 되었다. 그의 오른쪽 옆에는 아들인 요나단이 앉았고 왼쪽 옆에는 군대

장관인 아브넬(Abner)이 앉았다. 사울은 다윗의 자리가 빈 것을 보았으나 그가 아내와 동침한 이유로 몸이 정결치 못해 불참한 것으로 생각하고 아무 말도 하지 않았다. 그러나 이틀째 되는 날도 다윗이 보이지 않자 사울은 아들 요나단에게 어찌해서 이새의 아들은 저녁 식사를 하러 오지도 않고 낮이나 밤이나 절기에도 참석지 않는 것이냐고 물었다. 이에 요나단은 다윗이 자기 지파와 함께 절기를 지키기 위해 고향 도시에 내려갔는데 자기가 가도 좋다고 허락했다고 대답했다. 또한 요나단은 다윗이 같이 제사를 드리자고 자기를 초청했는데 "아버님께서 허락하시면 가보고 싶습니다. 저와 다윗이 각별한 사이임을 아버님도 아시지요."라고 말했다.

요나단이 자기 아버지가 다윗을 미워하고 있다는 사실과 속마음을 꿰뚫어 볼 수 있게 된 때가 바로 이때였다. 왜냐하면 이때 사울이 분을 참지 못하고 자기 아들을 보고 부랑자 같은 놈이라고 욕을 하면서 자기를 대적하는 적이라고 비난했기 때문이었다. 사울은 요나단을 보고 "너는 다윗과 한 패거리구나. 너는 어째서 네 아비와 어미 생각은 털끝만큼도 하지 않는 것이냐? 다윗이 살아 있으면 이 나라가 우리 손에 붙어날 줄 아느냐? 그래서 내가 너를 보내 다윗을 해치라고 하지 않았느냐?"라고 소리쳤다. 이에 요나단은 "다윗이 어쨌다고 아버님은 그를 해치려고 하시지요?"라고 대꾸했다. 사울은 말로서는 도저히 분이 풀리지 않자 자기 창을 꺼내 들고 아들을 겨냥하여 던져 죽이려고 하였다. 그러나 이때 사울의 친구가 사울을 제지해서 무사히 위기는 넘길 수 있었다. 그러나 이 일로 인해 사울이 다윗을 미워하고 있으며 그 때문에 자기 손으로 아들을 죽이려고 할 정도로 그를 해치우려고 안간힘을 쓰고 있다는 사실을 요나단은 분명히 알 수가 있었다.

10. 이에 요나단은 저녁 식사 자리에서 황급히 일어나 나가 버렸다. 그는 슬픔 때문에 목구멍으로 아무것도 넘어가지 않았으며 그저 온 밤을 눈물로 지새웠다. 그가 운 것은 첫째는 자기가 아버지 손에 죽을 뻔했다는 점과 둘째는 다윗의 죽음이 결정적이라는 두 가지 점 때문이었다. 날이 밝자마자 그는 도시 앞의 평지로 무술 연습을 하는 척하고 나갔으나 실상은 미리 약속한 대로

친구에게 자기 아버지의 의중(意中)을 전해 주러 간 것이었다. 요나단은 미리 약속한 대로 하고 따라온 종을 도시로 돌려보내고 혼자서 광야로 들어가 다윗을 만나려고 하였다.

그러자 다윗이 나타났다. 다윗은 요나단을 보고 생명의 은인이라면서 요나단의 발 앞에 무릎을 꿇고 절을 하였다. 이에 요나단은 다윗을 일으켜 세우고 둘이 서로 껴안고 눈물을 흘리면서 오랫동안 인사를 나누었다. 그들은 또한 그들의 시대를 한탄하고 그들이 너무 친한 나머지 누군가의 시기를 받아 헤어져야 한다는 생각을 하니 도저히 견딜 수가 없었다. 그들에게 이별이란 죽음과도 같은 것이었다. 그러나 그들은 마침내 울음을 멈추고 맹세한 것을 서로 잊지 말 것을 당부한 후에 헤어졌다.

제12장

다윗이 처음에는 아히멜렉에게로 도피했다가 나중에는 블레셋과 모압의 왕들에게로 피신하자, 사울이 아히멜렉과 그 가족을 살해한 경위

1. 다윗은 사울왕과 죽음의 위협으로부터 벗어나 놉(Nob)시에 있는 제사장 아히멜렉(Ahimelech)에게로 도피했다. 아히멜렉은 다윗이 동료나 종도 없이 홀로 오는 것을 보고는 의아하게 여기고 어째서 혼자만 왔는지를 알고 싶어 했다. 이에 다윗은 사울왕의 비밀 명령을 수행하기 위해 아무도 데리고 오지 않았으며 자기 종들을 모처(某處)에서 만나기로 약속했다고 말했다. 이렇게 말하고 난 후 다윗은 먹을 것을 좀 달라고 요청했다. 음식을 제공해 주게 되면 그것이 바로 자기를 돕는 것이요 왕명을 거들게 되는 것이라고 했다. 결국 다윗은

음식을 얻어먹고 난 후 무기가 있으면 칼이든 창이든 간에 아무거나 하나 달라고 요청했다. 그 당시 놉(Nob)에는 수리아 태생의 도엑(Doeg)이라는 이름을 가진 사울의 종 하나가 왕의 노새를 지키고 있었다. 대제사장 아히멜렉은 자기에게는 그런 무기가 없으나 "당신이 골리앗을 죽이고 빼앗아 하나님께 바친 골리앗의 칼이 여기에 있습니다."라고 말했다.

2. 다윗은 그 칼을 받고서는 히브리 땅을 벗어나 아기스(Achish)가 다스리는 블레셋 땅으로 피신했다. 아기스의 종들은 다윗을 알아보고는 아기스에게 수만의 블레셋인들을 죽인 다윗이 왔다고 알렸다. 이에 다윗은 사울의 손아귀에서 간신히 벗어나 목숨을 부지하는 줄 알았는데 다시 아기스의 손에 죽는 것이 아닌가 생각하고 크게 두려워하였다. 따라서 그는 입 밖으로 거품을 흘리면서 짐짓 미친 척하였다. 그는 또한 가드(Gath)의 왕 앞에서도 미친 사람처럼 행동하였다. 이에 왕은 미친 사람을 데리고 왔다고 신하들을 심하게 꾸중한 후에 다윗을 즉시 (도시 밖으로) 내어 쫓으라고 엄하게 명령했다.

3. 다윗은 이런 식으로 가드(Gath)에서 위기를 모면한 후에 유다 지파 가운데로 와서 아둘람(Adullam)시에 있는 한 동굴에 거하게 되었다. 다윗은 형제들에게 사람을 보내 자기의 거처를 알렸다. 이에 형제들은 친족들을 거느리고 다윗에게로 왔고 사울왕을 싫어하거나 두려워하는 사람들도 모두 모여 다윗에게 와서 명령에 복종할 터이니 부하로 삼아 달라고 했다. 이들은 모두 합해 400여 명이었다. 이렇게 많은 이들이 그를 돕겠다고 나서자 다윗은 큰 용기를 얻게 되었다. 이에 다윗은 그곳을 떠나 모압 왕에게로 가서 자기의 형편이 좋아질 때까지만 부모님을 보살펴 달라고 부탁했다. 모압 왕은 다윗에게 호의를 베풀고 그의 부모를 정중하게 대우해 주었다.

4. 다윗은 광야를 떠나 유다 지파에 속한 땅으로 가서 거기 거하라는 선지자의 명에 따라 유다 지파에 속한 헤렛(Hareth)시로 가서 그곳에 거하였다. 사울은 다윗이 일단의 무리들을 거느리고 있다는 소식을 듣고 적지 않게 놀라고 당

황하였다. 게다가 다윗이 담대한 용사(勇士)라는 사실을 잘 알고 있는 사울로서는 다윗이 무엇인가 심상치 않은 일을, 그것도 공개적으로 꾀하지 않을까 하는 의구심이 생기자 마음이 몹시 괴로웠고 심지어는 눈물까지 나올 정도였다. 이에 사울은 친구들과 군대 장관들과 베냐민 지파 사람들을 왕궁이 있는 언덕으로 불러 모았다.

권세 있는 신하들과 경호원들에게 둘러싸여서 아루라(Aroura)라고 부르는 곳에 앉은 사울은 그들에게 이렇게 말하였다. "나의 동족 베냐민 지파 여러분! 내가 여러분에게 베푼 은혜를 여러분은 기억하고 있을 것입니다. 나는 여러분 중에서 어떤 이들은 땅의 지주(地主)로, 어떤 이들은 군대 장관으로 삼았고 어떤 이들에겐 영예스러운 관직을 주었으며 평민들을 다스리는 관리와 병사들을 거느리는 지휘관의 자리에 앉게 하였습니다. 그러므로 나는 여러분에게 한 가지만 묻겠습니다. 여러분이 이새의 아들에게서 더 많고 큰 유익을 얻을 수 있으리라고 봅니까? 나는 여러분들이 모두 다윗에게 호감을 갖고 있다는 사실을 잘 알고 있습니다(심지어는 내 아들 요나단조차도 다윗에게 호감을 갖고 있으면서 여러분을 설득시켜 다윗을 선망하도록 하고 있음을 알고 있습니다). 그뿐 아니라 나는 요나단과 다윗이 서로 무슨 맹세와 언약을 맺고 있는지를 속속들이 알고 있으며 요나단이 나를 거역하는 무리들을 조언하며 도와주고 있다는 사실도 잘 알고 있습니다. 그러니까 여러분은 이런 일에 너무 심려하지 마시고 잠자코 보고만 계시면 이 일의 결말이 어떻게 나는지를 알게 될 것입니다." 사울왕이 말을 마치자 참석한 사람들은 수리아 사람 도엑(Doeg)을 제외하고는 아무 소리도 하지 않았다. 왕의 노새를 치는 일을 맡은 도엑은 다윗이 놉시에 있는 대제사장 아히멜렉에게 와서 미래사에 대한 예언을 듣고 그에게서 음식과 골리앗의 칼을 얻은 다음 그의 인도를 받아 무사히 가고자 하는 목적지로 가는 모습을 본 적이 있다고 왕에게 고해바쳤다.

5. 이에 사울은 대제사장 아히멜렉과 그의 온 친족을 불러 모은 다음 이렇게 나무랐다. "이새의 아들이 이 나라를 빼앗으려고 음모를 꾸미고 있는 것을 알면서도 네가 그를 영접하고 음식은 물론 칼까지 주었다니 도대체 어찌 된 영문

이냐? 내가 너에게 언제 몹쓸 짓을 한 적이 있더냐? 더욱이 다윗이 내 집을 미워하고 내게서 도망을 친 것을 알고 있으면서도 미래에 대한 예언을 해준 이유가 무엇이냐?"

그러나 대제사장 아히멜렉은 자기가 한 일은 솔직히 인정하면서도 자기는 다윗이 아니라 사울을 기쁘게 해주기 위해 한 일이었다고 용감하게 말했다. "나는 다윗이 당신의 충성된 종이요 천부장이요 무엇보다도 당신의 친족인 사위로만 알았지 당신의 적인 줄은 전혀 몰랐습니다. 적대자에게 그런 호의를 베푸는 사람이 세상천지 어디에 있겠습니까? 더욱이 내가 그를 위해 예언한 것은 이번이 처음이 아닙니다. 나는 이번뿐 아니라 전에도 여러 번 그를 위해 예언한 적이 있습니다. 또한 다윗이 내게 와서 왕의 명을 받고 급히 왔으니 자기 요구를 들어주지 않으면 그것은 자기 명을 거역하는 것이 아니라 왕명을 거역하는 것이라고 했습니다. 일이 이렇게 된 것이니 내게 대한 오해는 그만 푸시고, 내가 동정을 베푸느라고 한 행동을 부디 곡해하지 말기 바랍니다. 나는 그가 당신의 친구요 사위요 천부장인 줄 알았지 당신의 적이 되는 줄은 꿈에도 몰랐습니다."

6. 대제사장의 이런 변명은 사울을 설득할 수 없었다. 사울은 두려움이 너무 앞선 나머지 대제사장의 정당한 변명을 신빙성 있게 받아들일 수가 없었다. 이에 사울은 곁에 있는 무장 병사들에게 대제사장과 그의 친족들을 죽이라고 명령했다. 그러나 그들이 왕의 말보다는 하나님을 더 두려워한 나머지 대제사장을 건드리려고도 하지 않자 사울은 수리아 사람 도엑에게 죽이라고 명령했다. 결국 사울은 자기와 같이 악한 사람의 도움을 받아 아히멜렉과 그의 모든 가족을 죽이니 그 수가 모두 385명이었다. 사울은 또한 제사장들의 도시인 놉(Nob)[21]에 병사들을 보내 남녀노소를 막론하고 모두 죽인 후에 도시를 불살랐

---

21) 놉(Nob)은 원래 제사장들에게 할당된 도시가 아니며 선지자들에게 부여된 도시도 아니었다. 아마도 그 당시에는 놉에 성막이 있었으며 선지 학교도 함께 있었던 것이 아닌가 생각한다. 그곳은 예루살렘으로부터 걸어서 꼬박 이틀이나 걸리는 곳에 있었다(삼상 21:5). 이 도시는 하나님이 엘리에게 하신 무서운 경고에 따라 멸절된 이다말(Ithamar)가(家)의 중심 도시였던 것 같다(삼상 2:27-36; 3:11-18).

다. 오직 아히멜렉의 아들인 아비아달(Abiathar)만 간신히 목숨을 부지할 수 있었을 따름이었다. 이런 일은 그의 두 아들의 범죄로 인해 그의 후손이 멸절될 것이라고 엘리에게 예언하신 하나님의 말씀이 성취된 것이었다.

7. 사울왕은 어린이들을 불쌍히 여기고 노인들에게 경의를 표하기는커녕 아히멜렉 대제사장의 가문을 남녀노소를 막론하고 모두 살해하는 만행을 저질렀을 뿐 아니라, 하나님이 대제사장과 선지자들의 생계의 터전과 선지자의 교육을 위한 장소로 정해 놓으신 놉(Nob)시를 전복시킴으로써 모든 인간들에게 도대체 인간의 성향이 무엇인가에 대해 한 번쯤 생각해 볼 수 있는 계기를 만들어 주었다.[22]

인간이란 사인(私人)으로서 비천한 신분에 처해 있을 때는 쾌락을 추구하거나 욕망을 만족시킬 능력이 없으므로 공평하고 절제할 줄 알며 의를 추구하면서 의인의 길을 간다. 이때는 하나님이 자기 삶의 모든 국면에 함께 하시며 외부로 드러난 행동뿐 아니라 그 행동을 하게 한 내부의 생각도 알고 계신다는 신념을 가지고 생활한다. 그러나 한 번 권력과 권세가 있는 자리에 올라서게 되면, 마치 자기 외에는 무대 위에 어떤 배우도 없는 것처럼, 이런 경건한 생각과 지금까지의 변장된 역할과 태도는 내팽개치고 거만하게도 인간의 법률과 하나님의 율법을 경멸하게 된다. 그것도 특별히 그에게 경건과 의가 요구될 때에 더욱 이런 범죄를 저지르게 된다. 왜냐하면 한 번 권좌에 오르게 되면 많은 사람의 질투와 시기를 한 몸에 받게 될 뿐만 아니라 그의 일거수일투족이 많은 사람 앞에 적나라하게 드러나게 되기 때문이다. 권력을 휘두르게 되면 마치 하나님은 자기를 더 이상 살펴보지 않으시며 자기의 권세를 두려워하시거나 하는 것처럼 교만하게 행동한다. 이렇게 되면 무슨 이야기를 들어도 사실인 줄로

---

[22] 이 단락에는 권력을 잡은 사람이 전에 미천한 신분에 처해 있을 때는 실제로 소유하고 있었거나 아니면 소유하고 있는 척이라도 했던, 공의와 인간성과 하나님의 섭리에 대한 존중심과 경외감을 권력을 잡은 후 내팽개쳤을 때 찾아오는 위험이 무엇이며, 권력자의 사악함이 어떠한 것인가를 요세푸스 나름대로 생각해 본 내용이 담겨 있다. 이 단락의 요지는 "나를 가난하게도 마옵시고 부하게도 마옵시고 오직 필요한 양식으로 나를 먹이시옵소서 혹 내가 배불러서 하나님을 모른다 여호와가 누구냐 할까 하오며"(잠 30:8-9)라는 아굴의 기도의 내용과 유사하다.

생각하고 이유 없이 두려워하며 공연히 미워하고 까닭 없이 사랑하게 된다. 목전의 일에만 혈안이 된 나머지 먼 장래의 일에 대해서는 털끝만큼도 생각하지 않는다. 권좌에 앉아 있는 자는 자기를 위해 무진 애를 쓴 자를 높이 기용했다가도 그의 인기가 상승하면 그만 시기심이 생겨 그의 직위를 박탈할 뿐 아니라 생명까지도 빼앗아 간다. 그것도 억울한 누명과 얼토당토않은 죄명을 뒤집어 씌워서 말이다. 더욱이 정죄 받을 만한 하등의 죄도 저지르지 않았는데도 불구하고 조사도 해보지 않고 중상과 모략으로 부하들을 벌주기를 좋아한다. 어떤 때는 단순한 형벌로 끝나나 심할 때는 죽이기까지도 한다.

이런 사실은 귀족 정치 시대와 사사 통치 시대 이후 이스라엘을 통치한 첫 번째 왕인 기스의 아들 사울의 역사를 예로 들어 보면 분명히 알 수가 있다. 그는 아히멜렉이 의심스럽다는 이유 하나만으로 300여 명의 제사장과 선지자들을 죽였으며, 그것만으로도 속이 차지 않았던지 그들의 도시를 폐허로 만들어 버리는 악랄한 행동을 서슴지 않았다. 이런 그의 행동은 제사장들과 선지자들의 씨를 말려 성전(성막)을 무너뜨리려는 시도가 아닌가 의심할 정도로 지나친 만행이었다. 그렇게 많은 제사장과 선지자들을 살해하고 그들의 도시를 폐허로 만들어 다른 이들이 그들의 뒤를 잇지 못하도록 한 것을 보면 이런 의구심이 결코 무리가 아님을 알 수가 있다.

8. 사울에게 희생당한 제사장 가문의 유일한 생존자인 아히멜렉의 아들 아비아달(Abiathar)은 다윗에게로 도망가서 자기 아버지와 온 식구가 사울에게 죽음을 당했다는 비보를 전해 주었다. 이 말을 듣고 다윗은 그때 도엑이 그곳에 있는 것을 보고 혹시나 대제사장이 무고한 누명을 쓰게 되지나 않을까 걱정했는데 결국 일이 그렇게 되었느냐면서 모두 자기 탓이라고 괴로워했다. 이에 다윗은 아비아달에게 자기와 함께 있는 것이 가장 안전할 터이니 다른 데 가지 말고 자기와 함께 있는 것이 좋겠다고 했다.

제13장

다윗이 사울을 두 번이나 죽일
기회가 있었음에도 불구하고 죽이지 않은 경위와
사무엘과 나발의 죽음

1. 블레셋 사람들이 그일라(Keilah) 땅을 침범하고 약탈을 해갔다는 소식을 다윗이 들은 것도 거의 이때쯤이었다. 이에 다윗은 선지자를 통해서 하나님이 승리를 허락해 주신다면 블레셋인들을 징벌하고 싶다고 여쭈어보았다. 선지자가 하나님이 승리하게 해주실 것이라고 말하자 다윗은 동료들을 거느리고 블레셋을 급습하여 많은 블레셋인을 쳐 죽이고 많은 전리품을 노획한 후에 그일라 주민들이 무사히 곡식을 추수할 때까지 그들을 보호해 주었다. 그러나 다윗이 그일라 주민들과 함께 있다는 소문이 사울왕의 귀에까지 들리게 되었다. 다윗이 거둔 혁혁한 승리는 그일라 인근 지방뿐 아니라 그 밖의 지방까지 알게 되었고 다윗의 명성이 치솟아 오르게 되자 급기야는 사울왕의 궁정에까지 그 소문이 퍼지게 된 것이다. 사울은 다윗이 그일라에 있다는 소리를 듣고는 몹시 기뻐하면서 "하나님이 다윗을 벽과 성문과 빗장으로 둘러싸인 도시 안으로 밀어 넣으신 것을 보면 그놈을 내 손아귀에 들어오도록 해주신 것이 분명하다."라고 외치면서 모든 백성에게 급히 그일라를 포위하고 공격해서 다윗을 잡아 죽이라고 명령했다.

그러나 다윗은 이 사실을 눈치채고 하나님께 물어보았다. 이에 하나님이 만일 그가 계속해서 그곳에 머무르면 그일라 주민들이 그를 사울에게 넘겨줄 것이라고 말씀하셨다. 결국 다윗은 400명의 부하를 거느리고 그일라를 떠나 엔게디(Engedi)라고 부르는 도시 건너편에 있는 광야로 피신했다. 다윗이 그일라에서 도망쳤다는 소식을 들은 사울왕은 다윗을 잡기 위해 병사들을 파견하는 것을 중지했다.

2. 그 후 다윗이 그곳을 떠나 십(Ziph)에 속한 신지(新地, New Place)란 곳에 머물렀다. 사울의 아들 요나단이 이곳을 찾아와서 다윗을 만나 문안한 후에, 다윗이 장차 왕이 될 것이며 모든 히브리 병사들을 부하로 거느리게 될 것이니 현재의 상황에 낙심하지 말고 용기를 내서 앞날에 대한 소망을 굳게 가지라고 격려했다. 더욱이 요나단은 그런 행복은 천신만고의 노력과 인내 끝에 찾아오는 법이라고 다윗을 위로했다. 다윗과 요나단은 평생 서로 신실성과 우의를 변치 않을 것을 맹세했다. 요나단은 자기가 만일 언약을 어기고 그 반대의 행동을 하게 되면 하나님의 저주를 받게 될 것이라고 맹세하면서 하나님을 증인으로 내세웠다. 이렇게 요나단은 마음의 짐과 부담을 가볍게 한 후 다윗과 작별을 하고 집으로 돌아갔다.

십(Ziph)의 주민들은 사울의 선심을 사기 위해 다윗이 자기들과 함께 있음을 사울에게 밀고하고 사울왕이 십(Ziph) 협곡을 봉쇄하면 다윗이 달아날 길이 막히게 될 것인즉 자기들이 그를 잡아 넘길 테니 아무 걱정하지 말고 자기들에게로 오라고 요청했다. 이에 사울왕은 적의 소재를 가르쳐 주어 고맙다고 그들을 치하하고 난 후 조만간에 그에 대한 보상을 해주겠다고 약속했다. 사울은 자기가 친히 곧 뒤따라갈 터이니 먼저 가서 다윗이 있을 만한 곳을 샅샅이 뒤져서 어디에 있는지를 알아내라면서 먼저 보냈다. 이에 그들은 다윗을 찾아내 왕에게 넘겨주려고 사울왕보다 앞서서 먼저 길을 떠났다. 그들은 적의 소재를 제보하는 데 그치지 않고 직접 적을 사로잡아 왕에게 인계함으로써 왕에 대한 충성심을 과시하려고 많은 애를 썼다. 그러나 이들의 부당하고 사악한 욕망은 수포로 돌아가고 말았다. 이들은 자기들의 더러운 욕망이 뻔히 드러날 것임에도 불구하고 아첨하며 왕에게서 무엇인가 이득을 볼 것을 은근히 기대하여, 하나님이 사랑하시는 자요 무고한 누명을 쓰고 도망 다니는 다윗을 비방하고, 사로잡아 넘겨주겠다고 사울에게 약속을 했으나 모든 일이 그들 뜻대로 되지만은 않았다. 왜냐하면 다윗이 십 주민들의 악의(惡意)를 눈치채고 있었으며 사울이 온다는 소식을 미리 알고는 십 협곡을 벗어나 마온(Maon) 광야의 큰 바위가 있는 곳으로 피신했기 때문이었다.

3. 진군하는 도중에 다윗이 십 협곡을 벗어나 마온 광야로 도망을 쳤다는 소식을 전해 들은 사울은 급히 다윗의 뒤를 추격해 바위 맞은편에 진을 쳤다. 그러나 블레셋이 다시 침공해 들어왔다는 전갈에 사울은 다윗을 추격하기를 멈추고 블레셋군을 막기 위해 돌아갔다. 그야말로 이것은 다윗에게는 천우신조가 아닐 수 없었다. 자기 국토가 황폐해지는 것을 눈으로 보면서 사적(私的)인 원수를 갚는 데만 전력을 기울일 수는 없다고 판단한 사울은 거의 다 잡은 다윗을 놔두고 블레셋을 먼저 막으러 갔기 때문이었다.

4. 이렇게 천만뜻밖의 방법으로 구사일생한 다윗은 엔게디(Engedi) 협곡으로 갔다. 사울은 블레셋을 히브리 땅에서 몰아냈을 때 다윗이 엔게디 지경에 거하고 있다는 소식을 전해 듣고는 3,000명의 무장 병사들을 거느리고 급히 다윗을 사로잡기 위해 엔게디로 왔다. 사울이 그곳에 거의 다 왔을 때 그는 길옆에 깊은 동굴이 하나 있는 것을 보았다. 그 동굴은 긴 데다가 내부가 넓었기 때문에 다윗은 부하 400명을 거느리고 그 속에 숨어 있었다. 사울은 용변을 보고 싶어서 혼자 그 동굴 안으로 들어갔다. 다윗의 부하 하나가 사울이 들어오는 것을 보고는 하나님이 적을 없앨 수 있는 좋은 기회를 주신 것 같으니 사울의 머리를 베어서 그동안의 지루한 방랑의 생활과 괴로움을 끝내는 것이 어떻겠느냐고 다윗에게 제안했으나 다윗은 일어나서 단지 사울의 겉옷 자락만을 베어냈다. 그리고 나서 자기가 한 행동을 곧 후회하고 하나님이 왕으로 세우기에 적합하다고 본 사람이요 자기 주인인 사울을 죽이는 것은 옳지 못하다고 말했다. 비록 사울이 자기를 해하려 한다고 하더라도 자기가 그를 해하려고 해서는 안 된다는 것이었다. 사울이 동굴 밖으로 나가자 다윗은 가까이 따라가면서 큰 소리로 사울을 불렀다. 이에 사울이 뒤를 돌아보자 다윗은 관례대로 왕 앞에 무릎을 꿇고 절하면서 이렇게 말했다. "왕이시여! 중상과 모략을 일삼는 사악한 자들의 말에 귀 기울이지 마시고, 아첨꾼들의 말을 믿지 마시고, 의구심이 많은 왕의 측근들의 소리에 현혹되지 마시고, 모든 사람을 그들의 행동을 보고 판단하십시오. 왜냐하면 중상은 사람을 왜곡시키나 그의 행동은 그가 어떤 사람인가를 보여주는 가장 정확한 척도가 되기 때문입니다. 사람의 말

은 진실일 수도 있고 거짓일 수도 있으나 인간의 행동은 속일 수가 없습니다. 그러므로 왕께서는 왕에 대해서나 왕의 집에 대해서 취해온 저의 태도를 보시고 저를 믿으시기 바랍니다. 제발 생각조차 해본 적이 없으며 실행 불가능한 일로, 나를 무고하는 자들의 말을 듣고 밤낮으로 저를 죽이는 일에 혈안이 되는 일이 없도록 하시기 바랍니다. 저를 잡아 죽이려고 애쓰는 일은 천만부당한 일이라고 저는 생각합니다. 어떤 일로 제가 왕을 죽일 마음을 품고 있다는 오해를 하시게 되었습니까? 오늘 왕을 죽일 수 있는 절호의 기회가 왔음에도 불구하고 그렇게 하지 않은 사람을 적으로 간주하여 그렇게도 죽이려고 안간힘을 써서야 어찌 하나님에 대한 불신앙의 죄에서 벗어날 수가 있겠습니까? 아마 저에게 주어진 것과 같은 절호의 기회가 왕에게도 주어진다면 왕께서는 결코 그 기회를 놓치지 않았을 것입니다. 제가 왕의 겉옷 자락을 베었을 때 마음만 먹었다면 왕의 머리도 이같이 할 수 있었을 것입니다." 이렇게 말하면서 다윗은 사울에게 겉옷 자락을 보여주고 자기 말이 거짓이 아님을 확인시켜 준 후에 "저는 오늘 왕을 죽일 수 있는 절호의 기회에 복수하지 않았으나 왕께서는 부당하게도 저를 미워하고 해하려고 하시면서도 어찌하여 부끄러움을 모르십니까?[23] 하나님이 왕과 저를 공평하게 판단하시기를 빕니다." 사울은 다윗이 건네주는 겉옷 자락을 보고 크게 놀랐다. 게다가 다윗의 온유한 성품에 감동을 받아 흐느껴 울기 시작했다. 이에 다윗도 마찬가지로 흐느끼자 사울왕은 자기가 정말 못된 놈이라고 말했다. "자네는 나를 선대했으나 나는 자네를 괴롭히기만 했네. 인간은 비록 적을 사막에서 만난다고 하더라도 구해 내야만 한다고 믿었던 선인(先人)들의 의를 자네만큼은 소유하고 있다는 사실을 나는 오늘 확실히 알았네. 나는 이제야 하나님이 이 나라를 자네를 위해 남겨 놓은 이유와 자네가 장차 이 나라를 다스리게 될 까닭을 알 것만 같네. 그러므로 내게 한 가지 약속을 해주게. 비록 내가 자네에게 해를 끼쳤으나 내 집안이나 후손은 건드리지 않고 보호해 주기로 말일세." 이에 다윗은 사울의 요구대로 해주겠다

---

[23] 복수의 기회가 있었으나 직접 자기가 복수하기를 꺼렸다는 다윗의 말은 사도적 규정(Apostolical Constitutions) 7권 2장의 "복수는 악한 것이 아니나 인내가 더 칭찬받을 만하다."라는 말을 기억나게 해주고 있다.

고 맹세한 후 사울을 돌려보냈다. 그러고 나서 다윗은 부하들을 거느리고 마스테롯(Mastheroth) 협곡으로 올라갔다.

5. 이때 사무엘 선지자가 죽었다. 그는 히브리인들이 몹시 존경하는 인물이었다. 백성들이 그를 위해 애곡하는 정도나 기간이 유달리 다른 것을 볼 때 백성들이 그를 얼마나 사랑했으며 그의 덕이 얼마나 출중했던가를 알 수 있기 때문이다. 백성들이 그의 장례식에 보인 장엄함이나 엄숙함 또한 그의 영향력이 어떠했는가를 알 수 있게 해주었다. 백성들은 그를 고향인 라마시에 장사 지내고 매우 오랫동안 그를 위해 애곡하였다. 이는 온 백성이 사무엘의 죽음을 남의 일처럼 여기지 아니하고 모두 제 일처럼 여긴 탓이었다. 사무엘은 의로운 사람이고 성품이 아주 부드러운 사람이었기에 하나님의 극진한 사랑을 받은 인물이었다. 사무엘은 엘리 대제사장이 죽은 후 12년간은 백성들을 홀로 통치했으며 그 후 18년간은 사울왕과 함께 나라를 다스렸다. 이렇게 해서 사무엘의 역사는 끝이 났다.

6. 마온시에 사는 십 주민 가운데는 수많은 가축을 가진 한 부자가 있었다. 그는 양 3,000마리와 염소 1,000마리를 소유하고 있었다. 다윗은 부하들에게 시기심에서라든지, 양식이 없어서라든지, 아니면 들에서는 보는 사람이 아무도 없으니까 들킬 염려가 없어서라든지 간에 이유 여하를 막론하고 이 사람의 가축은 건드리지 말도록 명령했다. 다윗은 부하들에게 공의가 가장 고귀한 덕임을 강조하고 남의 소유를 건드리는 행위는 하나님의 뜻에 어긋나는 가장 무서운 범죄 중의 하나임을 주지시켰다. 다윗은 이 부자가 선한 사람이겠거니 생각하고 그런 배려를 베풀어 줄 가치가 있을 것이라고 기대했다. 이 부자의 이름은 나발(Nabal)로서 이름 그대로 사악하고 거칠기가 이루 말할 데 없는 인물이었다. 그는 매우 냉소적인 삶의 태도를 지니고 있으면서도 아내만큼은 지혜롭고 착한 성품에다가 빼어난 미모를 지닌 여인을 거느리고 살고 있었다. 때는 나발이 양털을 깎을 때였다. 다윗은 자기 부하 열 명을 보내 나발을 문안하게 하고 앞으로 하는 일이 계속 잘 되기를 바란다는 자기 소원을 전하게 한 후

에, 자기들이 광야에 있을 때 그의 가축을 해하기는커녕 오히려 보호해 주고 보살펴 준 것을 목동들을 통해 들어서 잘 알고 있을 터이니 성의껏 선물을 좀 주면 자기가 결코 그 은혜를 잊지 않을 것이라 하더라고 전하게 했다. 이에 다윗의 부하들이 나발에게 다윗의 말을 전하자 그는 몰인정하고도 야박하게 "도대체 이새의 아들은 누구며 다윗은 무엇 하는 작자인가?"라고 퉁명스럽게 내뱉었다. 그는 또한 "요즘 세상은 도망자들이 교만해져서 조금만 득세해도 제 주인도 몰라보는 세상이 되었단 말인가?"라고 말했다. 이 말을 들은 다윗은 격분하여 200명의 병사는 뒤에 남겨 본거지를 지키도록 하고 나머지 400명을 거느리고(벌써 그는 부하들 600명이나 거느리고 있었다) 나발을 징벌하러 떠났다. 다윗은 그날 밤 안으로 나발의 모든 식구와 전 소유를 철저히 전멸할 것이라고 맹세했다. 다윗이 격분한 데는 두 가지 이유가 있었다. 그 첫째는 자기가 보여준 친절과 배려에 대해 최소한의 인간적인 보답도 받지 못한 데 대한 일종의 배신감 때문이었고, 둘째는 욕을 들을 만한 하등의 잘못도 한 적이 없는데도 불구하고 모욕을 당한 데 대한 수모 때문이었다.

7. 이에 나발의 가축을 돌보던 목동 하나가 나발의 아내를 찾아와서, 다윗이 나발에게 사람을 보내 양 떼를 극진히 보호해 준 데 대한 일종의 성의 표시를 요구하자 나발은 공손한 예우는커녕 모욕적인 언사로 다윗의 청을 묵살했는데 이것이 나발에게는 무척 해로운 일이 될 것이라고 알려 주었다. 종의 이 말을 들은 나발의 아내 아비가일(Abigail)은 나귀에 안장을 얹고 그 위에 온갖 예물을 가득 싣고 남편에게는 알리지 않고(그는 만취해 인사불성이 되어 있었다) 다윗에게로 나아갔다. 아비가일은 언덕을 내려가는 도중에 400명의 부하를 거느리고 나발을 치러 올라오는 다윗을 만날 수 있었다. 아비가일은 다윗을 보자 나귀에서 뛰어 내려 얼굴을 땅에 대고 엎드려 절하면서 자기 남편은 이름대로 어리석은 사람이니 자기 남편이 한 말을 크게 괘념치 말아 달라고 간청했다. 나발은 히브리말로 '어리석음'(folly)이란 의미이다. 아비가일은 자기는 다윗이 보낸 사신을 보지 못했다고 변명을 늘어놓았다. "그러므로 저를 용서하시고 당신이 사람의 피를 흘리는 것을 이런 식으로 막게 해주신 하나님께 감사하세요. 당신께

서 가만히 계셔도 하나님은 사악한 자를 벌하셔서 당신의 원수를 갚아주실 것입니다.[24] 나발이 당할 화는 그냥 내버려두어도 언젠가는 내리기 마련이지요. 그러니 이제 제게 자비를 베푸시고 제가 드리는 예물을 받아 주십시오. 제발 저를 보아서라도 제 남편과 그의 집을 향한 분노를 거두어 주세요. 특별히 당신은 장차 왕이 될 분이시므로 온유와 인자로 사람을 대하시는 것이 마땅하지 않겠어요?" 이에 다윗은 그 여자가 주는 예물을 받고 이렇게 말했다. "오 여인이여! 하나님의 은혜가 없었다면 그대는 오늘 우리를 만나지도 못했을 것이며 다른 날을 볼 수도 없었을 것이오. 왜냐하면 내가 이 밤 안으로 나발의 집을 부수고[25] 나와 내 부하들에게 감사할 줄 모르는 그 사악한 놈에게 속한 식솔들은 하나도 남겨 놓지 않고 모조리 죽일 것이라고 하나님께 맹세했기 때문이오. 이제 그대가 나를 가로막고 내 분노를 진정시켰소. 따라서 그대는 하나님의 섭리로 목숨을 건진 것이오. 그러나 나발은 지금 당장은 그대 덕분에 목숨을 부지했으나 언젠가는 그 벌을 받게 될 것이오. 그의 사악한 행위는 언젠가 그의 파멸을 초래하고야 말 것이오."

8. 다윗은 이 말을 마치고 그 여인을 돌려보냈다. 아비가일이 집에 돌아와 보니 남편은 동료들과 함께 잔치를 베풀고 포도주에 만취되어 있었다. 이에 아비가일은 남편에게 무슨 일이 있었는지에 대해 한마디도 하지 않았다. 그러나 그다음 날 남편이 정신을 차리자 아비가일은 어제 일어났던 일을 상세하게 전해 주었다. 이에 나발은 아내의 말을 듣고 두려운 나머지 온몸이 죽은 사람처럼 뻣뻣해졌다. 결국 나발은 열흘을 넘기지 못하고 이로 인해 죽고 말았다. 그의 죽음의 소식을 들은 다윗은 하나님이 공평하게 자기 원수를 갚아 주셨다고

---

[24] 이 단락과 다음 두 단락에서, 우리는 아비가일이 친히 원수를 갚지 않는 것은 핀 숯을 그의 머리에 놓는 것이라는 말씀(잠 25:22; 롬 12:20)을 어떻게 이해했는지 알 수 있다. 우리가 오늘날 평상시 하는 것처럼 그들을 친절로 녹이는 것이 아니라 "내가 보복하리라"(신 32:35; 시 94:1; 히 10:30)라고 하시며 사악한 자에게 친히 원수를 갚으시는 하나님의 판결에 모든 것을 맡기라는 것으로 이해했을 것이다.

[25] 옛날 하나님의 백성에게는 맹세란 무슨 일이 있다 하더라도 꼭 지켜야 하는 신성한 의무였으나 맹세한 행동이 불법적인 것이 명백히 드러날 경우에는 맹세를 꼭 지켜야만 한다고 생각하지는 않았던 것 같다. 이것은 나발과 그의 가족을 죽이겠다고 맹세했음에도 불구하고 하나님이 맹세를 지키다가 피를 흘리는 일이 없도록 미리 막아 주셨음에 대해 감사드리는 다윗의 경우도 마찬가지이다.

했다. 나발은 자기 자신의 사악함 때문에 벌을 받아 죽은 것이니 자기는 그 일에 아무런 상관이 없다고 했다. 이때 비로소 다윗은 하나님은 선한 자에게 상을 베푸시고 악한 자는 벌하시며 단 한 사람도 그냥 넘기는 법이 없이 행한 대로 갚으시는 분이라는 사실을 깨달았다. 다윗은 나발의 아내에게 사람을 보내 자기에게 와서 아내가 되어 함께 사는 것이 어떻겠느냐고 제안했다. 이에 그 여인은 자기는 다윗의 발을 만질 자격도 없는 여자라고 답변했다. 그러나 결국 아비가일은 모든 종을 이끌고 다윗에게로 와서 그의 아내가 되었다. 아비가일이 이런 영광을 얻게 된 것은 바로 그녀의 지혜롭고 의로운 삶의 자세 때문이었다. 게다가 그녀의 빼어난 미모도 한몫했음은 부인하기 어려운 사실이다. 다윗은 이미 그전에 아브살(Abesar)시 출신의 한 여인을 아내로 맞이하고 있던 터였다. 왜냐하면 사울이 다윗의 아내였던 자기 딸 미갈을 갈림(Gallim) 시에 사는 라이스(Laish)의 아들 발디(Phalti)에게 아내로 주었기 때문이었다.

9. 이 일 후에 십 주민 중 하나가 사울에게 와서 다윗이 다시 십 땅으로 들어왔으니 도와만 준다면 틀림없이 다윗을 사로잡을 수 있을 것이라고 말했다. 이에 사울은 3,000명의 병사를 거느리고 십 땅으로 갔고 밤이 되자 하길라(Hachilah)라 부르는 한 장소에 진을 쳤다. 다윗은 사울이 자기를 잡으러 온다는 정보를 미리 듣고는 정탐꾼을 보내 사울이 어디에 진을 쳤는지를 알아보라고 지시했다. 사울이 하길라에 있다는 정탐꾼의 말을 들은 다윗은 동료들에게는 어디를 가는지 숨기고 자기 누이 스루야(Zeruiah)의 아들 아비새와 헷 사람 아히멜렉(Ahimelech)만을 데리고 사울의 진영으로 갔다. 이때 사울은 잠이 들어 있었고 그 주위에 병사들이 사령관인 아브넬(Abner)과 함께 원을 그리고 누워 잠을 자고 있었다. 이에 다윗은 왕의 장막에 들어가 사울이 어디에 누워있는지를 알면서도 그 곁에 꽂혀 있는 창으로 사울을 죽이지 않았을 뿐 아니라 사울을 죽여야 한다고 강하게 주장하면서 허락해 달라고 간청하는 아비새에게 허락하지 않았다. 그는 아비새에게 비록 그가 사악하다 하더라도 하나님이 왕으로 세운 자를 함부로 죽이는 것은 무서운 죄라고 말했다. 사울에게 통치권을 부여하신 하나님이 때가 되면 그에 마땅한 벌을 내리실 것이기 때문이라는 것

이었다. 다윗은 아비새를 극력 만류했다. 그리고 잠자는 사울의 곁에 놓인 창과 물병만을 가지고 아무에게도 발각되지 않고 무사히 적 진영을 빠져나왔다. 이런 일이 가능할 수 있었던 것은 사울왕의 부하들이 경계를 게을리하고 모두 잠을 잔 이유도 있지만 다윗의 용맹함에 더 큰 이유가 있다.

다윗은 시내를 건넌 후 소리치면 적들이 모두 들을 수 있는 언덕 꼭대기에 올라서서 사울의 병사들과 그 사령관인 아브넬을 향해 큰 소리를 질러 모두 잠에서 놀라 깨게 만들었다. 이에 아브넬은 자기를 부르는 소리에 일어나 누가 자기를 부르느냐고 물었다. 이에 다윗은 이렇게 대답했다. "나는 네가 방랑자로 만든 바로 그 이새의 아들이다. 그런데 너는 어찌 된 일이냐? 왕의 궁정에서는 제일가는 신하요 큰 권세를 지닌 네가 주인의 신변에 대해서는 어찌 그리 무심할 수가 있느냐? 네 주인의 신변 보호와 안전보다 잠이 네게 더 소중하단 말이냐? 조금 전 우리 중 몇 사람이 너의 진영에 들어가 바로 왕 옆까지 이르렀는데도 알아채지 못한 너의 근무 태만은 벌을 받아야, 아니 죽어야 마땅하다. 왕의 창과 물병을 찾아보아라. 그러면 네가 모르는 사이에 얼마나 큰 화가 너의 진영에 불어닥칠 뻔했는지를 쉽게 알 수 있을 것이다."

이에 사울은 다윗의 목소리를 알아듣고, 게다가 경호원들이 경계를 게을리하고 자기가 잠을 잔 틈을 타서 자기를 죽일 수 있었음에도 불구하고 죽이지 않고 목숨을 살려준 것을 알게 되자 살려 줘서 고맙다고 말하면서 더 이상 해치지 않을 터이니 낙심하지 말고 용기를 내어 고향으로 돌아가 살라고 했다. 사울은 그제야 자기가 자기를 사랑하는 것보다 다윗이 더 자기를 사랑하는 것을 깨닫게 되었다고 고백했다. 자기를 보호해 주었고 끝까지 호의를 베풀어 준 다윗을 쫓아내어 친구도 친척도 없는 유랑의 생활을 하게 했고, 그것도 핍박을 당하고 생명의 위협을 받아가며 오랜 세월 동안 쫓겨 다니며 자기를 여러 번 죽일 수 있었음에도 죽이지 않고 목숨을 살려준 것에 대해 그저 목이 멜 뿐이라고 했다. 이에 다윗은 창과 물병을 도로 가져가라고 말하고 "오늘 제가 왕을 죽일 기회가 있었지만 손을 대지 않은 사실을 아시는 하나님이 왕과 저의 성품과 거기에서 기인하는 모든 행위를 선악 간에 판단하시기 바랍니다."라고 덧붙였다.

10. 사울은 이렇게 다윗의 손아귀에서 두 번째로 벗어난 후에 왕궁이 있는 고향으로 돌아갔다. 그러나 다윗은 그곳에 계속 있으면 사울에게 붙잡힐 것을 염려한 나머지 블레셋 땅으로 가 그곳에 거주하는 것이 좋겠다고 생각했다. 이에 다윗은 부하 600명을 거느리고 블레셋의 다섯 도시의 하나인 가드(Gath)의 왕 아기스(Achish)에게로 갔다. 아기스왕은 다윗과 그의 부하들을 영접하고 그들이 거할 처소를 마련해 주었다. 다윗은 그의 두 아내인 아히노암(Ahinoam)과 아비가일(Abigail)과 함께 가드에 거했다. 사울은 이 소식을 듣고도 다윗을 추격하거나 사로잡으려는 생각을 하지 않았다. 지금까지 다윗을 사로잡으려고 많은 애를 썼으나 오히려 자기가 두 번 다윗에게 사로잡힌 것이나 다름없는 결과를 빚었기 때문이었다. 다윗은 계속 가드 시내에 거주하고 싶은 마음이 없어 아기스왕을 찾아가 지금까지 후한 대접을 해주셨으니 이왕이면 한 번 더 호의를 베풀어서 자기들이 거주할 만한 곳을 알선해 주었으면 좋겠다고 부탁했다. 도시 내에 거주하다 보니까 왠지 짐이 되고 부담을 주는 것 같아 부끄럽기 그지없다고 했다. 이에 아기스는 다윗에게 시글락(Ziklag)이라고 부르는 한 마을을 거처로 주었다. 이곳은 후에 다윗이 왕이 되었을 때 다윗뿐 아니라 그의 아들들도 특별한 유산으로 생각하고 꽤 즐겨 찾는 곳이 될 것이다. 이에 대해서는 후에 상세히 다루도록 하자.

다윗이 블레셋 땅 시글락에 거주한 기간은 4개월 20일간이었다. 다윗은 은밀하게 그술인(Geshurites)과 아말렉인(Amalekites)을 공격하여 그 땅을 폐허로 만들고 그들의 가축 떼와 약대들을 노략해 가지고 돌아왔다. 다윗은 아기스왕에게 전리품의 일부를 선물로 주었다. 그러나 그술인이나 아말렉인을 포로로 잡아 오면 사실이 드러날까 봐 사람은 포로로 잡아 오지 않았다. 아기스왕이 전리품의 일부를 선물로 받으며 다윗에게 누구를 공격해서 노략해 온 것이냐고 물었다. 이에 다윗은 유다 남방과 평지에 거하는 자들을 공격해 빼앗아 온 것이라고 했다. 이 말을 들은 아기스는 다윗이 동족을 공격했으니 평생 자기 밑에서 신하 노릇을 하게 될 것이 아닌가 생각하고 은근히 기뻐하였다.

제14장

블레셋과의 전쟁에 대한 사울의 질문에
하나님이 아무 응답도 하시지 않자
급기야 사울이 신접한 여인을 찾아가
사무엘의 영혼을 불러올려 달라고 요청한 경위와
히브리인들이 전쟁에서 패배하게 되고
사울과 그의 아들들이 전사하게 된 경위

1. 이때쯤에 블레셋은 이스라엘을 공격하기로 결심하고 모든 동맹국에 사신을 보내 수넴(Shunem)시 근처의 레간(Reggan) 전투에 군대를 파견해 달라고 요청했다. 이에 블레셋과 모든 동맹국은 레간에 집결하여 이스라엘을 불시에 습격했다. 이에 가드 왕 아기스는 다윗에게 히브리를 치는 원정에 부하들을 거느리고 참여해 달라고 요청했다. 이에 다윗은 순순히 응낙하고 때가 되어 자기도 도와 달라고 요청하면 도와주어야 한다고 단서를 달았다. 결국 아기스왕은 히브리와의 전쟁에서 승리할 수 있을 것이라고 장담하면서 전쟁 후에는 다윗을 경호원으로 삼겠다고 약속했다. 아기스가 이렇게 호언장담하면서 좋은 자리를 주겠다고 약속한 것은 다윗으로 하여금 히브리 원정에 열성적으로 참여하기를 바라는 마음에서 나온 의도적인 계획이었다.

2. 히브리 왕 사울은 선지자만을 제외하고는 박수와 신접한 자와 및 그와 비슷한 마술을 행하는 자들을 자기 나라에서 내어 쫓았었다. 블레셋이 이미 평지에 있는 수넴시 근처에 진을 쳤다는 보고를 접한 사울은 급히 군대를 거느리고 적을 대항하기 위해 길보아(Gilboa)산으로 가서 적을 마주하고 진을 쳤다. 사울은 적의 병력을 보고는 그만 아연실색했다. 적이 수적으로뿐 아니라 전력에 있어서도 자기보다 우세한 것처럼 보였기 때문이었다. 이에 사울은 전투의 결과가 어떻게 나올는지 미리 알고 싶어 선지자를 통해 전쟁에 대해 하나님께 여쭤

어보았다. 그러나 하나님이 아무 응답도 하시지 않자 사울은 더욱 큰 두려움에 사로잡히게 되었다. 하나님이 자기를 더 이상 도와주시지 않으므로 어떤 화를 당할 것 같은 예감이 들자 (이런 예감이 드는 것은 당연하였다) 사울의 사기는 그야말로 땅에 떨어지고 말았다. 이에 사울은 시종들에게 이번 일이 어떤 결과를 빚을지 미리 알고 싶으니 죽은 자의 영혼을 불러낼 줄 아는 신접한 여인이 있는가를 수소문해 보라고 지시했다. 신접한 여인은 죽은 자의 영혼을 불러내 미래사를 알고자 하는 자들에게 미래사를 예언하게 만드는 능력을 소유한 자를 말한다. 그러자 시종들 가운데 하나가 엔돌(Endor)시에 그런 여인이 있는데 그것을 아는 사람은 자기밖에 없다고 말했다. 이에 사울은 왕복을 벗고 자기가 가장 신임하는 시종 둘만 데리고 엔돌시의 신접한 여인을 찾아가 자기가 원하는 자의 죽은 영혼을 불러내 달라고 요청했다. 그러자 신접한 여인은 그의 요구를 들어줄 수 없다고 거절하고 왕께서 이런 일은 엄금하셨기에 결코 왕명을 거역할 수 없다면서 자기가 아무런 해도 끼친 적이 없는데 왜 찾아와서 올무를 놓아 왕이 엄금한 행위를 하게 함으로써 자기를 함정에 빠뜨리려고 하느냐고 항의를 했다. 사울은 자기밖에는 아무도 그녀가 신접한 여인인 줄을 모르며 절대 비밀로 할 것을 맹세할 터이니 아무 걱정하지 말라고 했다. 사울은 어떤 해도 끼치지 않을 터이니 걱정 말라고 맹세를 한 후에 사무엘의 영혼을 불러올려 달라고 했다. 그 여인은 사무엘이 누군지도 모르고 그를 음부(Hades)에서 불러냈다. 사무엘이 나타나자 그 여인은 그가 존경받는 사람인 데다 신적인 형상을 한 것을 알고 그만 혼란에 빠지게 되었고 그 형상에 크게 놀란 나머지 "당신은 사울왕이 아니십니까?"라고 부르짖었다. 사무엘이 그 여인에게 그가 사울인 것을 가르쳐 주었기 때문이다. 사울은 자기가 바로 왕이라는 사실을 시인하고 무엇 때문에 그렇게 당황하느냐고 묻자 그 여인은 한 사람이 올라왔는데 그 모습이 신 같았기 때문이라고 대답했다. 이에 사울은 그가 어떻게 생겼으며 무슨 옷을 입었고 나이는 얼마쯤 되어 보이더냐고 질문했다. 그러자 그 여인은 이미 나이가 많이 든 것 같고 영광스러운 광채에 제사장 의복을 입고 있더라고 대답했다. 이에 사울왕은 금방 그가 사무엘인 줄 알아보고 땅에 엎드려 문안하며 경배하였다. 사무엘의 영이 어찌하여 자기를 귀찮게 하며 여기까지 올라오게 하였느냐고 묻자 사울은 자기가 진퇴양난의 지경에 처하게 되었다고 하소연했다. 적은 코앞까지 다가왔는데 하나님은 자기를 버리시고 선지자로도 꿈으로도 장차 될 일을 말씀하시지 않으니 현재 상황에서 어찌해야 좋을지를 몰라 항상 자기 일을 걱정해 준 사무엘을 찾아오게 된 것이라고 그를 불러올린 연유를 설명했다. 사무엘은 사울의 종말이 어떠할 것을 알고 이렇게 말했다.[26] "하나님이 이미 당신을 버린 이상 나에게서 무엇인가를 알아내 보려고 해봤자 그대에겐 아무 이익도 없을 것이오. 내 말을 명심해 들으시오. 다윗은 왕이 되어 이 전쟁을 승리로 이끌 것이나 당신은 통치권과 생명을 동시에 잃어버리게 될 것이오. 내가 살아 있을 때 당신에게 예언한 대로 당신은 아말렉과의 전쟁 때 하나님께 불순종하고 하나님의 명령을 어겼기 때문이오. 그러므로 이 백성들은 적에게 무릎을 꿇게 될 것이고 당신과 당신 아들들은 내일 전사하게 될 것이며 당신은 내일 나와 함께 (음부에) 있게 될 것이오."

3. 이 말을 듣자마자 사울은 슬픔으로 말을 잇지 못했고, 사무엘의 말을 듣고 슬픔을 이기지 못해서인지 아니면 전날 하루 종일 아무것도 먹지 않아 허기에 지쳐서인지 그만 바닥에 쓰러지고 말았다. 사울이 간신히 정신을 차리자 그 여인은 자기 성의를 생각해서라도 호의를 베풀어 준다는 뜻으로 음식을 조금이라도 입에 댈 것을 강하게 종용했다. 그가 사울왕인지도 모르고 법으로 규제된 일을 했으니 걱정이 안 될 수가 없었다. 이에 그 여인은 원기를 회복하고 진영까지 무사히 돌아가려면 식사를 해야 하니 음식 준비를 하도록 허락해 달라고 간청했다. 그러나 사울은 걱정 때문에 음식을 들고 싶은 마음이 조금도 없으니 절대로 식사 준비를 할 필요가 없다고 거절했다. 그러나 그 여인은 굴하지 않고 거의 강요하다시피 하여 사울을 설득시키고야 말았다. 그 여인에게는 그녀가 매우 사랑하고 아끼며 또한 생계의 수단이 되는 송아지 한 마리가 있었

---

26) 사울이 신접한 여인과 의논한 이 역사는 특별히 우리가 집회서(Ecclus.) 46장 20절의 "사무엘은 죽은 후에 사울왕에게 그의 종말을 보여주고 예언하였으며 백성들의 사악함을 제거하기 위해 땅에서부터 목소리를 높여 예언하였다."라는 내용을 고려해 볼 때 쉽게 이해할 수가 있다. 이 예언이 바로 그다음 날 정확하게 성취된 것을 볼 때 우리는 사울에 관한 이 역사 속에 어떤 왜곡이 있을지도 모른다는 주장을 받아들일 수가 없다.

다. 그 여인은 이 송아지 외에는 다른 재산이 없었기에 노동으로 하루하루를 살아가는 여인이었다. 그 여인은 이 송아지를 잡아서 음식을 만들고 사울왕과 그의 시종들에게 갖다주었다. 이렇게 해서 사울은 그 밤 안으로 진영으로 돌아올 수가 있었다.

4. 우리는 여기서 이 여인의 관대함을 주목하고 칭찬해 주어야 한다.[27] 생활 형편을 더 나아지게 할 수 있는 자기 본업을 금지시킨 장본인이며 생면부지의 나그네임에도 불구하고, 그 여인은 사울왕을 자기에게 손해를 입힌 적으로 간주하고 박절하게 대하지 않았을 뿐 아니라 오히려 불쌍히 여기고 위로하고 그렇게도 먹기 싫어하는 음식을 먹도록 권했으며 가난한 형편에도 자기가 가지고 있는 유일한 재산인 송아지를 왕에게 드렸다. 더욱이 보통 사람 같으면 무엇인가 유익을 얻고 이득을 볼 수 있는 사람에게만 잘 보이려고 대접하는 데 반해 이 여인은 사울이 곧 죽을 것을 알고 차후의 어떤 보상이나 혜택을 받을 만한 상황이 아닌 줄 알면서도 성의와 진심으로 사울을 대접했다. 따라서 우리도 이러한 친절보다 더 선하고 인간적인 것은 없으며 하나님도 이보다 더 빨리 우리에게 축복과 호의를 베푸시는 것이 없는 줄로 알아 이 여인처럼 어려움에 처한 모든 이들에게 친절을 베풀어야만 할 것이다.

여기서 나는 용기라는 또 다른 주제에 대해서 언급하고 넘어가려고 한다. 용기라는 것은 선남선녀들의 입맛에 맞는 덕목으로서 어떤 한 도시나 백성이나 국가를 막론하고 그 단체의 유익에 큰 기여를 할 수 있는 미덕인 것이다. 더욱이 용기란 모든 인간으로 하여금 덕을 추구하는 데 전심전력을 다할 수 있도록 해줄 것이며 영원한 영광과 명성을 얻는 방법을 가르쳐 줄 것이며, 모든 국가와 도시의 왕들과 지배자들에게 선행을 하려는 동기를 부여해 줄 뿐만 아니라 역경과 위험을 두려워하지 않고 이를 극복할 수 있는 용기와 순국(殉國)의 정열을 부여해 줄 것이다. 나는 히브리 왕 사울을 통해 이 용기라는 주제에 대해 언

---

[27] 이 엔돌의 여인의 관대함과 전사할 줄 알면서도 비겁하게 굴지 않았던 사울의 용기에 대한 이런 칭찬들은 요세푸스 본문에서 약간 이탈한 것처럼 보인다. 이 칭찬들은 웅변 형식으로 요세푸스가 전에 작성했던 것을 여기에 삽입하는 것이 좋겠다고 생각하고 집어넣은 것 같다.

급할 기회를 갖게 된 것을 매우 기쁘게 생각한다. 사울은 선지자 사무엘의 예언을 듣고 자기가 곧 전사할 운명이라는 것을 알면서도 죽음을 피해 도망가려고 하지 않았으며, 자기 한 목숨을 부지하기 위해 백성들을 적에게 내어주는 비겁한 행위도 하지 않았고, 왕의 체면에 먹칠을 하는 행위도 하지 않았다. 자기와 온 식구가 죽음의 위협에 직면하게 되었음에도 불구하고 그는 백성들을 위해 싸우다 백성들과 함께 죽는 것이 참다운 용기라고 생각했으며 자기 아들들도 우물쭈물하는 모습을 보이기보다는 자기처럼 용감하게 죽는 편이 더 좋겠다고 나름대로 판단한 것이었다. 즉 왕위 계승과 후손을 택하기보다는 만대에 이름을 남기고 칭송을 받는 편을 택한 것이었다. 내가 보기에는 이런 사람만이 참으로 의로운 사람이요, 용감한 사람이며, 지혜로운 사람이다. 과거와 현재와 미래를 막론하고 이런 성품에 도달한 사람이 있다면 이런 사람은 용감하며 덕 있는 사람이란 칭송을 받아야 마땅하다. 전쟁에서 승리할 것을 뻔히 알고 전쟁에 나가 승리를 거둔 후 무사히 귀환한 자들을 역사가들과 다른 작가들은 용감한 자로 묘사하려는 경향이 있으나 나는 그렇게 생각하지 않는다. 비록 이들도 칭찬을 해주어야 한다는 점에는 동의하나 진정으로 용기 있는 사람은 사울처럼 역경 속에서도 담대함을 잃지 않는 사람이다. 전쟁 통에 자기에게 어떤 일이 닥칠지 모르는 상황에서도 두려워하지 않고 불확실한 미래에 몸을 맡기고 전투에 참여하는 사람도 혁혁한 많은 전공을 세우는 일이 허다하나 비록 이런 자들도 진정한 용기의 표상으로 볼 수는 없다. 전쟁에서의 좋은 결과는커녕 그 전투에서 전사할 것을 미리 알면서도 이에 놀라거나 두려워하지 않고 전투에 뛰어드는 사람이야말로 진정한 용기의 표상적 존재라고 나는 생각한다. 사울이 바로 그런 인물로서 그는 사후(死後)에 명성을 얻으려고 애쓰는 자들의 귀감이 되었다. 특별히 백성들에게 악하게 대하지 아니하고 그런대로 선정을 베풀었다는 평가만으로 결코 만족할 수 없다고 생각하는 왕들은 사울의 본을 따를 필요가 있을 것이다. 사울과 그의 용기에 대해 할 말은 많이 남아 있으나 사울에 대한 칭찬이 지나치다는 인상을 심어줄까 두려워 본론으로 돌아가고자 한다.

5. 내가 전에 언급한 대로 블레셋은 진을 친 후에 국가별, 왕국별, 통치 단위별로 병력을 계수하였다. 아기스왕은 휘하 병사를 거느리고 맨 나중에 도착했는데 그 뒤에는 다윗이 600명의 병사를 거느리고 뒤따르고 있었다. 이에 블레셋의 사령관들은 다윗을 보고 아기스왕에게 이 히브리인들은 도대체 누구의 초청으로 어디에서 왔느냐고 물어보았다. 그러자 아기스는 그는 그의 주인 사울에게서 도망친 다윗인데 자기에게 왔길래 환대해 주었더니 자기의 호의에 보답도 하고 사울에게 복수도 하기 위해서 전투에 참여하고 싶다는 의사를 밝히기에 동맹을 맺고 데리고 왔다고 대답했다. 블레셋 사령관들은 아기스왕에게 적을 우방으로 오인하지 말라고 하면서 다윗이 그 주인 사울과 화해할 수 있는 기회로 생각하고 이적(利敵) 행위를 하기 쉬우니 돌려보내는 것이 좋겠다고 충고하였다. 그들은 이자가 바로 히브리 처녀들이 블레셋 수만 명을 죽였다고 노래를 지어 칭송하던 그 다윗이 아니냐면서 부하 600명과 함께 자기 거처로 돌려보내는 것이 현명할 것 같다고 아기스왕에게 제안하였다. 가드의 왕 아기스는 이 말을 듣고 그럴 것 같다고 고개를 끄덕이고는 다윗을 불러 이렇게 말했다. "나로서는 그대가 내게 보여준 성실함과 친절을 증거할 수도 있고, 또 그 때문에 그대를 내 우방으로 생각한 것이네만 블레셋 사령관들은 그렇지 않은 것 같네. 그러니 의심받지 않도록 하루 내에 거처하던 곳으로 돌아가서 내 나라를 지켜 주게. 혹시 적이 쳐들어올지도 모르는 일일세. 이것도 나를 돕는 일 중의 하나임을 명심하도록 하게." 이에 다윗은 가드의 왕이 지시한 대로 시글락으로 돌아갔다. 그런데 공교롭게도 다윗이 블레셋을 도우러 나간 사이 아말렉 사람들이 시글락을 공격해 와서 점령한 후에 불을 지르고 그곳뿐 아니라 다른 블레셋 지역도 약탈해서 돌아갔다.

6. 다윗은 시글락이 약탈을 당하고 폐허가 되었을 뿐 아니라 부하들의 처자식과 자기의 두 아내와 자식들까지도 포로로 잡혀간 것을 보자 부하들과 함께 옷을 찢고 울면서 크게 슬퍼하였다. 다윗은 이런 불상사에 크게 낙담한 나머지 마침내는 눈물을 뚝뚝 흘렸다. 다윗의 부하들이 그들의 처자식들이 포로로 붙잡혀가게 된 모든 책임을 다윗에게 돌리고 덤벼드는 바람에 그는 거의 돌에 맞

아 죽을 뻔하였다. 그러나 다윗은 하나님만을 의지하고 슬픔을 딛고 일어서서 대제사장 아비아달에게 제사장 의복을 입고 아말렉을 추격하여 습격하면 적을 이기고 처자식들을 구해 낼 수 있는지를 하나님께 여쭈어보고 알려달라고 요구했다. 대제사장이 아말렉인들을 추격하라고 지시하자 다윗은 즉시 400명의 부하들을 거느리고 추격을 개시했다.

다윗이 브솔(Besor) 시내에 도착했을 때 허기와 굶주림으로 죽기 일보 직전에 있는 애굽 사람 하나를 만났다(그는 3일간 광야에서 밤낮 주리면서 방황을 계속했다). 다윗은 그에게 먼저 먹을 것과 마실 것을 주었다. 그러자 그는 정신을 차렸다. 이에 다윗은 그에게 누구에 속한 자이며 어디에서 오는 것이냐고 물어보았다. 그러자 그자는 자기는 애굽 출생인데 병들고 약해서 거추장스럽다고 주인이 자기를 버린 것이라고 대답했다. 그는 또한 자기는 유대 여러 지방과 시글락을 공격하고 약탈해 간 자들의 일원이었다는 점도 밝혔다. 이에 다윗은 그를 아말렉인들을 추격하는 안내인으로 삼았다. 다윗이 아말렉인들을 따라잡았을 때 그들은 수많은 전리품을 노획한 데 대해 만족한 나머지 여기저기 흩어져서 먹고 마시며 뒤죽박죽이 되어 무방비 상태로 널려 있었다. 이에 다윗은 그들을 급습하여 많은 아말렉인들을 살육하였다. 그들은 이런 일이 있을 줄은 꿈에도 생각하지 못하고 갑옷도 내팽개치고 먹고 마시며 즐기는 일에만 몰두해 있었기 때문에 손도 쓰지 못하고 죽음을 당했다. 어떤 이들은 식탁에 앉아 있다가 앉은 자세로 죽음을 당했으며 그들의 피가 그들이 먹는 음식과 잔에 튀었다. 어떤 이들은 술에 거나하게 취해 있다가 꼼짝없이 당하고 말았으며 어떤 이들은 배불리 먹고 잠을 자다가 봉변을 당하고 말았다. 그나마 갑옷을 주워 입을 시간이 있는 사람들도 있었으나 이들도 별 수 없었다. 다윗의 부하들은 낮 첫 시간부터 저녁까지 그들을 살육하였으니 단봉(單峯)낙타나 약대를 타고 도망한 400명을 남기고는 모조리 전멸시키는 큰 전과를 거두었다. 결국 다윗은 부하의 아내와 자기 아내 및 적이 탈취해 간 모든 약탈품을 되찾게 되었다.

그들이 따라올 수 없어 소유물을 지키라고 남겨 놓은 200명이 있는 곳에 도착했을 때, 전투에 참가했던 400명의 부하들이 약한 척하고 뒤에 남아 적을 추격하는 데 동행하지 않았던 200명에게는 도로 찾은 물건은 돌려주지 말고 아내를 찾은 것만으로 만족하라고 말하는 것이 어떻겠느냐고 했다. 이에 다윗은 그들의 의견이 부당하고 악한 것임을 지적하고, 하나님이 은혜를 베푸셔서 적에게 보복할 수 있도록 도와주시고 소유물을 도로 찾을 수 있도록 선처해 주셨으며 이 200명도 뒤에 남아 소유물을 지키는 역할을 담당했으므로 도로 찾은 물건을 공평하게 분배해야 한다고 명령했다. 그때부터 소유물을 지키는 사람들도 전쟁에 참여한 자들과 동일한 몫을 받아야 한다는 율례가 백성들 사이에 통용되기 시작했다. 다윗은 시글락에 돌아온 후에 전리품의 일부를 유다 지파의 친구들과 친지들에게 보냈다. 이렇게 해서 시글락의 약탈 사건과 아말렉 보복 사건은 끝을 맺었다.

7. 블레셋과 이스라엘은 접전을 벌인 끝에 블레셋이 승리하게 되었고 이스라엘은 수많은 전사자를 내기에 이르렀다. 이스라엘 왕 사울과 그의 아들들은 그들의 명예는 용감하게 싸우다 영광스럽게 죽는 것밖에는 없는 줄 알고 용감하고 민첩하게 싸웠다. (그들은 다른 희망이 없었으므로) 위험을 무릅쓰고 친히 앞장서서 진두지휘했으며 정면으로 적에 대항하다 포위되어 죽음을 당하면서도 많은 블레셋인을 죽일 때까지는 뒤로 물러서지 않았다. 사울의 아들은 요나단과 아비나답(Abinadab)과 말기수아(Malchisua)였다. 이들이 전사하자 히브리 병사들은 혼비백산하여 그만 뿔뿔이 흩어져 도망을 치기 시작했다. 이것을 본 블레셋 사람들이 맹추격하여 이들을 살해하였다. 사울도 막강한 경호 부대의 호위 속에 도망을 쳤다. 이에 창을 잘 던지고 활을 잘 쏘는 자들이 사울을 추격해 창과 활을 쏘니 사울의 부하 병사는 몇 안 남고 모조리 죽음을 당했다. 사울은 정말 용감하게 싸웠다. 그러나 여러 곳에 너무 심한 부상을 당한 나머지 적에 대항할 수도 없었고 심지어는 자살할 기력도 없었다. 이에 그는 자기 병기 잡은 병사에게 적들이 닥치기 전에 자기를 죽이라고 명령했다. 그러나 병기 잡은 병사가 감히 자기 주인을 죽이려고 하지 않자 사울은 자기 칼을 뽑아 그 위에 엎드려졌다. 그러나 칼이 몸을 꿰뚫지 않자 몸을 뒤틀고 옆에 서 있는 젊은이에게 누구냐고 물어보았다. 아말렉인이라고 말하자 사울은 자기 몸에 꽂힌 칼을 힘껏 눌러 달라고 부탁했다. 적에게는 죽기 싫고 자기 힘으로 죽을 수 없으니

까 이런 식으로라도 죽기를 바랐던 것이다. 이에 그 젊은이는 사울이 시키는 대로 하고 사울의 팔에 끼어있는 금팔찌와 머리에 쓴 금 왕관을 취한 후에 어디론가 마구 달려갔다. 사울의 병기 잡은 자는 사울이 죽은 것을 보고 자살했다. 이렇게 해서 왕의 경호 부대는 단 한 명도 살아남지 못했고 모두가 길보아(Gilboa)산 위에 엎드러졌다. 요단강 건너 골짜기와 평지의 도시에 거주하는 히브리인들은 사울과 그의 아들들과 병사들이 패배하여 전사했다는 소문을 듣고는 고향 도시를 등지고 요새화된 곳으로 도망을 쳤다. 블레셋인들은 도시들이 텅 빈 것을 보고 그곳에 들어와서 거주하였다.

8. 그다음 날 블레셋인들은 전사한 적들의 몸을 수색하기 위해 왔다가 사울과 그의 아들들의 시신을 발견하고 갑옷을 벗긴 후에 목을 베었다. 그들은 자기 나라의 전역에 승리의 소식을 전하고 이들의 갑옷을 아스다롯(Astarte) 신전에 봉헌하고 그 시체는 지금 스키토폴리스(Scythopolis)라고 부르는 벧산(Bethshan)시 성벽의 십자가 위에 매달아 놓았다. 길르앗 야베스(Jabesh Gilead)의 주민들은 블레셋인들이 사울과 그의 아들들의 시신을 토막 냈다는 소식을 듣고는 장례도 치러주지 않은 이런 야만적인 행위는 도저히 있을 수 없는 일이라고 생각하고 그중의 담대하고 용맹한 자들(사실 이 도시에는 신체나 정신에 있어서 용맹한 자들이 많이 있었다)이 밤새도록 여행하여 벧산시로 가서 적의 성벽에 접근하여 사울과 그의 아들들의 시신을 끌어내려 야베스로 운반했다. 적들은 이들의 용기와 담력에 놀라 감히 방해할 힘도 용기도 나지 않았다. 이에 야베스 주민들은 모두 슬퍼하면서 그 시신들을 그곳에서 가장 좋은 땅인 아루라(Aroura)에 장사 지냈다. 그들은 일주일 동안을 공적인 애도 기간으로 정하고 처자들과 함께 먹을 것이나 마실 것을 (저녁까지) 금하고[28] 가슴을 치면서 사울왕과 그의 아들들을 위해 애곡하였다.

---

[28] 이 요세푸스의 말투는 사도 바울의 말투와 거의 비슷하다(행 27:33). 그 당시의 상황과 그렇게 오랜 기간 엄격하게 금식하는 것이 불가능하다는 두 가지 사실을 놓고 볼 때 우리는 여기서 단지 저녁까지만 금식한 것으로 요세푸스를 이해해야만 할 것 같다. 따라서 우리는 사도행전의 기사도 저녁까지만 음식을 먹지 않은 것뿐이지 그 이상은 아니라는 뜻으로 이해해야만 할 것 같다.

9. 사무엘이 예언한 대로 사울은 이와 같은 슬픈 종말을 맞이하지 않을 수 없었다. 사울은 아말렉 사람들을 정복할 때 하나님의 명령에 불순종하였을 뿐 아니라 대제사장 아히멜렉과 그의 가족을 몰살시키고 대제사장들의 도시를 제 멋대로 파괴하는 만행을 저질렀기 때문이었다. 사무엘이 살아 있을 때 18년 간, 그가 죽은 후 2년(그리고 20년)간을 통치한 사울은 이런 식으로 삶의 종말을 고했던 것이다.

제7권

40년간의 역사 기록

사울의 죽음부터 다윗의 죽음까지

제1장

다윗이 헤브론에서 한 지파를 다스리게 된 반면에
사울의 아들이 나머지 지파를 다스리게 된 경위와
그 후 일어난 내란에서
아사헬과 아브넬이 전사하게 된 경위

1. 이스라엘과 블레셋 사이의 이 전쟁은 다윗이 아말렉을 정복하고 시글락으로 돌아온 바로 그날에 있었다. 그리고 이틀이 지났을 때 그러니까 전쟁 종료 3일째 되는 날 사울을 죽인 그 청년이 다윗에게 나타났다. 그는 이스라엘과 블레셋과의 전투가 벌어진 장소에서 간신히 도망을 친 후였기에 옷은 갈기갈기 찢어져 있었고 머리는 온통 흙으로 뒤범벅이 되어 있었다. 그가 다윗에게 인사를 끝내자 다윗은 어디에서 왔느냐고 물어보았다. 이에 그는 이스라엘과 블레셋의 전장(戰場)에서 왔는데 불행하게도 이스라엘이 패배하였고 사울과 그의 아들들을 위시해서 수만의 이스라엘 사람들이 전사했다고 말했다. 그는 또한 자기가 직접 전장에서 눈으로 목격했고 도주할 때 사울왕 곁에 있었기 때문에 누구보다 정확한 소식을 전할 수 있게 되었다고 덧붙였다. 그는 또한 사울왕이 너무 심한 부상을 당한 나머지 자살을 할 기력도 없이 자기 칼 위에 엎드

러져 있었는데 적이 눈앞에 다가오자 자기를 죽여 달라고 부탁하기에 사울왕을 제 손으로 죽였음을 부인하지 않았다. 그러고는 사울왕이 전사했음을 실증하는 증거로 자기가 사울의 시신에서 빼 온 금팔찌와 왕관을 증거물로 제시했다. 이에 다윗은 사울이 죽은 것을 증명하는 확실한 증거물을 보고 그의 말이 의심할 수 없는 사실로 드러나자 옷을 찢고 부하들과 하루 종일 눈물을 흘리면서 애통해했다. 다윗은 자기의 가장 신실한 친구요 생명의 은인인 사울의 아들 요나단을 생각하자 걷잡을 수 없는 슬픔 속에 빠지게 되었다. 다윗은 단지 사울의 죽음을 마음속 깊이 간직하는 것뿐 아니라 사울을 죽인 청년을 벌줌으로써 사울에 대한 그의 극진한 사랑과 충성심을 보여주었다. 다윗은 그 청년에게 네가 스스로 너 자신을 왕을 죽인 살인자로 고소하였으니 벌을 받아 마땅하다고 말하였다. 더욱이 그가 아말렉 사람인 것을 알게 된 다윗은 그를 죽이라고 명령하였다. 다윗은 또한 사울과 요나단을 위한 애가(哀歌)와 조사를 지었는데 이것은 오늘날까지도 전해져 내려오고 있다.

2. 다윗은 이렇게 사울왕에 대해 조의를 표한 후에 애도를 마치고 선지자를 통해서 자기가 유다 지파의 어느 도시에 가서 거주해야 하는지를 하나님께 여쭈어보았다. 그러자 하나님은 헤브론(Hebron)에 가서 거주하라고 지시하셨다. 이에 다윗은 두 아내와 부하들을 거느리고 시글락을 떠나 헤브론으로 갔다. 이에 유다 지파의 모든 백성이 다윗에게로 나아와서 그를 왕으로 삼았다. 다윗은 길르앗 야베스 주민들이 사울과 그의 아들들의 시신을 (정중하게) 장사 지냈다는 소문을 듣고는 그들에게 사신을 보내 죽은 자에게 보인 그들의 호의를 치하하고 언젠가는 그에 대한 보답을 할 것을 약속하였다. 그는 또한 유다 지파가 자기를 왕으로 삼았다는 사실도 알렸다.

3. 그러나 매우 활동적이며 착한 성품을 지닌 사울의 군대 장관, 넬의 아들 아브넬(Abner)은 왕과 요나단과 왕의 다른 두 아들이 전사한 것을 알자마자 급히 진영으로 돌아와 왕의 아들로서는 유일하게 살아남은 이스보셋(Ishbosheth)을 데리고 요단강 건너편의 땅으로 가 거기서 그를 유다 지파를 제외한 나머지

전 지파의 왕으로 삼고 수도를 히브리어로는 마하나임(Mahanaim), 헬라어로는 진영들(Camps)이라고 부르는 곳에 잡았다. 아브넬은 유다 지파가 다윗을 자기들의 왕으로 삼았다는 소식을 듣고 격분하여 유다 지파를 징벌하기 위해 정예 병사들만을 골라서 마하나임으로부터 출정 준비를 서둘렀다. 이에 맞서 다윗은 군대 장관 요압(Joab)을 내보냈다. 요압의 아비는 수리(Suri)였고 어미는 다윗의 누이 스루야(Zeruiah)였다. 요압은 다윗의 모든 병사들과 자기 동생 아비새(Abishai)와 아사헬(Asahel)을 거느리고 전쟁터로 나갔다.

요압은 기브온(Gibeon)시의 한 우물 근처에서 아브넬과 맞닥뜨리게 되자 전투태세를 갖추었다. 이때 아브넬은 어느 편이 더 용감한 병사들을 많이 거느리고 있는지 시합해 보자고 했다. 이에 요압과 아브넬은 양편에서 12명씩을 골라 대결해 보자는 데 의견을 같이했다. 결국 양편 사령관들에 의해 각기 뽑힌 병사들이 양편에서 나왔다. 그들은 서로 적을 향하여 창을 던지고 난 후 칼을 뽑아 들고 달려들어 서로 적의 머리를 꽉 움켜잡고 옆구리를 찌르니 모두가 쓰러져 죽고 말았다. 이들이 쓰러지자 나머지 병사들 간에 일대 접전이 붙었으나 아브넬의 병사들이 패배하였다. 아브넬의 병사들이 패퇴하자 요압은 추격을 중지하기는커녕 오히려 병사들을 독려하여 한 놈도 살려두지 말라고 하면서 적의 뒤를 맹추격하기 시작했다. 그의 형제들도 민첩하게 적의 뒤를 추격했다. 그중에서도 가장 뛰어난 막냇동생 아사헬이 특히 적의 뒤를 맹추격했다. 그는 발이 빠르기로 유명했는데 그를 따를 만한 사람이 없음은 물론 말과 경주를 시켜도 말이 못 당할 정도로 빨랐다고 전해지고 있다. 이 아사헬이 아브넬을 맹추격하는데 좌로나 우로 치우치지 않고 곧바로 아브넬만 추격해 왔다. 이에 아브넬은 뒤를 돌아보고 그의 추격에서 벗어나려고 애를 썼다. 아브넬은 아사헬에게 자기를 쫓지 말고 자기 부하 병사의 갑옷이나 취하라고 소리쳤다. 그러나 아사헬은 막무가내였다. 이에 아브넬은 자기 말이 먹혀들어 가지 않자 자기에게 죽음을 당해 형의 얼굴을 더 이상 못 보기 전에 자제하고 더 이상 추격하지 말라고 했다. 그러나 이 말에도 아사헬은 끄떡도 하지 않았다. 아브넬은 아사헬을 설득시킬 수 있는 가능성이 없게 되자 도망칠 때 가지고 있던 창을 뒤로 던져 아사헬에게 치명상을 입혀 그 자리에서 즉사시켰다.

아사헬과 함께 아브넬을 추격하던 병사들은 아사헬이 쓰러진 곳에 이르러 그 주위에 빙 둘러섰으며 더 이상 추격하지 않았다. 그러나 요압[1]과 아비새는 동생의 시체를 보고는 동생의 죽음에 격분한 나머지 아브넬을 그냥 보낼 수는 없다면서 맹렬하게 아브넬을 추격하여 암마(Ammah)라는 곳까지 이르렀으나 그만 해가 지는 것이었다. 이에 요압은 한 언덕에 올라갔다. 거기서 보니 아브넬이 베냐민 지파 사람들과 함께 있는 것이 눈에 들어왔다. 이때 아브넬은 같은 동족끼리 이렇게 피를 흘리면서 싸울 필요가 있느냐고 소리치면서 아사헬이 죽은 것은 자기 잘못이 아니라고 했다. 자기를 추격하지 말라고 충고했는데 그 말을 듣지 않았기에 스스로 죽음을 자초한 것이라고 했다. 그러나 요압은 이 말을 순전히 변명으로만 받아들였다. 이에 요압은 추격하기를 중지하고 퇴각 나팔을 불어 병사들을 진영으로 되돌아오게 했다. 요압은 그날 밤 그곳에 진을 쳤으나 아브넬은 밤새도록 행군하여 요단강을 건너 사울의 아들 이스보셋이 있는 마하나임으로 돌아갔다. 그다음 날 요압은 전사자들을 계수하고 시체들을 모두 엄숙하게 장사 지냈다.

이 전투로 인해 아브넬은 360명의 전사자를 냈고 다윗 편은 19명의 전사자와 아사헬을 잃었다. 아사헬의 시신은 요압과 아비새가 베들레헴까지 가지고 와서 선조들의 무덤에 장사 지냈다. 그 후 그들은 헤브론의 다윗에게로 돌아왔다. 따라서 이때부터 오랜 기간 내란이 시작되었다. 이 내란 기간에 다윗의 추종자들은 여러 난관에도 불구하고 점점 강해졌으나 사울의 아들의 종과 백성은 거의 매일 그 세력이 약화되었다.

4. 이때 다윗은 이미 여러 아내를 통해서 아들 여섯을 두고 있었다. 첫째는 아히노암 소생으로 암논(Amnon)이라 불렸고, 둘째는 아비가일 소생으로 다니엘(Daniel, 개역개정 성경에는 길르압)이라고 불렸으며, 셋째는 그술(Geshur) 왕 달매(Talmai)의 딸 마아가(Maacah)의 소생으로 압살롬(Absalom)이라 불렸다. 넷

---

[1] 요압, 아비새, 아사헬은 다윗의 누이 스루야의 아들들로서, 말하자면 다윗의 조카였으며(대상 2:16), 아마사(Amasa) 역시 그의 다른 누이 아비가일(Abigail)이 낳은 아들이었다(대상 2:17).

째는 아도니야(Adonijah)로 학깃(Haggith)의 아들이었으며, 다섯째는 스바댜(Shephatiah)로 아비달(Abitail)의 아들이었고, 여섯째는 이드르암(Ithream)으로 에글라(Eglah)의 아들이었다. 한편 이 내란이 계속되는 동안, 즉 두 왕의 백성들이 자주 전쟁을 하는 동안 이스보셋 밑에도 백성들이 있게 된 것은 군대 장관 아브넬의 지혜와 백성에 대한 지대한 관심 때문이었다. 백성들이 아브넬을 지지한 것은 꽤 오랜 기간이었다. 그러나 그 후 아브넬이 사울의 첩인 아야(Aiah)의 딸 리스바(Rispah)와 통간했다는 비난이 일어나게 되었다. 이에 이스보셋이 아브넬에게 죄를 추궁하자 아브넬은 몹시 기분이 상했고 화가 났다. 자기는 이스보셋에게 할 만큼 했는데 그만큼 대우를 받지 못했다고 나름대로 생각했기 때문이었다. 이에 아브넬은 왕국을 다윗에게 넘겨주겠다고 협박했다.

결국 아브넬은 자기가 백성들을 설득해 사울의 아들 곁을 떠나 다윗을 왕으로 인정하게끔 해줄 테니까 자기를 친구로 또는 동료로 대하겠다고 맹세하고 자기의 안전을 보장해 줄 용의는 없느냐고 다윗에게 의사를 타진해 왔다. 이에 다윗은 그의 제안을 기쁘게 받아들이고 동맹을 맺겠다고 했다. 단, 동맹을 맺었다는 첫 번째 표시로 자기가 온갖 위험을 무릅쓰고 600명의 블레셋인을 죽여 얻은 600개의 머리를 사울에게 주고 얻은 자기 아내 미갈을 자기에게 돌려주면 좋겠다고 요청했다. 그러자 아브넬은 현재 남편인 발디엘(Phaltiel)에게서 미갈을 데려다가 다윗에게 돌려주었다. 이 일은 이스보셋 자신도 승인하고 협력해 주었다. 그것은 다윗이 이스보셋에게 편지를 보내 자기 아내 미갈을 되돌려 받을 권리가 있음을 밝혔기 때문이었다.

아브넬은 또한 백성의 장로들과 군대 사령관들과 천부장들을 불러 모으고 이렇게 말했다. "전에 여러분이 이스보셋을 버리고 다윗에게 가려고 했을 때 나는 강력하게 여러분을 만류했었습니다. 그러나 만일 지금 여러분이 그럴 마음이 있다면 나는 만류하지 않을 작정입니다. 여러분도 다 아시다시피 하나님이 선지자 사무엘을 통해 다윗을 온 히브리의 왕으로 임명하시고 그가 블레셋을 징벌하고 정복하여 그 수하에 놓을 것이라고 예언하지 않았습니까?" 아브넬의 이 말을 들은 장로들과 지배자들은 아브넬이 전에 자기들이 품었던 감정을 품게 된 것을 알아차리고 생각을 바꾸어 다윗의 휘하로 들어가야 하겠다고 결심했다. 이들이 아브넬의 제안에 동의하자 아브넬은 이번에는 베냐민 지파 사람들을 불렀다. 베냐민 지파는 모두가 이스보셋의 경호 부대의 일원들이었다. 아브넬은 이들에게도 같은 취지의 말을 전했다. 이들도 마찬가지로 반대의 기색을 보이기는커녕 그의 의견에 전적으로 동의하였다.

이것을 본 아브넬은 스무 명의 친구들과 함께 신변 안전을 위한 맹세를 받기 위해 다윗에게로 왔다. 이런 일은 남을 시키는 것보다는 각자가 직접 하는 것이 훨씬 안전한 것이다. 아브넬은 자기가 백성의 지도자들과 베냐민 지파 사람들에게 한 말을 들려주었다. 이에 다윗은 그를 정중하게 영접하고 여러 날 동안 극진하게 환대해 주었다. 떠날 때가 되자 아브넬은 자기가 다윗에게 통치권을 넘길 때 여러 사람들이 보고 증거할 수 있도록 많은 사람을 데리고 올 수 있게 허락해 달라고 요구했다.

5. 다윗이 아브넬을 보낸 지 얼마 안 되어 그의 군대 장관 요압이 헤브론에 도착했다. 요압은 아브넬이 조금 전까지만 하더라도 다윗과 함께 있었으며 통치권을 다윗에게 넘겨주기로 서로 합의하고 동맹을 맺고 헤어졌다는 이야기를 듣고는, 아브넬이 다른 점에서도 그렇지만 사태를 파악하고 대처하는 데 능수능란한 인물인 데다가 다윗을 도와 통치권을 획득하는 데 기여했다는 이유로 때가 되면 자기를 밀어내고 그가 최고위직에 임명되지 않을까 하는 일말의 두려움이 싹트기 시작했다. 결국 그는 이로 인해 사악하고 부정한 행동을 하기로 결심하기에 이르렀다. 그는 우선 첫 번째 단계로 아브넬을 중상하기 시작했다. 아브넬의 궁극적 의도는 사울의 아들 이스보셋의 통치권을 확고히 하는 데 있는 것이며 그가 온 목적도 다윗을 감쪽같이 속여 소기의 목적을 달성하기 위한 것이니만큼 그가 하는 말에 현혹되지 말고 다시 한번 재고해 달라고 간청했다. 이 말에도 다윗이 흔들리지 않는 것을 보고 설득시키는 것이 불가능하다고 판단한 요압은 1단계보다 더 대담한 계획, 즉 아브넬을 살해하려는 음모를 실행에 옮기기로 했다. 이에 요압은 부하들에게 아브넬을 빨리 뒤쫓아가서 다윗 왕이 잊어버리고 못 한 이야기가 있으니 잠시만 다시 왔다가 가라고 말하도록 시켰다. 사신들은 헤브론에서 20펄롱 떨어진 베시라(Besira, 한글판 개역개정 성경

에는 시라라고 되어 있음 — 편집자 주)라고 부르는 곳에서 아브넬을 따라잡았다. 아브넬은 사신들이 부르는 소리를 듣고 아무런 의심도 하지 않고 사신들과 함께 헤브론으로 되돌아왔다. 요압은 성문에서 기다리고 있다가 마치 가장 친한 친구에게 하듯이 그를 친절하게 영접했다. 원래 가장 사악한 음모를 실행에 옮기려는 자들은 자기의 음모를 조금이라도 눈치채지 못하게 하기 위해서 흔히 온갖 친절과 미소를 아끼지 않는 법이다. 요압은 마치 둘이 긴밀히 이야기할 것이 있는 것처럼 동생 아비새 외에는 아무도 따라오지 못하게 하고 아브넬을 데리고 성문 안으로 데리고 들어가더니 불시에 칼로 배를 찔러 살해하였다. 이렇게 아브넬은 요압의 배반에 의해 죽고 말았다.

요압은 이렇게 해서 헤브론 전투에서 죽은 동생 아사헬의 원수를 갚았다고 말했으나 실상은 아브넬이 다윗의 궁정에서 총애를 받아 일등 신하가 되고 자기는 군대 사령관직과 특권을 잃어버릴까 봐 두려워서 저지른 행동이었다. 이런 예를 통해서 볼 때 우리는 인간들이란 돈과 권위를 위해서, 즉 돈이나 권위를 잃지 않기 위해서 얼마나 많은 범죄를 저지를 가능성이 있는가를 쉽게 알 수가 있다. 돈과 권위를 얻기 위해서 만 가지 죄악을 범한 사람은 이것들을 잃을 것 같은 두려움이 생기면 수만 가지의 죄악을 범해서라도 이것들을 잃지 않으려고 발버둥을 친다. 마치 이것들을 잃는 것보다 더 무서운 재난이 없는 것처럼 말이다. 돈과 권위를 획득하고 오랫동안 그 단맛을 보아온 사람들에게는 이것들을 상실한다는 것은 죽기보다도 싫은 것으로 온갖 수단과 방법을 동원해서 그것들을 지키려고 애쓰는 것이다. 이 문제에 대해서는 이 정도로 생각하는 것만으로 만족하도록 하자.

6. 다윗은 아브넬이 살해되었다는 소식을 듣고 몹시 괴로워했다. 그는 모든 백성을 불러 모아 증인으로 삼고 양손을 하나님을 향해 쳐들고 자기는 아브넬의 살인과 아무 관련도 없으며 자기가 명령한 것도 승인한 것도 아니라고 소리쳤다. 그는 또한 아브넬을 살해한 자와 그 온 식구는 물론 이 살인극에 협조한 모든 이에게 무서운 저주가 임하게 해달라고 하나님께 기도했다. 다윗은 자기가 아브넬에게 준 확약과 맹세와 정반대되는 이번 살인에는 아무런 상관이 없

음을 강조하고 싶었기 때문이었다. 다윗은 모든 백성에게 아브넬을 위하여 애도하고 그의 시체를 정중하게 장사 지내도록 하라고 명령했다. 백성들은 관보다 앞서 나가면서 하던 풍습대로 옷을 찢고 재를 뒤집어썼으며, 다윗 자신도 장로들과 백성의 지도자들과 함께 아브넬을 애도하며 그 뒤를 따랐다. 그가 흘리는 눈물은 아브넬이 살았을 때 그가 보인 호의와 지금 아브넬이 죽은 데 대한 그의 슬픔과 이번 살인과는 그가 아무 관계도 없음을 단적으로 보여주는 증거였다. 다윗은 아브넬을 헤브론에 정중하게 장사 지냈고 그를 위해 애가(哀歌)를 지었다. 다윗은 또한 제일 먼저 비석 앞에 서서 눈물을 흘렸으며 다른 이들도 자기처럼 하게 했다. 다윗이 아브넬의 죽음에 너무 큰 충격을 받았기에 다윗의 신복들은 식사를 하라고 말을 꺼낼 수조차 없었다. 왜냐하면 다윗이 해가 지기 전까지는 음식을 입에 대지 않겠다고 맹세했기 때문이었다. 이런 다윗의 모습은 백성들의 호의를 사지 않을 수 없었다. 아브넬을 좋아하던 사람들은 다윗이 마치 친한 친척이나 친구처럼 아브넬의 모든 장례 의식에 친히 참석함으로써 죽은 자에 대한 신의를 지키고 정중한 예우를 아끼지 않은 데 대해 매우 만족해했다. 원수의 죽음으로 생각하고 내팽개쳐 초라하고 쓸쓸한 장례식이 되지 않도록 선처를 베푸는 다윗의 모습을 본 백성들은, 자기들도 이와 비슷한 지경에 처하면 아브넬에게 보인 호의를 자기들에게도 베풀어 줄 것이라고 기대되는 다윗의 온유하고 자상한 성품에 매우 흡족해했다.

다윗은 자기가 아브넬의 살해를 명한 원흉이 아니라는 점을 주지시키고 백성들의 호평을 받기 위해 다음 조치를 취했다. 다윗은 백성들에게 자기는 아브넬과 같이 선한 인물의 죽음으로 비통에 잠겨 있으며 히브리 국가는 뛰어난 지모와 무술을 겸비한 인물을 잃음으로써 막대한 손해를 입지 않을 수 없게 되었다고 말했다. 그는 또한 이와 같이 덧붙였다. "모든 인간의 행동을 살피시는 하나님이 이자(요압)에게 필경은 벌을 내리실 것입니다. 여러분도 아시다시피 나는 그들보다 강하지 못하기에 이 스루야의 아들들인 요압과 아비새에게 아무것도 할 수 없습니다. 그러나 하나님이 그들의 손으로 저지른 무례한 행동을 가만히 두시지 않을 것입니다." 이렇게 해서 아브넬은 그 비참한 삶의 종말을 내리게 된 것이었다.

제2장

이스보셋이 친구들의 반역으로 살해되자 다윗이 전 왕국을 통치하게 된 경위

1. 사울의 아들 이스보셋은 아브넬의 살해 소식을 듣자 자기 친척인 동시에 보국 공신인 유능한 인재를 잃었다는 생각에 몹시 괴로웠다. 그러나 그도 오래 살지 못하고 림몬(Rimmon)의 아들 바아나(Baanah)와 레갑(Rechab)의 반역에 걸려 살해당하고 말았다. 이들은 베냐민 지파의 일원이요 유력 인사로서 자기들이 이스보셋을 살해하면 다윗에게서 많은 예물을 받게 될 것은 물론 군대 장관 아니면 그 밖의 고위직에 중용될 것이라는 기대를 은근히 가지고 있었다. 그래서 어느 날 정오쯤 왕실 경호원들도 보이지 않고 문을 지키는 여인들도 과로와 한낮의 더위로 인해 잠에 곯아떨어져 있는 한편 이스보셋 혼자서 다락방에 누워 오수를 즐기고 있는 것을 본 림몬의 아들들은 이스보셋이 누워 잠을 자는 방에 침입해서 그를 살해하였다. 이들은 자기들이 한 일을 호의로 간주하고 신변을 보호해 줄 것이라고 생각하고 다윗에게 가기 위해 밤새도록 쉬지 않고 여행을 계속했다. 그들은 그다음 날 헤브론에 도착해서 다윗에게 이스보셋의 머리를 내밀고 적을 살해해 준 공로자의 대우를 받을 것을 은근히 기대했다.

그러나 다윗의 반응은 전혀 예상 밖이었다. 그는 이렇게 고함을 쳤다. "이 더러운 놈들! 네놈들은 벌을 받아야 마땅할 놈들이구나! 네놈들은 사울을 살해한 후 내게 무엇을 얻을까 하여 금관을 가져온 자를 내가 죽여서 보복했다는 소리를 듣지도 못했느냐? 아니면 내 생각이 바뀌어서 그 전과는 달리, 누구에게도 악한 행동을 한 적이 없으며 특히 네놈들에게는 최상의 친절과 호의를 베풀어 준 주인을 살해하고 의인을 그 침상에서 죽인 네놈들의 사악한 행동이 내게는 고마운 행동이라고 즐거워할 줄 알았단 말이냐? 네놈들은 네 주인 이스보셋을 살해한 대가로 벌을 받아야 할 것이다. 또한 네놈들은 내가 이스보셋의 죽음을 즐거워할 것이라고 나름대로 추측하고 나의 명예를 훼손시키는 무서운 올무를 놓은 벌로 나의 복수를 받아야만 할 것이다." 다윗은 이렇게 말한 후 그들에게 온갖 고문을 다 가하고 사형에 처하도록 했다. 다윗은 이스보셋의 머리를 온갖 예우를 다해 아브넬의 무덤 안에 정중하게 장사 지내 주었다.

2. 사태가 이렇게 결말지어지자 히브리 백성의 유력 인사들은 천부장들과 그 밖의 백성의 지도자들과 함께 헤브론의 다윗에게로 나아왔다. 이들은 그에게 사울이 살아 있을 때 자기들이 보여준 호의를 기억해 달라고 부탁했다. 더욱이 자기들은 다윗이 천부장이 되었을 때뿐 아니라 그의 후손들[2]도 사무엘 선지자를 통해 하나님의 선택을 받은 자들로 알고 존경을 표하기를 그치지 않았다고 했다. 더욱이 이들은 하나님이 다윗에게 블레셋을 정복하고 히브리 땅을 구해 낼 수 있는 능력을 주었음을 크게 치하했다. 이에 다윗은 이들의 말을 호의적으로 받아들이고 자기에 대해 전에 보여주었던 친절과 호의가 변치 않도록 해달라고 요구했다. 그 후 다윗은 이들을 위해 잔치를 베풀고 정중하게 대접해 주고 난 후 백성들을 모두 자기에게로 데리고 오라고 지시했다. 이에 유다 지파에서 창과 방패를 든 6,800명의 무장 병사가 다윗에게로 나왔다. 이들은 나머지 유다 지파 사람들이 다윗을 왕으로 삼았음에도 불구하고 지금까지 사울의 아들 휘하에 있던 자들이었다. 시므온 지파에서는 7,100명이 나왔다. 레위 지파에서는 여호야다(Jehoiada)를 지도자로 해서 4,700명이 나왔다. 이들 다음에는 대제사장 사독(Zadok)이 그의 친족 지휘관 22명을 이끌고 나왔다. 베냐민 지파에서는 4,000명의 무장 병사가 나왔다. 그러나 나머지 베냐민 사람들은 사울 가문의 누군가가 자기들을 통치해 주길 아직도 은근히 기대하고 있었다. 에브라임 지파에서는 20,800명이 나왔는데, 이들은 모두가 용맹무쌍하기로 이름난 자들이었다. 므낫세 반 지파에서는 유력 인사 18,000명이 나왔다. 잇사갈 지파에서는 장차 될 일을 미리 아는[3] 200명과 무장 병사

---

[2] 사무엘이 하나님의 명령에 따라 다윗뿐 아니라 그의 후손들까지도 왕관을 쓰게 해주겠다는 약속을 받았다는 요세푸스의 관찰은 매우 정확한 것처럼 보인다. 이런 약속은 그 후의 어느 누구에게도 주어지지 않았기 때문이다. 솔로몬조차도 그의 후손이 항상 왕위에 오를 권리를 가질 것이라는 약속을 받지 못했다.

[3] "장차 될 일을 미리 아는"이라는 요세푸스의 표현은 성경의 병행 구절인 역대상 12장 32절, "시세를 알고 이스라엘이 마땅히 행할 것을 아는"(Who had understanding of the times, to know what Israel

20,000명이 나왔다. 스불론 지파에서는 50,000명이 뽑혀 나왔는데, 온 지파가 다윗에게 나아온 지파는 유독 이 지파뿐이었다. 이들은 모두 갓 지파가 가진 무기들과 동종의 무기를 지니고 있었다. 납달리 지파에서는 창과 방패를 든 유명 인사와 지도급 인물들이 1,000명이었고 그 뒤를 셀 수도 없는 (37,000명의) 백성들이 따라 나왔다. 단 지파에서는 27,600명이 엄선되어 나왔으며 아셀 지파에서는 40,000명이 나왔다. 요단강 건너의 두 지파와 므낫세 반 지파에서는 창과 방패와 투구와 칼을 든 병사들 120,000명이 나왔다. 이 지파들의 나머지 사람들도 모두 무기를 사용할 줄 아는 사람들이었다. 이 백성들은 많은 양의 곡식과 포도주 그리고 온갖 음식을 가지고 헤브론의 다윗에게로 나와서 일심으로 다윗을 온 나라의 왕으로 삼고자 하였다. 이에 백성들은 3일간 헤브론에서 즐긴 연후에 다윗과 온 백성은 그곳을 떠나 예루살렘으로 갔다.

제3장

다윗이 예루살렘을 포위하고 정복한 후에
가나안 사람들을 쫓아내고
유대인들을 그 안에 거주하게 한 경위

1. 혈통으로 따지면 예루살렘 주민인 여부스 족속(Jebusites)은 성문을 닫은 후에 다윗을 조롱하려는 심산으로 맹인과 다리 저는 사람들과 온갖 불구자들을 성벽 위에 세워 놓고 이런 자들만 가지고도 성을 침입하는 것을 저지할 수

---

ought to do)에 의해 그 의미를 잘 설명할 수가 있다. 즉 그 뜻은 '이스라엘인들을 위해 역법(曆法)을 만들어 낼 수 있을 정도로 천문학에 깊은 조예가 있는'(Who had so much knowledge in astronomy as to make calendars for the Israelites)이란 말이다.

있다고 으스댔다. 이것은 다윗의 능력을 얕본 데서 기인한 것이며 철통같은 성벽을 과신한 데서 연유한 행동이었다. 이에 다윗은 크게 격분하여 예루살렘을 포위하고 전력투구하여 성을 함락시킴으로써 자기 능력을 과시해 보이고 자기를 얕잡아 보며 모욕을 일삼는 모든 자에게 일대 경고를 할 작정이었다. 결국 다윗은 하부 도시(lower city)는 무력으로 함락시킬 수 있었으나 성채(城砦, citadel)는 빼앗을 수가 없었다.[4] 이때 다윗왕은 포상(褒賞) 제도를 실시해야 병사들의 사기가 진작될 것을 알고 누구든지 성채 밑으로 파인 호(濠)를 따라 성채로 올라가서 제일 먼저 성채를 함락시키는 자는 온 백성을 다스리는 사령관에 임명하겠다고 약속했다. 이에 모든 병사는 한결같이 성채로 올라가기를 갈망하였으며 올라가는 데 힘든 고생을 고생으로 여기지 않았으며 오직 총사령관이 되고 싶은 열망으로 가득 차 있었다. 그러자 스루야의 아들 요압이 다른 이들을 가로막고 자기가 맨 처음으로 성채에 올라가서 왕을 향해 소리를 지르고 총사령관의 직을 달라고 주장했다.

2. 다윗은 성채에서 여부스인들을 쫓아내고 예루살렘을 재건한 후에 다윗성(City of David)이라고 이름하였다. 그리고 헤브론에서 유다 지파를 통치한 7년 6개월간을 빼고 남은 재위 기간 내내 이곳에 거주하였다. 다윗은 예루살렘을 왕도(王都)로 삼고 그의 치하에서 이스라엘은 날로 번창해 갔다. 이는 모두 하나님의 극진하신 돌보심 때문이었다. 두로인(Tyrians)의 왕인 히람(Hiram)도 사신을 보내 다윗과 상호 협조와 원조의 동맹을 맺었다. 그는 또한 다윗에게 예물과 백향목과 건축 기사들과 숙련공들을 보내 예루살렘에 왕궁을 짓는 일을 돕게 하였다. 다윗은 하부 도시의 주위에 건축물들을 세우고 성채와 연결시켜 하나가 되게 했다. 그는 이 주위를 온통 성벽으로 쌓게 하고 성벽을 방비하고 관리하는 일을 요압에게 맡겼다. 그러니까 예루살렘에서 여부스인들을 몰아내

---

[4] 우리가 소유하고 있는 다른 여러 성경 사본들은 시온(Sion)산만을 다윗성(City of David)이라고 부르는 데 반해(삼하 5:6-9), 요세푸스는 다윗의 포위 공격과 정복을 전 예루살렘 도시에 적용하고 있다. 아마도 다윗이 성채(城砦)와 하부 도시를 하나로 연결시킨 후에는 요세푸스가 이들을 하나의 도시로 간주한 것이 아닌가 생각한다.

고 그곳을 자기 이름을 본떠 다윗성이라고 부른 사람은 다름 아닌 바로 다윗이었다. 우리 선조 아브라함 시대에는 그곳을 살렘(Salem) 혹은 솔리마(Solyma)[5]라고 불렀다. 그 후에 호메로스(Homer)가 솔리마(Solyma)라는 이름으로 예루살렘을 언급한 적이 있다고 누군가 말한다. 호메로스가 성전을 히브리어식으로 솔리마라고 명명하였기 때문이다. 솔리마란 '안전'(security)을 의미하는 말이다. 우리의 대장 여호수아의 인솔 아래 가나안 족속과 전쟁을 해서 가나안 족속을 정복하고 땅을 분배한 이후부터 지금까지의 총기간은 515년이었다(이스라엘은 다윗이 예루살렘을 함락시키고 정복할 때까지 그 오랜 기간을 예루살렘에서 가나안 족속을 쫓아내지 못했다).

3. 나는 여기서 히브리인들에게 보인 선의(善意)와 특히 다윗왕에게 보인 친절과 사랑 때문에 예루살렘 함락 시 다윗에 의해 살해되지 않고 목숨을 건진 여부스 사람인 부자 아라우나(Araunah)의 이름만을 언급하고 그 자세한 내용은 잠시 후에 적절한 기회에 논하도록 하겠다. 다윗은 우리가 앞서 언급한 아내들 외에 다른 아내들을 또 두었으며 첩들도 두었다. 다윗은 이들에게서 열한 아들을 두었다. 그들의 이름은 암논(Amnon), 엠노스(Emnos), 에반(Eban), 나단(Nathan), 솔로몬(Solomon), 예반(Jeban), 엘리엔(Elien), 발나(Phalna), 엔나벤(Ennaphen), 예내(Jenae), 엘리발레(Eliphale)였다. 딸의 이름은 다말(Tamar)이었다. 이들 중 아홉은 적자였고 나머지 마지막 둘은 서자였다. 다말은 압살롬과 동복 남매간이었다.

---

[5] 요세푸스의 어떤 사본들은 솔리마(Solyma) 혹은 살렘(Salem)으로 나와 있으며, 어떤 사본들은 히에로솔리마(Hierosolyma) 혹은 예루살렘(Jerusalem)으로 나와 있다. 그런데 후자가 다른 곳에 표현된 요세푸스의 말에 잘 조화된다. 요세푸스는 이 도시는 멜기세덱(Melchisedec) 이전에는 솔리마 혹은 살렘이라고 불렸으나 그에 의해 히에로솔리마 혹은 예루살렘으로 부르게 되었다고 말하고 있다. 그러나 내가 보기에는 아브라함이 여호와 이레(Jehovah Jirah)의 계시를 받은 후에 그렇게 부른 것 같다.

제4장

다윗이 예루살렘을 공격해 오는 블레셋을 맞아 싸워 승리한 후에 궤를 예루살렘으로 이전하고 성전을 건축하고 싶어 한 경위

1. 블레셋은 다윗이 히브리 왕이 되었다는 소식을 듣고 예루살렘으로 다윗을 공격해 왔다. 블레셋은 예루살렘에서 멀지 않은 거인들의 골짜기(Valley of the Giants)를 장악하고 그곳에 진을 쳤다. 예언[6]과 하나님의 명령 없이, 즉 미래의 안전 보장으로서 하나님을 의지하는 일 없이는 어떤 일도 하려고 하지 않는 다윗은 대제사장에게 하나님의 뜻은 어떠하며 전쟁의 결과는 어떻게 될 것인가를 자기에게 예언하라고 지시했다. 이에 대제사장들은 다윗이 승리하게 될 것이라고 예언하자 다윗은 그의 병사들을 이끌고 블레셋을 징벌하러 나섰다. 전투가 벌어지자 다윗은 뒤로 쳐졌다가 불시에 적을 급습하여 일부는 살해하였고 나머지는 패주하게 만들었다. 블레셋이 싸움도 한번 제대로 못 하고 형편없이 패주했다고 해서, 용기도 없고 진군 속도도 느린 소규모 부대가 히브리를 공격한 것이 아니냐고 생각할 사람도 있을 것이다. 그러나 사실은 모든 수리아와 베니게(Phoenicia, 페니키아) 사람들과 그 밖의 여러 호전적인 족속들이 블레셋을 도우러 와서 이 싸움에 참여했던 것이다. 이렇게 한 번 끼어들었기 때문에 이들은 지금까지 여러 번 정복을 당했고 수많은 전사자를 내었음에도 불구하고 다시 대군을 이끌고 히브리를 공격하기에 이르렀다. 전투에서 번번이 패배하자 이들은 이번에는 전의 세 배나 되는 엄청난 병력을 이끌고 와서 전에 진쳤던 곳에 다시 진을 쳤다. 이에 다윗왕은 또다시 전쟁의 결과가 어떻

---

[6] 사울은 우림(Urim)을 통해 하나님께 상의한 적이 몇 번 안 되나 다윗은 매우 자주 이렇게 하였다. 다윗은 사울과는 너무나도 다르게 자기 자신의 지혜나 능력을 의지하지 않았으며 하나님의 지시만을 따랐다. 다윗이 궤 앞에서 춤추는 것을 미갈이 비웃은 것은 자기 아버지 사울이 궤를 그렇게 소중히 여기는 것을 본 적이 없을 뿐 아니라 지나치게 종교적인 태도는 왕의 체모에 손상이 간다고 생각했기 때문이었을 가능성이 짙다.

게 될 것인지에 대해 하나님께 여쭈어보았다. 대제사장은 다윗에게 적의 진영에서 멀리 떨어져 있지 않은 통곡의 숲(Groves of Weeping)에 병사들을 배치하고 움직이지 말며 싸움을 시작하지도 말고 기다리고 있다가 바람이 불지도 않는데 숲의 나무들이 움직이거든 하나님이 지정하신 때가 된 줄 알고 즉시 적을 공격해서 승리를 쟁취하라고 말했다. 다윗의 첫 공격에 적의 전열이 흐트러지고 결국은 패주하게 될 것이니 패주하는 적을 맹추격하여 가사시(이곳이 국경이다)까지 쫓아가서 적을 모조리 죽이고 그다음에는 적의 진영을 약탈하고 그들의 신상을 파괴해야 한다고 말했다.

2. 전쟁이 대제사장의 예언대로 결말이 나자 다윗은 장로들과 지도자들과 천부장들과 상의한 후에, 기럇여아림에 가서 하나님의 궤를 가져다가 예루살렘으로 옮기고 하나님이 기뻐하시는 제사와 예물을 드리기 위해 전국 각지의 혈기 방장한 청년들과 제사장들과 레위인들을 불러 모았다. 만일 사울의 재위 기간에 이같이 하나님께 제사와 예물을 드리는 일을 소홀히 하지 않았다면 그런 불상사는 당하지 않았을 것이다. 이에 백성들이 전국에서 모여들자 다윗왕은 궤가 있는 곳으로 갔다. 제사장들은 아비나답(Abinadab)의 집에서 궤를 가져다가 새 수레에 싣고 그들의 형제들과 자녀들에게 소와 함께 수레를 끌라고 시켰다. 왕은 수레 앞에 가고 그 뒤를 온 백성이 뒤따랐다. 이들은 온갖 악기를 동원해 노래를 부르고 나팔과 제금을 가지고 춤을 추고 시편을 노래하면서 하나님께 찬송을 올렸다. 그러나 이들이 기돈(Chidon)의 타작마당에 이르렀을 때 웃사(Uzzah)가 하나님의 진노로 죽음을 당했다. 소가 심하게 움직이므로 궤가 흔들거리자 그가 손을 펴서 궤를 잡았기 때문이었다. 그는 제사장이 아님에도 불구하고[7] 궤를 만졌기에 하나님이 그를 쳐서 죽게 하신 것이었다. 웃사의 죽음에 왕은 물론 온 백성이 깜짝 놀랐다. 그가 죽은 장소는 오늘날까지도 '웃사를 침'(Breach of Uzzah)이라고 부르고 있다. 다윗은 웃사가 단지 궤에 손을 대

---

7) 웃사가 제사장이 아닌데도 율법에 어긋나게 궤를 만졌으므로 죽음을 당했다는 요세푸스의 말은 옳은 것 같다. 제사장이나 레위인이 운반하도록 되어 있는 궤를 수레에 실은 것도 하나님이 진노하신 한 원인이었을 가능성이 있다.

기만 했는데 방금 언급한 대로 죽었으니 궤를 예루살렘으로 가지고 갔다가는 어떤 변을 당할지 모른다는 생각이 들자 그만 두려웠다. 이에 다윗은 궤를 예루살렘으로 가져가지 않고 레위인으로서 의인인 오벧에돔(Obededom)의 집에 맡기기로 했다. 이리하여 궤는 그곳에서 꼬박 3개월을 지나게 되었다. 이로 인해 오벧에돔의 집이 번창하게 되었고 많은 축복을 받게 되었다. 다윗왕은 미천하고 가난했던 오벧에돔이 번창하게 되어 보는 이들의 선망의 대상이 되고 있다는 소식을 듣고 이제는 옮겨도 아무 탈이 없을 것이라고 생각하고 용기를 내어 궤를 자기 집으로 옮겨 오기로 했다. 다윗은 제사장들로 하여금 궤를 운반하게 하고 노래하는 자들을 일곱 대로 나누어 그 앞에 가게 하고 자기도 하프를 연주하면서 이에 동참하였다. 그러자 우리의 첫 왕인 사울의 딸이요 다윗의 아내인 미갈이 다윗의 모습을 보고 비웃었다. 이들은 궤를 운반해서 다윗이 이를 위해 쳐놓은 성막 아래에 두었다. 그 후 다윗은 값비싼 예물로 화목제를 드리고 전 백성에게, 그러니까 남녀노소를 막론하고 떡 한 개와 과자와 화목제의 고기 한 덩어리씩을 나누어 주었다. 다윗은 이렇게 백성들과 함께 잔치를 베푼 후에 그들을 돌려보내고 자신도 집으로 돌아왔다.

3. 그러나 그의 아내인 사울의 딸 미갈은 다윗에게 다가오더니 곁에 서서 하나님의 축복으로 소원하는 모든 것을 얻을 수 있기를 기원한다고 말하더니 갑자기 안색을 바꾸고 다윗과 같은 위대한 왕이 시종들과 하인들 앞에서 몸을 드러내고 보기 흉하게 춤을 출 수 있느냐고 비난했다. 그러자 다윗은 그녀의 아버지인 사울보다 자기를 더 사랑해 주신 하나님을 기쁘게 해드릴 수 있는 것이라면 무엇이든지 부끄러움을 개의치 않고 할 작정이며, 앞으로는 그녀가 어떻게 생각하든지 간에 종들에 개의치 않고 노래하며 춤을 출 것이라고 대답했다. 이 미갈에게는 자녀가 없었다. 그러나 미갈은 그녀의 아비인 사울이 다윗에게서 빼앗아 다른 남자에게로 시집을 보냈는데 그 사람과의 사이에서는 다섯 자녀를 두었다(다윗이 다시 이 사람에게서 미갈을 데리고 와 지금은 그의 아내가 되었다). 그러나 이 문제에 대해서는 적절한 기회에 상세히 언급하도록 하자.

4. 다윗은 자기가 하는 모든 일이 하나님의 뜻에 의해 하루가 다르게 번창하는 것을 보자, 자기는 고대 왕실 으리으리한 백향목 궁전에 거하면서 하나님의 궤를 성막 안에 그대로 방치해 둔다면 하나님께 죄를 범하는 것이라고 생각하고 모세가 그런 성전이 있어야만 한다고 예언한 대로[8] 성전을 하나님께 지어드리고 싶어 했다. 다윗이 이 일에 대해 나단(Nathan) 선지자와 상의하자 나단은 하나님이 그와 함께하시고 그가 하는 일은 무엇이나 도와주시니 마음에 있는 대로 무엇이나 행하라고 격려해 주었다. 이에 다윗은 성전 건축을 당장이라도 시작하고 싶어 했다. 그러나 바로 그날 밤 하나님이 나단 선지자에게 나타나셔서 다윗에게 가서 다음과 같이 말하라고 명령하셨다.[9] "지금까지 그 누구도 나를 위해 성전을 짓겠다는 생각을 해본 적이 없으므로 너의 의도와 소원은 가상히 여길 것이다. 그러나 너는 수많은 전쟁을 치렀고 네 몸은 적을 죽인 피로 더럽혀졌으므로 성전을 짓는 것을 허락할 수 없다. 그 대신 네가 장수하고 나이 많아 죽은 후에 네 뒤를 이어 왕위에 오를 솔로몬이 성전을 짓게 해줄 것이다. 마치 아비가 아들을 위해 모든 준비를 하듯이 나는 그를 위해 온갖 준비를 다 할 것이며 그의 후손들을 위해 왕국을 보존하고 이 왕국을 후손들에게 물려줄 것이다. 그러나 그가 죄를 범할 때는 내가 질병과 땅의 기근으로 그를 벌할 것이다." 다윗은 이 말을 선지자에게서 듣고 통치권이 자기 후손에게 틀림없이 영속될 것이라는 사실과 그의 집이 번창하며 유명해질 것이라는 사실에 너무 기쁜 나머지 궤 앞에 나아가 얼굴을 땅에 대고 하나님께 경배하기 시작했다. 다윗은 미천한 목동이었던 자기를 영광과 통치의 높은 자리에 앉게 해주신 것은 물론 후손들에게도 은혜를 베풀어 주실 것을 약속해 주시고 섭리로 히브리 백성들에게 자유를 안겨 주신 하나님의 은총에 대해 감사를 드렸다. 다윗은 이렇게 말하고 하나님께 찬송의 시를 노래한 후 자기 집으로 돌아갔다.

---

[8] 요세푸스는 여기서 자기가 가지고 있는 오경의 의미로 볼 때 모세 자신이 성전 건축을 예언했다는 투로 이야기하고 있으나 우리가 지금 가지고 있는 요세푸스의 본서 가운데는 어디에도 그런 내용이 나오지 않는다.

[9] 요세푸스는 다윗의 후손의 한 사람이 성전을 지을 것이라는 점에 대해 다윗과 나단에게 예언한 서로 다른 별개의 두 예언을 혼동하고 있는 것 같다. 즉 전자에게 한 예언은 솔로몬에게 속한 것이고 후자에게 한 예언은 메시아(Messiah)에게 속한 것이다.

제5장

다윗이 블레셋과 모압과 소바와 다메섹과 수리아와 이두매의 왕들과 싸워 승리하고 하맛의 왕과 동맹을 맺게 된 경위, 그리고 사울의 아들 요나단과의 우정을 기억하게 된 경위

1. 이 일 후 얼마 안 있어 다윗은 적을 없애야 후손들이 평화롭게 살 수 있다고 생각하고 나태하게 빈둥거리기보다 블레셋을 공격해서 복종시켜야 하겠다고 결심했다. 이에 다윗은 병사들을 소집하고 전투 준비를 시킨 후 전열을 가다듬어 예루살렘을 떠나 블레셋 정벌의 길을 떠났다. 다윗은 블레셋을 굴복시킨 후 블레셋의 많은 땅을 히브리에 병합시켰다. 그는 또한 모압을 공격해 모압 군대 중 2개 부대를 섬멸하고 나머지는 생포하였으며 매년 조공을 바치도록 했다. 그는 또한 소바(Sophene)의 왕이요 르홉(Rehob)의 아들인 하닷에셀(Hadadezer)을 유브라데(Euphrates)강에서 만나 접전을 벌여 20,000여 명의 보병과 7,000여 명의 기병을 살해하였으며 병거 1,000승을 포획하여 100승만 남기고 나머지는 모두 파괴해 버렸다.[10]

2. 다메섹과 수리아의 왕 하닷(Hadad)은 자기 친구인 하닷에셀이 다윗의 공격을 받고 있다는 소식에 접하자 친구를 구할 수 있을 것이라는 기대로 막강한 부대를 이끌고 도우러 왔다. 하닷은 유브라데강에서 다윗과 일대 접전을 벌였으나 그의 의도는 실패로 돌아가고 전쟁에서 수많은 부하 병사만 잃게 되었다. 하닷의 병사 20,000명이 전사했고 나머지는 모두 도망쳐 버렸다. 다메섹의 니콜라우스(Nicolaus of Damascus)는 그의 역사서 제4권에서 이 왕을 다음과

---

10) 다윗이 자기를 위해 단지 병거 백 승만 남겨 놓은 것은 모세의 율법에 잘 조화되는 행동처럼 보인다(신 17:16).

같이 언급하고 있다. "이 일이 있은 지 매우 오랜 후에 하닷이란 매우 능한 인물이 나타났다. 그는 다메섹과 베니게를 제외한 전 수리아를 통치했다. 그는 유대 왕 다윗과 전투를 했다. 그는 여러 전투를 통해 자신의 무운(武運)을 시험해 보았으나 유브라데강에서 있었던 마지막 전투에서 그만 패하고 말았다. 그는 권력이나 인간성에 있어서 그들의 모든 왕 가운데 가장 뛰어난 왕이었던 것처럼 보인다." 이 기록 외에도 그는 그의 후손에 관해 이렇게 말하고 있다. "그들은 그의 왕국과 그의 이름을 연이어서 계속 계승해 갔다." 그는 아래와 같이 덧붙이고 있다. "하닷이 죽은 후 그의 후손은 10대 동안 통치했다. 이들은 모두 애굽의 프톨레마이우스(Ptolemy) 왕조처럼 그 아비에게서 통치권과 이름을 모두 물려받았다. 그러나 이 중에서는 3대 왕이 가장 강력했으며 선조가 받은 패배를 복수하려는 열망에 불타 있었다. 이에 그는 유대 정벌을 감행해 오늘날 사마리아(Samaria)라고 부르는 도시를 황폐화시켰다." 그의 이 역사 기록은 매우 진실하다. 왜냐하면 이스라엘 왕 아합의 통치 시대에 사마리아를 정벌하려고 한 자가 바로 이 하닷이기 때문이다. 이 자에 대해서는 앞으로 기회가 있을 때 언급하도록 하겠다.

3. 다윗은 다메섹과 그 밖의 수리아 지역을 정복하여 굴복시키고 수비대를 주둔시키고 조공을 바치도록 명령한 후에 개선했다. 다윗은 하닷의 경호 병사들이 사용하던 금 전통과 갑옷을 가져다가 예루살렘에서 하나님께 바쳤다. 이것들은 훗날 애굽 왕 시삭(Shishak)이 다윗의 손자 르호보암(Rehoboam)을 굴복시키고 예루살렘을 약탈해 갈 때 함께 가지고 간 것들이다. 이에 대해서 후에 기회가 있을 때 상세히 언급하기로 하자. 다윗왕은 하나님이 일마다 도와주시므로 전쟁할 때마다 대승을 거둘 수 있었다. 즉 그는 하닷에셀(Hadadezer)의 가장 좋은 도시 베다(Betah)와 마곤(Machon)을 함락시키고 폐허로 만들 수가 있었던 것이다. 다윗은 여기서 다량의 금과 은을 얻을 수 있었으며 금보다 더 귀한 것이었다고 전해지는 그런 종류의 놋을 획득할 수가 있었다. 솔로몬이 성전 건축을 할 때 이 놋으로 (놋)바다라고 부르는 그릇과 신기한 놋대야들을 만들었다.

4. 하맛(Hamath)의 왕은 하닷에셀의 계획이 실패로 돌아가고 그의 병사들이 수없이 전사당했다는 소식을 듣고 몹시 두려워하고 다윗이 자기를 공격해 오기 전에 다윗과 동맹을 맺어야겠다고 결심했다. 이에 그는 다윗에게 자기 아들 요람(Joram)을 보내 자기 원수인 하닷에셀을 무찔러 준 데 대해 감사를 표시하고 상호 군사 우호(友好) 동맹을 맺고 싶다는 희망을 전하게 했다. 그는 또한 다윗에게 금, 은, 놋으로 만든 고대의 정교한 기구들과 예물들을 선물로 보냈다. 이에 다윗은 도이(Toi, 하맛 왕의 이름)가 보낸 예물을 받고 군사 동맹을 맺은 후 그의 아들에게 정중한 예우를 갖춰 예물을 주고 돌려보냈다. 다윗은 그가 정복한 도시에서 빼앗은 금과 은은 물론 이 예물도 하나님께 바쳤다. 하나님은 다윗이 진두지휘할 때만 승리를 주신 것이 아니라 그의 군대 장관, 즉 요압의 동생인 아비새가 병사를 이끌고 이두매[11]를 공격했을 때도 승리를 안겨 주셨다. 아비새는 이 전투에서 이두매인 18,000명을 전사시켰다. (이스라엘의) 왕은 이두매 전 지역에 수비대를 주둔시키고 국가적으로뿐 아니라 주민 개개인에게 조공을 받도록 지시했다.

다윗은 그 품성이 의로웠고 모든 결정을 진리에 따라 처리했다. 그는 요압을 군대 장관으로 임명했고 아힐룻(Ahilud)의 아들 여호사밧(Jehoshaphat)은 사관(recorder)으로 앉혔으며 비느하스(Phineas) 가문의 사독(Zadok)을 아비아달과 함께 대제사장으로 등용했다. 사독은 다윗의 친구였다. 다윗은 또한 스라야(Seisan)를 서기관으로 채용했고 여호야다(Jehoiada)의 아들 브나야(Benaiah)는 왕실 경호 대장으로 임명했다. 다윗은 자기의 아들 중 연장자들은 자기 옆에 두고 자기를 보살피도록 했다.

5. 또한 다윗은 사울의 아들 요나단이 보여준 우정과 사랑을 결코 잊을 수가 없었다. 특히 요나단의 뛰어난 성품과 도덕성은 날이 갈수록 마음에 깊이 새겨지는 것이었다. 더욱이 다윗은 요나단과 맺었던 맹세와 언약을 지켜야겠다고

---

[11] 유대인들이 이렇게 에서의 후손들에게 대승을 거두고 조공을 바치게 함으로써 야곱과 에서가 태어나기 전에 리브가에게 주어진 동시에 노년의 이삭이 죽기 전에도 주어진 예언의 내용인 큰 자가 어린 자를 섬기리라는 약속 즉 야곱이 에서의 주가 될 것이라는 약속이 놀랍게 성취된 것이다.

생각했다. 따라서 다윗은 요나단에게 진 빚을 갚고 은혜를 보답하기 위해 요나단의 핏줄 중 생존한 자가 있는지 알아보라고 지시했다. 요나단의 남은 식구에 대해 알고 있는 사울의 종이 하나 있었다. 다윗은 그에게 요나단에게 진 빚을 갚으려고 하니 살아 있는 요나단의 식솔이 있으면 어서 말해보라고 명령했다. 이에 그 종은 므비보셋(Mephibosheth)이라는 아들이 살아남았는데 그의 유모가 그의 아버지와 할아버지가 전사했다는 소식을 듣고 그를 데리고 도망을 치다가 어깨에서 떨어뜨려 그만 다리 저는 자가 되었다고 말했다. 이에 다윗은 므비보셋이 어디에서 누구에 의해 양육되고 있는지를 알아본 다음 로드발(Lodebar)시의 마길(Machir)에게 사신을 보내 그를 데려오게 했다.

므비보셋이 다윗왕 앞에 나와 엎드려 절을 했다. 그러자 다윗은 잘 보살펴 줄 테니까 아무 걱정 말고 용기를 내라고 격려해 주었다. 이에 다윗은 므비보셋에게 그의 아비가 살던 집과 그의 할아버지 사울이 소유한 모든 땅을 준 후 하루도 거르지 말고 자기 식탁에 와서 식사를 하라고 했다. 므비보셋이 다윗의 친절한 말과 하사품에 감격하여 절을 하자 다윗은 시바(Ziba)를 불러 므비보셋의 아비의 집과 사울의 모든 토지를 그에게 주었으니 그 땅을 관리하고 경작하여 얻은 소득을 예루살렘의 므비보셋에게로 보내라고 명령했다. 다윗은 므비보셋을 매일 자기 상에 와서 먹게 하였으며 시바와 그의 15명의 아들과 20명의 종을 므비보셋의 하인으로 주었다. 시바는 다윗왕이 시키는 대로 하겠다고 약속하고 길을 떠났다. 이리하여 요나단의 아들 므비보셋은 예루살렘에 거주하며 왕의 식탁에서 음식을 먹었고 왕의 아들과 조금도 다를 바 없는 대접을 받았다. 므비보셋에게는 미가(Micha)라는 아들이 하나 있었다.

제6장

암몬인들과의 전쟁에서 승리하게 된 경위

1. 사울과 요나단의 식솔들 가운데 살아남은 자들이 다윗에게 받은 호의가 이와 같았다. 다윗의 친구였던 암몬 왕 나하스(Nahash)가 죽은 것이 바로 이때였다. 그의 아들이 아버지의 뒤를 이어 왕위에 오르자 다윗은 사신들을 보내 왕의 죽음을 애도하고 그의 아들을 위로하게 한 후 그간의 선린 관계를 계속 유지했으면 좋겠다는 소망을 피력하게 했다. 그러나 암몬의 방백들은 이 메시지를 악의로 받아들이고(다윗의 우호적인 태도로 볼 때 이렇게 받아들일 하등의 근거가 없음에도 불구하고) 다윗이 친절과 우호를 가장하고 이 땅을 염탐하러 보낸 것이 틀림없으니 그 제의를 받아들이지 말라고 왕을 부추겼다. 그들은 다윗에게 현혹되어 무서운 재난을 당하기 전에 정신을 차리고 다윗의 말 따위에는 귀를 기울이지 말라고 강력하게 주장했다. 결국 암몬 왕, 나하스(의 아들)는 이 방백들의 말을 곧이 듣고 사신들을 매우 무례하게 대했다. 즉 사신들의 수염을 반을 밀어 버리고 옷도 반을 잘라내는 수모를 가함으로써 말이 아닌 직접 행동으로 의사 표시를 했다. 다윗은 사신들의 몰골을 보고 분노가 치밀어 오르는 것을 억제하지 못하고 이런 모욕은 도저히 참을 수 없다면서 암몬인들에게 본때를 보여주겠다고 공개적으로 선언했다. 자기들이 아무 이유 없이 동맹을 깨뜨렸기에 전쟁이 일어날지도 모른다고 생각한 암몬 왕의 친구들과 군대 장관들은 전쟁 준비를 서두르는 한편, 메소포타미아의 수리아 왕과 소박(Shobach)에게 1,000달란트의 돈을 보내고 원군을 보내 달라고 요청했다. 이 왕들은 20,000명의 보병을 거느리고 있었다. 이들은 또한 마아가(Maacah)라 부르는 지역의 왕과 돕(Ishtob) 왕에게도 원군을 청했다. 돕 왕은 12,000명의 병사를 거느리고 있었다.

2. 그러나 다윗은 이들이 동맹 관계를 맺은 사실에도 전혀 놀라는 기색이 없었으며 암몬의 병력을 두려워하지도 않았다. 다윗은 부당한 모욕을 받은 터라

정당한 이유가 있었기에 오직 하나님만 의지했다. 이에 다윗은 즉시 요압을 대장으로 하는 정벌군을 암몬으로 파견했다. 요압은 그의 군대를 거느리고 암몬의 수도인 랍바(Rabbath)에 진을 쳤다. 그러자 적들이 마주 나와서 전투태세를 갖추어 두 대로 나누어서 원군은 평지에 따로 진을 치고 암몬군은 히브리군 진영 맞은편 성문에 진을 치는 것이었다. 이를 본 요압은 병사 중에서 가장 용맹한 정병들을 뽑아서 자기가 직접 지휘하여 수리아의 왕과 그 밖의 왕들이 거느린 군대를 대항하고 나머지 병사는 자기 동생 아비새에게 맡겨서 암몬군을 공격하도록 하는 전략을 세웠다. 그리고는 자기 동생에게 만일 자기가 수리아군에게 고전을 면치 못하거든 급히 와서 자기를 도우라고 했다. 그러나 아비새가 암몬군에 의해 열세에 몰리게 될 때는 자기가 도와주겠다고 했다. 요압은 동생을 내보내기 전에 불러서 신속하고 용감하게 행동하라고 격려하고 치욕스럽게 살기보다는 남아답게 싸우다 죽는 편을 택하라고 충고해 주었다. 요압은 동생을 암몬군과 싸우도록 보내고 자기는 수리아군을 공격했다.

수리아군은 얼마 동안은 완강하게 저항했으나 요압의 군대에 패배하여 수많은 전사자를 남기고 모두 도주하기에 이르렀다. 한편 암몬군들도 아비새와 그의 군대를 보고 겁을 집어먹고는 별로 대항도 못 해 보고 성 안으로 도망쳐 들어갔다. 이 같은 승리를 거둔 요압은 큰 기쁨을 가슴에 안고 예루살렘의 다윗 왕에게로 돌아왔다.

3. 전쟁에 패배했음에도 불구하고 암몬인들은 히브리인들이 자기들보다 우세하다는 것을 인정하지 않았다. 따라서 잠자코 있지 않고 유브라데강 건너편 수리아의 왕 갈라만(Chalaman)의 군대를 용병으로 고용했다. 갈라만은 소박(Shobach)을 군대 장관으로 삼고 기병 10,000명과 보병 80,000명을 용병으로 파송했다. 암몬인들이 다시 대군을 모아 전쟁 준비에 열을 올리고 있다는 소식을 들은 다윗은 부하들을 보내기보다는 자기가 직접 지휘해야겠다고 결심하고 전군을 거느리고 요단강을 건넜다.

다윗은 적과의 전투에서 대승을 거두고 보병 40,000명과 기병 7,000명을 전사시켰다. 다윗은 또한 갈라만의 군대 장관 소박에게 중상을 입혔다. 그는 중상을 입고 얼마 후에 죽었다. 이 전쟁의 결과로 말미암아 메소포타미아 백성들은 다윗에게 항복하고 예물을 바쳤다. 결국 다윗은 겨울철이 되어서 예루살렘으로 돌아올 수밖에 없었다. 그러나 봄이 되자 다윗은 다시 군대 장관 요압을 보내 암몬을 정벌했다. 요압은 암몬 전역을 휩쓸고 폐허로 만든 후에 암몬인들을 수도인 랍바(Rabbath)에 가두고 공격을 시작했다.

제7장

다윗이 밧세바를 사랑하게 되어
그녀의 남편 우리아를 살해하자
그로 인해 나단에게 책망을 듣게 된 경위

1. 다윗은 천성적으로 의로운 사람이었고 매우 경건한 사람이었으며 우리 선조들의 율법을 잘 지킨 인물이었음에도 불구하고 매우 무서운 죄를 범하게 되었다. 다윗에게는 늦은 저녁쯤에 왕궁 지붕에 올라가 주위를 한번 살펴보는 그런 습관이 있었다. 그런데 하루는 지붕을 거닐다가 한 여인이 자기 집에서 목욕하는 광경을 보게 되었다. 그 여인은 빼어난 미모를 간직한 밧세바(Bathsheba)라는 여자였다. 그녀의 미모에 반한 다윗은 욕정을 이기지 못하고 그녀를 불러다가 동침했다. 이에 밧세바는 아이를 잉태하게 되었다.

밧세바는 다윗에게 어떻게 해서든지 자기의 범죄한 사실을 은폐할 수 있는 방도를 모색해 보라고 추궁했다(그들 선조들의 율법에 따르면 간음한 여인은 돌로 쳐 죽이도록 되어 있기 때문이었다). 이에 다윗왕은 요압의 병기 잡는 자인 그녀의 남편 우리아(Uriah)를 전쟁터에서 돌아오도록 명령했다. 우리아가 오자 다윗은 그에게 군대 소식과 그간의 전황(戰況)을 물어보았다. 이에 우리아는 모든 것이 뜻대로 되어가니 아무 걱정 마시라고 대답했다. 다윗왕은 자기 저녁 식사분의 고기 일부를 우리아에게 주고 집에 가서 아내와 함께 푹 쉬라고 했다. 그러나 우리아는 다윗이 시키는 대로 하지 않고 다윗의 병기 잡는 자들과 함께 왕궁 안에서 잠을 잤다. 이 소식을 들은 다윗은 우리아에게 먼 여행에서 돌아온 후에는 으레 남자들이란 아내와 함께 있기를 원하기 마련인데 어째서 그리하지 않았느냐고 물어보았다. 그러자 우리아는 자기 동료 병사와 장관은 적지의 진영에서 땅바닥에 누워 잠을 자는데 자기만 어떻게 편히 집에서 아내와 함께 쉴 수 있겠냐고 답변했다. 이 말을 들은 다윗은 그다음 날로 군대 장관 요압에게 되돌려 보내줄 터이니 그날 밤은 그곳에서 묵으라고 지시했다. 다윗은 우리아를 저녁 식사에 초대하여 약삭빠르고 교묘한 여러 방법을 동원해서 술에 곯아떨어지게 했다. 그렇지만 그는 꿈에도 아내에게로 갈 생각을 하지 않고 왕궁 문 곁에서 잠을 잤다.

 이에 화가 난 다윗은 요압에게 서찰을 보내 우리아가 자기에게 죄를 범했으니 징벌하라고 지시했다. 다윗은 자기가 살인을 교사했다는 사실은 절대 비밀로 하고 자기가 시키는 대로 우리아를 죽음으로 몰아넣으라고 했다. 가장 위험한 전투를 할 때 우리아를 앞장세웠다가 혼자만 내버려두고 다 후퇴하여 적의 손에 우리아를 죽게 만들라는 지령이었다. 다윗은 이렇게 서찰에 적은 후 자기 도장으로 인봉하고 우리아에게 주어 요압에게 전해주도록 지시했다. 요압은 이 서찰을 받고 한번 읽어 보고는 다윗왕의 의도를 알아차리고 우리아를 가장 강력한 적이 버티고 있는 전선으로 투입시켰다. 요압은 우리아에게 가장 용맹한 병사들을 주면서 자기가 직접 뒤따라가서 도와줄 터이니까 가능하다면 성벽의 일부를 무너뜨리고 도시 안으로 진입해 보라고 말했다. 요압은 또한, 우리아는 원래 용감무쌍한 전사(戰士)이니까 이에 불만을 품지 말고 오히려 왕과 백성들에게 무용(武勇)을 떨칠 수 있는 좋은 기회로 생각하고 한번 잘해 보라고 격려하는 척했다. 우리아가 그 일을 한번 멋지게 해보겠다고 결심을 굳힌 것을 본 요압은 그의 동료 병사들에게 적이 공격해 오면 그만 남겨두고 퇴각하라고 비밀 지령을 내렸다. 히브리인들이 도시를 공략하자 암몬인들은 적이 성벽을 무너뜨리고 도시 안으로 들어오게 될 것같이 보이자 몹시 두려워하였다. 특히 우리아가 배치된 쪽이 몹시 위태하였다. 그러자 이들은 정예 병사들을 그쪽 전선으로 배치한 후 갑자기 성문을 열고 무섭게 달려들기 시작했다. 이것을 본 우리아의 동료 병사들은 요압이 미리 지시한 대로 모두 후퇴하였다. 그러나 우리아는 자기 위치를 떠나 퇴각한다는 것이 수치스러운 행동이라고 생각한 나머지 적의 공격에 정면으로 맞서 많은 적을 죽였다. 그러나 중과부적으로 포위가 된 우리아는 몇몇 동료 병사들과 함께 싸우다가 그만 전사하고 말았다.

2. 일이 이렇게 되자 요압은 왕에게 사신을 보내 랍바시를 최선을 다해 공략했으나 공성(攻城) 도중 그만 많은 희생자를 내고 퇴각할 수밖에 없었다고 전하라고 지시했다. 그때 만일 다윗왕이 화를 내거든 우리아도 전사했다는 말을 덧붙이도록 하라고 지시했다. 요압이 보낸 부하들의 이야기를 들은 다윗은 화를 내면서 성을 공략할 때에 성벽 밑의 땅을 판다든지 아니면 그 밖의 전략을 사용해서 공격해야지 무턱대고 공성(攻城)하는 바보들이 어디 있느냐고 매우 힐난하였다. 데베스(Thebes)의 망대를 그런 식으로 공격하다가 늙은 여편네가 던진 돌에 맞아 치욕의 종말을 맞이한 기드온의 아들 아비멜렉의 예를 보고도 어찌해서 그런 무모한 일을 저질렀느냐고 고함을 쳤다. 전쟁을 승리로 이끄는 첩경은 과거의 전쟁에서 있었던 사건들 가운데 그와 유사한 사건들을 항상 염두에 두고 실패의 경험은 되풀이하지 않도록 될 수 있으면 피하고 성공한 경험은 되살리는 것인데 어째서 또다시 적의 성벽 근처에까지 접근한 것이냐고 불호령을 내렸다. 왕이 화가 잔뜩 나 있을 때 요압이 보낸 부하들이 그 전투에서 우리아도 전사했다는 말을 하자 왕의 노여움은 금방 진정되었다. 왕은 그들을 다시 요압에게로 돌아가라고 지시하고 요압에게 가서 이런 불상사는 인간사에서는 흔히 있는 일이며 전쟁에서는 적이 이길 수도 있는 노릇이니까 너무 이번 일에 괘념치 말고 적의 수도를 계속 공략하되 이런 실수는 다시 되풀이해서는 안 된다는 말을 전하라고 명령했다. 공성할 때는 보루를 쌓고 공성 장비를 사용할 것이며 성을 함락시킨 후에는 성의 기초가 드러나도록 철저하게 폐허로 만들고 주민들은 한 사람도 남기지 말고 모조리 진멸하라는 왕명을 요압에게 전하라고 엄명을 내렸다. 이에 요압의 부하들은 왕명을 가지고 급히 요압에

게로 돌아갔다. 한편 우리아의 아내 밧세바는 남편의 전사 소식을 듣고는 여러 날 동안 그의 죽음을 애도했다. 애도의 기간이 지나고 우리아를 위해 흘린 눈물이 마르자 다윗왕은 밧세바를 즉시 아내로 삼았다. 다윗은 얼마 안 있어 밧세바에게서 아들을 두게 되었다.

3. 하나님은 이 결혼이 마음에 들지 않았을 뿐 아니라 심히 불쾌하기까지 하셨다. 그래서 나단(Nathan) 선지자가 잘 때 나타나셔서 다윗에 대해 말씀하셨다. 나단은 공정하고 분별력 있는 인물이었다. 나단은 왕들이란 열정에 한 번 빠지면 정의보다는 열정의 지배를 받는 것이 흔한 것임을 알았기에 하나님이 내리신 경고는 감추고 다음과 같이 부드럽게 말했다. "왕이시여! 내가 이제부터 하는 말을 잘 듣고 왕의 의견을 말씀해 주십시오. 한 도시에 부자와 가난한 자 둘이 함께 살고 있었습니다. 부자에게는 양과 소 등 가축 떼가 수도 없이 많았으나 가난한 자에게는 가축이라고는 암양 한 마리밖에 없었습니다. 그는 이 한 마리 암양을 자식처럼 키우며 음식을 함께 나누어 먹고 마치 딸을 대하듯이 애지중지하게 키웠습니다. 그런데 하루는 부자에게 한 나그네가 찾아왔습니다. 그러자 부자는 자기 가축을 잡아서 음식을 대접하기가 아까우니까 가난한 자의 암양을 **빼앗아** 그것으로 음식을 만들어 나그네를 대접했습니다." 이 말을 들은 다윗왕은 몹시 괴로웠다. 그러면서도 그는 나단에게 "그런 나쁜 놈이 어디 있소. 감히 어떻게 그런 짓을 할 수가 있단 말이오. 그 부자 놈은 가난한 자에게 네 배로 갚아 주어야 마땅할 것이오. 그런 놈은 죽어 마땅할 것이오."라고 말했다. 이에 나단은 즉시 말을 받아, 이 무서운 큰 죄를 범한 사람은 바로 다름 아닌 다윗왕인데 왕 스스로 그런 죄를 범한 자는 죽어 마땅하다고 하였으니 그 말씀 잘했다고 큰소리쳤다.

나단은 다윗에게 이번 일로 하나님이 크게 진노하고 계신다고 말했다. 하나님이 다윗을 전 이스라엘 백성 위의 왕으로 세우시고 주변 여러 국가를 이기고 승리할 수 있게 해주셨을 뿐 아니라 사울의 손에서 구원해 주시고 정당하게 합법적으로 결혼한 여러 아내를 주셨건만, 남의 아내를 **빼앗고** 그것도 모자라 그 남편을 적군의 손에 죽게 한 살인죄를 범하였으니 도대체 이 어찌 된 일이냐고 책망했다. 따라서 하나님은 이 사악한 범죄로 인해 다윗을 벌하실 것인데 그의 아내들이 그의 아들에 의해 능욕당할 것이며 그도 바로 그 아들에 의해 배반을 당할 것이라고 나단은 덧붙였다. 특히 은밀하게 죄를 지었지만 벌은 공개적으로 당하게 될 것이며 무엇보다도 밧세바와 다윗 사이에서 태어난 아이가 곧 죽을 것이라고 예언하였다. 왕은 나단의 말을 듣고 괴로워 어쩔 줄을 몰라 하면서 슬픔과 눈물이 뒤범벅이 되어 자기가 범죄하였다고 실토하였다(사실상 다윗은 이 우리아의 사건을 제외하고는 전 생애를 통틀어서 죄를 범한 적이 없는 몹시 경건한 인물이었다). 하나님은 다윗이 회개하는 것을 보시고 다윗을 불쌍히 여기셔서 용서하시고 그의 생명과 왕국을 보전시켜 주시겠다고 약속하셨다. 나단은 이 예언을 왕에게 전한 후에 자기 집으로 돌아갔다.

4. 그러나 하나님은 다윗이 우리아의 아내에게서 낳은 아들에게 위험한 질병을 내리셨다. 이에 다윗은 몹시 괴로워하며 시종들이 강요하다시피 해도 7일간이나 계속 음식을 전혀 입에 대지 않았다. 다윗은 밧세바를 몹시 사랑했기에 검은 옷을 입고 비탄에 잠겨 땅에 엎드려 아이를 살려 달라고 하나님께 간구했다. 그러나 제7일째 되는 날 그 아이가 죽자 왕의 신하들은 아이가 병들었다는 이야기에 왕이 그토록 괴로워하고 슬퍼했는데 만일 아들이 죽었다는 사실을 알게 되는 날이면 음식은 입에도 대지 않을 것이고 몸 생각은 전혀 안 할 것이라고 생각하고 감히 이야기를 꺼낼 엄두조차 내지 못하고 있었다.

그러나 다윗왕은 신하들이 무엇인가를 감추려고 애쓰면서 당황하는 빛이 역력한 것을 보고는 아들이 죽었다는 사실을 직감으로 알아차렸다. 이에 다윗은 시종 하나를 불러 사실을 알아낸 후에 일어나 몸을 씻고 흰옷으로 갈아입은 후에 하나님의 성막을 찾았다. 다윗은 또한 저녁 식사를 준비하라고 지시했다. 그러자 다윗의 친척들과 시종들은 깜짝 놀랐다. 아들이 병들었을 때는 음식을 입에 대지도 않다가 아들이 죽었다는데 식사를 하겠다고 하니 놀라지 않을 수가 없었던 것이다. 이에 그들은 다윗에게 한 가지 드릴 말씀이 있는데 여쭈어봐도 되겠느냐고 했다. 다윗이 그렇게 하라고 대답하자 그처럼 행동하는 이유가 무엇이냐고 물어보았다. 다윗은 그들을 보고 어리석은 사람들이라고 하면서, 아이가 아직 살아 있을 때는 자기가 최선을 다하면 하나님이 혹시 불쌍히 여기실지도 모른다는 희망이라도 있지만 아이가 죽은 이 마당에 슬퍼해 보았자 무슨 소용이 있겠느냐고 했다. 이 말을 들은 왕의 신하들은 왕의 지혜와 총명에 감탄을 연발했다. 그 후 다윗이 아내 밧세바에게 들어가니 밧세바가 잉태하여 아들을 낳았다. 그리고 다윗은 선지자 나단의 명을 따라 솔로몬이라는 이름을 붙여 주었다.

5. 한편 요압은 물의 공급과 그 밖의 식량 공급을 차단함으로써 암몬인들을 큰 곤경에 빠뜨렸다. 마침내 이들은 먹을 양식과 마실 물이 없어 어쩔 줄을 몰라 했다. 우물이 하나밖에 없었기 때문에 물의 바닥이 드러날까 봐 먹을 물도 마음대로 먹지 못할 지경에 처했기 때문이었다. 그래서 요압은 다윗왕에게 서찰을 보내어 이 사실을 알리고 직접 와서 성을 함락시키는 승리의 영광을 맛보라고 설득했다. 다윗왕은 요압의 편지를 받고 그의 충성심과 호의에 만족하고 랍바(Rabbath)성을 함락시키기 위해 군대를 이끌고 그곳으로 떠났다. 다윗은 랍바성을 함락시킨 후 병사들에게 마음대로 성을 약탈해도 좋다고 허락했다. 다윗도 금 1달란트의 무게[12]가 나가는 암몬 왕의 왕관을 노획했다. 왕관 가운데는 홍마노(sardonyx)라는 보석이 박혀 있었다. 이후로 다윗은 항상 이 왕관을 머리에 썼다. 다윗은 또한 이 도시에서 휘황찬란한 고가(高價)의 많은 그릇을 전리품으로 획득할 수 있었다. 다윗은 암몬인들은 괴롭히고[13] 난 후에 죽였다. 다윗은 암몬의 다른 여러 도시도 무력으로 점령한 후에 위와 같은 방법으로 암몬인들을 다뤘다.

---

12) 금 1달란트는 약 7파운드의 중량이 된다.
13) 나는 이 구절의 의미가 적어도 사무엘서에 있는 바에 의하면 단지 다음과 같은 뜻이 아닐까 생각한다. 즉 그들을 가장 미천한 노예들로 삼아 나무나 돌을 다듬게 하고, 땅을 갈게 하고, 벽돌을 만들어 굽게 하는 등의 고된 노동을 시킨 것뿐이지 생명까지도 빼앗은 것은 아니다. 성경의 어디를 찾아보아도 그렇게 잔혹한 방법으로 사람을 죽인 예는 찾아볼 수가 없으며 사무엘서에 기록된 내용도 그런 것을 가리키고 있는 것은 아닌 것 같다.

제8장

압살롬이 자기 누이를 욕보인 암논을 살해한 이유로
다윗에 의해 추방되었다가 다시 돌아오게 된 경위

1. 다윗이 예루살렘으로 돌아왔을 때 그의 가정에는 슬픈 불상사가 있었다. 그 자세한 내막은 다음과 같다. 다윗에게는 아직 처녀인 미모의 딸이 있었다. 그 미모가 절색이어서 그녀를 따라갈 만한 여자가 없을 정도였다. 그녀의 이름은 다말(Tamar)인데 압살롬와 같은 어미의 소생이었다. 그런데 다윗의 장남인 암논(Amnon)이 다말을 사랑하게 되었다. 그러나 그녀가 처녀로 철저히 보호받고 있었기 때문에 암논은 자기 뜻을 이룰 수가 없었다. 이에 암논은 어찌나 근심하며 괴로워했던지 몸에 병이 날 정도였고 날마다 몸은 파리해 갔고 안색은 창백해져 갔다. 암논의 친척이요 친구인 요나답(Jonadab)은 매우 지혜가 뛰어나며 간교한 인물로서 암논이 상사병에 걸린 것을 알아차렸다. 요나답은 암논이 전과 달리 하루가 다르게 몸이 야위는 것을 보고 그 이유가 무엇이냐고 물으면서 혹시 상사병이 난 것이 아니냐고 넌지시 마음을 떠보았다. 그러자 암논은 자기가 지금 이복 누이를 연모하고 있다고 실토하였다. 요나답은 뜻을 이룰 수 있는 묘책을 가르쳐 주겠다고 했다. 드러누워 아픈 척하다가 아버지 다윗왕이 문병을 오면 다말이 와서 병시중을 들면 금방 병이 나을 것 같으니 다말을 곁에 있게 해달라고 간청하라는 것이었다. 이에 암논은 요나답이 시킨 대로 침상에 누워 병이 난 것처럼 꾸몄다. 그의 아버지가 와서 어떻게 해주면 좋겠느냐고 묻자 그는 누이동생 다말을 보내 달라고 애원했다. 그러자 다윗은 다말을 즉시 데려오라고 명령했다. 다말이 오자 암논은 (다른 사람이 해주는 것보다) 다말이 직접 만든 음식을 먹으면 병이 금방이라도 나을 것 같으니 과자를 만들어 달라고 말했다. 이에 다말은 암논이 보는 데서 가루를 반죽하고 과자를 만들어 구워서 그에게로 가지고 왔다. 그러자 그 시간에 그는 과자를 먹어보려고도 하지 않고, 시끄럽고 소란하지 않은 곳에서 푹 쉬고 싶으니 자기 방에서 모두 나가

라고 시종들에게 지시했다. 시종들이 모두 나가자 암논은 다말에게 저녁 식사를 침실로 가지고 오라고 했다. 다말이 시키는 대로 침실로 식사를 가지고 들어가자 암논이 다말을 붙잡고 자기와 동침하자고 요구했다. 이에 다말은 고함을 지르면서 이렇게 말했다. "안 돼요, 오라버니. 강제로 이러지 마세요. 어째서 율법을 어기면서까지 못된 짓을 하려고 해요. 이건 미친 짓이에요. 불의하고 불순한 정욕을 억제하세요. 이런 일은 우리 가문의 명예에 먹칠을 하는 것밖에 되지 않아요." 다말은 또한 암논에게 이 일에 대해 아버지에게 (자기와) 결혼하는 것을 허락해 달라고 말하라고 제안했다. 다말이 이렇게 제안한 것은 어떻게 해서라도 당장은 암논의 끓어오르는 욕정을 피하고 싶어서 한 말이었다. 그러나 암논은 다말의 말을 듣지 않았다. 한번 타오르기 시작한 사랑의 불꽃과 끓어오르는 정욕에 눈이 먼 암논은 강제로 다말을 욕보였다. 더욱이 암논은 자기 욕정을 채우자마자 다말을 미워하기 시작했고 욕설을 퍼부으면서 일어나서 집으로 가라고 소리 질렀다. 이에 다말이 욕을 보인 것보다 저녁까지도 있지 못하게 하고 지금 당장 쫓아냄으로써 나의 수치를 증거할 사람을 길에서 만나게 만드는 것이 자기를 더 가혹하게 대하는 처사라고 말을 하는데도 불구하고 암논은 종들을 시켜 다말을 집으로 쫓아보냈다. 다말은 자기가 당한 모욕과 수치를 이기지 못해 몹시 괴로워하며 헐렁한 겉옷(loose coat, 고대의 처녀들은 속옷이 보이지 않도록 손목에서 묶게 되어 있고 발목까지 내려오는 헐렁한 겉옷을 입고 다녔다)을 찢고, 머리에 흙을 뿌리고 크게 울면서 도시 중앙부를 가로질러 올라갔다. 다말의 오라비인 압살롬이 우연히 다말을 만나 무슨 일이 있길래 행색이 그 모양이냐고 물어보았다. 다말이 사실대로 이야기하자 압살롬은 동생을 위로하면서 오라비가 한 짓이니까 해를 당한 것이라고 생각하지 말고 오래 참고 잠잠히 있으라고 했다. 이에 다말은 압살롬의 충고를 듣고, 큰 소리로 울어서 자기가 당한 치욕을 많은 이들에게 알리는 일을 중지했다. 다말은 오랫동안 오빠 압살롬의 집에서 과부로 지냈다.

2. 다윗은 이 사실을 알고 암논의 행동이 몹시 불쾌했으나 장남이라고 유달리 사랑하는 아들이었기에 벌을 내리지 않았다. 그러나 압살롬은 암논을 철천

지원수로 여기고 복수할 기회만을 엿보고 있었다. 이 일이 있은 후 2년이 지났다. 압살롬은 에브라임 지파에 속한 바알하솔(Baalhazor)에서 자기 양 떼의 털을 깎을 때가 되매 형제들과 아버지 다윗을 초청하여 함께 잔치에 참석해 달라고 간청했다. 그러나 다윗은 폐를 끼치고 싶지 않다면서 사양했다. 그러자 압살롬은 그러시다면 형제들이라도 보내 달라고 간청했다. 이에 다윗은 즉시 형제들을 보냈다. 압살롬은 자기 부하들에게 암논이 술에 취해 인사불성이 되었을 때 자기가 신호를 보내면 아무도 두려워하지 말고 죽여 없애라고 지시했다.

3. 압살롬의 종들이 시키는 대로 하자 압살롬의 나머지 형제들은 놀라서 정신을 차릴 수가 없었다. 더욱이 자기들의 목숨도 어떻게 될지 모른다는 두려움이 들자 즉시 모두 말을 타고 아버지 다윗에게로 달려갔다. 그러나 이들보다 한발 앞서 어떤 자가 다윗에게 왕자들이 모두 압살롬에게 죽임을 당했다고 전해 올렸다. 이 소식을 들은 다윗은 슬픔으로 몸을 가눌 수가 없을 정도였다. 그 많은 아들이 한꺼번에, 그것도 같은 형제의 손에 의해 죽임을 당했다고 생각하니 그저 눈앞이 캄캄해지는 것만 같았다. 다윗은 살해 동기가 무엇인지 물으려고 하지도 않았으며 또 다른 어떤 소식도 들으려고 하지 않았다. 그렇게 무섭고 믿기 어려운 끔찍한 일을 당하면 누구든지 으레 그렇듯이 다윗도 옷을 찢고 땅에 엎드려 아들 모두를 잃은 것에 대해 슬피 통곡하였다. 살해된 아들들뿐 아니라 살해한 아들조차도 잃어버린 것이나 다름이 없었기 때문이었다. 그러나 다윗의 형 시므아(Shemeah)의 아들 요나답은 다윗의 아들들이 다 죽었을 리는 만무하다면서, 너무 슬퍼하지 말라고 다윗을 위로했다. 요나답은 압살롬이 다말의 일로 암논을 죽인 것 같은데 그렇다면 압살롬이 암논을 제외한 다른 아들들을 살해할 하등의 이유가 없다는 것이었다. 그때 말발굽 소리와 함께 사람들이 웅성거리는 소리가 들려왔다. 소리 나는 쪽으로 고개를 돌리니 잔치석에서 도망쳐 나온 왕의 아들들이었다. 이에 다윗은 모두가 수심에 잠긴 아들들을 근심에 찬 얼굴로 맞이했다. 방금 전까지만 하더라도 모두가 죽은 줄만 알았던 아들들을 보게 되니 그것은 정말 기대 이상의 것이었다. 그럼에도 불구하고 양편은 모두 눈물을 흘렸다. 왕의 아들들은 살해된 형을 생각하고 슬퍼했고 다윗

왕은 죽은 아들을 생각하고 비통해했다. 압살롬은 외할아버지인 그술(Geshur) 왕에게로 피신해 그곳에서 꼬박 3년간을 보냈다.

4. 3년이라는 세월의 덕택으로 다윗의 노여움은 많이 줄어들었다. 이에 다윗은 압살롬에게 사신을 보내 벌을 주지 않을 터이니 돌아오라고 하고 싶은 마음이 생겼다. 다윗으로 하여금 이 생각을 행동으로 옮기게 한 장본인은 바로 군대 장관 요압이었다. 요압은 평범한 늙은 여인 하나를 매수하여 상복을 입고 왕 앞에 나아가 이같이 말하라고 시켰다. "저에게는 서로 성격이 크게 다른 두 아들이 있었습니다. 서로 다르다 보니까 그게 발전하여 그만 노골적으로 다투게 되었습니다. 다투다 하나가 맞아 죽었습니다. 그런데 저의 친척들이 형제를 죽인 놈을 살려 둘 수 없다면서 노년의 저를 보살필 유일한 혈육이요 희망인 제 아들을 죽이고자 혈안이 되어 있습니다. 왕께서는 제발 이 사건에 개입하셔서 제 아들을 그들의 손에서 구원해 주십시오. 친척들이 다른 사람의 말은 안 들어도 왕의 명령은 무서워서 순종할 것이니 왕께서 제 아들을 구원해 주신다면 저에게 큰 은혜를 베푸시는 것입니다." 이때 왕이 그녀의 소청을 들어주겠다고 하거든 다시 이같이 말하라고 시켰다. "이 늙은 것을 불쌍히 여기시고 살아남은 유일한 제 혈육인 아들을 살려 주신다니 무엇이라 감사의 말씀을 드려야 할지 모르겠습니다. 그러나 제게 왕의 호의를 확신시켜 주시는 의미에서 우선 왕의 아들에게 노여움을 푸시고 화해해 주십시오. 왕께서 계속해서 왕의 아들에게 이같이 진노하신다면 왕께서 제게 이런 호의를 실제로 베푸셨다는 것을 어찌 확신할 수 있겠습니까? 비록 왕의 허락 없이 한 아들이 죽었으나 그렇다고 해서 고의로 또 한 아들을 죽이시는 것은 어리석은 일이라고 생각합니다." 그제야 다윗왕은 이 꾸민 이야기가 요압의 머리에서 나온 생각임을 어렴풋이 눈치채게 되었다. 다윗은 늙은 여인에게 물은 뒤 그것이 사실임을 알아내고는 요압을 불러 요청한 것을 들어주겠다고 했다. 비록 아직은 불쾌한 기분은 남아 있으나 이미 오래전에 압살롬에 대한 분노는 사라졌으니 가서 압살롬을 데려오라고 지시했다. 이에 요압은 왕에게 엎드려 절을 하고 즉시 그술로 떠나 압살롬을 데리고 예루살렘으로 돌아왔다.

5. 그러나 다윗왕은 압살롬이 오고 있을 때 미리 전갈을 보내 아직은 보고 싶은 마음이 없으니 집에 가서 조용히 은거하고 있으라고 명령했다. 아버지의 명령에 따라 압살롬은 아버지 앞에 나아가는 것은 삼가고 자기 식구들을 만나는 것만으로 만족하게 여겼다. 한편 압살롬의 준수한 용모는 그간의 괴로움이나 왕자로서 마땅히 받아야 할 보살핌의 결핍에도 불구하고 조금도 상하지 않았다. 그의 훤칠한 키는 당해 낼 자가 없었으며 준수한 용모에 있어서도 식이요법을 한 그 누구보다도 멋있는 풍채를 자랑할 수가 있었다. 압살롬은 머리숱이 너무 많아 여드레마다 머리를 깎는 일 또한 보통 일이 아니었으며 그의 머리털 무게는 이백 세겔,[14] 즉 5파운드나 나갔다. 압살롬은 2년간 예루살렘에 거주했으며 세 아들과 딸 하나를 둔 아버지가 되었다. 그 딸은 뛰어난 미모의 여인으로서 후에 솔로몬의 아들 르호보암(Rehoboam)의 아내가 되어 아비야(Abijah)라는 아들을 낳게 된 인물이다. 압살롬은 요압에게 사람을 보내 아버지의 노여움을 거두어 상면할 수 있도록 해달라고 간청했다. 요압이 압살롬의 말을 무시하자 압살롬은 종들을 보내 요압의 소유로 되어 있는 밭에 불을 지르게 했다. 요압은 이 소식을 듣고 압살롬을 찾아가 비난하면서 그런 짓을 저지른 이유가 무엇이냐고 물었다. 이에 압살롬은 이렇게 대답했다. "당신이 아버님과 나 사이를 화해시켜 달라는 청을 묵살하고 있는 것을 보고는 이런 식으로 해야 당신을 만날 수 있을 것 같아 저지른 것이오. 이왕 여기 오셨으니 제발 소원을 들어주시오. 나의 아버님의 진노를 풀어 주시오. 내게 대한 하나님의 진노가 그치지 않고 있으니 방랑 생활을 할 때보다 여기에 있는 것이 더 괴롭소." 이 말을 들은 요압은 압살롬이 처한 어려운 처지를 불쌍히 여기고 중재자 노릇을 하겠다고 했다. 요압은 다윗과 이 문제로 이야기를 나누고 다윗의 진노를 진정시키는 데 성공했다. 다윗은 압살롬을 데리고 오라고 했다. 이에 압살롬은 땅에 무릎을 꿇고 자기 죄를 용서해 달라고 간청했다. 그러자 다윗왕은 그를 일으켜 세우고 모든 죄를 용서해 주겠다고 약속했다.

---

14) 월(Wall) 박사는, 70인역(LXX)은 머리털 무게를 말하지 않고 단지 그 가치가 20세겔이라고 말하고 있다고 주장한다.

제9장

압살롬이 다윗에게 반역을 일으키게 된 경위,
그리고 아히도벨과 후새, 시바와 시므이에 관한 내용과
아히도벨이 목을 맨 경위

1. 압살롬은 다윗왕의 진노를 진정시키는 데 성공하자마자 수많은 말과 병거들을, 그것도 단시일 내에 모으기 시작했다. 더욱이 그는 병기 잡는 자 50명을 호위병으로 거느리고 다녔다. 그는 매일 이른 아침 왕궁에 나아가 송사하러 왔다가 패소한 자들에게 마치 왕의 주위에는 뛰어난 모사(counsellor)가 없거나, 아니면 재판관들이 부당한 판결을 내린 것처럼 호의적인 말을 해주었다. 이렇게 함으로써 그는 이들 모두의 호의를 얻을 수 있었다. 그는 이들에게 만일 자기에게 그런 권위가 주어진다면 공평무사하게 정의를 시행할 수 있을 것이라고 했다. 압살롬은 이렇게 백성들 가운데 명성을 획득하게 되자 백성들의 마음이 이미 자기에게 쏠린 것이 분명하다고 생각하기에 이르렀다. 아버지와 화해한 지 4년이 지난 후에[15] 압살롬은 다윗에게 나아가, 전에 아버지 곁을 떠날 때 하나님께 맹세한 것이 있으므로 헤브론으로 가 하나님께 제사를 드릴 수 있도록 해달라고 간청했다. 이에 다윗이 허락하자 압살롬은 헤브론으로 갔고 큰 무리가 그에게로 달려 나왔다. 이는 압살롬이 많은 부하를 각지에 보내 그리하도록 시켰기 때문이었다.

2. 이들 중에는 다윗의 모사인 길로 사람(Gilonite) 아히도벨(Ahithophel)과 압살롬의 의도를 모르고 제사 일로 초청받아서 간 200명의 예루살렘인들이 포함되어 있었다. 여기서 압살롬은 이들 모두에 의해 왕으로 임명되었다. 사실

---

[15] 이 구절은 우리가 소유하고 있는 일반적인 사본들의 개악(改惡)된 본문을 교정해 줄 수 있는 좋은 증거이다. 일련의 역사적 연대순으로 보면 압살롬의 반역이 아버지 다윗과 화해 후 기껏해야 4년밖에 안 지났음에 반해 그 사본들은 40년 후라고 말하고 있다.

상 이것은 모두 압살롬이 왕이 되려는 계략에서 나온 것이었다. 자기 아들이 기대 밖으로 반역을 일으켰다는 소문이 전해지자 다윗은 그의 불손하고 대담한 행동에 크게 놀랐으며 큰 죄를 용서해 준 것이 불과 몇 해 전인데 이제는 더 사악한 죄를 저지르는 것을 보고 그만 아연실색했다. 왜냐하면 압살롬의 반역은 첫째, 하나님이 다윗에게 주신 왕국을 빼앗는 범죄요 둘째, 자기 아버지의 목숨을 노리는 사악한 행동이었기 때문이었다. 이에 다윗은 요단강 건너편으로 피신하기로 결심했다. 따라서 다윗은 그의 절친한 친구들을 불러 모으고 자기 아들의 미친 행동에 대해서 알려 주었다.

다윗은 자기와 아들 사이의 모든 시비를 하나님께 맡겼다. 다윗은 왕궁을 자기 첩 열 명에게 맡기고 예루살렘을 떠났다. 이때 남은 무리가 자원하여 다윗을 급히 따랐고 특히 사울 시대 때부터 다윗을 따랐던 600명의 무장 병사들이 그를 호위하였다. 다윗은 같이 떠나겠다고 결심한 대제사장 아비아달(Abiathar)과 사독(Zadok), 그리고 궤를 담당하는 모든 레위인들에게 궤를 옮기지 않아도 하나님이 구원해 주실 것이니 뒤에 남아 사태의 진전을 은밀히 자기에게 보고해 달라고 부탁했다. 다윗은 또한 모든 일에 빈틈이 없는 충실한 인물들인 사독의 아들 아히마아스(Ahimaaz)와 아비아달의 아들 요나단(Jonathan)도 돌려보냈다. 그러나 가드 사람(Gittite) 잇대(Ittai)는 남아 있으라는 다윗의 만류에도 불구하고 다윗을 따라나섰다. 그로 인해 잇대는 더욱더 다윗의 충성스러운 신하로 보이게 되었다.

한편 다윗이 맨발로 감람산을 오르고 있고 그 뒤를 따르는 백성들이 울고 있을 때 아히도벨이 압살롬 곁에서 그를 돕고 있다는 소식이 전해졌다. 이 소식을 들은 다윗은 더욱더 슬퍼지는 것만 같았다. 따라서 그는 압살롬의 마음을 아히도벨에게서 멀어지게 해달라고 하나님께 간구했다. 아히도벨은 지혜로우며 선견지명이 있는 자이기에 압살롬이 아히도벨의 말을 들으면 자기에게 크게 불리할 것 같았기 때문이었다.

다윗은 감람산 정상에 올라 예루살렘시를 내려다보며 마치 왕국을 잃기나 한 것처럼 많은 눈물을 흘리며 하나님께 기도하였다. 다윗이 신실한 친구인 후새(Hushai)를 만난 곳은 바로 이곳이었다. 다윗은 후새가 옷을 찢고 흙을 머리에 뒤집어쓰고 다윗의 처지가 크게 바뀐 것을 슬퍼하고 있는 모습을 보고 오히려 눈물을 거두라고 하면서 위로했다. 다윗은 후새에게 압살롬에게 돌아가 그의 편으로 가장하고 압살롬의 의도를 파악해 내고 아히도벨의 모략이 채택되지 않도록 공작을 벌이는 것이 진정으로 자기를 도울 수 있는 길이니 압살롬에게로 돌아가는 것이 좋겠다고 설득했다. 후새는 다윗의 말에 수긍하고 다윗을 떠나 예루살렘으로 돌아갔다. 압살롬이 예루살렘으로 들어온 것은 그로부터 얼마 되지 않아서였다.

3. 다윗이 그곳을 떠나 얼마 못 가서 므비보셋의 종, 시바(Ziba)를 만났다(시바는 다윗이 사울의 아들인 요나단의 아들 므비보셋에게 준 재산과 토지를 관할하도록 보낸 자였다). 시바는 두 나귀에 먹을 음식을 잔뜩 싣고 와서 다윗과 그를 따르는 자들에게 드리고 싶다고 했다. 다윗은 시바에게 므비보셋과 어디에서 헤어졌느냐고 물어보았다. 이에 시바는 므비보셋이 이번 혼란을 통해 백성들이 사울에게 받은 은혜를 기억하고 자기를 왕으로 임명할 줄 알고 예루살렘에 남아 있다고 대답했다. 이에 다윗은 크게 진노하고 전에 므비보셋에게 주었던 모든 것을 시바에게 주겠노라고 했다. 이 말에 시바는 크게 기뻐했다.

4. 다윗이 바후림(Bahurim)에 이르렀을 때 사울과 친척 관계가 되는 시므이(Shimei)가 나와 다윗에게 돌을 던지며 욕설을 퍼부었다. 다윗의 친구들이 다윗을 둘러싸고 보호하는 자세를 취하자 시므이는 다윗이야말로 온갖 화의 근원이요 잔인한 인간이라면서 더욱 심한 욕설을 퍼부었다. 시므이는 불결하고 저주받은 자는 멀리 사라지라고 고함을 쳤다. 시므이는 다윗이 그 주인(사울)에게 행한 죄의 대가로 벌을 받아 왕국을, 그것도 자기 아들의 손에 빼앗기게 된 것에 대해 하나님께 감사한다고 했다. 이에 다윗의 추종자들은 모두 격분했다. 특히 아비새는 시므이를 죽이려고까지 하였다. 그러나 다윗은 아비새를 만류하면서 이렇게 말했다. "우리가 당한 재난을 다른 사람에게까지 당하도록 강요하지는 마세. 사실 나는 나를 향해 마구 짖어대는 이 개와는 상관도 하고 싶지 않네. 이 자가 이같이 나를 모욕하는 것도 다 하나님이 허락하신 것이니 나

자신을 하나님께 복종시키도록 하겠네. 몹쓸 내 아들놈에게도 이런 모욕을 당하는데 그자가 그런다고 해서 놀랄 것은 없지 않은가? 그러나 아마도 하나님은 우리를 불쌍히 여기실 걸세. 만일 이것이 하나님의 뜻이라면 우리는 모욕을 참고 견뎌야 할 걸세." 다윗은 이렇게 말하고 시므이를 건드리지 않고 길을 떠났다. 그런데도 시므이는 맞은편 산비탈 길로 따라오면서 계속 욕설을 퍼부었다. 다윗은 요단강에 이르자 함께한 자들을 쉬게 했다. 그들 모두가 몹시 지쳐 있었기 때문이었다.

5. 한편 압살롬과 그의 모사 아히도벨이 그를 따르는 백성들과 함께 예루살렘에 이르자 다윗의 친구 후새가 그들에게로 나갔다. 후새는 압살롬에게 엎드려 절하면서 당신의 나라가 무궁하기를 기원한다고 했다. 그러자 압살롬은 "이 어찌 된 일입니까? 내 아버지와 그렇게도 절친하고 만사에 충성된 당신이 내 아버지 곁을 떠나 내게로 오다니요?"라고 말했다. 이에 후새는 적절하고 요령 있게 대답하였다. "우리는 하나님과 백성의 다수를 따르는 것이 마땅합니다. 내 주시여! 그러므로 하나님과 백성의 다수가 당신과 함께하는 이 마당에 내가 당신을 따르는 것은 너무나도 당연한 일 아닙니까? 당신께서는 이 왕국을 하나님으로부터 받은 것이 아닙니까? 만일 당신께서 나를 당신의 친구로 믿어 주신다면 당신 아버님께 보인 충성심과 친절을 그대로 당신께도 보이겠습니다. 나는 현재의 상황에 조금이라도 불만을 가질 이유가 없다고 생각합니다. 이 나라가 다른 가문의 손에 넘어간 것이 아니라 아들이 그 아버지에게서 물려받아 그전과 동일한 가문에 머물러 있기 때문입니다." 압살롬은 이 말을 듣기 전에는 후새를 의심했으나 이제는 후새를 신임하기에 이르렀다.

압살롬은 아히도벨을 불러 무엇을 해야 할는지를 상의했다. 이에 아히도벨은 압살롬이 그의 아비의 첩에게로 들어가야 한다고 주장했다. "이렇게 되면 백성들은 당신과 당신 아버지 사이의 갈등이 첨예화되어 도저히 화합할 수 없게 되었다고 믿고 당신의 아버지와 더 격렬하게 싸우게 될 것입니다. 백성들은 지금까지는 당신이 당신 아버지와 다시 화해할지도 모른다고 생각하고 노골적으로 당신 아버지에 대해 적대감을 보이지 않았기 때문입니다." 압살롬은 아히도벨의 모략을 따르기로 하고 부하들에게 백성들이 보는 앞에서 왕궁 지붕에 장막을 치도록 하라고 명령을 내렸다. 그러고 나서 압살롬은 장막에 들어가 자기 아버지의 첩들과 동침했다. 이 모든 일은 다윗의 아들이 다윗을 반역할 것이라는 나단의 예언대로 이루어진 것이었다.

6. 압살롬은 아히도벨이 시키는 대로 한 후 두 번째로 자기 아버지와의 전쟁 문제에 대한 그의 계략이 어떤지를 물어보았다. 그러자 아히도벨은 정예 병사 10,000명만 골라서 자기에게 주면 다윗을 죽이고 병사들을 무사하게 끌고 돌아오겠다고 청원했다. 그는 다윗만 죽으면 나라가 압살롬의 손에서 견고해질 것이라는 점을 강조했다. 압살롬은 이 계략이 마음에 들어 다윗의 친구(압살롬은 그를 이렇게 불렀다) 후새를 불러 아히도벨의 의견을 알려준 후에 이 문제에 대한 의견이 있으면 한번 말해 보라고 했다.

후새는 만일 아히도벨의 견해가 채택되면 다윗은 틀림없이 사로잡혀 죽음을 면키 어려울 것이라는 점을 알아차리고 반대 견해를 피력하기로 하고 이렇게 말했다. "오 왕이시여! 왕께서도 다윗과 그와 함께한 자들의 용맹함을 모르시지 않을 것입니다. 다윗은 수많은 전투를 겪으면서 한 번도 진 적이 없는 역전의 노장입니다. 그는 전술에 능할 뿐 아니라 상대방의 전략을 꿰뚫어 보는 비상한 통찰력을 가진 자입니다. 아마 그는 저녁때에도 병사들 곁을 떠나지 않을 것이며 자신은 계곡에 숨고 복병은 바위 뒤에 숨겨 놓을 것입니다. 따라서 우리 군사가 그들과 접전을 벌이게 되면 그들은 잠깐은 후퇴할 것이나 다윗이 숨어 있는 근처에 오면 사기가 올라 재반격을 시도할 것입니다. 그러다가 보면 갑자기 다윗이 튀어나와 고전하는 자기 병사에게 용기를 불어넣고 왕의 군사를 소스라치게 놀라게 할 것입니다. 그러므로 내 충고를 잘 생각해 보고 스스로 추리해 보십시오. 그리고 내 의견이 최선책이라고 생각되시면 아히도벨의 견해는 무시하십시오. 히브리 전국 각지에 사신들을 보내 다윗과 싸우라고 명령하십시오. 그리고 왕께서는 군대를 다른 이에게 맡기지 말고 친히 진두지휘 하십시오. 왕에게 충성심이 뛰어난 병사들이 수없이 많이 있는데 얼마 안 되는 패잔병들과 싸워 패배할 리 만무합니다. 따라서 왕께서는 승리를 낙관하셔도 무방하리라 생각됩니다. 만일 다윗이 어떤 도시에 들어가 성문을 닫아걸고 대항을 한다면 공성 장비를 동원하고 성벽 밑을 파서 성을 무너뜨리면 되는 것입니다." 후새의 이 말은 압살롬에게 큰 효과가 있어 아히도벨의 묘략은 허사로 돌아가고 말았다. 압살롬이 다른 견해는 모두 물리치고 후새의 견해를 따르기로 했기 때문이었다. 그러나 후새의 모략이 압살롬의 마음에 최선책으로 보이게 만든 것은 바로 다름 아닌 하나님이셨다.[16]

7. 이에 후새는 황급하게 대제사장 사독과 아비아달을 찾아가, 아히도벨의 의견과 자기 의견 중에서 압살롬이 자기 견해를 따르기로 결정했으니 급히 다윗에게 사람을 보내 이 사실을 알리고 압사롬이 생각이 변해 추격하면 살아남기 어려우니 빨리 요단강을 건너라는 말을 전하도록 해달라고 요구했다. 이미 대제사장들은 다윗에게 사태의 진전을 보고하기 위해 도시 밖 모처에 아들들을 숨겨 놓고 있었다. 이에 그들은 믿을 만한 하인을 아들들에게 보내 압살롬에 대한 소식을 최대한도로 빨리 다윗에게 전하도록 하라고 지시했다.

이 아들들은 경건하고 신실한 자들이었기에 변명하거나 꾸물거리지 않고 아버지의 명령을 수행했다. 이들은 신속하게 움직이는 것이 신실성의 상징임을 알았기에 급히 다윗에게로 달려갔다. 그러나 이들이 도시에서 2펄롱쯤 갔을 때 기병들이 이들을 보고 압살롬에게 보고했다. 이에 압살롬은 병사들을 보내 이들을 잡아들이도록 명령했다. 그러나 대제사장의 아들들은 이 사실을 눈치 채고 길에서 벗어나 (바후림이라고 부르는) 한 마을로 숨어들어 가서 한 여인에게 자기들을 안전하게 숨겨달라고 부탁했다. 이에 그 여인은 그들을 줄에 달아 우물 속에 숨기고 양털을 우물 아귀 위에 널어놓았다. 추격하는 자들이 그 여인에게 와서 혹시 이러이러한 자들을 본 적이 없느냐고 묻자 조금 전까지만 하더

---

[16] 하나님이 사악한 압살롬의 이성을 잃게 하여 아히도벨의 견해를 물리치게 함으로써 그의 모략을 허사로 만드셨다는 요세푸스의 평가는 매우 정당한 평가이며 요세푸스가 자주 내리는 평가이기도 하다. 요세푸스는 하나님이 어떤 식으로 한 인간의 이성을 마비시키는가의 방법에 관한 미묘한 가설을 세움으로써 자신뿐 아니라 독자들을 당황하게 하지는 않았다. 하나님이 이런 경우에 어떤 방식으로 역사하시며, 허락하시는가의 방법에 관한 문제는 우리의 이성으로는 이해하기 어려울 때가 종종 있다. "감추어진 일은 우리 하나님 여호와께 속하였거니와 나타난 일은 영원히 우리와 우리 자손에게 속하였나니 이는 우리에게 이 율법의 모든 말씀을 행하게 하심이니라"(신 29:29).

라도 이곳에 있다가 길을 떠났다면서 빨리 쫓아가면 잡을 수 있을 것이라고 둘러댔다. 그러나 추격하는 자들은 한참 동안을 찾다가 찾을 수 없게 되자 돌아갈 수밖에 없었다. 그 여인은 추격하는 자들이 돌아가는 것을 보고 젊은 청년들이 잡힐 위험이 없게 되자 줄을 내려 그들을 우물에서 끌어 올리고 빨리 길을 떠나라고 재촉했다. 이에 그들은 발걸음을 재촉하여 다윗에게로 가서 사태의 진전에 대해 상세하게 보고했다. 이에 다윗은 더 이상 지체할 수 없다고 생각하고 밤새 자기를 따르는 자들을 데리고 요단강을 건넜다.

8. 한편 아히도벨은 자기 모략이 채택되지 않자 나귀를 타고 자기 고향 길로(Gilon)로 돌아갔다. 그러고는 식구들을 한자리에 불러 모은 후에 자기가 압살롬에게 이런저런 모략을 베풀었으나 압살롬이 자기 말을 듣지 않았으므로 멀지 않아 그는 멸망할 것이고 그것도 멀지 않아 다윗이 다시 왕위에 앉게 될 터인데 따라서 자기는 압살롬 편을 들고 다윗에게 대적했다는 이유로 다윗에게 벌을 받기보다는 차라리 대범하게 스스로 목숨을 끊는 편을 택하겠다고 말했다. 아히도벨은 식구들에게 이렇게 말한 후에 그의 집 가장 은밀한 밀실에 들어가 목을 매 죽었다. 이와 같이 아히도벨은 스스로 정죄하고 자살한 것이었다. 그의 친척들은 그의 시신을 끌어내리고 장례를 치러 주었다.

한편 다윗이 우리가 방금 전에 살펴본 대로 요단강을 건너 요새인 마하나임(Mahanaim)에 이르자 그 지역의 주요 인사들이 그를 대대적으로 환영했다. 이들은 한편으로는 다윗이 (예루살렘에서) 쫓겨 도망쳐 온 것이 측은한 마음도 있고 다른 한편으로는 전성기 때의 다윗을 존경하는 마음도 있었기에 이렇게 환영을 한 것이었다. 이들은 길르앗 사람 바르실래(Barzillai), 암몬 족속의 지배자 소비(Siphar), 길르앗의 유력 인사인 마길(Machir)이었다. 이들이 다윗과 그를 따르는 무리를 위해 필요한 것을 풍성히 제공하였기에 침상이나 이부자리나 떡이나 포도주 등 그 어떤 것도 부족함이 없었다. 이들은 또한 많은 짐승을 끌고 와 식용으로 제공하였으며 여타의 생필품도 넘치도록 제공해 주었다.

제10장

압살롬이 패주하다가 그만 머리털이 나뭇가지에 걸려 살해당하게 된 경위

1. 다윗과 그의 추종자들의 처지가 이와 같은 반면에 압살롬은 자기 아버지에게 대항하기 위해 대군을 모으고 요단강을 건너 마하나임(Mahanaim)에서 멀리 떨어져 있지 않은 길르앗 내의 한 곳에 진을 쳤다. 압살롬은 친척인 요압 대신에 아마사(Amasa)를 전 군대 장관으로 임명했다. 아마사의 아비는 이드라(Ithra)였고 어미는 아비갈(Abigail)이었다. 아비갈과 요압의 어미 스루야는 모두 다윗의 누이들이었다.

한편 다윗은 자기를 따르는 무리의 수를 세어 보고 약 4,000명이 되자 압살롬이 공격해 올 때까지 기다리지 않고 선제공격을 감행하기로 결심하고 천부장과 백부장을 세웠다. 그리고 그는 부하들을 세 대로 나누고 한 대는 요압에게, 다른 한 대는 요압의 동생 아비새에게, 그리고 나머지 한 대는 가드 사람이요 다윗의 친구인 잇대에게 맡겼다.

다윗이 자기도 전투에 직접 참여하고 싶다고 하자 그의 친구들은 적극 만류했다. 그들이 만류하는 이유는 타당성이 있었는데 그 이유를 그들은 이렇게 밝혔다. "만일 왕께서 우리와 함께 전투에 참여했다가 지기라도 하는 날이면 소생할 우리의 모든 소망은 끊어지고 맙니다. 그러나 우리 군사의 일부가 패배하게 되어도 남은 군사들이 왕에게 돌아와 전열을 가다듬게 되면 적들이 아직도 군사들이 우리에게 더 있다고 생각하게 될 것입니다."

다윗은 이 만류의 이유를 듣고 수긍하고 마하나임에 남아 있기로 결심을 굳혔다. 다윗은 친구들과 장관들을 전투에 내보내면서 비록 크지는 않았으나 그래도 적다고는 할 수 없는 은혜를 자기에게 받은 것을 잊지 말고 최선을 다해 성실하게, 충성스럽게 싸워 달라고 당부했다. 그는 또한 압살롬이 죽어 마땅한 죄를 범했지만 죽이지 말고 제발 그 목숨만은 살려 주도록 하라고 간청했다. 다윗은 이렇게 당부하고 승리하기를 기원한다고 말한 후 부하들을 전장에 내보냈다.

2. 요압은 대평지(Great Plain)에서 적을 대항하여 전투 대형을 이루었다. 압살롬도 역시 들판에 전투태세로 진을 치게 했다. 전투가 벌어지자 양편은 모두 용감하게 싸웠다. 한 편은 다윗이 다시 왕국을 되찾도록 하기 위해 위험에 몸을 사리는 일 없이 재빠르게 움직였으며, 또 한 편은 압살롬이 왕국을 빼앗기고 그의 아버지에게 벌을 받는 일이 발생하지 않도록 하기 위해 위험을 무릅쓰고 용감하게 돌진해 왔다. 압살롬 편의 수많은 병사들은 요압과 그의 장관들의 적은 병력에 패배하는 수치를 당하지 않기 위해 최선을 다했으며 다윗의 병사들은 수적 열세를 모면하기 위해 온갖 노력을 다 경주했다. 그러나 다윗의 부하들이 전쟁에 능할 뿐 아니라 힘도 좋았기 때문에 압살롬의 병사들을 누를 수 있었다. 이들은 숲과 골짜기로 달아나는 적들을 추격해 약간은 사로잡고 많은 수는 살육하였다. 전투하다가 전사한 수보다는 도망치다가 죽은 자의 수가 훨씬 많았다. 그날 전사한 자의 수는 약 20,000명가량 되었다.

한편 압살롬은 준수한 용모와 훤칠한 키로 식별하기가 쉬웠기에 다윗의 부하들은 압살롬을 맹렬히 추격하기 시작했다. 압살롬은 그렇지 않아도 적들에게 붙잡힐 것을 두려워한 나머지 왕의 노새를 타고 도주하기 시작했다. 압살롬이 경장(輕裝)을 하고 있었기에 노새는 요란한 소음을 내며 쏜살같이 내달렸다. 그 바람에 압살롬의 머리가 길 옆에 길게 늘어진 마디가 많은 나뭇가지에 걸리고 말았다. 노새는 자기 등에 주인이 계속 타고 있는 줄 알고 쏜살같이 달려가 버렸기에 압살롬은 공중에 대롱대롱 매달리는 신세가 되고 말았다. 따라서 적에게 붙잡히게 되었다.

다윗의 병사 하나가 이것을 보고 요압에게 알렸다. 그러자 요압은 압살롬을 죽이면 50세겔을 주겠다고 약속했다. 그러나 그는 "장관께서 제게 1,000세겔을 준다고 해도 제 주인의 아들을 죽이지는 않을 것입니다. 특별히 그분이 압살롬을 제발 살려주라고 간청하는 이야기를 우리 모두 듣지 않았습니까?"라고 거절했다. 그러자 요압은 압살롬이 매달려 있는 곳을 가르쳐 달라고 하더니 그곳으로 가서 압살롬의 심장을 찔러 죽였다. 이에 요압의 병기를 잡는 자들이 나무 둘레에 서 있다가 시체를 끌어내리더니 눈에 띄지 않는 큰 구덩이에 던져 넣고 돌무더기를 쌓아 마치 큰 무덤처럼 보이게 했다. 그 후 요압은 동족 살해를 중지하기 위해 퇴각 나팔을 불어 병사들을 소집했다.

3. 압살롬은 살았을 때 예루살렘에서 2펄롱 떨어진 왕의 골짜기(king's dale)에 자기를 위해 기념비를 세우고 압살롬의 손(Absalom's Hand)이라 이름하였다. 그 이유는 자기 아들들이 다 죽더라도 자기 이름을 그 기념비에 남기기 위해서였다. 그에게는 아들 셋과 우리가 살펴본 대로 다말(Tamar)이라는 딸이 하나 있었다. 이 다말은 다윗의 손자 르호보암과 결혼하여 뒤를 이어 왕이 된 아비야(Abiah)를 낳은 여인이다. 이에 대해서는 적절한 기회에 상세히 다루도록 하자. 압살롬이 죽은 후 모든 백성은 각기 자기 집으로 돌아갔다.

4. 대제사장 사독의 아들 아히마아스는 요압에게 하나님이 그의 섭리로 도우셨으므로 전투에서 이겼다는 승리의 소식을 자기가 가서 다윗에게 전할 수 있도록 허락해 달라고 요청했다. 그러나 요압은 그의 요청을 거절하면서 "자네는 항상 희소식만을 전해주는 자였는데 이제 왕에게 가서 왕의 아들이 죽었다는 나쁜 소식을 전할 작정인가?"라고 말했다. 요압은 아히마아스를 만류하고 구스인(Cushi)을 불러 본 바를 왕에게 알리는 임무를 맡겼다. 그러나 아히마아스는 자신을 전령으로 보내 줄 것을 간청하면서 승리의 소식만을 전할 것이며 압살롬의 죽음에 대해서는 입을 다물 것이라고 약속했다. 그제야 요압은 허락을 하였다. 아히마아스는 구스인보다 더 빠른 지름길을 택했다. 이 지름길은 그 외에는 아는 자가 없었다. 따라서 그는 구스인보다 한발 앞서 도착할 수가 있었다. 다윗은 문들 사이에 앉아서[17] 전장에서 누군가가 오기를 기다리고 있다가 누군가가 오는 것을 멀리서 알아보고 누가 오느냐고 물어보았

---

[17] 독자들은 다윗의 보좌가 두 문 사이에 있다는 표현에 놀랄 필요는 없다. 성전뿐 아니라 도시에 있는 문들은 넓은 공간에 입구에 하나, 출구에 하나가 있어서 이 두 문 사이에서 재판이 열리기도 하였고 공적인 상의가 있기도 했기 때문이다.

다. 파수 보는 병사는 아히마아스가 달려오는 것은 보였으나 신원이 누구인지는 알 수가 없자 "누군가가 달려오고 있는데 확실히 누구인지는 알 수가 없으나 희소식을 전하러 오는 사람 같습니다."라고 다윗에게 말했다. 그러더니 조금 있다가 "또 다른 전령이 그 뒤를 따라오고 있는데요."라고 다윗에게 다급하게 외쳤다. 이에 다윗왕은 그자도 희소식을 전하는 자 같으냐고 물었다. 그 사이 아히마아스가 가까이 오자 파수꾼이 그를 알아보고 "달려오는 자는 대제사장 사독의 아들입니다."라고 왕에게 소리쳤다. 이에 다윗은 크게 기뻐하고 아마도 그는 자기가 듣고 싶어 하는 승전의 기쁜 소식을 전해 줄 것이 틀림없다고 말했다.

5. 다윗이 이렇게 말하고 있는 사이에 아히마아스가 나타나더니 다윗에게 절을 했다. 이에 다윗이 전쟁 소식을 묻자 전쟁에서 승리했다는 기쁜 소식을 안고 왔다고 대답했다. 다윗이 다시 자기 아들이 어떻게 되었는지 아느냐고 묻자 아히마아스는 자기는 적이 패주하자마자 요압이 즉시 승전 소식을 왕께 전해 올리라는 명령을 해서 급히 오느라고 압살롬을 추격하는 병사들의 함성 소리만 들었을 뿐 그 이상은 알지 못하겠다고 대답했다. 그러나 그때 구스인이 들어와 왕에게 절하고 승전의 소식을 전하자 왕은 그에게 자기 아들에 대해 아는 대로 소상히 밝히라고 말했다. 이에 구스인은 "왕의 적들에게 내린 화가 압살롬에게도 내린 듯합니다."라고 대답했다. 이 말에 다윗과 그의 병사들은 승전의 큰 기쁨을 제대로 느낄 수가 없었다.

다윗은 도시의 가장 높은 곳[18]에서 아들을 위해 울며 가슴을 치며 머리(털)를 자르고 자기 몸을 온갖 방법으로 괴롭게 하면서 "오 내 아들아! 차라리 내가 죽고 너와 함께 내 날을 마쳤으면 좋았을 것을 어쩌면 좋단 말이냐?"라고 울부짖었다. 다윗이 이렇듯 크게 슬퍼한 것은 다정다감한 성격의 소유자이며

---

[18] 다윗이 마하나임시의 광장 문 사이에 있었다는 점과 우리가 가진 다른 기록들이 "문 위층(chamber over the gate)으로"(삼하 18:33) 올라갔다는 표현을 사용한 점을 볼 때 나는 요세푸스의 기사 중 도시(city)를 문(gate)으로 고쳐서 읽어야 한다고 생각한다. 바로 얼마 후에 다윗이 전과 같이 도시의 문(gate)에 앉아 있었다는 성경 기록을 보면 마음에 확증이 생긴다(삼하 19:8).

특별히 이 아들을 사랑했기 때문이었다. 한편 병사들과 요압은 왕이 자기 아들을 위해 애도하고 있다는 소식을 듣고 개선장군처럼 입성하지 못하고 마치 전투에서 패배한 자들처럼 낙담하여 눈물을 흘리면서 입성하기에 이르렀다.

왕의 모습을 나타내지 않고 아들을 위해 심히 애도하자 요압은 왕에게 나아가 이같이 말했다. "오 나의 주 왕이시여! 왕께서 지금 하시는 행동이 왕에게 오점을 남기고 있다는 사실을 어찌 모르십니까? 왕께서는 지금 왕을 사랑하여 위험을 무릅쓴 자들을 오히려 미워할 뿐만 아니라 왕 자신과 왕의 가족까지도 미워하고 계십니다. 죽어 마땅한 자이기에 죽인 왕의 철천지원수를 오히려 사랑하고 함께 있고 싶어하는 것처럼 다른 이들의 눈에 비치고 있습니다. 만일 압살롬이 승리를 거두고 이 나라를 손아귀에 넣었다면 우리는 단 한 사람도 살아남지 못했을 것입니다. 왕과 왕의 자녀들을 비롯해서 우리들은 모두 사라져 버렸을 것이며 우리 적들은 우리를 위해 눈물을 흘리기는커녕 우리를 짓밟으면서 쾌재를 불렀을 것이며 우리의 처지를 측은하게 여기는 자들까지도 벌하려고 했을 것입니다. 그런데도 왕께서는 비록 친아들이긴 하지만 이런 사악한 행동을 한 자의 편을 들고 있으면서도 부끄러운 줄을 모르고 계십니다. 그러므로 왕께서는 명분없는 슬픔을 거두시고 밖으로 나오셔서 당신의 병사들을 보시고 그들의 노고를 치하해 주십시오. 만일 왕께서 계속 이런 태도를 보이시면 백성들을 설득시켜 왕을 떠나게 할 것이고 이 나라를 다른 이에게 넘겨 당신의 슬픔을 가중시키는 일도 서슴지 않을 것입니다."

요압은 이같이 말함으로써 다윗의 슬픔을 그치게 하고 왕의 업무를 정상적으로 돌보게 하였다. 이에 다윗은 생각을 바꾸고 백성들 앞에 나설 때 으레 입는 옷차림으로 문들 사이에 앉았다. 모든 백성들은 이 소식을 듣고 달려나와 그에게 절하였다. 다윗이 처한 형편이 이와 같았다.

제11장

다윗이 그의 왕국을 회복한 후에
시므이와 시바와 화해한 일과
바르실래에게 큰 은총을 베푼 경위,
그리고 반역이 일어나자 시바를 징벌하기 위해
아마사를 군대 장관으로 임명했으나
이로 인해 요압에게 아마사가 살해된 경위

1. 압살롬의 편을 들다가 전투가 끝나자 각기 고향으로 돌아간 히브리인들은 각 도시에 사신을 보내 자기들을 전쟁의 소용돌이에서 건져내 자유를 안겨다 준 다윗의 은혜를 잊지 말자고 했다. 그들은 비록 자기들이 다윗을 이 나라에서 몰아내고 압살롬을 왕으로 삼았으나 그가 이제 죽었으니 다윗에게 그만 노를 그치고 다시 이 나라를 다스려 달라고 간청하자고 백성들을 설득했다. 이런 소식이 여러 번 다윗의 귀에 들렸다. 이에 다윗은 대제사장 사독과 아비아달에게 유다 지파 사람들을 모아 이같이 말하도록 하라고 사람을 보내 지시를 전달했다. "너희는 나와 같은 혈족이요 친족임에도 불구하고 다른 지파들보다 나를 왕으로 재추대하는 일에 적극적인 자세를 보이지 않느냐?" 다윗은 또한 대제사장들에게 군대 장관 아마사(Amasa)에게도 이 같은 말을 전하도록 지시했다. "너는 나의 누이의 아들, 즉 조카이면서도 백성들을 설득해 다윗의 왕국을 회복시키는 일에 왜 나서지 않느냐? 나는 너와 화해하기를 기대하며 압살롬이 네게 부여한 최고 통솔권을 행사하기를 기대한다." 이에 두 대제사장은 유다 지파의 지배자들에게 다윗의 명령을 전달했으며 아마사를 설득시키는 데 성공했다. 결국 다윗은 유다 지파로 하여금 자기를 찾아와 다시 왕위에 오르라는 간청을 하도록 설득할 수 있었다. 이와 마찬가지로 전 이스라엘 백성들도 아마사의 설득에 다윗을 찾아와 다시 자기들을 지배해 달라고 요청하기에 이르렀다.

2. 사신들이 다윗을 찾아와 간청하자 다윗은 예루살렘으로 돌아왔다. 요단강까지 나와 다윗을 영접한 첫 번째 사람들은 유다 지파였다. 게라(Gera)의 아들 시므이(Shimei)도 또한 베냐민 지파 사람 1,000명을 거느리고 나왔고 사울의 종이었던 시바(Ziba)도 15명의 아들과 20명의 종을 거느리고 마중 나왔다. 이들과 유다 지파 사람들은 (배로) 강에 다리를 놓아 다윗과 그와 함께한 자들이 쉽게 강을 건널 수 있게 하였다. 다윗이 요단강에 도착하자마자 유다 지파가 나와 문안했다. 시므이 또한 다리 위에 올라와 다윗의 발을 붙잡고 자기가 저지른 잘못을 용서해 달라고 간청했다. 이제 새로 왕위에 복귀되는 이 마당에 가혹한 벌을 내리는 본보기로 삼지 말고, 지난 일을 후회하고 행여 용서받을 수 있지 않을까 해서 제일 처음 찾아 나온 불쌍한 자기의 모습을 가련하게 여겨 달라고 애원했다. 시므이가 이같이 간청해서 왕의 동정을 사려고 애쓰자 요압의 동생인 아비새가 "우리를 다스리도록 하나님이 임명하신 자를 저주한 이 같은 놈은 죽여야 마땅하지 않습니까?"라고 분해서 소리쳤다. 그러자 다윗은 아비새를 돌아보며 이렇게 말했다. "너희 스루야의 아들들아! 이제 그만 잠잠할 수 없느냐? 제발 이제 새로운 소요와 반역의 불씨를 만들지 말라. 오늘은 내가 새롭게 통치를 시작하는 날이라는 것을 벌써 잊어버렸는가? 그러므로 나는 내게 죄를 범한 모든 자의 잘못을 용서해 줄 작정이다." 그러고 나서 다윗은 시므이를 향해 이렇게 말했다. "시므이여, 죽이지 않을 테니 너무 걱정하지 말고 용기를 내게." 이에 시므이는 다윗에게 절을 하고 앞서서 갔다.

3. 사울의 손자인 므비보셋 역시 누추한 옷을 입고 머리는 깎지도 않고 손질도 안 한 모습으로 다윗을 마중 나왔다. 왜냐하면 다윗이 피신을 간 이후로 므비보셋은 왕의 처지에 변화가 일어나면 자기의 신상에도 어려움이 생길 것이라고 판단하고 너무나 슬퍼한 나머지 머리를 깎거나 옷을 빨 생각도 하지 않았기 때문이었다. 사실상 므비보셋은 종인 시바에 의해 중상모략을 당한 것이었다. 그가 왕에게 나아와 문안하고 엎드려 절을 하자 다윗은 자기가 피신할 때 어째서 자기와 함께 예루살렘을 떠나지 않았느냐고 질문했다. 이에 므비보셋은 시바가 자기를 중상모략한 것이라면서 이렇게 말했다. "제가 시바에게 왕

과 함께 떠날 준비를 하라고 지시했는데 저놈이 글쎄 저를 종보다 못하게 여겼던지 제 말을 듣지 않았습니다. 만일 제게 성한 두 다리만 있었더라도 왕을 떠나지는 않았을 것입니다. 나의 주이신 왕께 대한 의무를 제대로 하지 못하도록 한 것 이외에도 시바는 제멋대로 꾸며대서 저를 중상모략했습니다. 물론 저는 왕께서 그런 중상모략에 넘어가실 분이 아니며 항상 하나님의 뜻만을 추구하며 진리를 사랑하시는 분임을 알고 있습니다. 왕께서 저의 할아버님에 의해 극한 어려움에 처한 경우가 한두 번이 아니었으며 그로 인해 저희 가문이 멸망을 당했을 때에도 지난 일은 다 잊어버리시고 부드럽고 친절하게 저를 대해 주셨기 때문입니다. 만일 왕께서 옛일을 잊지 않고 추궁하시려고 했다면 저를 벌하셨을 것이나 오히려 저를 왕의 친구처럼 대하시고 날마다 왕의 식탁에서 먹게 하시고 돌봐 주셨기에 저는 왕족이나 왕의 총애를 받는 신하 그 누구보다도 부족한 것이 없었습니다." 므비보셋이 이같이 말을 마치자 다윗은 므비보셋을 벌하지도 않고 주인을 중상한 시바를 징벌하지도 않기로 결심하고, 므비보셋이 자기와 동행하지 않았기에 모든 토지를 시바에게 주었으나 이제 용서해 줄 터이니 시바와 토지를 반씩 나눠 가지라고 명령했다.[19] 그러자 므비보셋은 "아닙니다. 시바더러 다 가지라고 하십시오. 저는 왕께서 이 나라를 다시 회복하신 것만으로 만족합니다."라고 말했다.

4. 한편 다윗은 마하나임에서 그를 풍성하게 공궤해 주었으며 요단강까지 길을 인도한 선한 길르앗 사람 바르실래(Barzillai)에게 예루살렘에 가면 그의 노년에 온갖 정중한 예우를 받으면서 살 수 있도록 선처해 줄 터이니까 함께 예루살렘으로 가자고 요청했다. 그러나 바르실래는 고향에서 살고 싶어 왕을 가까이서 모시지 못하는 불충을 용서해 달라고 간청했다. 그는 자기 나이가 이미 여든이라 (궁중에서) 쾌락을 즐기기에는 너무 나이가 많으니 조용히 죽음을 맞을 준비를 할 수 있도록 해달라고 간구했다. 자기는 나이 들어 고기 맛이나

---

[19] 다윗이 므비보셋의 토지의 반을 시바에게 준 것을 보고 어떤 이들은 므비보셋의 말이 진짜인지 아닌지 다윗이 의심스러워한 것이 아니냐고 추측하는 사람도 있다. 사실상 므비보셋이 취한 슬픔의 기묘한 표현 방법이 위선이라는 의심을 받을 만한 여지가 전혀 없는 것은 아니다.

술맛을 즐길 때는 지났으며 왕궁에서 생활하는 자들이 즐기는 악기의 멜로디나 피리 소리를 즐기기에는 귀가 너무 어두워졌으니 왕의 제의를 들은 것만으로 영광인 줄 알고 집으로 돌아갈 수 있도록 허락해 달라는 것이었다. 그가 이렇게 진지하게 간청하자 왕은 이렇게 말했다. "좋소. 고향으로 돌아가도록 하시오. 그 대신 그대의 아들 김함(Chimham)을 나와 함께 가도록 해주시오. 그러면 내가 그에게 온갖 좋은 것을 주겠소." 이에 바르실래는 자기 아들을 다윗에게 딸려 보내면서 왕에게 엎드려 절을 하고 만사가 형통하기를 기원했다. 그러고는 자기 고향으로 돌아갔다. 다윗은 (이스라엘) 백성 반과 유다 지파(전체)를 거느리고 길갈로 나갔다.

5. 이때 그 지역의 유력 인사들이 큰 무리를 이끌고 길갈로 나오더니 모두 한마음이 되어 왕을 맞이해야 하는데 어째서 혼자만 몰래 가서 왕을 영접했느냐고 유다 지파에게 불평을 터뜨렸다. 그러자 유다 지파의 지도자들이 그들에게 선수를 빼앗겼다고 언짢게 생각지 말라면서 "우리는 다윗의 친족이기 때문에 그를 사랑하고 각별하게 여기고 맨 처음으로 영접을 나온 것이오."라고 말했다. 유다 지파의 지도자들이 이렇게 말하자 다른 지파의 지도자들이 가만히 있지 않고 이렇게 말했다. "오 형제들이여! 왕께서는 하나님으로부터 우리 모두를 통치하는 능력을 부여받은 분이기에 우리 모두의 친족인데도 불구하고 왕이 당신들만의 친족이라니 당신들의 말에 우리는 그저 어안이 벙벙하기만 하오. 우리 모두는 다윗에게 열 개의 몫을 가지고 있지만 당신들에게는 오직 한 개의 몫만이 있을 뿐이오.[20] 우리는 또한 당신들보다 연장자이기도 하오. 따라서 당신들이 이렇게 은밀하게 먼저 왕을 영접한 행동은 정당하지 않소."

6. 이렇게 지도자들이 갑론을박하고 있는 사이에 반란을 일으키기 좋아하는 한 사악한 인물, 베냐민 지파 비그리(Bichri)의 아들 세바(Sheba)가 무리 가운데

---

[20] 나는 여기서 베냐민 지파를 포함해서 열 지파와 유다 지파가 양편으로 갈린 것으로 설명하는 요세푸스가 더 좋다고 생각한다.

일어서더니, "우리는 다윗과 함께할 몫이 없으며 이새의 아들과 함께할 기업이 없다."라고 소리쳤다. 이 자가 이같이 말하고 나팔을 불며 왕에 대한 전쟁을 선언하자 모든 백성이 다윗을 버리고 그를 따르기에 이르렀다. 오직 유다 지파만이 다윗 곁에 남아 그를 예루살렘의 왕궁에 모셨다. 한편 다윗은 자기 아들 압살롬과 동침한 자기 첩들은 다른 집으로 거처를 옮기게 하고 풍성하게 공궤하도록 명령했으나 더 이상 그들과 잠자리는 같이 하지 않았다. 다윗은 아마사를 전에 요압이 차지했던 최고 군대 장관직에 임명하고 될 수 있는 한 많은 병사들을 유다 지파 가운데서 뽑아 3일 안에 자기에게 오면 전군의 지휘권을 줄 테니까 비그리의 아들(세바)을 징벌하도록 하라고 명령했다. 아마사가 왕의 명령대로 가서 군사를 소집했으나 약간 지체하지 않을 수가 없게 되었다. 그러자 왕은 제3일째 되는 날에 요압에게 이같이 말했다. "이 세바의 반란은 촌각의 지체도 있어서는 안 되는 심각한 문제요. 만일 그가 대군을 모아 공격이라도 해온다면 압살롬 때보다 더 큰 화와 재난을 가져오게 될 것이오. 그러므로 잠시도 지체하지 말고 가까이 있는 병사들을 모으시오. 특히 600명의 부하들과 동생 아비새를 거느리고 적을 추격하여 어디서든 적을 만나면 궤멸시키도록 하시오. 그놈이 요새화된 도시를 점령하게 되는 날에는 우리가 모진 수고와 애를 써야만 할 터이니 즉시 적을 처부수도록 하시오."

7. 이에 요압은 촌각의 지체도 없이 자기 동생과 600명의 병사를 소집하고 예루살렘에 주둔하고 있던 다른 병사들에게 뒤를 따르라고 명령한 후 세바를 징벌하기 위해 빠른 속도로 행군했다. 요압이 예루살렘에서 40펄롱 떨어진 기브온(Gibeon)에 도착하자 아마사가 대군을 거느리고 요압을 맞으러 나왔다. 이때 요압은 칼을 차고 있었고 흉갑을 착용하고 있었다. 아마사가 인사하기 위해 가까이 접근하자 요압은 마치 저절로 떨어진 것처럼 칼을 조심스럽게 땅에 떨어트렸다. 요압은 칼을 집어 들면서 아마사가 가까이 접근하자 마치 입맞춤을 하려는 듯이 자세를 취했다. 그러더니 갑자기 다른 손으로 아마사의 수염을 움켜잡고 아무 낌새도 차리지 못한 그의 배를 칼로 찔러 살해하였다. 요압은 이런 더럽고 추잡한 행동을 자기에게 아무 해도 끼치지 않은 청

년, 그것도 자기 친족인 아마사에게 가한 것이었다. 그것도 무슨 특별한 동기가 있었던 것이 아니라 단지 그가 자기와 같은 고위직, 즉 군대 총장관직에 오른 것에 시기심을 품고 살해한 것이었다. 이것은 아브넬의 살해 동기와 똑같았다. 그러나 아브넬을 살해한 경우에는 동생 아사헬의 복수를 한 것이라는 그럴싸한 명분이 있었기에 용서받을 수 있었으나 이번 아마사를 살해한 데에는 그런 하등의 명분을 찾을 길이 없었다. 요압은 아마사를 살해한 후 그는 죽어 마땅한 자이기에 자기가 죽인 것이니까 괘념치 말라고 병사들에게 소리치고 세바를 징벌하러 떠났다. 요압은 "왕을 위하는 자는 요압과 그의 동생 아비새를 따르라."라고 고함을 쳤다. 시신이 길 위에 놓여 있자 모든 병사들은 으레 군중들이 그러듯이 그리로 달려가서 한참 동안 의아한 눈초리로 그 시신을 바라보았다. 그러자 시신을 지키고 있던 병사가 시신을 길에서 멀리 떨어진 곳으로 옮기더니 옷으로 그 위에 덮었다. 일이 이렇게 되자 모든 백성은 요압을 따랐다. 요압은 이스라엘 전역을 뒤지며 세바를 추격하던 중에 그가 아벨벧마아가(Abelbethmaachah)라는 요새 도시에 있다는 정보를 들었다. 이에 요압은 그 도시로 가서 성을 포위하고 성벽 주위에 토성을 쌓고 성벽 밑을 헐어서 성벽을 무너뜨리도록 부하에게 지시했다. 그러나 성 주민들이 워낙 강하게 저항하자 요압은 몹시 화가 났다.

8. 이 도시에는 유명하지는 못하나 지혜롭고 총명한 한 여인이 있었다. 이 여인은 자기 고향 도시가 큰 곤경에 처하게 되자 성벽 위로 올라가 무장 병사에게 부탁해서 요압을 불렀다. 요압이 가까이 오자 이 여인은 "저는 하나님이 히브리의 적을 제거하고 전국에 평화가 깃들도록 하기 위해 왕과 군대 장관을 임명한 줄로 알고 있어요. 그러나 장관님은 아무 죄도 없는 이스라엘의 대도시 하나를 전복하고 박살 내려고 하고 있으니 이 어찌 된 일입니까?"라고 물었다. 그러자 요압은 이렇게 대답했다. "이걸 어쩌나! 나는 이런 큰 도시를 박살 내기는커녕 주민 한 사람이라도 죽게 되는 일이 없도록 하고 싶소. 주민들이 왕에게 반역을 일으킨 비그리의 아들 세바만 넘겨준다면 포위를 풀고 돌아갈 것이오." 요압의 말을 들은 이 여인은 잠시 후에 바라는 적의 머리를 넘겨줄 테

니까 잠깐만이라도 포위를 풀어 달라고 간청했다. 그 후 이 여인은 시민들에게 이렇게 말했다. "여러분은 어디서 굴러먹었는지도 모르는 악한 한 놈 때문에 처자식들과 함께 비참한 죽음을 당해야만 하는 악한 사람들입니까? 여러분은 우리의 은인인 다윗 대신에 이 자를 왕으로 모시고 유독 우리 한 도시만 그토록 막강한 군대에 대항할 작정입니까?" 이 여인의 설득에 주민들은 세바의 머리를 잘라 요압의 군대를 향해 던졌다. 이에 요압은 퇴각 나팔을 불고 포위를 풀었다. 요압은 예루살렘에 돌아온 후에 다시 총 군대 장관으로 임명되었다. 다윗은 또한 브나야를 왕실 경호 부대와 600명의 장관으로 임명했다. 그는 또한 아도람(Adoram)은 조세 징수관으로, 사바테스(Sabathes)와 아길라우스(Achilaus)는 사관으로 임명하고 스와(Sheva)는 서기관으로, 사독과 아비아달은 대제사장으로 세웠다.

제12장

기브온인들의 원한을 풀어주자
히브리인들이 기근에서 해방된 경위와
다윗과 그의 용감한 부하들이 블레셋을 무찌르고
혁혁한 전과를 올린 경위

1. 이 일 후에 이스라엘에 무서운 기근이 불어닥쳤다. 이에 다윗은 하나님께 기근의 원인이 무엇이며 어떻게 해야 기근에서 벗어날 수 있는가를 여쭈어보고 백성들을 불쌍히 여겨 달라고 간청했다. 이에 선지자는 여호수아와 의회가 한 맹세를 어기고 사울왕이 무참하게 살해한 기브온인들이 원수를 갚고 싶어 한다고 대답했다. 만일 다윗왕께서 기브온인들이 원하는 대로 원수를 갚아 준

다면 하나님이 이스라엘 무리를 불쌍히 여기시고 기근에서 건져주실 것이라고 선지자는 덧붙였다. 하나님이 원하시는 바가 무엇인지를 알아차리자마자 다윗은 기브온인들을 불러 원하는 바가 무엇인지를 물어보았다. 이에 기브온인들은 사울의 아들 일곱을 넘겨주면 좋겠다고 대답했다. 다윗은 이들의 요구대로 사울의 아들 일곱을 넘겨주었으나 요나단의 아들 므비보셋은 남겨두었다. 기브온인들은 사울의 아들 일곱을 넘겨받아 원하는 대로 처벌했다. 이에 하나님은 비를 내리게 하셨고 전처럼 땅의 소산이 열리게 하셨으므로 히브리 땅은 기근에서 벗어나 다시 번창하기 시작했다. 그로부터 불과 얼마 되지 않아 다윗은 블레셋과 전쟁을 하게 되었다. 적과의 접전에서 다윗은 블레셋군을 추격하다가 혼자 떨어지게 되었다. 다윗이 몹시 지쳐 있는 모습을 거인의 후예인 아랍(Araph)의 아들 악몬(Achmon)이 눈치채게 되었다. 그는 300세겔 나가는 창과 사슬로 된 흉갑과 칼을 소지하고 있었다. 그는 적국의 왕인 다윗이 크게 지친 것을 보고는 돌이켜서 다윗을 죽이려고 맹렬하게 달려들었다. 그때 요압의 동생 아비새가 별안간 나타나 다윗이 땅에 내려놓았던 방패를 들어 왕을 보호하고 달려드는 적을 죽였다. 이에 백성들은 다윗이 하마터면 죽을 뻔했던 사실에 크게 놀랐다. 따라서 백성의 지도자들은 다윗으로 하여금 다시는 전투에 참여하지 않겠다는 맹세를 하도록 강요하다시피 하였다. 사실 다윗은 용기와 대담성이 있었기에 위험에 직면할 확률이 높고, 행여 그런 일이 실제로 벌어진다면 이스라엘 백성들은 크나큰 손실을 당하는 것이기 때문이었다.

2. 다윗왕은 블레셋이 가사라(Gazara)시에 모였다는 소식을 듣고 군대를 파견해서 적을 치게 했다. 이때 다윗의 부하로 가장 용맹한 자 가운데 하나인 헷사람 십브개(Sibbechai)가 큰 전과를 올렸다. 그는 거인의 후손들이라고 뻐기며 자랑하던 다수의 적을 혼자서 쳐 죽였다. 이로 인해 히브리인들은 사기가 충천하여 블레셋을 이길 수 있었으니 그야말로 그는 승리의 주역이었다. 블레셋은 이렇게 패배한 다음에도 다시 전쟁을 걸어왔다. 이에 다윗은 다시 군대를 파견했다. 이번에는 다윗의 친족인 네반(Nephan)이 가장 기골이 장대한 블레셋인과 싸워 단번에 그를 쓰러뜨리고 남은 적을 도주하게 했다. 물론 이때 적이 많

은 전사자를 낸 것은 두말할 나위도 없었다. 그 후 얼마 되지 않아 블레셋은 히브리 국경에서 멀리 떨어지지 않은 곳에 진을 쳤다. 블레셋 병사들 가운데는 키가 6규빗이요 다른 사람보다 손발이 유난히 큰 자가 있었다. 이에 대항해서 다윗은 시므아(Shimea)의 아들 요나단(Jonathan)을 내보냈다. 요나단은 그자를 맞이해서 단번에 쓰러뜨리고 히브리군 승리의 주역이 되었다. 이로 인해 그는 용기 있는 사람이라는 명성을 듣게 되었다. 요나단이 쓰러뜨린 자도 거인의 후손이라고 꽤나 뽐내던 인물이었다. 여기서 패배한 후 블레셋은 더 이상 이스라엘에 싸움을 걸어오지 않았다.

3. 다윗은 전쟁의 위험에서 벗어나 안정된 평화를 누릴 수 있게 되자[21] 다양한 보격(步格)의 시와 찬송을 작곡하여 하나님께 바쳤다. 이들 중에서 어떤 시는 3보격(trimeter)이고 어떤 시는 5보격(pentameter)이다. 다윗은 또한 악기들을 만들었고 안식일 뿐 아니라 기타의 절기에 하나님께 찬송하는 법을 레위인들에게 가르쳤다. 악기의 구조는 이와 같다. 비파(viol)는 열 줄로 된 악기로서 활로 연주하였다. 수금(psaltery)은 12음색이 나며 손가락으로 연주하는 악기였다. 제금(cymbals)은 놋으로 만든 크고 넓은 악기였다. 독자들이 악기들의 성격에 대해 전혀 무지하지만 않으면 되니까 악기들에 대해서는 이 정도로 그치도록 하자.

---

[21] 요세푸스는 이 단락에서 시편은 현재 붙어 있는 제목이 암시하듯이 다윗이 인생 전반부 여러 시기에 걸쳐 작곡한 것이 아니라 일반적으로 인생 후반부에 작곡한 것이라는 점을 이 단락에서 보여주고 있다. 또한 요세푸스는 시편의 저자로 다윗 이외의 그 어떤 인물도 인정치 않고 있다. 여기서 우리는 홍해를 건넌 후 모세가 작곡한 노래가 6보격(hexameter)이라고 말한 것과 다윗의 시편은 다양한 보격으로 구성되어 있으나 특히 3보격(trimeter)과 5보격(pentameter)도 포함하고 있다는 요세푸스의 말에 주목할 필요가 있다. 이 요세푸스의 말들을 종합해 볼 때 그는 히브리 시는 헬라인들과 로마인들의 이해를 돕기 위해서는 6보격, 5보격, 3보격이라는 명칭과 성격을 사용해서 표현하는 것이 가장 적절하다고 생각한 것처럼 보인다. 한편 다윗과 솔로몬의 명령에 의해 처음 사용되었고 바벨론 포로 시 바벨론으로 옮겨갔던 악기들은 포로 시대 후에 다시 송환되어 왔던 것처럼 보인다. 또한 포로 시대 후까지 살아남았던 노래하는 자들과 악기 다루는 자들도 이 악기들과 함께 본국으로 돌아온 것이 분명하다. 성전에서의 이런 음악과 악기들에 대해서는 요세푸스도 상당히 많이 알고 있었던 것처럼 보인다. 따라서 요세푸스는 세 종류의 악기에 대해서 간단한 묘사나마 할 수 있었고 그런 시편들과 찬송들이 자기 당대에도 성전에서 노래되었다는 분명한 언급을 할 수 있었던 것이다. 따라서 이 점에서도 요세푸스의 권위는 인정받을 만한 것이다. 히브리 고대 음악이 매우 정교했을 뿐 아니라 그 곡조가 다양했다는 사실은 악기의 수에서와 시락(Sirach)의 아들 예수(Jesus)의 증거를 보아도 분명히 알 수가 있다(집회서 1:18).

4. 다윗의 휘하 부하들은 모두 용감무쌍한 자들이었다. 이들 중 혁혁한 전공을 세워 유명해진 자들이 38명이나 되었다. 나는 이 중에서 다섯 명만 골라 그들의 무용담을 서술하려고 한다. 이들의 무용담만 들으면 나머지 다른 이들도 얼마나 용맹한가를 충분히 미루어 짐작할 수 있을 것이다. 왜냐하면 이들은 대국(大國)을 정복하고도 남을 만큼 막강한 자들이었기 때문이다. 첫째 인물은 악기마아스(Achimaas)의 아들 이새(Jessai)로서 자주 적 부대를 습격하였으며 한 번은 900명을 죽일 때까지 물러나지 않은 적도 있었다. 둘째는 도대(Dodo)의 아들 엘르아살(Eleazar)로서 아라삼(Arasam)에서 왕과 함께 있던 자였다. 이 자는 언젠가 이스라엘인들이 블레셋군을 보고 겁을 집어먹고 모두 도망치는데도 불구하고 혼자 버티고 서서 대항해 적이 흘린 피로 칼이 손에 들러붙을 때까지 뒤로 후퇴하지 않고 수많은 적을 쳐 죽였다. 블레셋이 엘르아살을 당해 내지 못하고 후퇴하는 것을 본 이스라엘인들은 산에서 내려와 적을 추격하였다. 엘르아살이 적을 죽이면 이스라엘인들은 적의 몸을 뒤져 노획하기에도 바빴다. 이날 엘르아살로 인해 이스라엘은 대승을 거두었다. 셋째 인물은 일루스(Ilus)의 아들 세바(Sheba)였다. 이 자는 블레셋이 레히(Lehi)에 진을 치자 히브리인들이 혼비백산하여 줄행랑을 치는 데도 혼자서 버티고 서서 적을 맞아 싸워 패퇴시킨 인물이었다. 이 세 명의 부하가 세운 혁혁한 전과는 이와 같았다. 한 번은 다윗이 예루살렘에 있을 때 블레셋군이 쳐들어왔다. 다윗은 우리가 이미 살펴본 대로 전쟁의 결과에 대해 하나님께 여쭈어보기 위해 성채 꼭대기로 올라갔었다. 이때 블레셋군은 골짜기에 진을 치고 있었는데 그 길이가 베들레헴(Bethlehem)시까지 무려 20펄롱이나 되었다. 이때 다윗은 누군가 감히 물을 떠 올 사람이 있을까 생각하면서 부하들에게 "베들레헴 성문 근처의 우물물이 맛이 좋은데 억만금보다는 그 물 한 모금이 마시고 싶구나."라고 했다. 이 말을 들은 위의 삼총사는 즉시 성문 밖으로 달려 나가더니 적진 속을 헤집고 베들레헴까지 가서 물을 길은 다음 다시 적진을 뚫고 왕에게 갖다 바쳤다. 블레셋인들은 이들의 용기와 담대함에 어안이 벙벙해져 해칠 생각도 못 하고 잠자코 있었다. 그러나 물을 다윗에게 갖다 바치자 그는 이 물은 부하의 생명이 경각에 달렸던 것이니 먹는 것이 적합하지 못하다고 하면서 마시려고 하지 않았다.

그 대신 다윗은 그 물을 하나님께 쏟아부어 바치면서 부하들의 목숨을 살려주신 데 대해 감사를 드렸다. 네 번째 인물은 요압의 동생 아비새였다. 그는 하루에 600명을 쳐 죽인 경력이 있는 자였다. 다섯 번째 인물은 브나야(Benaiah)로서 혈통으로 따지면 제사장이었다. 그는 모압인의 용사 두 명이 도전을 해오자 그들과 맞서 싸워 승리한 적이 있었다. 더욱이 한번은 거대한 몸집을 자랑하는 애굽인이 도전을 해오자 맨몸임에도 불구하고 그에게서 무기를 빼앗아 그 무기로 그를 죽이는 실력을 과시한 적도 있었다. 그는 또한 앞서 언급한 전과에 못지않은 용맹성을 과시한 적도 있었다. 하나님이 눈을 내리시자 사자 한 마리가 미끄러져 구덩이에 빠졌다. 그런데 구덩이 입구가 너무 좁아 사자는 그만 눈에 덮여 빠져나오지 못하고 죽게 될 지경에 처해 있었다. 사자는 빠져나갈 구멍이 없자 포효하였다. 브나야는 사자의 포효 소리를 듣고 그리로 달려가 포효 소리가 나는 구덩이 속으로 들어가 그곳에 있던 막대기로 사자를 쳐 죽였다. 이들 외에도 용맹함을 자랑하는 다윗의 부하가 33명이나 있었다.

제13장

다윗이 백성의 수를 계수하다 하나님의 벌을 받았으나 하나님이 불쌍히 여기셔서 그 벌을 중지하신 경위

1. 다윗왕은 백성의 수를 계수하면 한 사람당 하나님께 반 세겔을 내야 한다는 모세의 규정[22]을 잊어버리고 단지 백성들의 수만을 계수하고 싶어 했다.

---

[22] 모세를 통해 주신 하나님의 말씀(출 30:12)은 하나님이 큰 질병을 일으키신 까닭으로 요세푸스가 이 장(章)에서 언급하고 있는 이유를 충분히 정당화시켜 준다. 다윗이 이 규정의 시행을 소홀히 했다고 해서 백성들의 죄가 없어지는 것은 아니다. 왜냐하면 백성들도 계수가 될 때에는 반 세겔을 낼 의무가 있기 때문

이에 다윗왕은 군대 장관 요압에게 가서 백성의 수를 계수해 보라고 명령했다. 요압은 백성의 수를 계수할 필요가 어디 있느냐고 반문하였다. 그러나 다윗은 요압의 말에 귀를 기울이지 않고 지체하지 말고 즉시 가서 히브리 백성의 수를 계수하라고 지시했다. 이에 요압은 지파의 두목들과 서기관들을 대동하고 이스라엘 전역을 돌면서 백성들을 계수한 후 9개월 20일 만에 예루살렘으로 돌아왔다. 요압은 계수하지 않은 베냐민 지파는 제외하고 백성들의 수를 왕에게 보고했다. 물론 레위 지파가 계수에서 빠진 것은 두말할 것도 없다. 베냐민 지파의 수를 계수하지 않은 것은 다윗이 하나님께 죄를 지은 것을 회개했기 때문이었다. 무기를 들고 전쟁에 나갈 수 있는 이스라엘 사람은 900,000명이었고 유다 지파는 400,000명이었다.

2. 선지자들이 다윗에게 하나님이 진노하셨음을 알리자 다윗은 하나님께 자기를 불쌍히 보시고 죄를 용서해 달라고 간청했다. 그러나 하나님은 나단 선지자를 보내 세 가지 중에서 한 가지를 택하라고 제안하셨다. 그 세 가지란 첫째, 7년 동안 땅에 기근이 드는 것, 둘째, 전쟁에 져서 적에게 석 달 동안을 정복당하는 것, 셋째, 3일 동안 히브리 백성들에게 전염병이 있는 것이었다. 다윗은 무서운 재난 중의 하나를 선택하지 않을 수 없는 막다른 골목에 이르게 되자 몹시 괴로웠고 어찌해야 좋을지를 몰랐다. 선지자 나단은 다윗에게 선택은 어쩔 수 없는 필연이니 빨리 결정하라고 다그쳤다. 이에 다윗은 이모저모로 궁리해 보았다. 만일 기근을 택한다면 자기야 많은 곡식이 비축된 상태이니까 하등 문제 될 것이 없었지만 백성들이 고생을 겪을 것 같았다. 만일 (적에 의해) 정

이었다. 이스라엘 백성 전체가 그들의 악한 왕 때문에 그와 함께 벌을 받은 가장 큰 이유는 백성들이 거의 다 의로우신 하나님의 율법보다 지배자들의 사악한 여러 정치적 법률과 명령에 순종하기를 좋아하고 지배자들과 함께 하나님의 율법을 무시 혹은 망각하는 우(愚)를 항상 범했기 때문이었다. 따라서 이스라엘 백성은 그들의 왕이 부여된 권력의 한계를 벗어나 하나님의 율법을 어기는 일이 없도록 돌보고 감시해야 할 책임이 있어야 한다는 요세푸스의 말은 매우 타당한 것이다. 물론 이런 하나님의 율법에 대한 무시나 망각 현상이 유대인들에게만 한정되어 있다고는 생각하지 않는다. 소위 기독교국이라고 불리는 나라 사람들도 지도자들이 하나님의 율법을 어기는 일이 없도록 비판하고 감시하기보다는 인간적인 율법을 어기지 않도록 하는 데에만 관심을 기울이는 경우가 종종 있다. "하나님 앞에서 너희의 말을 듣는 것이 하나님의 말씀을 듣는 것보다 옳은가 판단하라"(행 4:19). "사람보다 하나님께 순종하는 것이 마땅하니라"(행 5:29).

복되는 편을 택한다면 주변에 용맹한 부하들과 철통같은 요새가 있으니까 그것을 믿고 전쟁을 택한 것처럼 보일 것만 같았다. 따라서 다윗은 왕과 백성들이 공통으로 겪는 고통을 택하기로 결심했다. 다윗은 나단 선지자에게 적의 손에 빠지는 편보다는 하나님의 손에 빠지는 것이 훨씬 좋겠다고 말했다.

3. 나단 선지자는 이 말을 듣고 하나님께 그대로 아뢰었다. 이에 하나님은 히브리인들에게 전염병과 죽음을 내리셨다. 그들이 죽는 모습이 일정치 않아 병명이 무엇인지를 쉽게 알 수가 없었다. 분명히 병은 한 가지였으나 그 원인은 병에 걸린 사람도 알지 못할 정도로 각양각색이며 수만 가지였다. 어떤 자는 병에 걸렸다는 사실을 채 알기도 전에 심한 고통과 괴로움을 겪으면서 즉시 숨을 거두기도 하였고 어떤 자는 묻을 시체도 없을 만큼 뭉그러져 비참한 최후를 맞이했다. 어떤 이들은 불시에 밀어닥친 죽음의 그림자로 인해 놀란 나머지 숨이 막히기도 하였고 또 어떤 이들은 친지를 장사 지내다가 장례가 끝나기도 전에 쓰러져 운명하는 경우도 있었다. 이 전염병으로 아침부터 저녁 식사 때까지 사람들이 죽었는데 그 수가 약 70,000명이나 되었다.

천사가 예루살렘에 재앙을 내리기 위해서 손을 뻗치려고 하였다. 이때 다윗은 베옷을 입고 땅바닥에 앉아 이미 많은 사람이 죽었으니 그것으로 노를 푸시고 전염병을 중지시켜 달라고 하나님께 간청하고 있었다. 다윗왕이 눈을 들어 하늘을 보니 천사가 칼을 빼 들고 예루살렘으로 들어오는 모습이 보였다. 이에 다윗은 자기가 백성들의 목자인데 양들은 잘못한 것이 없고 자기가 잘못한 것이니 양들은 용서해 주시고 자기만 벌해 달라고 간청했다. 백성들에게 손을 대지 마시고 자기와 자기 가족에게만 벌을 내려 달라고 하나님께 간절히 애원했다.

4. 하나님은 그의 간청을 들으시고 전염병을 막으신 후에 선지자를 다윗에게 보내 즉시 여부스(Jebusite) 사람 아라우나(Araunah)의 타작마당으로 가서 하나님께 단을 쌓고 제사를 드리라고 지시했다. 다윗은 이 말을 듣고 조금도 지체치 아니하고 하나님이 지정하신 장소로 황급히 나아갔다. 이때 아라우나는

밀을 타작하고 있었다. 아라우나는 왕과 왕의 시종들이 오는 것을 보고 그 앞으로 달려가 엎드려 절을 했다. 그는 출생으로 따지면 여부스 족속 사람이었으나 다윗의 각별한 친구였다. 이렇게 각별한 사이였기에 다윗은 예루살렘시를 함락시켰을 때 그에게는 전혀 손을 대지 않았다. 이 사실은 우리가 얼마 전에 살펴본 바가 있다. 아라우나는 "나의 주께서 어찌 종의 집에 오십니까?"라고 물었다. 이에 다윗은 그의 타작마당을 사서 그곳에서 하나님께 단을 쌓고 제사를 드리기 위해서 왔다고 대답했다. 그러자 아라우나는 타작마당뿐 아니라 번제를 드리기에 필요한 소와 땔감으로 제구를 공짜로 드리겠다면서 하나님이 왕의 제사를 열납하시기를 기원한다고 했다. 그러나 왕은 그의 호의와 친절은 고맙게 받겠으나 공짜로 제사를 드리는 것은 적합하지 못하니 모두 제값을 쳐서 받으라고 했다. 이에 아라우나는 왕께서 좋으신 대로 하시라고 말하고 타작마당을 50세겔에 팔았다.

다윗은 타작마당에 단을 쌓고 번제와 화목제를 드렸다. 이에 하나님은 진노를 푸시고 다시 다윗에게 은혜를 베푸셨다. 이 장소는 공교롭게도 우리가 이미 살펴본 대로 아브라함이 이삭을 데리고 와 결박하여 제물로 바치려고 했을 때 갑자기 숫양이 나타나 이삭 대신 그 양으로 제사를 드렸던 바로 그곳이었다.[23] 다윗왕은 하나님이 자기 기도를 들으시고 제사를 열납하시는 것을 보고 그곳 전체를 '백성의 단'(The Altar of the People)이라 이름하고 그곳에 하나님을 위해 성전을 짓겠다고 말했다. 그의 이 말은 장차 있을 일에 시의적절하게 한 것이었다. 하나님이 선지자를 통하여, 다윗의 뒤를 이어 왕위에 오를 아들이 그곳에 하나님을 위해 성전을 짓게 될 것이라고 예언하셨다.

---

23) 이 모리아(Moriah)산이 오래전 아브라함이 이삭을 바친 바로 그 장소일 뿐 아니라 하나님이 선지자를 통해 다윗의 후손이 성전을 지을 것이라고 예언한 바로 그 장소였다는 요세푸스의 말은 우리가 주목할 가치가 있다.

제14장

다윗이 하나님의 전을 짓기 위해 철저히 준비한 경위와
아도니야가 왕권을 획득하려는 시도를 보이자
솔로몬을 후계자로 지정한 경위

1. 이 예언이 있은 후 다윗왕은 이방인들의 수를 계수하라고 명령했다. 이에 계수해 보니 모두 180,000명이었다. 다윗은 이들 중 80명을 돌을 뜨는 자로 임명하고 나머지는 돌을 운반하는 자로 삼았으며 또한 3,500명을 감독관으로 세웠다. 그는 또한 다량의 철과 놋, 그리고 많은 (특별히 큰) 백향목을 준비했다. 백향목은 두로인과 시돈인들이 보낸 것이었다. 다윗은 두로와 시돈에 사람을 보내 자기 뒤를 이어 왕위에 오를 아들이 하나님의 전을 지어야 하는데 아직 어리고 경험이 부족하므로 자기가 건축 준비를 다 해두면 아들이 쉽게 건축을 할 수 있을 것 같으니 백향목을 보내 달라고 요청한 바가 있었다.

2. 다윗은 아들 솔로몬을 불러 장차 왕위에 오르게 되면 꼭 하나님의 성전을 지으라고 당부하고 이같이 말했다. "원래는 내가 하나님께 성전을 지어 드리고 싶었다. 그러나 하나님은 내 손이 전쟁의 피로 더럽혀졌다는 이유로 내가 성전 짓는 것을 금하셨다. 그 대신 네가 하나님을 위해 성전을 짓는 것은 허락해 주겠다고 말씀하셨다. 하나님은 또한 솔로몬 너를 마치 아비가 자식을 돌보듯이 도와줄 것이며 너의 치하에서 히브리 백성들을 행복하게 만들어 주실 것이며 전쟁과 내란을 겪지 않고 태평성대를 누릴 수 있도록 해주시겠다고 약속하셨다. 그러므로 너는 태어나기 전부터 하나님에 의해 왕으로 임명된 몸임을 명심하고 하나님의 이런 섭리에 부끄러움이 없도록 처신해야 한다. 다른 면에서도 그렇지만 특별히 종교심이 강해야 하며 의로워야 하며 담대해야 한다. 너는 또한 모세가 우리에게 전해 준 하나님의 계명과 율법을 힘써 지켜야 하며 백성들이 그것들을 범하는 일이 없도록 잘 지도해야 한다. 하나님이 너의 통

치 기간에 성전을 지으시기로 결심하신 이상 너는 하나님께 성전을 지어 드리는 일에 열심을 내야 한다. 공사가 너무 방대하다는 데 놀라서 겁부터 내는 일이 없도록 해라. 내가 죽기 전에 건축 준비는 이미 다 해 놓았다. 내가 이미 금 10,000달란트와 은 100,000달란트를 준비해 놓았다는 점은 너도 잘 알고 있겠지? 나는 또한 막대한 양의 놋과 철, 게다가 셀 수도 없이 많은 목재와 석재도 비축해 놓았다. 그 외에도 수만의 석공들과 목공들이 준비 태세를 갖추고 있다. 그러나 만일 부족한 것이 생길 때는 네가 조금만 보충하면 되리라고 생각된다. 따라서 만일 네가 이 일만 성공리에 마친다면 하나님이 너의 보호자와 후원자가 되어 주실 것이다." 다윗은 또한 백성들의 지도자들을 불러 장차 모든 역경에서 벗어나 평화를 누릴 때가 오면 자기 아들을 도와 성전을 짓고 하나님께 제사를 드리는 일에 소홀하지 않도록 하라고 당부했다. 하나님은 경건하고 의로운 사람에게 평화와 행복을 내려주시는 분이니 이 일을 잘 마무리 지음으로써 평화와 행복을 누리며 살도록 하라고 거듭 강조했다. 다윗은 또한 성전을 지은 후에는 궤를 거룩한 기구들과 함께 성전 안에 잘 보관하도록 하라고 지시했다. 만일 선조들이 이 땅을 차지한 후에 하나님께 성전을 지어 올리라는 하나님의 명령을 무시하지만 않았더라도 이미 오래전에 성전을 가질 수 있었을 것이라는 점을 거듭 상기시켰다. 다윗은 이같이 아들 솔로몬과 백성의 지도자들에게 당부의 말을 전했다.

3. 이제 다윗은 연로해졌고 이에 따라 그의 몸은 차가워지고 마비 증세를 일으켜 옷을 여러 겹 입어도 체온을 유지할 수 없을 정도까지 되었다. 이에 의사들이 한자리에 모여 전국에서 아름다운 처녀를 하나 뽑아 왕의 곁에 눕게 해서 왕의 몸을 따뜻하게 하여 마비 증세가 일어나지 않도록 하자는 데 의견의 일치를 보고 그렇게 조언하기로 결의했다. 이에 뛰어난 미모의 여인 하나를 구할 수 있었으니 그 이름은 아비삭(Abishag)이었다. 아비삭은 다윗왕과 동침했으나 왕의 몸을 따뜻하게 해주는 이상의 역할은 하지 못했다. 다윗이 너무 늙어 남편이 아내에게 하듯이 할 수가 없었기 때문이었다. 이 여인에 대해서는 잠시 후에 자세하게 살피게 될 것이다.

4. 다윗의 넷째 아들은 학깃(Haggith)의 소생으로서 키가 훤칠하고 용모가 준수하였다. 그의 이름은 아도니야(Adonijah)로서 성격은 압살롬과 비슷한 점이 많이 있었다. 그는 왕이 될 것이라는 은근한 기대 속에서 교만해져 자기 친구들에게 자기가 대를 이어 왕위에 올라야만 한다고 떠들어댔다. 그는 많은 병거와 말을 준비하고 호위병을 50명이나 두었다. 다윗은 이런 사실을 보고도 책망하거나 만류하지 않았으며 심지어는 무슨 연유로 그러느냐고 물어보지도 않았다. 아도니야를 지지하는 측근들은 군대 장관 요압과 대제사장 아비아달 등이었다. 그를 반대하는 인사들은 대제사장 사독과 선지자 나단과 왕실 경호 대장 브나야와 다윗의 친구 시므이와 그 외의 가장 용감한 자들뿐이었다. 아도니야는 도시 바깥, 왕의 공원(King's paradise)에 있는 우물 근처에서 연회를 베풀고 솔로몬을 제외한 모든 형제들을 초청하고 군대 장관 요압과 아비아달과 유다 지파의 지도자들을 초대하였다. 그러나 대제사장 사독이나 선지자 나단이나 왕실 경호 대장 브나야나 반대파 인사는 누구를 막론하고 단 한 명도 초대하지 않았다. 나단 선지자는 이 일을 솔로몬의 어머니인 밧세바에게 알렸다. 아도니야가 왕이 되려고 시도하고 있는데 다윗은 이 사실을 까맣게 모르고 있다고 알려 주었다. 나단은 밧세바에게 그녀와 아들의 목숨을 부지하려면 왕 앞에 나아가서 전에 왕이 솔로몬이 뒤를 이어 왕위에 오르도록 해주겠다고 약속하셨는데 어찌하여 아도니야가 벌써 왕위에 올랐느냐고 따지라고 충고해 주었다. 그러면 자기도 뒤따라 가서 거들어 주겠다는 것이었다. 이에 밧세바는 나단의 이야기를 듣고 그대로 하겠다고 말한 후 왕에게 나아가 엎드려 절을 했다. 밧세바는 다윗에게 아뢸 소청이 있다고 하면서 나단이 시킨 대로 모든 사실을 상세하게 말했다. 즉 아도니야가 연회를 베푼 이야기와 그가 초대한 사람들의 면면을 보면 솔로몬과 그의 친한 친구들은 단 한 명도 없고 그의 측근들만이 참석했는데 그중에는 군대 장관 요압, 대제사장 아비아달 그리고 왕의 아들들이 끼어있다고 소상하게 말했다. 밧세바는 지금 백성들의 눈은 누구를 후계자로 뽑을지가 자못 궁금해 모두 왕에게로 쏠려 있음을 상기시키면서 다윗이 죽은 후 만일 아도니야가 왕이 된다면 자기는 물론 아들 솔로몬까지도 목숨을 부지하기가 어려울 것이라는 점을 통촉해 달라고 간절하게 애원했다.

5. 밧세바가 간청하고 있을 때 왕의 침실 문지기가 들어오더니 나단이 알현을 청하고 있다고 다윗에게 고했다. 이에 다윗이 알현을 허락한다고 말하자 나단이 들어오더니 이렇게 다윗에게 물었다. "왕께서는 지금 아도니야를 왕으로 임명하고 통치권을 그에게 일임하셨습니까? 지금 아도니야가 성대한 만찬을 베풀고 솔로몬을 제외한 모든 왕자들과 군대 장관 요압(과 대제사장 아비아달)을 초청했습니다. 이들은 지금 악기 소리와 박수갈채 가운데 연회를 즐기면서 아도니야의 나라가 영구하기를 빌고 있습니다. 그러나 그는 나와 대제사장 사독과 경호 대장 브나야는 초대하지 않았습니다. 이 일이 왕의 허락과 재가로 이루어진 것인지를 모든 사람이 알고 싶어 합니다." 나단이 이같이 말하자 왕은 밧세바를 불러들이라고 명령했다. 밧세바는 선지자가 들어오자 밖에 나가 있었다. 밧세바가 들어오자 다윗은 "내가 전능하신 하나님께 맹세하노니 내가 전에 맹세한 바대로 그대의 아들 솔로몬이 정녕 왕위에 오를 것이오. 바로 오늘부터 그가 나의 보좌에 앉을 것이오."라고 말했다. 이에 밧세바는 왕에게 엎드려 절하고 만수무강을 빌었다. 다윗은 대제사장 사독과 경호 대장 브나야에게 들어오라고 지시했다. 이들이 들어오자 다윗은 나단 선지자를 모시고 왕궁 호위 병사들을 거느리고 가서 솔로몬을 왕의 노새에 태우고 시외의 기혼(Gihon)산으로 가 거기서 그에게 거룩한 기름을 붓고 그로 왕을 삼으라고 지시했다. 다윗은 또한 이들에게 솔로몬을 따라 도시 중앙부를 통과하면서 나팔을 불고 "솔로몬왕의 왕위가 영원하기를 비나이다."라고 크게 소리침으로써 모든 백성이 그가 그의 아비에 의해 왕으로 임명되었음을 알 수 있도록 하라고 지시했다. 다윗은 또한 솔로몬에게 히브리 전국을, 특히 유다 지파를 신앙심 깊고 의롭게 통치하라고 신신당부했다. 브나야는 하나님께 솔로몬에게 은총을 베풀어 달라는 기도를 올렸다. 이들은 촌각의 지체도 없이 솔로몬을 왕의 노새 위에 태우고 시외의 기혼산으로 가서 거룩한 기름을 부어 왕으로 삼았다. 그들은 그를 모시고 예루살렘으로 돌아오면서 솔로몬의 왕국이 영구하기를 빈다는 내용의 환호와 함성을 질러댔다. 이들은 솔로몬을 왕궁으로 인도한 후 보좌 위에 앉게 했다. 이에 온 백성은 잔치를 베풀고 크게 즐거워하였다. 백성들이 음악 소리에 맞춰 춤을 추면서 환호성을 지르자 천지가 진동하는 것 같았다.

6. 아도니야와 그의 만찬에 참석한 자들은 이 함성을 듣고는 무슨 일이 일어났는지 매우 의아해했다. 군대 장관인 요압은 이 함성과 나팔 소리에 기분이 완전히 상해 버렸다면서 좌불안석이었다. 저녁 식사가 나왔으나 아무도 먹을 생각을 하지 않았다. 그들은 모두 무슨 일이 일어났길래 그런 함성을 질렀을까를 나름대로 곰곰이 생각하고 있었다. 이때 대제사장 아비아달의 아들 요나단이 그들에게로 달려왔다. 아도니야는 그가 기쁜 얼굴로 달려오는 것을 보고 좋은 소식이냐고 물었다. 이에 요나단은 다윗왕이 솔로몬을 왕으로 임명한 자세한 소식을 전해 주었다. 이 소식을 들은 아도니야와 참석자들은 황급히 일어나 각기 집으로 줄행랑을 쳤다. 아도니야는 자기가 저지른 일로 인해 왕을 두려워한 나머지 하나님께 살려 달라고 간청하면서 툭 튀어나온 제단의 뿔을 붙잡았다. 이 행동과 함께 아도니야가 솔로몬왕이 자기가 저지른 잘못을 용서하고 책임을 묻지 않겠다는 확약을 받고 싶어 한다는 소식이 솔로몬에게 전달되었다. 솔로몬은 현명하게도 모든 죄를 용서해 주겠다고 자비를 보여주었다. 그러나 또다시 새로운 변혁을 꾀할 때는 용서하지 않겠다고 다짐을 두었다. 솔로몬은 사람을 보내 엎드려 간청하고 있는 아도니야를 일으켜 세웠다. 아도니야가 솔로몬에게 와 엎드려 절을 하자 솔로몬은 아무 걱정 말고 집으로 돌아가라고 하면서 자중자애하는 것이 신상에 이로울 것이라고 덧붙였다.

7. 다윗은 자기 아들을 온 백성의 왕으로 임명한 후에 백성의 지도자들과 제사장들과 레위인들을 예루살렘으로 불러 모았다. 그는 먼저 레위인들의 수를 계수했다. 레위인들은 30세부터 50세까지가 38,000명이었다. 그는 이들 중에서 23,000명은 성전 건물을 관리하도록 임명했으며 6,000명은 백성의 재판관들과 서기관들로 세웠으며, 4,000명은 하나님의 전에서 일하는 짐꾼으로 삼았고 또 4,000명은 우리가 살펴본 바와 같이 다윗이 만든 악기에 맞추어 노래하는 자들로 임명했다. 다윗은 레위인들을 여러 반차(course)로 나누었다. 그가 레위인들에게서 제사장들을 골라내니 모두가 24반차가 되었다. 즉 엘르아살 가문이 16반차가 되었고 이다말 가문이 8반차가 되었다. 다윗은 한 반차가 안식일에서 안식일까지 8일간을 하나님께 봉사하도록 규정했다. 다윗은 대

제사장 사독과 아비아달과 백성의 지도자들이 보는 앞에서 제비뽑기로 반차를 정했다. 즉 처음 나온 반차는 처음이라 쓰고 두 번째 나온 반차는 두 번째라고 쓰는 식으로 해서 24번째 반차까지 정했다. 이렇게 반차로 구분하는 방식은 오늘날까지도 계속되고 있다. 다윗은 또한 레위 지파도 24반차로 구분했다. 레위 지파도 제비뽑기로 봉사하는 순서를 정해 8일간씩 봉사했다. 다윗은 모세의 후손들을 정중하게 대우하여 하나님의 전 곳간과 왕이 하나님께 드린 예물을 간수하는 관리자들로 삼았다. 다윗은 제사장들은 물론 모든 레위 지파 사람들은 모세가 명한 대로 하나님께 밤과 낮을 가리지 않고 봉사해야 한다고 규정했다.

8. 그 후 다윗은 전군을 열둘로 나누고 지휘관들과 (백부장들과) 사령관들도 열둘로 나눴다. 각 부대는 24,000명씩으로 구성되어 있었고 달의 첫날부터 마지막 날까지 한 번에 30일씩 솔로몬을 호위하도록 규정되어 있었다. 다윗은 각 부대에 선하고 용맹한 자들을 지휘관으로 임명했으며 그 외에도 곳간을 담당하는 자, 마을을 수비하는 자, 밭을 지키는 자, 동물들을 지키는 자 등을 임명했다. 이런 것들에 대해서는 자세히 언급할 필요가 없다고 나는 생각한다. 다윗은 이와 같이 모든 관리들을 임명한 후에 백성의 지도자들과 지파의 두목들과 각 분야의 책임자들과 그 외에 왕이 임명한 여러 관리들을 불러 모으고 높은 단 위에 올라서서 이같이 말했다. "나의 형제 동포 여러분! 나는 하나님을 위해 전을 지어 드리고 싶은 마음이 있어 막대한 양의 금과 100,000달란트의 은을 준비했었습니다. 그러나 하나님은 내가 많은 전쟁을 하여 내 오른손이 적의 피로 더럽혀졌기 때문에 하나님의 전을 짓는 것을 허락할 수 없다고 나단 선지자를 통해 말씀하셨습니다. 그러나 그 대신 내 뒤를 이어 왕위에 오를 아들이 성전을 지어야만 할 것이라고 명령하셨습니다. 우리 선조 야곱의 열두 아들 가운데 왕으로 지명된 지파는 유다였으며 나의 여섯 형제를 제치고 내가 하나님으로부터 통치권을 수여받았을 때 불만을 가진 사람은 아무도 없었습니다. 나는 내 아들들이 서로 통치권을 가지고 다투는 것을 원치 않은 나머지 솔로몬을 왕위 계승자로 정했습니다. 따라서 나는 내 아들들에게 하나님이

솔로몬을 왕으로 삼으신 줄 알고 기쁜 마음으로 주로 받들라고 명했습니다. 하나님의 뜻이라면 심지어는 이방인에게라도 복종하는 것이 마땅하지 않겠습니까? 하물며 한 형제가 왕위에 올랐다면 자기가 왕위에 오른 것이나 마찬가지로 즐거워해야 한다고 엄히 당부했습니다. 나는 하나님의 약속이 성취되어 하나님이 솔로몬에게 내려주시겠다고 하신 모든 축복이 우리나라에 영구히 지속되길 기도하고 있습니다. 내 아들아 잘 들으라. 네가 하나님의 율법을 잘 준행하고 의롭게 살면 이 하나님의 약속이 실현되어 복을 받게 될 것이나 그렇지 못하다면 불순종의 대가로 벌을 받게 될 것이다."

9. 다윗은 이렇게 말한 후 이들이 보는 앞에서 솔로몬에게 성전의 구조와 식양(式樣, pattern)에 대해 자세히 일러 주었다. 즉 성전의 기초는 어떻게 할 것이며 아래와 위의 방은 몇 개로 할 것이며 가로와 세로의 길이는 어떻게 해야 할 것인가를 규정해 주었다. 그는 또한 금과 은으로 만든 기명(器皿)들의 무게는 어떻게 해야 할 것인가도 규정해 주었다. 더욱이 다윗은 성전 건축을 할 때 최선을 다해 정성껏 해야만 한다는 점을 거듭해서 당부하였다. 그는 백성의 지도자들, 특히 레위인들에게 솔로몬왕이 성전 건축과 통치라는 대임을 맡았으나 아직 나이가 어려 경험이 부족하니 왕을 보필하여 성전을 짓는 일에 힘써 달라고 부탁하였다. 다윗은 자기가 이미 다량의 은과 금과 목재와 석류석(emerald)과 기타 보석들과 수많은 석공과 목공들을 준비해 놓았기에 성전 건축은 그리 힘이 들지 않을 것이라고 하면서 이제 다시 지성소와 궤 위의 그룹들을 단장하는 데 필요한 정금(pure gold) 300달란트와 200달란트 상당의 소유물을 자기 사유 재산에서 하나님께 드리겠다고 했다. 다윗이 말을 마치자 백성의 지도자들과 제사장들과 레위인들은 그 자리에서 즐거이 하나님께 예물을 드리겠다고 결심했다. 이들은 금 5,000달란트와 10,000드라크마(drachma), 은 10,000달란트, 철 수만 달란트를 냈으며 보석이 있는 자들은 하나님께 그것을 드려 곳간에 보관하게 했다. 이것들은 모세의 후손인 여히엘(Jachiel)이 간수했다.

10. 이에 백성들은 매우 즐거워했다. 그러나 그 누구보다도 기뻐한 사람은 다름 아닌 다윗이었다. 다윗은 백성의 지도자들과 제사장들과 그 외 사람들의 열성과 정성을 보고 큰 소리로 하나님께 감사를 드렸다. 그는 하나님을 만물의 아버지시요 인간적인 것과 신적인 것의 조성자이시며 히브리 국가의 존재와 행복과 주권의 보호자시며 후원자로 찬양했다. 그는 또한 모든 백성과 특히 자기 아들 솔로몬에게 각기 행복과 의로운 마음을 주시기를 간구한 후 무리들에게도 하나님을 찬양하라고 지시했다. 이에 무리들은 땅에 엎드려 하나님께 경배하며 찬양을 올렸다. 이들은 다윗이 왕위에 오른 후에 많은 축복을 누리게 되었다면서 다윗에게도 감사했다. 그다음 날 다윗은 수송아지 1,000마리를 잡아 하나님께 감사를 드렸으며 무리들은 양 1,000마리를 잡아 번제로 드렸다. 이들은 수만의 제물로 감사제를 드렸으며 다윗은 백성들과 함께 잔치를 베풀었다. 이들은 두 번째로 솔로몬에게 기름을 부어 왕으로 삼았으며 사독을 온 백성의 대제사장으로 임명했다. 이들은 솔로몬을 왕궁으로 모신 후 그의 아버지의 보좌에 앉게 하고 그날로부터 솔로몬에게 복종했다.

제15장

다윗이 임종의 순간이 가까워 오자
아들 솔로몬에게 당부한 말과 성전 건축 준비를 해놓은 경위

1. 그로부터 얼마 후 다윗은 노쇠하여 병이 들게 되었다. 그는 자기의 임종 순간이 가까워 옴을 느끼자 아들 솔로몬을 불러 이렇게 당부하였다. "내 아들아! 나는 이제 모든 인간이 가야 하는 죽음의 길에 들어서서 내 선조들에게로 갈 때가 되었다. 그 길은 다시 돌아올 수 없는 길이요 한번 가면 이 세상에서

일어나는 일들은 알래야 알 수가 없는 길이다. 내 임종의 순간이 눈앞에 다가왔으므로 살아 있을 때 내가 항상 네게 하던 방법대로 몇 마디 충고를 하려고 한다. 네 백성에게 항상 의롭게 행동하고 네게 이 나라를 주신 하나님께 항상 신앙심을 돈독히 하도록 하여라. 하나님이 모세를 통해 주신 계명과 율법을 지키도록 하고 탐욕이나 정욕으로 인해 이것들을 무시하는 일이 없도록 주의해라. 만일 네가 그의 율법을 어긴다면 너는 하나님의 호의를 잃게 될 것이며 범사에 하나님의 섭리를 보지 못하게 될 것이다. 그러나 만일 네가 나의 충고대로 너의 의무를 다 행한다면 너는 이 왕권을 우리 가문 안에 보존하게 될 것이며 다른 가문에게 왕권을 빼앗기지 않고 우리 가문이 대대로 통치하게 될 것이다. 시기심이 발동해서 선하고 의로운 두 군대 장관인, 넬의 아들 아브넬과 예델의 아들 아마사를 살해한 군대 장관 요압의 죄[24]를 기억해 두었다가 네가 보기에 좋은 대로 요압에게 복수하여 죽은 자들의 원한을 갚아 주도록 하라. 요압은 나보다 힘이 있었기 때문에 내가 다루기 힘들었으므로 지금까지는 형벌을 면해 왔음을 명심하도록 하여라. 길르앗 사람 바르실래의 아들을 네게 부탁하니 나를 생각해서 그를 정중하게 대우하고 보살펴 주도록 하여라. 우리가 먼저 그에게 은혜를 베푸는 것이 아니라 단지 내가 피신했을 때에 그의 아비가 내게 베푼 호의를 갚는 것뿐이라는 점을 잊지 말도록 하여라. 내가 마하나임으로 피신할 때 내게 온갖 욕설을 퍼부었던 베냐민 지파 게라의 아들 시므이란 자가 있다. 그놈은 이렇게 욕설을 퍼붓고도 내가 피신을 마치고 돌아올 때 요단강에서 나를 마중 나와 용서를 간청하길래 해를 끼치지 않겠다고 내가 약속했었다. 그러나 너는 적절한 핑계를 대서 그놈을 징벌하도록 하라."

---

[24] 어떤 이들은 요압과 시므이를 처벌할 당연한 이유를 갖고 있었다 하더라도 요압은 오랫동안 묵과해 준 상태에 있었고 시므이는 완전히 용서해 준 것같이 보였는데 다윗이 이제 와서 이들을 처벌할 것을 솔로몬에게 부탁하는 것은 다윗이 비난받아 마땅하다고 생각하는 것 같다. 그러나 나는 이 경우에 있어서 다윗이 비난받아 마땅한 점을 발견할 수가 없다. 아브넬과 아마사를 죽인 요압의 살인 행위는 매우 야만스러운 범죄로써 결코 용서될 수 없는 죄악이었다. 왜냐하면 고의적인 살인죄를 용서할 수 있는 권한이 왕에게 있음을 율법은 인정하지 않기 때문이다. 게다가 주의 기름 부음 받은 자를, 그것도 정당한 이유 없이 저주한 시므이의 행동은 하나님과 그의 기름 부음 받은 왕에 대한 최고의 반역행위이므로 죽어야 마땅한 범죄였다. 다윗이 자기에 대한 반역 행위를 용서해 준 것은 그 당시의 어쩔 수 없는 상황 때문이었다. 왕위를 회복하고 새로 시작하는 마당에서 그를 죽일 수는 없었을 것이다.

2. 다윗은 이렇게 공무에 대해, 친구에 대해, 죽어 마땅한 자들에 대해 당부의 말을 마친 후 70세를 일기로 세상을 떠났다. 그는 헤브론에서 유다 지파를 7년 6개월간 다스렸고 예루살렘에서 전 히브리 백성을 33년간 다스렸다. 그는 왕이 갖추어야 할 모든 덕망과 인격을 소유한 걸출한 인물로서 많은 지파의 안위를 책임질 만한 인재였다. 그는 타의 추종을 불허할 정도로 용맹하였으며 위험에는 그 누구보다도 먼저 뛰어드는 담대함을 가진 용사였다. 백성들을 위해 싸울 때 그는 뒤에서 이래라저래라 명령하는 독재 군주로서가 아니라 직접 용감하게 앞장섬으로써 병사들의 사기를 진작하는 왕이었다. 사태를 처리할 때에는 현재의 상황이나 미래에 다가올 상황을 그 누구보다도 예리하게 분석하고 파악할 줄 아는 총명한 인물이었다. 그는 신중하고 온유하며 재난 가운데 처한 자들에게 친절하였으며 의로우며 인정이 많은 인물이었다. 한마디로 말해서 그는 왕이 갖추어야 할 덕성은 다 갖춘 사람이었다. 그는 우리아의 아내 밧세바와의 사건 외에는 그렇게 큰 권세를 휘두르면서도 죄를 범하지 않았다. 그는 또한 히브리나 그 어떤 나라의 왕보다 많은 부를 물려주고 세상을 떠났다.

3. 다윗은 예루살렘에 있는 아들 솔로몬에 의해서 왕의 장례식에 따르기 마련인 장엄하고 웅장한 의식에 따라 장사되었다. 더욱이 막대한 돈이 그의 시신과 함께 매장되었다. 얼마나 막대한 양의 돈이 함께 묻혀 있는지는 아래의 사실에서 쉽게 추측할 수 있을 것이다. 이로부터 1,300년 후 데메트리우스(Demetrius)의 아들로서 피우스(Pious)라고 부르는 안티오쿠스(Antiochus)가 예루살렘을 포위하고 돈을 내면 물러가겠다고 했을 때 대제사장 히르카누스(Hyrcanus)는 돈을 모을 방법이 없자 다윗의 무덤의 한 방을 열어 3,000달란트의 돈을 꺼내 그 일부를 안티오쿠스에게 주어 포위를 풀게 한 일이 있었다. 이 자세한 내용에 대해서는 후에 살펴보도록 하자. 그 후 오래 지나 헤롯왕이 또 다른 방을 열어 거액의 돈을 꺼냈다. 그러나 두 경우 모두 돈을 왕들의 관에서 꺼낸 것은 아니었다. 왕들의 시신은 땅속에 교묘하게 매장되었기 때문에 무덤 속에 들어가도 쉽게 드러나지 않기 때문이다. 이 정도만 해도 독자들은 얼마나 많은 돈이 다윗과 함께 묻혔는가를 충분히 알 수 있을 것이다.

제8권

163년간의 역사 기록

다윗의 죽음부터 아합의 죽음까지

제1장

솔로몬이 왕위를 계승한 후 적들을 제거한 경위

1. 우리는 전권에서 다윗의 생애와 그의 덕과 그리고 히브리 국가에 끼친 공과 전쟁에서의 승리와 죽음 등에 대해서 이미 살펴보았다. 솔로몬은 하나님의 뜻에 따라 다윗의 선언에 의해 젊은 나이로 왕위에 올랐다. 그가 보좌에 오르자 등극 시에 으레 그러듯이 온 백성이 기쁜 환호성을 지르면서 왕의 앞날이 만사형통할 것과 장수할 것을 기원하였다.

2. 한편 다윗이 살아 있을 때 왕위를 넘보던 아도니야(Adonijah)는 솔로몬왕의 어머니인 밧세바에게 나아가 정중하게 엎드려 절을 했다. 밧세바가 무슨 청이 있느냐고 물으면서 말하면 힘껏 도와줄 터이니 마음을 터놓고 이야기해 보라고 하자 아도니야는 이같이 말문을 열었다. "모후께서도 아시다시피 제가 연장자이며 백성들의 마음도 제게 기울었기 때문에 원래 왕위는 제 차지였으나 하나님의 뜻에 의해 솔로몬이 왕위에 오르게 되었습니다. 저는 현재의 처지에 만족하며 솔로몬왕의 종인 것을 기뻐하고 있습니다. 그러나 한 가지 청이 있습니다. 모후께서 저의 청을 솔로몬왕이 허락하게끔 힘써 주십시오. 청이란

다름이 아니라, 제 아버님과 동침은 했으나 아버님이 연로하셨던 이유로 관계를 맺지 않아 아직 처녀인 아비삭과 결혼하고 싶습니다." 이에 밧세바는 자기가 최선을 다해 왕께 말씀을 드려 보겠다고 약속하면서 왕도 그런 일은 선뜻 응낙하실 것이며 또한 자기가 간청을 하면 쉽게 성사될 터이니 아무 걱정 말라고 했다. 이 말을 들은 아도니야는 결혼이 성사될 것이라는 희망을 안고 돌아갔다. 밧세바는 아도니야에게 약속한 대로 그의 청을 들어주도록 설득하기 위해 즉시 솔로몬에게로 나아갔다. 솔로몬은 자기 어머니를 보자 앞으로 나와 껴안더니 보좌가 있는 곳으로 모시고 가서 자기는 보좌 위에 앉고 신하들에게 자기 어머니가 앉을 보좌를 자기 우편에 마련하라고 지시했다. 밧세바는 보좌에 앉자마자 "내 아들아, 내가 한 가지 청이 있는데 나를 거절하지 않는다면 부디 들어주기 바란다."라고 말을 꺼냈다. 그러자 솔로몬은 명령만 내리시면 분부대로 거행하겠다고 했다. 솔로몬은 어머니의 소청이라면 무엇이든지 들어주는 것이 당연하지 않겠느냐면서 확약을 받고서 말씀하시는 것은 자기를 믿지 못한 것이 아니냐고 말했다. 그러자 밧세바는 형 아도니야가 아비삭과 결혼할 수 있도록 해달라고 요청했다.

3. 그러나 솔로몬왕은 이 말에 크게 분노하여 아도니야의 측근이 군대 장관 요압과 대제사장 아비아달인 것을 알면서 아도니야와 아비삭이 결혼할 수 있도록 허락해 달라니 차라리 왕위를 넘기라고 하는 편이 좋지 않겠느냐고 반문하면서 밧세바를 돌려보냈다. 솔로몬은 경호 대장 브나야를 불러 아도니야를 살해하라고 명령하고 대제사장 아비아달을 불러 이렇게 말했다. "나는 그대가 내 아버님과 천신만고의 고난을 함께 겪었고 아버님 곁에서 궤를 멘 공로를 인정하여 그대를 죽이지는 않겠소. 그러나 그대가 아도니야와 한패가 되어 그를 추종한 이유로 다음과 같은 벌을 내리겠소. 다시는 내 앞에서 얼씬하지도 말고 그대의 경지로 내려가 그곳에서 여생을 보내시오. 그대의 죄가 너무 커 대제사장의 명예를 더 이상 누리는 것은 심히 부당하다고 생각되오." 결국 이와 같은 이유로 하나님이 아비아달의 조부인 엘리에게 예언한 대로 이다말 가문은 제사장으로서 특권을 빼앗기게 된 것이었다. 이에 대제사장직은 비느하스 가문

의 사독에게로 돌아가게 되었다. 대제사장직이 이다말 가문에 돌아간 동안(엘리가 이다말 가문에서 대제사장이 된 첫 번째 인물이었다) 잠잠히 있었던 비느하스 가문에 속한 사람들은 아래와 같다. 대제사장 아비수아(Abishua)의 아들 북기(Bukki), 그리고 그의 아들 요아담(Joatham), 요아담의 아들 므라욧(Meraioth), 므라욧의 아들 아로파이우스(Arophæus), 아로파이우스의 아들 아히둡(Ahitub), 아히둡의 아들 사독(Zadok) 등이다. 그런데 사독은 다윗의 재위 기간에 첫 번째로 대제사장지에 임명된 인물이었다.

4. 한편 군대 장관 요압은 아도니야가 살해되었다는 소식을 듣고 크게 두려워하였다. 그는 솔로몬보다 아도니야와 가까운 측근이기 때문이었다. 아도니야의 측근이었다는 점에서 위험을 느낀 요압은 단이 있는 곳으로 피신한 후에 왕이 하나님을 경외하는 자이므로 그곳에 있으면 안전할 것이라고 생각했다. 그러나 요압이 단으로 피신했다는 소식을 들은 솔로몬은 요압을 단(altar)에서 끌어내어 재판석으로 데리고 와 무엇이라고 자신을 변호하는지 한번 들어보자고 브나야에게 말했다. 그러나 요압은 단을 떠나지 않을 것이며 다른 곳으로 끌려가기보다는 차라리 그곳에서 죽겠다고 버텼다. 브나야가 요압의 태도를 보고하자 솔로몬은 무고히 군대 장관 둘을 살해한 요압을 죽여 자기와 자기 아버지가 죄 없음을 드러내기 위해서라도 그곳에서 바로 요압의 목을 베고 장사 지내라고 명령했다.[1] 브나야는 솔로몬왕이 시키는 대로 했다. 그리고 전군의 군대 장관으로 곧 임명되었다. 솔로몬왕은 또한 아비아달을 밀어내고 사독만을 유일한 대제사장으로 임명했다.

5. 한편 시므이에 관해서는 다음과 같은 조치를 내렸다. 예루살렘에 집을 짓고 살면서 자기를 섬기되 기드론(Cedron) 시내를 건너는 날이면 죽을 것이라고 명령했다. 솔로몬은 이같이 명령하고 순종하겠다는 맹세를 하라고 몰아붙였다.

---

1) 요압이 하나님의 단이 있는 곳에 있었음에도 불구하고 살해하라고 지시한 것은 모세의 율법과 완전히 일치한다(출 21:14).

시므이는 이런 조치에 대해 오히려 솔로몬왕에게 감사할 것이 많다면서 시키는 대로 하겠다고 맹세한 후 고향을 떠나 예루살렘에 거주했다. 그로부터 3년 후 시므이는 자기의 종 둘이 가드로 도망을 쳤다는 소식을 듣고 황급히 그곳까지 쫓아가 종들을 데리고 왔다. 이에 솔로몬왕은 자기 명령을 어긴 것은 물론 더 나아가서 하나님께 한 맹세를 우습게 여긴 데 대해 격분한 나머지 그를 불러 이렇게 말했다. "너는 나를 떠나거나 이 도시에서 다른 도시로 한 발자국도 나가지 않겠다고 맹세하지 않았느냐? 그러므로 너는 맹세를 어긴 죄로 벌을 받아 마땅할 것이다. 나는 이번 죄뿐 아니라 전에 내 아버님이 피신할 때 네가 저지른 악한 행동에 대해 벌을 주어 사악한 사람은 당장은 잔꾀로 벌을 면할지 모르나 결국은 파멸한다는 사실을 깨닫게 해줄 것이다. 벌을 당분간 면할 때는 안전해 보이나 죄에 대한 형벌은 날이 갈수록 커져 마침내는 즉시 벌을 받는 것보다 훨씬 더 큰 형벌을 받게 된다는 사실을 만천하에 보여줄 것이다." 솔로몬왕은 이렇게 말하고 브나야를 시켜 시므이를 죽이도록 했다.

제2장

솔로몬의 아내와 지혜와 부에 관한 것과 성전 건축을 위해 히람의 협조를 구한 경위

1. 솔로몬은 왕권을 확고히 하고 적들을 제거한 후 애굽 왕 바로의 딸과 결혼하였고 예루살렘 성벽을 전보다 더 넓고 강하게 수축하여[2] 나라의 기틀을

---

[2] 다윗이 죽은 직후에 있는 이 예루살렘 성벽 수축은 시편 51편의 다윗의 기도의 결론부, "예루살렘성을 쌓으소서"를 잘 설명해 주고 있다. 즉 그 당시 예루살렘성은 공사가 완성되지 못했거나 아니면 불완전했음이 분명하다.

보다 안정된 기반 위에 올려놓았다. 비록 솔로몬왕이 나이가 어렸으나 그렇다고 해서 공의를 시행하거나 율법을 지키거나 그의 아버지가 임종 시 부탁한 당부를 실행에 옮기는 데 미흡한 점은 조금도 없었다. 오히려 그는 경험이 많은 나이 든 사람이나 경륜이 많은 사람에게서나 기대할 수 있는 정확성을 가지고 만사를 처결해 나갔다. 솔로몬은 헤브론으로 가서 모세가 만든 놋제단 위에서 하나님께 제사를 드려야겠다고 결심했다. 솔로몬은 일천 번제를 드리고 하나님께 큰 영광을 돌렸다고 스스로 생각했다. 그날 밤 잠을 자는 도중에 하나님이 그에게 나타나셔서 그의 경건에 대한 보상으로 무엇이라도 줄 마음이 있으니 소원을 말하라고 말씀하셨다. 그러자 솔로몬은 하나님이 주시기를 가장 기뻐하실 뿐 아니라 인간이 받으면 매우 유익한 것, 즉 그것 자체로도 가장 고귀하고 가치가 있는 것을 하나님께 요구하였다. 일반 세상 사람들은 대개 금이나 은이나 돈을 가장 귀한 최고의 선물로 간주하는 것이 일반적 현상임에도 불구하고 솔로몬은 그런 것을 구하지 아니하였다. 그는 "오 주님! 제가 의와 진리를 따라 백성들을 다스리고 재판할 수 있도록 건전한 생각과 뛰어난 이해력을 주십시오."라고 간구했다. 이 간청에 하나님은 크게 기뻐하시고 구하지 않은 모든 것, 즉 부, 영광, 승리 등을 안겨주시겠다고 약속하셨다. 그러나 무엇보다도 이해력과 지혜를 주시되 일반 사람이나 왕들은 전혀 가져볼 생각도 못할 정도로 뛰어난 이해력과 지혜를 주시겠다고 약속하셨다. 하나님은 또한 솔로몬이 그 아비를 본받아 하나님께 순종하고 의롭게 행하면 왕국을 매우 오랫동안 후손들이 물려받을 수 있도록 해줄 것이라고 말씀하셨다. 솔로몬은 이 하나님의 말씀에 침상 위에서 내려와서 하나님을 경배하고 예루살렘으로 돌아왔다. 그는 성막 앞에서 큰 제사를 드리고 모든 식구와 함께 잔치를 즐겼다.

2. 이 무렵 솔로몬은 매우 판결하기 어려운 소송 사건에 봉착해 있었다. 본서를 읽는 독자들에게 솔로몬이 해결해야 할 이 사건이 얼마나 풀기 어려운 것인가를 보여주기 위해서, 그리고 이런 일에 관련된 직업을 가진 사람들에게는 왕의 지혜를 일종의 모형으로 제시하기 위해서 이 소송 사건을 자세히 기술할 필요가 있을 것이라고 나는 생각한다. 창녀로 세상을 살아가는 두 여인이 솔로

몸을 찾아왔다. 그중 피해자인 것처럼 보이는 여인이 이렇게 말문을 열었다. "왕이시여, 나와 저 여자는 한 방에서 같이 기거하고 있습니다. 그런데 공교롭게도 우리는 한날한시에 사내아이를 같이 낳았습니다. 제3일째 되는 날 저 여자는 자기 애를 깔고 누워서 죽게 되자 제가 잠을 자는 틈을 타서 죽은 자기 아이는 내 팔에 안겨 놓고 제 아이를 빼앗아 갔습니다. 아침이 되어 제가 아기에게 젖을 먹이려고 보니 그만 제 아기가 아니었습니다. 저 여자의 죽은 아기가 내 품에 안겨 있는 것이 아니겠습니까? 가만히 생각해 본 결과 저는 제가 말씀드린 대로 일이 벌어진 것을 알게 되었던 것입니다. 그래서 제 아기를 돌려 달라고 요구했으나 저 여자는 막무가내였습니다. 그래서 이렇게 주 당신께 나와 도움을 청하게 된 것입니다. 그 당시 상황을 보면 우리밖에 아무도 없었기 때문에 저 여자의 못된 죄를 입증할 수가 없었습니다. 그래서 저 여자는 이 일을 완전히 부인하고 자기가 옳다고 끝까지 주장하고 있습니다." 이 여인의 말을 다 들은 솔로몬왕은 다른 여인에게 이 이야기에 반박할 것이 있느냐고 물어보았다. 그러자 그 여인은 고소가 모두 날조된 것이라면서 살아 있는 아이는 자기 아이고 죽은 아이가 고소한 여인의 아이라고 주장했다. 이렇게 서로의 주장이 엇갈리니 어떻게 판결을 내려야 좋을지 의견을 내는 사람이 아무도 없었다. 이에 온 재판정은 어떻게 이 소송 사건을 해결할 방도를 찾지 못해 난감해하고 있었으나 오직 솔로몬왕이 해결할 방도를 이같이 제시했다. 솔로몬은 두 여자에게 살아 있는 아기와 죽은 아기를 모두 데리고 오라고 지시한 후에, 병사 한 명에게 칼을 가지고 와서 두 아이를 반씩 쪼개 두 여자에게 공평하게 나눠주라고 명령했다. 그러자 모든 백성은 왕이 어려서 저 모양이라고 속으로 비웃었다. 그러나 그사이 산 아기의 진짜 엄마가 되는 여자가 "그렇게 해선 안 돼요."라고 소리치더니 남의 아이가 되더라도 살아 있기만 한다면 보는 것만으로 만족할 터이니 그 아이를 저 여자에게 넘겨주라고 했다. 한편 다른 여자는 아이를 반으로 잘라도 좋다고 하면서 앞에 말한 여자가 고통받는 것을 보고 싶다고 했다. 솔로몬왕은 이 말들이 감정의 진실에서 우러나온 것임을 알아차리고 아기를 살려 달라고 소리친 여자가 진짜 아이 엄마라고 판결을 내렸다. 그는 또한 다른 여자는 자기 아이를 죽였을 뿐 아니라 남의 아이까지도 죽이려고 하는 몹쓸 여자로 정죄하였다. 그제야 백성들은 이 판결이 왕의 지혜와 총명이 크게 드러난 상징이요 실례임을 깨닫고 그 후부터 왕을 신적인 지혜를 소유한 사람으로 존경하기에 이르렀다.

3. 전국 곳곳을 다스리는 군대 지휘관들과 관리들로 임명된 자는 아래와 같다. 에브라임을 관장하는 자는 우레스(Ures)였고 베들레헴을 다스리는 자는 디오클레루스(Dioclerus)였다. 솔로몬의 딸과 결혼한 아비나답(Abinadab)은 돌(Dora)과 해안 지역을 관장했으며 대평지(Great Plain)는 아킬루스(Achilus)의 아들 브나야(Benaiah)가 다스렸다. 그는 또한 요단강에 이르는 전 지역을 다스렸다. 가바리스(Gabaris)는 길르앗과 골란(Gaulanitis, 가울라니티스)을 지배하였으며 옥(Og)이 다스리던 60개의 거대한 성벽 도시를 관장하였다. 아히나답(Achinadab)은 시돈(Sidon)에 이르는 전 갈릴리 지역을 통괄하여 관장하였으며 바시마(Basima)라는 솔로몬의 딸과 결혼하였다. 바나카테스(Banacates)는 아르케(Arce) 주위의 해안 지역을 다스렸다. 사봇(Shaphot)은 다볼(Tabor)산과 갈멜(Carmel)산 그리고 요단강에 이르는 (하) 갈릴리의 지역을 다스렸으며 시므이(Shimei)는 베냐민 지파의 땅을 관장했다. 가바레스(Gabares)는 요단강 건너편 땅을 다스렸다. 한편 히브리 백성들, 특히 유다 지파는 땅을 경작하게 됨에 따라 풍요로운 생활을 누리게 되었다. 이들은 더 이상 전쟁과 시끄러운 문제에 시달리지 않았고 자유를 구가하면서 평화를 누리게 되었다. 이들은 각자가 땅의 소산을 증대하여 땅의 가치를 높이는 일에 전력을 기울이게 되었다.

4. 솔로몬왕은 유브라데강에서부터 애굽에 이르는 수리아(Syria)와 블레셋 땅을 다스리는 관리들을 파견해 이들 국가로부터 조공을 받아 냈다. 이들은 왕의 식탁을 풍요롭게 하는 데 기여했으며 매일 저녁 식사에[3] 고운 밀가

---

[3] 여기에 묘사된 솔로몬왕의 식탁 하루분과 유대인들이 포로에서 귀환한 후 총독 느헤미야의 식탁 하루분을 비교해 보라(왕상 4:22-23). 그 당시 느헤미야는 예루살렘 성벽을 건축하고 있었고 평상시와는 달리 매일 유력 인사 150명 이상씩을 접대하였으나 국가적으로 매우 궁핍한 상태에 있었기에 그의 명령에 따라 백성들에게 조그마한 부담도 지우지 않으려고 했었다는 점을 기억하도록 하라(느 5:18-19).

루 30고르(cor), 밀가루 60고르, 살진 소 10마리, 초장(草場)의 소 20마리, 살진 양 100마리씩 소요되는 엄청난 비용을 충당했다. 물론 위의 음식들은 매일매일 이방인들이 왕에게 가져오는 사냥한 수사슴, 물소, 새, 물고기 등은 제외한 것이다. 솔로몬은 수많은 병거를 거느리고 있었기에 말을 두는 외양간이 40,000개나 있을 정도였다. 그는 또한 기병 12,000명을 휘하에 두고 있었는데 그중 반은 예루살렘에서 왕을 호위하도록 했고 나머지 반은 왕실 마을에 거주하도록 지시했다. 왕의 비용을 대는 관리들이 마초와 꼴을 왕의 말들에게 대는 임무를 맡았다.

5. 하나님이 솔로몬에게 주신 명철과 지혜는 고대인들보다 뛰어났는데 지혜가 남달리 많다는 애굽인들에 비해 조금도 손색이 없을 정도였다. 아니 애굽인들의 지혜는 솔직히 말해서 솔로몬의 지혜와는 상대도 할 수 없을 정도로 낮은 것이었다. 솔로몬의 지혜는 또한 그 당시의 히브리인 그 누구의 지혜보다도 월등했다. 그 당시의 지혜 있는 히브리인들이란 에단(Ethan), 헤만(Heman), 갈골(Chalcol), 다르다(Darda) 즉 마홀(Mahol)의 아들들을 의미한다.

솔로몬은 1,005편의 노래를 작곡했으며 3,000개의 비유를 만들었다. 그는 우슬초에서 백향목에 이르는 온갖 종류의 나무들에 대해서는 물론 땅과 바다와 공중에 사는 온갖 종류의 생물들 각각에 대해서 하나씩의 비유를 만들었다. 그가 이렇게 할 수 있었던 것은 이것들에 대해서 모르는 것이 거의 없었고 또 탐구를 게을리하지 않았기 때문이었다. 그는 이것들에 대한 자기의 정확한 지식을 마치 철학자처럼 잘 묘사하였다.

하나님은 또한 그에게 인간에게 유용한 기술인 귀신들을 쫓아내는 법[4]을 배울 수 있는 능력을 주었다. 그는 또한 병의 고통을 경감시키는 주문(incantation)도 만들었다. 그는 귀신을 쫓아내어 다시 돌아오지 못하게 하는 축

---

[4] 나는 솔로몬이 젊었을 때 하나님이 주신 지혜 속에 귀신을 쫓아내는 기술이 포함되어 있었다는 요세푸스의 견해에는 전적으로 의견을 달리한다. 그런 기술은 하나님의 지혜에 포함되어 있다고 보기보다는 세속적이고 이싱한 마술에 속한 것이 분명하며(행 19:13-20) 그가 하나님을 버리고 하나님도 그를 버려 귀신의 미혹에 넘어가게 된 때, 즉 그의 노년에 이방 출신의 아내들과 첩들에게서 기인한 것이 분명하다.

사 방법을 후손들에게 물려주었는데 오늘날까지도 이런 치료 방법은 큰 효력을 발휘하고 있다. 나는 내 동족 가운데 한 사람인 엘르아살(Eleazar)이란 자가 베스파시아누스(Vespasian)와 그의 아들들과 부하 장교들과 모든 병사들이 보는 앞에서 귀신 들린 자들에게서 귀신을 쫓아내는 모습을 본 적이 있다. 그 축사(逐邪) 방법은 다음과 같았다. 그는 솔로몬이 언급한 것과 같은 종류의 고리를 귀신 들린 자의 코에 걸고 난 후에 코를 통해 귀신을 내어 쫓았다. 이때 귀신 들린 자가 곧바로 거꾸러지면 솔로몬의 이름을 들먹거리는 한편 솔로몬이 만든 주문을 외워대면서 다시는 들어오지 말라고 귀신에게 명령했다. 엘르아살은 구경하는 자들에게 자기가 축사(逐邪)의 능력이 있음을 과시하기 위해 조금 떨어진 곳에 물이 가득 담긴 컵이나 대접을 갖다 놓고 귀신에게 그 사람에게서 나와서 물을 쏟으라고 명령했다. 이것을 보고 구경하는 자들은 귀신이 그 사람에게서 나온 줄을 알 수 있었다.

이러한 것들을 볼 때 솔로몬의 지혜와 학식이 어떠했는가를 우리는 손쉽게 짐작할 수가 있다. 솔로몬의 재능과 덕이 남달리 뛰어났으며 하나님의 사랑을 유달리 많이 받은 자라는 사실은 해 아래 사는 자라면 누구나 다 알 수 있었던 것이다. 우리가 이 문제에 대해 이만큼 지면을 할애한 것도 다 여기에 연유한 것이다.

6. 두로(Tyre) 왕 히람(Hiram)은 다윗의 친구였기에 솔로몬이 다윗의 뒤를 이어 왕위에 올랐다는 소식을 듣고는 몹시 기뻐하였다. 이에 그는 솔로몬에게 사신을 보내 경축 인사를 드리게 하고 나라가 무사태평한 것을 축하하게 하였다. 솔로몬은 사신들을 접견한 후 서신을 보냈는데 그 내용은 이와 같았다.

히람왕에게

"내 선친께서 하나님의 성전을 건축하기를 원했으나 계속된 원정과 전쟁으로 뜻을 이루지 못했음을 왕께서도 아시고 계시겠지요. 사실상 내 선친은 적을 공격할 때는 완전히 정복하여 조공을 바치게 하기 전에는 물러서지 않았소. 나는 현재 누리고 있는 평화와 그로 인한 여유로 하나님께 성전을 지을 수 있는 기회를 갖게 된 것을 하나님께 감사드리고 있소. 하나님은 내 선친께 내가 하나님의 성전을 짓게 될 것이라고 예언하셨다고 하오. 따라서 내가 왕께 한 가지 부탁할 것이 있소. 당신 백성들을 내 백성들과 함께 레바논산에 보내 나무를 자를 수 있도록 해주시오. 나무 자르는 데는 내 백성들이 어찌 시돈인들을 당해 낼 수 있겠소. 나무 자르는 자들에 대한 임금은 왕께서 결정하시는 대로 내가 지불하도록 하겠소."5)

7. 히람은 이 서신을 읽고 흡족한 마음이 들어 솔로몬에게 이같이 화답했다.

솔로몬왕에게

"왕의 선친의 왕위를 지혜와 덕을 겸비한 왕에게 허락하신 하나님께 찬양을 드려야만 할 것 같소. 나는 왕의 나라가 태평한 데 대해 기쁨을 금할 수 없소. 나는 왕이 내게 부탁한 것을 성심껏 도와주도록 애를 쓰겠소. 내가 내 백성들을 시켜 큰 백향목과 삼나무를 베어내 바다에 띄워 왕이 원하는 곳까지 운반해 줄 터이니 그 다음부터 예루살렘까지는 왕의 백성들을 동원하는 것이 좋을 것 같소. 그 대신 우리가 섬에 거주하고 있어 곡식이 부족하니 곡식을 보내 주었으면 하오."6)

8. 이 서신들의 원본은 오늘날까지 우리가 보유하고 있는 책들 속에 남아 있을 뿐 아니라 두로인들 가운데도 남아 있다. 따라서 누구든지 이에 대한 정확성을 알고 싶으면 두로의 공문서 보관 담당자들을 찾아서 보여 달라고 요청하면 내가 한 말이 사실임을 알 수가 있을 것이다. 내가 부득불 이런 말을 하게 된 것은 내가 그럴듯한 관계들에 근거해서 역사를 기록한 것이 아니라 사실에 기초해서 역사를 서술했음을 독자들이 알아주었으면 하는 바람에서인 것이다.

---

5) 솔로몬과 히람의 이 서신들은 열왕기상 5장 3-9절에 기록되어 있고 역대하 2장 3-16절에 좀 더 상세히 나오는 데 반해 여기서 기술된 이들의 서신 내용은 요세푸스 자신의 말인 듯하다.
6) 요세푸스가 히람이 솔로몬에게 보내는 서신 속에 삽입한 말, 즉 두로(Tyre)가 지금 섬(island)이라는 내용은 내가 보기에는 추측에 근거한 요세푸스의 부연 설명인 것처럼 보인다.

사실 그럴듯한 관계들에 근거해서 역사를 서술하게 되면 독자들을 기쁘게 할 수 있을지는 모르나 독자들을 우롱하는 처사임이 분명하다. 나는 사실 여부를 판가름하는 조사를 피할 의도는 가져본 적도 없고 맹목적으로 믿어 달라고 독자들에게 요구한 적도 없으며 진리를 말하지 않을 자유가 내게 있다고 생각해 본 적도 없다. 사실상 이런 자세가 역사가에게 요구되는 것이며 이렇게 해야 역사가는 비난을 면하게 되는 것이다. 따라서 나는 본서에서라도 명백한 증거와 논증으로 진리임을 입증하지 못한 것은 독자들이 받아들이지 말도록 당부하는 바이다.

9. 솔로몬왕은 이 두로 왕의 서신을 받아본 후 그의 호의와 신속함을 칭찬하고 그가 제안한 대로 매년 밀 20,000고르(cor)와 기름 20,000밧(bath)을 보내 주었다. 1밧(bath)은 72섹스타리(sextary)와 맞먹는 용량이다. 그는 또한 포도주도 그만큼 보내 주었다. 이에 히람과 솔로몬 사이의 친교는 그 밀도를 날로 더해 갔고 둘 사이의 친교를 영구히 변치 말자고 맹세까지 했다.

솔로몬은 모든 백성에게 세금을 내도록 명령했으며 30,000명의 일꾼들은 3교대로 나누어 일을 시킴으로써 일을 훨씬 수월하게 만들어 주었다. 그는 10,000명씩 한 달간 레바논산에 보내 벌목하게 한 후에 집에 와서 두 달간 쉬게 하였다. 이렇게 3교대로 일을 하게 했다. 그러니까 3개월에 한 번씩 1개월간 일하게 되는 셈이었다. 이들을 감독하는 관리는 아도람(Adoram)이었다.

이 외에도 다윗이 돌과 그 밖의 건축 재료들을 운반하도록 남겨둔 이방인들이 70,000명이 있었으며 돌을 뜨는 자들이 80,000명이 있었다. 이들 가운데 3,300명은 다른 이들을 감독하는 임무가 주어졌다. 솔로몬은 성전의 기초를 놓을 때 사용할 큰 돌을 잘라 산에서 서로 맞춰 연결한 후에 예루살렘으로 운반하라고 명령했다. 이 일은 우리 동족 일꾼뿐 아니라 히람이 보내 준 일꾼에 의해서 이루어졌다.

제3장

성전 건축 경위

1. 솔로몬은 재위 제4년 제2월, 그러니까 마게도냐인들은 아르테미시우스(Artemisius)라고 부르나 유대인들은 유르(Jur)라고 부르는 달에 성전 건축을 시작하였다. 그러니까 출애굽 후 592년, 아브라함이 메소포타미아를 떠나 가나안 땅으로 들어온 후 1,020년, 노아 홍수 후 1,440년이 지난 후에 성전 건축이 시작된 것이다. 첫 사람 아담에서부터 솔로몬이 성전 건축할 때까지는 3,102년이라는 세월이 흐른 것이다. 성전 건축이 시작된 해는 히람이 재위한 지 11년째 되는 해였으며, 두로 건축에서 성전 건축까지는 240년이라는 세월이 경과되었다.

2. 솔로몬은 세월의 힘을 이길 수 있는 강한 석재를 사용해서 땅을 깊이 파고 성전의 기초를 놓았다. 기초는 땅과 하나가 되도록 해서 상부 구조의 무게를 견딜 수 있는 확고하고 튼튼한 토대가 되도록 만들었다. 상부 구조와 보석들의 무게를 쉽게 견디기 위해서는 기초가 매우 튼튼해야만 했다. 사실상 왕은 성전을 웅장하고 화려하게 지을 계획을 갖고 있었기 때문에 보석의 무게만 하더라도 건물의 무게에 못지않을 정도로 많이 들 예정이었다. 그들은 지붕선에 이르기까지 흰 돌로 성전의 몸체를 완전히 세웠다. 그 높이는 60규빗이었고 길이도 마찬가지였으며 너비는 20규빗이었다. 그리고 그 위에 위의 크기와 꼭 같은 크기의 건물을 세웠다. 이렇게 되면 성전 전체의 높이는 120규빗이 되는 셈이었다. 성전의 정면은 동쪽을 향하게 했다. 그들은 성전 앞에 현관(porch, 낭실)을 지었다. 그 길이는 20규빗으로 성전의 너비와 같게 하였으며 폭은 12규빗으로 하였고 높이는 120규빗으로 하였다. 솔로몬은 또한 성전 둘레에 30개의 작은 방들을 지었다. 30개나 되는 방들이 촘촘히 성전 주위에 지어졌기 때문에 진체 성전을 감싸고 있는 셈이었다. 그는 또한 이 방에서 저 방으로 들어갈

수 있는 통로를 만들었다. 각 방은 너비가 5규빗,[7) 그리고 길이가 5규빗, 높이가 20규빗이었다. 이 방들 위에는 2층으로 같은 크기의 또 다른 방들이 30개가 있었다. 아래와 위의 방 둘의 높이는 성전의 하반부의 높이와 같았다. 성전 상반부에는 둘레에 이런 구조물들이 없었다. 성전을 덮는 지붕은 백향목으로 만들었다. 이 작은 방들은 각각 지붕이 있어 다른 방의 지붕들과 연결되어 있었다. 성전 다른 부분은 지붕 하나로 전체를 덮었다. 전체 건물을 가로지르는 긴 대들보들이 있어서 중간 벽들은 이 대들보들에 의해 지탱이 되도록 되어 있어서 훨씬 더 견고했다. 대들보 밑에 깐 지붕도 백향목으로 되어 있었고 천장에 박는 장식들이 매달려 있었다. 그뿐 아니라 천장을 온통 금으로 입혔다. 솔로몬은 벽을 백향목 널판으로 둘러치고 조각이 새겨진 금판을 벽 위에 붙였다. 따라서 성전 안 사방이 금의 광채로 휘황찬란하게 번쩍였기 때문에 성전에 들어가는 사람의 눈이 부실 정도였다. 매우 정교하게 다듬은 돌로 성전 전체 건물이 지어졌으며 조화와 균형을 이루도록 돌들을 쌓았기 때문에 사람의 눈에는 망치나 다른 건축 도구를 사용한 흔적이 보이지 않았으며 마치 전 석재(石材)가 건축 도구의 힘을 빌리지 않고 자연스레 연결되어 건물을 이룬 것처럼 보였다. 솔로몬은 두꺼운 벽을 이용해서 층계를 만듦으로써 성전 상층으로 올라가는 멋진 방법을 고안해 냈다. 왜냐하면 동쪽 벽 쪽으로는 아래층처럼 큰 문이 없었고 측면의 매우 작은 문들을 입구로 이용해야만 했기 때문이었다. 그는 성전 안과 밖을 백향목 널판으로 두르고 두꺼운 쇠사슬로 상호 연결하였다. 이것은 건물을 지탱하는 데 도움이 되도록 솔로몬이 착안한 것이었다.

3. 솔로몬은 성전을 두 부분으로 나누고 (사방) 20규빗의 내실(inner house)은 지성소(至聖所, the most secret chamber)로 만들고 바깥쪽 40규빗은 성소(sanctuary)로 만들었다. 그는 벽에 문이 들어갈 만하게 구멍을 내고 백향목으로 만든 문을 달고 다량의 금을 그 위에 입힌 다음 조각을 했다. 그는 푸른색,

---

[7) 이 작은 방들은 각각 그 높이가 20규빗씩이나 되었던 것 같다. 그러나 만일 그렇지 않았다면 한 방과 그 위의 다른 방 사이에는 큰 간격이 있었을 것이며 그것도 이중 바닥으로 되어 있어 바닥 사이가 6규빗은 떨어져 있었을 것이다.

자주색, 주홍색 실과 가늘고 밝은 베실로 휘장을 만들고 기묘한 꽃들을 수놓아 이 문 앞에 드리웠다. 그는 가로세로 20규빗인 지성소에 정금으로 만든 그룹(cherubim) 둘을 바쳤다. 이 그룹의 높이는 각각 5규빗씩이었다.[8] 이 그룹들이 각기 날개를 펼치면 날개 길이가 5규빗씩이나 되기 때문에 그룹들을 서로 멀리 떨어뜨려 놓지 않아서 한 날개는 지성소 남쪽 벽에 닿았고 다른 날개는 지성소 북쪽 벽에 닿았으며 나머지 두 날개는 서로 연결되어 그 사이에 놓인 궤를 덮고 있었다. 그러나 그룹이 어떻게 생겼는지를 아는 사람은 물론 추측해 볼 수 있는 사람도 없다. 그는 또한 성전 바닥을 금으로 입혔으며 높이는 성전 벽이요 너비는 20규빗이 되는 문을 여러 개 만들고 그 위에도 금을 입혔다. 한마디로 말해서 성전 안과 밖을 막론하고 금을 입히지 않은 곳은 단 한 군데도 없었다. 그는 또한 이 문들 위에도 지성소 문 위에 쳤던 휘장을 쳤으나 성전 현관에는 이런 휘장을 치지 않았다.

4. 솔로몬은 두로에서 히람(Hiram)이라는 기술공을 데려왔다. 그는 어머니 쪽을 보면 납달리 지파의 소생이었으며(그녀가 납달리 지파에 속해 있었기 때문이다), 그의 아비 우르(Ur)는 이스라엘의 혈통을 가지고 있었다. 히람은 온갖 기술에 능한 사람이었으나 특히 금과 은과 놋을 다루는 기술이 뛰어났다. 솔로몬은 그를 시켜 성전 건축의 모든 기술적인 일들을 감당하게 했다. 이 외에 히람은 (가운데가 빈) 두 개의 놋기둥을 만들었다. 놋의 두께는 네 손가락 폭이나 되었으며 기둥의 높이는 18규빗, 둘레는 12규빗이나 되었다. 기둥머리는 높이 5규빗으로 만들었고 기둥머리 둘레에는 작은 종려나무 모양이 섞여 짜지고 백합 모양이 덮인 놋으로 만든 그물이 둘려져 있었다. 여기에 200개의 석류가 두 줄로 달려 있었다. 그는 두 기둥 중 한 기둥을 현관 입구 오른쪽에 세우고 야긴(Jachin)이라 부르고 다른 기둥은 왼쪽에 세우고 보아스(Booz)라 불렀다.

---

8) 히브리 성경이나 70인역 모두가 그룹의 높이를 10규빗이라고 말하는 데 반해 요세푸스는 여기서 그 높이가 단지 5규빗에 불과하다고 말하고 있다. 내 생각에는 요세푸스도 10규빗이라고 썼으나 후대 사람들이 숫자를 베낄 때 잘못 베낀 것이 아닌가 추측한다.

5. 솔로몬은 또한 반구 모양의 놋바다(brazen sea)를 만들었다. 이 놋 기구는 그 크기 때문에 바다(sea)라는 명칭으로 불렸다. 이 그릇은 직경이 10피트(feet), 두께가 한 뼘(palm, 손목에서 손가락 끝까지의 길이 – 역자 주)이나 되었다. 이 그릇 중심부는 짧은 기둥 위에 받쳐져 있었는데 둘레에는 10개의 원추형으로 생긴 것들이 빙 둘러 있었으며 기둥의 직경은 10규빗이었다. 이 반구형의 그릇은 기둥 주위의 12마리의 황소 위에 세워져 있었다. 이 황소들은 세 마리씩 사방을 향하도록 되어 있었으며 뒷부분은 우묵하게 들어가 있었다. 따라서 그 위에 그릇이 놓일 수 있었다. 이 바다의 용량은 3,000밧(bath)이나 되었다.

6. 그는 또한 사각형 놋대야를 받칠 놋받침 10개를 만들었다. 각 받침의 길이는 5규빗, 너비는 4규빗, 높이는 6규빗이었다. 이 받침은 정교하게 만들어졌다. 받침 네 귀퉁이에는 작은 네 개의 기둥이 있었다. 이 기둥들은 받침의 네 면과 조화되도록 만들었다. 기둥들은 세 부분으로 나뉘어 있었고 각 부분에는 놋대야를 받칠 수 있는 판자가 있었고 그 위에는 사자와 수소와 독수리가 새겨져 있었다. 작은 기둥에도 판자 위에 새겨진 동물들이 새겨져 있었다. 이 받침 밑에는 바퀴통과 바퀴 테를 가진 직경 1피트 반 되는 바퀴가 네 개 달려 있었다. 바큇살을 본 사람은 그 정교함은 물론 바퀴 테와 조화를 이루며 받침에 붙어 있는 모습에 찬탄하지 않을 수가 없다. 그 생김새를 살펴보면 이와 같다. 몇몇 어깨 같은 것들이 튀어나와 귀퉁이를 들어 올렸으며 귀퉁이 위에는 원추형의 짧은 기둥이 서 있었고 그 위에 독수리와 사자 모양의 전부(前部)를 지탱하는 그릇의 우묵한 부분이 놓여 있었다. 이것들은 서로 잘 연결되어 있어서 보는 사람의 눈에는 그것들이 마치 하나인 것처럼 보였다. 이것들 사이에는 석류 모양이 조각되어 있었다. 이것이 받침의 모양이었다. 솔로몬은 또한 둥근 놋대야 10개를 만들었다. 이 놋대야는 각각 그 용량이 40밧(bath)이었다. 왜냐하면 이 놋대야의 높이가 4규빗, 직경도 또한 4규빗이나 되었기 때문이었다.[9]

---

9) 직경과 높이가 각각 4규빗인 대야는 40밧보다 많은 용량을 담을 수 있었을 것이다. 어디서 잘못이 생겼는지는 알 수가 없다. 어쨌든 대야가 바퀴 위에 놓여서 제사장의 뜰까지 운반되었기 때문에 각 대야의 실제 용량은 40밧이었을 가능성이 많다. 그 이상이 담길 경우 운반하는 데 무리가 있었을 것이기 때문이다.

그는 이 놋대야들을 므고놋(Mechonoth)이라고 부르는 10개의 받침 위에 두었다. 그는 놋대야 다섯 개는 성전 왼편 그러니까 북쪽으로 놓았고 나머지 다섯 개는 성전 오른편인 남쪽으로 놓았으나, 바라보기는 모두 동쪽을 바라보도록 배치했다.[10] 솔로몬은 바다(sea)도 같은 (동쪽) 방향을 바라보도록 배치했다. 그는 제사장들이 성전에 들어가 단 위로 오르기 전에 수족을 씻을 때는 바다를 사용하도록 했고 번제로 드릴 짐승의 내장과 발을 씻을 때는 놋대야를 사용하도록 지정했다.

7. 솔로몬은 또한 번제를 드릴 때 사용할 놋제단을 길이와 너비는 20규빗, 높이는 10규빗이 되도록 만들었다. 그는 또한 솥과 부삽과 대접과 불집게와 부젓가락 등의 기구들을 놋으로 만들었다. 이때 사용된 놋은 그 광채와 아름다움에 있어서 금에 못지않은 것이었다. 왕은 또한 많은 상(床)을 만들어 하나님께 드렸는데 그중의 하나는 금으로 매우 크게 만들어 그 위에 진설병을 놓았다. 그는 이 금상 모양을 본떠 상 10,000개를 만들고 그 위에 잔들과 병들을 올려놓았다. 금상은 20,000개였으며 은상은 40,000개였다. 그는 또한 모세의 명에 따라 등대 10,000개를 만들어 성전에서 사용하도록 하나님께 드려 율법에 따라 낮에도 등에 불을 켜 놓도록 했다. 등대 맞은편 즉 성전 북쪽에는 진설병 상을 놓았다. 이렇게 되면 등대와 진설병 사이에 금 제단이 놓이게 된 셈이었다. 이것들은 궤가 놓인 지성소 휘장 앞에 위치한, 길이 40규빗의 성소에 놓인 기구들이었다.

8. 왕은 또한 80,000개의 쏟는 그릇(pouring vessel)들과 100,000개의 금잔과 200,000개의 은병과 반죽한 고운 가루를 담아 제단에 드릴 때 사용하는 금접시 80,000개와 은접시 160,000개를 만들었다. 그 밖에도 고운 가루

---

[10] 요세푸스가 성전 오른편이라고 할 때는 우리가 뜰의 동쪽 문을 통해 성전을 향해 올라간다고 치면 우리 보기에는 왼쪽을 의미하는 것이다. 성전 왼편이라고 하면 우리가 보기에는 물론 오른쪽을 의미하는 것이다. 따라서 기둥 야긴(Jachin)이 성전 오른편에 놓였다는 것은 우리가 보기에는 왼쪽, 즉 남쪽에 놓였음을 의미하며 결국 기둥 보아스(Booz)는 북쪽에 놓였음을 의미하는 것이다.

와 기름을 혼합할 때 사용하는 금대접 60,000개와 은대접 120,000개를 만들었다. 모세가 힌(Hin) 또는 앗사론(Assaron, 10분의 1되일)이라고 부르는 도량형기(度量衡器)들도 금으로 20,000개, 은으로 40,000개를 만들었다. 향을 제단까지 운반하는 데 사용되는 금향로가 20,000개 있었으며 성전 안의 대제단에서 소제단으로 불을 옮길 때 사용하는 향로도 50,000개가 있었다. 긴 겉옷과 신탁(oracle)과 보석이 붙어 있는 대제사장의 의복도 1,000벌이나 되었으나 모세가 (하나님의 이름을) 쓴 관(crown)은 하나밖에 없었는데 이것은 오늘날까지도 전해져 내려오고 있다. 그는 또한 각 제사장이 입을 자주색 띠가 있는 제사장 의복을 10,000벌 만들었으며 나팔을 200,000개나 만들었다. 그 밖에도 레위인들 가운데 성전에서 노래하는 자들을 위해 고운 베로 의복을 200,000벌이나 지었으며, 나블뢰(Nabloe)와 키니뢰(Cinyroe), 수금과 비파라고 부르는 고급의 놋으로 만든 악기를 40,000개나 만들었다.

9. 솔로몬은 이 모든 일을 하나님의 영광을 위해서 했기 때문에 성전을 장식하는 데 비용을 생각지 않고 총력을 기울여 다양하고 웅장하게 꾸몄다. 그리고 이런 기물들을 하나님의 곳간에 보관했다. 그는 성전 주위를 빙 둘러 칸막이를 설치했다. 이 칸막이는 히브리어로는 기손(Gison)이라고 부르나 헬라인들은 트릭코스(Thrigcos)라고 부른다. 이 칸막이의 높이는 3규빗이었다. 칸막이를 이렇게 설치한 것은 일반인의 출입을 막고 그곳은 오직 제사장만의 출입이 허용된 곳임을 보여주기 위해서였다. 그는 이 뜰 위에 사각형 모양의 성전을 짓고 또 거대하고 넓은 회랑을 세웠다. 이곳에 들어가려면 사방에 나 있는 대문을 통해야 하는데 대문은 금문으로 닫혀 있었다. 이 성전에는 순결과 율법을 준수함으로 다른 민족과는 구별된 온 이스라엘 백성이 들어갈 수 있었다. 그는 성전을 말로는 형용할 수 없을 정도로 아름답게 지었다. 사실상 이런 표현이 허락된다면 보고도 눈을 의심할 정도로 멋지게 지었다고 하는 편이 나을 것이다. 성전 뜰 부지는 원래 깊은 골짜기였기 때문에 내려다보아도 한참은 내려다보아야 할 정도로 낮은 지역이었으므로 흙으로 400규빗을 메꾸어 성전이 지어진 산 정상의 높이까지 끌어올린 후 건설했기 때문에 성전 외곽은 성전 자체와

높이가 같았다.[11] 솔로몬은 이 성전을 2열로 된 회랑으로 둘렀다. 회랑의 기둥은 자연석이었으며 지붕은 백향목이었는데, 높은 지붕에 알맞은 방법으로 잘 다듬어져 있었다. 이 외에도 솔로몬은 이 성전의 모든 문을 은으로 만들었다.

제4장

솔로몬이 궤를 예루살렘으로 옮기고 하나님께 공적인 제사를 드리며 간청하게 된 경위

1. 솔로몬왕은 이 거대하고 아름다운 성전 건축 공사를 7년에 걸쳐 마무리지었다. 이번 성전 건축으로 솔로몬은 자신의 부와 신속성을 마음껏 과시할 수 있었다. 사실상 이 성전을 보는 사람은 이런 건물을 완공하는 데는 무수한 시간이 걸렸을 것으로 생각하는 것이 무리가 아니었으며 그렇게 짧은 기간에 공사를 마쳤다고 하면 모두 놀랄 것이 분명하였다. 내 말은 공사의 크기에 비해서 공사 기간이 짧았다는 뜻이다. 성전 건축을 마무리한 후 솔로몬왕은 히브리 백성의 지도자들과 장로들, 그리고 온 백성에게 기별하여 모두 예루살렘으로 와서 그가 지은 성전의 모습을 보고 또 하나님의 궤를 성전으로 모시도록 하자고 했다. 온 백성이 예루살렘으로 모여야 한다는 왕명이 전국 각지에 전달된 것은 제7월이었다. 즉 우리나라에서는 티쓰리(Thisri)라고 부르나 마게도냐인들은 휘페르베레타이우스(Hyperberetaeus)라고 부르는 달이었다. 이때는 공

---

[11] 요세푸스가 성전 외곽의 뜰을 막대한 노력을 들여 성전 내부의 바다와 같은 높이로 했다고 한 표현은 대략 보아서 높이가 같았다는 뜻으로만 이해해야 한다. 왜냐하면 요세푸스와 그 외의 다른 이들이 모두 성전 내부는 중간 뜰보다 몇 규빗 정도 높았으며 제사장의 뜰은 가장 외곽에 있는 뜰보다는 훨씬 더 높았다는 점에 의견의 일치를 보이고 있기 때문이다.

교롭게도 히브리인들이 가장 성스럽게 여기는 최고의 명절인 장막절(Feast of Tabernacles)과도 겹치게 되었다. 이에 그들은 하나님의 궤와 모세가 세운 성막과 제사용 기구들을 성전으로 옮겼다.[12] 왕과 모든 백성과 레위인들은 궤 앞에서 제사와 전제(drink-offering)와 수많은 예물의 피로 땅이 흥건해질 때까지 하나님께 제사를 드렸다. 그 외에도 막대한 양의 향을 피워 그 냄새가 공기 중 사방에 퍼져 멀리 떨어져 있는 사람도 그 향기를 맡을 수 있을 정도였다. 이 광경은 인간의 판단으로 볼 때 하나님이 이 새로 지은 거룩한 성전에 임재하시고 거주하시는 상징처럼 보였다. 이들은 성전에 도착할 때까지 찬송하며 노래하기를 그치지 않았기 때문이었다. 그들은 이런 식으로 하나님의 궤를 운반했다. 그러나 하나님의 궤를 지성소에 모실 때에는 일반 백성들은 밖에 있었고 궤를 멘 제사장들만이 들어가 궤를 두 그룹 사이에 놓았다. 두 그룹 사이에 궤를 놓으면 마치 장막이나 둥근 지붕이 덮듯이 두 그룹의 날개가 궤를 감싸게 되어 있었다(이것은 기술공들이 그렇게 만들었기 때문이었다). 이 당시 궤 안에는 하나님이 시내산에서 모세에게 주신 십계명 두 돌판 외에는 아무것도 들어 있지 않았다. 이들은 성막 안에 놓여 있던 그대로 등대와 진설병 상과 금제단을 지성소 앞에 놓았다. 그리고 그들은 매일 드리는 제사를 드렸다. 솔로몬은 놋제단은 성전 앞 문 맞은편에 놓아 문이 열리면 보이도록 했고 거기서 이루어지는 거룩한 제사들의 장엄하고도 다채로운 모습이 보이도록 했다. 그들은 다른 모든 기구도 모아 성전 안에 갖다 놓았다.

2. 제사장들이 궤를 위시하여 모든 기구를 질서 있게 정돈하고 밖으로 나오자마자 짙은 구름이 내려오더니 부드럽게 성전 곳곳을 감쌌다. 겨울에 빗방울로 가득 찬 거친 구름이 아니라 부드럽고 흩어지기 잘하는 그런 구름이었다. 구름이 얼마나 짙게 깔렸던지 제사장들은 서로를 분간할 수 없을 정도였다. 이것을 본 사람들은 하나님이 이 성전에 내려오셔서 기쁘게 장막을 치고 임재하

---

[12] 시온(Sion)산으로부터 모리아(Moriah)산으로의 이 장엄한 법궤의 이주는 마치 이 두 산이 동일한 것처럼 주장하는 현대 유대인들의 견해를 반박하고 있다.

심을 보여주는 가시적 상(visible image)이요 영광스러운 현현임을 금방 알 수가 있었다. 사람들이 이런 생각에 잠겨 있을 때 솔로몬은 일어서서(그 전에는 앉아 있었다) 이같이 말했다. "오 주님이시여! 주님은 영원한 집, 즉 당신께서 당신을 위해 손수 만드신 그런 영원한 집을 갖고 계십니다. 우리는 당신께서 하늘과 공기와 땅과 바다를 영원한 집으로 삼으시고 그 안에 편만하시나 피조물들의 한계 속에 갇히지 않으심을 알고 있습니다. 저는 당신과 당신의 이름을 위해 이 성전을 지었습니다. 우리가 여기서 거룩한 일을 행하고 제사를 드릴 때 우리 기도가 하나님께 상달되며 하나님이 당신의 백성들에게서 멀리 떨어져 있지 않고 함께 계실 것을 우리는 굳게 믿고 있습니다. 물론 하나님이 만사를 모르실 것 같기에 우리가 기도로 알려드리는 것은 아닙니다. 또한 당신이 이곳에 지금 임재하시기를 기뻐하신다고 해서 우리를 한시라도 돌보시지 않는다는 것도 아닙니다. 우리는 당신께서 우리 모두의 바로 곁에 항상 계신다는 사실을 잘 알고 있습니다. 그러나 밤이든 낮이든 이곳에서 당신께 기도하는 자에게 특별히 하나님이 가까이하신다는 사실을 잘 알고 있습니다."

솔로몬은 이같이 장엄하게 하나님께 기도한 후에 백성들을 향해 말문을 열었다. 그는 백성들을 향한 하나님의 섭리와 능력을 강조했다. "하나님은 내 선친 다윗에게 장차 일어날 일을 예언하셨는데 이미 많은 일이 그의 예언대로 성취되었습니다. 나머지 일들도 장차 성취될 것이라는 점은 의심할 여지도 없습니다. 하나님은 내 선친 다윗에게 내가 태어나기도 전에 내 이름을 예언하셨으며 다윗이 죽은 후 내가 성전을 지을 것이라는 점을 미리 말씀하셨습니다. 그런데 여기 보십시오. 그의 예언대로 성취되지 않았습니까? 우리 모두 하나님께 찬양을 드립시다. 그의 예언이 성취된 것을 우리는 두 눈으로 똑똑히 보았습니다. 그러니 하나님이 미래에 우리에게 약속하신 대로 성취되지 않으면 어떻게 할까 걱정하지 말고 하나님을 신뢰하도록 합시다."

3. 솔로몬왕은 이같이 백성들에게 말한 후 다시 성전을 바라보고 오른손을 들어 백성들을 가리키면서 이렇게 말했다. "하나님이 이 백성들에게 베풀어 주신 은혜는 그 무엇으로도 다 갚을 수가 없습니다. 왜냐하면 하나님이 그

런 보답을 필요로 하지도 않으시고 그런 보답을 원하지도 않으시기 때문입니다. 그러나 주님! 당신께서 우리를 다른 피조물들보다 뛰어나게 하신 이상 우리에게 베푸신 당신의 은혜에 감사할 필요는 있다고 생각합니다. 당신께서 진노하실 때 당신의 진노를 풀고 당신의 은총을 계속해서 누리게 해주는 것 중에 우리의 목소리보다 더 좋은 악기가 어디 있겠습니까? 우리가 공기 중에서 당신께 감사를 드리면 이 감사가 공기를 타고 (당신께) 올라갈 것을 우리는 알고 있습니다. 따라서 저는 우선 저의 선친을 미천한 자리에서 그토록 영광스러운 자리로 끌어올리신 하나님께 감사를 드리고 싶습니다. 두 번째로는 지금까지 약속하신 대로 제게 이루어 주신 데 대해 감사를 올리고 싶습니다. 하나님이시여! 앞으로도 제게 은혜를 베푸시고, 제 선친 다윗이 살아 있을 때와 임종 시에 우리 왕국이 계속 지속되고 다윗의 후손이 만대까지 왕위에 오르도록 해주겠다고 하신 약속대로, 저의 집안을 융성하게 해주소서. 이런 축복들을 저와 제 후손에게 내리시고 하나님이 기뻐하시는 미덕들이 우리에게 가득하도록 해주소서. 제가 주님께 간절히 청하옵니다. 당신께서 지상에 우리와 함께 계시도록 당신의 영을 이 성전에 내려 거하게 하여 주옵소서. 온 하늘과 무한한 우주라도 당신이 거하시기엔 비좁거늘 하물며 이 초라한 성전이야 두말할 것이 무엇이 있겠습니까? 그러나 제가 간절히 비옵나니 주님이 이곳을 당신의 집으로 삼으시고 당신 소유로 만드셔서 영원히 적에게 파괴되는 일이 없도록 돌봐 주소서. 비록 이 백성들이 죄를 범해 당신의 거룩한 율법을 어긴 대가로 전염병이나 기근이나 악역(惡疫)의 고통을 받는 때라 하더라도 이 성전으로 달려 나와 고통에서 구해 주시기를 당신께 간청하거든 당신은 이 기도를 들으시고 은혜를 베푸셔서 그들을 괴로움에서 건져내 주시기를 비나이다. 단지 고통 가운데 빠진 히브리인뿐 아니라 세상 끝에 사는 자라도 이곳에 와서 자기 죄를 고백하고 죄를 용서해 달라고 간청하거든 그 기도를 들으시고 용서해 주옵소서. 이리하여 모든 사람이 당신께서 이 성전 건축을 기뻐하신다는 것과, 우리가 다른 민족에게 배타적이며 비사교적인 민족이 아니라는 것과, 당신의 은총이 모든 인간에게 골고루 미치기를 진실로 원하고 있다는 것을 알게 하여 주옵소서."

4. 솔로몬은 이같이 기도한 후 땅에 엎드려 오랫동안 하나님께 경배하고 일어나서 단 위에 제사를 드렸다. 그가 흠 없는 예물을 단 위에 가득 올려놓았을 때 하나님이 그가 드리는 예물을 열납하신다는 것을 분명히 알 수가 있었다. 왜냐하면 공기 중에서 불이 나오더니 모든 백성이 보는 앞에서 제단으로 맹렬히 달려들어 그 위에 놓인 제물을 모두 살라 버렸기 때문이었다. 이에 온 백성은 이런 신적인 현현을 하나님이 성전 안에 거하신다는 상징으로 보고 매우 기뻐하며 땅에 엎드려 경배하였다. 이에 솔로몬왕도 하나님을 찬양하면서 하나님의 호의의 증거가 나타난 이상 자기처럼 하나님께 찬양을 드리라고 백성들에게 지시했다. 그는 또한 백성들에게 항상 순수한 마음과 의와 경건을 가질 수 있도록 해주시기를 하나님께 간구하라고 명령했다. 더욱이 히브리 국가를 다른 국가와는 다른 특이한 국가요 복된 국가로 만드는 요소인 모세 율법을 잘 지키며 살 수 있도록 해달라고 하나님께 늘 간구해야 한다는 점을 강조했다. 그는 또한 히브리 민족이 어떻게 해서 오늘의 풍요를 이룩했는지를 잊지 말고 앞으로도 계속해서 축복을 받을 수 있도록 과거를 교훈 삼아야 할 것이라고 당부했다.

5. 솔로몬왕은 이같이 말한 후에 백성들을 해산시켰다. 그러나 그 전에 그는 이미 자신뿐 아니라 히브리 백성을 위해 예물을 드렸다. 그는 자그마치 소 22,000마리와 양 120,000마리를 예물로 하나님께 드렸다. 이것이 성전에서 첫 번째로 드린 제사였다. 모든 히브리 백성들은 처자식들과 함께 성전 안에서 즐겼다. 이 밖에도 왕은 성전 앞에서 장막절(Feast of Tabernacles) 절기를 성대하게 지키고 모든 백성과 함께 즐겼다.

6. 이런 의식과 절기를 성대히 마치고 하나님께 드릴 제사를 빼놓지 않고 다 드린 연후에 왕은 백성들을 해산시켰다. 이에 모든 백성은 백성들을 향한 배려와 성전 건축으로 인해 왕에게 감사하고 솔로몬을 이스라엘 왕위에 오래 있게 해달라는 간구의 기도를 드리면서 각자 집으로 돌아갔다. 백성들은 기뻐서 어쩔 줄 모르며 하나님께 찬송을 드리면서 집으로 발길을 재촉했다. 그들은 너무

기뻤기 때문에 여행에서 오는 온갖 피로함도 쉽게 이길 수가 있었다. 이렇게 해서 백성들은 궤를 성전으로 옮기고 성전의 웅장하고 아름다운 모습을 목격하고 성전 낙성식의 모든 제사에 참여하고 또 장막절을 엄숙하게 지킨 연후에 각자 집으로 돌아가게 된 것이었다.

한편 솔로몬이 잠을 잘 때 하나님이 그의 꿈속에 나타나셨다. 그러고는 이렇게 말씀하셨다. "내가 너의 기도를 들었다. 따라서 네 후손과 온 백성이 의로운 삶을 살아간다면 나는 이 성전을 보호할 것이며 그 안에 거주할 것이다. 네가 만일 네 아비의 훈계를 따라 산다면 내가 네게 큰 영예와 행복을 안겨다 줄 것이며 네 후손이 영원토록 이 나라, 즉 유다 지파의 왕이 되도록 해줄 것이다. 그러나 네가 율법의 규정을 무시하고 하나님을 떠나 이방 신을 섬긴다면 나는 너를 뿌리째 뽑아 버릴 것이며, 너의 후손이 한 사람도 남지 않도록 만들 것이며, 이스라엘 백성을 눈감아 주거나 환난에서 보호하지 않을 것이며, 전쟁과 재난을 계속 일으켜 그들을 완전히 궤멸시킬 것이며, 그들을 내가 그들의 조상에게 준 땅에서 쫓아내어 이방 나라에서 나그네가 되게 할 것이며, 지금 완공한 이 성전은 적에 의해 방화되고 약탈당하도록 내버려둘 것이며 예루살렘이 철저히 파괴되도록 방치할 것이며, 그들이 당한 재난이 이웃에 속담거리가 되도록 할 것이며, 이웃 나라 백성들이 이 소식을 듣고 의아하게 여기고 '그토록 하나님의 사랑을 받아 부귀와 영화가 넘치던 히브리 민족이 어찌하여 하나님의 미움을 받았을까.'라고 궁금하게 여길 것이다. 이 질문에 대해서는 남은 백성들이 죄를 회개함으로써 답변해야만 할 것이다. 한마디로 말해서 그 이유는 율법을 어긴 것 때문이다." 하나님이 꿈에 솔로몬에게 나타나 이같이 말씀하신 것이 오늘날까지 문서로 남아 우리에게 전해져 내려오고 있다.

제5장

솔로몬이 사치스럽고 화려한 왕궁을 건축하고
히람이 보낸 수수께끼를 푼 경위

1. 우리가 방금 살펴본 바와 같이 7년 만에 성전을 완공한 솔로몬은 왕궁 건축을 시작했으나 13년이 지나도 완공하지 못했다. 솔로몬은 성전을 건축할 때만큼 왕궁 건축에 열성적이지 않았기 때문이었다. 성전 건축은 엄청난 비용과 자재가 드는 대공사였지만 하나님이 도와주셨기 때문에 7년 안에 공사를 마칠 수 있었으나, 그 위엄에 있어서는 성전에 훨씬 미치지 못할 왕궁을 건설하면서도 시간이 오래 걸린 것은 첫째로 건축 자재를 오래전부터 준비하고 비축해 두지 않았으며, 둘째로 성전 건축만큼 열성이 없었기 때문이었다. 그도 그럴 것이 왕궁은 하나님이 거하시는 곳이 아니라 왕들이 거하는 곳이었기 때문이다. 그러나 왕궁은 히브리 국가의 번성과 왕의 영화에 맞게 웅장하게 지어졌다. 나는 이 책을 읽는 독자들이 그 궁전이 얼마나 화려하고 웅장했는가를 추측이라도 할 수 있도록 그 전체 구조와 세부 구조를 묘사할 필요가 있다고 생각한다.

2. 솔로몬은 소송 사건을 듣고 판결을 내리기 위해 많은 사람을 수용할 수 있는 별나게 큰 건물을 하나 지었다. 이 건물은 소송을 제기하러 온 많은 무리를 한꺼번에 수용할 수 있을 정도로 컸다. 이 건물의 길이는 100규빗, 폭은 50규빗, 높이는 30규빗이었으며 백향목으로 된 사각형 기둥에 의해 지탱되고 있었다. 지붕뿐 아니라 접문(folding door)과 문 옆의 기둥이 모두 코린트식(Corinthian order)이었다. 기둥에 세 개의 구멍이 나 있는 것도 그러했다. 이 건물은 화려하면서도 매우 견고했다. 이 밖에도 가운데가 가장 넓도록 지어진 건물이 하나 있었다. 그러니까 사변형 건물이었다. 이 건물의 폭은 30규빗이었다. 이 건물 위쪽 맞은편에 육중한 기둥들이 받치고 있는 법정이 있었고 이 법정 안에는 왕이 앉아서 재판을 행하는 방이 있었다. 이 건물 옆에는 왕비를 위

해 지은 집이 연해 있었다. 이 외에도 공무(公務)를 끝낸 후에 식사를 하는 식당과 잠을 자는 침실 등 여러 작은 방들이 있었는데 이런 방들은 마룻바닥이 온통 백향목 널판으로 되어 있었다. 솔로몬은 몇몇 건물들은 10규빗이나 되는 돌들로 건축했으며, 벽들은 성전 장식가 궁전이 외관 미화를 위해 땅에서 캐내 얇게 떠서 매우 값이 비싼 돌들로 징두리 널을 댔다. 이로 인해서 그 돌을 캐낸 광산이 유명해지기도 했다. 석공(石工)의 솜씨가 뛰어나다는 사실은 다른 곳에서도 나타나지만 제4열에서 가장 잘 나타난다. 제4열을 보는 사람은 그 솜씨에 혀를 내두르고 만다. 제4열엔 나무들과 온갖 종류의 식물들이 조각되어 있는데 심지어는 가지로 인해 생긴 그림자와 나무 밑에 뒹구는 낙엽까지도 섬세하게 묘사되어 있다. 나무들과 다른 식물들은 밑에 깔린 돌을 덮고 있는데 나뭇잎들이 정교하고 섬세하게 조각되어 있기 때문에 마치 바람에 흔들리는 것처럼 보일 정도였다. 그 나머지 부분은 지붕까지 회반죽을 발랐으며 마치 색깔과 그림으로 수를 놓은 것 같았다. 솔로몬은 그 밖에도 쾌락을 위한 건물을 궁전의 적절한 곳에 건축했다. 이 건물들에는 매우 긴 회랑이 달려 있었다. 이 가운데는 잔치와 주연을 베푸는 휘황찬란한 식당도 있었다. 이 식당 안에는 손님의 편의를 위한 온갖 가구들이 비치되어 있었고 모든 그릇은 온통 금으로 만들어져 있었다. 사실상 왕궁의 크기와 다양함을 다 이야기하기는 힘든 일이다. 최고로 큰 방들이 몇 개나 되며 그보다는 작지만, 그래도 큰 방들이 몇 개나 되며 지하에 보이지 않는 방들은 몇 개나 되는지 셀 수도 없었다. 게다가 왕궁의 장관에 넋이 나간 듯이 둘러보는 이들의 신기한 표정들은 두말할 것도 없으며 한낮의 더위를 피해 시원하게 쉴 수 있는 경관 좋은 숲 또한 그지없었다. 한마디로 말해서 솔로몬은 전체 건물을 흰 돌과 백향목과 금과 은으로 지었다. 그는 또한 하나님의 전을 꾸밀 때처럼 금이 박힌 돌들로 벽을 장식했다. 그는 재판관의 의자처럼 상아로 큰 보좌를 만들었다. 보좌로 올라가는 계단은 여섯 층계로 되어 있었으며 각 층계 양 끝에는 사자가 서 있다. 그리고 층계 위에 다시 사자 두 마리가 서 있다. 보좌의 앉는 자리에는 팔걸이가 달려 있었으며 보좌의 뒤편 모양은 반쪽 수소 모양을 하고 있었다. 이 모든 것들은 함께 금으로 고정되어 있었다.

3. 두로 왕 히람이 백향목과 잣나무(pine-wood)는 물론 다량의 금과 은을 보내준 덕으로 20년 만에 왕궁 건축을 끝마친 솔로몬은 히람에게 풍성한 선물을 보냈다. 그는 매년 곡식과 포도주와 기름을 보내 주었다. 이런 것들은 우리가 이미 살펴본 대로 섬에 거주하는 히람에게는 가장 절실하게 필요한 것들이었다. 이 밖에도 솔로몬은 히람에게 두로(Tyre)에서 멀리 떨어져 있지 않은 갈릴리의 도시 20개를 주었다. 그러나 히람은 이 도시들을 둘러 보더니 마음에 들지 않는다고 솔로몬에게 말했다. 그 후부터 이 도시들을 가불의 땅(land of Cabul)이라고 불렀다. 이 명칭의 뜻은 베니게어로 보면 '마음에 들지 않음'(what does not please)이란 의미이다. 두로 왕은 솔로몬에게 궤변과 수수께끼를 보내면서 무슨 뜻인지 분명하게 해석해 달라고 했다. 그러나 지혜와 명철이 뛰어난 솔로몬에게는 이것이 결코 풀기 어려운 난제는 될 수 없었다. 솔로몬은 추리력을 발휘해 이 수수께끼들의 숨겨진 의미를 밝히 드러냈다. 두로의 고사(古事)들을 베니게어에서 헬라어로 번역한 메난드로스(Menander)는 다음과 같이 이 두 왕에 대해서 언급하고 있다. "아비바알(Abibalus)이 죽은 후 그의 아들 히람(Hiram)이 왕위에 올라 34년간을 통치하다가 53세의 일기로 세상을 떠났다. 그는 담을 쌓았으며 금기둥을 유피테르(Jupiter)의 신전에 봉헌했다. 그는 또한 신전들의 지붕에 쓸 목재들을 리바누스(Libanus)산에서 벌목했다. 그는 고대 신전들을 넘어뜨리고 헤르쿨레스(Hercules)와 아스다롯(Astarte)의 신전을 세웠다. 그는 먼저 페리티우스(Peritius)월에 헤르쿨레스의 신전을 세웠다. 그는 또한 조공을 바치지 않은 에우키인(Euchii) 혹은 티티인(Titii)을 원정해 굴복시킨 다음 귀국했다. 이 왕의 재위 기간에 어려운 문제들을 잘 풀기로 유명한 아브데몬(Abdemon)이라는 매우 젊은 청년이 있었다. 그런데 예루살렘의 왕 솔로몬은 그에게 어려운 문제를 풀라고 명령했었다." 디우스(Dius)도 그에 대해 이같이 언급하고 있다. "아비바알이 죽은 후 그의 아들 히람이 왕위에 올랐다. 그는 도시의 동쪽 성벽을 높이고 도시를 확장했다. 그는 전에 독립해 있었던 유피테르 신전과 도시 사이에 담을 쌓음으로써 신전을 도시에 병합시켰다. 게다가 그는 신전을 금으로 치장했다. 그는 또한 리바누스산에 올라가 신전 건축용 목재를 벌목했다." 그는 다시 언급한다. "그 당시 예루살렘의 왕이었던 솔로몬

은 히람에게 수수께끼를 보내면서 자기에게도 수수께끼를 보내 달라고 요청했다. 그래서 수수께끼를 못 푸는 쪽이 푸는 쪽에게 돈을 주는 내기를 하자고 했다. 히람은 이에 그 조건을 쾌히 승낙했다. 히람은 (솔로몬이 낸) 수수께끼를 풀 수가 없었기에 솔로몬에게 막대한 돈을 주어야 했다. 그러나 그 후에 히람은 두로 사람 아브데몬(Abdemon)의 힘을 빌려 그 수수께끼를 풀 수가 있었다. 이에 히람은 다른 수수께끼를 솔로몬에게 냈으나 그가 풀지 못했으므로 그 돈을 되돌려 받았다." 이것이 디우스(Dius)의 기록 가운데 나타나는 내용이다.

제6장

솔로몬이 예루살렘시를 요새화하고
대도시들을 건축하고 가나안 족속들을 복속시키고
애굽과 에디오피아의 여왕을 환대한 경위

1. 솔로몬왕은 예루살렘 성벽이 개축되고 요새화될 필요가 있음을 보고(그는 예루살렘을 둘러싸고 있는 성벽은 예루살렘의 위엄에 걸맞아야만 한다고 생각했다) 성벽을 보수하는 동시에 큰 망대들을 세우고 성벽을 더 높이 쌓았다. 그는 또한 하솔(Hazor), 므깃도(Megiddo) 그리고 게셀(Gezer) 등의 큰 도시를 건축했다. 게셀(Gezer)은 원래 블레셋에 속해 있었으나 애굽 왕 바로의 공격을 받아 함락된 도시였다. 바로는 게셀을 정복하고 주민들을 전멸시킨 후 도시를 완전히 잿더미로 만들고 그곳을 솔로몬에게 시집간 딸에게 선물로 주었다. 이리하여 솔로몬은 게셀을 전쟁 시나 그 외의 격변기에 유용한 천연의 요새로 재건하기에 이른 것이었다. 이 외에도 그는 게셀에서 멀지 않은 곳에 도시 둘을 건축했다. 하나는 벧호론(Beth-horon)이고 다른 하나는 바알랏(Balaath)이다. 그는 또한 공

기가 맑고 과일이 많이 나며 물이 좋은 곳에 휴양과 환락을 위한 도시들을 건설했다. 솔로몬은 수리아(Syria) 위의 사막까지 진출하여 그곳을 손에 넣고 매우 큰 도시를 건설했다. 이 도시는 상부 수리아(Upper Syria)에서는 이틀 길, 유브라데(Euphrates)에서는 하룻길, 대바벨론(Babylon the Great)에서는 엿새 길 되는 곳에 위치하고 있었다. 이 도시가 수리아의 거주 가능 지역으로부터 이렇게 멀리 떨어져 위치하게 된 데는 그럴 만한 이유가 있다. 이 도시 밑의 지역에는 물이 없고 오직 이곳에만 우물들과 물 샘들이 있었기 때문이었다. 솔로몬은 이 도시를 건설하고 강한 성벽으로 요새화한 후에 다드몰(Tadmor)이라고 이름하였다. 이 이름은 오늘날까지도 수리아인들 사이에 불리고 있으나 헬라인들은 팔미라(Palmyra)라고 부르고 있다.

2. 이 당시 솔로몬은 도시 건설에 골몰하고 있었다. 혹시라도 독자 중에 혹자가 우리 조상 아브라함보다 오랜 인물이요 멤피스(Memphis)를 건설한 바 있는 메네스(Menes)로부터 솔로몬에 이르는 1300년 동안 애굽의 모든 왕이 어찌하여 모두 바로(Pharaoh)라고 불렸는가에 대해 의문을 가질지도 모르는 일이므로 이에 대해 언급할 필요가 있을 것 같다. 바로(Pharaoh)는 애굽어로 '왕'(king)을 의미한다.[13] 애굽의 왕들은 어렸을 때는 각자 다른 이름을 사용하다가 왕위에 오른 후에는 '권위'를 의미하는 바로라는 이름을 사용했던 것이다. 이것은 알렉산드로스(Alexander)의 왕들이 다른 이름으로 불리다가 왕위에 오르면 첫 왕의 이름을 본떠 프톨레마이우스(Ptolemy)라고 불렸던 것과 같은 이유이다. 이 점은 로마 황제에 있어서도 마찬가지이다. 로마 황제들은 출생 때부터 부모가 붙여 준 이름으로 불리다가도 왕위에 오르면 제국과 제국의 권위가 그 이름으로 계속 불리는 것을 허용치 않고 가이사(Cæsar, 카이사르)라는 명칭을 부여하는 것이다.

---

[13] '바로'라는 이름의 뜻이 왕이라고 보는 견해는 옳은 것 같다. 그러나 솔로몬의 장인 이후 애굽의 왕은 바로로 불리지 않았다는 요세푸스의 말은 성경과는 일치하지 않음을 알 수가 있다. 왜냐하면 성경에는 그 후 오랜 세월이 지난 후에도 선지서에 바로라는 이름이 자주 언급된 것 말고도, 바로 느고(Pharaoh Nechoh)와 바로 호브라(Pharaoh Hophrah)의 이름이 언급되고 있기 때문이다(왕하 23:29; 렘 44:30).

할리카르나수스의 헤로도투스(Herodotus of Halicarnassus)가 멤피스를 건설한 메네스(Menes) 이후 330명의 왕이 있었다고만 말할 뿐 구체적인 이름을 언급하지 않고 있는 것은 애굽 왕들이 모두 바로(Pharaoh)라는 공통의 이름으로 불렸기 때문이 아닌가 생각한다. 이들이 죽은 후 한 여왕이 통치하게 되었다. 이때 헤로도투스는 그 여왕을 니카울레(Nicaule)라는 이름으로 부르고 있다. 이것을 볼 때 그는 왕이란 남자가 해야 하는 법이며 따라서 바로라는 공통의 이름으로 불릴 수 있으나, 여자는 그렇게 불릴 수 없기 때문에 바로라 부르지 않고 그녀 고유의 이름을 사용한 것임을 알 수가 있다.

나는 내가 소장한 책들 가운데서 솔로몬의 장인 바로가 죽은 후에는 애굽 왕들이 바로라는 이름을 사용하지 않았다는 사실을 발견해 냈다. 우리가 곧 살피게 되겠지만 애굽과 에디오피아의 여왕이 솔로몬을 방문한 것은 그 후의 일이었다. 내가 이런 문제들을 언급하는 것은 히브리 민족의 책과 애굽의 책이 여러 점에서 일치하는 데가 많음을 입증하기 위해서였음을 이해해 주기 바란다.

3. 솔로몬왕은 전에 복속시키지 못했던 잔여 가나안 족속들, 그러니까 레바논(Lebanon)산과 저 멀리 하맛(Hamath)시에 거주하는 자들을 정복한 후에 조공을 내도록 명령했다. 그는 또한 매년 그들 가운데서 자기 경지를 경작하고 가사 일을 돌보고 천한 일을 담당할 자들을 뽑아서 일을 시켰다. 왜냐하면 히브리인들 가운데는 (그런 천한 일을 감당할 만한) 노예들이 없었다. 하나님이 그렇게 많은 나라를 속국으로 주셨는데 동족을 그런 천한 일을 하도록 비하할 필요가 어디 있었겠는가? 게다가 모든 이스라엘인은 노예의 삶을 영위하기보다는 무장을 하고 병거와 말을 타며 전투하는 일에 관련되어 있었다. 솔로몬은 왕궁의 잡일을 맡는 가나안 노예들을 감독할 관리를 550명 임명했다. 이들은 이 노예들을 감독할 전권을 왕에게서 위임받아 노예들을 지도 감독했다.

4. 이 외에도 솔로몬왕은 홍해의 애굽만(Egyptian Bay)의 에시온게벨(Ezion-geber)이란 곳에서 많은 배를 건조했다. 에시온게벨은 오늘날 베레니케(Berenice)라고 부르는 곳으로 엘롯(Eloth)시에서 멀리 떨어져 있지 않은 곳이

다. 이 지역은 전에는 유대인에게 속해 있었으며 두로 왕 히람의 도움으로 해상 운송의 요충지가 되었다. 히람은 충분한 수의 수로 안내인들과 항해사들을 보내 주었다. 솔로몬은 이들에게 자기 신하들과 함께 지금은 아우레아 케르소네수스(Aurea Chersonesus)라고 부르지만 전에는 오빌(Ophir)이라고 부르던 곳에 가서 금을 가져오라고 명령했다. 이리하여 이들은 그곳에 가서 400달란트의 금을 가지고 돌아왔다.

5. 그 당시 애굽과 에디오피아의 여왕은 철학에 깊은 관심을 가지고 있었고 이로 인해 백성들의 칭송을 듣고 있었다.[14] 이 여왕은 솔로몬의 덕망과 지혜의 소식을 듣고 그를 몹시 보고 싶어 했다. 매일 매일 들려오는 소문은 여왕의 마음을 자꾸만 솔로몬을 만나고 싶은 쪽으로 쏠리게 했다. 여왕은 단지 소문을 듣는 것만으로 만족할 수 없었고 직접 만나 보고 진위를 확인해 보고 싶은 마음이 간절했다(소문이란 항시 말하는 사람에게 전적으로 달린 문제이기 때문에 거짓이 포함될 가능성이 많이 있었기 때문이었다). 따라서 여왕은 찾아가서 만나 보고 특별히 어려운 문제를 제기하고 한번 그 숨은 의미를 풀어봐 줄 수 없겠느냐고 부탁을 해서 솔로몬의 지혜를 시험해 보고 싶었다.

이에 여왕은 많은 예물과 화려한 행렬을 이끌고 예루살렘에 왔다. 여왕은 약대에 금과 달콤한 각종 향료와 값비싼 보석을 잔뜩 싣고 왔다. 솔로몬왕은 여왕을 친절하게 영접하자마자 여왕의 마음을 어떻게 해서든지 기쁘게 하고자 애를 썼다. 솔로몬은 여왕이 어려운 문제를 풀어 달라고 요청한 의도를 알아차리고는 예상외로 빨리 그 문제를 풀어 주었다. 이에 여왕은 솔로몬의 지혜에 크게 놀랐음은 물론 듣던 것보다 솔로몬이 훨씬 지혜로움을 깨달을 수 있었다. 특별히 여왕은 왕궁의 거대함과 정교함은 물론 각 방의 질서 정연한 배치에 혀를 내둘렀다. 그 속에서 솔로몬의 지혜를 엿볼 수 있었기 때문이었다. 이 외에도 여왕은 레바논의 숲(Forest of Lebanon)이라고 부르는 집과 일상 식사의 화

---

[14] 이 스바(Sheba) 여왕은 남아라비아(South Arabia)의 사바이아(Sabæa)의 여왕이지 요세푸스가 여기서 주장하는 것처럼 애굽과 에디오피아의 여왕이 아님은 오늘날 일반적으로 의견의 일치를 보이고 있다.

려함과 식사 준비와 조리의 뛰어남과 식사 시중드는 시종들의 의복과 시중드는 솜씨와 예절 바름에 그만 찬탄을 금하지 못했다. 여왕은 하나님께 매일 드리는 제사의 모습과 제사장들과 레위인들의 조심스러운 정성에도 매우 놀랐다. 매일 이런 제사가 거행되는 모습을 본 여왕은 찬탄을 금할 길이 없어 절로 감탄의 말을 연발하였다.

여왕은 솔로몬과 대화를 나누는 가운데 이 모든 일에 그저 입이 벌어질 뿐이라고 드러내 놓고 찬사를 보냈다. "오, 왕이시여! 우리는 이 모든 일을 소문으로 들었을 때는 도저히 믿을 수가 없었습니다. 왕의 지혜와 식별력, 왕의 선정(善政) 등에 대한 소문은 그저 과장된 이야기라고 생각했습니다. 그러나 이제 와서 직접 보니 그 소문이 사실임을 알 수가 있었습니다. 아니 어쩌면 그 소문보다 실제가 더 나은 것이 아닌가 하는 생각도 듭니다. 너무나 놀라운 일들이기에 나는 소문을 믿을 수가 없었습니다. 그러나 와서 보니 오히려 소문보다 놀랄 일이 더 많은 것 같습니다. 나는 당신의 지혜를 언제라도 들을 수 있는 당신의 친구들과 종들과 히브리 백성은 행복한 자들이라고 생각합니다. 당신을 왕으로 삼으신 하나님께 대해 찬양을 드리고 싶습니다."

6. 여왕은 이같이 솔로몬왕에게 큰 감동을 받았음을 실토한 후 예물을 주었다. 여왕은 금 20달란트와 막대한 양의 향료와 보석을 선물로 주었다(이 여인의 선물 덕분에 우리나라가 아직도 보유하고 있는 발삼[balsam]의 뿌리를 갖게 된 것이라고 말한다). 솔로몬 또한 여왕에게 좋은 것을 많이 주어 보답했는데 그녀가 원하는 것은 무엇이나 주었다. 그리하여 여왕이 원하는 것 중에 솔로몬이 들어주지 않은 것은 단 한 가지도 없을 정도였다. 솔로몬은 성격이 매우 후하고 관대했기 때문에 여왕이 원하는 것은 무엇이든지 주고 싶어 했다. 이렇게 여왕은 예물을 솔로몬에게 주고 또 솔로몬에게서 보답을 받은 후에 자기 왕국으로 돌아갔다.

제7장

솔로몬이 풍요로워진 후 여인들과 사랑에 깊이 빠지게 되자
하나님이 이에 진노하셔서 아델과 여로보암을 일으켜
솔로몬에게 반역하게 하신 경위와
솔로몬의 죽음의 전모

1. 이와 거의 때를 같이 하여 아우레아 케르소네수스(Aurea Chersonesus)로부터 보석들과 소나무들이 들어왔다. 이 나무는 성전과 궁전의 건축 재료로 쓰였을 뿐 아니라 레위인들이 하나님께 찬송 드릴 때 사용하는 악기인 수금과 비파를 만드는 재료로도 사용되었다. 이때 들어온 나무들은 그 전에 들어온 어떤 나무보다 크고 좋았다. 그러나 이 소나무가 오늘날 우리가 그 이름으로 부르는 나무로 생각해서는 안 된다. 왜냐하면 상인들이 소나무라고 하면 소비자들이 누구나 좋아하니까 소나무가 아닌 것을 소나무라고 불렀기 때문이다. 우리가 소나무(pine-tree)라고 하는 것은 겉보기에는 무화과나무 같으나 그보다 더 희고 빛나는 나무이다. 굳이 이 이야기를 언급한 것은 이런 차이를 독자들이 알아서 진짜 소나무가 어떤 것인가를 주목할 필요가 있기 때문이었다.

2. 상인들이 들여온 것과 아라비아(Arabia)의 제후들과 왕들이 예물로 준 것을 제외하고도 그에게 들어온 금의 무게는 모두 666달란트였다. 그는 또한 600세겔이나 나가는 큰 방패를 금으로 200개나 만들었으며 3파운드 나가는 작은 방패를 300개나 만들었다. 그는 이것들을 레바논의 숲(Forest of Lebanon)이라고 부르는 집 안에 보관했다. 그는 손님들을 즐겁게 하기 위해 금과 보석으로 잔을 만들었으며 그 밖의 그릇들도 금으로 만들었다. 이 잔과 그릇들은 공교하기가 이루 말할 수 없었다. 그 당시에는 은으로 물건을 살 수 있는 것이 아무것도 없을 정도로 은은 값어치가 없었다. 솔로몬은 다시스(Tarsus) 바다에 배들을 띄워 놓고 먼 나라에 가서 온갖 종류의 상품을 실어 오라고 명령했다.

이 상품을 판 대금으로 금과 은과 다량의 상아와 에디오피아인과 원숭이를 들여왔다. 선원들은 오고 가는 데 3년이 걸렸다.

3. 이에 솔로몬의 지혜와 덕망에 대한 명성은 거의 모든 인근 국가들에까지 퍼져 각지의 모든 왕들은 그를 한번쯤은 보고 싶어 했다. 소문이 너무 엄청나니까 쉽게 그 소문을 믿을 수가 없어 더욱 그러는 것이었다. 왕들이 솔로몬에게 준 예물을 볼 때 그를 얼마나 존중했는가를 쉽게 알 수 있다. 이들은 금과 은으로 만든 그릇들과 자색 옷과 각종 향료와 말과 병거와 힘이 좋고 아름다운 수많은 노새를 솔로몬에게 선물로 주었다. 이로 인해 솔로몬이 소유한 병거와 말의 수는 급격히 증가했다. 병거는 1,000승이 있었는데 400승 이상이 늘었으며 20,000마리의 말은 2,000마리가 더 늘게 되었다. 이 말들은 준수한 용모와 재빠른 발을 가질 수 있도록 많은 훈련을 받았기에 아무리 비교해 봐도 더 멋있고 빨리 달리는 말을 발견할 수가 없을 정도였다. 말 타는 기병들도 어떻게 보면 말에 달린 일종의 멋진 장식 같아 보였다. 이들은 우선 한창때의 젊은 청년들로서 키가 훤칠하고 체구가 당당했다. 이들은 긴 머리에 두로 산(産) 자색 옷을 입고 있었다. 이들은 매일 머리카락에 금가루를 뿌렸기 때문에 햇빛을 받으면 머리가 휘황찬란하게 번쩍거렸다. 왕 자신도 활을 메고 무장을 한 병사들 가운데서 병거를 몰았다. 그는 흰옷을 입고 아침에 도시 밖으로 외출을 했다. 예루살렘에서 50펄롱 떨어진 곳에는 에담(Etham)이라고 부르는 매우 쾌적한 곳이 있었다. 이곳은 아름다운 정원이었으며 개울의 물이 좋은 곳이었다.[15] 솔로몬은 아침때면 으레 (병거에) 높이 앉아서 위엄을 갖추고 에담으로 나가곤 했다.

4. 솔로몬은 신적인 지혜를 소유한 사람으로서 무슨 일이든지 멋지게 해내려고 꽤 애를 썼다. 그는 도로 관리를 소홀히 하지 않았으며, 여행자들의 편의

---

15) 솔로몬이 이렇게 위엄을 갖추고 자주 찾았던 에담의 정원과 개울이 전도서 2장 5-6절에 언급된 곳인지, 아니면 아가서에서 신부를 "잠근 동산", "덮은 우물", "봉한 샘"(아 4:12)이라고 비유한 곳인지는 지금으로서는 분명히 확정 지을 수가 없으며 단지 추측을 할 수 있을 뿐이다.

를 위해서는 물론 자신의 부와 권세를 과시하기 위해 왕도(王都)인 예루살렘으로 올라가는 길에 흑석으로 인도를 깔았다. 그는 병거들을 나누어서 여러 도시에 배치하고(물론 자기 주위에도 몇 승 배치했다) 그 도시들을 병거성(cities of his chariots)이라고 불렀다. 그는 거리의 돌처럼 예루살렘에 은을 흔하게 했으며 전에는 자라지 않던 유대 평지에 백향목을 심어 플라타너스 나무 군락처럼 보이게 했다. 그는 또한 물건을 팔러온 상인들에게 말 한 쌍과 병거를 은 600드라크마(drachma)에 팔라고 한 후 이것들을 수리아와 유브라데 건너에 사는 왕들에게 보냈다.

5. 그러나 솔로몬은 역대 어떤 히브리 지도자들보다 하나님의 사랑을 많이 받았고 지혜와 부가 뛰어나며 가장 영광스러운 왕이었음에도 불구하고 이와 같은 복된 상태를 죽을 때까지 간직하지 못했다. 그는 결국 선조들의 율법을 버리기 시작했고 마침내는 그 전과는 다른 모습으로 생의 종말을 맞이하기에 이르렀다.

그는 미친 듯이 여자들과 사랑에 빠졌고 정욕을 억제할 줄 몰랐다. 그는 동족의 여자들만으로는 마음에 차지 않았던지 시돈, 두로, 암몬, 에돔 등의 이방 나라에서 많은 아내를 맞아들였다. 그는 유대인은 동족하고만 결혼해야 한다고 못 박은 모세의 율법을 어긴 것이었다. 그는 또한 아내들의 환심을 얻고 사랑을 사기 위해 이방 신들을 섬기기 시작했다. 이 일은 바로 우리의 입법자(모세)가 염려하여 미리 경고한 것이었다. 즉 이방 여인들과 결혼하게 되면 외국의 풍습에 물들어 우리의 풍습에 등을 돌리게 되고 우리의 하나님을 경배하지 않고 다른 이방 신을 섬기게 될 것이라는 우려가 현실로 나타난 것이었다. 솔로몬은 이런 훈계를 경청하지 않고 미친 듯이 환락에 빠져들고 만 것이었다. 그는 제후와 명사(名士)들의 딸들 700명을 아내로 삼았으며 300명의 첩을 두었다. 물론 애굽 왕 바로의 딸은 이 안에 포함되지 않았다.[16] 솔로몬은 얼마 못

---

16) 700명의 아내와 300명의 첩을 합하면 모두 1,000명이다. 솔로몬이 전도서 7장 28절에서 "천 사람 가운데……한 사람도 찾지 못하였느니라"라고 했을 때 바로 자기가 거느리고 있는 이 1,000명의 여인을 암시한 것이 아니었겠는가 하는 생각이 든다.

가 이 여인들의 손아귀에 들어가게 되었고 마침내는 이들의 풍습을 따르기에 이르렀다. 여인들은 자기들에 대한 친절과 호의와 사랑의 표시로 자기들의 풍습대로 따를 것을 솔로몬에게 강요했던 것이었다. 솔로몬은 연로해지면서 이성이 약해지기 시작했고 따라서 모세의 규정을 마음속에 되새기지 못했으며 점점 더 하나님을 멸시하고 아내들이 가져온 이방 신을 섬기게 되었다. 솔로몬은 놋바다(brazen sea)를 지탱하는 놋기둥을 소 형상으로 만들고 보좌 둘레에 사자상을 세울 때부터 이미 모세 율법을 어기고 죄를 저지른 것이었다.[17] 경건한 인물에게는 어울리지 않는 일을 솔로몬이 했던 것이다. 솔로몬은 그의 아비 다윗이 덕의 가장 뛰어난 모형을 보여주었고 하나님에 대한 신앙이 어떠해야만 하는가를 생생하게 행동으로 보여주었음에도 불구하고 이런 일을 저지르고 말았다. 특히 하나님이 꿈에 두 번씩이나 나타나셔서 다윗을 본받으라고 그렇게 당부하셨건만 그는 아비의 뒤를 따르지 않았다. 이리하여 그는 명예스럽지 못한 죽음을 맞이할 수밖에 없었다.

하나님은 선지자를 그에게 보내 이같이 말씀하셨다. "너의 사악한 행위가 드러나지 않을 줄 알았느냐? 나는 네가 저지른 모든 악한 행위를 다 알고 있다. 따라서 너는 네가 이루어 놓은 것을 오랫동안 즐길 수가 없게 된 것이다. 내가 너를 후계자로 세워 주겠다고 네 아비에게 약속한 바가 있었으므로 네 생존에는 이 나라에 아무 일이 없도록 할 것이나 네가 죽은 후에는 이 나라를 네게서 빼앗을 것이다. 물론 모든 백성을 다 빼앗지는 않을 것이나 열 지파를 빼앗아 네 종에게 줄 것이다. 그래도 네 아들, 즉 다윗의 손자에게 두 지파를 남겨 놓은 것은 다윗이 하나님을 사랑했기 때문이요 하나님의 성전이 예루살렘성에 있기 때문이다."

---

[17] 솔로몬이 그룹들과 놋으로 열두 소를 만든 것은 다윗이 남겨 준 식양(式樣)대로 따른 것에 불과한 것 같은데, 요세푸스는 여기서 솔로몬을 너무 가혹하게 다루고 있다. 사실상 다윗은 신적인 영감을 받아 이런 식양을 솔로몬에게 남겨 준 것이었다. 물론 하나님이 왕의 보좌를 만들 때 사자 형상을 만들라고 지시는 안 하셨지만 그렇다고 해서 솔로몬이 모세 율법을 어긴 것 같지는 않다. 왜냐하면 바리새인들이 비록 경배할 의사는 없다 하더라도 형상은 어떤 형상이든지 만드는 것 자체를 제2계명이 금지하고 있다고 확대해석하고 있기는 하나 솔로몬이 제2계명을 그렇게 알고 있었을 리는 없고 또 그렇게 이해하고 있어야만 할 필요도 없었다고 나는 생각한다.

6. 솔로몬은 이 이야기를 듣고 남의 선망의 대상이 될 정도로 행복을 누리던 자기가 불행해질 것이라는 사실에 당혹감을 감추지 못했으며 크게 근심하였다. 선지자가 이런 말을 하고 간 지 얼마 안 되어 하나님이 솔로몬을 대항하는 아델(Ader)이란 적을 일으키셨다. 아델이 솔로몬에게 적대감을 가지게 된 경위는 아래와 같다. 그는 에돔 왕족의 후예였다. 다윗의 군대 장관 요압이 에돔 땅을 폐허로 만들고 6개월 동안 무기를 들 수 있는 모든 남자를 살해하였을 때 이 하닷(Hadad)은 애굽 왕 바로에게로 도망을 쳤다. 바로는 그를 친절하게 영접하고 살 집과 경지를 주어 살게 했다. 그가 장성하자 바로는 그에게 처제인 타페네스(Taphenes)를 아내로 줄 정도로 극진히 사랑했다. 그는 타페네스와의 사이에서 아들을 하나 두었는데 이 아들은 바로의 자녀들과 함께 양육되었다. 하닷은 애굽에서 다윗과 요압이 모두 죽었다는 소식을 듣고 바로에게 나아가 자기 나라로 돌아갈 수 있도록 허락해 달라고 요청했다. 이에 바로는 무엇이 부족하고 어떤 어려움이 있길래 자꾸 자기 곁을 떠나려고 하느냐고 물어보았다. 하닷은 자기가 있으면 부담밖에 안 되니 떠나도록 허락해 달라고 간청했다. 그러나 바로는 이를 허락하지 않았다. 그러나 위에서 언급한 범죄로 인해[18] 하나님이 진노하심으로 솔로몬이 처한 상황이 악화 일로를 걷게 되자 하닷은 바로의 허락을 얻어 에돔으로 돌아왔다. 에돔에는 솔로몬이 보낸 많은 수비대가 파견되어 있었기에 백성들을 설득시켜 솔로몬에게 반역을 일으킬 수가 없었다. 무사히 반역을 성사시킬 수 없음을 알게 된 그는 그곳을 떠나 수리아(Syria)로 들어갔다. 그곳에서 그는 소바(Zobah)의 왕 하닷에셀(Hadadezer)의 눈을 피해 도망쳐 와서 강도짓을 하고 있던 르손(Rezon)을 만나 친분을 맺었다. 르손은 이미 일단의 강도단을 거느리고 있었다. 그리하여 그는 이들을 거느리고 수리아를 장악한 후 왕이 되었다. 그는 또한 솔로몬이 아직 살아 있을 때 이스라엘 땅을 침범하여 약탈하고 적지 않은 피해를 입혔다. 이것이 히브리인들이 하닷에 의해 당한 슬픔의 전말이었다.

---

18) 솔로몬의 악한 생활과 역경의 삶은 하닷 혹은 아델이 그를 괴롭히기 시작할 때와 일치하기 때문에 솔로몬의 악한 생활은 일찍부터 시작되었음을 알 수가 있다.

7. 이뿐 아니라 이스라엘 내부에서도 솔로몬에게 반역을 일으켰다. 반역을 일으킨 자는 느밧(Nebat)의 아들 여로보암(Jeroboam)으로서 전에 자기에게 주어진 예언을 믿고 부상할 때를 기다리고 있었다. 그는 어린아이 때 아비가 죽어 홀어머니 밑에서 컸다. 솔로몬은 그가 활동적이며 대범한 성품을 지닌 것을 보고 예루살렘 성벽을 관리하는 일을 맡겼다. 그가 이 일을 잘 해내자 솔로몬은 그에게 그 보답으로 요셉 지파를 감독하는 권한을 주었다. 이때 여로보암은 예루살렘 밖을 한 번 나간 일이 있었다. 그날 실로(Shilo)시의 선지자인 아히야(Ahijah)를 만났는데 아히야는 그를 보더니 인사를 했다. 그러더니 아히야는 그를 끌고 길 옆에 아무도 없는 곳으로 가자고 했다. 아히야는 자기가 입고 있던 옷을 열두 조각으로 찢더니 여로보암에게 열 조각을 취하라고 하면서 이렇게 말했다. "이것이 하나님의 뜻이오. 하나님은 솔로몬의 왕국을 이처럼 쪼갤 것이오. 다윗에게 한 약속 때문에 솔로몬의 아들에게 두 지파를 줄 것이나 솔로몬이 여인들에게 빠져 그들의 신을 섬기는 죄를 지었으므로 나머지 열 지파는 그대에게 줄 것이오. 그러므로 그대는 하나님이 마음이 변하셔서 솔로몬에게서 멀어지신 이유를 잘 깨달아 율법을 지키며 의롭게 살도록 하시오. 만일 그대가 하나님께 영광을 돌리며 경건하게 산다면 하나님은 그대를 다윗처럼 만들어 주실 것이오."

8. 여로보암은 선지자의 이 말을 듣고 크게 흥분했다. 그는 젊은 청년이며 급한 성미와 야망을 가졌기에 가만히 있을 수가 없었다.[19] 그는 자기가 중요한 직책을 맡고 있으며 아히야의 예언을 생각하고 백성들을 설득시켜 솔로몬에게 반역을 일으켜서 왕위를 자기에게 돌리려고 시도했다. 그러나 그의 의도와 반역을 눈치챈 솔로몬이 그를 잡아 죽이려고 하자 그는 낌새를 알고 애굽 왕 시삭(Shishak)에게로 도망을 쳐서 솔로몬이 죽을 때까지 그곳에 거주했다. 그는

---

[19] 20년간의 성전과 왕궁 건축 공사가 끝난 지 얼마 안 되어, 즉 그의 재위 제24년이 지난 지 얼마 되지 않아 솔로몬이 예루살렘 성벽을 건축할 때 여로보암이 청년이었다는 언급과 솔로몬의 사악함이 극에 달하고 있었다는 사실은 그의 사악함이 일찍부터 시작되었으며 오랜 세월을 지속했을 것이라는 나의 견해를 강하게 뒷받침해 주고 있다.

이로 인해 솔로몬에게 해를 당하지 않았을 뿐 아니라 왕위에 오를 수 있도록 신변 보호를 받는 두 가지 혜택을 누렸다. 솔로몬은 연로하여 94세를 일기로 80년간의 통치를 마무리하고 세상을 떠났다. 그는 후에 여인들의 치마폭에 싸여 율법을 범한 것을 제외하고는 역대 어떤 왕보다 행복과 부와 지혜에서 타의 추종을 불허하는 왕으로 예루살렘에 장사되었다. 솔로몬의 범죄와 그로 인해 히브리인들이 당한 화에 대해서는 적당한 기회에 언급하도록 하겠다.

제8장

솔로몬이 죽자
백성들이 그의 아들 르호보암을 버리고
여로보암을 열 지파의 왕으로 삼은 경위

1. 솔로몬이 죽자 그의 아들 르호보암(Rehoboam)이 그의 뒤를 이어 왕위에 올랐다. 르호보암은 암몬 여인 나아마(Naamah)의 소생이었다. 이에 백성들의 지도자들은 즉시 애굽에 사람을 보내 여로보암을 불렀다. 르호보암도 역시 세겜으로 왔다. 르호보암은 백성들이 모이면 자기를 왕으로 선포할 양으로 이곳에 온 것이었다. 여로보암과 백성의 지도자들은 르호보암에게 나아가서 백성들이 무거운 멍에를 메고 괴로워하고 있으니 솔로몬보다 부드럽게 백성들을 다스려주고 멍에를 가볍게 해달라고 간청했다. 그렇게 한다면 백성들은 두려움이 아니라 사랑으로 왕을 더 잘 섬기게 될 것이며 왕에게 고마움을 느낄 것이라고 덧붙였다. 이에 르호보암은 3일간의 말미를 주면 그 안에 그들의 요청에 대해 생각해 보겠다고 했다. 르호보암이 이들에게 즉시 호의적인 응답을 보이지 않고 이렇게 연기하자 이들은 마음에 의구심을 품지 않을 수가 없었다.

왜냐하면 이들은 르호보암이 젊으니까 쾌히 즉석에서 호의적인 응답을 해줄 것을 기대했기 때문이었다. 그러나 이들은 즉각적인 거절을 하지 않은 것을 보고 자기들의 요청이 수락될지도 모른다는 일종의 기대감을 가지고 있었다.

2. 한편 르호보암은 그의 아비의 친구들을 불러서 백성들에게 어찌 대답해야 좋을지에 대해 자문을 요청했다. 이들은 백성들의 기질을 잘 알고 있었다. 이들은 르호보암에게 백성들이란 왕이 자기들과 같은 처지까지 내려오게 되면 자발적으로 왕에게 순종하기 마련이므로 너무 왕의 위엄만 세우지 말고 백성들의 요구를 들어주라고 충고했다. 그러나 르호보암은 이토록 현명하고 유익한(적어도 그가 이제 왕위에 막 올라선 순간에는) 충고를 듣지 않았다. 아마도 내 생각으로는 하나님이 가장 유익한 충고를 보지 못하도록 르호보암의 눈을 막지 않았나 싶다. 그 후 르호보암은 자기와 함께 자라난 젊은 청년들을 불러 장로들에게 무엇이라 답변하면 좋을지, 그리고 자기는 어떻게 해야 할지 충고를 해달라고 부탁했다. 그러자 이들은 다음과 같이 백성들에게 말하라고 충고했다(이들이 최선책을 보지 못한 것은 이들이 아직 젊은 탓도 있지만 하나님이 그들의 분별력을 흐려 놓으신 이유도 있다). "나의 새끼손가락이 내 아비의 허리보다 굵다. 너희들이 내 아비에게서 고된 삶을 살았다면 나는 그보다 더 너희를 거칠게 다룰 것이다. 내 아비가 채찍으로 너희를 다스렸다면 나는 전갈[20]로 너희를 다스릴 것이다." 르호보암은 이렇게 답변하는 것이 왕으로서의 권위에 어울리는 것으로 생각하고 이 충고에 귀가 솔깃해졌다. 제3일에 백성들이 그의 대답을 듣고자 모였을 때 백성들은 호의적인 응답이 있을 것으로 기대하고 왕이 무엇이라 말할지 왕을 주목해 보면서 큰 기대를 걸고 있었다. 그러나 르호보암은 자기 친구들의 충고대로 백성들에게 말했다. 이것은 아히야가 예언한 것처럼 모두가 하나님의 뜻에 따라 이루어진 것임을 주목할 필요가 있다.

---

[20] 여기서 전갈(scorpion)이라 함은 전갈이라 부르는 작은 동물을 이르는 것이 아니다. 왜냐하면 징벌할 때에 전갈을 사용한 적이 한 번도 없기 때문이다. 여기서 우리는 바늘금작화처럼, 전갈의 침 같은 모양의 날카로운 바늘을 가진 관목이나, 이와 비슷한 모양의 무서운 채찍을 가리키는 것이 아닌가 생각한다.

3. 이 말에 백성들은 쇠망치로 얻어맞은 것처럼 어안이 벙벙했으며 슬프기 그지없었다. 백성들은 왕에 대한 심한 분노를 느끼고 모두 이같이 고함을 질렀다. "우리는 오늘부터 다윗이나 그의 후손과는 더 이상 아무 상관도 없다. 그의 아비가 지은 성전은 르호보암에게만 맡기면 되겠다." 백성들은 르호보암을 떠나겠다고 위협했다. 백성들의 분노는 어찌나 심하고 오래 갔던지, "어려서 너무 가혹하고 심한 말을 했다면 용서해 달라."라는 식으로 그들을 회유하고 진정시키기 위해 파견된 조세 징수관 아도람(Adoram)을 잡아 돌로 쳐 죽일 정도였다. 르호보암은 이것을 보고 자기 종을 쳐 죽인 돌의 다음 목표가 자신이 될 것 같은 생각이 들자 급히 병거를 몰아 예루살렘으로 도망쳤다. 유다 지파와 베냐민 지파는 예루살렘에서 그를 왕으로 삼았으나, 나머지 지파는 그 날부터 다윗의 자손을 떠났고 여로보암을 자기들의 왕으로 임명했다. 솔로몬의 아들 르호보암은 자기에게 복종하는 두 지파를 모두 소집한 후에 여로보암과 그의 추종자들을 무력으로 복종시켜 자기 휘하에 들어오도록 만들기 위해 180,000명의 병사들을 차출했다. 그러나 동족상쟁은 옳지 못하다는 이유로 원정 계획은 (스마야) 선지자에 의해 좌절되었다. 스마야 선지자는 이번 백성들의 이반(離反) 행위는 모두 하나님의 뜻에 따른 것임을 명백히 밝혔다. 이에 르호보암은 원정을 중단했다.

앞으로 나는 먼저 이스라엘 왕 여로보암의 치세를 살피고 난 후에 그에 관련해서 두 지파의 왕인 르호보암의 치세를 살피는 식으로 이야기를 전개해 나갈 것이다. 이렇게 할 때 우리는 전 역사를 시대순으로 올바르게 살펴 나갈 수 있을 것이라고 생각한다.

4. 여로보암은 세겜시에 왕궁을 건설한 후 그곳에 거주하였다. 그는 또한 부느엘(Penuel)시에도 왕궁을 건설하였다. 장막절이 가까이 다가오자 여로보암은 만일 백성들에게 예루살렘에 가서 하나님께 경배하고 절기를 지키도록 허락한다면 백성들이 성전과 성전에서 거행되는 제사에 끌려 그들이 한 행동을 후회하고 자기를 버리고 르호보암에게 돌아가지 않을까 하는 염려가 생기게 되었다. 만일 그렇게 된다면 자기의 목숨은 부지하기 어려울 것이 분명하

였다. 그래서 그는 꾀를 한 가지 생각해 냈다. 그는 금송아지 둘을 만들고 이를 위해 벧엘(Bethel)시와 단(Dan)시에 작은 성전을 각각 하나씩 건축했다. 단은 작은 요단강(Lesser Jordan)의 근원에 위치하고 있었다.[21] 여로보암은 두 금송아지를 위에서 언급한 두 도시에 지은 성전에 두었다.

그 후 여로보암은 자기가 다스리는 열 지파를 소집한 후에 이같이 말했다. "나의 동족 여러분! 여러분은 모든 장소에 하나님이 계심을 알고 있을 것입니다. 하나님이 계신 특정 장소가 별다른 곳에 있는 것은 아닙니다. 하나님은 어디에서나 자기에게 경배하는 자들을 듣고 보십니다. 이 때문에 나는 적의 도시인 예루살렘까지 하나님을 경배하기 위해 먼 여행을 할 필요가 없다고 생각합니다. 성전을 건축하는 자는 인간입니다. 그래서 나도 바로 그 하나님께 금송아지 둘을 만들어 바쳤습니다. 하나는 벧엘시에 두었고 다른 하나는 단에 두었습니다. 그러므로 두 도시 근처에 사는 자들은 그곳을 찾아서 하나님을 경배할 수 있을 것입니다. 나는 여러분을 위해 여러분 가운데서 제사장과 레위인을 임명할 것입니다. 그러니 여러분은 레위 지파나 아론의 자손들을 필요로 하지 않아도 될 것입니다. 따라서 여러분 가운데 제사장이 되고 싶은 분이 있거든 첫 제사장 아론이 드렸던 소와 양을 하나님께 드리면 될 것입니다."

여로보암은 이 같은 방책을 써서 백성들로 하여금 선조들의 신앙에서 떠나 율법을 어기도록 만들었다. 이것이 결국은 히브리 민족이 당할 재난의 시작이요 이방인들과의 전쟁에 져서 포로가 되는 원인이 되었다. 이에 대해서는 후에 적절한 때에 언급하도록 하겠다.

5. (장막절) 절기가 다가오자 여로보암은 두 지파가 예루살렘에서 절기를 지키듯이 벧엘에서 절기를 지키고 싶었다. 따라서 그는 금송아지 앞에 단을 쌓고

---

[21] 이 '작은 요단강의 근원'이 단 근처에 있고 큰 요단강의 근원이 욜(Jor) 근처에 있는 것인지, 아니면 피알라(Phiala) 호수에서 발원하여 갈릴리 바다로 흘러 들어가는 한 근원만이 있어서 오늘날까지 작은 요단강이라고 불리어 온 것인지에 대해서는 후자가 좀 더 타당성이 있는 것 같아 보이지만 요세푸스의 글에서도 확실하지 못하다. 요세푸스가 다른 곳에서 우리에게 가르쳐 주는 바에 따르면 여로보암이 북방에 세운 송아지 우상은 작은 요단강이 큰 요단강으로 흘러 들어가는 곳, 즉 다프나이(Daphnæ)라고 부르는 곳 근처에 있었다.

스스로 대제사장의 역할을 하려고 했다. 그가 모든 백성 앞에서 제사와 번제를 드리려고 하자 하나님이 보내신 야돈(Jadon)이라는 선지자가 예루살렘에서 왔다. 그는 백성들 가운데 서서 왕이 들을 수 있는 큰 목소리로 제단을 가리키며 이같이 말했다. "다윗의 자손 가운데 요시야(Josiah)라는 인물이 나타나 그때 거짓 선지자들을 이 제단 위에서 죽일 것이며 백성들을 속인 그자들의 뼈를 이 제단 위에서 태울 것이라고 하나님이 예언하셨습니다. 그러나 이 백성에게 장차 이런 일이 일어날 것임을 믿게 하기 위해 내가 한 가지 표적을 보여주겠습니다. 이 제단은 내 말이 끝나자마자 부서져 박살이 날 것이며 제단 위의 예물은 모두 땅에 쏟아질 것입니다."

선지자의 이 말을 들은 여로보암은 벌컥 화를 내더니 손을 뻗어 그를 잡으려고 하였다. 그러나 갑자기 그의 손이 마르더니 죽은 사람의 손처럼 축 늘어져 선지자를 잡긴 잡았으나 끌어당길 힘이 없었다. 그때 선지자가 예언한 대로 제단이 박살이 나더니 그 위의 예물이 땅으로 모두 쏟아졌다. 이를 본 여로보암은 그가 진실한 인물이며 신적인 예지를 소유한 자임을 깨닫고 자기 오른손을 회복시켜 달라고 하나님께 기도해 줄 것을 간청했다. 이에 선지자는 하나님께 여로보암의 간청을 들어 달라고 기도했다. 그러자 그의 손이 정상 상태로 회복되었다. 여로보암은 이에 크게 기뻐하고 선지자를 식사에 초대하고 싶다고 제의했다. 그러나 야돈은 이 도시에서는 어떤 집에도 들어갈 수 없으며 떡이나 물 한 모금도 마실 수 없다고 대답했다. 하나님이 이런 일을 엄금하셨을 뿐 아니라 온 길로 바로 돌아가지도 말라고 명령하셨다고 그는 덧붙였다. 그는 갈 때는 올 때와는 다른 길로 갈 것이라고 말했다. 여로보암은 야돈 선지자의 자제를 일면 의아하게 생각하였으며 앞으로 자기에게 불어닥칠 불행한 미래를 생각하고 큰 두려움 속에 빠지게 되었다.

제9장

선지자 야돈이 거짓 선지자의 꾐에 넘어가
벧엘로 돌아갔다가 사자에게 죽음을 당한 사건과
악한 선지자들이 여로보암을 설득시켜
하나님에게서 멀어지게 만든 경위

벧엘시에서는 야돈이 여로보암에게 크게 존경을 받았으나 그 도시의 거짓 선지자에게 유혹당하여 그의 말에 걸려 넘어지게 된다. 그 거짓 선지자는 연로하여 몸져누워 있었다. 그는 아들들에게서 예루살렘에서 올라온 선지자에 대한 이야기를 들었다. 여로보암의 오른손이 말랐으나 그 선지자의 기도로 정상을 회복했다는 이야기도 상세하게 들었다. 이에 그는 그 낯선 선지자가 자기보다 왕의 총애를 더 받을까 두려웠다. 그래서 그는 아들들에게 즉시 나귀에 안장을 얹고 자기의 외출 준비를 갖추라고 지시했다. 아들들은 시키는 대로 급히 만반의 준비를 했다. 이에 그는 나귀를 타고 그 선지자의 뒤를 쫓았다. 그가 선지자의 뒤를 따라잡았을 때 선지자는 크고 울창한 상수리나무(oak-tree) 그늘 아래서 쉬고 있었다.

그는 먼저 선지자에게 인사를 하고 나서 어찌하여 자기 집에 들러서 자기 호의를 받지 않고 그냥 떠나 왔느냐고 핀잔 투로 말했다. 이에 선지자 야돈은 하나님이 벧엘시에서는 누가 주는 음식도 먹어서는 안 된다고 명령하셨다고 말했다. 그러자 거짓 선지자는 이렇게 꾸며댔다. "하나님이 내가 그대에게 음식 대접하는 것을 금하지 않으셨소. 나도 그대와 같은 선지자이며 그대가 섬기는 것과 똑같은 방법으로 하나님을 섬기고 있소. 하나님이 그대를 내 집에 초청해 음식을 대접하라고 나를 보내셨소." 야돈은 이 거짓 선지자의 말을 믿고 그와 함께 벧엘로 돌아왔다. 그들이 저녁 식사를 하며 함께 즐거워하고 있을 때 하나님이 야돈에게 나타나 명령에 불순종한 죄로 벌을 받게 될 것이라고 말씀하셨다. 길을 가는 도중에 사자를 만나 온몸이 찢겨 죽음을 당할 것이며 선조들의 무덤 근처에도 묻히지 못할 것이라고 덧붙이셨다. 내 생각에는 이런 일을 생기게 하신 까닭은 여로보암으로 하여금 야돈의 말을 거짓말로 생각하고 주의를 기울이지 못하게 하시려는 뜻에서 나온 것이라고 본다.

야돈은 다시 예루살렘을 향해 떠났다. 도중에 사자가 나타나더니 그를 나귀에서 끌어내려 죽였다. 그러나 사자는 나귀는 조금도 건드리지 않고 나귀와 함께 나란히 앉아 선지자의 시신을 지키고 있었다. 사자는 지나가는 과객이 이것을 보고 벧엘시의 거짓 선지자에게 보고할 때까지 그렇게 하고 있었다. 이에 거짓 선지자는 아들들을 보내 시신을 시내로 운반해 오게 하고 많은 경비를 들여 장례를 치러 주었다. 거짓 선지자는 아들들에게 야돈이 벧엘과 제단과 제사장들과 거짓 선지자들에 대해 예언한 모든 것이 그대로 성취될 것이니 자기가 죽으면 자기 시신을 선지자와 함께 장사 지내라고 당부했다. 그렇게 해야 자기가 죽은 후에 자기 뼈가 제단에서 불태워지는 처참한 일을 당하지 않게 될 것이라고 그 이유를 밝혔다.

거짓 선지자는 이같이 선지자의 장례를 치러 주고 아들들에게 자기 사후의 일을 신신당부한 후 여로보암 앞에 나아가 "무슨 연유로 이같이 어리석은 친구의 말에 얼이 빠져 있는 것입니까?"라고 말했다. 그러자 여로보암은 자기 오른손과 제단에 일어난 이상한 일에 대해서 상세히 설명한 후에 그자는 신성한 인간이요 최고의 선지자임에 틀림이 없다고 혀를 내둘렀다.

이 말을 들은 거짓 선지자는 사악한 계략을 써서 그의 생각을 돌리려고 애를 썼으며, 일어난 일에 대해서는 그럴싸한 이유를 둘러대서 그 안에 든 진실을 왜곡시키려고 갖은 수단과 방법을 가리지 않았다. 손이 말랐다가 정상적으로 회복된 것은 제사를 드리느라고 무리해서 힘이 빠졌다가 휴식을 취하니까 정상으로 되돌아온 것이며, 제단은 한 번도 사용하지 않은 새것이어서 갑자기 너무 많은 제물을 올려놓았기 때문에 그 무게를 견디지 못하고 무너져 부서진 것뿐이라고 여로보암을 설득시켰다. 거짓 선지자는 야돈이 죽은 이야기를 하면서 그가 사자에게 찢겨 죽은 것을 볼 때 그는 선지자가 아니며 그의 말도 예언으로서 일고의 가치도 없는 것이라고 단정적으로 결론을 내렸다. 거짓 선지자는 이같이 말함으로써 왕의 마음을 하나님에게서 멀리하게 만들고 선하고 거룩한 일에서 떠나 계속 악행하는 일에 뛰어들게 했다.[22] 따라서 여로보암은 매일 새로운 죄악의 유형이 무엇인가를 찾는 것 외에는 하는 일이 없을 정도로 하나님을 멀리 떠난 범죄자가 되었으며 그 전과는 비교도 할 수 없을 정도로 하나님께 등을 돌리는 인물이 되었다. 여로보암에 대해서는 당분간 이 정도로 끝마치도록 하는 것이 좋겠다.

제10장

르호보암이 불경건으로 인해
애굽 왕 시삭의 침략을 받아 괴로움을 당하게 된 경위

1. 앞에서 살펴본 것과 같이 두 지파의 왕이 된 솔로몬의 아들 르호보암(Rehoboam)은 베들레헴(Bethlehem), 에담(Etam), 드고아(Tekoa), 벧술(Bethzur), 소고(Shoco), 아둘람(Adullam), 이판(Ipan), 마레사(Maresha), 십(Ziph), 아도라임(Adoriam), 라기스(Lachish), 아세가(Azekah), 소라(Zorah), 아얄론(Aijalon)과 헤브론(Hebron) 등의 견고한 대도시들을 건설했다. 그는 먼저 유다 지파 경내의 도시들을 건축하였다. 그리고 베냐민 지파의 도시들을 건설한 후에 성벽을 둘러쌓고 수비대를 파견하고 수비대장을 임명하여 다량의 곡식과 포도주와 기름을 비축해 두었다. 그는 도시마다 풍성한 식량을 비축해 놓았으며, 수만 명의 병사들이 사용할 창과 방패들도 보관해 놓았다. 이스라엘 전역에 있던 제사장들과 레위인들 그리고 선하고 의로운 백성들은 예루살렘에서 하나님께 경배

---

[22] 요세푸스는 여로보암과 유대 선지자와 거짓 선지자의 이야기에서 우리가 성경을 통해 알고 있는 것보다 더 좋은 자료를 갖고 있다는 사실이 첫눈에 분명하게 들어온다. 야돈(Jadon)이라는 선지자의 이름도 우리가 소유하고 있는 성경에는 나타나 있지 않다.

드리기 위해 각자 고향을 떠나 르호보암에게로 나아왔다. 이들은 여로보암이 만든 금송아지에 경배하고 싶지 않았기 때문이었다. 이들은 르호보암의 왕국을 3년 동안 증대시켰다. 르호보암은 친족 여인을 아내로 맞이하여 세 자녀를 둔 후에 또다시 압살롬이 다말에게서 낳은 딸인 마아가(Maachah)와 결혼하여 아비얌(Abijah)이라는 아들을 낳았다. 이 외에도 그는 다른 여러 아내들을 통해 자녀들을 여럿 두었으나 누구보다도 마아가를 가장 사랑했다. 그에게는 18명의 아내와 30명의 첩이 있었으며 아들 28명과 딸 60명을 자녀로 두었다. 그는 마아가를 통해 낳은 아들인 아비얌을 후계자로 임명하고 벌써부터 국고성과 요충지를 맡길 정도였다.

2. 나는 왕국의 강성과 부요가 자주 백성의 범죄와 실패의 계기가 되었음을 알고 있다. 르호보암도 자기 왕국이 번성하게 되자 옳은 길에서 벗어나 불의한 길로 들어갔으며 하나님에 대한 제사를 소홀히 했다. 그렇게 되자 백성도 그의 사악한 행위를 본받았다. 백성이란 지도자의 행습을 으레 본받기 마련이다. 백성은 올바른 삶의 태도를 견지함으로써 지도자의 사악함에 경종을 울리기보다는 마치 그것이 따라야 할 덕인 것처럼 지도자의 사악을 본받기 쉬운 법이다. 르호보암의 백성도 예외는 아니었다. 르호보암이 점점 죄악을 저지르며 하나님에게서 멀리 떠나게 되니까 백성은 의롭게 살다 보면 왕의 눈에 거슬릴까 봐 감히 그렇게 하려고 하지 않았다.

따라서 하나님이 르호보암의 죄를 벌하시기 위해 애굽 왕 시삭(Shishak)[23]을 일으키셨다. 헤로도투스(Herodotus)는 시삭에 대해 오해하고 그를 세소스트리스(Sesostris)로 잘못 보았다. 시삭은 르호보암의 재위 제5년에 수십만의 병사를 거느리고 (유다를) 침공해 왔다. 시삭은 병거 1,200승과 기병 60,000명과 보병 400,000명을 거느리고 침략해 왔다. 이 병사들 중 상당수는 리비아인(Libyans)과 에디오피아인(Ethiopians)이었다. 시삭은 히브리를 공격하여 전투

---

[23] 이 시삭(Shishak)은 몇몇 사람들이 추측하는 대로 그 유명한 세소스트리스와 동일 인물이 아니다. 이 주장은 모든 고대 기록과 어긋난다.

없이 강한 도시들을 손아귀에 넣을 수가 있었다. 그는 이 도시들에 수비대를 주둔시키고 마침내 예루살렘을 공략하기에 이르렀다.

3. 르호보암과 그와 함께 한 무리들은 시삭의 군대의 포위로 예루살렘에 꼼짝없이 갇히는 신세가 되었다. 이들은 하나님께 자기들을 구원해 주시고 승리하게 해달라고 간청했으나 모두가 허사였다. 선지자 스마야(Shemaiah)는 그들이 하나님을 버리고 제사를 소홀히 한 것처럼 하나님도 그들을 버리실 것이라고 말했다. 그들은 선지자의 말을 듣고는 즉시 대경실색하여 구원의 길이 없음을 깨닫고, 자기들이 하나님의 율법을 어기고 죄를 범했으므로 하나님이 자기들을 못 본 체하시는 것이 당연하다면서 진지한 회개의 눈물을 흘렸다.

하나님이 이들의 회개를 보시고 선지자를 통해 그들을 진멸하지는 않을 것이라고 말씀하셨다. 그러나 하나님과 인간 중 누구를 섬기는 것이 더 유익한가를 깨닫게 하기 위해 그들을 애굽인의 종이 되도록 하겠다고 덧붙이셨다. 시삭은 싸우지도 않고 예루살렘을 점령할 수 있었다. 르호보암이 시삭의 군대를 두려워한 나머지 항복을 하고 문을 열어 환영했기 때문이었다. 그러나 시삭은 당초의 약속을 어기고 성전을 약탈하고 하나님의 곳간을 털고 왕의 곳간을 노략질하고 금과 은을 무수히 빼앗아 가고 아무것도 남기지 않았다. 그는 솔로몬왕이 만든 금방패와 방패를 가져갔으며, 다윗이 소바(Zobah) 왕에게서 빼앗아 하나님께 드린 금전통도 약탈해 갔다. 시삭은 이같이 약탈을 서슴지 않고 자행한 후 자기 나라로 돌아갔다.

할리카르나수스의 헤로도투스(Herodotus of Halicarnassus)도 단지 왕의 이름만 착오가 있을 뿐 이 원정 기사에 대해서 언급하고 있다. "그는 여러 나라와 전쟁을 벌여서 수리아와 팔레스타인을 복속시켰고 그 지방 사람들을 싸우지 않고 포로로 잡아 왔다." 여기서 헤로도투스가 우리 히브리국이 정복되었다는 것을 밝히려고 했었다는 점은 명약관화하다. 그는 덧붙이기를 "그는 싸우지도 않고 항복한 자들의 땅에 기둥을 세우고 그 기둥 위에 여자의 음부(陰部)를 새겨 놓았다."라고 했기 때문이었다. 사실상 싸워 보지도 않고 도시를 내어준 왕은 바로 우리의 르호보암왕이었다. 헤로도투스는 또한 에디오피아인들이 할례하는 법을 애굽인들에게 배웠다고 기록하고 있으며 한 걸음 더 나아가 팔레스타인에 거주하는 베니게인(Phoenicians)들과 수리아인들이 할례를 애굽인들에게서 배웠다고 실토했다고 서술하고 있다.[24] 그러나 우리들을 제외하고는 팔레스타인 내에 거주하는 어떤 수리아인들도 할례를 행하지 않는다는 점을 명심해야 한다. 그러나 이런 문제에 대해서는 독자 여러분이 각자 좋은 대로 생각하기 바란다.

4. 시삭이 돌아간 후, 르호보암왕은 금 대신에 전과 같은 수로 놋 방패들을 만들어 왕궁 수비 병사들에게 나눠 주었다. 군사 원정과 그로 인한 영화의 화려한 날이 없이 르호보암은 조용히 나라를 다스렸다. 물론 여로보암과의 적대 관계에서 오는 두려움이 없었던 것은 아니었다. 르호보암은 17년간의 통치 끝에 57세의 일기로 세상을 떠났다. 그는 교만하고 어리석은 사람이었기에 아버지 친구들의 충고에 귀를 기울이지 않음으로써 통치권(의 일부)을 상실하는 우를 범했다. 그는 예루살렘의 왕의 무덤에 장사되었다. 그리고 그 뒤를 이어 아비얌이 왕위에 올랐으니 여로보암 재위 제18년에 일어난 일이었다. 이렇게 해서 르호보암의 일생은 끝이 났다. 따라서 우리는 다시 여로보암에게로 돌아가 그가 어떻게 생의 종말을 고하는지 살펴보아야 하겠다. 그는 하나님께 돌아가기는커녕 날마다 높은 산에 제단을 쌓고 백성들 가운데서 제사장을 만들어 내는 죄를 서슴지 않고 범하고 있었다.

---

[24] 여기서 요세푸스가 인용하고 있는 인물인 헤로도투스는 "팔레스타인 내의 베니게인들과 수리아인들(수리아인들이란 여기서 유대인을 의미하는 것이라고 일반적으로 생각하고 있다)은 애굽인들에게서 할례 하는 법을 배웠음을 솔직히 실토하고 있다."라고 주장한다. 그러나 유대인들의 할례의 전통은 그들의 조상 아브라함에게서 연유한 것임을 보여주는 증거는 매우 많다(창 17:9-14; 요 7:22-23). 내 결론으로는 애굽의 제사장들도 할례를 하지 않았나 생각된다.

제11장

여로보암의 아들의 죽음과
여로보암이 아비얌에게 패배한 경위,
그리고 아비얌이 죽은 후
아사가 그의 뒤를 이어 왕위에 오르게 된 경위,
여로보암이 죽자 바아사가
여로보암의 아들 나답과 그의 전 가족을 몰살시킨 경위

1. 하나님은 여로보암의 사악한 행동을 오랫동안 그대로 두고 볼 수가 없었다. 따라서 하나님은 그와 그의 가족이 받아 마땅한 응분의 벌을 내리셨다. 여로보암의 아들 아비야가 병이 들자 여로보암은 자기 아내를 평민의 의복을 입혀 변장시켜서 자기가 왕이 될 것을 예언해 주었던 아히야 선지자를 찾아가게 했다. 그는 아내에게 아히야 선지자의 집에 당도하면 나그네인 것처럼 가장하고 아비야의 병이 어떻게 될 것인지 물어보라고 지시했다. 이에 그의 아내는 남편이 시킨 대로 변장을 하고 아히야 선지자가 살고 있는 실로시로 갔다.

이때 아히야 선지자는 연로하여 눈이 침침한 상태였다. 여로보암의 아내가 그의 집으로 막 들어올 때 하나님이 그에게 나타나 여로보암의 아내가 올 것이니 그녀의 질문에 이렇게 대답하라고 가르쳐 주셨다. 그녀가 평민이요 나그네인 것처럼 변장하고 집으로 들어오자 아히야 선지자는 이같이 소리를 질렀다. "여로보암의 아내여! 어서 들어오시오. 그런데 어째서 그대는 변장을 하고 있소? 그대는 하나님을 속일 수 있다고 생각하시오? 하나님이 조금 전에 내게 나타나 그대가 올 것을 알려 주셨고 그대에게 대답할 말도 일러 주셨소." 선지자는 그녀에게 빨리 남편에게 돌아가 이같이 전하라고 명령했다. "네가 별 볼 일 없을 때, 아니 아무것도 아닐 때 내가 너를 큰 인물로 만들어 주었고 다윗의 집에서 왕국을 빼앗아 네게 주었는데도 불구하고, 너는 이 은혜를 망각하고 내게 제사드리기를 중지하고 금송아지를 만들어 그것을 섬겼으므로 나도 이와 같이 너를 버릴 것이며 너의 집안을 진멸시켜 개와 새의 먹이가 되도록 만들 것이다. 때가 되면 이 백성을 다스릴 왕이 나와 여로보암의 모든 식구를 한 명도 살려두지 않을 것이다. 백성들도 마찬가지의 벌을 받아 이 좋은 땅에서 쫓겨나 유브라데강 너머로 흩어짐을 당할 것이다. 백성들도 왕의 사악한 행습을 따라 그가 만든 우상을 섬기고 내게 제사하지 않았기 때문이다. 여자여! 그대는 급히 그대의 남편에게 돌아가 이 소식을 전하라. 그러나 그대가 도시를 들어서는 순간 그대의 아들은 세상을 떠날 것이다. 그대의 아들은 온 백성의 애도 가운데 장사 될 것이다. 그는 여로보암의 가족들 가운데 유일하게 선한 인물이기 때문이다."

선지자의 예언이 끝나자 여로보암의 아내는 아들이 죽을 것이라는 데에 큰 충격을 받아 슬픔을 억제하지 못하고 정신없이 남편에게로 돌아왔다. 그녀는 여행 도중 임박한 아들의 죽음으로 인해 눈물을 참을 수가 없었다. 그녀는 아들의 죽음이 피할 수 없는 사실로 다가오자 제대로 몸을 가눌 수 없을 정도로 비참한 지경에 이른 것이었다. 자기가 빨리 가면 갈수록 아들의 죽음을 재촉하는 결과 밖에 나오는 것이 없음을 잘 알고 있었지만 그녀는 남편 때문에 서두르지 않을 수 없었다. 그녀가 돌아와 보니 선지자가 말한 대로 아들은 이미 죽어 있었다. 이에 그녀는 자기 남편에게 모든 사실을 다 이야기해 주었다.

2. 그러나 여로보암은 이에 전혀 개의치 않고 대군을 이끌고 르호보암의 아들 아비얌을 공격하기 시작했다. 아비얌이 나이 어린 것을 얕잡아 본 때문이었다. 아비얌은 여로보암이 공격해 온다는 소식에 조금도 두려워하지 않고 대담하게 맞섰다. 사실상 아비얌은 나이에 맞지 않게, 더구나 여로보암의 예상과는 다르게 훨씬 용감했다. 아비얌은 두 지파에서 군대를 소집해 스마라임(Zemaraim)산에서 여로보암의 군대를 맞이했다. 그는 적 진영 가까이에 진을 치고 모든 임전 태세를 갖추었다. 아비얌의 군사는 400,000명이었고 여로보암의 군사는 그 두 배였다. 양쪽 진영이 결전 준비를 갖추고 전투 대형으로 막 접전을 벌이려고 할 때 아비얌은 조금 높은 장소에 올라가더니 손짓을 하면서 잠잠하고 자기가 하는 말을 들어 달라고 요청했다. 모두가 조용히 하자 그

는 이같이 말문을 열었다. "하나님은 다윗과 그의 후손만이 미래에 왕위에 오를 수 있다는 점에 동의하셨습니다. 이 점은 여러분도 모르지 않을 것입니다. 그런데 어찌 된 영문인지 여러분은 내 아비를 버리고 그의 종이었던 여로보암과 하나가 되었고 이제는 하나님의 뜻으로 왕위에 오른 자를 대적해 그 통치권을 빼앗으려고 여기에 몰려왔습니다. 통치권의 대부분을 여로보암이 차지하고 있는 것도 부당한데 말입니다. 그러나 여로보암이 앞으로 통치권을 계속 행사할 수 있으리라고 나는 보지 않습니다. 여로보암은 과거의 죄에 대한 벌을 받아야 비로소 죄악을 버릴 것 같습니다. 그래서인지 아직도 죄악을 버리지 않고 있을 뿐 아니라 여러분에게도 같은 죄를 범하게 해 공범으로 만들고 있습니다. 사실상 내 선친은 악한 자들의 충고만 듣고 여러분의 비위를 거스르는 말을 했을 뿐 실제로 여러분에게 가혹한 처사를 행한 적은 없었습니다. 물론 여러분은 이 때문에 화가 나 내 선친을 버렸으나 실제로는 하나님과 그의 율법을 버린 것이나 다름이 없지 않습니까? 여러분은 아직 나이 어리고 백성들을 다스려 본 적이 없는 내 선친을 용서해 주어야 옳았을 것입니다. 어리고 경험이 부족하여 불쾌한 말을 하고 미숙한 행동을 보였더라도 그의 아비 솔로몬과 그가 베푼 은혜를 생각해서라도 용서해 주는 것이 옳지 않았겠습니까? 그 부모에게서 받은 은혜를 생각하고 그 자식의 죄를 용서해 주는 것이 인지상정이 아닙니까? 그러나 여러분은 그 당시에도 이런 것에 대한 고려가 조금도 없었을 뿐 아니라 대군을 이끌고 우리를 공격하는 것을 보니 지금도 그런 고려가 조금도 없는 것이 분명합니다. 그렇다면 여러분은 도대체 무엇을 믿고 전쟁에서 승리할 수 있다고 생각합니까? 여러분이 높은 산에 세운 금송아지와 제단을 믿고 이렇게 나온 것입니까? 그것들은 여러분의 불신앙의 증거가 아닙니까? 아니면 군대의 수를 믿고 나온 것입니까? 불의한 전쟁이라면 수십만의 군대인들 그것이 무슨 힘이 있겠습니까? 전쟁에서의 승리에 대한 가장 확실한 소망은 의와 하나님에 대한 경건에만 두어야 한다고 나는 생각합니다. 그런데 우리는 이런 확실한 소망이 있습니다. 우리는 처음부터 율법을 지켰으며 우리의 하나님을 섬겼습니다. 우리는 썩어질 재료를 가지고 손으로 만든 우상이나 백성을 속이기 위해 사악한 왕이 만든 신상을 섬긴 적이 없습니다. 하나님은 그 자신의 솜씨(his own workmanship)²⁵⁾요 만물의 처음과 나중이기 때문입니다. 그러므로 내가 여러분에게 충고하는 말을 잘 듣도록 하십시오. 지금이라도 회개하고 공격을 중지하십시오. 그리고 지금까지 어떻게 해서 행복을 누리게 되었는지를 기억하고 율법을 지키도록 하십시오."

3. 아비얌이 이같이 말하는 도중에 여로보암은 병사들을 보내 눈에 안 띄게 그를 포위하도록 명령했다. 아비얌이 적에게 포위된 것을 본 부하들은 크게 떨면서 낙심하였다. 그러나 아비얌은 자기가 지금 적에게 포위된 것이 아니니 두려워하지 말고 오직 하나님만 의지하라고 격려했다. 이에 그들은 한마음이 되어 하나님의 구원을 간구했다. 이때 제사장들은 나팔을 불었다. 이들은 간구를 마치고 일제히 함성을 지르면서 적을 공격하기 시작했다. 하나님은 여로보암의 군대의 사기를 꺾으시고 아비얌의 군대에 힘을 주셔서 혁혁한 대전과를 거둘 수 있게 하였다. 이때 여로보암의 군대는 헬라인이나 야만인을 막론하고 인류의 전쟁사에 있어서 전례가 없을 정도로 수많은 전사자를 내었다. 무려 500,000명이나 되는 병사가 죽음을 당했기 때문이었다.²⁶⁾ 아비얌의 군대는 강한 여러 도시를 무력으로 점령하고 약탈했는데 그중에는 벧엘과 여사나(Jeshanah)와 그 주변 마을들도 포함되어 있었다. 이 전쟁에서의 대패 후 여로보암은 아비얌의 생존 시에는 다시 기력을 회복할 수가 없었다. 한편 아비얌은 오랫동안 살지 못하고 단지 3년간을 통치한 후 죽어 예루살렘에 있는 선조들의 무덤에 장사되었다. 그는 14명의 아내를 통해 22명의 아들과 16명의 딸을 두었는데 그중에 아사(Asa)가 그의 뒤를 이어 왕위에 올랐다. 아사의 어미는 미가야(Michaiah)였다. 그의 재위 10년 동안 이스라엘인들은 평화를 누렸다.

---

25) '하나님은 그 자신의 솜씨'라든지 혹은 '하나님은 그 자신을 만드셨다.'라는 이 표현은 약간 이상한 표현이긴 하나, 아마도 요세푸스는 하나님이 그 누구에 의해서도 지음을 받은 분이 아니라는 점을 뜻하는 의미로 쓴 것이 아닌가 생각한다.
26) 이 엄청난 대살육을 통해서 우리는 하나님이 우상 숭배와 반역을 얼마나 미워하시는가를 충분히 알 수가 있다. 이로 인해 살아남은 열 지파 사람들은 계속 우상 숭배를 해서는 안 된다는 엄한 경고를 받은 셈이 되었고 앞으로 열 지파와 두 지파 사이에는 일종의 균형과 평형이 유지될 수가 있었다. 만일 그렇지 않았다면 계속해서 우상 숭배를 하는 열 지파를 두 지파가 감당해 내기란 거의 불가능했기 때문이었다. 따라서 두 지파는 이로 인해 그러한 우상 숭배와 반역에서 자주 헤쳐나올 수 있었던 것이다.

4. 솔로몬의 아들인 르호보암의 아들 아비얌에 관해서 전해지는 역사 기록은 위와 같다. 한편 열 지파의 왕인 여로보암은 22년간 나라를 통치한 후 세상을 떠났고 그의 아들 나답(Nadab)이 아사의 재위 제2년에 왕위에 올랐다. 나답은 2년간 나라를 다스렸는데 불경건하고 사악한 점에서 그의 아비를 닮았다. 그는 재위하는 동안 블레셋 도시인 깁브돈(Gibbethon)을 함락시키기 위해 포위를 하고 계속 공략을 했다. 그러나 그가 깁브돈시를 공략하는 동안 그의 친구인 바아사(Baasha)가 반역을 일으켰다. 바아사는 아히야의 아들이었다. 이 반역으로 인해 나답은 살해를 당하고 말았다. 바아사는 나답을 살해한 후 왕국을 차지하고 여로보암의 일가를 몰살시켰다. 이것은, "도시에서 죽은 여로보암의 친족들은 개의 밥이 되며 들에서 죽은 자들은 새의 밥이 될 것이다."라는 하나님의 예언이 성취된 것이다. 이같이 여로보암의 집은 불경건과 사악으로 인해 하나님의 벌을 받아 마땅했다.

제12장

아사가 에디오피아 왕 세라를 패퇴시킨 후
바아사가 침략해 오자 다메섹 왕에게 원군을 청한 경위,
그리고 바아사의 집이 몰락하자 시므리가 왕국을 차지한 경위,
그리고 그가 죽자 그의 아들인 아합이 뒤를 이어
왕위에 오르게 된 경위

1. 예루살렘 왕 아사(Asa)는 선한 왕으로 하나님을 존중했으며 율법을 범하는 일은 계획하지도 않았고 행동으로 옮기지도 않았다. 아사는 왕국 내에 개혁을 일으켜서 악한 것은 모두 끊어버리고 모든 더러운 것을 깨끗하게 했

다. 그는 병사들을 뽑아 창과 방패로 무장시켰다. 병사의 수는 유다 지파에서 300,000명이었고 베냐민 지파에서 250,000명이었다. 그가 나라를 다스린 지도 10년이 지났다. 그때 에디오피아[27] 왕 세라(Zerah)가 기병 100,000명, 보병 900,000명, 병거 300승을 거느리고 쳐들어와 유다 지파에 속한 마레사(Mareshah)까지 올라왔다. 세라가 마레사까지 쳐들어오자 아사는 마레사시에서 멀리 떨어지지 않은 스바다(Zephathah) 골짜기에서 적을 맞아 전투 대형을 갖추었다. 아사는 에디오피아의 군대를 보고 하나님께 승리를 달라고 간청하면서 이번 전투에서 수많은 적을 전사시킬 수 있도록 해달라고 빌었다. "저는 당신의 도움 외에는 의지하는 것이 없습니다. 하나님은 소수가 다수를, 약한 자가 강한 자를 이길 수 있도록 하실 능력이 있는 줄 압니다. 따라서 저는 당신만 믿고 세라를 맞아 싸우려고 하는 것입니다."

2. 아사가 이같이 기도하자 하나님은 승리의 징조를 보여주셨다. 하나님의 약속을 받은 아사는 기쁜 마음으로 수많은 에디오피아 병사들을 살해하고 패주하는 적을 추격하여 그랄(Gerar)까지 이르렀다. 이들은 적을 살육하기를 중지하고 죽은 적의 시체는 물론 적 진영까지 약탈하고 다량의 금과 은, 그리고 (그 외의) 노획품과 낙타와 양과 가축들을 획득하고 돌아왔다. 결국 아사와 그의 군대는 하나님으로부터 위와 같은 승리와 부를 얻은 후 예루살렘으로 귀환했다. 그들이 귀환하는 도중에 선지자 아사랴(Azariah)가 나타나서 이같이 말했다. "여러분이 하나님으로부터 승리를 얻어낼 수 있었던 까닭은 여러분이 신앙심이 깊고 의로웠으며 범사를 하나님의 뜻에 따라 행했기 때문입니다. 따라서 여러분이 계속해서 율법을 준수하면 하나님이 여러분에게 항상 적을 이길 수 있도록 해주실 것이며 행복하게 살 수 있도록 해주실 것입니다. 그러나 여러분이 하나님 섬기기를 중지한다면 만사는 반대로 될 것이며 여러분 가운데 참 선지자가 사라질 것이며 계시로 응답해 줄 제사장이 없어질 것이며 여러분의 도시는 함락되고 여러분의 나라는 완전히 폐허로 변할 것이며 여러분은 방

---

[27] 독자들은 구스(Cush)가 에디오피아가 아닌 아라비아(Arabia)임을 기억해야 할 것이다.

랑과 유랑의 생활을 경험하게 될 것입니다. 따라서 여러분은 선하게 살아 하나님의 은총을 잃는 일이 없도록 하십시오." 왕과 백성들은 이 말을 듣고 매우 기뻐했으며, 의롭게 살도록 최선을 다하겠다고 결심했다. 이에 왕은 시골에 사는 사람들에게도 전갈을 보내 율법을 준수하도록 하라는 조치를 내렸다.

3. 두 지파의 왕 아사의 형편은 위와 같았다. 이제 여로보암의 아들 나답(Nadab)을 살해하고 왕위를 차지한 바아사(Baasha)에 대해 살펴보도록 하자. 바아사는 디르사(Tirzah)시를 거처로 삼고 그곳에 거주하면서 24년간 나라를 다스렸다. 그는 여로보암이나 그의 아들보다 더 사악하고 불경건한 인물이었다. 그는 백성들에게 수많은 해를 가했으며 하나님께 죄를 범했다. 이에 하나님은 선지자 예후(Jehu)를 보내 이같이 말씀하셨다. "너의 온 집은 파멸당할 것이다. 네가 여로보암의 집을 폐허로 만든 것과 같은 재난이 너의 집에도 이를 것이다. 그 까닭은 내가 너를 왕으로 만들어 주었음에도 불구하고 신앙심을 가지고 백성들을 의롭게 다스리지 못함으로써 나의 인자에 보답하지 않았기 때문이다. 이런 일은 먼저 백성들에게 유익한 것이고 그다음으로는 나를 기쁘게 하는 일일진대 너는 여로보암의 악한 행위를 본받았도다. 한 인간의 영혼은 사라져도 그의 사악성은 후에까지 그대로 영향을 미치는 것임을 네가 실증하였다. 그러므로 너는 여로보암과 같은 죄를 범했으므로 그와 같은 형벌을 당하는 것이 당연한 것이다." 그러나 바아사는 자기 온 집이 멸망당할 것이라는 예언을 듣고도 사악한 행위를 버리지 아니하였으며 죽을 때까지 악을 점점 더해갈 뿐이었다. 그는 과거의 지난 행동을 회개하지도 않았을 뿐 아니라 하나님께 용서도 구하지 않았다. 그는 마치 한번 진지하게 일을 시작했으면 그에 대한 보상을 얻기까지는 하던 일을 멈추지 않는 사람과도 같았다. 바아사는 자기에게 일어날 일을 미리 알고도 자기 집의 멸망(이 세상에서 가장 큰 불행임)이 마치 좋은 일이나 되는 것처럼 점점 더 악해졌으며 마치 악을 위해 싸우는 전사(戰士)처럼 매일 악을 더해만 갔다. 마침내 바아사는 군대를 이끌고 예루살렘에서 40펄롱 떨어진 라마(Ramah)시를 공격하기에 이르렀다. 그는 라마를 함락시킨 후 요새화하고 그곳에서 아사의 왕국을 괴롭힐 속셈이었다.

4. 아사는 적의 공격이 있자 두려워하였다. 게다가 라마시에 주둔하고 있는 적의 수비대가 무슨 일을 저지를지도 모른다는 생각이 들자 사신들에게 은과 금을 들려서 다메섹 왕에게 보내 선조 때부터 내려오는 두 나라의 우의를 생각해서라도 원군을 보내 달라고 간청했다. 이에 다메섹 왕은 돈을 받고 바아사와 맺은 동맹을 깨고 아사와 동맹을 체결한 후 군대 장관들에게 바아사의 통치 아래 있는 도시들을 습격하여 타격을 가하라고 명령했다. 이에 군대 장관들은 바아사의 통치 아래에 있는 이욘(Ijon)과 단(Dan)과 아벨마임(Abelmain)[28]과 그 외 여러 도시를 습격하여 방화하고 약탈했다. 이스라엘 왕은 이 소식을 듣고 라마를 건축하고 요새화하는 일을 중지하고 공격당하고 있는 자기 동족을 구하기 위해 떠났다. 아사는 적들이 라마시를 건설하기 위해 준비해 놓았던 재료를 사용해서 같은 장소에 게바(Geba)와 미스바(Mizpah)라는 두 도시를 건설했다. 따라서 그 후 바아사는 아사를 공격할 여유가 없었다. 그는 곧 죽어 디르사(Tirzah)시에 장사되었기 때문이었다. 그가 죽자 그의 아들 엘라(Elah)가 왕위에 올라 2년간 나라를 통치했으나 그의 군대의 반을 거느리던 군대 장관 시므리(Zimri)의 반역으로 살해되었다. 엘라가 궁내 대신의 집인 아르사(Arza)에 있을 때 시므리는 자기가 거느리고 있던 기병들을 설득시켜 엘라를 살해하였다. 그 당시 군대와 군대 장관들은 블레셋 도시인 깁브돈을 공략하고 있었기에 엘라의 신변을 보호하는 병사들이 없었다.

5. 군대 장관 시므리는 엘라를 살해한 후 왕국을 장악하고 예후의 예언대로 바아사의 모든 식구를 죽였다. 바아사의 온 집안은 바아사의 불경건 때문에 여로보암 온 집의 멸망 때에 언급했던 것과 똑같은 방식으로 멸절을 당하고 말았다. 한편 깁브돈을 공략하고 있던 군대는 시므리가 엘라왕을 살해하고 왕위를 차지했다는 소문을 듣고 군대 장관 오므리(Omri)를 왕으로 삼았다. 오므리

---

[28] 이 아벨마임 혹은 아벨라네(Abellane)는 아벨(Abel) 혹은 아빌라(Abila) — 여기서 아빌레네(Abilene)가 나옴 — 와 동일한 도시라고 생각된다. 이 도시는 의인 아벨(Abel)을 본떠 이름이 붙여졌을 가능성이 있다. 나는 아벨의 피가 이스라엘 경내에서 흘려진 것에 비추어서 디도(Titus, 티투스)와 그의 로마 군대에 의해 유대가 치명적인 타격을 입고 멸망할 것이라는 우리 주님의 말씀을 이해한다.

는 깁브돈 공략을 중지하고 군대를 이끌고 왕궁이 있는 디르사로 와 무력으로 성을 공격하여 빼앗았다. 시므리는 디르사를 수비할 사람이 아무도 없는 것을 보고는 왕궁 가장 깊숙한 곳으로 들어가 불을 질러 자살하고 말았으니 그는 겨우 7일간 나라를 다스린 것이었다. 이로 인해 이스라엘 백성은 반으로 나뉘어 절반은 디브니(Tibni)를 왕으로 삼으려 하였고 나머지 절반은 오므리를 왕으로 삼으려고 하였다. 그러나 오므리를 추종하는 자들이 디브니의 세력을 몰아내게 되어 결국은 오므리가 전 이스라엘을 다스리게 되었다. 오므리가 12년간의 재위를 시작한 때는 아사왕 재위 제13년의 일이었다. 오므리는 6년간은 디르사에서 통치했으며 나머지 6년간은 세마레온(Semareon)시에서 통치했다. 헬라인들은 그 도시를 사마리아(Samaria)라고 부르나 오므리는 그 땅의 원 임자였던 세멜(Semer)의 이름을 본떠 세마레온(Semareon)이라고 불렀다. 오므리는 그 전 왕들과 하등 다른 점이 없었다. 오히려 그들보다 더욱 악하기만 했다. 이 왕들은 모두가 사악한 행동으로 백성들을 하나님으로부터 멀리 떨어지게 했고 하나님이 한 가문으로 왕위를 지속하게 만들지 않으시고 계속해서 한 왕이 다른 왕에 의해 살해되도록 하신 것도 다 이 때문이었다. 결국 오므리도 사마리아에서 죽었으며 그 뒤를 이어 그의 아들 아합이 왕위에 오르게 되었다.

6. 우리는 이러한 역사를 살펴보면서, 하나님이 얼마나 인간사에 관심을 가지고 계시며 선한 인간은 사랑하시되 악한 자는 철두철미하게 미워하시며 멸망시키시는가를 배울 수 있다. 이스라엘의 많은 왕은 범죄로 인해 가족과 함께 비참한 죽음을 맞이했으며 짧은 기간에 왕이 여러 번 살해당하는 비극을 겪지 않을 수 없었다. 그러나 예루살렘의 두 지파의 왕인 아사는 그의 경건과 의로 인해 하나님의 축복을 받아 장수하며 행복한 노년 생활을 보내다가 평온한 죽음을 맞이했다. 그가 41년간의 통치를 마치고 세상을 떠나니 그의 아들 여호사밧(Jehoshaphat)이 왕위를 계승하게 되었다. 여호사밧은 아사의 아내 아수바(Azubah)의 소생이었다. 여호사밧이 그의 선조 다윗을 본받았다는 사실은 모두가 인정하고 있다. 아사와 여호사밧은 모두 용감했으며 경건한 인물이었다. 그러나 여호사밧왕에 대한 상세한 이야기는 나중에 적절한 때에 다루도록 하자.

제13장

아합이 이세벨을 아내로 맞아들인 후
그전의 어떤 왕보다 악해진 경위와
선지자 엘리야의 활동과 나봇 사건의 전모

1. 이스라엘 왕 아합(Ahab)은 사마리아에 거하면서 22년간 나라를 다스렸다. 그는 그전 왕들보다 나은 점이 전혀 없을 뿐 아니라 오히려 그들보다 더욱 악했다. 그는 특히 여로보암의 죄악을 답습했다. 그는 금송아지를 만들고 그것에 경배한 것은 물론 금송아지 외에도 여러 가지 말도 안 되는 우상들을 만들어 섬겼다. 그는 또한 두로와 시돈 왕 엣바알(Ethbaal)의 딸 이세벨(Jezebel)을 아내로 맞이하고 이세벨이 섬기는 신을 섬기기까지 하였다. 이세벨은 활동적이고 대담한 여인으로서 벨루스(Belus)라고 부르는 두로의 신을 위한 신전을 짓고 각종 나무를 심고 이 신을 섬기는 제사장들과 거짓 선지자들을 임명할 정도로 온갖 부정과 사악을 서슴지 않았다. 물론 아합도 주위의 많은 우상을 섬겼으니 그전의 어떤 왕보다 사악했으며 그 정도가 심해 광기에 이를 정도였다.

2. 길르앗 땅의 디셉(Thesbon)에는 전능하신 하나님의 선지자가 한 명 있었다. 이 선지자는 아합에게 와서 하나님이 나타나시기까지는 앞으로 수년 동안 비나 이슬이 한 방울도 내리지 않을 것이라고 예언했다. 그는 맹세로 이 사실을 확인시켜 준 다음 남쪽 지방으로 내려가 한 시냇가에 살았다. 그는 그 시내에서 물을 얻었으며 까마귀가 매일 날라다 주는 음식으로 끼니를 이어 나갔다. 그러나 그 시내도 비가 오지 않아 마르게 되자 그는 시돈과 두로에서 얼마 멀지 않은 두 도시 중간에 있는 사르밧(Zarephath)으로 갔다. 이는 하나님의 명령에 따른 것이었다. 그는 거기서 한 과부의 집에 거하면서 생계를 유지하라는 하나님의 명령을 받고 그리로 갔다. 그는 사르밧에서 멀지 않은 곳에서 나뭇가지를 줍고 있는 한 여인을 만났다. 이때 하나님이 그에게 그 여인이 음식

을 대줄 바로 그 사람임을 알려 주셨다. 이에 그는 그 여인에게 다가가 인사를 한 후 마실 물 좀 달라고 요구했다. 그러자 여자는 물을 가져오려고 했다. 선지자는 가려고 하는 여자를 불러 떡 한 조각만 줄 수 없겠냐고 또 부탁했다. 이 말을 들은 그 여인은 맹세코 집에는 밀가루 한 움큼과 기름 조금 밖에는 아무것도 없는데 이제 막 나무를 주운 것은 마지막으로 남은 밀가루와 기름으로 떡을 구워서 만들어 먹고 그다음에는 먹을 것이 없으니 기근으로 죽으려고 한 것이라고 말했다. 이에 선지자는 "용기를 내고 희망을 버리지 마시오. 우선 떡을 만들어 내게 가져오시오. 하나님이 비를 내리실 때까지는 통의 가루와 병의 기름이 떨어지지 않을 것이오."라고 말했다. 이 말을 들은 여인은 밀가루로 떡을 만들어 자기도 먹고 아들도 주고 선지자에게도 나눠 주었다. 그 후에도 통과 병에는 밀가루와 기름이 떨어지지 않았다. 메난드로스(Menander)는 두로 왕 엣바알의 행적에 대한 기록 속에 이 기근에 대해 언급하고 있다. "그의 재위 기간에 휘페르베레타이우스(Hyperberetaeus)월부터 그다음 해 휘페르베레타이우스월까지 비가 내리지 않았다. 그러나 그가 간청하자 큰 천둥소리가 났다. 이 엣바알은 베니게(Phoenicia)의 보트리스(Botrys)시와 리비아(Libya)의 아우사(Auza)시를 건설했다." 이 말은 아합 시대의 기근을 언급한 것이 분명하다. 왜냐하면 메난드로스가 우리에게 알려주는 바에 따르면 그 당시 두로를 다스리고 있던 왕은 엣바알이었기 때문이다.

3. 선지자를 부양하던 여인은 자기 아들이 병이 들어 목숨이 끊어져 죽은 것처럼 보이자 손으로 가슴을 치고 통곡하면서 선지자에게 나아와 자기 죄를 꾸짖고 책망하고 그 대가로 자기 아들을 죽이기 위해 왔느냐면서 감정을 억누르지 못하고 불평을 늘어놓았다. 그러나 선지자는 여인을 향해 기운을 내라고 하면서 아이를 다시 살려 줄 터이니 어서 자기에게 데려오라고 했다. 이에 여인이 아들을 선지자에게 넘겨주자 그는 아이를 안고 자기가 거처하는 다락방으로 올라가 침상 위에 내려놓고 이렇게 울부짖으며 기도했다. "하나님, 저를 이같이 부양하며 섬기는 여인의 아들을 데려가심은 그 여인에 대한 합당한 보응이 아니라 생각되옵니다. 다시 이 아이의 영혼을 보내셔서 살아나게 해주시옵

소서." 이에 하나님이 그 여인을 불쌍히 여기시고 아이의 생명을 다시 살리심으로써 선지자의 간청에 응답하셨고 그 여인의 기대 이상으로 충족시켜 주셨다. 이에 그 여인은 선지자에게 감사하고 하나님이 그와 교제하심을 보았다고 말했다.

4. 엘리야는 얼마 후 하나님의 지시를 받아 아합왕에게 나아가 비가 올 것이라고 예언했다. 그 당시 기근이 전국을 휩쓸고 있었기에 생명을 부지하는 데 필요한 것들이 크게 부족하였다. 사람들이 먹을 음식이 부족한 것은 물론, 말이나 그 외 가축들이 먹을 식물조차도 기근으로 인해 땅에서 구할 수가 없을 정도였다. 이에 아합왕은 그의 가축을 돌보는 청지기인 오바댜(Obadiah)를 불러 우물이나 시내를 두루 찾아다니다가 가축이 먹을 수 있는 풀이 있거든 가축을 위해 따로 비축해 놓으라고 지시했다. 아합은 이 외에도 사람이 거할 만한 곳[29])은 어디에나 사람을 보내 엘리야를 찾아내려고 애썼다. 그러나 그들이 엘리야를 찾아내지 못하자 아합은 오바댜에게 자기를 따르라고 지시했다. 그들이 길을 가다가 두 갈래 길이 나타나자 오바댜는 이쪽 길을 택했고 아합은 저쪽 길을 택했다. 오바댜는 이세벨 왕비가 선지자들을 살해했을 때 선지자 100명을 숨기고 떡과 물을 제공해 준 인물이었다. 왕과 떨어져 오바댜 혼자 있을 때 선지자 엘리야가 그에게 나타났다. 오바댜는 그를 보고 누구냐고 물었다. 이에 엘리야라고 대답하자 오바댜는 엎드려 절을 했다. 엘리야는 오바댜에게 아합에게 가서 엘리야가 만나 보고 싶어 한다고 전하라고 했다. 그러자 오바댜는 이같이 대답했다. "당신을 죽이기 위해 혈안이 되어 있는 사람에게 가서 이야기하라니 어찌하여 내가 그런 못된 짓을 당신에게 할 수 있습니까? 당신을 잡아 죽이기 위해 아합이 사람을 보내지 않은 곳이 없다는 것을 모르십니까? 또한 만일 하나님이 당신에게 다시 나타나 당신을 다른 곳으로 옮긴다면 아합이 당신을 찾다가 찾지 못하면 속은 줄로 알고 나를 죽일 것입니다. 그러므로 내 목숨도 한

---

29) 요세푸스는 여기서 이 기근이 '사람이 거할 만한 모든 곳'(all the habitable earth), 즉 '온 세상'(all the earth)에 들었다는 뜻으로 이런 표현을 쓴 것 같다. 이것은 주님도 "온 땅(all the earth)에 큰 흉년이 들었을 때에"(눅 4:25)라고 말씀하신 것과 유사하다.

번 생각해 주십시오. 이세벨이 선지자들을 죽일 때 내가 선지자 100명을 숨기고 그들에게 음식을 나눠준 일이 있음을 모르십니까?" 그러나 엘리야는 아무것도 두려워하지 말고 왕에게 가서 이야기하라고 하면서 바로 그날 아합을 자기가 만날 것을 맹세한다고 하였다.

5. 이에 오바댜는 아합왕에게 가서 엘리야가 있는 곳을 가르쳐 주었다. 아합은 엘리야를 만나자 화가 나서 그대는 기근으로 이스라엘 백성을 괴롭힌 자가 아니냐고 대뜸 물었다. 그러자 엘리야는 아첨의 기색은 조금도 없이 이스라엘을 괴롭힌 자는 자기가 아니라 왕과 왕의 집이라고 대꾸했다. 아합왕이 유일하신 참 하나님을 떠나서 이방 신들을 만들어 섬겼기 때문에 이스라엘 백성들이 괴로움을 받는 것이라는 대답이었다. 엘리야는 아합에게, 가서 온 백성과 그의 아내와 그의 선지자 400명을 갈멜(Carmel)산으로 모이게 하라고 지시했다. 이에 아합은 엘리야가 시킨 대로 온 백성을 갈멜산으로 모이게 하고 아내와 선지자들을 대동하고 그리로 나아갔다.

엘리야 선지자는 이들 가운데 서서 이렇게 외쳤다. "어느 때까지 마음과 생각의 갈피를 못 잡고 이렇게 살려고 합니까? 만일 우리의 하나님이 유일하신 참 하나님이라면 그를 믿고 그의 계명을 지킬 것이고 만일 그가 아무것도 아니라면 이방 신을 섬기고 살도록 하시오." 이 말에 백성들이 아무 대꾸도 하지 않고 묵묵부답으로 있자 엘리야는 한 가지 제안을 했다. "우리 하나님과 이방 신의 능력을 한번 겨루어 보는 것이 어떻겠습니까? 우리 하나님의 선지자는 유일하게 나 하나뿐이고 이방 신의 선지자는 400명이 있습니다. 양쪽이 각각 송아지를 잡아 제사를 드리되 예물을 나무 위에 올려놓고 불은 붙이지 않은 상태에서 각기 양편이 믿는 신에게 불을 내리도록 기도하는 것이 어떻겠습니까? 이때 불이 내려오는 편의 신이 참 하나님인 것을 우리 모두 알 수 있지 않겠습니까?" 이 제안에 백성들은 모두 좋다고 했다.

엘리야는 반대편 선지자들에게 먼저 송아지를 골라 제사드릴 준비를 갖추고 그들이 믿는 신의 이름을 불러 불로 응답하도록 해달라고 기도하라고 했다. 그러나 그들의 간구와 기도의 효과가 나타나지 않자 엘리야는 그들의 신이 혹시 잠을 자는지 여행을 떠났는지 모르니 좀 더 큰 소리로 불러 보라고 조롱하였다. 이 선지자들은 그들 나름의 풍습대로 칼과 창으로 몸을 상하게 하면서[30] 아침부터 한낮까지 무진 애를 썼으나 아무 소용도 없었다.

엘리야는 이제 자기가 제사를 드릴 차례라면서 (선지자들을) 저리 가라고 쫓고 (백성들에게는) 가까이 와서 자기가 몰래 나무에 불을 지르지나 않는지 유심히 한번 살펴보라고 했다. 이에 백성들이 가까이 나아오자 엘리야는 히브리 각 지파에서 하나씩 12개의 돌을 취한 후 이것으로 단을 쌓고 주위에 도랑을 깊게 팠다. 그 후 그는 나무토막들을 단 위에 올려놓고 나서는 물통 넷으로 물을 길어서 도랑에 차고 넘칠 때까지 갖다가 부으라고 명령했다. 이 일이 끝나자 그는 하나님께 기도하기 시작했다. 그는 오랫동안 하나님을 떠났던 이 백성들에게 하나님의 능력이 어떠한 것인가를 깨닫게 해달라고 간청했다. 이렇게 기도하자 백성들이 모두 보는 앞에서 갑자기 불이 하늘에서부터 내려와 제단 위에 덮치더니 제물을 태우기 시작했다. 심지어는 이 불에 의해 물까지 타기 시작하더니 마침내는 마른 땅이 되고 말았다.

6. 이것을 목격한 이스라엘 백성들은 땅에 엎드러졌고 하나님이야말로 위대하고 유일한 참 하나님이라고 고백하면서 그를 경배하였다. 백성들은 다른 신들은 인간들의 사악한 생각이 만들어 낸 한낱 명칭에 불과하다고 솔직히 고백하기에 이르렀다. 엘리야는 아합왕에게 조금 후면 하나님이 비를 주시는 광경을 보게 될 터이니 더 이상 아무 걱정 말고 저녁 식사를 들도록 하라고 말했다. 이 말을 듣고 아합왕은 자기 갈 길을 떠났다. 그러나 엘리야는 갈멜산 정상에 올라가 땅바닥에 앉은 후 머리를 무릎 사이에 넣고 그의 종을 시켜 조금 높은 곳에 올라가 바다를 바라보고 있다가 구름이 일어나거든 와서 일러 달라고 지시했다. 종은 엘리야가 시키는 대로 조금 높은 곳에 올라갔다가 여러 번 내려와서는 아무것도 보이지 않는다고 말하더니 일곱 번째가 되어서 하늘에 사람

---

[30] 슈판하임(Spanheim)은 미드라(Mithra) 신(바사의 신)을 섬기는 제사장들도 바알(Baal) 신(베니게의 신)을 섬기는 제사장들처럼 자기 몸을 상해한다는 점을 여기서 주목하고 있다.

발바닥 크기만 한 검은 것이 보인다고 일러 주었다. 엘리야는 이 말을 듣고 아합에게 사람을 보내 비가 오기 전에 도시로 돌아가는 것이 좋을 것이라고 알려 주었다. 이에 아합은 이스르엘(Jezreel)시로 갔다. 조금 있더니 온 하늘에 구름이 덮여 캄캄해지더니 강풍과 함께 폭우가 내리기 시작했다. 엘리야 선지자는 신의 능력을 힘입어 이사르(Izar, 잇사갈[Issachar])[31] 도시인 이스르엘까지 왕의 병거와 함께 나란히 달렸다.

7. 아합의 아내 이세벨은 엘리야가 행한 표적을 보고 또 엘리야가 자기 선지자들을 죽인 것을 목격하고 분노가 치밀어 올라 사신들을 보내 그를 잡아 죽이겠다고 위협했다. 이에 엘리야는 크게 놀라 유다 지파의 최남단 에돔 땅과의 경계에 위치한 브엘세바(Beersheba)로 도망을 쳤다. 그리고 그는 거기에 종을 남겨 놓고 다시 광야로 들어갔다.

그는 자기가 선조들보다 나은 것이 하나도 없고 살고 싶은 마음도 없으니 어서 빨리 죽었으면 좋겠다고 하나님께 기도했다. 그러다가 그는 한 나무 밑에 누워 잠이 들었다. 이때 누군가가 그를 깨우기에 일어나 보니 곁에 음식과 물이 놓여 있었다. 이에 그는 음식을 먹고 원기를 회복한 후 모세가 하나님으로부터 율법을 받은 곳인 시내산까지 갔다. 그는 시내산에서 한 동굴을 발견하고 그 안에 들어가 그곳을 거처로 삼았다. 그때 어디에서 나는 소리인지는 알 수 없었으나 "너는 왜 도시를 떠나 이곳으로 왔느냐?"라는 음성이 들려왔다. 엘리야는 자기가 이방 신을 믿는 선지자들을 죽이고 백성들로 하여금 그전부터 섬겨 오던 하나님만이 유일하신 하나님임을 깨닫게 해준 결과로 아합왕의 아내가 자기를 잡아 죽이려고 해서 이렇게 피신한 것이라고 대답했다. 그러자 내일 밖으로 나오면 앞으로 무엇을 어찌해야 할지를 알게 될 것이라는 음성이 들려왔다. 따라서 엘리야는 그다음 날 동굴 밖으로 나왔다. 밖으로 나오자 지진 소리가 나는 동시에 강한 불빛이 보였다. 그러더니 침묵이 잠시 흐른 후에 "어떤

---

[31] 이사르는(Izar)를 우리는 잇사갈(Issachar), 즉 잇사갈 지파로 읽을 수 있을 것이다. 왜냐하면 이스르엘은 잇사갈 지파에 속해 있기 때문이다.

적도 너를 이길 수 없으니 네가 처한 상황으로 인해 흔들리지 않도록 하라."라는 하나님의 격려의 음성이 들려왔다. 하나님의 음성은 또한 이렇게 계속되었다. "집으로 돌아가서 님시(Nimshi)의 아들 예후(Jehu)를 백성의 왕으로 임명하고 다메섹의 하사엘(Hazael)을 수리아의 왕으로 임명하여 아벨(Abel)시의 엘리사를 너 대신 선지자로 세우도록 하여라. 경건치 못한 백성들은 일부는 하사엘에 의해, 나머지는 예후에 의해 죽음을 당할 것이다."

엘리야는 이 명령을 듣고 히브리 땅으로 되돌아갔다. 그는 사밧(Shaphat)의 아들 엘리사가 다른 사람들과 함께 열두 겨리 소를 끌고 밭을 가는 것을 보고 그에게 다가가 자기 옷을 벗어서 그에게 걸쳐 주었다. 이에 엘리사는 즉시 예언하기 시작했다. 엘리사는 소를 버리고 엘리야의 뒤를 따랐다. 엘리사가 부모에게 작별 인사를 할 수 있는 시간을 달라고 하자 엘리야는 그렇게 하라고 허락했다. 엘리사는 부모와 작별하고 엘리야를 좇았으며 엘리야가 살아 있는 동안 내내 그의 제자와 종이 되었다. 지금까지는 선지자 엘리야와 관련된 사건들을 서술해 왔다.

8. 이사르(Izar, 이스르엘[Jezreel])시에는 왕의 밭과 인접한 곳에 밭을 소유하고 있는 나봇(Naboth)이란 사람이 살고 있었다. 아합왕은 나봇에게 그의 밭을 사서 농장을 넓혀 한 농장을 만들고 싶으니 그 밭을 팔라고 설득했다. 밭의 가격은 부르는 대로 얼마든지 줄 수 있으며 만일 돈 받고 팔고 싶지 않으면 그 대신 다른 곳에 있는 자기 밭을 주겠다고 제의했다. 그러나 나봇은 그 밭은 조상 때부터 내려오는 기업이므로 팔고 싶지 않다고 대답했다.

이에 아합은 남의 소유를 얻지 못하자 마치 해를 당한 것처럼 근심하기 시작했다. 그는 씻지도 않았고 음식을 들지도 않았다. 이세벨은 이것을 보고 무슨 일이 있길래 씻지도 않고 식음을 전폐하고 있느냐고 물었다. 그러자 아합은 이세벨에게 나봇의 괘씸한 행동 때문에 그런 것이라고 대답했다. 자기는 왕의 체모가 깎일 정도로 부드럽게 제의를 했는데 나봇이 건방지게 자기 요구를 들어 주지 않아 모욕을 당한 기분이라고 했다. 이세벨은 이 말을 듣고 나봇을 벌할 좋은 계책이 있으니 슬픔을 거두고 이 일에 너무 마음 쓰지 말고 몸 생각을 하라고 설득했다. 이세벨은 즉시 아합의 이름으로 이스라엘 백성(Israelites, 이스르엘 사람[Jezreelites])의 지도자들에게 서신을 보내 금식을 선포하고 회중을 불러 모으고 나봇을 앞에 앉힌 후에(왜냐하면 그는 저명인사이기 때문이다) 대담한 사람 세 명을 미리 준비시켜 나봇이 하나님과 왕을 모독했다는 증거를 하게 하고 돌로 쳐 죽이라고 명령했다. 왕비의 계략대로 나봇이 하나님과 아합왕을 모독했다는 누명을 쓰고 죽음을 당하게 되자 이세벨은 아합에게 나봇의 포도원을 아무 대가도 치르지 말고 그냥 빼앗기만 하면 된다고 했다. 아합은 이렇게 된 데 대해 기쁨을 감추지 못하고 즉시 누워있던 침상에서 일어나 나봇의 포도원을 보러 나갔다.

그러나 하나님은 이에 크게 진노하시고 선지자 엘리야를 나봇의 밭으로 보내 밭의 진짜 주인을 부당하게 죽인 점을 아합에게 지적하라고 하셨다. 아합왕은 엘리야를 보자마자 자기가 하고 싶은 대로 하는 사람이라고 비방했다(아합은 벌써 자기가 저지른 죄로 인해 엘리야에게 비난받을 줄 알고 있었다). 엘리야는 "나봇의 시신이 개에게 먹힌 바로 그 장소에서 너와 네 아내의 피가 쏟아질 것이며 너의 모든 가족이 멸망을 당할 것이다. 네가 이 나라의 율법에 어긋나게 부당하게 한 시민을 살해하는 악한 죄를 저질렀기 때문이다." 이 말을 들은 아합은 자기가 저지른 일에 대해 회개하기 시작했다. 그는 베옷을 입고 맨발로 다니며[32] 음식을 먹지 않았다. 그는 자기 죄를 고백하면서 어떻게 해서든지 하나님의 진노를 풀어보려고 애를 썼다. 그러자 하나님은 그가 자기의 극악한 죄를 뉘우쳤으므로 그가 살아 있는 동안에는 그의 가족을 멸하지 않을 것이나 그의 아들 대에 가서는 그 저주를 성취할 것이라고 엘리야 선지자에게 말씀하셨다. 엘리야가 아합왕에게 전달한 예언의 내용은 이 같은 것이었다.

---

[32] "유대인들은 오늘날까지도 이런 경우에는 통곡하며 맨발로 재를 뿌리고 베옷을 입고 뒹군다."라고 히에로니무스(Jerome)는 말하고 있다. 슈판하임(Spanheim)은, "버니게(Bernice)는 생명이 위험에 처하게 되자 이와 똑같이 플로루스(Florus)의 재판석 앞에 맨발로 서 있었다."라고 덧붙이고 있다.

제14장

다메섹과 수리아의 왕 하닷이 아합을
두 번 공격하였으나 모두 패배하게 된 경위

1. 아합이 처한 상황이 이와 같았을 때 수리아인들과 다메섹인들의 왕인 하닷(Hadad)의 아들 벤하닷(Benhadad)은 자기 휘하의 모든 병력과 유브라데강 건너 32명의 왕의 원군을 거느리고 아합을 공격해 왔다. 아합은 자기 군대가 벤하닷의 군대의 적수가 못 되는 것을 알았기 때문에 싸울 생각을 하지 않고 자기 나라의 모든 것을 요새화된 도시들 속에 보호한 다음 자기는 사마리아에서 꼼짝도 하지 않았다. 사마리아성은 그야말로 난공불락의 요새였다.

이에 수리아 왕은 군대를 거느리고 사마리아를 포위한 후 공격해 오기 시작했다. 그는 아합에게 전갈을 보내 사신을 보낼 터이니 맞아들여 자기의 의향을 들어 보는 것이 어떻겠느냐고 제안했다. 이에 이스라엘 왕은 사신을 보내면 맞아들이겠다고 허락했다. 그러자 벤하닷의 사신이 와서 이렇게 말했다. "그대 아합의 부(富)와 자녀들과 아내들은 모두 벤하닷왕의 소유요. 따라서 그대가 만일 이 사실을 인정하고 벤하닷왕이 원하는 것을 준다면 그는 성을 공격하기를 멈추고 돌아갈 것이오." 이에 아합은 사신들에게 그들의 왕한테 돌아가서 그와 그의 모든 소유는 왕의 것이라고 전하라고 했다. 사신이 돌아가 벤하닷에게 이 말을 전하자 그는 다시 사신을 보내 이렇게 요구했다. "그대가 가진 모든 소유가 나의 것이라고 인정했으니 내가 내일 보낼 나의 종들을 반갑게 맞이해 주도록 하시오. 그리고 그들이 그대의 왕궁과 그대의 친구들과 친척들의 집을 뒤져서 갖고자 하는 것은 무엇이나 주도록 하시오. 나머지는 그대가 가져도 좋소." 이 수리아 왕의 두 번째 전갈에 아합왕은 그만 대경실색하여 백성들을 소집한 후 이렇게 말했다. "내 생각으로는 여러분의 안전과 평화를 위해 내 아내들과 자녀들과 재산을 넘겨줄 심산이었소. 수리아 왕은 처음 사신을 보내서 그렇게 하면 공격을 중지하고 돌아간다고 했소. 그런데 이제 와서는 자기 부하들을 보내 여러분의 집을 샅샅이 뒤져 좋은 것은 하나도 남겨 놓지 않겠다고 하면서 무엇인가 전쟁의 꼬투리를 잡고 있소. 여러분도 아시다시피 나는 여러분을 위해서라면 내 소유를 아까워하지 않을 것이오. 벤하닷은 부당한 요구를 통해서 전쟁의 빌미를 잡을 속셈인 것 같소. 따라서 나는 여러분이 옳다고 생각하는 대로 따르기로 결정했소." 이에 백성들은 벤하닷의 요구를 무시하고 못 들은 척하고 맞서 싸울 준비를 갖추자고 했다. 그래서 아합은 벤하닷의 사신에게, 첫 번째 요구에는 시민들의 안전과 행복을 위해서 응할 준비가 되어 있었으나 두 번째 요구에 대해서는 그렇게 할 수가 없다고 말한 후 빨리 돌아가라고 지시했다.

2. 벤하닷은 이 말을 듣고 크게 격분하여 세 번째 아합에게 사신을 보내 사마리아 성벽보다 더 높은 토성을 쌓아 성을 함락시키고야 말 것이라고 위협했다. 그는 아합의 군대를 깔보면서 자기 병사 한 사람이 흙 한 줌씩만 갖다가 쌓아도 성벽보다 더 높은 토성을 쌓을 수 있을 것이라고 말했다. 이렇게 말한 것은 자기 군대의 수를 과시하여 아합을 두려움에 빠지게 하기 위한 계책에서 나온 것이었다. 이에 아합은 자기는 결코 뽐내지 않으며 다만 묵묵히 갑옷을 입고 전쟁에서 본때를 보여 줄 생각이라고 대답했다. 사신들이 돌아오니 벤하닷은 32왕과 저녁을 들고 있었다. 벤하닷은 아합의 대답을 전해 듣고는 즉시 성 주위에 토성을 쌓고 온갖 방법으로 성을 함락시키라고 지시를 내렸다. 이 광경을 본 아합과 곁에 있는 모든 백성은 크게 두려워했다. 그러나 한 선지자가 그에게 와서 하나님이 적 수십만의 병사를 이길 수 있도록 해주시겠다고 약속하셨다는 말을 전하자 아합은 두려움에서 벗어나 용기를 얻을 수 있었다. 아합은 선지자에게 어떻게 해야 승리를 얻을 수 있느냐고 물었다. 이에 선지자는 "방백의 아들들을 이용하시오. 그들은 (전쟁에) 능숙하지 못하니까 그 대신 그대가 앞장을 서도록 하시오."라고 대답했다.

아합은 방백의 아들들을 모두 소집했다. 그들은 모두 232명이었다. 아합은 수리아 왕이 주연을 베풀고 즐기고 있다는 소식을 접하자 성문을 열고 방백의 아들들을 내보냈다. 파수꾼이 이 사실을 벤하닷에게 보고하자 그는 일부 병사들에게 전투를 하러 나왔든지 화친하러 나왔든지 간에 생포하여 끌고 오라고 명령했다. 벤하닷은 또한 다른 병사들에게는 토성 안에서 전투태세를 갖추라고 지시했다. 방백의 아들들은 전초 부대를 공격해 다수의 병사들을 살해하고 진영까지 추격했다. 이스라엘 왕은 이 광경을 보고 전군을 동원해 수리아군을 급습하여 패배시켰다. 수리아군은 이스라엘군이 공격해 오리라는 예상을 전혀 하지 못했기 때문에 무기를 내팽개치고 벌거벗고(naked)[33] 있었고 술에 만취해 있었다. 따라서 이들은 진영을 버리고 도망갈 때 무기를 두고 도주했으며 수리아 왕도 간신히 말을 타고 도피할 수 있을 정도였다. 아합은 수리아군을 먼 데까지 추격했으며 적 진영을 약탈하여 수많은 부와 다량의 금과 은은 물론 벤하닷의 병거들과 말들을 끌고 사마리아로 되돌아왔다. 수리아 왕이 그다음 해에 재차 공격해 올지도 모르니 전투 준비를 해야 한다는 선지자의 충고에 따라 아합은 전쟁 준비에 바쁜 나날을 보냈다.

3. 전투에서 간신히 목숨을 구한 벤하닷은 어떻게 이스라엘을 재공격해야 좋을지를 친구들과 상의하였다. 이에 그 친구들은 이스라엘의 신은 언덕에서는 능한 신이어서 자기들이 최근 전멸의 위기에 놓이게 된 것은 언덕이 많은 곳에서 전쟁을 했기 때문이라고 충고하였다. 평지에서 전투가 벌어지면 충분히 이길 수 있으리라는 것이었다. 그들은 또한 원군으로 불렀던 왕들은 돌려보내고 지난번 전투에서 전사한 자들 대신 전국에서 병사들을 모집하고 말과 병거를 다시 보충하며 지휘관들을 재임명하는 것이 좋겠다고 충고했다. 벤하닷은 친구들의 충고를 받아들여 군대 재편성을 시도했다.

4. 봄이 되자 벤하닷은 군대를 이끌고 재차 히브리를 공격하기 시작했다. 그는 아벡(Aphek)시에 도착한 후 대평지에 진을 쳤다. 비록 아합의 군대는 적의 군대와 비교해 볼 때 상대도 안 될 정도로 작았으나 아합은 자기 군대를 이

---

[33] 렐란트(Reland)는 여기서 '벌거벗었다.'라는 말은 항상 '완전한 나체가 된 상태'(entirely naked)를 의미하는 것이 아니라 '병사의 일반 무기나 겉옷을 벗은 상태'를 의미하는 것이라고 지적하고 있다.

끌고 마주 나가 적의 진영 맞은편에 진을 쳤다. 이때 선지자가 다시 그에게 나타나 하나님은 산악 지형에서뿐 아니라 평지에서도 능력이 있음을 실증하기 위해서 승리하게 해주실 것이라고 약속하셨다. 이것은 수리아인들의 생각과는 정반대되는 것이었다. 그러므로 그들은 7일 동안은 잠자코 있었다. 제7일이 되는 날 적들이 진영에서 나와 전투태세를 갖추자 아합도 전투태세를 취했다. 대접전이 일어나자 아합은 적을 무찌르고 도주하는 적을 추격하여 많은 적을 죽였다. 사실상 적들은 자기편 병거에 의해, 그리고 자기편 병사에 의해 죽음을 당한 자들이 많았다. 게다가 27,000명이나 되는 병사들이 아벡시로 도망쳤으나 그만 성벽이 무너져 죽고 말았다. 이 전투에서 전사당한 적의 수는 100,000명이나 되었다.

한편 수리아 왕 벤하닷은 가장 충실한 부하 몇 명을 거느리고 땅굴 속에 숨었다. 부하들은 이스라엘 왕들은 원래 인간적이고 자비로운 사람들이므로 살려 달라고 간청을 하면 구원을 얻을 수 있을 것이라고 왕에게 말했다. 이에 그들은 베옷을 입고 목에 밧줄을 걸고(이것은 수리아인들 가운데서 행해지던 고대 간청 방법이었다)[34] 벤하닷이 살려 주면 평생 은혜를 잊지 않고 종노릇을 하겠다고 하더라고 애원했다. 아합은 그들에게 벤하닷이 전쟁에서 해를 입지 않고 살아남은 것이 기쁘다면서 형제와 같이 친절과 호의로 대해 주겠다는 약속까지 했다. 그들은 아합에게서 벤하닷이 나타나더라도 결코 해를 가하지 않을 것이라는 확약을 얻어내고 그가 숨어 있는 땅굴로 되돌아와서 그를 데리고 다시 아합에게로 왔다.

그때 아합은 병거를 타고 있었다. 벤하닷은 아합에게 엎드려 절을 했다. 아합은 손을 내밀어 그를 자기 병거로 올라오게 하고 입을 맞춘 후 아무런 해도 끼치지 않을 터이니 걱정하지 말고 기운을 내라고 했다. 벤하닷은 고맙다고 하면서 평생 이 은혜만큼은 절대로 잊지 않을 것이라면서 선왕들이 이스라엘에게서 빼앗은 도시들을 되돌려주기로 약속할 터이니 자기를 다메섹으로 되돌아

---

34) 목에 밧줄을 걸고 목숨을 애걸하는 이런 고대 수리아인들의 간청 방법은 내가 보기에도 후대에 심지어는 우리나라에서조차도 이상한 일이 아니라고 생각한다.

갈 수 있도록 허락해 달라고 요청했다. 이에 그들은 언약을 맺고 이를 지키기로 맹세했다. 아합은 벤하닷에게 많은 예물을 주고 자기 나라로 되돌아가게 해 주었다. 이렇게 해서 벤하닷과 아합 사이의 전쟁은 끝이 났다.

5. 미가야(Micaiah)[35]라는 선지자가 한 이스라엘 사람에게 나타나서 "하나님이 기뻐하실 테니 내 머리를 치라."라고 명령했다. 그러나 그 사람은 그렇게 하려고 하지 않았다. 미가야 선지자는 하나님의 명령에 순종하지 않았기 때문에 사자를 만나 죽음을 당할 것이라고 예언했다. 그의 예언대로 그 사람이 사자에게 죽음을 당하는 비극이 일어나자 미가야 선지자는 다른 사람에게 가서 자기 머리를 치라고 명령했다. 이에 그 사람이 미가야의 머리를 치니 머리에 부상을 입게 되었다. 미가야는 머리를 동여매고 아합왕에게 나아가 이렇게 말했다. "저는 왕의 병사로 한 상관이 내게 와 포로 한 명을 맡겼는데 그만 포로가 도망을 치는 바람에 목숨을 잃게 될 지경이 되었습니다. 그 상관은 만일 포로를 놓치면 제 목숨을 그냥 놔두지 않을 것이라고 위협했기 때문입니다." 그러자 아합은 그렇다면 죽어 마땅한 것이 아니냐고 대꾸했다. 그는 머리를 동여맨 것을 풀고 자기가 미가야 선지자임을 알린 다음 이렇게 말을 꺼냈다. "하나님을 모독한 벤하닷을 벌하지 않고 살려준 그대를 하나님이 벌하실 것이오. 그대가 이런 일을 범하였으므로 그대는 벤하닷 대신에 죽을 것이오.[36] 그대의 백성은 벤하닷의 백성 대신 멸망당하게 될 것이오." 이 말을 들은 아합은 선지자에게 몹시 격분하여 그를 감옥에 가두라고 명령하였다. 그러나 아합은 그의 말이 걸려 몹시 마음이 불편하였다. 아합은 자기 집으로 돌아갔다.

---

[35] 요세푸스가 불순종한 자에게 사자의 밥이 될 것이라고 비난해서 그대로 이루어지게 한 선지자가 다름 아닌 아합이 열왕기상 22장 8절과 18절에서 "길한 일은 예언하지 아니하고 흉한 일만 예언하기로 내가 그를 미워하나이다"라고 불평하였고 또 사실상 열왕기상 22장에서 아합을 노골적으로 비난해서 그대로 이루어지게 한 이믈라(Imlah)의 아들 미가야(Micaiah)라고 밝힌 점은 매우 주목할 만하다.

[36] 이 역사에서 우리가 가장 주목해야 할 점은, 유대 신정 정치(theocracy) 아래에서는 하나님은 전적으로 이스라엘 지존(至尊)의 왕이며, 군대의 최고 사령관으로 행동하시며, 백성들과 병사들이 세상의 왕과 사령관들에게 복종하듯이 이스라엘 백성이 명령의 이유 여하를 불문하고 항상 자기에게 복종할 것을 기대하고 계신다는 사실이다.

제15장

예루살렘 왕 여호사밧의 역사와
아합이 여호사밧의 도움을 받아 수리아를 공격했으나
결국은 전투에서 패배하고 난 후
그로 인해 멸망당하게 된 경위

1. 아합이 처한 상황은 이와 같았다. 이제 나는 예루살렘 왕 여호사밧에 대해서 살펴보려고 한다. 여호사밧은 왕국을 넓히고 자기 휘하 영토 내에 있는 도시들뿐 아니라 여로보암이 열 지파를 다스릴 때 그의 조부 아비야가 에브라임 지파에게서 빼앗은 도시들에도 수비대를 주둔시켰다. 그는 의로우며 종교심이 깊었기 때문에 하나님의 은총을 받았으며 날마다 하나님이 받으실 만한 행동을 통하여 하나님의 사랑을 받았다. 주변의 여러 왕들이 그에게 예물을 갖다 바쳤기에 그가 소유한 부는 매우 엄청났으며 그의 명성은 매우 드높았다.

2. 재위 제3년에 그는 나라의 지도자들과 제사장들을 불러 모은 후에 전국을 곳곳마다 순회하며 온 백성에게 모세의 율법을 가르쳐 지키게 하고 하나님에 대한 제사를 성실히 드릴 것을 권고하라고 지시했다. 이에 온 백성은 기뻐하고 율법을 지키는 일에 전심전력을 다했다. 인근 여러 국가도 여호사밧을 사랑하고 평화로운 관계를 지속하기를 희망했다. 블레셋은 이미 약속된 대로 조공을 바쳤으며 아라비아인들은 매년 360마리의 양과 같은 수의 새끼 염소를 보내왔다. 그는 또한 중요한 요충지에 있는 여러 도시를 요새화하였다. 그는 적과 대항하기 위해 막강한 전력을 구축했다. 무장한 병사들은 아드나(Adnah)가 거느린 유다 지파 병사 300,000명과 요한(John)이 거느린 유다 지파 병사 200,000명과 베냐민 지파 궁수(弓手) 200,000명과 여호사밧(Jehozabad)이 거느린 베냐민 지파 병사 180,000명이었다. 왕은 이 병사들을 요새화된 각 도시에 주둔시키는 한편 자신을 섬기도록 예루살렘에도 일부를 배치하였다.

3. 여호사밧은 자기 아들 여호람(Jehoram)의 아내로 열 지파의 왕 아합의 딸 아달랴(Athaliah)를 맞아들였다. 그로부터 얼마 후 여호사밧이 사마리아를 방문하자 아합은 그를 정중하게 영접하고 그를 수행한 병사들을 음식과 포도주와 고기로 풍성하게 대접하였다. 이 자리에서 아합은 여호사밧에게 길르앗(Gilead)의 라못(Ramoth)시를 도로 찾기 위해 수리아 왕과 전쟁을 할 때 원군을 보내줄 수 없겠느냐고 요청했다. 라못시는 자기 선친 때까지는 이스라엘의 소유였으나 수리아 왕의 아비가 자기에게서 빼앗아 갔다는 것이었다. 여호사밧은 이에 원군을 보내 주겠다고 약속했다(사실상 그의 군대는 다른 어느 나라의 군대보다 못한 데가 없었기 때문이었다). 여호사밧은 그의 군대를 예루살렘에서 사마리아로 파견했다. 그 후 두 왕은 각기 보좌에 앉아 군대를 지휘하며 사마리아시를 출발했다. 여호사밧은 아합에게 이번 원정에 대해 물어볼 것이 있으니 선지자들이 있으면 데려다가 이야기를 들어보는 것이 어떻겠느냐고 했다. 그 당시 아합과 수리아 왕 사이에는 3년 전부터 평화 조약이 체결되어 있었다. 즉 수리아 왕이 포로로 잡혔던 때부터인 셈이다.

4. 이에 아합은 400명이나 되는 자기 선지자들을 불러 벤하닷을 공격하려고 하는데 하나님이 승리를 주셔서 라못시를 탈환할 수 있는지 하나님께 물어보라고 지시했다. 그러자 이 선지자들은 가서 싸우면 수리아 왕을 이길 수 있을 것이며 전처럼 그를 손아귀에 넣을 수 있을 것이라고 말했다. 그러나 여호사밧은 그들의 말을 듣고 금방 거짓 선지자들임을 알아차리고 아합에게 미래에 대해 더 확실한 지식을 얻을 수 있는 참 하나님께 속한 다른 선지자가 없느냐고 물었다. 이에 아합은 한 사람이 있기는 한데 자기가 수리아 왕에 의해 패배를 당해 죽을 것이라고 악한 일을 예언하기에 붙잡아서 감옥에 가두어 두었다고 대답했다. 이믈라의 아들 미가야(Micaiah)라는 자가 바로 자기가 말하는 인물이라고 그는 덧붙였다. 여호사밧이 그를 만나보고 싶다고 하자 아합은 내시를 보내 미가야를 데려오라고 지시했다. 내시는 미가야를 데리고 오는 도중에 그에게 다른 모든 선지자가 왕이 승리할 것이라고 예언했다는 소식을 귀띔해 주었다. 그러나 미가야는 하나님께 거짓을 행하는 것은 옳지 못한 것이므

로 듣기 좋은 소리든 듣기 싫은 소리든 간에 해야 할 말은 꼭 해야 한다고 대꾸했다. 미가야는 아합에게 나와 진실만을 말할 것을 맹세한 후 이같이 말했다. "하나님은 내게 이스라엘 백성들이 수리아인들에게 쫓겨 산으로 도망치는 모습을 보여주었소. 마치 목자 잃은 양 떼들이 뿔뿔이 흩어지듯이 말이오. 하나님이 내게 아합왕 그대만 전사하고 나머지 이스라엘 백성들은 무사히 돌아올 것이라고 가르쳐 주었소." 미가야가 이같이 말하자 아합은 여호사밧에게 "내가 조금 전에 그대에게 말한 대로 이 자는 항상 내게 악한 일만을 예언한다고 하지 않았소?"라고 말했다. 이에 미가야는 다시 이같이 말했다. "아합 당신은 하나님이 예언하신 것이 마음에 들든지 안 들든지 간에 귀를 기울여야만 하오. 그대가 전쟁에 나가 죽음을 당할 것임에도 불구하고 이번 전쟁에서 승리할 수 있을 것이라고 떠벌리는 저자들은 거짓 선지자들이오." 이 말을 들은 아합왕은 그만 불안한 기색을 감추지 못했다.

그러자 거짓 선지자 가운데 하나인 시드기야(Zedekiah)가 아합에게 가까이 나아와 미가야는 거짓을 말하고 있으니 그의 말에 귀를 기울일 필요가 없다면서 이렇게 말했다. "미가야보다 미래를 예언하는 데는 더 나은 선지자인 엘리야의 말을 생각해 보면 미가야가 거짓말을 하고 있음을 쉽게 알 수가 있습니다.37) 엘리야는 개들이 이스르엘시 나봇의 밭에서 왕의 피를, 마치 백성들의 돌에 맞아 죽은 나봇의 피를 핥았듯이 핥을 것이라고 예언하지 않았습니까? 그런데 미가야는 자기보다 큰 선지자의 말과는 달리 3일 여행길만큼이나 떨어진 곳에서 죽음을 당할 것이라고 예언하고 있으니 스스로 자기가 거짓말쟁이임을 드러낸 것이 아닙니까? 내가 한번 그를 쳐보겠습니다. 그가 참 선지자라면 야돈(Jadon)이 자기 옷을 잡는 여로보암왕의 손을 마르게 한 것처럼 내게 해를 입힐 것입니다. 이것으로 왕은 그가 참 선지자인지 아닌지, 하나님의 영을 소유하고 있는지 아닌지의 여부를 금방 알 수 있을 것입니다." 시드기야가 미가야를 쳤으나 아무런 해도 받지 않자 아합은 용기를 얻고 즉각 수리아 왕을 공격

---

37) 아합으로 하여금 미가야를 참 선지자로 믿지 않게 하려고 설득하는 거짓 선지자 시드기야의 논법은 매우 그럴싸하다. 즉 미가야의 말을 반박하는 그의 논리는 설득력이 있다는 말이다. 만일 그렇지 않았다면 여호사밧이 그런 절망적인 상황을 알면서 아합과 동행하였을 리는 만무하기 때문이다.

하기 위해 출정을 서둘렀다. 내 생각에 운명이란 아합이 감당하기에는 벅찬 상대였기에 거짓 선지자들이 참 선지자보다 더 진실하다고 믿게 된 것이고 이로 인해 그는 종말을 맞이하게 된 것이 아닌가 생각한다. 시드기야는 철뿔을 만들어 아합에게 가져와 하나님이 이 철뿔들로 모든 수리아인을 진멸하라고 말씀하셨다고 말했다. 미가야는 시드기야에게 "너는 너의 거짓말에 대한 대가로 오는 형벌을 면하기 위해 며칠 후면 밀실에서 밀실로 도망치게 될 것이다."라고 말했다. 아합왕은 부하들에게 미가야를 끌고 가서 시 총독인 아몬(Amon)에게 잘 지키도록 하라고 지시하고 떡과 물 외에는 아무것도 주지 말도록 주의하라고 했다.

5. 결국 아합과 예루살렘 왕 여호사밧은 군대를 이끌고 길르앗의 도시인 라못으로 진격했다. 수리아 왕은 적이 공격해 온다는 소식을 듣고 맞서 싸우기 위해 군대를 거느리고 나와 라못시에서 멀지 않은 곳에 진을 쳤다. 아합과 여호사밧은 미가야의 예언을 무위로 돌리기 위해 아합은 왕복을 입지 않고 그 대신 여호사밧이 그(아합)의 왕복을 입고 군대 앞에 서기로 합의했다.[38] 그러나 아합은 변장을 했음에도 불구하고 운명 앞에서는 어쩔 도리가 없었다. 왜냐하면 앗수르(Assyria, 아시리아)의 왕 벤하닷은 군대 장관들을 통해 전군에 명령을 내려 이스라엘의 왕만 살해하라고 지시하였기 때문이었다. 수리아 병사들은 이스라엘군과 접전을 시작하자마자 여호사밧이 군대 앞에서 지휘하는 것을 보고 아합인 줄로 생각한 나머지 그를 맹렬히 추격하여 포위하기에 이르렀다. 그러나 가까이서 보니 그가 아합이 아닌 것을 알아차리고 그냥 돌아갔다. 아침부터 저녁 늦게까지 접전을 벌인 결과 수리아인들이 승리하게 되었으나 왕의 명령이 있었기에 히브리인들을 단 한 명도 죽이지 않았다. 수리아 병사들은 아합을 잡아 죽이려고 했으나 찾으려야 찾을 수가 없었다. 이때 벤하닷왕 휘하의 젊은

---

[38] 아합은 왕복을 입지 않고 여호사밧이 그의 왕복을 대신 입었다는 요세푸스의 이야기는 그랬을 가능성이 매우 농후하다. 비록 아합은 이렇게 해서 여호사밧을 자기로 오해하게 되면 자기는 살 수 있을 것이고 여호사밧이 자기 대신 죽게 될 것이라는 희망과 기대를 은근히 품고 있었음에도 불구하고 여호사밧은 죽음을 모면하고 아합이 결국 죽게 되었다는 사실은 하나님의 섭리로 인해 그들 둘이 구별되었다는 점을 분명히 보여주고 있다.

귀족인 나아만(Naaman)이 적을 향해 활을 쏘았는데 우연히도 왕의 흉갑을 뚫고 가슴에 박히게 되었다. 아합은 자기가 중상을 입었다는 소식이 그의 군대에 알려지면 모두 도망할지도 모른다고 생각하고 그의 병거 모는 자에게 전장(戰場) 밖으로 병거를 몰라고 지시했다. 그는 더 이상 회복이 불가능할 정도로 치명상을 입었기 때문이었다. 아합은 병거에 앉아 해 질 때까지 고통을 견뎠으나 마침내는 의식이 희미해져 죽고 말았다.

6. 수리아군은 밤이 찾아오자 진으로 후퇴했다. 진영에 속한 사신이 아합이 죽었음을 알리자 이스라엘 백성은 각기 고향으로 돌아갔다. 그들은 아합의 시신을 가지고 사마리아로 와서 그곳에 장사 지냈다. 그들은 아합의 피가 묻은 병거를 이스라엘의 샘에서 씻은 연후에야 엘리야의 예언이 진실이었음을 깨달았다. 왜냐하면 개들이 그의 피를 핥았기 때문이었다. 그 후부터 이 샘은 창기들이 몸을 씻는 샘이 되었다. 그러나 아합은 라못에서 죽었으니 미가야의 예언도 그대로 성취된 셈이었다. 이 두 선지자에 의해 아합에게 일어날 것이라고 예언되었던 모든 일이 그대로 성취된 것을 볼 때 우리는 하나님은 어디서나 경배와 찬양을 받기에 합당하신 분임을 깨닫지 않을 수 없으며, 우리에게 유익한 것이라고 항상 믿어서는 안 된다는 점을 교훈으로 얻지 않을 수 없다. 예언의 은사보다 더 유익한 것은 없으며[39] 하나님은 예언의 은사를 통해 우리에게 피할 길을 가르쳐 주시기 때문에 예언으로 미래사를 아는 것보다 더 중요한 것은 없다는 것을 깨닫게 된다. 우리는 첫째로, 아합왕이 온갖 꾀를 다 짜내 보았으나 결국은 그의 종말을 연장시킬 수 없었다는 사실과 둘째로, 운명의 힘을 고려해 볼 때 심지어는 우리가 미리 우리의 운명을 안다고 하더라도 그 운명을 피할 수 없음을 알 수가 있다. 운명이란 인간의 영혼에 들어와 희망의 말로 아첨을 하지만 마침내는 인간의 영혼을 그 종국으로까지 인도하는 법이다.

---

[39] 우리는 여기서 하나님의 섭리와 그 섭리에서 파생되는 예언(prophecy)에 대한 요세푸스의 매우 현명한 사상을 볼 수 있다. 즉 사악한 인간들은 그들에게 내린 불리한 저주를 피할 적절한 방법이 있으며 회개하지 않고도 하나님의 심판을 피할 수 있다고 생각하나, 그들은 결국 하나님의 섭리에 의해 자멸을 초래하게 되며 그로 인해 하나님이 하신 예언은 피하려고 해보았자 아무 소용도 없으며 하나님의 신실성은 결코 변함이 없다는 사실을 요세푸스는 여기서 매우 현명하고 명쾌하게 보여주고 있다.

결국 아합도 그의 패배를 예언한 자의 말은 듣지 않고 귀에 듣기 좋은 소리만 하는 자들의 말만 들었기 때문에 결국은 속임을 당해 죽음을 면치 못한 것이었다. 아합이 죽자 그의 아들 아하시야(Ahaziah)가 뒤를 이어 왕위에 올랐다.

제 9 권

157년간의 역사 기록

아합의 죽음부터
열 지파가 포로로 잡혀갈 때까지

제1장

연속되는 여호사밧의 이야기, 즉 그가 재판관들을 세우고 하나님의 도우심을 힘입어 적을 무찌르게 된 경위

1. 여호사밧왕이 이스라엘 왕 아합을 도와 수리아 왕 벤하닷과 전쟁을 한 후 예루살렘으로 돌아오는 도중에 선지자 예후(Jehu)가 나타나서 불경건하고 사악한 아합을 도왔다는 이유로 그를 따끔하게 책망했다. 그는 하나님이 여호사밧의 행위가 마음에 들지 않으나 원래 선한 성품을 인정하여 그를 적에게서 보호하신 것이라고 설명했다. 이 말을 들은 여호사밧왕은 하나님께 감사와 제사를 드렸다.

그 후 그는 전국을 돌면서 백성들을 모세 율법으로 가르치고 하나님께 제사 드리는 일을 소홀히 하지 않도록 훈계하였다. 그는 또한 전국의 각 도시에 재판관을 두었으며 뇌물에 눈이 어둡거나 부자나 귀족이라는 이유로 편파적인 판결을 내리지 않도록 하고 하나님이 모든 행동을 감찰하고 계신다는 사실을 늘 명심하여 공평한 판결을 내리도록 하라고 재판관들에게 지시했다. 그는 재판관들을 이렇게 교육시킨 후 각 도시를 한 바퀴 순회하고 예루살렘으로 돌아왔다. 여호사밧은 또한 제사장들과 레위인들과 백성의 유력 인사들 가운데서 출중한 인물들을 뽑아 재판을 담당하게 한 후 모든 판결을 세심하고 공정하게 내리도록 하라고 신신당부하였다.[1] 나라의 백성들 가운데 매우 중요한 소송을 제기하고 싶은 사람이 있을 경우에는 그 소송 사건을 이 재판관들에게 보내야 한다. 이때 재판관들은 이 소송 사건들을 공정하게 판결할 책임이 있었다. 특별히 하나님의 성전과 왕궁이 있는 도시에서 내리는 판결이기에 매우 세심하게 그리고 공정하게 해야만 했다. 여호사밧은 제사장 아마랴(Amariah)와 스바댜(Zebediah)를 책임자로 임명했는데 둘 다 유다 지파 출신이었다. 여호사밧의 행사는 이와 같았다.

2. 이때쯤 해서 모압과 암몬은 수많은 아라비아인을 원군으로 거느리고 여호사밧을 공격해 왔다. 이들은 예루살렘에서 300펄롱 떨어져 있으며 아스팔티티스(Asphaltitis) 호수에 위치한 엔게디(Engedi)에 진을 쳤다. 그곳은 최고급 종려나무와 오포발삼(opobalsamum)이 잘 자라는 장소이다. 여호사밧은 적이 호수를 건너 국경 안으로 침입해 들어왔다는 소식을 듣고 크게 놀랐다. 이에 그는 예루살렘 백성들을 성전으로 소집하고 난 후 성전 맞은편에서 성전을 뒤로하고 하나님께 기도를 드렸다. "하나님, 저에게 힘과 능력을 주셔서 이 나라에 쳐들어온 자들을 징벌할 수 있도록 해주옵소서. 이 성전을 지은 자들이 이 성전을 보호하시고 이 전을 치러 올라온 자들을 벌하도록 해달라고 하나님께 기도하지 않았나이까? 그런데 오늘날 이 자들이 하나님이 우리에게 소유로 주신 이 땅을 빼앗으려고 쳐들어왔나이다." 여호사밧이 이같이 기도하며 눈물을 흘리자 모인 모든 무리도 처자들과 함께 하나님께 간청을 드리기 시작했다. 이때 야하시엘(Jahaziel)이라는 선지자가 회중 가운데로 들어오더니 왕과 백성들 모두를 향해서 하나님이 그들의 기도를 들으셨으니 나가 적과 싸우라고 큰 소리로 외쳤다. 그러고는 왕에게 이같이 말했다. "왕은 내일 군대를 이끌고 나가

---

[1] 이 재판관들은 제사장들과 레위인들과 백성의 유력 인사들 가운데서 뽑은 일종의 예루살렘 산헤드린(Jerusalem Sanhedrin)이었다.

도록 하시오. 적과는 예루살렘과 엔게디 비탈 사이, 언덕(Eminence)이란 곳에서 맞부딪히게 될 것이오. 그러나 그들과 싸우지 마시오. 단지 가만히 서서 하나님이 어떻게 싸우시는가를 보고만 있도록 하시오." 선지자의 이 말을 들은 왕과 백성들은 얼굴을 땅에 대고 하나님께 경배하고 감사를 드렸으며 레위인들은 악기를 가지고 하나님께 찬양을 드렸다.

3. 날이 밝자마자 왕은 드고아(Tekoa)시 아래에 있는 광야로 나아가서 백성들에게 "선지자가 어제 우리에게 한 말을 믿도록 합시다. 전투 대형을 갖추지 말고 우리를 적에게서 이미 구원해 주신 줄로 믿고 제사장들은 나팔로, 레위인들은 노래로 하나님께 감사를 드리도록 합시다."라고 말했다. 이 왕의 말에 백성들은 기쁨으로 동의하고 왕이 시키는 대로 했다. 하나님이 암몬인들 가운데 불안과 두려움과 소동을 일으키시니 서로 같은 편을 적으로 오인하고 죽이는 일이 일어나 그 많은 병사들 가운데 단 한 명도 살아남지 못하고 모조리 죽고 말았다. 여호사밧이 적이 진을 치고 있는 골짜기에 적의 시신이 가득한 것을 쳐다보고 이 놀라운 사건에 기뻐서 어쩔 줄을 몰랐다. 사실상 자기들은 손 하나 까딱하지 않았는데 오직 하나님의 능력으로 이런 놀라운 일이 일어났으니 어찌 기쁘지 않을 수 있겠는가? 그는 부하 병사들에게 적의 진영과 시신을 약탈하라고 지시했다. 워낙 죽은 적의 수가 많았기 때문에 3일 동안 약탈하고 나니 모두가 기진맥진했다. 제4일에 모든 백성은 한 골짜기에 모여 하나님의 능력과 도우심을 찬양했다. 이때부터 이곳은 축복의 골짜기, 혹은 브라가(Berachah) 골짜기라고 부르고 있다.

4. 여호사밧은 예루살렘으로 철군한 후 여러 날 동안 제사를 드리며 절기를 지켰다. 적을 손 하나 대지 않고 이겼다는 소식이 인근 국가들의 귀에 들리자 이제부터는 하나님이 자신을 위해 공개적으로 싸울 태세가 되어 있다고 본 그들은 크게 두려워하지 않을 수가 없었다. 그때부터 여호사밧은 그의 의와 경건으로 인해 큰 영광과 영예를 누리며 살게 되었다. 그는 또한 이스라엘의 왕 아합의 아들과도 우호 관계를 지속했으며 트라케(Thrace)의 상업 도시들과 본

도(Pontus)로[2] 항해할 배들을 건조하는 일에 협력했다. 그러나 배들을 너무 크고 무겁게 건조했기 때문에 파선하게 되어 여호사밧은 아무 이익을 보지 못했다. 따라서 그 후로는 배를 건조하는 일에는 관심을 갖지 않았다. 이것이 예루살렘 왕 여호사밧의 역사이다.

제2장

이스라엘 왕 아하시야와 선지자 엘리야에 관한 역사

1. 아합의 아들 아하시야(Ahaziah)는 사마리아에 거처하면서 이스라엘을 다스렸다. 그는 악한 왕으로 모든 면에서 선친은 물론 처음부터 범죄하고 백성들을 속이기 시작했던 여로보암과 똑같았다. 아하시야의 재위 제2년에 모압 왕은 반역을 일으키고 그의 선친 아합에게 내던 조공을 중지했다. 한편 아하시야는 왕궁 지붕 위에서 내려오다 떨어져 병에 걸리고 말았다. 그는 병중에 에그론(Ekron)의 신 파리(Fly)에게 가서 자기가 병에서 회복할 수 있는지의 여부를 알아보라고 부하들에게 지시했다.[3] 그러나 히브리의 하나님이 엘리야 선지자에게 나타나셔서, "가서 왕이 보낸 사자들을 만나 '왕이 병의 회복에 대해

---

[2] 여기의 본도(Pontus)와 트라케(Thrace)는 성경 본문에서는 오빌(Ophir)과 다시스(Tarshish)로 나와 있으며 상업 선단이 출발하는 곳은 에시온게벨(Eziongeber)로 나와 있는데 에시온게벨에서 본도나 트라케로 항해하는 것은 불가능하다. 비록 오빌(Ophir)이란 곳이 남해(South Sea)에 있었는지 없었는지의 여부는 모르나 요세푸스는 오빌이란 곳이 남해가 아니라 지중해(Mediterranean Sea)에 있는 것으로 생각한 것 같다. 따라서 우리는 이것을 종합해 볼 때 상업 선단이 베니게(Phoenicia)와 홍해(Red Sea) 양쪽에서 출발해 오빌의 금을 가져왔다는 결론을 내릴 수도 있을 것이다.

[3] 이 파리의 신(God of Flies)은 예물로 드린 고기에 몰려드는 파리들을 내쫓는 능력이 있다고 사람들이 생각한 데서 이런 이름으로 불린 것 같다. 이것은 헬라 세계에도 이와 유사한 신이 있음을 보아서도 미루어 짐작할 수 있다.

서 알아보기 위해 이방 신을 찾아가 보라고 명하다니 이스라엘 백성에게는 고유의 신이 없단 말이냐?'라고 묻고, 돌아가서 왕은 결코 병에서 회복되지 못할 것이라고 전하라."라고 사신들에게 지시할 것을 명령하셨다. 엘리야가 하나님이 지시한 대로 전하자 사신들은 그의 말을 듣고 즉시 왕에게 돌아갔다. 왕이 사신들이 너무 일찍 돌아온 것을 의아하게 여기고 그 이유를 묻자, 가던 도중에 한 사람이 나타나더니 더 이상 가지 말고 왕에게로 돌아가서 병이 결코 낫지 않을 것이라는 하나님의 명령을 전하라고 하기에 돌아왔다고 대답했다. 이에 왕은 그런 말을 한 자가 어떤 모습을 한 자인지 설명해 보라고 명령했다. 사신들은 그자는 털이 많으며 가죽 띠를 허리에 띠었다고 대답했다. 아하시야왕은 사신들의 설명을 듣고 그가 엘리야 선지자임을 알아차렸다.

이에 왕은 50명의 병사를 거느리고 가서 엘리야를 데려오라고 오십부장에게 명령했다. 오십부장은 엘리야가 산꼭대기에 앉아 있는 것을 보고 왕의 명령으로 왔으니 어서 내려와서 함께 왕에게로 가자고 명령했다. 이에 불응할 경우에는 강제로 끌어내릴 것이라고 엄포를 놓았다. 그러자 엘리야는 그에게 "내가 하늘에서 불을 내려 병사들은 물론 너까지 멸하도록 기도하여 내가 참 선지자임을 네게 분명히 보여주도록 하겠다."라고 말했다.[4] 엘리야가 기도하자 하늘에서 불 회오리가 내려오더니 오십부장과 병사들을 살랐다. 왕은 자기가 보낸 병사들이 불시에 죽음을 당했다는 소식을 듣고 몹시 화가 났으며 이에 다시 오십부장과 전과 같은 수의 병사들을 보냈다. 이 오십부장도 자발적으로 내려오지 않으면 강제로 끌어내릴 것이라고 엘리야 선지자를 위협했다. 엘리야가 기도하자 전처럼 (하늘에서) 불이 내려오더니 병사들을 또 살랐다.

왕은 자초지종을 자세히 알아본 연후에 다시 세 번째로 오십부장을 보냈다. 이 오십부장은 현명하며 온유한 성격의 소유자였다. 그는 엘리야가 있는 곳에 다다르자 공손하게 이렇게 말문을 열었다. "이렇게 당신에게 온 것은 제가 동

---

[4] 이것은 엘리야의 잔혹한 행동으로 여겨지고 있으며 우리 주님도 신약의 정신이 허용하는 것보다는 가혹한 행동의 한 실례가 됨을 인정하셨다(눅 9:54). 그러나 우리는 여기서 오십부장과 병사들이 엘리야가 이스라엘 최고의 왕이신 참 하나님의 선지자임을 알고 있었고 또 엘리야를 잡아가면 왕의 죽음을 예고했다는 이유로 죽을 것을 뻔히 알면서도 그를 사로잡아 가려고 했었다는 점을 고려해야 할 필요가 있다.

의해서 그런 것이 아니라 단지 왕의 명령에 순종하기 위해서 온 것입니다. 전에 당신께 왔던 자들도 자발적으로 온 것이 아니며 저와 똑같은 경우로 그렇게 한 것뿐입니다. 그러므로 저와 함께 온 병사들을 불쌍히 여기시고 내려오셔서 저와 함께 왕 앞에 나가셨으면 합니다." 이에 엘리야는 그의 현명한 말과 공손한 자세를 보고 내려와서 그의 뒤를 따랐다.

엘리야는 왕의 앞에 나아가 이렇게 예언했다. "하나님이 이같이 말씀하셨소. '네가 나를 하나님으로 여기지도 않고 너의 병의 회복 여부도 예언할 수 없는 무능력자로 인정하고 에그론의 신에게 사람을 보내 네 병의 종국(終局)을 알아보고자 하였으므로 너는 이것을 알라. 너는 결코 살지 못하고 정녕 죽을 것이다.'"

2. 엘리야가 예언한 대로 얼마 안 있어 아하시야왕은 죽고 그의 동생 여호람(Jehoram, 요람으로도 칭함)이 왕위에 올랐으니 그가 아들이 없었기 때문이었다. 여호람은 그의 아비 아합을 닮아 사악하기 그지없었으며 12년간의 재위 기간에 온갖 악과 불경건한 행동을 서슴지 않았다. 그는 하나님을 섬기지 아니하고 이방 신들을 섬겼으며 그 밖에도 여러 가지 죄를 범하였다. 엘리야가 인간들 가운데서 사라진 것이 이때쯤이었는데 오늘날까지도 그의 죽음에 대해서 아는 자는 아무도 없다. 우리가 전에 살펴보았듯이 그는 제자 엘리사를 뒤에 남겨두고 사라졌다. 따라서 엘리야와 홍수 전 사람 에녹에 대해서 성경은 기록하기를 그들이 '사라졌다.'(disappeared)라고 적고 있다. 따라서 아무도 그가 죽은 것을 아는 사람은 없다.

제3장

요람(여호람)과 여호사밧이 모압에 원정 간 역사와 엘리사의 기적에 관한 기사(記事), 그리고 여호사밧의 죽음의 경위

1. 요람(Joram)은 왕위에 오른 후 모압 왕 메사(Mesha)를 공격하기로 결심했다. 이미 살펴본 대로 메사(Mesha)가 그의 아비 아합에게는 200,000마리의 양과 양털을 바치다가 그의 형 (아하시야왕) 때에는 조공을 드리기를 거절했기 때문이었다. 요람은 자기 군대를 소집한 후에 여호사밧에게 사람을 보내 이같이 간청했다. "왕께서는 내 선친 때부터 우호 관계를 맺고 있음을 나는 잘 알고 있습니다. 나는 지금 반역을 일으킨 모압을 원정하려고 합니다. 원군을 보내 주셔서 도와주시기 바랍니다." 이에 여호사밧은 원군을 보내 주는 것은 물론 자기 휘하에 있는 에돔 왕에게도 원군을 보내도록 요구할 생각이라고 요람에게 약속했다. 요람은 여호사밧이 도와주겠다는 약속을 하자 군대를 거느리고 예루살렘으로 갔다. 예루살렘 왕은 요람을 정중하고 융숭하게 대접해 주었다. 이 두 왕은 에돔 광야를 통과해서 적에게 나아가기로 결심했다. 그들이 길을 우회하여 7일간을 행군했을 때 그들은 짐승은 물론 사람들이 먹을 물도 없어 큰 곤궁에 빠지게 되었다. 그것은 길 안내자들이 길을 잘못 택한 연유였다. 그들이 얼마나 큰 곤궁에 빠졌던지 심지어는 요람까지 괴로워할 정도였다. 요람은 슬픔을 견디다 못해 하나님께 울부짖었으며 어떤 죄를 범했기에 세 왕을 모두 싸움 한번 못 해보고 모압 왕의 손에 넘기려고 하시는지 그 이유를 알고 싶다고 소리 질렀다. 그러나 의로운 사람인 여호사밧은 요람을 격려한 후 진영에 사람을 보내 우리가 어찌해야 좋을지 가르쳐 줄 하나님의 선지자가 동행하고 있는지의 여부를 알아보라고 했다. 요람의 종 하나가 엘리야의 제자인 사밧(Shaphat)의 아들 엘리사(Elisha)를 진영에서 보았다고 말하자 여호사밧의 간청에 못 이겨 세 왕은 그를 만나러 갔다.

그들은 진영 밖에 쳐 있는 선지자의 장막에 도착하여 앞으로 이 군대에 무슨 일이 일어날는지를 가르쳐 달라고 했다. 그중에서도 특히 요람은 마구 다그치다시피 하였다. 그러자 엘리사는 요람에게 "나를 괴롭히지 말고 왕의 아비와 어미의 선지자들에게 가시오. 그들이 (확실히) 참 선지자가 아니오?"라고 대꾸했다. 그러나 요람이 자기들을 살려 달라면서 예언을 해달라고 끈질기게 요구하자 엘리사는 "의롭고 거룩한 인물인 여호사밧이 없었다면 내가 왕에게 대답하지 않았을 것이오. 이 점은 내가 하나님의 이름을 걸고 맹세할 수 있소."라고 대답했다.

엘리사의 요구에 따라 그들은 수금을 탈 수 있는 자를 데려왔다. 음악이 연주되자 하나님의 영이 엘리사에게 내렸다. 이에 엘리사는 이렇게 그들에게 명령했다. "골짜기에 도랑을 파시오. 비록 구름이나 바람이나 폭우가 나타나지는 않을 것이나 도랑이 물이 가득한 강으로 바뀌어 병사들과 짐승들이 마시고 구원을 얻을 수 있을 것이오. 그러나 이것이 하나님께 받을 은총의 전부는 아니오. 그대들은 적을 이기고 승리할 수 있을 것이며 모압의 중요 도시들과 요충지들을 함락시킬 수 있을 것이오. 그대들은 유실수(有實樹)[5]들을 잘라버리고 모압을 폐허로 만들고 그들의 샘과 강을 틀어막게 될 것이오."

2. 선지자가 이 말을 마치고 난 후 그다음 날이 되자 해가 떠오르기도 전에 큰물이 도랑에 흘러넘치고 있었다. 하나님이 에돔 내부 쪽으로 3일 길 되는 곳에 비를 많이 내리게 하심으로써 병사들과 짐승들은 마음껏 물을 먹을 수 있었다. 세 왕이 연합하여 에돔 광야를 가로질러 쳐들어온다는 소식을 들은 모압 왕은 즉시 군대를 소집하고 산악 지형에 진을 치도록 명령했다. 적이 쳐들어오면 산을 이용해서 자기들은 숨고 적은 드러나게 하기 위한 심산이었다. 해가 떠오르자 모압인들의 눈에 물이 급류가 되어 흐르는 모습이 보였다. 그곳은 모압 땅에서 멀지 않은 곳이기 때문이었다. 그런데 그때가 되면 해가 물에 비쳐

---

5) 일반 전쟁에서는 이같이 유실수를 잘라 버리는 행동은 모세 율법에 의해 금지되었으나(신 20:19-20), 모압인들의 사악함이 극에 달해 특별한 방법으로 그들이 진멸될 필요가 있었기에 이번의 특별한 경우에만 하나님에 의해 허용된 것뿐이다.

붉게 보이는데 모압인들은 그것을 알지 못하고 물이 핏빛으로 보이자 적들이 갈증을 이기지 못해 서로 죽이는 참극을 벌여 그 피가 강물에 흘러오는 것이라고 오해하기에 이르렀다. 이렇게 착각한 모압인들은 자기 왕에게 가서 적을 약탈하는 것이 좋겠다고 아우성을 쳤다. 이에 모압인들은 전쟁에 이긴 것이나 다름없다고 생각하고 적의 진영으로 성급하게 달려 나갔다. 그러나 그들의 기대는 모두 허사였다. 왜냐하면 적들의 포위망에 걸려 일부는 살해당했고 일부는 간신히 목숨을 건져 자기 나라로 도망을 쳤기 때문이었다. 세 왕은 모압 땅으로 들어가 도시들을 함락시키고 그들의 밭을 약탈하고 개천에서 돌을 가져다 밭에 던져 밭을 못 쓰게 만들고 좋은 나무들을 잘라 버리고 우물들은 막아버리고 성벽은 송두리째 무너뜨렸다.

  모압 왕은 추격을 당해 자기 도시로 도망쳐 들어왔으나 적의 포위를 당하게 되었다. 그는 자기 성이 무력으로 함락될 위험에 놓이자 탈출을 감행하기로 결심했다. 그는 적의 경계가 가장 소홀한 쪽을 이용해 기병 700명을 거느리고 적의 진영을 뚫어볼 심산이었다. 그러나 그의 탈출 시도는 벽에 부딪히고 말았다. 공교롭게도 적의 경계가 가장 소홀한 줄 알았던 곳이 가장 경계가 심한 곳이었기 때문이었다. 그는 도시로 되돌아와 극도의 고통과 낙망에 빠져있음을 단적으로 보여주는 일을 저질렀다. 그는 자기 뒤를 이을 장자를 잡아 적들이 모두 볼 수 있도록 성벽 위에 올려놓고 그를 하나님께 온전한 번제(whole burnt-offering)로 드렸다. 이것을 본 세 왕은 얼마나 고통스러우면 그런 짓을 저지를까 불쌍히 생각한 나머지 인간적인 연민의 감정이 들어 포위를 풀고 각기 자기 고향으로 돌아갔다. 이에 여호사밧도 예루살렘으로 돌아와 평화스럽게 나라를 다스렸으나 모압 원정 후 오래 살지 못하고 60세를 일기로 25년간의 통치의 막을 내렸다. 그는 다윗의 행동을 모방한 훌륭한 왕이었기에 예루살렘에 거창하게 장사되었다.

제4장

여호람이 여호사밧의 뒤를 이어 왕위에 오른 경위와
이스라엘 왕 요람이 수리아인들과 벌인 전쟁의 전말과
선지자 엘리사가 행한 기사(奇事)

1. 여호사밧은 매우 많은 자녀를 두었으나 장남인 여호람(Jehoram)을 후계자로 임명하였다. 여호람은 외삼촌이요 아합의 아들인 이스라엘 왕 여호람(요람)과 이름이 똑같았다. 이스라엘 왕은 모압 땅에서 사마리아로 돌아온 후 선지자 엘리사와 함께 있었다. 엘리사 선지자의 행적은 성경에 기록된 대로 살펴보면 찬란히 빛날 뿐 아니라 언급할 가치가 있는 것들이므로 상세히 살펴볼 필요가 있다고 나는 생각한다.

2. 성경에 따르면 엘리사에게는 이런 일이 있었다고 한다. 하루는 아합의 신하였던 오바댜(Obadiah)의 미망인[6]이 엘리사를 찾아왔다. 그녀는 엘리사에게 이같이 말했다. "선지자께서는 제 남편이 아합의 아내 이세벨이 선지자들을 박해하고 살해할 때 선지자들을 보호해 준 사실을 모르지 않으시겠죠? 제 남편은 선지자 100명을 숨기고 그들을 부양하느라고 돈을 빌리지 않을 수 없었습니다. 그러므로 제 남편이 죽자 저와 제 자녀들은 채권자의 노예가 될 수밖에 없는 처지에 놓이게 되었습니다. 그러니 제발 제 남편을 생각해서라도 저의 처지를 가련하게 여기시고 도와주십시오." 이 말을 들은 엘리사는 그 여인에게 집에 있는 것이 모두 얼마나 되느냐고 물었다. 이에 그녀는 "병에 있는 약간의 기름 외에는 아무것도 없습니다."라고 대답했다. 엘리사 선지자는 그녀

---

[6] 이 여인이 바로 다름 아닌 오바댜의 미망인이라는 사실은 갈대아 서기관(Chaldee paraphrast)과 랍비들과 다른 이들에 의해 확증되고 있다. 여기서 여인이 언급하고 있는 빚은 아합과 이세벨 시대에 선지자 100명을 50명씩 나누어 굴에 숨기고 떡과 물을 먹이느라고 그녀의 남편 오바댜가 진 빚이 아닌가 생각한다(왕상 18:4). 선지자 엘리사가 모세 율법에 따라 그녀와 그녀의 아들이 채권자의 노예가 되는 것을 막고 부채를 청산해 준 것을 볼 때 상황이 이랬기 때문이 아닌가 하는 확증을 갖게 해준다.

에게 "집에 가서 이웃에게 그릇을 많이 빌려다가 방문을 잠그고 모든 그릇에 기름을 붓도록 하시오. 그러면 하나님이 기름을 모든 그릇에 넘치도록 채워 주실 것이오."라고 지시했다. 이에 그녀는 선지자가 시킨 대로 이웃에서 빈 그릇을 빌려와 기름을 부었다. 그랬더니 온 그릇에 기름이 가득하게 되었다. 그녀는 한 그릇도 남기지 않고 그릇마다 기름이 가득하게 되자 엘리사 선지자를 찾아갔다. 그릇에 기름이 가득 찼다는 여인의 말을 들은 선지자는 기름을 내다 팔아 빚을 갚고 남은 것으로 생계에 보태도록 하라고 말했다. 엘리사는 이같이 그 여인의 빚을 갚게 해주었고 채권자의 성화에서 벗어나게 해주었다.

3. 엘리사는 또한 요람(Joram)에게 급히 전갈을 보내 몇몇 수리아인들이 암살하려고 매복하고 있으니 그곳으로 사냥을 가지 않는 것이 좋겠다고 충고했다. 이에 요람왕은 선지자가 시키는 대로 사냥을 나가지 않았다. 벤하닷은 그의 매복 암살 기도가 실패로 돌아가자 자기 부하들이 요람에게 기밀을 누설한 것으로 알고 부하들에게 몹시 화를 냈다. 벤하닷은 부하들을 부른 후에 이같이 말했다. "네놈들이 반역자이지? 내가 이 비밀을 네놈들 외엔 아무에게도 알리지 않았는데 적들이 안 것을 보면 네놈들이 기밀을 누설한 것이 분명하다. 내가 네놈들을 그냥 살려두지 않겠다." 그러자 곁에 있던 한 신하가 이렇게 벤하닷에게 말했다. "왕이시여, 오해하지 마십시오. 그들이 기밀을 누설한 것이 아닙니다. 적들이 미리 기밀을 다 알아차리는 것은 엘리사라는 선지자 때문입니다. 그자는 왕의 계획과 비밀을 멀리서도 다 알아차리는 인물입니다." 이 말을 들은 벤하닷은 엘리사가 어느 도시에 살고 있는지 알아 오라고 부하들에게 명령했다. 엘리사가 도단(Dothan)에 살고 있다는 사실을 알게 된 벤하닷은 말과 병거와 함께 대군을 도단에 보내 엘리사를 사로잡아 오라고 지시했다. 이에 벤하닷의 군대는 밤사이에 도단을 에워싸고 엘리사를 꼼짝 못 하도록 그 안에 가두었다.

다음 날 아침에 선지자의 종이 일어나 적들이 도단을 에워싸고 엘리사를 잡으려 한다는 사실을 알아차리고 선지자에게 허둥지둥 달려가서 소란을 피우면서 자초지종을 보고했다. 그러나 엘리사 선지자는 전혀 놀라는 기색도 없이 적은 아무것도 아니니 아무 걱정 말고 하나님의 도우심을 믿고 용기를 내라고 종을 격려하는 것이었다. 그리고 엘리사는 하나님께, 가능하다면 자기 종이 희망과 용기를 가질 수 있도록 하나님의 능력과 임재하심을 직접 보게 해달라고 간청했다. 이에 하나님은 선지자의 기도를 들으시고 엘리사를 수많은 병거와 기병들이 둘러싸서 보호하고 있는 모습을 종이 눈으로 볼 수 있도록 해주셨다. 그제야 종은 하나님이 도우신다는 사실을 깨닫고 두려움이 사라졌으며 다시 용기를 회복할 수 있게 되었다.

그 후 다시 엘리사는 하나님께 간청하기를 적들의 눈을 어둡게 하고 흐리게 만들어서 알아보지 못하도록 해달라고 기도했다. 기도를 마친 후 엘리사는 적들 가운데로 들어가 그들에게 누구를 찾느냐고 물었다. 이에 적들은 "엘리사 선지자를 찾는다."라고 대답했다. 엘리사는 적들에게 자기를 따라 그 선지자가 있는 도시까지 오면 그를 넘겨주겠다고 약속했다. 적들은 시력뿐 아니라 이성까지도 하나님에 의해 어두워졌기 때문에 엘리사의 뒤를 열심히 따라왔다. 엘리사는 적들을 사마리아로 끌고 간 후 요람왕에게 성문을 닫고 적들을 포위하라고 지시했다. 그 후 엘리사는 적들의 눈에서 흐린 것을 제거하고 밝게 볼 수 있도록 해달라고 하나님께 기도했다. 이에 눈이 밝아진 수리아 병사들은 자기들이 적의 포위 속에 들어온 것을 보고는 너무나 놀랍고 기이한 사건에 어쩔 줄을 몰라 했다. 요람왕은 엘리사 선지자에게 적들을 사살하라는 명령을 내려도 되느냐고 물어보았다. 그러나 엘리사는 요람을 만류하면서 "전쟁에서 적을 살해하는 것은 마땅한 일이나 이들은 우리나라에 아무런 해도 끼치지 않았으며 아무것도 모르고 오직 하나님의 능력에 끌려 이곳으로 오게 된 것뿐이오."라고 대답했다. 엘리사는 이들을 융숭하게 대접하고 털끝만큼도 해를 가하지 말고 그들 나라로 돌려보내는 것이 좋을 것 같다고 충고했다.[7] 이에 요람은 선지자의 말에 순종하고 수리아군을 융숭하고 정중하게 대접한 후 그들의 왕인 벤하닷에게로 되돌려보냈다.

---

7) 요세푸스의 기사(記事) 속에 나타난 엘리사의 이 전략(戰略)을 놓고 볼 때 비록 요세푸스는 이 세상에서 가장 진리를 사랑하는 자 중 하나였으나 정당한 전쟁에서는 공적인 적을 속이기 위해서라면 온갖 방법과 수단을 써도 무방하다는 생각을 가지고 있었음을 우리는 주목해 볼 수가 있다.

4. 병사들이 돌아와서 자기들이 당한 이상한 사건을 이야기하면서 이스라엘 하나님의 능력과 임재를 체험했다고 말하자, 벤하닷은 자기 부하들이 당한 일에 놀란 것은 물론 하나님이 그토록 분명하게 같이 하는 선지자가 있다는 사실에 더욱 놀랐다. 이에 벤하닷은 엘리사를 두려워한 나머지 이스라엘 왕을 비밀리에 암살하려는 시도는 하지 않기로 하고 그 대신 드러내 놓고 요람을 공격하기로 결심했다. 벤하닷은 숫자상으로 보나 전력상으로 보나 요람은 자기 적수가 되지 못한다고 생각했기 때문이었다. 결국 벤하닷은 대군을 이끌고 요람을 공격해 왔다. 그러나 요람은 자기는 벤하닷의 적수가 되지 못한다고 스스로 생각하고 사마리아의 성벽만을 믿고 성문을 닫아걸고 꼼짝도 하지 않았다. 벤하닷은 전쟁 병기로 도시를 함락시킬 수 없다면 포위하여 생필품 공급을 중단시킴으로써 도시를 함락시킬 수 있을 것이라고 생각하고 군대를 이끌고 사마리아를 공격하기 시작했다. 결국 사마리아에는 생필품 부족이 극에 달해 나귀 머리 하나가 은 80에 매매되었으며 소금 대신 사용하는 비둘기 똥 1섹스타리(sextary)가 은 다섯에 팔릴 정도였다. 요람은 기근이 극에 달해 성 주민 중 누군가가 적과 내통할까 봐 매일 성벽을 시찰하고 병사들을 점검하는 일을 게을리하지 않았다. 요람은 이같이 경계를 강화하고 사태를 미리 수습함으로써 적과 내통할 수 있는 소지를 처음부터 막았다. 한 여인이 하루는 "내 주여! 나를 불쌍히 여기소서."라고 고함을 치자 요람은 그녀가 먹을 것을 달라고 하는 줄로 착각하고 하나님의 저주나 받으라고 욕을 한 후 자기는 타작마당이나 포도주 틀이 없기 때문에 아무리 애원해도 줄 것이 없다고 쏘아붙였다. 그러자 이 여인은 이렇게 말했다. "저는 그런 일로 도움을 청한 것이 아닙니다. 먹을 것 때문에 왕을 괴롭힌 것이 아닙니다. 단지 저와 다른 여인 사이에 공평한 판결을 내려 달라고 왕께 간청한 것입니다." 이 말을 들은 요람은 계속해서 이야기해 보라고 했다. 그러자 그 여인은 말문을 열었다. "저는 제 친구요 이웃에 사는 한 여인과 약속을 했습니다. 기근이 너무 심하니까 아이들을 잡아먹자고 말입니다. 그래서 하루는 제 아들을 그다음 날은 그 여자의 아들을 잡아먹고 이틀을 더 연명하기로 약속했습니다. 따라서 저는 첫날 제 아들을 잡아 그 여자와 어제 하루 연명을 했습니다. 그런데 오늘 그 여자는 자기 아들을 잡지 않고

약속을 어기고 어디엔가 숨겼는데 알 수가 없습니다." 이 이야기를 듣던 요람은 괴로워서 도저히 견디지 못해 입고 있던 옷을 찢고 큰 소리로 울부짖으면서 엘리사 선지자를 그냥 내버려두지 않겠다고 이를 갈았다. 자기들이 어떤 상황에 처해 있는 줄 뻔히 알면서도 피할 길과 돌파구를 내려 달라고 하나님께 기도하지 않는 엘리사를 자기 손으로 꼭 죽이고 말겠다고 굳게 결심했다. 요람은 즉시 한 사람을 보내 엘리사의 목을 잘라 가져 오라고 보냈다. 이에 그는 왕의 명령대로 선지자를 죽이기 위해 급히 달려갔다. 그러나 엘리사는 벌써 요람이 자기를 죽이려 한다는 것을 다 알고 있었다. 엘리사는 그때 자기 집에 있었는데 그 곁에는 제자들 외에 아무도 없었다. 엘리사는 제자들에게 "살인자의 아들 요람이 내 목을 자르기 위해 한 사람을 벌써 보냈다. 너희들은 왕의 명령을 행하기 위해 오는 그자를 문 안에 들이지 말고 밖에 있도록 해야 한다. 그러면 요람왕이 생각을 바꾸어서 직접 내게 올 것이다."라고 당부했다. 엘리사를 죽이라는 임무를 띤 자가 당도하자 그의 제자들은 시키는 대로 했다. 한편 요람은 엘리사를 죽이라고 명령한 것을 후회하고 자기가 도착하기 전에 엘리사가 죽으면 어떡할까 하는 두려움이 생기자 엘리사를 살리기 위해서 신속하게 엘리사의 집으로 달려왔다. 요람왕은 엘리사의 집에 도착하자마자 자기들이 처한 상황에서 구해 낼 생각은 않고 모두 비참하게 죽는 꼴을 볼 작정이냐고 엘리사를 비난하기 시작했다. 이에 엘리사는 다음 날, 왕이 자기에게 왔던 바로 그 시각에 많은 음식을 얻게 될 것이며 보리 2스아(seah)가 시장에서 1세겔에 팔릴 것이며 고운 가루 1스아도 1세겔에 팔릴 것이라고 약속했다. 이 예언에 요람과 함께 있던 자들은 크게 기뻐했다. 선지자가 한 말을 믿지 않을 수가 없었기 때문이었다. 전에 선지자가 한 예언이 실제로 이루어지는 것을 체험해 본 적이 있는 그들로서는 선지자의 말은 진실 그 자체라고 믿을 수밖에 없었다. 그러나 왕의 친구로서 왕이 몸을 그의 팔에 기대고 있는 제3대의 대장은 "선지자여! 그대는 지금 말도 안 되는 소리를 지껄이고 있소. 하나님이 보리나 고운 가루를 하늘에서 폭포처럼 부어 준다 하더라도 그대가 한 말은 이루어질 수 없소."라고 비웃었다. 이에 엘리사는 "그대는 이 일이 일어나는 것을 눈으로 볼 수는 있을 것이나 이 축복에는 결코 참여하지 못할 것이오."라고 대답했다.

5. 결국 엘리사가 한 예언은 다음과 같이 성취되었다. 사마리아에는 문둥병에 걸린 자는 도시 밖에서 살아야 한다는 법이 있었다.[8] 이로 인해 성문 앞에 거주하는 문둥병자 네 명이 있었다. 기근이 너무 극심하다 보니 이들에게 아무도 음식을 주지 않았다. 그들은 도시 안으로 들어가는 것이 법으로 금지되어 있기도 하지만 비록 도시 안으로 들어가는 것이 허락된다 하더라도 기근으로 비참하게 죽기는 마찬가지이며 그냥 그 자리에 있는다고 해서 뾰족한 수도 없었기 때문에 적에게 항복하기로 결심했다. 만일 적이 목숨을 살려주면 사는 것이고 비록 죽음을 당한다 하더라도 쉽게 죽을 것이니 피장파장이 아니냐고 생각한 것이었다. 이렇게 마음을 굳힌 네 명의 문둥병자는 밤에 적의 진영으로 갔다. 그러나 그때는 이미 하나님이 일을 다 이루어 놓으신 후였다. 하나님이 수리아 병사들의 귀에 병거 소리와 무기 맞부딪히는 소리를 들리게 하심으로 적들이 점점 가까이 다가오는 것처럼 느끼게 하셨다. 이에 수리아인들은 큰 두려움에 빠져 마음에 혼란이 일어나기 시작했다. 한마디로 말해서 수리아인들은 군대 소리에 너무나 두려워한 나머지 장막을 떠나 벤하닷에게 달려가서 이스라엘 왕 요람이 애굽의 왕과 섬들의 왕을 용병으로 고용해서 진군해 오고 있다고 보고했다. 그들이 진군해 오는 소리를 들었다는 것이었다. 이때 벤하닷의 귀에도 군대의 진군 소리가 들려오자 그는 부하들이 말하는 바를 믿지 않으려야 않을 수 없었다. 이에 수리아인들은 큰 소동과 혼란에 빠지게 되었고 마침내 엄청난 부(富)는 물론 말과 짐승들을 진영에 남겨둔 채 모두 도주하기에 바빴다. 우리가 앞서 언급한 네 명의 문둥병자들만이 사마리아를 떠나 수리아군 진영에 도착했을 때는 적막과 고요만이 감돌고 있었다. 따라서 그들은 진영 안으로 들어간 후 신속하게 그중의 한 장막으로 들어가 보았다. 그러나 그 안에 아무도 없었다. 이에 그들은 먹고 마신 후 의복과 다량의 금을 진영 밖으로 운반해 내서 감추었다. 그 후 그들은 또 다른 장막에 들어가 전처럼 그 안에 있는 것들을 진영 밖으로 가지고 가서 감추었다. 이러기를 여러 번 하였으

---

8) 문둥병자들은 진영 밖 광야나 도시 밖으로 나가 살아야 한다는 유대인들의 이 율법은 이미 잘 알려진 율법이다(레 13:46; 민 5:1-4).

나 그 누구 하나 방해하는 자가 없었다. 그들은 이렇게 적들이 버리고 간 것을 주워 모았다. 그러다가 그들은 이 사실을 요람과 사마리아 시민에게 빨리 알리지 않은 것을 자책하고 사마리아로 달려갔다. 그들은 사마리아 성벽에 다다르자 파수꾼에게 고함을 쳐서 적이 모두 도망갔다고 알렸다. 이 사실은 파수꾼에 의해 다시 왕의 경호 병사들에게 알려졌고 결국은 요람도 이 사실을 알게 되었다. 요람은 즉시 친구들과 군대 장관들을 불러 모은 후 수리아 왕이 이렇게 떠난 것은 매복이나 속임수가 아닌가 의구심이 생긴다면서 이같이 말했다. "적들이 기근으로 우리를 항복시킬 수 없으니까 이번에는 다른 방법을 쓴 것이 아닌가 생각되오. 우리가 적들이 도망한 줄 알고 도시 밖으로 나가 적 진영을 약탈할 때를 기다렸다가 불시에 습격하여 우리를 섬멸하는 동시에 싸우지도 않고 이 도시를 손아귀에 넣으려고 하는 계책이 아닌가 생각되오. 따라서 우리는 마치 적이 진짜로 가버린 것처럼 생각하고 적을 무시하고 성 밖으로 나가는 일이 있어서는 안 될 것 같소. 무슨 일이 있더라도 도시만큼은 빈틈없이 지켜야 하오." 그때 한 사람이 왕의 말이 끝나자 이같이 제안을 했다. "왕의 말씀이 지당하다고 생각됩니다. 한번쯤 의심해 보는 것이 옳다고 생각합니다. 그러나 기병 두 명을 보내 요단강까지 전역을 정탐해 볼 필요는 있다고 생각합니다. 만일 그들이 적의 복병에 사로잡힌다면 우리는 주의하고 함부로 밖에 나가서는 안 될 것입니다. 비록 두 병사가 희생될 수도 있으나 굶주려 죽었다고 생각하면 될 것입니다." 요람왕은 이 의견에 흡족함을 표시하고 정탐꾼을 파견했다. 이에 정탐꾼들은 정탐에 나섰으나 길에서 적은 단 한 명도 발견할 수 없었고 단지 적들이 빨리 도망가기 위해서 버린 무기들과 기타 장비들이 길가에 무수히 떨어져 있는 것만을 볼 수 있었다. 왕은 이 정탐꾼들의 보고를 듣고 백성들을 내보내 적 진영을 노략하게 했다. 그들이 노략한 것은 결코 가치 없는 것들이 아니었다. 그들은 다량의 금과 은과 각종 수많은 가축을 획득할 수 있었다. 그들은 또한 수십만 섬의 밀과 보리를 얻을 수 있었으니 이것은 그들이 꿈에서도 상상할 수 없는 현실이었다. 그들은 역경에서 해방되었을 뿐 아니라 엘리사의 예언대로 보리 2스아와 고운 가루 1스아가 각각 1세겔에 팔릴 정도로 풍성한 곡식을 얻게 된 것이었다. 1스아(seah)는 이탈리아 도량형으로 환산하면 1과 2분의 1모디우스(modius)이다. 한편 이 풍성한 축복에 참여하지 못한 유일의 인물은 제3대 대장이었다. 그는 왕의 명령을 받아, 백성들이 너무 무질서하게 밀어닥치다가 넘어져서 깔려 죽는 일이 없도록 성문에서 백성들의 출입을 감독하는 일을 하다가 그만 백성들의 발에 밟혀 죽고 말았다. 이 모두가 다 엘리사의 예언대로 이루어진 것이었으니 그 사람만이 유독 풍성한 곡식을 얻게 될 것이라는 엘리사의 말을 믿지 않았기 때문이었다.

6. 한편 수리아 왕 벤하닷은 다메섹으로 도피한 후 자기 군대를 두려움과 혼란 속으로 몰아넣은 장본인은 적군의 습격이 아니라 바로 다름 아닌 하나님이셨다는 사실을 알아내고는 하나님이 자기 적의 편이라는 사실에 크게 낙심하여 그만 병에 걸리고 말았다. 그때 공교롭게도 엘리사 선지자는 고국을 떠나 다메섹에 가 있었다. 이 사실을 안 벤하닷은 자기의 가장 충성스러운 종인 하사엘(Hazael)을 그에게 보내 예물을 드리고 자기 병이 회복될는지의 여부를 알아 오라고 지시했다. 이에 하사엘은 낙타 40마리에 왕궁뿐 아니라 다메섹 지역에서 나는 온갖 진귀한 고급 과일들을 가득 싣고 엘리사를 찾아왔다.

하사엘은 엘리사에게 친절히 인사한 후 벤하닷왕의 병세가 호전될는지의 여부를 알아보라는 명령을 받고 예물을 가지고 찾아온 것이라고 찾아온 이유를 밝혔다. 이에 엘리사는 벤하닷이 병에서는 나을 것이나 결국은 죽을 것이라고 왕에게 전하라고 했다. 그러자 하사엘은 그의 말에 몹시 괴로워했다. 그런데 엘리사도 눈물을 흘리는 것이었다. 엘리사는 벤하닷이 죽은 후 자기 백성이 당할 불행을 생각하니 미리 눈물이 앞을 가렸다. 하사엘이 무엇 때문에 그렇게 눈물을 흘리는 것이냐고 묻자 엘리사는 그대 때문에 이스라엘 백성들이 당할 불행을 생각하고 불쌍해서 운 것이라면서 이렇게 말했다. "그대는 이스라엘의 용사들을 살해할 것이고 이스라엘의 요새 도시들을 불사를 것이며 이스라엘의 자녀들을 죽이되 돌에 내던져 무참히 살해할 것이며 임신한 여인의 배를 가를 것이오." 이에 하사엘이 "내가 그럴 만한 일을 할 권세를 어떻게 소유할 수 있겠소?"라고 못 믿겠다는 듯이 말하자 엘리사는 "그대가 수리아의 왕이 될 것이라고 하나님이 내게 미리 가르쳐 주셨소."라고 대답했다.

하사엘은 벤하닷에게 돌아온 후 그의 병이 곧 나을 것이라는 기쁜 소식을 전해 주었다.[9] 하사엘은 그다음 날 그물 모양으로 생긴 젖은 천을 벤하닷 위에 덮어 질식사시키고 왕위를 빼앗았다. 그는 매우 활동적인 인물이었고 수리아인들과 다메섹 백성들의 신망을 한 몸에 받고 있었다. 오늘날까지도 수리아인들은 벤하닷과 하사엘을 신으로 떠받들고 있다. 그 이유는 이 두 왕이 선정(善政)을 베풀었을 뿐 아니라 신전(神殿)을 지어서 다메섹시를 아름답게 치장했기 때문이다. 수리아인들은 매일 이 두 왕에게 거창한 제사를 드리며 경의를 표한다. 그리고 이 두 왕을 아주 고대의 인물로 생각한다. 그들은 이 두 왕이 고대의 인물이 아니라 불과 1,100년 전의 사람이라는 사실을 모르고 있다. 이스라엘 왕 요람은 벤하닷이 죽었다는 소식을 듣고 공포와 두려움에서 벗어나 평화스럽게 살 수 있음을 매우 기뻐했다.

제5장

예루살렘 왕 여호람의 죄와 패배와 죽음의 경위

1. 예루살렘 왕 여호람(이스라엘 왕 여호람과 동명이인이다)은 왕위에 오르자마자 총독(governor)들인 자기 형제들과 자기 아비의 친구들을 살해하는 죄악을 범하기 시작했다. 이로써 그의 죄악의 삶은 시작되었던 것이다. 그는 이스라엘

---

[9] 엘리야는 그렇게 할 능력을 부여받았음에도 불구하고 하사엘에게 기름 부어 수리아 왕으로 삼을 만큼 오래 살지 못했기 때문에(왕상 19:15), 그의 종이요 후계자인 엘리사가 엘리야의 이름으로 하사엘을 왕으로 임명했을 가능성이 매우 짙다. 내가 생각하기에 벤하닷은 선지자의 예언대로 즉시 병에서 나음을 입었던 것 같다. 이에 하사엘은 벤하닷의 뒤를 이을 후계자로 기름 부음을 받자마자 벤하닷이 자연사(自然死)할 때까지 꾹 참고 기다려야 했음에도 불구하고, 너무 조급한 나머지 즉시 왕위에 오르고 싶어 바로 그다음 날 그를 교살 혹은 질식사시킨 것 같다.

과 히브리의 어떤 역대 왕들보다 나은 점이 조금도 없었다. 그는 아합의 딸 아달랴(Athaliah)와 결혼했는데, 그 부인 때문에 그는 이방 신들을 섬기는 죄를 범하게 되었다. 그러나 하나님은 다윗에게 한 약속이 있기 때문에 이 가문을 완전히 멸절시키려고 하시지는 않았다. 그럼에도 불구하고 여호람은 자기 민족의 풍습을 더럽히고 새로운 우상 숭배를 조장하는 행동을 멈추지 않았다. 이때 에돔인들은 여호람의 아비에게 복종하던 그전 왕을 살해하고 자기들 스스로 새 왕을 뽑아 여호람에게 반역을 일으켰다. 이에 여호람은 기병과 병거를 거느리고 야음을 틈타 에돔 땅을 습격하여 국경 인근 지역의 사람들을 살해하였으나 더 깊숙이 들어가지는 않았다. 결국 여호람의 원정은 아무런 실효도 거둘 수 없었다. 모든 에돔인들, 심지어는 립나(Libnah)에 거주하는 주민들까지도 여호람에게 등을 돌렸기 때문이었다. 여호람은 백성들을 산으로 끌고 가 이방 신들에게 제사를 드릴 것을 강요하는 등, 그 악행이 극에 달할 정도였다.

2. 여호람이 자기 민족의 율법은 모른다는 식으로 완전히 내팽개치고 이런 짓을 벌이고 있을 때 선지자 엘리야로부터 한 통의 서신이 당도했다.[10] 그 서신의 내용을 살펴보면 다음과 같다. "하나님이 왕을 벌하실 것이오. 왕이 선왕(先王)들을 본받지 않고 이스라엘 왕들의 악한 행실을 본받아 마치 아합처럼 유다 지파와 예루살렘 주민들을 하나님에게서 떠나 이방 신을 섬기도록 강요했기 때문이오. 게다가 왕은 왕의 형제들과 선하고 의로운 사람들을 무고하게 살해했기 때문이오. 이 죄로 인해 왕의 백성들은 멸망당할 것이며 왕의 아내들과 자녀들은 더럽혀질 것이오. 게다가 왕은 오랫동안 창자에 병이 생겨 고통을 당할 것이며 창자가 썩어 밖으로 나올 것이며 왕은 이런 모습을 눈으로 보면서도 손 한번 못 써보고 비참하게 죽을 것이오." 이것이 엘리야가 서신에서 여호람을 통렬히 비난한 내용의 전부이다.

---

10) 어떤 요세푸스 사본에는 이 서신이 엘리야로부터 요람(Joram)에게 온 것인데 "엘리야가 아직 세상에 있을 때" 보낸 것이라는 식으로 되어 있다. 그런데 이것은 모든 사람이 인정하고 있듯이 이미 4년 전에 세상에서 사라진 엘리야에게는 맞지 않는 소리이다. 아마도 엘리사 대신에 엘리야라는 이름이 잘못 끼어든 것이 아닌가 생각한다.

3. 이로부터 얼마 안 있어 에디오피아(Ethiopia) 인근에 사는 아라비아인(Arabians)과 블레셋인(Philistines)의 군대가 여호람 왕국을 쳐들어 와 전국 각지는 물론 왕궁까지도 약탈해 갔다. 심지어 그들은 여호람의 아내들과 자식들까지도 무참히 살해하였는데 유일하게 아하시야(Ahaziah)라는 아들만 적의 손에서 무사히 빠져나갈 수 있었다. 이런 재난이 있은 후 여호람은 선지자의 예언대로 창자에 병이 생겼고(하나님이 그의 죄에 대한 대가로 창자에 병이 생기는 벌을 내리신 것이다) 오랫동안 고생하다가 창자가 터져 나오는 모습을 스스로 목격하면서 비참하게 죽었다. 이에 백성들도 그의 시신을 정중하게 대하지 않았다. 백성들도 그의 그러한 죽음을 하나님의 진노의 증거로 보고 왕으로서의 체모에 걸맞은 장례를 치러줄 필요가 없다고 생각한 것 같다. 이에 백성들은 그를 선조의 무덤에 장사 지내지도 않고 경의를 표하지도 않고 평민처럼 장사 지냈다. 그가 이렇게 40세를 일기로 8년간의 통치를 끝으로 세상을 떠나니 예루살렘 백성들은 그의 아들 아하시야에게 통치권을 넘겼다.

제6장

예후가 왕위에 오른 후 요람과 아하시야를 둘 다 죽이고 악한 자들을 징벌한 경위

1. 이스라엘 왕 요람은 벤하닷이 죽은 후 길르앗의 라못(Ramoth)시를 수리아인들로부터 탈환할 수 있을 것이라는 기대를 가졌다. 이에 그는 대군을 거느리고 라못시를 탈환하기 위한 원정을 떠나 성을 포위하고 공격하였다. 이때 그는 수리아 병사가 쏜 화살에 맞아 부상하였으나 치명상은 아니었다. 그는 전군을 님시(Nimshi)의 아들 예후(Jehu)에게 맡겨 라못시에 남게 하고 부상을 치료하기

위해 이스르엘로 돌아왔다. 그때는 이미 라못시를 무력으로 함락시킨 후였기에 예후에게 일단 탈환한 라못시를 점령하고 있으면 자기가 완쾌된 후에 다시 와서 수리아군과 전투를 할 것이니 그리 알라고 했다. 한편 엘리사 선지자는 제자 한 명을 라못시에 보내 예후에게 거룩한 기름을 붓게 하고 하나님이 그를 이스라엘의 왕으로 뽑았다는 사실을 전하라고 시켰다. 선지자는 제자에게 이 말을 한 후에는 아무도 모르게 도망치듯이 빠져나오라고 지시했다. 제자가 라못시에 당도해 보니 엘리사의 말대로 예후는 군대 장관들 사이에 앉아 있었다. 이에 제자는 예후에게 다가가서 긴밀히 할 이야기가 있다고 말했다. 예후가 일어나서 그를 내실(內室)로 안내하자 그는 기름을 취해 예후의 머리에 붓고 "이세벨에게 살해당한 무고한 선지자들의 피를 갚고 아합의 집을 전멸시켜 느밧의 아들 여로보암과 바아사의 집이 멸망한 것처럼 아합의 집에 씨가 남지 않도록 하기 위해 하나님이 그대를 왕으로 세우셨소."라고 말했다. 엘리사의 제자는 이 말을 마친 후 아무에게도 보이지 않기 위해 내실을 황급히 빠져나왔다.

2. 예후가 밖으로 나와 군대 장관들과 앉아 있었던 자리로 되돌아오자 그 젊은 청년이 무슨 이야기를 하러 왔느냐고 주위 사람들이 물었다. 그러면서 혹시 미친놈은 아니냐고 덧붙였다. 그러자 예후는 "잘 알아맞히셨소. 말하는 것을 보니 미친놈이 분명했소."라고 대꾸했다. 그러나 주위 사람들이 그 젊은 청년이 무슨 이야기를 했는지 알고 싶다고 꼬치꼬치 캐묻자 예후는 하나님이 자기를 백성의 왕으로 삼으셨다고 하더라고 대답했다. 예후가 이같이 말하자 그들은 모두 각자 옷을 벗어서[11] 그의 밑에 깔고 나팔을 불면서 예후가 왕이라고 소리쳤다. 이에 예후는 즉시 전군을 이끌고 이스라엘의 요람을 공격할 준비를 갖췄다. 우리가 이미 살펴보았듯이 요람은 라못을 공격하던 중에 부상을 입고 이스라엘시에서 부상을 치료하고 있었다. 그런데 마침 공교롭게도 요람의 조카인 예루살렘 왕 아하시야(Ahaziah)는 병문안 차 이스르엘을 방문하고 있었다. 예후는 요람과 그와 함께하고 있는 사람들을 급습할 계획을 세우고 자기가

---

[11] 슈판하임(Spanheim)은 이것이 동양의 풍습(Eastern custom)이라는 점을 강조한다.

왕이 된 것을 기뻐하고 또 자기를 사랑한다면 아무도 요람에게 가서 이 사실을 알리지 말아 달라고 병사들에게 요청했다.

3. 이에 병사들은 예후의 말을 기쁘게 받아들이고 누군가가 이스르엘에 가서 이 사실을 밀고하지 못하도록 길목을 지켰다. 예후는 정예 기병을 거느리고 손수 병거에 올라타고 이스르엘 공격에 나섰다. 요람이 이스르엘로 들어오는 자들을 감시하라고 세워둔 파수꾼이 기병대가 오는 것을 발견하고 요람에게 달려가 일단의 기병대가 오고 있다고 보고했다. 이에 요람은 즉시 기병 한 명을 보내 누가 오는지 알아보라고 명령을 내렸다. 이에 기병이 예후에게 다가가 왕께서 궁금해하시는데 부대는 어찌 된 것이냐고 질문했다. 그러자 예후는 그런 일에 신경 쓰지 말고 잠자코 자기만 따르라고 명령했다. 파수꾼은 이 광경을 보고 정찰 보낸 기병이 그 무리와 합세하여 오고 있다고 보고했다. 요람은 다시 두 번째 사신을 보냈으나 예후는 먼젓번 자에게 하듯이 똑같은 말을 했다. 파수꾼이 이 사실을 그대로 보고하자 요람은 예루살렘 왕 아하시야와 함께 병거에 몸소 올라탔다. 우리가 방금 전에 살펴보았듯이 아하시야는 요람과는 친척지간이었기 때문에 병문안 차 요람을 방문하던 중이었다. 이에 요람은 천천히[12] 질서정연하게 행군해 오고 있는 예후와 나봇의 밭에서 만나게 되었다.

요람은 예후에게 부대 상황은 어떠냐고 물었다. 그러자 예후는 요람의 어미는 마녀요 매춘부라고 욕하면서 요람에게 대들었다. 이에 요람은 예후가 반역을 기도하고 있다는 사실을 알아차리고 재빨리 병거를 돌리면서 아하시야에게 "반역이다!"라고 소리쳤다. 예후는 때를 놓치지 않고 활을 꺼내 그에게 쏘았다. 이에 화살은 요람의 심장을 꿰뚫었고 요람은 즉시 무릎을 꿇고 쓰러지더니 그만 숨이 끊어지고 말았다. 예후는 또한 제3대(隊) 군대 장관인 빗갈(Bidkar)에게 요람의 시체를 나봇의 밭에 내던지라고 명령하면서 그의 아비 아합이 나봇을 살해했을 때 아합과 그의 가족이 전멸될 것을 예언했던 엘리야의 말을 기억하라고 했다. 그들은 그전에 아합의 병거 뒤에 있다가 엘리야의 예언을 들었었

---

12) 성경은 "그 병거 모는 것이 님시의 손자 예후의 모는 것같이 미치게 모나이다"(왕하 9:20)라고 되어 있다.

기 때문에 이 사실을 잘 알고 있었다. 결국 엘리야의 예언은 이렇게 성취된 것이었다. 요람이 거꾸러지자 아하시야는 죽을까 봐 두려워 예후가 보기 전에 얼른 도망가려고 다른 길로 급히 병거를 몰았다. 그러나 예후는 그가 도망가는 것을 보고 뒤를 쫓아와 활을 쏘아 그에게 큰 부상을 입혔다. 아하시야는 이에 병거를 버리고 말을 타고 예후를 피해 므깃도(Megiddo)로 도망을 쳤다. 그는 그곳에서 부상을 치료했으나 얼마 후 그 부상으로 인해 세상을 떠나게 되었다. 이에 그의 시신은 예루살렘으로 옮겨져 장사되었다. 그는 겨우 1년 남짓 나라를 다스렸으나 악한 왕으로서 선왕들보다 훨씬 못한 인물이었다.

4. 한편 예후가 이스르엘에 당도하자 이세벨은 몸단장을 하고 망대 위에 서 있다가 그를 보고 주인을 죽인 멋진 종이라고 비아냥거렸다. 예후는 그녀를 쳐다보고 누구냐고 물은 후에 이세벨임을 알게 되자 내려오라고 명령했다. 그러다가 마침내 예후는 내시에게 그녀를 망대에서 던지라고 명령했다. 내시가 이세벨을 밑으로 던지자 그녀의 피가 벽에 튀었으며 그녀는 말들에 밟혀 죽고 말았다. 예후는 친구들과 함께 왕궁에 들어가서 여행에 지친 몸을 쉬면서 먹고 마시고 즐거워했다. 예후는 부하들에게 이세벨은 그래도 왕족의 혈통이니까 시체를 거두어서 장사 지내 주라고 지시했다. 그러나 부하들이 나가 보니 몸의 끝부분 외에는 개가 모두 뜯어 먹어 시신을 거둘 수가 없었다. 예후는 이 이야기를 듣고 엘리야의 예언에 찬탄을 금하지 못했다. 엘리야가 이런 식으로 이세벨이 죽을 것이라고 예언했었기 때문이었다.

5. 아합에게는 사마리아에서 자라고 있는 70명의 아들이 있었다. 이에 예후는 두 통의 서신을 써서 한 통은 아합의 아들들을 가르치는 자들에게, 다른 한 통은 사마리아의 지도자들에게 보냈다. 이 서신의 내용은 많은 병거와 무기와 말과 병사가 있고 요새화된 도시들이 많이 있으니 두려워하지 말고 아합의 아들 중 가장 용감한 자를 왕으로 세워 아합의 복수를 해야 할 것이 아니냐는 것이었다. 그가 이 같은 내용의 서신을 보낸 것은 사마리아 주민들의 의도를 알아내기 위해서였다. 사마리아 지도자들과 아합의 아들들을 양육하고 있던 자

들은 이 편지를 받아보고 몹시 두려워하였다. 이미 두 왕을 굴복시킨 예후와는 감히 대적할 힘이 없음을 안 그들은 예후를 왕으로 섬기겠으며 시키는 것은 무엇이든지 하겠다는 내용의 회신을 보냈다. 이에 예후는 아합의 아들들의 머리를 베어 자기에게 보내라고 명령하였다. 이에 그들은 예후가 시키는 것을 빠짐없이 그대로 행한 후 고리버들 바구니(wicker basket)에 머리들을 담아 이스르엘로 보냈다. 예후는 친구들과 함께 저녁을 들다가 아합의 아들들의 머리가 도착했다는 보고를 받자 문 어귀에 두 무더기로 쌓아 놓으라고 지시했다. 그다음 날 아침에 그는 그것을 보러 나갔다. 그는 그것을 살펴본 후 주위에 있던 사람들에게 "내가 내 주인 요람을 살해한 것은 사실이나 이 자들은 내가 죽이지 않았소. 아합의 집에 생긴 이 모든 불상사는 하나님의 예언대로 성취된 것뿐이며 아합의 집이 멸절된 것도 엘리야의 예언대로 이루어진 것뿐이오."라고 말했다. 예후는 이스르엘에 있는 아합의 모든 친족을 죽인 후에 사마리아로 갔다. 그가 가는 도중에 예루살렘 왕 아하시야의 친족들을 만나 어디로 가는 중이냐고 물었다. 이들은 두 왕이 모두 살해되었다는 사실은 꿈에도 모르고 요람과 자기네 왕인 아하시야에게 문안하러 가는 중이라고 답변했다. 이에 예후는 부하들에게 이들을 잡아 죽이라고 명령했다. 이때 죽은 자의 수는 모두 42명이나 되었다.

6. 그 후에 예후는 다시 그의 옛 친구요 선하고 의로운 인물인 여호나답(Jehonadab)을 만났다. 여호나답은 예후에게 인사를 한 후 아합의 집을 전멸시킨 것은 하나님의 뜻대로 아주 잘한 일이라고 칭찬을 아끼지 않았다. 그러자 예후는 그에게 자기 병거를 타고 같이 사마리아로 가자고 청하면서, "나는 단 한 놈의 악인도 남겨 놓지 않을 작정일세. 특히 백성들을 속이고 전능하신 하나님을 떠나 이방 신을 섬기도록 만든 거짓 선지자들과 거짓 제사장들을 결코 그냥 놔두지 않을걸세. 악인들이 벌을 받는 모습은 선인과 의인에게 가장 기쁘고 신나는 일이 아닌가."라고 말했다. 여호나답은 예후의 이 논거에 져서 예후의 병거를 타고 사마리아로 갔다. 예후는 아합의 모든 인척을 찾아내어 살해하였다.

그는 아합의 신을 섬기는 제사장들과 거짓 선지자들을 모두 잡아서 처형하기 위해 한 가지 묘책을 생각해 냈다. 예후는 온 백성을 불러 모은 후에 "나는 아합보다 두 배나 많은 신을 섬길 것이오. 그러니 아합의 신에게 많은 경비를 들여 큰 제사를 드리기 위해서는 그를 섬기는 제사장들과 선지자들이 있어야만 할 것이오. 만일 제사장들과 선지자들의 수가 부족하면 내가 당신들을 가만히 두지 않겠소."라고 선포했다. 아합의 신은 바알(Baal)이라고 부르는 신이었다. 예후는 제사를 드릴 날을 정한 후에 이스라엘 전국 각지에 사신을 보내 바알의 제사장들을 데려오도록 했다. 예후는 모든 제사장에게 의복을 나누어 주라고 명령했다. 제사장들이 의복을 받자 그는 친구인 여호나답과 함께 (바알의) 집에 들어가서 신성한 제사를 드리는데 다른 종교를 섬기는 사람이 끼면 안 되니까 혹시 이방인이나 모르는 사람이 없는가 살펴보라고 그들에게 지시했다. 그들은 그런 자가 없다고 대답한 후 제사를 드리기 시작했다.

예후는 자기가 가장 신임할 만한 병사 80명을 밖에 배치한 후, 거짓 선지자들을 모조리 죽여 오랫동안 무시되어 온 이 나라의 율법을 지키자고 병사들에게 말했다. 그는 부하들에게 단 한 명이라도 도망치게 내버려둔다면 목숨을 부지하기 어려울 것이라고 엄포를 놓았다. 이에 병사들은 칼로 그들을 살해하고 바알의 집을 불살랐으며 이렇게 해서 사마리아에서 이방 풍습(우상 숭배)을 몰아냈다. 사실 이 바알은 두로의 신이었는데 아합이 자기 장인인 두로와 시돈의 왕 엣바알(Ethbaal)을 기쁘게 하기 위해 사마리아에 바알의 신전을 건립하고 선지자들을 임명한 후 온갖 제사를 다 지낸 것이다. 예후는 이 바알 신은 완전히 멸절시켰으나 이스라엘 백성들이 금송아지를 섬기는 것은 그대로 허용했다. 그러나 예후가 악인을 징벌하는 일에 앞장을 섰기 때문에 하나님은 선지자를 통해 그의 후손들이 4대 동안 이스라엘을 다스릴 것이라고 예언하셨다. 예후가 처한 형편은 이와 같았다.

제7장

아달랴가 5(6)년간 예루살렘을 다스렸으나
대제사장 여호야다가 그녀를 살해하고
아하시야의 아들 요아스를 왕으로 옹립한 경위

1. 아합의 딸 아달랴는 자기 동생 요람과 아들 아하시야와 왕족이 죽었다는 소식을 듣고 다윗 집의 후손을 전멸시켜 후에 왕위에 오를 자가 없게 하려고 갖은 방법을 다 썼다. 아달랴는 그 일을 실제로 다 이룬 것으로 생각했으나 아하시야의 아들 하나가 무사히 목숨을 건졌다. 그가 죽음을 모면한 경위는 아래와 같다. 아하시야에게 이복 누이인 여호세바(Jehosheba)가 있었는데 그녀는 또한 대제사장 여호야다(Jehoiada)의 아내이기도 했다. 여호세바는 왕궁에 들어갔다가 이제 겨우 한 살밖에 안 된 요아스(Jehoash)가 살인극의 틈바구니에서 용케도 유모의 보호로 숨어 있는 것을 발견하고 그를 데려다가 깊은 밀실에 숨겨 아무도 모르게 키웠다. 그녀와 남편 여호야다는 아달랴가 예루살렘과 두 지파를 다스렸던 6년 동안 성전에서 남몰래 그를 키웠다.

2. 제7년째 되는 해에 여호야다는 다섯 명의 백부장들에게 이 사실을 알리고 아달랴를 살해하고 요아스를 왕으로 옹립하려는 거사에 협조해 달라고 설득했다. 그는 거사에 협조하려는 자들이 흔히 음모가 드러날까 봐 두려워하는 것을 막기 위해 맹세를 받아내고는 아달랴를 폐위시킬 희망에 부풀어 있었다. 대제사장 여호야다가 공모자로 끌어들인 이 백부장들은 전국 각지에 흩어져 제사장들과 레위인들과 지파의 두령들을 규합한 후 이들을 데리고 예루살렘의 대제사장에게로 왔다. 여호야다는 이들에게 자기가 무슨 말을 하든지 비밀로 할 것을 맹세하도록 요구했다. 그는 자기가 이제부터 밝힐 일은 비밀과 협조를 요하는 중대 문제라고 덧붙였다. 이에 그들이 무슨 일이 있더라도 절대 비밀로 할 것을 맹세하자 그때야 여호야다는 안심이 된다는 듯이 자기가 이제까지 다

윗의 후손 하나를 몰래 키워왔음을 실토하면서 이같이 말했다. "이 소년은 하나님이 앞으로 내내 이 나라를 다스릴 것이라고 예언하셨던 그 집안 출신으로서 여러분의 왕입니다. 그러므로 이제 제가 하라는 대로 잘 지켜주시기 바랍니다. 여러분 중 3분의 1은 성전에서 그를 보호해 주시고 일부는 성전의 모든 문을 지켜주시고 또 일부는 왕궁으로 향해 열려 있는 문을 지켜주십시오. 그리고 나머지 분들은 성전 안에 무장하지 말고 들어와 계십시오. 절대로 무장하고 성전 안에 들어오는 일은 없도록 해야 합니다. 제사장과 레위인의 일부는 칼을 빼 들고 왕을 호위하고 있다가 무장하고 성전 안에 들어오는 자가 있으면 누구를 막론하고 즉시 죽이도록 하십시오. 결코 두려워하지 마시고 왕을 끝까지 보호해야 한다는 점을 잊지 말도록 하시오." 이에 모인 사람들은 대제사장이 시키는 대로 순종하겠으며 행동으로 그들의 결심이 어떠한지를 직접 보여주겠다고 선언했다. 여호야다는 다윗이 성전 안에 설치한 병기고의 문을 열어 백부장들과 레위인들과 제사장들에게 창과 방패와 병기고 안에 들어 있는 그 외의 온갖 무기를 나눠 준 후 옆의 사람과 손을 잡을 수 있을 정도로 철두철미하게 성전을 봉쇄하여 들어가서는 안 될 자들이 성전에 들어가는 것을 막았다. 그 후 그들은 그 소년을 가운데로 모시고 나와서는 왕관을 씌웠다. 여호야다는 그에게 거룩한 기름을 부어 왕으로 임명했다. 그러자 무리들이 "왕 만세!"라고 함성을 질렀다.

3. 아달랴는 불시에 고함 소리와 함께 요란스러운 함성이 들리자 마음에 크게 동요를 느끼고 군사를 거느리고 급히 왕궁을 나와 성전으로 향했다. 제사장들은 아달랴를 맞아들였으나 호위 병사들이 그녀를 따라 안에 들어가는 것은 막았다. 아달랴는 소년이 왕관을 쓰고 기둥 위에 앉아 있는 모습을 보고는 옷을 찢고 미친 듯이 고함을 지르면서 자기 발에 올무를 놓고 왕위를 찬탈하려는 저자를 잡아 죽이라고 (호위 병사들에게) 명령했다. 그러나 여호야다는 백부장들을 불러 이런 사악한 여자의 피로 성전을 더럽힐 수는 없으니 기드론 (Cedron) 골짜기로 끌고 가서 죽이라고 명령했다. 그리고 누구든지 그녀를 구하려고 가까이 접근하는 자가 있거든 마찬가지로 살려두지 말라고 엄명했다.

이에 백부장들은 그녀를 잡아 왕의 노새들의 문(gate of the king's mules)으로 끌고 가 거기서 죽였다.

4. 여호야다는 아달랴를 이 같은 계책으로 폐위시킨 후에 백성들과 무장 병사들을 성전 안으로 불러들이고 왕에게 복종하고 왕과 왕국의 안위를 위해 최선을 다할 것을 맹세하게 했다. 그리고 여호야다는 왕에게도 모세의 율법을 어기지 않을 것과 하나님만을 섬길 것을 (맹세로) 확약하도록 요구했다. 그 후 그들은 아달랴의 남편 여호람이 하나님의 명예를 실추시키고 아합의 명예를 드높이기 위해 세운 바알의 집(house of Baal)으로 달려가서 집을 무너뜨리고 바알 제사장 맛단(Mattan)을 죽였다. 여호야다는 다윗왕의 규정에 따라 성전 봉사와 관리를 제사장들과 레위인들에게 맡기고 매일 두 번 상번제(regular burnt-offering)를 드리고 율법에 따라 향을 피우도록 명령했다. 여호야다는 일부 레위인들과 짐꾼들을 시켜 성전을 지키게 하여 성전을 더럽힐 만한 사람은 출입하지 못하도록 했다.

5. 여호야다는 이와 같이 처리한 후 백부장들과 백성의 지도자들과 온 백성들과 함께 요아스(Jehoash)를 성전에서 왕궁으로 인도했다. 그가 왕의 보좌에 앉자 백성들은 기뻐 함성을 지르고 여러 날 동안 절기를 지키면서 즐거워하였다. 아달랴의 죽음으로 예루살렘은 평정을 되찾았다. 요아스가 왕위에 오를 때의 나이는 일곱 살이었다. 그의 어미는 시비아(Zibiah)로서 브엘세바(Beearsheba)시 출신이었다. 여호야다의 생존 기간에는 요아스는 주의하여 율법을 지키며 제사를 드리는 일에 전심하였다. 요아스가 성년이 되자 대제사장이 지정하는 두 여인을 아내로 맞이하게 되었고 그는 이 두 아내를 통해 아들들과 딸들을 두게 되었다. 요아스가 어떻게 아달랴의 손아귀에서 벗어날 수 있었으며 어떻게 다시 왕권을 되찾을 수 있었는가에 관해서는 이 정도로 충분하다고 생각한다.

제8장

하사엘이 이스라엘 백성과 예루살렘 주민을 공격한 사건과
예후가 죽고 그 뒤를 이어 여호아하스가 왕위에 오르게 된 경위,
한편 예루살렘 왕 요아스가 처음에는 하나님을 잘 섬겼으나
후에 불경건한 자가 되어
스가랴를 돌로 쳐 죽이라고 명령하게 된 경위와
(유다 왕) 요아스가 죽자
아마샤가 그 뒤를 이어 왕위에 오르게 된 역사

1. 수리아 왕 하사엘은 이스라엘과 예후왕을 공격하여 르우벤과 갓과 므낫세 (반) 지파에 속한 요단강 동쪽 지역을 약탈했다. 하사엘이 길르앗(Gilead)과 바산(Bashan) 지역에 쳐들어와 방화와 약탈을 감행하며 온갖 만행을 서슴지 않았으나 예후는 그 지역이 곤경을 치르고 있다는 소식을 듣고도 급히 손을 쓸 생각도 하지 않았다. 한마디로 예후는 종교를 멸시하며 거룩을 조롱하고 율법을 업신여기는 무뢰한이었다. 그는 27년간 이스라엘을 통치하다가 세상을 떠나니 그의 시신은 사마리아에 장사되었고 그 뒤를 이어 그의 아들 여호아하스 (Jehoahaz)가 왕위에 올랐다.

2. 예루살렘 왕 요아스는 하나님의 전을 수리하고 싶은 생각이 들었다. 이에 그는 여호야다를 불러 여호람과 아달랴와 그의 아들들에 의해 황폐된 성전을 재건하고 보수하기 위해 레위인들과 제사장들을 전국 각지에 보내 한 사람 앞에 은 한 세겔씩 내도록 하라고 지시했다. 그러나 대제사장은 아무도 자원해서 그 돈을 내려고 하지 않을 것이라고 결론을 내리고 이 일을 하지 않았다. 요아스의 재위 제23년에 그는 여호야다와 레위인들을 불러 왜 자기의 명령을 실행에 옮기지 않느냐고 불평한 후에 성전 재건에 신경을 쓰라고 다시 명령했다. 요아스는 돈을 모을 좋은 묘책을 생각해 냈는데 백성들도 모두 좋아하였다. 그

는 목궤(wooden chest)를 하나 만들어 사면을 막고 구멍을 하나 낸 후 성전 제단 옆에 놓게 하고 성전 수리를 위해 돈을 내고 싶은 사람은 누구든지 자원해서 그 구멍에 돈을 넣으라고 했다. 이 방법이 백성들의 마음에 들었던지 백성들은 앞을 다투어 은과 금을 가져와 궤에 넣었다. 궤를 맡은 서기관과 제사장은 궤를 비워 왕이 보는 앞에서 계산한 후 다시 궤를 원래 있던 곳에 갖다 놓았다. 매일 이런 식으로 하였다. 백성들이 필요한 만큼의 돈을 낸 것처럼 보이자 대제사장 여호야다와 요아스(Joash)왕은 석공(石工)과 목공들을 고용하고 귀한 목재들을 사들였다. 성전을 보수하고 남은 적지 않은 금과 은으로는 대접과 수반과 잔과 그 밖의 그릇들을 만들었으며 매일 값비싼 예물로 풍성한 제사를 드렸다. 여호야다가 살아 있는 동안에는 이런 일들이 정성껏 행해졌다.

3. 그러나 여호야다가 죽자마자(그는 모든 면에서 선하고 의로웠던 사람으로서 130세를 일기로 세상을 떠나니 왕국을 다윗의 후손에게 회복시킨 공을 인정하여 예루살렘의 왕의 묘지에 장사되었다) 요아스왕은 하나님에 대한 무성의를 표출하기 시작했다. 그러자 백성의 지도자들도 왕과 함께 부패하기 시작하여 그들의 의무와 모세 규정을 지키지 않았다. 하나님은 왕과 백성의 이런 태도의 변화에 불만을 표하시고 선지자들을 보내 그들의 행동이 얼마나 사악한 것인가를 보여주시고 즉시 그 악함에서 떠나라고 명령하셨다. 그러나 이미 그들은 악에 깊이 물들어 있었고 그 성품이 악으로 심히 기울어져 있었기 때문에 율법을 거스르다가 온 가족이 전멸을 당한 과거의 역사 교훈이나 선지자의 경고가 그들을 회개시켜 악을 버리고 하나님께로 돌아오도록 할 수가 없었다.

요아스왕은 대제사장 여호야다에게서 받은 은혜를 망각하고 그의 아들 스가랴를 성전에서 돌로 쳐 죽이라고 명령했다. 왜냐하면 하나님이 그를 지명하여 예언하도록 하셨기에 그가 무리 가운데 서서 "의롭게 살도록 하십시오. 만일 나의 충고를 듣지 않는다면 여러분은 무서운 벌을 받게 될 것이오."라고 경고했기 때문이었다. 스가랴는 죽을 각오를 한 후 자기 아버지가 요아스왕에게 베푼 은혜가 적지 않은데 옳은 말을 했다는 이유로 이렇게 무참히 죽음을 당하는 것을 통촉해 달라고 하나님께 간청했다.

4. 그러나 얼마 못 가 요아스왕도 범죄의 대가로 벌을 받게 되었다. 수리아 왕 하사엘이 침입해 와 가드(Gath)를 함락시키고 노략한 후 예루살렘까지 쳐들어온 것이었다. 이에 요아스는 크게 두려워한 나머지 하나님의 곳간과 왕의 모든 곳간을 열고 (성전에) 봉헌된 예물들을 꺼내 수리아 왕에게 보내고 제발 포위를 풀고 돌아가 달라고 했다. 하사엘은 그가 보낸 돈이 엄청난 것을 보고는 포위를 풀고 돌아갔다. 그러나 요아스는 그 후 중병에 걸리게 되었고 여호야다의 아들 스가랴의 죽음을 복수하려는 자들에 의해 살해되었다. 그는 예루살렘에 장사되었으나 그의 불경건 때문에 선왕들의 묘에는 장사되지 못했다. 그는 47세를 일기로 아들 아마샤에게 왕위를 넘겨주고 세상을 떠났다.

5. 요아스의 재위 제21년에 예후의 아들 여호아하스(Jehoahaz)가 이스라엘 왕국의 왕위에 올라 사마리아에 거하면서 17년간을 다스렸다. 여호아하스는 그의 아비의 행실을 본받지는 않았지만 처음부터 하나님을 멸시한 왕들과 같은 악한 행실을 저질렀다. 수리아(Syria) 왕의 공격으로 참패를 당한 여호아하스는 그 세력이 크게 약화되어 병력이 불과 보병 10,000명과 기병 50명밖에 남지 않을 정도였다. 수리아 왕은 여호아하스의 대도시들을 빼앗고 그의 병사들을 전멸시켰다. 이스라엘 백성이 당하는 이런 재난은 하사엘이 자기 주인을 죽이고 수리아와 다메섹을 지배할 것이라고 한 엘리사의 예언대로 성취된 것이었다. 여호아하스는 이러한 모면할 수 없는 불행이 닥치자 하사엘의 손아귀에서 건져 달라고 하나님께 간청하기에 이르렀다. 이에 하나님은 그의 회개기도를 들으시고 마땅히 멸절되어야 할 자들을 불쌍히 여기셔서 전쟁과 위험에서 구원해 주셨다. 결국 이스라엘은 평화를 회복하게 되었고 그전처럼 번창해졌다.

6. 여호아하스(Jehoahaz)가 죽은 후 그의 아들 요아스(Joash)가 그의 뒤를 이어 왕위에 올랐다. 이때는 유다 지파의 왕 요아스의 재위 제37년이었다. 이 요아스는 예루살렘 왕과 동일한 이름을 가지고 있었는데 사마리아에서 왕위에 올라 16년간을 통치했다. 그는 선한 사람으로서 그의 아비와는 조금도 같은

점이 없었다.[13] 이미 고령에 접어든 지 오랜 엘리사 선지자가 병이 들었다는 소식을 듣고 이스라엘의 왕이 그를 방문한 것은 바로 이때였다. 왕은 엘리사의 임종이 가까운 것을 보고 그 앞에서 눈물을 흘리며 애통하였다. "나의 아버지요 무기이신 선지자여! 나는 당신 덕택에 무기 한번 안 써보고 전쟁 한번 안 해보고 당신의 예언으로 나의 적을 무찔렀습니다. 그런데 수리아인들이 이미 무장을 갖추었고 수리아인들의 휘하에 있는 다른 적들도 전투태세를 완비했는데 나 혼자 남겨두고 이렇게 훌쩍 떠나가시면 어떻게 합니까? 나 혼자서는 안전하게 세상을 살아갈 수가 없습니다. 차라리 당신과 함께 일찍 세상을 하직하고 싶습니다." 왕이 이같이 슬퍼하자 엘리사는 그를 위로한 후 활을 가져오라고 지시했다. 왕이 활을 가져오자 엘리사는 그의 손을 잡고 활을 쏘라고 지시했다. 왕이 화살을 세 번 쏘자 엘리사는 "그대가 활을 더 많이 쏘았다면 그대가 수리아 왕국을 완전히 멸절시킬 수 있었을 것이나 세 번 쏘는 것만으로 만족했기 때문에 그대는 세 번 이상 수리아를 이길 수 없을 것이오. 그러나 어쨌든 그대는 그대의 아비가 잃었던 영토를 되찾게 될 것이오."라고 말했다. 왕은 이 말을 듣고 길을 떠났다.

이스라엘의 왕이 떠난 지 얼마 안 되어 엘리사는 죽었다. 엘리사는 의로운 사람이었고 하나님의 총애를 받은 인물이었다. 엘리사는 또한 예언으로 히브리인들의 기억에 남을 만한 놀라운 일들을 행했다. 그의 시신은 하나님의 총애를 받던 인물답게 장엄한 의식 속에 장사되었다. 한번은 어떤 강도들이 한 사람을 살해한 후 그 시체를 엘리사의 무덤 속에 던져 넣었는데 그 시체가 엘리사의 시신에 가까이 접해지자 다시 살아나는 일도 있었다. 우리는 지금 엘리사가 생전에뿐 아니라 죽은 후까지도 신적인 능력을 소유하고 있었다는 점을 살펴보았다.

---

[13] 여기에 기록된 요아스의 선한 성품은 "여호와께서 보시기에 악을 행하여 이스라엘에게 범죄하게 한 느밧의 아들 여로보암의 모든 죄에서 떠나지 아니하고 그 가운데 행하였더라"(왕하 13:11)라는 성경의 묘사와는 정반대되는 것처럼 보인다. 요아스의 성품이 이렇게 다르게 묘사된 것은 아마도 재위 기간에 성품이 바뀐 것을 의미하는 것이 아닌가 생각한다. 즉 처음에는 성경에서처럼 악한 왕이었으나 후에는 면모를 갱신해 요세푸스가 묘사한 대로 선한 왕이 되었을 가능성이 있다.

7. 하사엘(Hazael)이 죽자 수리아의 왕위에는 그의 아들 아닷(Adad)이 올랐다. 이스라엘 왕 요아스와 전쟁을 한 자가 바로 이 자였다. 요아스는 아닷과의 전쟁에서 세 번 아닷을 물리치고 하사엘이 이스라엘에게서 빼앗아 간 모든 영토와 도시들과 마을들을 도로 탈환했다. 이것은 엘리사가 예언한 바로 그대로였다. 요아스가 죽자 사마리아에 장사되었고 왕위는 그의 아들 여로보암(Jeroboam)에게 돌아갔다.

제9장

아마샤가 에돔과 아말렉을 공격해 승리했으나 후에 요아스와의 전쟁에서는 패배하고 얼마 후 살해되자 웃시야가 그 뒤를 이어 왕위에 오르게 된 경위

1. 이스라엘 왕 요아스의 재위 제2년에 아마샤(Amaziah)는 예루살렘에서 유다 지파의 왕으로 등극했다. 그는 아주 젊었을 때는 옳은 일만 하려고 무척 애를 썼으나 왕위에 올라 나라를 다스리게 되자 먼저 자기 아비 요아스를 살해한 자들을 처벌해 원수를 갚아야 하겠다고 결심했다. 그는 그들을 모두 잡아들인 후 처형했다. 그러나 그는 아비의 죄로 그 자녀들을 처벌하는 것은 옳지 못하다는 모세 율법의 규정에 따라 그들의 자녀들은 손대지 않았다. 그 후 아마샤는 유다 지파와 베냐민 지파에서 한창 혈기 왕성한 약 20세가량의 청년들을 300,000명 뽑아 군대를 편성하고 백부장들을 임명하였다. 그는 또한 아말렉(Amalekites)과 에돔(Edomites)과 그발(Gebalites)을 정복하기 위해서 이스라엘 왕에게 사신을 보내 은 100달란트를 주고 100,000명의 용병을 고용했다. 그러나 그가 원정 준비를 마치고 막 출전 태세를 갖추고 있을 때 선지자가 나타

나더니 이렇게 충고했다. "이스라엘 병사들을 돌려보내시오. 그들은 악한 자들입니다. 만일 왕이 그들을 원병으로 사용한다면 왕은 적에게 패하고 말 것입니다. 그러나 병사의 수가 적더라도 하나님이 기뻐하신다면 적은 왕의 적수가 되지 못할 것입니다." 그러자 아마샤는 이미 용병의 대가를 이스라엘에 지불했다면서 투덜거렸다. 선지자는 하나님이 그 대가로 많은 부를 얻도록 해주실 것이니 하나님을 기쁘시게 하는 일을 하도록 하라고 격려했다. 그는 이스라엘 병사들을 돌려보내고 직접 군대를 거느리고 위에서 언급한 나라들에 대한 원정에 나섰다. 그는 전투에서 적들을 대패시키고 10,000명을 전사시킨 후 10,000명은 포로로 사로잡았다. 그는 이들을 아라비아(Arabia)에 있는 큰 바위로 끌고 가서 그 위에서 밑으로 거꾸로 던져 죽였다. 그는 또한 이 나라들에서 엄청난 양의 부(富)를 약탈했다. 아마샤가 원정을 나간 동안 고용되었다가 되돌려 보내진 이스라엘 병사들은 이에 큰 불만을 품고 자기들을 모욕한 것이 틀림없다고 생각하고는 그의 왕국을 습격하여 벧호론(Beth-horon)까지 쳐들어와서 3,000명을 살해하고 가축들을 빼앗고 노략질을 하는 등 온갖 행패를 서슴지 않았다.

2. 아마샤는 대승을 거두고 혁혁한 전공을 세우게 되자 교만해져서 그에게 승리를 안겨주신 하나님을 모르는 척하기 시작했고 아말렉에서 가져온 신들을 섬기기 시작했다. 이에 선지자가 그에게 나타나 이같이 책망했다. "나는 왕이 이것들을 신들로 섬기는 것이 도저히 이해가 안 갑니다. 이 신들은 자기들을 섬기던 백성들을 왕의 손에서 건져내기는커녕 자신들도 마치 전쟁 포로처럼 예루살렘으로 끌려온 신세들이 아닙니까? 그들을 섬기던 백성들을 보호하지도 못하고 아무 이익도 끼치지 못한 것들을 어찌 신이라고 볼 수 있단 말입니까?" 이런 책망을 듣자 아마샤왕은 그만 화가 치밀어 선지자에게 잠자코 입을 닥치라고 소리를 지르면서 자기 일에 간섭하면 그냥 놔두지 않을 것이라고 위협했다. 이에 선지자는 입을 닥치라면 닥칠 것이나 하나님은 이런 변혁을 묵과하시지는 않을 것이라고 대꾸했다. 전부터 하나님을 모독했음에도 불구하고 하나님이 그에게 주신 번영 속에 그는 그냥 머물러 있을 수가 없었던 것 같

다. 그는 이스라엘 왕 요아스에게 오만으로 가득 찬 서신을 보냈다. 그 내용을 요약하면 아래와 같다. "그대와 그대의 온 백성은 전에 나의 선조 다윗과 솔로몬에게 복종했던 것처럼 나에게 복종해야만 하오. 만일 그대가 내 명령대로 하기 싫다면 힘으로 그것을 증명해야만 할 것이오." 이에 요아스는 아래와 같은 답신을 보냈다. "요아스왕이 아마샤왕에게. 레바논(Lebanon)산에 키 큰 사이프러스나무(cypress-tree, 개역개정 성경 이사야 44장 14절에는 디르사나무라고 번역되어 있음-역자 주)와 가시나무가 있었소. 이 가시나무가 사이프러스나무에게 와서 그의 딸을 자기 아들과 결혼시키면 어떻겠느냐고 청혼을 해왔소. 가시나무가 이같이 청혼을 하고 있을 때 맹수가 나타나더니 그만 가시나무를 짓밟아 버렸소. 이것이 내가 그대에게 주고 싶은 교훈이오. 너무 큰 꿈을 갖지 말고 그대 자신이나 잘 돌보도록 하시오. 아말렉을 이기고 기고만장한 것 같은데 그런 식으로 한다면 그대는 물론 그대 왕국에 공연한 화를 자초하게 될 것이오."

3. 아마샤는 이 서신을 받아 보고 이스라엘을 공격하고 싶어 더 안달이 났다. 내 생각에는 하나님이 그를 징벌하시기 위해 이런 충동이 일어나도록 하셨기 때문이 아닌가 추측한다. 아마샤는 그의 군대를 끌고 요아스와 전투를 벌였다. 그런데 접전을 벌이기도 전에 아마샤의 군대는 겁을 집어먹었다. 이는 하나님이 그들의 마음에 두려움을 느끼게 하셨기 때문이었다. 이에 겁이 난 병사들이 모두 도망을 치자 아마샤는 홀로 남게 되었고 결국은 포로가 되고 말았다. 요아스는 아마샤에게 예루살렘 주민들을 설득시켜 성문을 열고 자기 군대를 영접하도록 하지 않으면 죽여 버리겠다고 위협했다. 그러자 아마샤는 생명의 위협을 느끼고 적군으로 하여금 예루살렘에 입성하도록 했다. 요아스는 성벽을 400규빗 정도 헐고 무너진 성벽을 통해서 포로인 아마샤왕을 앞세우고 병거를 타고 입성했다. 요아스는 이런 방법으로 예루살렘의 주인이 된 후 하나님의 곳간을 약탈하고 왕궁에 있는 금과 은을 노략질하고 왕을 석방하고 사마리아로 돌아갔다. 이 일은 아마샤의 재위 제14년에 일어난 재난이었다. 이후 아마샤는 친구들의 반역으로 라기스(Lachish)시로 피신했으나 결국은 반역자들이 보낸 자객에 의해 살해되고 말았다. 이에 그들은 그의 시신을 예루살렘으로

운반하여 왕에 걸맞은 장례식을 치러주었다. 하나님을 멸시하고 종교의 변혁을 꾀하던 아마샤는 이렇게 비참한 최후를 맞이하고 말았다. 그는 54세를 일기로 29년의 통치를 마무리하고 세상을 떠난 것이다. 그가 죽자 그의 아들 웃시야(Uzziah)가 그의 뒤를 이어 왕위에 올랐다.

제10장

이스라엘 왕 여로보암과 선지자 요나에 관한 이야기, 여로보암이 죽자 그의 아들 스가랴가 왕위에 오른 경위, 한편 예루살렘 왕 웃시야가 인근 여러 국가들을 정복하고 하나님께 분향하려고 했을 때 그에게 일어난 일에 관한 역사

1. 아마샤의 재위 제15년에 요아스의 아들 여로보암(Jeroboam)이 사마리아에서 이스라엘의 왕이 되어 40년간을 다스렸다. 이 왕은 하나님께 오만무례하게 대적했으며[14] 우상을 숭배했을 뿐 아니라 말할 수 없는 기괴한 일들을 많이 저질렀다. 그는 또한 이스라엘 백성의 수만 가지 불행의 화근이었다. 이때 선지자 요나가 와서 "왕은 수리아와 전쟁하여 그들을 정복하고 국경을 북으로는 하맛(Hamath)시, 남으로는 아스팔티티스(Asphaltitis) 호수까지 넓히도록 해야 합니다. 옛날 여호수아 장군이 결정한 바에 따르면 이것이 원래 가나안 땅의 경계이기 때문입니다."라고 말했다. 이에 여로보암은 수리아를 공격하고 그 땅을 정복하기에 이르렀으니 모두가 요나 선지자의 예언대로 성취되었다.

---

14) 얼마 전에 주(註)에서 요아스(Johoash)에 대해 언급한 것이 여로보암 2세(Jeroboam II)에게도 적용되는 것 같다. 그는 처음에는 악하게 시작하여 이스라엘의 수많은 비극의 원인 노릇을 하였으나 후에는 면모를 갱신하여 선한 왕이 되었고 요나(Jonah) 선지자의 격려에 힘입어 큰 성공을 거두었던 것 같다.

2. 내가 애초부터 우리 민족의 이야기를 정확하게 사실대로 기록하기로 약속을 한 이상 이 요나 선지자의 행동을 히브리 책들 속에 나타난 대로 기술하는 것이 옳다고 생각한다. 요나(Jonah)는 니느웨(Nineveh) 왕국에 가서 열국을 다스리는 지배권을 상실하게 될 것이라고 선포하라는 하나님의 명령을 받았다. 그러나 그는 두려워서 시키는 대로 하지 않았다. 그는 하나님으로부터 도망쳐서 욥바(Joppa)시로 가서 배를 타고 길리기아(Cilicia)의 다소(Tarsus)로 항해했다.[15]

이때 무서운 폭풍이 일어나서 배가 침몰할 지경까지 이르게 되자 선원들과 선주와 수로 안내인은 각각 기도하면서 살려 주시면 무엇이든지 하겠다고 맹세를 하는 등 그야말로 수라장이었다. 그러나 요나는 다른 사람들과는 달리 (배 안에서) 가만히 누워 있었다. 파도가 더욱 거세지자 배는 바람에 의해 더욱 심하게 요동하기 시작했다. 그러자 배 안에 탄 사람들은 그런 경우에 흔히들 그러듯이 배에 승선한 사람 중 어떤 사람 때문에 이런 폭풍이 일어난 게 틀림없으니 제비뽑기로 누군가를 가려내자는 데 의견의 일치를 보았다. 제비를 뽑자 제비가 요나 선지자에게 뽑혔다.[16] 그들이 요나에게 어디서 왔으며 무슨 짓을 저질렀느냐고 다그쳐 묻자 자기는 히브리 사람으로서 전능하신 하나님의 선지자라고 대답했다. 그는 자기가 폭풍을 만나게 만든 화근이므로 위험에서 벗어나려면 자기를 바닷속에 던져 넣어야 한다는 점을 누누이 강조하였다. 그들은 처음에는 나그네를, 그것도 생명을 자기들에게 맡긴 사람을, 죽을 걸 뻔히 알면서도 바다에 처넣는다는 것은 악한 일이므로 감히 그렇게 하려고 하지 않았다. 그러나 그들에게 닥친 불행이 그들의 힘으로 견디기 어려웠으며 배가 막 침몰하려고 하자 자기들의 목숨을 건지기 위해서 그를 바닷속에 던져 넣었다. 물론 요나가 자기를 바다에 던지라고 자원했기 때문에 용기를 낸 것이었다. 그를 바다에 던져 넣자마자 바다는 금방 잠잠해졌다.

---

15) 성경에는 요나가 다시스(Tarshish)로 간 것이라고 되어 있으나(욘 1:3) 요세푸스는 요나가 길리기아의 다소나 그 위에 위치한 지중해(Mediterranean Sea)로 간 것으로 이해하고 있다.
16) 제비를 뽑아 큰 죄인을 가려내는 이런 고대 종교의 단편은 예부터 모든 인류에 공통적으로 편만해 있던 고대 전승(ancient tradition), 즉 섭리는 모든 인간사에 가견적(可見的)으로 개입할 뿐 아니라 극악한 죄가 아니면 극악한 심판을 내리지 않는다는 고대 전승의 주목할 만한 한 단편이 아닌가 생각한다.

요나는 고래에게 삼켜져 고래 뱃속에서 3일 낮과 밤을 보낸 후에 에욱세이노스해(Euxine Sea, 흑해)에 토해졌다는 것이다. 그것도 살았을 뿐 아니라 손톱만큼의 상처도 받지 않고 말이다. 거기서 그는 하나님께 기도해 죄 용서를 받고 니느웨시로 가서 얼마 안 있으면 니느웨 왕국이 아시아의 지배권을 상실하게 될 것이라고 선포했다. 그는 이렇게 선포한 후 돌아왔다. 나는 지금까지 (우리 책들 가운데) 기록된 대로 요나에 대해 서술했음을 알아 주기 바란다.

3. 여로보암왕은 행복한 삶을 영위하면서 40년간 나라를 다스린 후에 세상을 떠나 사마리아에 장사되었고 그의 아들 스가랴(Zechariah)가 왕위에 올랐다. 마찬가지로 아마샤의 아들 웃시야(Uzziah)도 여로보암 재위 제14년에 예루살렘에서 왕위에 올라 두 지파를 다스리기 시작했다. 그는 예루살렘 출신인 여골리야(Jecoliah)의 소생이었다. 그는 성품이 매우 의롭고 관대했을 뿐 아니라 나라를 잘 다스리는 데 전심전력한 선한 왕이었다. 그는 블레셋 원정을 떠나 블레셋을 무찌르고 가드(Gath)와 야브네(Jabneh)를 함락시키고 성벽을 무너뜨렸다. 그 후 그는 또한 애굽 변경에 있는 아랍인(Arabs)들을 공격했다. 그는 또한 홍해 연변에 도시를 건설하고 수비대를 두었다. 그 후 그는 암몬을 정복하고 조공을 내게 했다.

그는 애굽 국경에까지 이르는 모든 나라를 정복한 후에는 여생을 예루살렘을 돌보는 일로 보냈다. 그동안 예루살렘 성벽은 일부는 세월이 흐름에 따라 무너지기도 하였고 일부는 선왕(先王)들의 무성의에 의해 쓰러지기도 하였다. 물론 그의 아비 아마샤가 포로로 잡혔을 때 이스라엘 왕이 입성하기 위해 무너뜨린 곳도 있었다. 따라서 그는 무너진 성벽을 재건하고 보수하였다. 더욱이 그는 150규빗이나 되는 높은 망대를 건설하였으며 사막에는 성벽으로 둘러싸인 마을들을 건설하고 수비대를 두었으며 물을 끌어들이는 수많은 수로를 팠다. 그는 또한 노동력을 얻을 수 있는 많은 짐승과 수많은 가축을 소유하였다. 왜냐하면 그의 나라는 목축에 매우 적합했기 때문이었다. 그는 또한 농경에도 관심을 보여 땅을 경작하여 온갖 종류의 씨를 뿌리고 각종 나무를 심는 데 심혈을 기울였다. 그는 또한 370,000명의 병사들을 뽑아 군대를 편성하고, 용기가 있고 힘이 좋은 사람들 2,000명을 뽑아 일반 지휘관들과 천부장들로 삼았다. 그는 전군을 각대로 나누고 병사들에게 칼과 방패와 흉갑과 활과 물매를 각기 하나씩 나누어 주었으며 이 외에도 돌과 창과 갈고랑쇠 등을 던지는 데 사용되는 수많은 공성(攻城) 장비와 전투 병기 등을 만들었다.

4. 웃시야는 이같이 (미래를 위해) 모든 준비를 갖추자 마음이 교만해지기 시작했다. 그가 교만하게 된 것은 곧 사라져 버리고 말 것들을 풍부히 갖고 있음에 기인한 것이었다. 따라서 그는 영원히 지속될 힘을(이 힘은 하나님에 대한 신앙과 율법 준수에서 나오는 것이다) 무시하는 우를 범하게 되었다. 그는 자기가 하는 일이 좋은 성공을 거두자 그만 실족하여 그의 아비가 저지른 죄를 또다시 범하게 된 것이었다. 번영을 누리게 되고 만사가 잘될 때는 자신을 돌아보고 자기를 잘 통제할 줄 알아야 하는데 그렇게 하지 못했다. 절기가 다가오자 웃시야는 거룩한 옷을 입고 성전에 들어가서 금제단 위에서 하나님께 분향하려고 하였다. 대제사장 아사랴(Azariah)는 80명의 제사장을 거느리고 웃시야의 앞을 가로막으면서 "아론의 후손 외에는 그 누구도 분향할 수가 없습니다."라고 제지하였다. 그들이 하나님께 범죄하지 말고 성전 밖으로 나가라고 아우성을 치자 웃시야 왕은 화를 버럭 내면서 조용히 하지 않으면 가만히 놔두지 않을 것이라고 엄포를 놓았다.

그러는 중에 갑자기 큰 지진이 일어나더니[17] 성전에 틈이 생기고 태양 광선이 그 틈새로 들어와 웃시야왕의 얼굴에 비치더니 즉시 그에게 문둥병이 발하기 시작했으며 성 앞 에로게(Eroge)라 불리는 곳에서는 산이 반으로 갈라져 서쪽 산이 4펄롱을 움직여 동쪽 산 있는 곳에 서게 되니 왕의 정원과 도로들이 심하게 망가졌다. 제사장들은 왕의 얼굴에 문둥병이 발한 것을 보자마자 문둥병에 걸렸다는 것을 일러주고는 부정하게 되었으니 즉시 성전에서 나가라고 명령했다. 이에 웃시야는 무서운 질병에 걸린 것에 크게 놀라 자신이 해서는

---

[17] 예루살렘에서 발생한 지진과 그 지진의 여파에 대한 이 기사(記事)는 스가랴 14장 4-5절의 예언과 매우 유사하다. 스가랴 14장 5절에 보면 "유다 왕 웃시야 때에 지진을 피하여 도망하던 것같이 하리라"라고 기록되어 있다.

안 될 일을 하려고 했다가 이 무서운 벌을 받게 된 것이라는 사실을 깨닫고 제사장들이 지시한 대로 하는 수밖에 없다고 생각하였다. 결국 그는 예루살렘 밖으로 나가 얼마 정도 은거의 생활을 하다가 슬픔과 고통 가운데서 68세를 일기로 52년간의 통치에 막을 내리고 세상을 떠나 그의 정원에 장사되었다. 이미 그가 은거 생활을 할 때부터 그의 아들 요담(Jotham)이 왕위에 올라 두 지파를 다스렸다.

제11장

스가랴, 살룸, 므나헴, 브가히야가 계속 왕위에 올라
이스라엘을 다스리게 된 경위,
그리고 불과 디글랏 빌레셀이 이스라엘을 공격해 온 경위와
웃시야의 아들 요담이 유다 지파를 다스린 역사와
나훔 선지자가 앗수르에 대해 예언한 일들

1. 여로보암의 아들 스가랴(Zechariah)는 이스라엘을 6개월간 다스리다가, 그의 친구인 야베스(Jabesh)의 아들 살룸(Shallum)의 반역으로 살해되었다. 살룸이 왕위를 빼앗아 나라를 다스리기 시작했으나 30일을 넘기지 못했다. 그 당시 디르사(Tirzah)시에 있던 군대 장관 므나헴(Menahem)이 스가랴가 살해되었다는 소식을 듣고서 모든 군대를 이끌고 사마리아를 공격해 살룸과 접전 끝에 그를 살해하였기 때문이었다. 므나헴은 스스로 왕이 된 후에 사마리아를 떠나 딥사(Tiphsah)로 내려갔으나 딥사 시민들이 성문을 닫아걸고 므나헴이 들어오지 못하도록 했다. 므나헴은 이들을 복수하기 위해 딥사 주변 땅을 불사르고 성을 무력으로 함락시킨 후 딥사 주민들을 모두 살해하였다. 그는 극도의 잔

인성을 발휘해 어린아이들까지도 무참히 죽였다. 그는 이방인 포로들에게 했다손 치더라도 결코 용서받을 수 없는 행동을 자기 동족에게 가하는 야만성을 보였다. 이후에도 므나헴은 10년간 나라를 다스리며 온갖 만행과 폭행을 자행했다. 앗수르(Assyria, 아시리아)의 왕 불(Pul)이 격해 오자 므나헴은 앗수르군과 싸워서 이득이 될 것은 조금도 없다고 생각하고 은 1,000달란트를 주어 전쟁을 종식시켰다. 므나헴은 이 돈을 마련하기 위해서 각 사람당 인두세(人頭稅)를 50드라크마씩 내도록 강요했다.[18] 그 후 므나헴은 죽어 사마리아에 장사되었고 그 뒤를 이어 그의 아들 브가히야(Pekahiah)가 왕위에 올랐다. 브가히야는 아비를 닮아 매우 야만적이었으며 겨우 2년밖에 나라를 다스리지 못했다. 그는 군대 장관 베가(Pekah)가 쳐 놓은 덫에 걸려 잔치석상에서 그의 친구들의 반역으로 살해되었다. 베가는 르말랴(Remaliah)의 아들이었다. 이 베가는 20년간 나라를 다스렸으나 사악하고 범죄를 많이 한 악한 왕이었다.

한편 앗수르 왕 디글랏 빌레셀(Tiglath-Pileser)은 이스라엘을 침입해 길르앗 전역과 요단강 건너편 지역과 그 인근 지역, 즉 갈릴리와 게데스(Kadesh)와 하솔(Hazor)을 짓밟고 주민들을 포로로 잡아 자기 나라로 끌고 갔다. 앗수르 왕 디글랏 빌레셀에 대해서는 이 정도로 그쳐도 충분하리라고 본다.

2. 웃시야의 아들 요담(Jotham)은 예루살렘에서 유다 지파를 다스렸다. 요담의 어미는 예루살렘 시민으로서 이름은 여루사(Jerusha)였다. 요담은 덕스러운 사람으로 하나님에 대해서나 인간들에 대해서 항상 의로웠으며 예루살렘성을 잘 돌봤고(수리하고 재건해야 할 부분은 정성껏 잘 수리하고 보수하였다) 성전 회랑의 기초를 보수하였으며 상상하기도 어려울 정도로 매우 큰 망대를 세웠고 왕국 안에서 소홀히 여겨지던 것은 무엇이나 정성껏 돌봤다. 요담은 또한 암몬을 공격

---

[18] 월(Wall) 박사는 아래의 사실을 우리에게 주목시켜 주고 있다. "므나헴이 앗수르(Assyria, 아시리아) 왕 불에게 1,000달란트를 주기 위해 각인에게 은 50세겔씩 세금으로 부과한 것은 (이스라엘) 왕이 백성들에게 세금을 부과해서 징수한 최초의 공금(公金)이다. 왕들은 그전에는 하나님의 전의 곳간이나 왕궁에서 돈을 꺼내는 방법을 사용했었다. 이 세는 한 사람당 6파운드 혹은 7파운드씩 부자에게 부과한 인두세(poll-money)였다. 하나님은 에스겔(Ezekiel)을 통해서 이런 일을 해서는 안 되며 왕은 자기 소유의 땅을 소유해야 한다고 분명하게 명령하셨다(겔 45:8과 46:18을 참조하라).

하여 정복한 후 매년 100달란트와 밀 10,000고르(cor)와 보리 10,000고르를 조공으로 바치도록 만들었다. 그는 그의 왕국을 확장하여 감히 적들이 무시하고 넘보지 못하도록 했다. 이에 백성들은 그의 치하에서 행복한 삶을 살았다.

3. 그 당시 나훔(Nahum)이라는 선지자가 있었는데 다음과 같이 앗수르와 니느웨의 몰락을 예언했다. "니느웨는 요동치는 물 연못이 될 것이다.[19] 또한 니느웨 백성들은 괴로움을 당하고 고통을 당하고 줄행랑을 치게 될 것이다. 그들이 서로 '서라, 멈추어라, 금과 은을 취하라.'라고 소리치나 돌아보는 자가 아무도 없을 것이다. 왜냐하면 목숨을 돈보다 중하게 여길 것이기 때문이다. 그들은 서로 심하게 논쟁을 벌일 것이며 애통할 것이며 사지가 잘려 나갈 것이고 그들의 안색은 그야말로 칠흑으로 바뀔 것이다. 그때 사자들의 동굴과 젊은 사자들의 어미가 있을 것이다. 하나님이 너 니느웨를 향해 말씀하신다. 그들이 너를 손상시킬 것이며 세상에 법을 줄 사자가 네게서 더 이상 나오지 않을 것이다." 나훔 선지자는 이 외에도 많은 예언을 하였으나 독자들에게 부담을 줄 것 같아 생략하기로 하겠다. 니느웨에 관해 예언한 이 모든 일은 그로부터 115년 후에 그대로 성취되었다. 이런 문제에 대해서는 이 정도로 그치는 것이 좋을 것 같다.

---

[19] 이 단락은 나훔 선지자의 예언에서 발췌한 것(나 2:8-13)으로써 요세푸스의 것으로 알려진 모든 글 중에서, 약간 축소했으나 그래도 거의 축어적으로(verbatim) 그대로 옮긴 것으로는 유일(唯一)의 것이다. 요세푸스의 이 인용에서 볼 때 우리는 요세푸스가 히브리 원문을 사용했다는 사실과 이 히브리 사본은 우리의 사본과는 상당한 차이가 나는 사본이었다는 사실을 알 수가 있다.

제12장

요담이 죽자 아하스가 그 뒤를 이어 왕위에 오르게 되었으나
수리아 왕 르신과 이스라엘 왕 베가가
동맹을 맺고 그를 공격해 온 경위,
이때 앗수르 왕 디글랏 빌레셀이 아하스를 도우러 와
수리아를 초토화시키고 다메섹인들을 메대로 끌고 가고
그 자리에 다른 민족을 들어앉힌 경위

1. 요담이 41세를 일기로 16년간의 통치의 막을 내리고 왕실 묘에 장사되었다. 그 뒤를 이어 아들 아하스(Ahaz)가 왕위에 올랐다. 아하스는 하나님께 매우 불경건한 인물이었으며 율법을 멸시한 왕이었다. 그는 이스라엘의 왕들을 본받아 예루살렘에 여러 단을 쌓고 우상들에게 제사를 지냈다. 그뿐 아니라 가나안인들의 풍습에 따라 자기 아들을 번제로 드렸다. 다른 면에서 그의 행동이 악했음은 두말할 나위도 없다. 그가 정신 나간 짓을 계속하고 있을 때 수리아와 다메섹의 왕 르신(Rezin)과 이스라엘 왕 베가가 공맹을 맺고 쳐들어왔다. 아하스는 쫓기다가 결국은 예루살렘까지 밀리게 되었다. 그들은 예루살렘을 포위하고 장기간 공략을 했으나 성벽이 워낙 튼튼했기 때문에 별 진전이 없었다. 수리아 왕은 홍해 연변의 엘랏(Elath)시를 점령하고 주민들을 살해한 후 수리아인들을 그곳으로 이주시켰다. 그는 (다른) 수비대 병사들과 수비대 인근 지역의 유대인들을 살해하고 노략질한 후 다메섹으로 돌아갔다. 예루살렘 왕은 수리아인들이 귀국했다는 소식을 듣고 이스라엘 왕쯤이야 한번 싸워 볼 만하다고 생각하고 대결하였다. 한바탕 접전을 벌였으나 그만 이스라엘 왕에게 패하고 말았다. 이는 하나님이 그의 큰 죄에 진노하셨기 때문이었다. 그날 이스라엘군에 의해 전사당한 자는 모두 120,000명이나 되었다. 이스라엘의 군대 장관 아마시야는 아하스왕의 전투에서 왕의 아들 스가랴(Zechariah)는 물론 총독(governor)인 아스리감(Azricam)을 살해하였다. 그는 또한 유다 지파 병사의 군

대 장관인 엘가나(Elkanah)를 포로로 잡아갔으며 베냐민 지파의 부녀자와 아이들을 포로로 잡아가고 약탈을 수없이 자행한 후 사마리아로 돌아갔다.

2. 그 당시 사마리아에는 오벳(Obed)이란 선지자가 있었다. 그는 사마리아 성벽 앞에서 개선하는 군대를 만나 큰 소리로 말했다. "여러분이 전쟁에서 승리한 것은 여러분의 힘에 의한 것이 아니라 하나님이 아하스왕에게 진노하심 때문입니다. 그런데 어째서 아하스왕에게 승리한 것으로 만족하지 않고 여러분의 친척인 유다와 베냐민 지파 주민들을 포로로 잡아 온 것입니까? 이들에게 아무 해도 가하지 말고 집으로 돌려보내도록 하시오. 여러분이 하나님의 명령에 순종하지 않는다면 벌을 받을 것입니다." 이스라엘 백성들이 이에 총회를 소집하고 이 문제를 논의하고자 했을 때 지도자들 가운데서도 가장 명성이 높은 베레갸(Berechiah)가 다른 세 명과 함께 일어나서 이같이 말했다. "우리는 여러분이 이 포로들을 성 안으로 끌어들이는 것을 허락할 수 없습니다. 잘못하다가는 우리 모두가 하나님께 벌을 받아 진멸당할지도 모르기 때문입니다. 선지자의 말대로 우리는 이미 하나님께 대해 지은 죄가 극에 달해 있습니다. 그런데 다시 새로운 죄를 또 저지르다니 그것은 말도 되지 않습니다." 병사들은 이 이야기를 듣더니 좋을 대로 하라고 했다. 그래서 베레갸를 비롯한 세 명의 사람은 포로들을 인수한 후 아무런 해도 가하지 않고 음식물을 주어 무사히 고향으로 돌아가게 했다. 이 네 사람은 이들을 그냥 보내지 않고 예루살렘에서 멀리 떨어져 있지 않은 여리고까지 길을 안내한 후 사마리아로 돌아갔다.

3. 이스라엘에 대패한 아하스왕은 앗수르 왕 디글랏 빌레셀에게 사신을 보내 이스라엘과 수리아와 다메섹과 전쟁을 하는데 원군을 보내 주면 많은 돈을 주겠다고 했다. 물론 사신들에게 많은 예물을 들려 보냈다. 이 디글랏 빌레셀은 사신을 영접하고 이야기를 듣자마자 아하스를 돕겠다고 말하고 수리아를 공격하기 시작했다. 그는 수리아를 침입하여 전국을 폐허로 만들고 다메섹을 함락시키고 르신왕을 살해한 후 다메섹인들을 상부 메대(Upper Media, 상부 메디아)로 강제 이주시키고 다메섹에 식민지를 건설하고 앗수르인들을 그곳에 살게 했

다. 또한 이스라엘을 습격하여 많은 포로를 잡아갔다. 그가 수리아를 공격하고 있을 때 아하스는 왕궁 곳간에 있는 모든 금과 하나님의 전에 있는 은과 값진 예물들을 꺼내어 다메섹으로 직접 가지고 가서 약속대로 수리아 왕에게 주었다. 아하스는 또한 디글랏 빌레셀에게 고맙다고 감사의 표시를 한 후 예루살렘으로 돌아왔다. 아하스는 자기에게 무엇이 유익한 줄도 모르는 무지하고 경망스러운 인물이었기에 자기가 수리아인들에게 패배하자 그들이 승리한 것은 수리아 신들 때문인 것처럼 수리아 신들을 섬겼다. 그러나 그래도 다시 또 패하자 이번에는 앗수르의 신들을 섬기기 시작했다. 그는 자기가 패배하는 원인이 조상 적부터 믿어오던 참 하나님이 자기에게 진노하신 데 있음에도 불구하고 다른 신들을 더 열심히 섬기려고 하는 것만 같았다. 그는 어찌나 (하나님께 드리는 제사를) 무시하고 경멸했던지 성전을 완전히 폐쇄하고 지정된 예물을 가져오는 것을 금지했을 뿐 아니라 하나님께 드린 예물을 마구 가져가기까지 하였다. 그는 이렇게 하나님께 범죄만 거듭하다가 36세를 일기로 16년간의 통치의 막을 내리고 세상을 떠났다. 그의 뒤를 이어 히스기야가 왕위에 올랐다.

제13장

베가가 호세아의 반역으로 죽음을 당하게 된 경위와
그로부터 얼마 후 호세아가 살만에셀에게 정복당하게 된 역사,
그리고 히스기야가 아하스의 뒤를 이어 왕이 되어
공의와 경건으로 나라를 다스린 역사

1. 이때쯤 해서 이스라엘 왕 베가는 친구인 호세아(Hoshea)의 반역으로 살해당했다. 호세아는 9년간 왕위에 올라 나라를 다스렸으나 하나님께 드리는 제

사를 멸시한 사악한 왕이었다. 결국 앗수르 왕 살만에셀(Shalmaneser)의 공격을 받고 패하여(하나님의 호의와 도우심을 받지 못한 것이 패인이었다) 정복당하고 말았고 매년 지정된 조공을 바쳐야만 했다.

한편 호세아의 재위 제4년에 아하스의 아들 히스기야(Hezekiah)가 예루살렘에서 왕위에 올랐다. 그의 어미는 아비야(Abijah)로서 예루살렘 시민이었다. 그는 성품이 선하고 의로웠으며 신앙심이 매우 두터웠다. 그는 왕위에 오르자마자 하나님께 제사드리는 것보다 자신에게는 물론 자기 백성에게 더 우선되고 더 필요하며 더 유익한 것은 없다고 생각했다. 따라서 그는 백성과 제사장들과 레위인들을 불러 모으고 이같이 말했다. "마땅히 하나님께 돌려야 할 영광을 돌리지 않은 내 선친의 죄로 말미암아 우리가 얼마나 많은 비극과 불행을 경험해야만 했는지 여러분은 모두 잘 알고 있으리라 믿소. 내 선친에 의해 여러분의 마음이 부패해져 이방 신들을 섬기게 된 것을 나는 잘 알고 있소. 따라서 나는 여러분에게 권면하고 싶소. 여러분은 슬픈 경험으로 불경건이 얼마나 위험한 것인가를 잘 알게 됐을 것이오. 이제 즉시 불경건을 기억 속에서 몰아내고 예전의 오염에서 여러분을 정결케 하시오. 여기 모인 제사장들과 레위인들에게 성전을 열게 하여 지정된 제사를 드려 성전을 정결케 하고 우리 선조들이 가졌던 옛날의 영화를 되찾도록 합시다. 이렇게 하면 하나님이 진노를 거두시고 우리를 사랑해 주실 것이라 확신하오."

2. 왕이 이같이 말하자 제사장들은 성전을 열었다. 그들은 하나님의 그릇들을 질서 정연하게 정돈하고 불결한 것을 제거한 후에 제단 위에 지정된 제사를 드렸다. 왕은 또한 자기가 다스리는 전국에 사람을 보내 백성들에게 예루살렘에 올라와서 무교절을 지키도록 하라고 공포했다. 그동안 몇몇 선왕(先王)들의 사악함으로 인해 오랜 기간 절기를 지키는 일이 중단되어 오던 터였다. 그는 또한 이스라엘인들에게도 사람을 보내 지금의 삶의 방식을 버리고 옛날로 돌아가 하나님을 섬기도록 하자고 권면했다. 그는 그들에게 예루살렘에 들어올 수 있도록 해줄 터이니 모두 함께 모여서 무교절을 지키자고 했다. 이것은 단지 초청이지 결코 강요는 아니라는 점을 덧붙이면서 무엇이 유익한지를 스

스로 살펴서 자발적으로 알아서 하라고 했다. 그러나 이스라엘인들은 사신들의 이야기를 듣고 즐거워하기는커녕 사신들을 비웃고 바보들이라고 놀려 댔다. 그들은 또한 이와 같이 훈계하면서 하나님께 돌아가지 않으면 하나님께 벌을 받아 포로로 잡혀가 죽음을 당할 것이라고 예언한 선지자들을 모멸했으며 글로 표현할 수 없을 정도로 사악한 계책을 꾸몄다. 결국 그들은 죄로 인한 형벌로 적들에게 패하는 비운을 맛보게 되었다. 이에 대한 자세한 이야기는 잠시 후에 살펴보도록 하자. 므낫세와 스불론과 잇사갈 지파의 많은 사람은 선지자들의 충고에 귀를 기울이고 하나님께로 돌아왔다. 이들은 모두 하나님께 제사를 드리기 위해 예루살렘으로, 히스기야에게로 달려왔다.

3. 백성들이 나아오자 히스기야왕은 백성의 지도자들과 온 백성들을 거느리고 성전 안으로 올라가 수송아지와 숫양과 어린 양과 새끼 염소를 각기 일곱 마리씩 잡아 제사를 드렸다. 왕과 지도자들은 손을 제물의 머리 위에 얹은 다음 제사장들에게 제사를 드리도록 했다. 그들이 제물을 잡아 번제를 드리는 동안 레위인들은 빙 둘러서서 다윗이 가르쳐준 대로 악기를 들고 하나님께 찬송하고 수금을 탔다. 이에 나머지 제사장들은 이 노래에 화답하여 손에 들고 있던 나팔을 불었다. 이때 백성들과 히스기야왕은 땅에 엎드려 하나님께 경배하였다. 히스기야는 또한 70마리의 황소와 100마리의 숫양과 200마리의 어린 양을 하나님께 제물로 드렸다. 그는 또한 백성들에게 600마리의 수소와 3,000마리의 가축을 주어 먹고 즐기게 하였다. 제사장들은 모든 일을 율법에 따라 처리했다. 히스기야왕은 이에 너무 기뻐서 백성들과 함께 잔치를 즐기며 하나님께 감사하였다. 그들은 유월절(Passover) 제사를 드린 후에 7일간 무교절(Feast of unleavened bread)을 지켰다. 히스기야왕은 백성들에게 2,000마리의 황소와 7,000마리의 다른 짐승들을 주었으며 백성의 지도자들도 1,000마리의 황소와 1,040마리의 다른 짐승을 주었다. 솔로몬왕 시대 이후로부터 이렇게 화려하고 장엄하게 절기를 지킨 것은 이번이 처음이었다. 절기가 끝나자 백성들은 전국으로 흩어져 우상을 없애고 나라를 정결케 하였다. 왕은 또한 자기가 경비를 충당할 터이니 율법에 따라 매일 드리는 번제를 드리도록 하라고

지시한 후에 제사장들이 다른 데 신경 쓰지 않고 하나님을 섬기는 데만 전심전력할 수 있도록 제사장들과 레위인들에게 십일조와 첫 열매를 드리도록 하라고 명령했다. 이에 온 백성들은 온갖 과일들을 제사장들과 레위인들에게 가지고 왔다. 왕은 이 과실들을 저장할 곡창과 창고를 만들고 모든 제사장과 레위인들과 그 처자들에게 과실들을 나눠 주었다. 이렇게 해서 그들은 하나님의 제사의 옛 형태로 돌아가게 되었다.

히스기야왕은 먼저 이같이 조처한 후에 블레셋과 전쟁을 하여 그들을 격파하고 가사(Gaza)에서 가드(Gath)에 이르는 적의 도시들을 수중에 넣었다. 한편 앗수르 왕은 그에게 사신을 보내 그의 아비가 전에 자기에게 조공을 바친 것처럼 조공을 바치지 않으면 나라를 전복시키겠다고 위협했다. 그러나 히스기야왕은 이 위협에도 아랑곳하지 않고 하나님과 이사야(Isaiah) 선지자만 믿었다. 그는 이사야 선지자를 통해서 미래에 일어날 일에 대해 자세히 알 수 있었기에 조금도 두려워하지 않았다. 히스기야왕에 대해서는 이 정도 언급한 것만으로도 충분하리라 생각한다.

제14장

살만에셀이 무력으로 사마리아를 함락시킨 후 열 지파를 메대로 잡아가고 구다 사람을 옮겨다가 사마리아에 살게 한 경위

1. 앗수르 왕 살만에셀(Shalmaneser)은 이스라엘 왕 호세아(Hoshea)가 몰래 애굽 왕 소(So)에게 원군을 청했다는 사실을 알아내고는 몹시 화가 나 호세아 재위 제7년에 사마리아를 공격하기 시작했다. 그러나 살만에셀은 사마리아

를 쉽게 함락시키지 못하고 3년 동안 성을 포위하고 공략한 끝에[20] 호세아 재위 제9년, 예루살렘 왕 재위 제7년에 사마리아를 함락시키고 이스라엘의 통치권을 빼앗고 모든 주민을 메대(Media, 메디아)와 바사(Persia, 페르시아)로 사로잡아갔다. 물론 그중에는 호세아도 끼어 있었다. 살만에셀은 이 백성들을 포로로 잡아간 후에 구다(Cuthah, 지금도 바사에 가면 이 이름으로 부르는 강이 있다)에 사는 여러 족속들을 사마리아와 이스라엘 여러 지역에 들어가 살도록 했다. 이스라엘의 열 지파가 유대 밖으로 옮겨진 것은 선조들이 출애굽하여 가나안 땅을 정복한 지 947년, 여호수아가 그들의 지도자가 된 지는 800년, 다윗의 손자 르호보암에게서 떠나 여로보암을 왕으로 섬기기 시작한 지는 240년 7개월 7일 만의 일이었다. 이런 비극이 이스라엘인들에게 닥친 것은 그들이 악을 버리지 않으면 이런 벌을 받을 것이라는 선지자들의 경고를 무시하고 율법을 범했기 때문이었다. 그들이 이런 범죄를 저지르게 된 근본 원인은 다윗의 손자 르호보암을 반역하고 여로보암을 왕으로 세웠을 때부터 기인한 것이었다. 여로보암은 하나님께 죄를 짓기 시작했고 백성들도 자기처럼 죄를 짓게 만들었으며 하나님을 적으로 삼았다. 그로 인해 여로보암은 마땅히 받아야 할 벌을 받았으나 그때로부터 이스라엘은 범죄의 길로 치달았고 그 결과 이토록 비참한 비극을 겪게 된 것이었다.

2. 한편 앗수르 왕은 온 수리아와 베니게도 정복했다. 살만에셀의 이름은 두로의 옛 기록에도 남아 있다. 엘룰레우스(Eluleus)의 재위 기간에 살만에셀이 공격해 왔다는 내용이 말이다. 메난드로스(Menander)는 그의 역대기(Chronology)를 쓸 때 두로 고사(Archives of Tyre)를 헬라어로 번역하면서 아래와 같이 적고 있다. "엘룰레우스라는 왕이 36년간 나라를 통치했다. 이 왕은 깃딤인(Citteans)이 반역을 일으키자 배를 타고 가서 다시 굴복시켰다. 이때 앗수르 왕이 군대를 보내 전 베니게 지방을 정복했다. 그러고는 곧 평화 조약을

---

[20] 사마리아를 자그마치 3년 동안이나 포위하고 있었기에 모세 율법이 율법을 불순종할 시에는 그런 일이 일어날 것이라고 예언한 대로 부모들이, 특히 어머니들이 사마리아성 안에서 자기 자녀들을 잡아먹는 비참한 일이 일어날 수 있었던 것 같다(레 26:29; 신 28:53–57).

맺고 돌아갔다. 그러나 많은 도시가 앗수르 왕에게 항복했음에도 불구하고 시돈(Sidon)과 아케(Ace)와 팔라이튀루스(Palætyrus)가 반역을 일으켰다. 이에 두로인들이 앗수르 왕에게 굴복하려고 하지 않자 왕은 다시 군대를 거느리고 공격해 왔다. 이때 베니게인들은 배 60척과 노 저을 사람 800명을 앗수르 왕에게 제공했다. 이에 두로인들이 배 12척에 나누어 타고 적을 공격하자 적의 배는 뿔뿔이 도망을 쳤다. 따라서 이 전투에서 두로인들은 500명을 포로로 사로잡을 수가 있었다. 이로 인해 두로인들의 명성은 하늘 높이 솟았다. 그러나 앗수르 왕은 다시 습격해 와서는 두로의 강들과 샘들을 군사들에게 지키게 하여 두로인들이 물을 떠 가지 못하도록 했다. 이런 상황이 5년이나 지속되었으나 두로인들은 포위를 끝까지 견뎌냈으며 직접 우물을 파서 물을 길어 먹었다." 이것이 앗수르 왕 살만에셀에 관한 두로 고사의 기록 내용이다.

3. 사마리아로 이주해 온 구다인(Cutheans, 이들은 바사의 구다라는 지역에서 이주해 왔기 때문에 이때부터 구다인이라고 부르기 시작했다. 지금도 바사에 가면 구다강이라는 강이 있다)들은 모두 다섯 종족으로 이루어져 있었는데 각 종족이 하나씩 자기의 신들을 사마리아로 가지고 들어왔다. 이들은 각기 자기 민족의 풍습대로 이방 신들을 섬기기 시작했다. 이에 전능하신 하나님은 크게 진노하셨다. 이에 전염병이 돌기 시작하더니 많은 이들이 쓰러져 갔다. 이들은 치료책을 발견할 수가 없자 예언을 통해 치료책을 알아보기로 했다. 그들은 예언을 통해서 구원을 받기 위해서는 전능하신 하나님을 섬겨야만 한다는 점을 깨닫게 되었다. 이에 그들은 앗수르 왕에게 사신들을 보내 포로로 잡아간 이스라엘 제사장 중 몇을 보내 달라고 요청했다. 앗수르 왕은 요청에 따라 제사장들을 보내 주었다. 따라서 그들은 이 제사장들에게서 율법과 하나님의 거룩한 제사에 대해서 배우고 하나님을 전심을 다해 경배하였다. 그러자 전염병이 갑자기 그쳤다. 그 후 그들은 오늘날까지도 이와 동일한 풍습을 지속해 오고 있는데 히브리어로는 구다인(Cutheans), 헬라어로는 사마리아인(Samaritans)이라 부르고 있다. 그들은 유대인이 번창하는 것을 보자 자기들이 변화된 것처럼 가장했으며 유대인들과 하나요 인척 관계에 있는 것처럼 주장했다. 즉 자기들은 요셉의 후손이기에 처음

부터 유대인들과 친족 사이라는 것이었다. 그러나 레위인들이 비참한 처지로 전락하자 그들은 유대인들과 아무 상관이 없으며 유대인들이 자기들에게서 하등의 호의와 친절을 기대할 이유가 없다면서 자기들은 다른 나라에서 온 나그네들이라고 주장하기 시작했다. 이에 대해서는 적절한 때에 더 상세히 다루도록 하자.

제10권

182년 6개월간의 역사 기록

열 지파가 포로로 잡혀간 때부터
고레스 원년까지

제1장

산헤립이 히스기야를 공격해 온 경위,
그리고 산헤립이 애굽과 전쟁을 하기 위해 떠난 후에
랍사게가 히스기야에게 갖은 협박과 위협을 다 가해 오자
선지자 이사야가 히스기야를 격려한 경위,
한편 산헤립이 애굽 원정에 실패한 후
예루살렘으로 되돌아왔으나 그곳에서도
자기 군대가 패한 것을 보고는 귀국하게 된 경위,
그리고 귀국한 지 얼마 안 있어 그에게 닥친 사건

1. 앗수르 왕 산헤립(Sennacherib)이 두 지파의 왕 히스기야를 공격해 와서 유대와 베냐민 지파의 모든 도시를 무력으로 점령한 것은 히스기야왕 재위 제 14년의 일이었다. 산헤립이 군대를 보내 예루살렘을 공략하려고 하자 히스기야는 미리 그에게 사신을 보내 내가 항복할 것이며 조공을 내라는 대로 바치겠다고 했다. 산헤립은 사신들의 이야기를 듣고 제의를 받아들여 공격하지 않기로 결심했다. 산헤립은 은 300달란트, 금 30달란트만 내면 조용히 떠나겠다고 약속했다. 그는 사신들에게 그렇게만 해준다면 절대로 해를 끼치지 않을 것

이며, 곧 떠날 것이라고 맹세까지 했다. 히스기야는 이에 동의하고 돈을 주면 적의 위험에서 당장 벗어날 수 있을 뿐 아니라 앞으로도 괴로움은 당하지 않을 것이라고 나름대로 추측하고 국고를 털어 돈을 주었다. 그런데 앗수르 왕은 돈만 받고 약속을 조금도 지키지 않았다. 산혜립이 자신은 애굽과 에디오피아를 정복하기 위해 떠나면서 군대 장관 랍사게(Rabshakeh)와 그 외 두 군대 장관에게 많은 병력을 주고 예루살렘을 함락시키라고 명령하였다. 두 군대 장관의 이름은 다르단(Tartan)과 랍사리스(Rabsaris)였다.

2. 이들은 성벽 가까이 다가와서 진을 치고 사신들을 히스기야에게 보내 이야기를 했으면 좋겠다고 요청했다. 그러나 히스기야는 두려워서 자기가 직접 나오지 않고 가장 친한 친구 세 명을 내보냈다. 그들은 고관인 엘리야김(Eliakim)과 셉나(Shebna)와 사관(recorder)인 요아(Joah)였다. 이들이 성 밖으로 나와 앗수르의 군대 장관들에게 이르자 앗수르의 군대 장관 랍사게는 아래와 같이 히스기야에게 가서 전하라고 했다. "대왕(the great king)[1] 산혜립께서는 이같이 말씀하셨다. 네가 누구를 의지하고 신뢰하기에 네 주인인 나에게서 도망치며 내 말을 듣지 않고 나의 군대를 성 안으로 영접하지 않느냐? 애굽 군대가 내 군대를 이길 줄 알고 애굽을 의지하느냐? 만일 이것이 사실이라면 너는 상한 갈대를 의지하는 어리석은 바보임을 알아야 한다. 너 같은 자는 단지 쓰러지는 정도로 끝나는 것이 아니라 갈대에 찔려 손을 상하게 될 것이다. 너는 이번 나의 원정이 신의 뜻임을 알아야 한다. 신께서는 나에게 은총을 베푸셔서 이스라엘과 그 백성들이 굴복하도록 하셨다." 랍사게가 히브리어로 이같이 말하자(그는 히브리어에 매우 능통해 있었다) 엘리야김은 백성들이 그의 말을 듣고 마음에 동요를 일으킬까 걱정이 되어 그에게 수리아어로 이야기해 달라고 부탁했다. 그러나 랍사게는 그가 두려워하는 것을 눈치채고 또 그의 말뜻을 알아차리고는 더욱더 큰 소리로 히브리어로 말하기 시작했다. "이제 왕의 명령이 무엇

---

[1] 성경(왕하 18:19; 사 36:4)에서나 요세푸스에서 산혜립에게 대왕(Great King)이란 명칭을 부여한 것은 헤로도투스(Herodotus)가 산혜립에게 붙인 명칭과 동일하다.

인지 알았으니 우리에게 항복하는 것이 현명할 것이다. 너희 왕과 너희들은 헛된 소망을 가지고 백성들에게 항복하지 말고 항거하자고 말하지만 다 쓸데없는 짓이다. 너희가 우리를 힘으로 쫓아낼 수 있을 만큼 용감하다면 내가 너희에게 말 2,000필을 주겠다. 그러면 그 2,000필에 기병들을 태워서 힘을 과시해 보도록 하라. 그러나 너희들은 아마 용기가 없어서 그렇게 하지도 못할 것이다. 그런데 왜 너희들은 너희보다 더 큰 힘을 가진 자에게 항복하지 않느냐? 대왕이 너희 동의 없이 너희를 잡아가지 못할 줄 아느냐? 너희들은 자발적으로 항복하는 것이 더 안전할 것이다. 전쟁에 패해 강제로 사로잡히게 되면 너희에게는 그만큼 불리하고 해로운 것이다."

3. 사신들뿐 아니라 백성들은 앗수르의 군대 장관이 한 이야기를 듣고 그것을 히스기야에게 고해 올렸다. 그러자 히스기야는 왕복을 벗어버리고 베옷을 입고 애도하는 자처럼 몸을 꾸미고 히브리인들의 풍습대로 얼굴을 땅에 대고 하나님 외에는 자기들을 구원해 줄 어떤 소망도 없으니 자기들을 도와 달라고 하나님께 간청하기 시작했다. 히스기야는 또한 친구들 몇과 제사장 몇을 이사야(Isaiah) 선지자에게 보내 백성들의 구원을 위해 하나님께 제사를 드리고 하나님의 백성을 불쌍히 여기시며 적의 오만한 기대를 꺾어 달라고 기도하라고 요청했다. 이사야 선지자가 왕의 요구대로 하자 "너희 적들은 한번 제대로 싸워 보지도 못하고 패배할 것이며 불명예스럽게 쫓겨날 것이며 지금은 기고만장해 있으나 그때는 그렇지 못할 것이다. 이는 하나님이 그들을 패하게 만들 것이기 때문이다."라는 하나님의 말씀이 들려오면서 왕과 왕의 측근 친구들을 위로했다. 이사야 선지자는 또한 앗수르 왕 산헤립이 애굽을 정복하지 못할 것이며 고국에 돌아가서는 칼에 죽을 것이라고 예언했다.

4. 이때 다시 앗수르 왕이 히스기야에게 서신을 보냈다. "내가 이미 여러 강대국을 정복했는데 나의 종이 되지 않을 수도 있다고 생각하니 너는 매우 어리석은 자로구나. 만일 네가 지금 자발적으로, 성문을 열고 즐거운 마음으로 나의 군대를 예루살렘으로 영접해 들이지 않는다면 성을 무력으로 함락시킨 후

에는 단 한 놈도 그냥 살려두지 않을 것이다." 히스기야는 이 서신을 읽고서도 하나님을 신뢰하는 마음이 있었기 때문에 그 서신을 염두에 두지도 않았으며 둘둘 말아서 성전 안에 보관했다.

히스기야가 다시 예루살렘의 안전과 모든 백성의 보전을 위해서 하나님께 기도하자 이사야가 이렇게 예언했다. "하나님이 왕의 기도를 들으셨습니다.[2] 따라서 이번에는 앗수르 왕에 의해 포위를 당하는 일은 없을 것입니다. 또한 앞으로도 그에게 괴롭힘을 당하는 일이 생기지 않을 것입니다. 백성들은 아무 걱정 없이 농업이나 그 외의 일 등, 생업(生業)을 평화스럽게 영위해 나갈 것입니다. 한편 앗수르 왕은 다음과 같은 이유로 애굽 정복에 성공을 거두지 못하고 자기 고국으로 돌아갈 것입니다. 앗수르 왕은 펠루시움(Pelusium)을 장기간 포위하고 공략을 할 것입니다. 성 밖에 성 높이만큼 토성을 쌓고 막 성을 공격하려고 할 때 에디오피아의 왕 디르하가(Tirhaka)가 대군을 이끌고 애굽을 돕기 위해 출발했으며 사막 한가운데를 통과하여 앗수르군을 습격할 것이라는 소식을 들을 것입니다. 앗수르 왕 산헤립은 이 소식에 당황하여 펠루시움 공격을 중단하고 아무 성과도 없이 고국으로 돌아갈 것입니다."

이 산헤립에 대해서는 헤로도투스(Herodotus)도 그의 역사서 제2권에서 아래와 같이 언급하고 있다. "이 왕은 불칸(Vulcan)의 제사장인 애굽 왕을 공격했다. 그는 펠루시움을 공격하다가 다음과 같은 이유로 포위 공격을 중단했다. 이 애굽 왕은 신께 기도하였다. 그랬더니 신께서 그 기도를 들으시고 아랍의 왕(Arabian king)에게 벌을 내리셨다." 그런데 여기서 헤로도투스는 이 왕을 앗수르 왕이 아니라 아랍의 왕이라고 오기(誤記)했다. 이것은 그의 계속되는 뒤의 문장을 보면 알 수 있다. "하룻밤에 수많은 쥐 떼가 나타나 앗수르군의 활과 그 밖의 무기를 갈기갈기 쏠아 놓았다. 이 왕이 펠루시움에서 군대를 철수한 것은 바로 이 때문이었다." 헤로도투스는 이같이 언급한 반면 갈대아(Chaldea)

---

[2] 요세푸스가 여기서 말하는 것은 매우 주목할 필요가 있다. 성경의 기록은 다음과 같다. "또 네게 보일 징조가 이러하니 너희가 금년에는 스스로 자라난 것을 먹고 내년에는 그것에서 난 것을 먹되 제삼 년에는 심고 거두며 포도원을 심고 그 열매를 먹으리라"(왕하 19:29; 사 37:30). 이 구절은 내가 보기에는 아래와 같다. 즉 제1년은 안식년(Sabbatic year), 제2년은 희년(year of jubilee), 제3년은 노동하여 열매를 거두는 일반년을 가리키고 있는 것이 명백해 보인다.

역사를 기록한 베로수스(Berosus)도 이 산헤립왕을 언급하면서 그가 앗수르를 지배하였고 온 아시아와 애굽에 원정을 감행하였다고 밝히고 있다. 그의 말을 살펴보자.

5. "산헤립은 애굽의 전장(戰場)에서 예루살렘으로 돌아왔으나 랍사게가 이끄는 그의 부대가 (전염병으로 인해) 큰 위험에 직면해 있는 것을 보았다. 왜냐하면 신께서 그의 군대에 무서운 전염병을 내리셔서 성을 공격하는 첫날 밤에 185,000명이나 되는 병사들이(그 속에는 지휘관들과 장교들도 포함되어 있었다) 죽었기 때문이었다. 이에 산헤립은 크게 놀라고 두려워하였다. 그는 자기 병사들이 전멸할까 두려워 나머지 병사들을 거느리고 자기 고국 니느웨시로 돌아갔다. 니느웨시로 돌아간 지 얼마 안 되어 그는 아라스케(Araske)라고 부르는 신전에서 그의 큰아들들인 아드람멜렉(Adrammelech)과 사레셀(Seraser)의 반역에 걸려들어 그만 죽고 말았다.[3] 산헤립의 이 두 아들은 아비를 살해했다는 이유로 시민들에 의해 추방되었고 에살핫돈(Assarachoddas)이 산헤립의 왕국을 장악했다." 예루살렘 백성에 대한 앗수르 원정의 결말은 이같이 끝났다.

---

[3] 아르메니아로 도망친 산헤립의 이 두 아들이 그곳에서 아르즈루니(Arzeruni)가(家)와 그누니(Genuni)가(家)라는 두 명문 가문의 우두머리가 되었다는 사실을 우리는 여기서 주목할 필요가 있다.

제2장

히스기야가 병들어 죽게 되었으나
하나님이 그의 수명을 15년간 연장시켜 주시겠다고 약속하고
일영표를 뒤로 물러가게 하심으로써
히스기야의 마음에 확신을 심어주신 경위

1. 히스기야는 이같이 기적적인 방법으로 구원을 받은 후에 온 백성과 함께 감사의 제사를 드렸다. 하나님의 도우심이 아니었다면 그 많은 적들을 물리칠 수 없었을뿐더러 애굽에서 돌아온 적들이 두려움을 느끼고 예루살렘에서 퇴각하지도 않았을 것이기 때문이었다. 그러나 이토록 하나님을 섬기는 데 갖은 열성을 다 보였던 히스기야는 그로부터 얼마 후 중병에 걸리게 되었다. 병이 얼마나 중했던지 친구들은 물론 심지어 의사들까지도 가망이 없다고 포기할 정도였다. 자기가 병에 걸렸다는 사실보다 히스기야를 더 괴롭힌 것은 후사가 없다는 점이었다. 이제 죽을 날이 머지않았는데 자기 집안은 물론 왕국을 이끌어갈 자기 몸의 소생이 없다고 생각하니 슬프기 그지없었다. 이에 그는 자기 처지를 불쌍히 여기시고 아들을 낳을 때까지만이라도 목숨을 연장시켜 달라고 하나님께 간청하기에 이르렀다. 하나님은 그를 불쌍히 여기시고 그의 간청을 들어주셨다. 더 오래 장수하면서 왕위에 앉아 영화를 누릴 수 있도록 해달라는 간청이 아니라 자기 뒤를 이어 나라를 다스릴 후사를 얻을 때까지만 목숨을 연장시켜 달라는 기도였기 때문에 하나님은 그의 간구에 귀를 기울이셨다. 이에 하나님은 이사야(Isaiah) 선지자를 보내 3일 안에 병에서 완전히 나아 15년을 더 살게 될 것이며 자녀들도 두게 될 것이라고 히스기야에게 일러 주셨다. 선지자의 이 말을 들은 히스기야는 도저히 믿어지지 않았다. 그가 지금 겪고 있는 병이 불치의 병일 뿐만 아니라 선지자의 말이 너무나 엄청났기 때문이었다. 따라서 히스기야는 이사야에게 그가 하나님의 보내심을 받고 온 자이며 그가 한 말이 진실인 것을 입증할 수 있는 표적(sign)이나 기사(奇事, wonder)를 보

여달라고 요청했다. 원래 기대하고 바라던 것 이상의 것은 이런 표적과 기사가 있어야 믿을 수 있는 것이 인지상정인 때문이다. 이사야가 어떤 표적을 보여주기를 원하느냐고 묻자 히스기야는 자기 집안의 10계단 혹은 10도를 이미 내려간 태양의 그림자를 뒤로 물러나게 하였다가 다시 제 위치로 오게 해달라고 요청했다. 이사야 선지자가 하나님께 히스기야가 원하는 표적을 보여달라고 기도하자 히스기야가 원하던 표적이 눈앞에 나타났다. 히스기야는 병에서 완쾌된 후 성전에 올라가서 하나님께 서원하고 경배하였다.

2. 앗수르 왕국이 메대(Medes)에 의해 전복된[4] 것이 대충 이때가 되나 이에 대해서는 다른 곳에서 다루도록 하자. 한편 바벨론(Babylon) 왕 발라단(Baladan)은 히스기야에게 예물과 함께 사신들을 보내 동맹을 맺고 우호 관계를 가졌으면 좋겠다고 요청해 왔다. 히스기야는 사신들을 정중하게 영접하고 잔치를 베풀어 준 연후에 보물고와 병기고를 열어 그가 소유한 보석들과 금 등을 보여주고 발라단에게 줄 예물을 손에 들려 돌려보냈다. 이때 선지자 이사야가 그에게 오더니 이들이 어디서 온 사신들이냐고 물었다. 이에 히스기야는 바벨론 왕이 보낸 사신들이라고 대답하면서 그들이 자기의 부와 병력이 얼마나 센가를 눈으로 보고 그들의 왕에게 보고하도록 하기 위해 자기가 가진 모든 것을 보여주었다고 덧붙였다. 그러자 이사야 선지자는 이렇게 대꾸했다. "똑똑히 들으시오. 얼마 안 있어 왕의 모든 소유는 바벨론으로 옮겨질 것이며 왕의 후손은 남성 됨을 상실하고 내시가 되어 바벨론의 왕의 종이 될 것이오. 이는 하나님의 정하신 뜻이오." 이에 히스기야는 두려워 떨면서 자기 나라가 그런 비극을 당해서는 결코 안 된다고 생각했다. 그러나 하나님이 이미 결정하신 바를 바꾸기란 불가능한 것이었기 때문에 히스기야는 자기의 생존 동안만이라도 평화를 누릴 수 있도록 해달라고 기도했다. 이 바벨론 왕 발라단에 대해서는 베로수스(Berosus)도 언급하고 있다. 이 (이사야) 선지자에 관해서는 그가 진

---

[4] 요세푸스의 이 표현은 너무 과장된 것처럼 보인다. 물론 메대가 즉시 앗수르의 멍에를 벗어던지고 그들 나름대로 왕을 세운 것은 사실이나 아직 시간이 좀 지나야 니느웨(Nineveh)를 함락시키게 되고, 아직 더 여러 세대가 지나야 앗수르 혹은 바벨론 제국을 무너뜨리고 바벨론을 장악하게 되기 때문이다.

리만을 말한 신적인 위인이었다는 데 모든 사람의 의견이 일치하고 있다. 이사야 선지자는 거짓된 것은 결코 자신이 기록하지 않았다는 확신이 있었기에 후대 사람들이 그의 예언의 진실성을 예언의 성취 여부로 판단하도록 하기 위해 모든 그의 예언을 글로 옮겨서 후대에 책으로 남겨 놓았다. 이사야 선지자만 예언을 기록으로 남긴 것은 아니었다. 12명의 다른 선지자들도 이같이 하였다. 우리 가운데서 일어난 일은 악한 것이든 선한 것이든 간에 모두 이 예언들에 따라 성취되고 있다. 이 각각의 사례들에 대해서는 후에 살펴보도록 하자.

제3장

히스기야의 뒤를 이어 왕위에 오른 므낫세가 악을 행하였으나 포로가 된 후 하나님께로 돌아오자 하나님이 그를 고국에 돌아오게 하신 역사와 그의 뒤를 이어 (그의 아들) 아몬이 왕위에 오르게 된 경위

1. 히스기야는 위에서 언급한 대로 15년간을 더 살면서 29년간을 통치하였으며 행복을 누리다가 54세를 일기로 세상을 떠났다. 그 뒤를 이어 그의 아들 므낫세(Manasseh)가 왕위에 올랐다. 그는 예루살렘 출신 헵시바(Hephzibah)의 소생이었다. 그러나 므낫세는 왕위에 오르자마자 그의 부친의 행위를 떠나서 정반대되는 삶의 길을 걸었으며 온갖 사악한 짓을 서슴지 않았고, 하나님께 대항하다 멸망당한 이스라엘의 죄를 본받기 시작했다. 므낫세는 하나님의 성전과 예루살렘과 전 국토를 더럽히는 일에 고삐를 늦추지 않았다. 그는 하나님을 능멸한다는 신호로 모든 의인을 무자비하게 살해하였으며 선지자들을 단 한 명도 살려두지 않았다. 매일 그가 죽인 자들의 피가 예루살렘에 흘러넘쳤다.

이에 화가 나신 하나님은 선지자들을 왕과 백성들에게 보내, 동족 이스라엘이 하나님을 능멸하다가 당한 것과 똑같은 벌을 이제 당하게 될 것이라고 경고하셨다. 그러나 그들은 선지자들의 경고를 들었더라면 이런 모든 재난에서 피할 수 있었음에도 불구하고 그들의 말을 믿지 않았다. 결국 그들은 이런 재난을 통해서야 비로소 선지자들의 경고가 진실이었음을 깨닫게 될 모양이었다.

2. 이들이 삶의 방향을 바꾸지 않자 하나님은 바벨론(Babylon)과 갈대아(Chaldea) 왕을 사용하셔서 전쟁을 일으키셨다. 바벨론과 갈대아의 왕은 유대(Judea)에 군대를 파견해 전국을 폐허로 만들고 므낫세왕을 반역으로 사로잡은 다음, 자기 기분 내키는 대로 벌을 주고 싶으니 자기에게로 끌고 오라고 했다. 그러나 이때 므낫세는 이런 비참한 지경에 빠지게 된 원인이 바로 자기 때문임을 알게 되었고 이에 하나님께 적들이 자기에게 인간적으로 자비를 베풀도록 해달라고 간구하였다. 이에 하나님은 그의 기도를 들으시고 간구한 대로 들어 주셨다. 결국 므낫세는 바벨론 왕에 의해 석방되어 위험을 벗어날 수 있었다.

예루살렘으로 돌아온 므낫세는 자기가 이미 회개한 과거의 모든 죄는 기억 속에서라도 가능하다면 지워 버리려고 무척 애를 썼으며, 신앙적으로 살려고 갖은 노력을 다하였다. 그는 성전을 성결케 하였고, 예루살렘을 정결케 하였으며, 그의 여생 동안 자기를 구원해 주신 하나님께 감사하며 화목하게 지내기를 힘썼다. 그는 하나님께 대항하다가 당할 뻔한 재난이 어떤 것이었나를 몸소 겪은 체험이 있기에 백성들에게도 하나님을 잘 섬길 것을 강조하였다. 므낫세는 또한 단을 다시 건축하고 모세가 규정한 제사를 하나님께 드렸다. 그는 먼저 하나님을 섬기는 문제를 모세의 규정대로 재확립시킨 후에 예루살렘의 안전을 돌보기 시작했다. 그는 옛 성벽을 보수하는 일뿐 아니라 새 성벽을 신축하는 일에 최선을 다했다. 그는 또한 매우 높은 망대를 세우고 도시 앞에 수비대 주둔 병영을 설치하고 모든 물자를 풍족하게 비축해 놓았다. 그는 그전의 삶의 방식에서 돌아서서 내세를 위한 삶을 살았다. 그가 하나님께로 돌아선 다음부터 그는 행복한 생을 살았으며 만인이 따를 만한 표본적인 인물이 되었다. 그는 결국 67세를 일기로 55년간의 통치를 끝내고 세상을 떠나 그의 묘실에 장사되었으며 그의 왕위는 그의 아들 아몬(Amon)이 차지하게 되었다. 그의 어미는 욧바(Jotbath)시 출신의 므술레멧(Meshulemeth)이었다.

제4장

므낫세의 뒤를 이어 아몬이 왕위에 오르고, 다시 아몬의 뒤를 이어 신앙심이 돈독하고 의로운 요시야가 왕위에 오르게 된 경위와 여선지자 훌다에 관한 이야기

1. 아몬왕은 그의 부친이 젊었을 때의 행위를 본받은 악한 왕이었다. 결국 그는 자기 신복들의 반역에 의해 궁중에서 살해되기에 이르렀으니 그의 나이 24세였고 재위 기간은 불과 2년밖에 되지 않았다. 그러나 백성들은 아몬왕을 살해한 자들을 징벌하고 그를 부친 곁에 장사 지내 주고 이제 8살 된 그의 아들 요시야(Josiah)에게 왕위를 넘겼다. 요시야의 모친은 보스갓(Boscath) 출신으로 이름은 여디다(Jedidah)였다. 그는 성품이 매우 뛰어났으며 덕이 출중한 인물이었고 다윗왕의 행위를 그의 일생의 행동 모형과 규칙으로 삼았다. 그는 벌써 12세 때부터 경건하고 의로운 행동을 보여주었다. 그는 12세 소년의 나이로 백성들에게 건전한 삶의 방식을 가지도록 권면했으며 우상은 신이 아니라는 점을 가르치고 하나님만을 섬기도록 백성들을 다스렸다. 그는 선조들의 행동을 반성해 봄으로써 얻은 과거사의 교훈으로 백성들의 잘못을 고치는 모습이 흡사 경륜이 많은 노인과도 같았고 무엇이 유익한지를 미리 내다보는 선각자와도 같아 보였다. 그는 백성들이 이에 잘 따라주자 전국에 명령을 내려 이 일에 더욱 힘쓰라고 권면하였다. 그가 이런 선정을 베풀 수 있었던 것은 그

자신이 지혜와 명철이 있었던 것도 그 원인이지만 장로들의 충고와 가르침에 귀를 기울인 데 더 큰 원인이 있었다. 또한 그가 정치 질서를 올바로 잡고 하나님을 섬기는 일에 부흥을 일으킨 것은 그가 율법을 순종했기 때문이었다. 더욱이 그전 왕들이 저지른 것과 같은 범죄는 유대 나라에서 완전히 자취를 감추게 되었다. 요시야왕은 각 도시와 전국 각지를 돌면서 우상들에게 바쳐진 목상들과 제단들을 파괴하였으며 선조들이 우상들에게 바친 예물들을 더럽혀서 내팽개쳤다. 이런 방식으로 요시야왕은 백성들을 우상 숭배에서 떠나 하나님께로 돌아오게 했다. 그는 또한 항상 하나님께 예물과 번제를 드렸다. 요시야왕은 재판관들과 감독관들을 임명하고, 무슨 문제든지 자기 일처럼 생각하고 영혼을 다룰 때와 같은 신중한 자세로 공평무사하게 처리할 것을 그들에게 간곡히 부탁하였다. 그는 전국에 사신들을 파견하여 성전 수리에 협조하기를 원하는 자들은 누구나 각자의 자유의사와 능력에 따라 금과 은을 내도록 하라고 요청했다. 돈이 들어오자 요시야는 시 총독 마아세야(Maaseiah)와 서기관 사반(Shaphan)과 사관 요아(Joah)와 대제사장 엘리야김(Eliakim)에게 들어온 헌금을 관리하고 성전을 수리하는 일을 맡겼다. 이들은 조금도 지체하지 않고 건축가들을 동원하고 수리 자재 등을 준비하여 성전 보수 공사를 주도면밀하게 시작하였다. 결국 이렇게 해서 성전은 요시야에 의해 수리되었고 이로 말미암아 요시야왕의 경건은 공적으로 밝히 드러나게 되었다.

2. 요시야가 왕위에 오른 지 제18년이 되는 해에 대제사장 엘리야김을 불러 성전을 수리하고 남은 돈으로 (성전에서) 사용할 잔과 접시와 대접들을 만들라고 지시하고 보물 창고에서 모든 금과 은을 꺼내 잔과 그릇들을 만드는 비용으로 충당하라고 덧붙였다. 대제사장은 왕명대로 금을 꺼내다가 성전 안에 보관되어 있던 거룩한 모세의 책들을 발견하게 되었다. 그는 이 책들을 꺼내 서기관 사반에게 건네주었다. 사반은 이 책들을 다 읽은 후 왕에게 나아가 왕명대로 모든 것을 끝마쳤음을 보고한 다음 이 책들을 왕에게 들려주었다. 요시야왕은 사반이 읽는 것을 듣자마자 옷을 찢고 대제사장 엘리야김과 서기관(사반)과 친한 친구들을 소환한 후, 살룸(Shallum, 이 사람은 명문가의 고위층 인사였다)의 아

내 여선지자 훌다(Huldah)에게 가서 아래와 같이 요청하라고 지시했다. "하나님의 노여움을 풀어 주시오. 하나님이 이 백성들을 긍휼히 여기시도록 애써 주시오. 우리 선조들이 모세 율법을 범했으므로 이제 우리가 이 나라에서 쫓겨나 포로가 될 위험에 처해 있소. 온갖 어려움을 겪다가 비참한 최후를 맞이하지 않도록 하나님께 기도해 주시오." 여선지자 훌다는 왕이 보낸 사신들에게서 이 같은 요청을 듣고 사신들을 향하여 왕에게 돌아가서 이와 같이 고하라고 했다. "하나님은 이미 이 백성들에게서 온갖 행복을 다 빼앗으시고 포로가 되게 하시고 그들을 멸하시기로 결정하셨습니다. 이 결정은 그 누구의 기도로도 돌이킬 수 없습니다. 선지자들의 경고와 회개하라는 충고에도 아랑곳없이 그들이 율법을 어기고도 오랫동안 회개하지 않았기 때문입니다. 따라서 이 백성들이 그가 참 하나님이시며 그가 선지자들을 통해 경고하신 것이 하나도 그릇된 것이 없음을 깨닫도록 하기 위해 하나님은 경고하신 대로 이들에게 벌을 내리실 것입니다. 그러나 요시야가 의로운 인물이기에 하나님은 당분간 벌을 뒤로 미루실 것입니다. 그러나 그가 죽은 후에는 하나님이 내리고자 결정하신 모든 재난을 이들에게 내리실 것입니다."

3. 왕의 사신들은 여선지자의 예언을 듣고 왕에게 돌아가 그대로 고해 올렸다. 이에 요시야왕은 전국 각지에 사람을 보내 제사장들과 레위인들은 누구를 막론하고 예루살렘으로 모이라고 명령했다. 이들이 모두 모이자 요시야는 먼저 모세의 책들을 읽어준 후에 그들 가운데 서서 하나님을 섬기고 모세 율법을 지키겠다고 맹세하고 언약을 맺도록 하자고 반강요를 하다시피 하였다. 그러자 그들도 즉시 동의를 표하고 왕이 제의한 대로 하겠다고 선뜻 응낙했다. 이에 그들은 즉시 하나님이 받으실 만한 제사를 드리고 자기들을 긍휼히 여기시고 인자를 베풀어 달라고 하나님께 간청하였다. 요시야는 또한 대제사장에게 성전 안에 아직도 우상이나 이방 신에게 바쳐진 그릇들이 남아 있거든 모조리 끌어내라고 지시했다. 요시야는 수많은 그런 그릇들을 끌어내어 쌓은 후에 불살랐고 그 재를 여기저기에 뿌렸으며 아론의 가문에 속하지 않은, 이방 신을 섬기는 제사장들은 모조리 죽였다.

4. 요시야는 예루살렘에서 이같이 행한 후에 전국을 돌면서 여로보암왕이 이방 신들을 섬기기 위해 세운 건축물들은 철저하게 파괴했고 거짓 선지자들의 뼈를 여로보암이 처음에 세운 단 위에서 살랐다. 이는 여로보암이 제사를 드리고 있을 때 나타나 모든 백성이 듣는 가운데서 다윗의 후손 중 요시야라는 인물이 나타나서 이러저러한 일을 할 것이라고 예언했던 야돈(Jadon) 선지자의 예언대로 성취된 것이었다. 결국 이 예언은 361년 만에 그 성취를 본 셈이었다.

5. 이 일 후에 요시야는 앗수르의 노예로 끌려가지 않고 남아 있는 이스라엘인들을 찾아가서 이방 신들을 섬기는 악행을 버리고 전능하신 하나님만을 올바로 섬기고 따르도록 하라고 설득했다. 그는 또한 몰래 우상을 숨겨 놓았을 가능성이 있는 가정과 마을과 도시들을 샅샅이 수색하여 우상을 찾아내 파괴하기도 하였다. 그는 또한 선왕들이 만들어 왕궁에 세워 놓은 (태양의) 병거들[5])과 그 밖에 선왕들이 신으로 섬기던 우상들은 무엇이나 모두 파괴하였다. 요시야는 이같이 전국을 정결케 한 후 백성들을 예루살렘으로 불러 모으고 무교절(Feast of unleavened bread), 즉 유월절(Passover)을 지켰다. 요시야는 백성들에게 번제로 드릴 유월절 예물로 어린 양과 어린 염소 30,000마리와 수소 3,000마리를 주었다. 제사장의 두목들도 제사장들에게 2,600마리의 어린 양을 주었으며 레위인의 두목들도 레위인들에게 5,000마리의 어린 양과 500마리의 수소를 주었다. 이리하여 하나님께 드릴 예물은 남아돌 정도가 되었다. 백성들은 모세 율법에 따라 하나님께 제사를 드렸다. 이때 모든 제사장은 백성들에게 제사에 대해 일일이 설명해 주면서 백성들을 도와주었다. 사무엘 선지자 이래로 히브리인들이 이같이 절기를 지킨 예는 찾아보려야 찾아볼 수가 없었다. 예물이 풍성하게 넘쳤기 때문에 그들은 율법과 선조 전래의 풍습대로 하나님께 제사를 드릴 수 있었다. 요시야는 이후 부와 명성을 구가하면서 여생을 행복하게 지낸 후에 아래와 같이 인생을 마무리하였다.

---

5) 열왕기하의 기사(記事, 왕하 23:11)와 요세푸스의 이 기사를 조화시키기는 매우 어렵다. 요세푸스의 사본들은 이 부분에서 분명치 못한 면모를 보이고 있다.

제5장

요시야가 (애굽 왕) 느고와 싸우다 부상을 당하고
얼마 안 있어 세상을 떠나게 된 경위,
그리고 느고가 왕으로 이미 임명된 여호아하스를
애굽으로 잡아가고 여호야김에게 왕국을 넘긴 경위,
그리고 (마지막으로) 예레미야와 에스겔에 관한 역사

1. 애굽 왕 느고(Neco)는 아시아(Asia)를 제패(制覇)할 욕심이 있었기 때문에 이미 앗수르(Assyrians)를 무너뜨리고[6] 대제국으로 성장하고 있는 메대(Medes)와 바벨론(Babylonians)과 한판 승부를 걸기 위해 군대를 이끌고 유브라데강 너머로 진군하기 시작했다. 느고가 요시야의 왕국에 속한 멘데스(Mendes)시에 당도했을 때 요시야는 메대에 원정 가는 느고의 군대가 자기 영토를 통과하는 것을 막기 위해 군대를 이끌고 나왔다. 그러자 느고는 요시야에게 사신을 보내 이같이 말했다. "나는 그대와 싸우기 위해 온 것이 아니오. 유브라데강까지 갈 길이 급하오. 진군을 가로막지 마시오. 나로 하여금 그대와 공연한 싸움을 하도록 하지 마시오." 그러나 요시야는 느고의 충고에는 귀를 기울일 생각도 하지 않고 느고의 진군을 가로막을 태세를 갖추었다. 그가 이토록 자기에게 불리한 행동을 자처하고 나선 것도 다 운명 때문이 아닌가 싶다. 요시야는 자기 군대를 전투 대형으로 배치하고 병거에 올라 진 이 끝에서 저 끝으로 달리며 병사들의 전투를 독려했다. 이때 애굽의 한 병사가 활을 쏘아 요시야를 명중시키니 그는 부상을 당하여 싸울 힘이 없었다.[7] 치명상을 입은 요시야는 퇴각 나팔을 불라고 명령하고 예루살렘으로 돌아왔으나 결국은 그로 인해 죽게 되었

---

[6] 요시야의 재위 말년에 메대와 바벨론이 앗수르 제국을 무너뜨렸다는 기록은 요세푸스의 연대기에서 매우 중요한 역할을 하는 기록이다.

[7] 이 전투는 헤로도투스(Herodotus)가 "네카오(Necao)가 수리아인(혹은 유대인)과 막돌룸(Magdolum, 므깃도)에서 싸워 그들을 무찔렀다."라고 기록한 그 전투와 동일한 전투인 것처럼 보인다(2권 156절).

고 선조들의 묘실에 성대하게 장사되었다. 그때 요시야의 나이 39세였으니 그는 31년간의 통치를 이렇게 끝맺었다. 온 백성은 그의 죽음으로 여러 날을 슬퍼하고 괴로워하며 애도하였다. 예레미야(Jeremiah) 선지자는 그의 죽음을 애도하는 애가(哀歌)를 지었는데[8] 그 애가는 오늘날까지 우리에게 전해져 내려오고 있다. 예레미야 선지자는 그 밖에도 예루살렘에 불어닥칠 슬픈 재난을 예고하였으며, 최근 우리 시대에 일어났던 우리 국가의 멸망과, 바벨론의 함락에 관련된 이야기를 글로 남겼다. 물론 이런 사건들에 관해 미리 예언한 선지자가 예레미야 하나만이 아님은 사실이다. 에스겔(Ezekiel)도 이 사건들에 관해 글을 쓴 첫 번째 인물로서 두 권의 책을 기록해서 후대에 남겨 주었다. 이 두 선지자는 제사장 신분으로 태어났으며 그중 예레미야는 요시야 재위 제13년부터 예루살렘과 성전이 철저히 파괴될 때까지 예루살렘에 거했다. 예레미야 선지자에게 어떤 일이 일어났는지는 차후 적절한 기회에 자세히 다루도록 하자.

2. 우리가 앞서 언급한 대로 요시야가 죽자 그의 아들 여호아하스(Jehoahaz)가 23세의 나이로 왕위에 올랐다. 그는 예루살렘에서 통치하였으며 그의 모친은 립나(Libnah)시 출신의 하무달(Hamutal)이었다. 그는 삶이 악하고 경건치 못한 왕이었다. 애굽 왕은 전장(戰場)에서 돌아오는 도중에 여호아하스를 수리아 영내의 하맛(Hamath)[9]시의 자기 앞으로 출두하라고 지시했다. 여호아하스가 오자 느고는 그를 결박하고 나라를 그의 이복형제인 엘리야김에게 넘겨주고 엘리야김의 이름을 여호야김(Jehoiakim)으로 개명(改名)시킨 후에 은 100달란트와 금 1달란트를 조공으로 요구했다. 느고는 여호아하스를 애굽으로 끌고 갔다. 여호아하스는 그 후 애굽에서 세상을 떠났다. 결국 여호아하스는 3개월 10일간의 짧은 기간 동안 나라를 다스린 셈이다. 여호야김의 모친은 루마

---

[8] 여기서 요세푸스가 말하는 애가(elegy)가 오늘날 현존하고 있는 예레미야애가를 가리키는 것인지, 아니면 요세푸스 당시까지만 하더라도 남아 있었으나 오늘날은 분실된 이와 비슷한 어떤 슬픈 시를 가리키는 것인지 확인하기는 불가능하다.

[9] 오늘날 아르밧(Arpad) 혹은 아라두스(Aradus)와 다메섹(Damascus)과(왕하 18:34; 사 36:19; 렘 49:23) 수리아(Syria)와 베니게(Phoenicia)의 도시들과 연접해 있으며 유대(Judea) 국경 근방에 위치한 이 고대 도시 하맛은 그 당시에도 국경 근방에 위치하고 있었음이 분명하다.

(Rumah)시 출신의 스비다(Zebudah)였다. 여호야김은 악한 성품의 소유자로서 악을 저지르기를 좋아하였다. 그는 하나님에 대한 신앙심도 없었을 뿐 아니라 백성들에 대한 자애심도 없었다.

제6장

느부갓네살이 애굽 왕을 격파한 후 유대를 공격하고 여호야김을 살해한 다음 그의 아들 여호야긴을 왕으로 세운 경위

1. 여호야김 재위 제4년에 바벨론의 통치권을 장악한 느부갓네살(Nebuchad-nezzar)은 그 당시 전 수리아를 지배하고 있던 애굽 왕 느고와 결전을 벌일 각오를 가지고 대군을 거느리고 유브라데강 연변의 갈그미스(Carchemish)시로 진격했다. 느고(Neco)는 바벨론 왕의 의도를 알아차리고 자기를 공격하려고 한다는 점을 알게 되자 그의 행동을 가볍게 넘기지 않고 느부갓네살의 군대를 저지하기 위해 대군을 이끌고 급히 유브라데강으로 향했다. 접전을 벌인 결과 느고는 수십만의 전사자를 내고 대패하고 말았다. 결국 바벨론 왕은 여세를 몰아 유브라데강을 넘었고 유대(Judea)를 제외하고 펠루시움(Pelusium)에 이르는 전 수리아를 정복하기에 이르렀다.

느부갓네살은 자기의 재위 제4년에, 즉 여호야김이 히브리의 통치권을 행사한 지 제8년이 되는 해에 막강한 군대를 이끌고 유대를 쳐들어 와 여호야김에게 조공을 바칠 것을 요구하면서, 만일 거부하면 무력을 사용할 것이라고 윽박질렀다. 이에 여호야김은 느부갓네살의 위협에 놀라 돈을 주고 평화를 샀으며 3년 동안 조공을 느부갓네살에게 바쳤다.

2. 그러나 제3년이 되는 해에 여호야김은 바벨론 왕이 애굽 원정길에 나섰다는 소식을 접하자 조공을 바치지 않았다. 그러나 그의 기대는 물거품이 되고 말았다. 이번에도 애굽인들이 느부갓네살과 감히 싸울 엄두도 내지 않았기 때문이었다. 이때 예레미야 선지자는 애굽을 의지하는 것이 얼마나 허망한 것인가를 알게 될 것이며 예루살렘은 바벨론 왕에게 함락될 것이고 여호야김왕은 그 앞에 굴복하게 될 것이라고 매일 경고하였다. 그러나 그의 경고는 유대 백성들에게 하등의 유익도 되지 못했다. 이는 이 무서운 재난을 피할 수 있는 사람이 아무도 없었기 때문이었다.

백성들과 지도자들은 예레미야의 경고를 듣고도 주의를 기울이지 않았으며 그의 말이 듣기에 거북하자 그가 마치 왕에게 적대하는 자나 되는 것처럼 그를 고소했다. 그들은 예레미야를 왕궁으로 끌고 가서는 왕에게 벌을 줄 것을 요구했다. 장로들을 제외한 나머지 사람들은 모두가 예레미야를 벌할 것에 찬성했으나 장로들은 이에 반대하고 예레미야를 (감옥의) 뜰에서 내보낸 후 그를 해쳐서는 안 된다고 백성들을 설득시켰다. 장로들은 이같이 말했다. "예레미야는 예루살렘시에 장차 임할 일을 예언할 유일의 사람이 아니오. 그전에도 미가(Micah)는 물론 여러 사람이 예레미야와 같은 예언을 했었소. 그러나 그들 중 어느 누구도 그 당시의 왕에게 해를 당한 사람은 없었소. 오히려 하나님의 선지자들로 존경을 받았소." 장로들은 이 같은 말로 백성들을 진정시킨 후에 예레미야를 무사히 구출해 냈다.

예레미야는 그의 모든 예언을 글로 적은 후에 여호야김 재위 제5년 9월에 백성들이 예루살렘에 모여 금식을 하자 그들에게 자기가 적은 책을 읽어주었다. 지도자들은 이것을 듣고 예레미야에게서 그 책을 빼앗은 다음, 그와 바룩(Baruch) 서기관에게 사람들 눈에 띄지 않도록 빨리 떠나라고 명령했다. 백성의 지도자들은 그 책을 왕에게 가져다주었다. 그러자 왕은 친구들이 보는 앞에서 서기관에게 그 책을 받아서 한번 읽어 보라고 지시했다. 여호야김왕은 그 내용을 듣고 화가 나자 그 책을 찢어서 불 속에 던져 소각시켜 버렸다. 왕은 또한 예레미야와 서기관 바룩을 벌할 터이니 빨리 가서 찾아오라고 부하들에게 명령하였다. 그러나 이미 그들은 사라지고 없었다.

3. 그로부터 얼마 후 바벨론 왕은 여호야김을 공격해 왔다. 여호야김은 예레미야 선지자의 예언이 생각나서 두려운 마음이 들자, 성문을 닫아걸지도 않고 바벨론 왕에게 대항하지 않으면 화는 면할 수 있을 것이라고 나름대로 생각한 나머지, 바벨론 왕을 (도시 안으로) 영접했다. 그러나 바벨론 왕은 예루살렘으로 들어온 후 약속을 어기고 젊은 청년들과 고위층 인사들을 무수히 살해하였다. 그는 또한 여호야김왕을 성벽 아래로 던져 죽이라고 명한 후에 장례도 치러 주지 않았다. 그는 여호야김 대신 그의 아들 여호야긴(Jehoiachin)을 왕으로 세웠다. 그는 또한 유력 인사 3,000명을 포로로 잡아 바벨론으로 끌고 갔다. 그들 가운데는 그 당시 청년이었던 에스겔(Ezekiel)도 끼어있었다. 11년간의 통치를 끝내고 36세를 일기로 세상을 떠난 여호야김왕의 종말은 이같이 처참했다. 그의 뒤를 이어 여호야긴이 왕위에 올랐는데 그의 모친은 느후스다(Nehushta)로 예루살렘 시민이었다. 여호야긴은 3개월 10일간 나라를 다스렸다.

제7장

바벨론 왕이 여호야긴을 왕으로 세운 것을 후회하고
바벨론으로 사로잡아 온 후 시드기야에게 왕국을 넘긴 경위,
시드기야왕이 예레미야와 에스겔의 예언을
믿으려고 하지 않고 애굽과 동맹을 맺었으나
바벨론 왕에 의해 애굽 군대가 괴멸당하게 된 경위와
선지자 예레미야가 당한 일에 관하여

1. 여호야긴에게 왕위를 넘겨주었던 바벨론 왕은 갑자기 두려움에 사로잡히게 되었다. '여호야긴이 자기 부친을 살해한 것에 앙심을 품고 자기에게 반역

을 일으키면 어떻게 할까?'라는 걱정이 생기자 즉시 군대를 보내 예루살렘의 여호야긴을 공격했다. 그러나 여호야긴은 온유하고 공정한 성품의 소유자였기 때문에 자기 때문에 예루살렘이 위험에 빠지는 것을 원치 아니하고 자기 모친과 친족들을 바벨론 왕이 보낸 군대 사령관에게 넘겨주고 예루살렘은 물론 그 주민들에게 해를 끼치지 않겠다는 맹세를 얻어냈다. 그러나 이 맹세는 채 1년도 가지 못했다. 왜냐하면 바벨론 왕이 약속을 어기고 군대 지휘관들에게 예루살렘에 사는 청년들과 수공 기술자들 등 모든 주민을 결박하여 포로로 잡아 오라고 명령했기 때문이었다. 이에 포로로 잡혀간 수는 10,832명이었다. 여기에는 여호야긴은 물론 그의 모친과 친구들도 포함되어 있었다. 바벨론 왕은 이들이 잡혀 오자 그들을 감금하고 여호야긴의 숙부인 시드기야(Zedekiah)를 왕으로 세웠다. 그리고 그는 시드기야에게 왕국을 자기를 위해 잘 다스릴 것과 반역은 꾀하지 않을 것과 애굽과 어떤 우호 관계도 맺지 않을 것 등을 내용으로 하는 맹세를 하게 하였다.

2. 시드기야는 왕위에 오를 때 나이가 21세였다. 그는 여호야김과는 동복형제 사이였으며 자기 의무에 태만한 자요 공의를 우습게 여기는 자였다. 그 주변에 있는 동갑내기 측근들이 매우 악했기 때문이었다. 게다가 온 백성은 자기들 마음에 좋은 대로 온갖 부정과 사악을 서슴지 않았다. 이런 이유로 해서 예레미야 선지자는 자주 시드기야를 찾아가서 항의하기도 하고 아래와 같이 강조하기도 하였다. "왕이여! 불경건과 범죄에서 속히 떠나 선을 추구하도록 하시오. 측근에 있는 지도자들의 말에 귀를 기울이지 마시오(그들은 모두가 사악한 자들이오). 백성들을 현혹하는 거짓 선지자들의 말을 신빙성 있게 받아들이지 마시오. 그들은 마치 바벨론 왕이 공격해 오지도 않을 것이고 애굽 왕이 바벨론 왕을 쳐서 정복할 것처럼 거짓을 말하고 있소. 그들의 말은 진실이 아니기에 (그들의 기대대로) 일이 일어나지는 않을 것이오." 시드기야는 선지자의 말을 듣는 순간에는 그를 믿고 그가 한 말에 수긍하고 자기에게도 그것이 이로울 것이라고 인정을 했으나 그때뿐이었다. 그의 측근들이 와서 반대 의견을 개진하면 그만 그쪽으로 귀를 기울이곤 했기 때문이었다. 에스겔도 또한 바벨론에

서 유다 백성들이 장차 당할 재난을 예언하였으며 그 예언을 글로 적어 예루살 렘에 보내기도 하였다. 그러나 시드기야는 다음과 같은 이유로 두 선지자의 예언을 믿지 않았다. 공교롭게도 두 선지자는 다른 점에서도 그렇지만 예루살렘이 함락되고 시드기야가 포로가 될 것이라는 점에서는 일치하였으나, 에스겔은 시드기야가 바벨론을 보지 못할 것이라고 한 반면에 예레미야는 바벨론 왕이 그를 결박하여 바벨론으로 끌고 갈 것이라고 예언하였다. 이 점에 있어서 두 선지자의 예언이 일치하지 않자 시드기야는 두 선지자의 일치된 견해도 믿지 않고 진실을 말하지 않는 거짓말쟁이들의 말이라고 일축해 버렸다. 그러나 사실상 그 후의 모든 일은 이 두 선지자의 예언대로 성취되었다. 이 점은 후에 적절한 기회에 상세히 살펴보도록 하는 것이 좋겠다.

3. 시드기야는 바벨론과의 상호 원조 동맹을 8년간 지키다가 애굽의 도움으로 바벨론을 극복할 수 있을 것이라는 기대를 가지고 동맹을 깨뜨리고 애굽으로 돌아섰다. 바벨론 왕은 이 사실을 알자 시드기야를 공격해 왔다. 바벨론 왕은 유대 전역을 폐허로 만들고 요새화된 마을들을 함락시키고 예루살렘을 포위하고 공격하기 시작했다. 한편 애굽 왕은 자기 동맹인 시드기야가 어려운 지경에 처해 있다는 소식을 듣자 대군을 이끌고 유대로 진격해 왔다. 이에 바벨론 왕은 예루살렘에서 철군하여 애굽 군대와 전투를 벌여 그들을 대패시키고 도주하는 적을 추격하여 전 수리아 지역에서 완전히 몰아냈다.

한편, 바벨론 왕이 예루살렘에서 떠나가자 거짓 선지자들이 와서 이 같은 말로 시드기야를 현혹했다. "바벨론 왕이 더 이상 왕과 이 백성을 공격해 오지 않을 것입니다. 물론 바벨론으로 포로로 잡혀가는 일은 더욱 일어나지 않을 것입니다. 더욱이 바벨론 왕이 성전에서 약탈해 갔던 성전의 기물들과 함께 포로로 잡혀갔던 사람들이 돌아오게 될 것입니다." 그러나 이때 예레미야가 나타나서 그들과는 전혀 상반된 내용을 예언하였다. "이 자들은 지금 악한 일을 꾀하고 있으며 왕을 현혹하고 있는 것이오. 애굽은 이 백성에게 아무 유익이 되지 못할 것이오. 바벨론 왕은 조만간 다시 돌아와서 예루살렘을 포위하고 재차 공격해 올 것이오. 그는 이 백성을 기근으로 멸망시키고 남은 자들을 포로로 잡아갈 것이며 백성들의 소유와 성전에 속한 재물들을 약탈할 것이오. 물론 바벨론 왕은 이 정도로 그치지는 않을 것이오. 그는 성전을 불사를 것이며 이 도시를 철저히 파괴시킬 것이오. 이 백성들은 그와 그의 후손들을 70년간 섬기게 될 것이며 그 후에야 메대(Medes)와 바사(Persians)가 바벨론을 멸망시키고 이 백성들을 종살이에서 풀어줄 것이오. 그때가 되어야 우리는 해방되어 이 땅으로 돌아와 성전을 재건하고 예루살렘을 회복하게 될 것이오."[10]

예레미야가 이같이 말하자 대부분의 사람들은 그의 말을 믿었다. 그러나 백성의 지도자들과 악한 자들은 예레미야를 미친놈이라고 하면서 경멸했다. 그리하여 예레미야는 예루살렘에서 20펄롱 떨어진 자기 고향 아나돗(Anathoth)으로 가기로 마음먹었다. 그가 자기 고향으로 가고 있을 때, 한 백성의 지도자를 만나게 되었다. 이 지도자는 예레미야를 붙잡고 바벨론인들에게 항복하러 가는 변절자인 양 그를 힐난하기 시작했다. 예레미야는 자기를 잘못 보았다면서 고향으로 내려가는 중이라고 대답했다. 그러나 그는 예레미야의 말을 믿지 않고 그를 붙잡아 백성의 지도자들에게로 끌고 가서 고소하였다. 결국 예레미야는 이들에게서 온갖 고통과 고초를 다 겪었으며 처벌의 날만을 기다리는 처지가 되었다. 예레미야가 처한 형편은 이같이 험난하기만 했다.

4. 시드기야의 재위 제9년 10월 10일에 바벨론 왕은 제2차 예루살렘 원정을 감행해 왔다. 그는 18개월 동안 예루살렘을 포위하고 갖은 방법을 다 동원해서 성을 공략했다. 예루살렘이 포위된 동안에 유다 백성은 두 가지 큰 재난을 겪게 되었다. 즉 기근과 전염병이 그들에게 극심한 타격을 안겨다 주었다. 비록 선지자 예레미야는 감옥에 갇혀 있는 신세였으나 가만히 있지 않고 백성들에게 큰 소리로 이같이 훈계하고 권면하였다. "성문을 열고 바벨론 왕을 맞아들이시오. 그렇게 한다면 여러분과 여러분의 가족은 목숨을 부지할 수 있을 것이나 그렇게 하지 않으면 필경 여러분은 전멸되고 말 것이오. 만일 여러분

---

[10] 요세푸스는 여기서 예레미야가 메대와 바사의 치하에서, 바벨론 유수에서 유대인이 해방될 것뿐 아니라 성전과 예루살렘을 재건하게 될 것까지를 예언했다고 말하고 있다.

중 누구든지 이 성 안에 남아 있기를 고집한다면 그는 기근으로 쇠잔해 죽든지, 아니면 적의 칼에 살해당해 죽을 것이오. 그러나 적에게로 도망친다면 목숨은 부지할 수 있을 것이오."

그러나 백성의 지도자들은 그토록 극심한 곤경에 빠졌으면서도 예레미야의 말을 믿으려 하지 않았다. 그들은 왕에게 나아가 분을 참지 못하고 예레미야가 한 말을 전하면서 이같이 비난했다. "그 선지자는 정신 나간 미친놈이 틀림없습니다. 화를 선포함으로써 백성들의 마음을 뒤흔들어 놓고 있습니다. 그 작자만 아니라면 백성들은 자기들을 위해서, 그리고 국가를 위해서 흔쾌히 목숨을 바치려고 할 것입니다. 그런데 그자는 적에게 항복해야 살 수 있을 것이라고 위협까지 하고 있으며 이 예루살렘이 함락되고 철저히 파괴될 것이 틀림없다고 백성들을 선동하고 있습니다."

5. 그러나 왕은 예레미야가 성품이 곧고 온유한 사람임을 알고 있었기에 예레미야에 대해 조금도 분개함을 느끼지 않았다. 그렇지만 왕은 때가 때인 만큼 지도자들의 의견에 반대함으로써 그들과 다투고 싶은 생각이 없었기 때문에 선지자를 그들이 알아서 처리하라고 지시했다. 왕의 허락을 받은 이들은 즉시 감옥으로 달려가서 예레미야를 끌어내어 질식시켜 죽이려고 그를 밧줄로 매어 진흙 구덩이 속에 달아 내렸다. 따라서 예레미야는 진흙이 목까지 차는 구덩이 속에 갇혀 있을 수밖에 없었다. 그런데 왕의 종 가운데 예레미야를 평소에 존경해 오던 에디오피아인이 한 사람 있었다. 그는 왕에게 나아가 선지자가 처한 상황을 고하면서 왕의 친구들과 신하들이 선지자를 진흙 구덩이 속에 집어넣어 비참한 죽음을 당하게 하는 악랄한 일을 자행했다고 일러 주었다. 왕은 이 말을 듣고 선지자를 신하들에게 넘겨준 것을 후회하고 끈과 그 밖의 선지자의 생명 보존에 필요한 것들을 가지고 왕실 경호 병사 30명을 거느리고 가서 즉시 선지자를 끌어내라고 지시했다. 이에 에디오피아인 종은 병사들을 거느리고 가서 예레미야를 진흙 구덩이에서 끌어내고 감옥 안에서 마음대로 활동하도록 해주었다.

6. 한편 왕은 예레미야를 은밀히 불러 현재 상황에서 어떻게 해야 가장 유익할는지를 하나님께 여쭈어보고 자기에게 알려 달라고 부탁했다. 그러자 예레미야는 이같이 답변했다. "할 말이 있기는 있소. 그러나 내가 말을 한다 해도 왕은 내 말을 믿지 않을 것이오. 백성들 또한 내 말을 듣고도 귀를 기울이지 않을 것이오. 그 예로 왕의 친구들이 내가 무슨 악을 행한 것처럼 나를 죽이려고 결심한 것을 보면 잘 알 수 있소. 바벨론 왕이 다시는 와서 우리를 괴롭히지 않을 것이라고 우리를 속인 그자들은 도대체 지금 어디에 있소? 내가 이제 진실을 말하면 다시 왕이 나를 죽이려고 할 것 같아 진실을 말하기가 두렵소." 이에 왕은 결코 죽이지 않을 것이고 부하들(지도자들)에게 넘겨주지도 않겠다고 맹세했다.

그제야 예레미야는 용기를 얻어 이같이 충고했다. "바벨론 왕에게 이 도시를 넘겨주시오. 이것은 하나님이 하신 말씀임을 명심하도록 하시오. 만일 왕께서 위험에서 벗어나 목숨이나마 부지하기를 원한다면 (이같이 해야만 할 것이고) 그렇게 하면 이 도시가 철저하게 파괴되지도 않을 것이며 성전이 불타게 되지도 않을 것이오. 그러나 (만일 왕이 이에 불순종한다면) 왕으로 인해 왕의 집안은 물론 이 도시의 모든 주민이 화를 면치 못하게 될 것이오." 왕은 이 말을 듣고 이같이 대꾸했다. "나는 그대가 시키는 대로, 그대가 유익하다고 가르쳐준 대로 기꺼이 하고 싶은 마음이 있소. 그러나 바벨론 편이 된 변절자들이 두렵소. 혹시 그들이 나를 바벨론 왕에게 무고하여 벌을 받게 되지나 않을까 해서요." 이에 예레미야는 이같이 왕을 격려해 주었다. "그런 일을 당할까 걱정하지 마시오. 그런 불상사는 결코 일어나지 않을 것이오. 왕이 모든 것을 바벨론에 넘겨준다면 왕이나 왕의 아내들이나 자식들은 물론 성전도 아무런 해를 입지 않고 무사할 것이오."

예레미야가 이렇게 말을 하자 왕은 그를 보내면서 당부했다. "우리들이 나눈 이야기를 시민들 누구에게도 말하지 마시오. 백성의 지도자들이 내가 그대를 부른 것을 알고 찾아와서 '왕이 무엇 때문에 불렀으며 그대는 무엇이라고 충고했는가?'라고 캐물을지라도 사실을 밝히지 말고 단지 감옥의 속박에서 석방시켜 달라는 청을 했을 뿐이라고 대답하도록 하시오." 예레미야는 백성의 지도

자들이 찾아와서 왕에게 무엇이라고 충고했느냐고 물어왔을 때 왕이 당부한 대로 답변했다. 이 정도로 해서 이 문제는 마치도록 하는 것이 좋을 것 같다.

제8장

바벨론 왕이 예루살렘을 함락시키고 성전을 불사른 후에 예루살렘 주민과 시드기야를 바벨론으로 끌어간 경위, 그리고 열왕들 밑에서 대제사장직을 계승해 온 인물들에 관한 역사

1. 바벨론 왕은 예루살렘 공략에 열성을 가지고 최선을 다했다. 그는 거대한 토성 위에 망대를 쌓고 거기서 성벽 위에 서 있는 적을 격퇴했다. 이 밖에도 바벨론 왕은 성 둘레에 성벽 높이의 토성을 쌓았다. 그러나 성 안의 예루살렘 주민들도 기근이나 전염병으로 인해 낙심하지 않고 용기를 가지고 민첩하게 포위 공격을 견뎌냈다. 그들은 내부의 상황이 극도로 악화되고 있음에도 불구하고 결코 의기소침하지 않았다. 그들은 또한 적의 공성(攻城) 무기나 장비들에 겁을 내지 않았으며 적에게 대항할 수 있는 또 다른 전쟁 장비를 만들어서 맞서 싸웠다.

이 싸움은 바벨론인들과 유대 주민들 간의 일대 대사투(大死鬪)가 아닐 수 없었다. 더욱이 유대 주민들의 전투력과 지혜는 대단했다. 바벨론인들은 예루살렘 주민들이 자기들의 공격을 당해 내지 못할 것이라고 생각했고 예루살렘 주민들은 바벨론인들의 독창적인 공성 방법과 무기들에 대항하여 그것들이 자기들에겐 아무 쓸모가 없다는 것을 입증해 보이는 데 유일한 구원의 소망이 있다고 생각했다.

이 공방전은 무려 18개월이나 계속되었다. 그러나 마침내 예루살렘 주민들은 기근과 적들이 망대 위에서 던지는 창에 의해서 멸망하게 되었다.

2. 결국 예루살렘은 시드기야 재위 제11년 4월 9일에 함락되고 말았다. 느부갓네살(Nebuchadnezzar)왕은 그때 리블라(Riblah)에 있었고 예루살렘 공략은 군대 장관들에게 맡겼기 때문에 예루살렘이 함락될 때는 그의 군대 장관들밖에 없었다. 혹시 알고 싶어 할 사람이 있을지 모르기 때문에 이때 예루살렘을 함락시키고 약탈한 장군들의 이름을 밝혀보면 네르갈사레셀(Nergal Sharezer), 삼갈네부(Samgar Nebo)와 랍사리스(Rabsaris)와 살스김(Sarsechim)과 랍막(Rab-mag)이었다.

예루살렘이 함락된 시간은 한밤중이었다. 적의 장군들이 성전으로 들어가자 시드기야는 그 사실을 눈치채고 아내들과 자식들을 거느리고 친구들과 부하 신복들을 대동하고 참호를 통해 도시 밖으로 빠져나와 광야로 도망을 쳤다. 변절자 중의 한 사람이 이 사실을 바벨론인에게 고해바쳤다. 이에 바벨론 병사들은 날이 밝자 급히 시드기야를 추격하기 시작했고 결국은 여리고에서 멀리 떨어지지 않은 곳에서 그를 따라잡아 포위할 수가 있었다. 시드기야와 함께 도시를 빠져나온 부하들과 친구들은 적이 가까이 접근해 오자 그를 버리고 각자 살 길을 찾아 이리저리 뿔뿔이 흩어졌다. 결국 시드기야는 처자들하고만 남게 되었고 적의 손에 붙잡혀 느부갓네살왕에게 끌려가는 신세가 되고 말았다.

시드기야가 끌려오자 느부갓네살왕은 이같이 소리를 질렀다. "약속을 지킬 줄 모르는 이 악한 놈아! 나를 위해서 나라를 잘 다스릴 것이라고 할 때는 언제고 이제 와서 나를 배반하는 것이냐? 내가 여호야긴에게서 왕국을 빼앗아 네게 주었건만 너는 어찌하여 내가 네게 준 권세를 나를 대항하는 데 사용하느냐? 이 배은망덕한 놈아! 그러나 신께서는 네 놈의 행동을 미워하시고 네 놈을 다시 나의 손아귀에 들어오도록 해주셨다. 이 어찌 당연한 처사가 아니냐!" 느부갓네살은 시드기야에게 이같이 욕설을 퍼부은 후에 시드기야와 그의 신복들이 쳐다보는 가운데 시드기야의 자식들과 친구들을 죽이라고 지시했다. 그 후에 느부갓네살은 시드기야의 두 눈을 뽑고 결박하여 바벨론으로 끌고 갔다.

이 일들은 모두가 예레미야와 에스겔의 예언대로 성취된 것이었다. 시드기야가 포로가 되어 바벨론 왕 앞에 끌려 나와서 눈으로 직접 보고 얼굴을 마주 보고 이야기하게 될 것이라고 예언한 사람은 예레미야였고 장님이 되어 바벨론으로 끌려갈 것이기 때문에 바벨론을 볼 수 없게 될 것이라는 예언을 한 사람은 에스겔이었는데 이 두 선지자의 예언이 모두 그대로 성취된 셈이었다.[11]

3. 우리가 이같이 장황하게 설명을 한 것은 하나님의 성품에 무지한 자들에게 하나님의 성품이 어떤 것인가를 보여주기 위해서였다. 즉 하나님의 성품은 다양하시며 또 다양한 방식으로 행동하신다 하더라도 모든 사건은 적절한 때가 되면 일정한 방식으로 일어나기 때문에 미리 예언할 수가 있는 것이다. 또한 인간이란 무지하고 몽매하기 때문에 미래를 내다볼 수 없을 뿐 아니라 조심해서 살피지 않으면 화를 모면하기가 어렵다는 점을 우리는 위의 역사에서 충분히 살펴볼 수가 있었다.

4. 이렇게 해서 다윗 계열의 왕은 종지부가 찍혔다. 마지막 왕 시드기야까지 모두 21명의 왕이 왕위에 올라 나라를 다스린 기간은 514년 6개월 10일간이었다. 물론 그중에 첫 번째 왕위에 올라 20년간 나라를 다스린 사울은 나머지 왕들과 같은 지파에 속한 인물은 아니었다.

5. 바벨론 왕이 군대 장관 느부사라단(Nebuzaradan)을 예루살렘에 보내 성전을 약탈하도록 지시한 것이 바로 이때였다. 바벨론 왕은 그 외에도 느부사라단에게 성전과 왕궁을 불사르고 예루살렘을 철저히 파괴하고 백성들을 바벨론으로 잡아 오라고 명령했다. 이에 느부사라단은 시드기야 재위 제11년에 예루살렘에 와서 성전을 약탈하여 금과 은으로 만든 하나님의 기명들과 특히 솔로몬이 하나님께 바친 큰 대접과 놋기둥과 그 받침과 금상(床)과 촛대를 빼앗아

---

[11] 시드기야의 운명에 대하여 예레미야(렘 32:4; 34:3)와 에스겔(겔 12:13) 사이에는 의견 불일치가 있는 것처럼 보이나 결국은 상호 일치한다고 본 요세푸스의 관찰은 사실인 동시에 주목할 필요가 있다.

갔다. 그는 이것들을 성전에서 꺼낸 후에 성전에 불을 놓았다. 이때는 시드기야 재위 제11년 5월 1일이었으니 느부갓네살이 왕위에 오른 지 제18년째 되는 해였다. 그는 그 밖에도 왕궁을 불사르고 예루살렘을 완전히 파괴하였다. 그러니까 성전이 불탄 것은 성전이 지어진 지 470년 6개월 10일 만의 일이었다. 이것은 출애굽 후 1,062년 6개월 10일이 지난 후에 생긴 사건이었으며 홍수 때부터 성전 함락 사이의 기간은 1,957년 6개월 10일간이었다. 이것을 아담으로부터 계산하면 3,513년 6개월 10일이 되는 셈이다. 벌써 이토록 많은 세월이 흘렀으니 우리는 그동안 이렇게 장구한 기간에 일어난 사건들을 하나씩 다루어 온 셈이다.

바벨론 왕의 군대 장관 느부사라단은 예루살렘을 완전히 폐허로 만든 후에 백성들을 강제로 사로잡아 갔다. 그는 대제사장 스라야(Seraiah)와 그다음 서열에 있는 제사장 스바냐(Zephaniah)와 성전을 감독하는 세 명의 관리와 병사들을 감독하는 환관(eunuch)과 시드기야의 친구 일곱 명과 그의 서기관과 그 밖의 60명의 백성의 지도자들을 포로로 잡아 약탈한 물건들과 함께 수리아의 한 도시인 리블라(Riblah)에 있는 바벨론 왕에게로 끌고 갔다. 바벨론 왕은 거기에서 대제사장과 백성의 지도자들의 목을 치라고 명령한 후에 손수 시드기야와 나머지 포로들을 끌고 바벨론으로 갔다. 그는 또한 대제사장 요사닥(Josedek)도 결박하여 끌고 갔다. 요사닥은 우리가 방금 언급한 대로 수리아의 도시 리블라에서 바벨론 왕이 살해한 대제사장 스라야의 아들이었다.

6. 지금까지는 왕위가 어떻게 계승되어 왔는가를 살피면서 누가 왕이 되어 얼마 동안 나라를 다스렸는가를 기술했으므로 이런 왕들 밑에서 누가 대제사장직을 계승해 왔는지도 살펴볼 필요가 있다고 생각한다. 솔로몬이 성전을 건축할 당시의 첫 번째 대제사장은 사독(Zadok)이었다. 그 뒤를 이어 그의 아들 아히마아스(Ahimaaz)가 그 영예를 차지하게 되었다. 그 뒤에는 아사랴(Azarias)가 대제사장이 되었으며 그다음에는 요람(Joram)이 대제사장의 직에 올랐다. 요람 다음에는 이수스(Isus)가, 다음에는 악시오라무스(Axioramus)가, 또 그다음에는 피데아스(Phideas)가 대제사장이 되는 영예를 안았다. 비드아스 다음에

는 수데아스(Sudeas)가, 그다음에는 유엘루스(Juelus)가, 유엘루스 다음에는 요담(Jotham)이, 그다음에는 네리야(Nerias)가 대제사장 직위에 올랐다. 네리야 후임으로 그의 아들 오데아스(Odeas)가, 그다음에는 살룸(Sallumus)이었고 그다음에는 엘키아스(Elcias)가 대제사장이 되었다. 엘키아스의 후임에는 (아사랴[Azarias]가, 그리고 그 뒤엔) 사레아스(Sareas)[12]가 대제사장직을 맡았으며 사레아스의 아들인 요사닥(Josedek) 대제사장은 바벨론에 포로로 잡혀갔다. 이들은 아비에게서 대대로 대제사장직을 계승해 간 인물들의 명단이다.

7. 바벨론 왕은 바벨론에 도착한 후, 시드기야를 죽을 때까지 감금해 두었으나 그가 죽자 거창하게 장례를 치러주었다. 그는 예루살렘 성전에서 약탈한 물건들을 자기가 섬기는 신들에게 바쳤으며 유대 백성들은 바벨론 땅에 강제로 정착시켰으나 대제사장만은 결박에서 풀어주었다.

---

[12] 아사랴(Azarias)는 요세푸스의 모든 사본에 빠져 있으나 나는 유대 연대기 『세데르 올람』(Seder Olam)을 보고 그의 이름을 여기 괄호 안에 삽입해 넣었다.

제9장

느부사라단이 그다랴를
유대에 남겨 둔 유대 백성의 지배자로 세웠으나
그다랴가 얼마 못 가서 이스마엘에게 살해당하게 된 경위,
그리고 이스마엘이 쫓겨난 후
요나단이 백성들과 함께 애굽으로 내려간 경위,
그러나 느부사라단이 애굽을 정복한 후
다시 포로로 이 백성들을 잡아 바벨론으로 끌어가게 된 경위

1. 바벨론의 군대 장관 느부사라단은 유대인들을 포로로 잡아가고 난 후 가난한 자들과 변절자들은 유대 땅에 남겨 놓은 다음 아히감(Ahikam)의 아들, 귀족 그다랴(Gedaliah)를 총독(governor)으로 임명하였다. 그다랴는 성품이 온유하고 의로운 인물이었다. 느부사라단은 남은 유대인들에게 땅을 경작하고 얻은 소득으로 규정된 조공을 왕에게 바쳐야 한다고 지시했다. 그는 또한 예레미야 선지자를 감옥에서 풀어주고 바벨론까지 동행하면 원하는 것은 무엇이든지 왕이 줄 터이니 함께 가지 않겠느냐고 제의했다. 그러나 예레미야는 동행하고 싶지 않다고 거절했고 그러자 느부사라단은 어디에 가서 살고 싶은지 이야기하면 왕에게 이야기해서 허락하도록 해주겠다고 했다. 그러나 예레미야 선지자는 바벨론까지 동행하고 싶은 생각도 없고 특별히 살고 싶은 곳이 따로 있는 것도 아니며 단지 폐허가 된 고국에서 살고 싶다고 대답했다. 느부사라단은 예레미야의 심중을 이해하고 그다랴에게 그를 잘 보살펴 주고 원하는 것은 무엇이나 주라고 특별히 명령했다. 느부사라단은 예레미야에게 많은 예물을 주고 돌려보냈다. 이에 예레미야는 미스바(Mispah)시에 거하게 되었다. 예레미야는 느부사라단에게 자기 제자 바룩(Baruch)을 석방시켜 줄 것을 요청했다. 바룩은 명문 출신으로서 네리야(Neriah)의 아들이었고 히브리어에 매우 능숙한 인물이었다.

2. 느부사라단은 이같이 일을 처리한 후에 급히 바벨론으로 돌아갔다. 예루살렘이 포위되었을 때 피신하여 이곳저곳에 숨어 있던 무리들은 바벨론 군대가 떠나고 예루살렘에는 땅을 경작할 일단의 사람만 남아 있다는 소식을 듣고 전국에서 미스바의 그다랴에게로 몰려왔다. 이 무리들을 이끄는 지도자들은 가레아(Kareah)의 아들 요하난(Johanan)과 여사냐(Jezaniah)와 스라야(Seraiah) 등이었다. 한편 왕족 출신으로 사악하고 교활한 이스마엘(Ishmael)이라는 인물이 있었다. 그는 예루살렘이 포위되자 암몬 왕 바알리스(Baalis)에게로 피신 가서 그동안 그곳에 머물고 있던 자였다. 그다랴는 이들에게 바벨론인들을 두려워하지 말고 그곳에 함께 거하자고 설득했다. 땅을 경작하는 일에 몰두하면 아무런 해도 당하지 않을 것이라고 했다. 그다랴는 맹세하라면 맹세할 수도 있다면서 이같이 말했다. "내가 당신들의 보호자가 되어 주겠소. 무슨 어려운 문제가 생기면 내가 당신들을 적극적으로 돕겠소. 그러니 여러분 각자가 원하는 도시에 정착하시오. 내가 나의 부하들을 보내 도와줄 터이니 옛 기초 위에 집을 짓고 그곳에 살도록 하시오. 물론 한 가지 준비할 것이 있소. 겨울이 오기 전에 겨울에 먹을 곡식과 포도주와 기름을 준비해 놓도록 하시오." 그다랴는 이같이 말한 후 각자 알아서 마음에 드는 곳에 살도록 돌려보냈다.

3. 도망을 친 경험이 있는 자라 하더라도 바벨론 왕에게 조공을 바치겠다는 조건만 수락하면 그다랴가 자기에게 오는 자는 누구나 따듯이 받아 주고 있다는 소문이 유대 인근 국가들에까지 퍼지게 되자 많은 이들이 그다랴에게로 돌아와서 유대 땅에 거하게 되었다. 요하난과 그와 함께 한 지도자들은 그다랴의 인간성이 선함을 보고 그를 깊이 사랑하게 되었다. 따라서 그들은 그다랴에게 다음과 같은 제안을 하게 되었다. "암몬 왕 바알리스가 이스마엘을 보내 총독(그다랴)을 죽이고 이스마엘이 왕족이라는 명분을 내세워 이스라엘을 장악하려고 음모를 꾸미고 있습니다. 그러니 이스마엘을 우리가 죽이도록 허락해 주십시오. 그러면 아무도 모르게 해치울 수가 있습니다. 만일의 경우 총독이 누구에게라도 살해가 되는 날이면 그나마 간신히 유지되던 이스라엘의 명맥이 아주 끊어질지도 모르는 일입니다." 그러나 그다랴는 그 말을 못 믿겠다는 듯

이 이렇게 말했다. "내가 그토록 선대해 준 사람이 반역을 꾀하고 있다니 어찌 그 말을 믿을 수 있겠소. 아무것도 없는 사람에게 부족한 것이 없을 정도로 풍성히 채워 주었는데 자기 은인에게 감사하지 못하고 오히려 해를 끼치려고 한다니 그런 일이 어찌 일어날 수 있겠소? 다른 사람이 자기 은인을 해치려고 할 때 목숨을 걸고 은인을 구하려고 하지 않아도 악한 사람이라는 비난을 면키 어려울 텐데, 은인을 자기 손으로 죽인다니 말도 안 되는 소리가 어디 있겠소. 만일 이 정보가 사실임을 믿어야 한다면 나를 의지하고 생명까지 맡기고 피난 온 사람을 내 손으로 죽이기보다는 차라리 그자의 손에 죽음을 당하는 편이 훨씬 좋지 않겠소?"

4. 결국 요하난과 그와 함께 있는 지도자들은 그다랴를 설득시키지 못하고 그냥 돌아갔다. 그로부터 30일이 경과한 어느 날 이스마엘은 10명의 부하를 거느리고 다시 미스바시의 그다랴에게로 왔다. 그다랴는 이스마엘과 그 부하들을 잔치에 초대해 풍성하게 대접해 주고 선물까지 주었다. 그다랴는 그들과 함께 마음껏 즐기려고 애쓰다 보니까 그만 술에 곤드레만드레가 되고 말았다. 이스마엘은 인사불성이 되어 곯아떨어진 그다랴의 모습을 보자마자 자리를 박차고 일어나 부하들과 함께 그다랴와 잔치에 참석했던 자들을 모조리 살해하였다. 이스마엘은 그들을 살해한 후 밤에 밖으로 나와 그 도시 안에 있는 모든 유대인들과 바벨론인들이 남겨둔 병사들을 무참히 죽였다. 그다음 날 이런 사실을 알 리가 없는 80명의 사람들이 각지에서 그다랴에게 줄 예물을 가지고 찾아왔다. 이스마엘은 그들을 보고 그다랴가 있는 곳으로 안내하겠다고 했다. 이에 그들이 들어오자 이스마엘은 문을 잠그고 그들을 살해한 후 시신이 보이지 않게 깊은 구덩이 속에 모두 던져 넣었다. 이 80명 가운데서 가구, 의복, 곡식 등 땅속에 파묻어 놓은 모든 재산을 다 줄 터이니 제발 목숨만은 살려 달라고 애걸하는 사람들은 이스마엘이 살려 주었다. 이스마엘은 그 외에도 미스바시에 사는 주민들을 처자들과 함께 포로로 잡아갔다. 이들 가운데는 바벨론 군대 장관 느부사라단이 그다랴와 함께 남겨둔 시드기야왕의 딸들도 포함되어 있었다. 이스마엘은 이런 짓을 저지른 후에 암몬 왕에게로 돌아갔다.

5. 한편 요하난과 그와 함께 한 지도자들은 이스마엘이 미스바에서 저지른 만행과 그다랴의 살해 소식을 듣고 분노를 이기지 못하고 각자 무장 병사를 거느리고 이스마엘을 급습하기 위해 출발했다. 그들은 이스마엘의 무리를 헤브론(Hebron) 샘가에서 따라잡을 수가 있었다. 이스마엘에게 포로로 끌려가던 사람들은 요하난과 그 일행을 보자 구세주가 온 것처럼 기뻐하고 이스마엘에게서 도망쳐 요하난에게로 달려왔다. 그러자 이스마엘은 여덟 명의 부하를 거느리고 암몬 왕에게로 도망을 쳤다. 요하난은 이스마엘의 손에서 구해 낸 자들과 내시들과 그들의 처자들을 거느리고 만다라(Mandara)로 가서 거기서 하루를 묵었다. 그들은 계속 그곳에 있다가는 그다랴의 살해 사건 때문에 바벨론 군사들에 의해 죽음을 당할지도 모른다는 두려움이 생기자 그곳을 떠나 애굽으로 내려가기로 결심했다.

6. 그들이 이렇게 결심을 하기에 이르자 가레아의 아들 요하난과 지도자들은 예레미야 선지자를 찾아가서 어찌해야 좋을지 도무지 알 수가 없으니 하나님께 기도하여 방도를 가르쳐 줄 수 없겠느냐고 간청하였다. 그들은 예레미야가 시키는 대로 무엇이든지 하겠다고 맹세까지 하였다. 이에 예레미야 선지자는 자기가 중보자가 되어 주겠다고 약속했다. 그로부터 열흘 후 하나님이 예레미야에게 나타나셔서 요하난과 지도자들과 온 무리에게 이같이 전하라고 지시하셨다. "너희들이 이 땅에 계속 머문다면 나는 너희들과 함께할 것이고 너희를 보호할 것이며 너희들이 두려워하고 있는 바벨론 병사들의 손에 해를 당하지 않도록 도와줄 것이다. 그러나 만일 너희들이 애굽으로 내려간다면 나는 너희들을 버릴 것이며 너희 형제들이 전에 당한 것과 똑같은 벌을 당하게 만들 것이다." 예레미야는 요하난과 무리에게 이 같은 하나님의 말씀을 전했으나 그들은 예레미야의 말을 믿지 않았다. 그들은 예레미야가 자기 제자 바룩을 기쁘게 해주기 위해서 그렇게 말한 것이며 바벨론인들에게 자기들이 멸망당하도록 하기 위해 이 땅에 남아 있어야만 한다고 설득한 것이라고 생각했다. 요하난과 무리들은 선지자를 통해 알려 주신 하나님의 말씀에 불순종하고 예레미야와 바룩까지 끌고 애굽으로 내려갔다.

7. 그들이 애굽에 거하게 되자 하나님은 바벨론 왕이 애굽을 정복하게 될 것임을 예레미야에게 알려 주시고는 바벨론 왕이 애굽을 굴복시킬 것이고 이스라엘인들의 일부는 죽이고 일부는 바벨론으로 포로로 잡아갈 것이라고 백성들에게 선포하라고 명령하셨다. 예루살렘 함락 후 5년이 되는 해, 그러니까 느부갓네살의 재위 제23년에 느부갓네살은 코엘레수리아(Coelesyria)를 공격하여 정복한 후에는 암몬과 모압을 공격하기 시작했다. 그는 암몬과 모압을 굴복시킨 후 애굽을 공격하여 함락시키고 그 당시 애굽 왕을 살해하고[13] 다른 자를 왕으로 세웠다. 느부갓네살은 애굽에 있던 유대인을 포로로 잡아 바벨론으로 끌고 갔다. 우리에게 지금까지 전해 내려오는 기록에 따르면 이같이 우리 히브리 국가는 두 번씩 유브라데강을 넘어 포로로 잡혀가는 비운을 겪으면서 비참한 종말을 맞이했던 것이다. 열 지파는 호세아(Hoshea)왕 때 앗수르에 의해 사마리아에서 쫓겨나는 신세가 되었으며, 그 후 남아 있던 두 지파도 예루살렘이 함락된 후 바벨론과 갈대아의 왕 느부갓네살에 의해 포로로 잡혀가게 되었던 것이다. 한편 살만에셀(Shalmanezer)은 이스라엘인을 포로로 잡아간 후에 그 자리에 전에는 바사(Persia, 페르시아)와 메대(Media, 메디아) 지경에 살던 구다인(Cutheans)을 이주시켜 살게 하였다. 이들은 후에는 그들이 이주해 온 사마리아의 지명을 본떠 사마리아인(Samaritans)이라고 불리게 되었다. 그러나 살만에셀과는 달리 두 지파를 포로로 잡아간 바벨론 왕은 다른 민족들을 그 땅에 이주시켜 살도록 하지 않았다.[14] 이로 인해 온 유대와 예루살렘과 성전은 70년간 폐허로 남아 있게 되었다. 그러나 이스라엘이 포로로 잡혀간 때부터 두 지파가 바벨론으로 끌려간 때까지의 기간을 계산하면 130년 6개월 10일이 된다.

---

[13] 헤로도투스(Herodotus)는 이 애굽 왕 바로(Pharaoh), 호브라(Hophra) 혹은 아프리에스(Apries)가 예레미야가 그가 그의 원수의 손에 살해될 것이라고 예언한 것같이(렘 44:29-30) 애굽인의 손에 살해되었으며 이것은 느부갓네살에 의해 애굽이 함락될 것을 보여주는 한 표징이었다고 기술하고 있다.
[14] 우리는 여기서 유대(Judea)가 두 지파가 포로로 잡혀간 후 폐허로 버려져 있었으며 이방 민족들의 거주지가 되지 않았다는 점을 살펴볼 수 있다. 이것은 이방 민족들의 반대 없이 유대 땅이 유대인들의 거주지가 다시 되어야만 하는 하나님의 섭리를 드러내 보여준 표시가 아닌가 생각한다.

제10장

다니엘과 그가 바벨론에서 당한 일에 관한 역사

1. 바벨론 왕 느부갓네살은 유대 귀족이나 시드기야왕의 친족들 가운데서 체격이 준수하고 용모가 수려한 소년들을 붙잡아다 선생들에게 맡겨서 교육하도록 했다. 그는 그들 중의 일부는 내시로 만들었다. 그는 이들을 다른 국가에서 잡아 온 청년들과 함께 교육을 받게 했으며 왕의 식탁에서 식사하게 했고 갈대아 나라의 교육기관에서 갈대아의 학문을 배우게 했다. 결국 이들은 점차 왕의 요구대로 지혜 있는 인물들로 성장해 갔다. 이들 가운데 뛰어난 성품을 소유한 시드기야의 친족 네 명이 있었다. 그들의 이름은 다니엘(Daniel), 하나냐(Ananias), 미사엘(Misael), 아사랴(Azarias)였다. 그러나 바벨론 왕은 이들의 이름을 바꾸고 다니엘은 벨드사살(Baltasar), 하나냐는 사드락(Shadrach), 미사엘은 메삭(Meshach), 아사랴는 아벳느고(Abednego)라 부르도록 하라고 명령했다. 이들은 성품이 유난히 좋은 데다가 학문을 적용하는 데 남다른 재주가 있었으며 뛰어난 지혜를 소유하고 있었기 때문에 바벨론 왕은 이들을 몹시 귀히 여기고 계속 총애했다.

2. 다니엘과 그의 세 친족은 왕의 식탁에 나오는 음식은 먹지 않고 모든 살아 있는 동물들은 전혀 입에도 대지 않는 엄격한 식사 조절을 하기로 결심했다. 이에 다니엘은 그들을 돌보는 일을 맡은 환관인 아스부나스(Ashpenaz)를 찾아가 다음과 같이 요청하였다.[15] "왕의 식탁에서 우리를 위해 나오는 음식은 알아서 처리하시고 우리에게는 콩(pulse)과 대추야자(date)와, 고기 외의 그 밖의 다른 것들을 음식으로 주십시오. 우리는 원래 그런 종류의 음식을 좋아하고

---

[15] 다니엘과 그의 세 동료가 이사야가 예언한 대로(사 39:7) 환관이었다는 점은 요세푸스의 이 부분의 기록이나 성경의 다니엘서(단 1:3, 6, 7, 11, 18)를 볼 때 내게는 분명한 것처럼 보인다.

다른 음식은 싫어하기 때문입니다." 그러자 아스부나스는 이같이 대답했다. "난 그대들이 원하는 대로 해주고 싶네. 그러나 혹시라도 그대들의 몸에 살이 빠진다거나 안색이 변하게 됨으로써 왕에게 들통이 날까 걱정이 되네. 음식을 조절하면 수척해지고 혈색이 나빠지는 것은 피할 도리가 없네. 특히 다른 동료들은 용모가 훨씬 좋아지기 때문에 쉽게 발각이 날 걸세. 그렇게 되면 그대들의 건강을 책임져야 할 내가 죽게 될지도 모르는 일일세." 그러나 다니엘은 아리옥(Arioch)을 끝내 설득시켰다. 아리옥은 우선 열흘 동안 시험 삼아서 그들이 원하는 음식을 주기로 하겠다고 했다. 그래서 만일 몸이나 혈색에 이상이 없으면 건강에 아무 해가 안 되는 줄로 알고 계속 그렇게 할 것이나, 만일 수척해지고 다른 동료들보다 못해 보이게 되는 날에는 원래 음식대로 줄 것이라고 했다. 그러나 그들은 이런 음식만 먹고도 몸이 야위기는커녕 다른 동료들보다 더 살이 찌고 튼튼해 보이는 것이었다. 왕의 식탁에서 나오는 음식을 먹는 자들보다 오히려 다니엘과 그의 친족들이 더 잘 먹는 자들처럼 보였다.

그때부터 아리옥은 안심하고 왕이 그들에게 내리는 식사는 자기가 먹고 그들에게는 그들이 원하는 음식을 주었다. 따라서 그들은 그들의 영혼을 어느 정도 다른 이들보다 순수하게 간직할 수 있었고 영혼에 부담을 덜 느끼게 할 수 있었기 때문에 학문을 연구하는 데 더 유리하였으며 그들의 몸도 고된 노동을 하는 데 더 적합하였다. 그들의 영혼은 여러 가지 고기 음식으로 짓눌리고 부담감을 느끼는 일이 없었을 뿐 아니라 그들의 육체도 이와 마찬가지 이유로 나약해지는 일이 없었기 때문에 히브리와 갈대아의 모든 학문을 다른 이들보다 더 쉽게 소화해 낼 수 있었다. 특히 다니엘은 이미 지혜가 뛰어났기 때문에 꿈을 해몽해 주느라고 매우 분주했다. 물론 하나님이 다니엘에게 나타나셔서 가르쳐 주셨기 때문이었다.

3. 애굽을 정복한 지 2년 후에 느부갓네살왕은 멋진 꿈을 꾸었으나 아침에 잠에서 깨니 도대체 무슨 꿈을 꾸었는지 생각이 나지 않았다. 이에 왕은 갈대아의 마법사(magician)들과 예언자들을 불러 자기가 지난밤에 꿈을 꾸었으나 아침에 일어나 보니 꿈의 내용이 전혀 생각나지 않는데 자기가 꾼 꿈의 내용이

무엇이며 그 해석이 어떻게 되는지를 어서 고하라고 지시했다. 그러자 그들은 남이 무슨 꿈을 꾸었는지 알아맞히는 것은 인간으로서 불가능한 일이니 무슨 꿈을 꾸었는지 이야기를 해주면 그 해석을 일러 드리겠다고 약속했다. 이에 느부갓네살왕은 꿈의 내용을 맞히지 못하면 살아남지 못할 것이라고 위협했다. 그들이 왕명대로 할 수 있는 능력이 없다고 솔직히 고백하자 왕은 그들을 모두 잡아 죽이라고 명령하였다.

한편 다니엘은 왕이 모든 마법사를 잡아 죽이라고 명령하였다는 것과 그들 속에 자기와 그의 세 친족도 포함되어 있다는 소식을 듣고 왕의 호위대장 아리옥(Arioch)을 찾아가서 왕이 무슨 이유로 모든 점술가들과 마법사들을 살해하라고 명령하였는지 가르쳐 달라고 요청했다. 이에 다니엘은 왕이 꿈을 꾸었으나 아침이 되어 꿈의 내용이 생각나지 않자, 마법사들을 불러 무슨 꿈을 꾸었는지 알아내라고 했으나 그들이 알아낼 수가 없다고 하자 그만 화가 나서 그들을 모두 잡아 죽이라고 한 것임을 알아낼 수가 있었다. 다니엘은 아리옥에게 왕 앞에 나아가 마법사들의 처형을 뒤로 연기해 주면 자기가 그 안에 하나님께 기도해 왕의 꿈의 내용이 무엇인지를 알아내겠다고 제의했다. 이에 아리옥은 왕에게 다니엘의 제의를 전했다. 느부갓네살왕은 다니엘이 약속한 시간까지 마법사들의 처형을 연기했다. 청년 다니엘은 세 친족과 함께 자기 집으로 가서 밤새도록 하나님께 기도했다. 왕이 밤에 꿈을 꾸었으나 아침에 잊어버린 내용이 무엇인지를 가르쳐 주셔서 자기들은 물론 갈대아 마법사들이 왕의 진노로 죽음을 당하지 않도록 해달라고 간구했다. 하나님은 위험에 처한 자들을 불쌍히 여기시고 다니엘의 지혜를 만방에 드러내도록 하시기 위해 왕이 꾼 꿈의 내용과 해석을 가르쳐 주셨다. 다니엘은 하나님께 꿈의 내용과 해석을 얻게 되자 즐거운 마음으로 일어나 세 친족에게 이 같은 사실을 알렸다. 이에 그들은 '이젠 죽었구나.'라는 낙심천만한 생각밖에는 들지 않았는데 이제 살길이 열렸다고 생각하자 기쁘지 않을 수가 없었다. 다니엘은 세 친족과 함께 자기들의 젊음을 안타깝게 여기시고 도움의 손길을 베푸신 하나님께 감사를 드렸다. 다니엘은 아리옥에게 가서 왕이 꾼 꿈의 내용을 알려 드릴 터이니 자기를 왕에게 인도해 달라고 부탁했다.

4. 다니엘은 왕 앞에 나아간 후에 이같이 말문을 열었다. "갈대아인들이나 마법사들이 왕의 꿈을 전혀 알아내지 못한 데 반해 제가 왕의 꿈을 알아맞힌다고 해서 제가 그들보다 더 지혜로운 것은 아닙니다. 제가 이를 알아낸 것은 지혜가 남보다 뛰어나기 때문도 아니며 남다른 재주가 있어서도 아닙니다. 단지 제가 저와 동족의 목숨을 위해서 기도하자 하나님이 저희를 불쌍히 여기시고 왕이 꾼 꿈의 내용과 해석을 제게 가르쳐 주셨기 때문입니다. 사실 저는 왕의 영광보다는 제가 죽게 될지도 모른다는 슬픔 때문에 하나님께 더욱 매어 달린 것입니다. 왕께서는 인간의 지혜로는 전혀 불가능하며 오직 하나님만이 하실 수 있는 것을 점술가들과 마법사들에게 요구하시고는 그들이 할 능력이 없다고 하자 아무 죄도 없는 그들을 부당하게도 죽이라는 명령을 내리셨습니다. 왕이 평소에 왕의 뒤를 이어 전 세계를 통치할 자들이 누구인가를 알고 싶어 하자, 하나님이 왕에게 꿈을 통해 왕의 뒤를 이어 전 세계를 다스릴 자들에 대해 보여주신 것입니다. 왕께서는 머리는 금으로 되고 어깨와 팔은 은으로 되고 배와 넓적다리는 동으로 되고 종아리와 발은 철로 된 큰 상(像)을 보셨을 것입니다. 그 후 왕께서는 산에서 뜬 돌 하나가 그 상을 덮쳐 넘어뜨려 어떤 한 부분도 알아볼 수 없을 정도로 완전히 부서뜨리는 장면을 보셨을 것입니다. 그러더니 금, 은, 동, 철이 가루보다 더 잘게 부서지고 세찬 폭풍이 부니 모두 날아가 버리고 오직 돌만이 그 밑의 세상이 온통 덮일 정도로 커지는 모습을 꿈에 보셨을 것입니다. 왕께서 보신 꿈의 내용은 위와 같고 그 해석은 다음과 같습니다. 금으로 된 머리는 왕과 왕보다 먼저 바벨론을 다스린 선왕(先王)들을 가리킵니다. 두 팔과 손은 왕의 나라가 두 왕에 의해 나누어질 것을 보여주고 있습니다. 그 후 동으로 무장한 왕이 서쪽으로부터 와서 두 왕국을 무너뜨릴 것입니다. 그리고 마지막으로 철로 비유된 한 왕국이 그전 왕국을 정복하고 전 세계의 통치권을 장악하게 될 것입니다. 원래 철이란 금이나 은이나 동보다 강한 것이기 때문입니다." 다니엘은 돌의 의미를 왕에게 설명해 주었으나[16] 나는

---

[16] 진정한 유대인의 메시아, 예수 그리스도에 의해 로마 제국이 멸망당하는 내용이 포함되어 있기 때문에 이에 대해 설명하는 것이 신변 안전에 이롭지 못하다고 생각해서인지 설명하지 않고 단지 미래의 예언이라고만 암시한 요세푸스의 이 놀라운 구절에 대해서는 하베르캄프(Havercamp)의 말을 인용하는 것이 좋

과거와 현재의 일만 기술하는 것이 임무일 뿐 미래의 일에 대해서는 이야기할 필요가 없으므로 이에 대해서는 언급하지 않도록 하겠다. 그러나 만일 그런 점에 호기심이 있거나 미래의 불확실한 점을 그냥 덮어 놓고는 지나칠 수가 없는 사람은 다니엘서를 열심히 연구해 보면 좋을 것이다.

5. 느부갓네살은 다니엘의 말을 듣고 자기가 꾼 꿈을 기억해 내고는, 다니엘의 지혜에 놀라 마치 인간들이 신에게 경배하듯이 땅에 얼굴을 대고 다니엘에게 절을 하면서 다니엘에게 신에게 드리듯이 제사를 드리도록 하라고 명령했다. 물론 이것이 전부는 아니었다. 느부갓네살왕은 다니엘에게 자기가 믿는 신의 이름인 (벨드사살이라는) 이름을 붙여 주고 다니엘과 그의 세 친족을 자기 왕국의 고위 관리들로 임명했다. 그런데 다니엘의 세 친족은 (적들의) 시기와 악의에 찬 덫에 걸려 위험한 지경에 빠지게 되었다. 그들은 그들의 덫에 걸려 아래와 같이 왕의 분노를 사게 되었다. 느부갓네살왕은 높이 60규빗, 너비 6규빗 되는 거대한 금상을 바벨론 대평원에 세웠다. 그는 이 상을 봉헌하려고 하면서 자기가 다스리는 전 지역의 유력 인사들을 초청한 다음 나팔소리가 들리거든 모두 엎드려 그 상 앞에 절하라고 명령했다. 왕은 누구든지 이를 거절하면 불타는 용광로 속에 집어넣겠다고 위협했다. 결국 나팔소리와 함께 다른 모든 이들은 그 상에 경배하였으나 다니엘의 세 친족은 자기 나라의 율법을 범하고 싶지 않았기 때문에 그 상 앞에 경배하지 않았다. 이에 그들은 적들의 고발에 의해 정죄되었고 즉시 불 속에 던져졌으나 하나님의 섭리로 구원함을 받았다. 그들은 정말 기적적으로 죽음을 모면할 수가 있었다. 불이 그들을 조금도 건드리지 못했기 때문이었다. 마치 불이 그들이 아무 죄도 없는 사람인 것을 알기나 하는 것처럼 말이다. 따라서 내가 보기엔 그들을 태우기에는 불이 너무 약하지 않았나 생각된다. 물론 이것은 모두 하나님의 능력에 의하여 그렇게 된 것이다. 하나님은 그들의 몸을 불보다 훨씬 강하게 만드셔서 감히 불이 그들을 태

겠다. "로마인들이 영원의 도시(Eternal City)라고 부르는 도시의 멸망을 언급함으로써 로마인들의 비위를 건드릴 마음이 없는 요세푸스가 공연히 미래사를 들먹거릴 필요가 없다고 생각한 것은 그리 놀랄 일이 못 된다."

우지 못하도록 하신 것이다. 이것을 본 왕은 그들이 의인이요 하나님의 사랑을 받는 자들임을 알게 되었고 따라서 그들을 계속 총애하게 되었다.

6. 얼마 후 느부갓네살왕은 자기가 왕좌에서 떨어져 들짐승들과 함께 먹으면서 7년간[17]이나 광야에서 생활하다가 다시 왕좌를 되찾는 꿈을 꾸었다. 느부갓네살은 이 같은 꿈을 꾼 후 마법사들을 불러들이고 꿈의 내용을 설명해 준 다음 그 꿈이 어떤 뜻인지 해석해 보라고 요구했다. 그러나 아무도 그 꿈을 해석하여 왕에게 일러주지 못했다. 그 꿈을 해석할 수 있는 사람은 오직 다니엘뿐이었다. 결국 모든 일은 다니엘이 해석한 대로 일어났다. 느부갓네살은 7년간 광야에서 보냈다. 그러나 그동안 아무도 그의 왕좌를 넘보려고 하는 사람이 없었다. 느부갓네살은 결국은 하나님께 왕국을 돌려 달라고 기도했다. 이렇게 해서 느부갓네살은 7년 후에야 다시 왕위에 오르게 된 것이다. 이런 내용의 이야기를 시시콜콜하게 다 적을 필요가 어디 있느냐고 나를 비난하지 말기 바란다. 우리의 거룩한 책들 속에 이런 내용이 기록되어 있기 때문이다. 내가 이런 점을 다루는 데 대해 불만을 가진 분이나 혹은 이런 문제까지 다루는 것이 나의 단점이라고 혹시 생각하는 분이 있을지 모르기 때문에 서두에서 이미 밝힌 바 있으나 다시 한번 나의 저술 의도를 밝히려고 하는 것뿐이다. 나는 이미 본서 서두에서 나의 저술 의도는 히브리 책들을 헬라어로 번역하는 것 이상이 아니며 그 책들에 나오는 사실들을 가감 없이 전하는 것임을 독자들에게 밝힌 바가 있다.

---

[17] 요세푸스가 여기서 느부갓네살이 짐승과 함께 지내야 할 기간인 일곱 때(seven prophetic times)를 7년으로 해석한 것을 볼 때 우리는 '한 때와 두 때와 반 때'(a time, times, and a half) 혹은 그 외의 예언에 나오는 햇수(prophetic years)들과 같은 병행 구절들을 요세푸스가 어떻게 해석했을까를 거의 확실하게 알 수 있다. 그러나 물론 요세푸스가 항상 그러했던 것만은 아니다. 요세푸스는 제4왕조에 속하는 70이레(seventy weeks)를 해석할 때나 그의 당대에 생긴 로마군에 의한 예루살렘의 함락을 해석할 때는 한 해(year)를 단순히 1년으로 본 것이 아니라 하루(day)를 한 해로 보았음을 은연중에 암시하고 있다. 이렇게 할 때, 아니 단지 이렇게 해석할 때만 70이레 혹은 490일이 요세푸스의 시대까지 다다를 수가 있다. 한편 느부갓네살이 7년 동안 인간 세계에서 쫓겨나 짐승들 가운데서 지낸 사실에 대해서는 다른 면에서도 이 느부갓네살에 대한 고대 기록이나 유물이 남아 있는 것이 거의 없다시피 하기 때문에 자세한 기록을 기대할 수조차 없는 실정이다.

제11장

느부갓네살과 그의 뒤를 이어 왕위에 오른
여러 계승자에 관한 역사와
바사에 의해 바벨론 왕국이 붕괴되는 경위,
그리고 메대에서 다니엘이 당한 체험과 예언에 관한 역사

1. 느부갓네살왕은 43년간[18]의 통치를 끝으로 세상을 떠났다. 그는 매우 활동적이며 선왕들보다 행운이 좋았던 인물이었다. 베로수스(Berosus)는 그의 갈대아 역사서 제3권에서 느부갓네살(Nebuchadnezzar)에 대해 이같이 언급하고 있다. "그의 부친 느부코도노솔(Nebuchodonosor, 나보폴라살[Nabopollassar])은 자기가 애굽과 코엘레수리아(Coelesyria)와 베니게(Phoenicia)를 다스리라고 세운 총독이 반역을 일으켰다는 소식을 듣고 자기로서는 전쟁을 치를 능력이 없자 아들 느부갓네살에게 병력의 일부를 주어 반역을 진압하도록 시켰다. 그 당시 느부갓네살은 청년이었다. 이에 느부갓네살은 반역자들과 싸워 승리하고 그들을 굴복시킨 후에 그 지역을 직접 자기 나라에 병합시켰다. 그의 부친 느부코도노솔(나보폴라살)이 병들어 21년간[19]의 통치를 끝으로 세상을 떠난 것은 바로 그 무렵이었다. 부친인 느부코도노솔(나보폴라살)이 죽었다는 사실을 안 느부갓네살은 애굽과 그 밖의 여러 나라들을 평정한 후 유대인과 베니게인과 수리아인과 애굽인 포로들의 이송 문제와 대부분의 병력과 군수물자와 식량 운반 문제를 친구들에게 일임하고 소수의 부하만 거느리고 사막을 건너 급히 바

---

[18] 느부갓네살의 재위 기간을 43년으로 보는 요세푸스의 견해는 프톨레마이우스의 캐논(Ptolemy's canon)에 나오는 숫자와 동일함을 보여준다.

[19] 여기서 느부갓네살 대왕(the great Nebuchadnezzar)의 부친인 나보폴라살(Nabopollassar) 또는 『아피온 반박문』(Against Apion) 1권에 나불라살(Naboulassar)로 언급된 인물의 재위 기간이 21년이라고 한 것은 프톨레마이우스의 캐논(Ptolemy's canon)에 나오는 재위 기간과 동일하다. 한편 현대의 몇몇 연대기 학자들이 느부갓네살(Nebuchadnezzar)은 느부갓네살 대왕뿐 아니라 바벨론의 다른 여러 왕들이 소유하고 있었던 공통적인 이름이었다고 주장한 것은 근거가 없는 억측이며 모든 원초적 권위가 결여된 오견(誤見)임을 주목할 필요가 있다.

벨론으로 돌아왔다. 이에 그는 그동안 갈대아의 한 유력 인사가 그를 위해 잘 보호하고 있었던 왕위에 올라 정사를 다루기 시작했다. 그는 부왕(父王)의 전 통치권을 이양받았으며 포로들이 도착하면 바벨론 곳곳에 식민지 형식으로 배치하라고 지시했다. 그는 벨루스 신전(temple of Belus)과 그 외의 신전들을 전쟁 전리품으로 화려하게 치장했다. 그는 또한 옛 도시에 새 도시를 병합·확장·재건하여 적들이 강의 물줄기를 돌려 도시를 공격할 수 없도록 만들었다. 그는 내곽 도시(inner city) 주변에 3중 성벽을 쌓았고 외곽 도시도 마찬가지로 3중 성벽을 쌓았는데 벽돌은 모두 구운 벽돌로 쌓았다. 이같이 도시를 성벽으로 둘러쌓고 성문을 화려하게 장식한 후에 부왕의 왕궁 앞에 다른 왕궁을 짓고 서로 연결시켰다. 이 왕궁이 얼마나 웅장하고 화려한지는 감히 내가 필설로 설명할 엄두도 내지 못할 정도였다. 그러나 이 건물들은 웅장하고 거대한 건축물들이었음에도 불구하고 완공하는 데 겨우 15일밖에 걸리지 않았다.[20] 그는 또한 산책할 수 있도록 돌로 산 모양을 본뜬 언덕을 만들고 온갖 종류의 나무들이 심겨 있는 것처럼 꾸몄다. 그는 또한 메대의 왕궁에서 자란 자기 부인이 고국을 닮은 것들을 가지고 싶어 하자 매달린 낙원(pensile paradise)이라고 부르는 것을 세워 주었다." 메가스테네스(Megasthenes)도 그의 인도 이야기 제4권에서 느부갓네살을 언급하면서 느부갓네살이 리비아(Libya) 지역의 대부분을 점령한 것을 볼 때 그 용기나 업적에 있어서 헤르쿨레스(Hercules)를 능가하는 인물임을 강조하고 있다. 디오클레스(Diocles)도 그의 바사(페르시아) 이야기 제2권에서 느부갓네살을 언급하고 있으며 필론스트라투스(Philostratus)도 그의 인도와 베니게(페니키아)에 관한 이야기에서 엣바알(Ethbaal)이 두로(Tyre)를 다스리고 있을 때 이 왕이 13세의 나이로 두로를 포위 공격했다고 기록하고 있다. 이상이 느부갓네살왕에 대한 역사 기록들이다.

---

[20] 바벨론의 그렇게 거대한 건축물들을 완공하는 데 불과 15일밖에 걸리지 않았다는 점은 납득하기가 어렵다. 느헤미야가 가능한 한 빠른 기간 내에 공사를 마치기 위해서 애를 썼음에도 불구하고 예루살렘과 같은 작은 도시를 건설하는 데 2년 4개월이나 걸렸다는 점을 요세푸스가 강조한 것을 볼 때 그 공사의 규모상 115일 혹은 1년 15일이 더 적합하지 않나 생각된다.

2. 느부갓네살이 죽은 후 에윌므로닥(Evil-Merodach)이 부친의 뒤를 이어 왕위에 올랐다. 그는 왕위에 오른 즉시 여고냐(Jeconiah)를 석방하고 가장 친한 친구로 삼았다. 그는 여고냐에게 많은 선물을 주었고 바벨론에 끌려온 여러 왕 중에서 그를 가장 총애하였다. 그것은 그의 부친이 여고냐의 신의를 배반하였기 때문이었다. 이미 살펴본 대로 여고냐는 자기 나라를 위해 처자들과 온 친척들과 함께 느부갓네살에게 항복했음에도 불구하고 느부갓네살은 약속을 어기고 나라를 무력으로 점령하고 폐허로 만들어 버렸다. 에윌므로닥이 18년간의 통치를 끝으로 세상을 떠나자 그의 아들 네글리살(Neglissar)이 왕위에 올라 40년간 나라를 다스린 후 세상을 떠났다. 그 후 왕위는 그의 아들 라보소르다쿠스(Labosordacus)에게 넘어갔으나 그는 겨우 9개월밖에 권좌에 앉지 못했다. 그가 죽자 바벨론인들이 나보안델루스(Naboandelus)라고 부르는 벨사살(Baltasar, 발타살)[21)]에게로 왕위가 넘어가게 되었다. 그에 대항하여 바사(Persia) 왕 고레스(Cyrus)와 메대(Media) 왕 다리오(Darius)가 전쟁을 걸어왔다. 그는 이 두 왕에 의해 바벨론에서 포위되었을 때 이상하고 신기한 환상을 보게 되었다. 그는 넓은 방에서 식사를 하고 있었다. 그곳에는 그의 첩들과 친구들도 많이 참석해 있었다. 그는 왕실용으로 만든 수많은 은그릇을 가지고 있었음에도 느부갓네살이 예루살렘에서 약탈하여 그동안 사용하지 않고 자기가 믿는 신의 신전에 보관해 두었던 하나님의 그릇들을 사용하기로 결심하고 부하들에게 가서 꺼내오라고 명령했다. 그는 한 걸음 더 나아가 교만하게도 그 그릇을 술잔으로 사용하여 하나님을 정면에서 모독하기에 이르렀다. 그때 갑자기 벽에서 손이 나오더니 벽 위에 무슨 글자를 쓰는 것이었다. 이 모습을 보고 혼비백산

---

21) 프톨레마이우스의 캐논(Ptolemy's canon)에 대한 지식이 없는 요세푸스가 여기서는 자신이 발타살(Baltasar) 혹은 벨사살(Belshazzar)―바벨론 신인 벨(Bel)에서 따온 것임―이라고 부른 왕을 네보안델루스(Neboandelus)라고 부르고 있으며, 『아피온 반박문』(Against Apion) 1권에서는 베로수스(Berosus)의 책에서 똑같이 인용하면서, 바벨론 신 나보(Nabo) 혹은 네보(Nebo)에서 본뜬 이름인 나보네두스(Nabonnedus)라는 이름으로 칭하고 있음을 주목할 필요가 있다. 이 마지막 나보네두스라는 이름은 프톨레마이우스의 캐논에 나오는 나보나디우스(Nabonadius)의 원래의 발음에서 그리 멀지 않다. 이 왕이 앗수르 혹은 바벨론 왕 명단의 마지막 인물로 프톨레마이우스의 캐논에 기록되어 있는 점과 그의 재위 기간이 17년으로 동일하다는 점은 이 이름들이 모두 동일한 한 왕을 가리키고 있다는 사실을 분명히 해주고 있다.

한 그는 마법사들과 갈대아인(Chaldeans)들과 야만인들 가운데 흔히 있는 그런 꿈과 표적을 해석할 수 있는 자들을 모두 불러들여 그 글의 의미가 무엇인가를 해석해 보라고 지시했다. 그러나 마법사들은 그 글이 무슨 뜻인지 도저히 알 수가 없었다. 이에 그들은 아무리 해도 해석할 재간이 없다고 고백했다. 그러자 왕은 이 놀라운 사건에 정신을 차릴 수 없었고 마음이 괴로워서 도저히 견딜 수가 없었다. 이에 그는 전국에 영을 내려 누구든지 그 글의 의미를 해석해 주는 사람에게는 갈대아 왕들처럼 목에 금목걸이를 걸어 줄 것이고 자주색 옷을 입게 해줄 것이며 나라의 3분의 1을 주겠다고 약속했다. 이런 왕의 포고가 나붙게 되자 마법사들이 서로 앞을 다투어 달려와 그 글의 의미를 해독하려고 애썼으나 전과 마찬가지로 해석할 도리가 없었다. 이때 왕의 조모(祖母)가 왕이 이 사건으로 인해 크게 낙심한 것을 보고 그를 격려하면서 이같이 말했다.[22] "느부갓네살왕이 예루살렘을 함락시키고 잡아 온 포로 중에 유대 출생의 다니엘이란 자가 있는데 사람은 아무도 모르고 하나님만 아는 일을 알아내는 데 남다른 지혜가 있는 인물이오. 느부갓네살이 풀기 어려운 문제가 있었을 때 아무도 그 문제를 해결하지 못했으나 그자가 그 문제를 해결한 적이 있었소. 그러므로 왕은 그 글자의 뜻을 모르는 자들을 멀리 쫓아내고 그자를 불러서 그 글이 무슨 의미인지 물어보도록 하시오. 비록 하나님이 우울한 내용을 그자를 통해 일러주신다 하더라도 개의치 말고 그에게 물어보는 것이 좋을 것 같소."

3. 벨사살(Baltasar, 발타살)은 이 말을 듣고 다니엘을 불렀다. 그러고는 다니엘에게 이같이 말했다. "나는 그간 그대와 그대의 지혜에 대해 여러 가지 이야기를 들었소. 특히 하나님의 영이 그대와 함께 있기에 남들은 도저히 해석하지도 못하는 것을 그대만이 알아내는 능력이 있다는 소문을 들었소. 그러니 이 글이 무슨 뜻인지 가르쳐 주기 바라오. 만일 그대가 그 뜻을 풀어준다면 그대의 지혜에 경의를 표하는 대가로 자주색 옷을 입는 것과 목에 금사슬을 거는 것을

---

[22] 이 벨사살(Baltasar, 발타살)의 조모 혹은 모친, 즉 바벨론의 태후(queen dowager)는 벨사살의 아내인 왕후와 구별되어 언급되는데, 메대와 바사에 대항하여 바벨론을 요새화했던 저 유명한 니토크리스(Nitocris)인 것으로 보인다.

허락할 것이며 왕국의 3분의 1을 다스리는 권한을 그대에게 줄 것이오. 그렇게 되면 그대는 일약 유명 인사가 될 것이며 그대를 보는 사람들이 '어떻게 저렇게 빨리 출세할 수 있을까?'라고 경탄하게 될 것이오." 그러나 다니엘은 하나님이 주신 지혜와 계시를 가지고 개인의 이득을 볼 수는 없는 노릇이라고 예물을 사양하면서 이같이 말했다. "제가 이 글의 의미를 왕께 해석해 드리겠습니다. 이 글의 뜻은 왕께서 곧 죽을 것이라는 의미입니다. 왕이 이같이 벌을 받으시게 된 데는 까닭이 있습니다. 왕께서는 왕의 선조가 하나님께 대항하다 벌을 받았던 과거의 역사를 알면서도 하나님께 영광을 돌리는 법을 배우지 못했으며 인간 이상의 차원에 대해서는 관심도 가지지 않았기 때문입니다. 왕께서는 느부갓네살왕의 역사를 잊어버리셨습니까? 그가 불경건의 죄로 인해 인간 세계에서 쫓겨나 짐승들과 함께 살다가, 수많은 간구와 간청으로 하나님의 긍휼하심을 힘입어 다시 왕위에 오른 후에는 인류를 보호하시는 전능하신 능력의 하나님을 여생 동안 늘 찬송하면서 보냈다는 사실을 왜 모르십니까? 왕께서는 왕의 첩들과 함께 하나님의 그릇들을 술잔으로 사용함으로써 하나님을 크게 모독했습니다. 따라서 하나님이 이것을 보시고 진노하셔서 왕의 종말이 얼마나 비참할 것인가를 이 글로 미리 선포하신 것입니다. 제가 이 글을 해석해 드리겠습니다. 메네(MANEH). 이것은 해석하면 '수'(Number)라는 뜻입니다. 하나님이 오래전부터 왕과 왕의 나라의 수명을 세고 계셨기 때문에 이제 얼마 남지 않았다는 뜻입니다. 데겔(THEKEL). 이 말은 '무게'(Weight)를 뜻하는데 하나님이 왕의 나라를 저울에 달아 보시니 무게가 미치지 못했다는 의미입니다. 베레스(PHARES). 이 단어는 해석하면 '조각'(Fragment)이란 의미로 하나님이 왕의 나라를 쪼개어 메대와 바사 두 나라에 나누어 주실 것이라는 뜻입니다."

4. 다니엘은 이같이 벽에 쓰인 글을 해석했다. 이에 벨사살(Baltasar, 발타살)은 예상했던 대로 불길한 해석이 나오자 큰 고통과 슬픔 속에 빠지게 되었다. 그러나 왕은 다니엘이 불길한 일을 예언했음에도 불구하고 약속을 어기지 않고 처음 약속대로 다 해주었다. 왕은 그런 불상사를 당하는 것이 예언자 때문이 아니라 자기 탓이요 운명 때문이라고 생각했기에 비록 불길한 예언을 했다

손 치더라도 약속을 지키는 것이 의인의 할 당위라고 생각하고 다니엘에게 신의를 지키기로 결심하였다. 그러나 그로부터 얼마 안 있어 왕과 바벨론시는 바사 왕 고레스(Cyrus)의 손에 들어가게 되었다. 바벨론이 함락된 것은 벨사살왕 때였으니 그의 재위 제17년에 일어난 비극이었다. 역사 기록에 따르면 느부갓네살왕의 후손의 종말은 이와 같다. 다리오(Darius)가 그의 친족 고레스와 함께 바벨론을 함락시키고, 바벨론 왕국의 종말을 고하게 한 때는 그의 나이 62세 때였다. 그는 아스티아게스(Astyages)의 아들로서 헬라 세계에서는 다른 이름으로 불리고 있다. 더욱이 그는 선지자 다니엘을 메대(Media)로 데려가서 곁에 두고 매우 존중했다. 다리오는 전국을 360지방으로 나누고 세 명의 총독으로 전 지방을 관할하게 했는데 다니엘이 그중 하나였다.

5. 그러나 다니엘이 이렇게 높은 지위에 오르게 되고 다리오의 총애를 한 몸에 받게 되자 다른 이들이 그를 시기하기에 이르렀다. 다리오는 마치 다니엘에게 무슨 신적인 것이 있는 양 생각했던지 그에게만 모든 것을 맡기곤 하였다. 이에 자기들보다 더 왕의 총애를 받는 다니엘을 시기하게 된 것은 어쩌면 너무나도 당연한 일인지 모른다. 다니엘과 다리오와의 밀접한 관계를 못마땅하게 여기던 자들은 다니엘을 고소할 기회를 엿보았으나 아무리 애써도 도저히 잘못을 찾을 수 없었다. 다니엘은 돈의 유혹에 넘어갈 자가 아니었으며 뇌물 같은 것은 쳐다보지도 않았다. 그는 정당한 이유가 있을 때도 대가로 무엇을 받는 것은 천한 짓이라고 여기고 받지 않을 정도였다. 따라서 적들은 다니엘에게서 조금도 흠을 찾아낼 수가 없었다. 그들은 다니엘에게서 왕의 총애를 빼앗을 수 있는 부정과 잘못을 찾을 수 없게 되자 그를 함정에 빠뜨릴 수 있는 다른 방법을 모색하기 시작했다. 결국 그들은 다니엘이 하루 세 번 하나님께 기도드리는 것을 보고는 그를 몰락시킬 수 있는 좋은 계기라고 계산하고 다리오왕 앞에 나아가 이같이 제안했다. "방백들과 총독들은 백성들에게 30일간의 휴가를 주어 그 기간에는 왕께나 신들에게 간청하고 기도하는 것을 쉬게 하는 것이 좋을 것이라는 의견을 가지고 있습니다. 그리고 이 법령을 어기는 자는 누구든지 사자굴 속에 던져 넣어 죽음을 당하게 하는 것이 좋으리라 생각됩니다."

6. 이에 다리오왕은 다니엘을 해치려는 악한 의도가 담긴 제의라는 것은 꿈에도 모르고 그들의 제안에 흡족한 마음이 든다면서 인준해 주겠다고 약속했다. 다리오는 방백들이 만든 법령을 백성들에게 반포한다는 조서를 내렸다. 이에 온 백성은 이 법을 어기지 않으려고 애쓰면서 조용히 있었으나 다니엘은 이에 개의치 않고 그전 습관대로 그들 모두가 보는 앞에서 서서 하나님께 기도를 드렸다. 그러자 다니엘을 고소할 기회만을 찾던 방백들은 왕에게 나아가 모든 백성은 각자 믿는 신들에게 기도하지 않고 쉬고 있는데 유독 다니엘만이 법을 어기고 하나님께 기도했다고 고소하였다. 사실상 다니엘은 하등의 잘못을 범하지 않았음에도 불구하고 이들이 시기심에서 다니엘을 모함할 꼬투리를 찾다가 고소할 좋은 증거를 발견하게 된 것이었다. 그들은 혹시라도 왕이 다니엘을 너무 사랑한 나머지 예상 밖으로 법을 어긴 것을 용서해 줄지도 모른다는 생각이 들자 다니엘을 법 규정대로 사자굴 속에 던져야 한다고 왕에게 강력히 주장하였다. 다리오는 하나님이 다니엘을 구원하실 것이기 때문에 사자에게 밥이 되는 비참한 일은 일어나지 않을 것이라고 하면서 그에게 이런 일을 즐거이 받아들이라고 권면했다. 다리오는 다니엘을 사자굴 속에 던져 넣은 다음 굴 입구를 돌로 막고 봉인을 붙인 다음 왕궁으로 돌아왔으나 다니엘의 일 때문에 마음이 괴로워 식음을 전폐하고 뜬눈으로 밤을 새웠다. 날이 밝자 그는 일어나 사자굴로 달려갔다. 가보니 봉인이 뜯어지지 않은 채 그대로 있었다. 그는 봉인을 뜯고 돌을 옆으로 밀어낸 다음 큰 소리로 다니엘을 부르면서 살아 있으면 대답하라고 고함을 쳤다. 다니엘이 왕의 목소리를 듣고 아무런 해도 입지 않고 살아 있다고 대답하자 왕은 부하들에게 그를 굴에서 끌어 올리라고 명령했다. 적들은 다니엘이 끔찍한 일을 당하지 않은 것을 보고는 하나님이 그를 보호하셨음을 인정하지 않고 사자가 배가 불렀기 때문에 다니엘에게 가까이 가지도 않고 건드리지도 않았음이 분명하다고 했다. 그들은 다리오왕에게 이것이 사실이라고 억지 주장을 늘어놓았다. 그러나 그들의 사악함에 진력이 난 왕은 사자들에게 고기를 듬뿍 던져주라고 지시했다. 사자들이 던져준 고기로 잔뜩 배부른 것을 본 다리오왕은 사자들이 배가 부른 후에는 건드리지 않는지 여부를 알고 싶으니 다니엘의 적들을 사자굴 속에 던져 넣으라고 명령했다. 방백들을

사자굴 속에 던져 넣은 후에[23] 다리오는 다니엘은 하나님이 보호하신 것임을 분명하게 깨달을 수 있었다. 왜냐하면 사자들이 몹시 배고파 먹을 것을 찾고 있었던 것처럼 한 사람도 남겨 놓지 않고 모조리 잡아먹었기 때문이었다. 내가 보기에는 사자들이 그들을 잡아먹은 것은 방금 전에 고기로 실컷 배를 불렀던 사실을 상기해 볼 때 굶주림 때문은 아님이 분명하다. 아마도 하나님이 이들의 사악함을 보시고 그렇게 하도록 하신 것이 아닌가 생각된다. 비록 도덕적인 판단력이 없는 짐승들이었으나 마치 그들의 사악함이 멸망의 충분한 근거가 됨을 알기라도 하는 듯이 사자들은 그들을 순식간에 해치운 것이었다.

7. 함정을 파서 다니엘을 없애려고 했던 자들이 오히려 자기들이 만든 함정에 빠져 멸망을 당하게 되자 다리오는 전국에 (서찰을) 보내 다니엘이 섬기는 하나님을 찬양하고 하나님만이 전능하신 유일의 신임을 강조하였다. 그는 또한 다니엘을 존중히 여기고 가장 가까이 두고 지냈다. 다니엘이 하나님의 총애를 받는 인물이라는 세평(世評)과 함께 다니엘의 명성이 전국에 자자하게 퍼졌을 때 그는 메대의 엑바타나(Ecbatana)에 탑을 하나 세웠다. 이 탑은 우아하고도 멋진 건축물로서 오늘날까지도 남아 있다. 이 탑은 보는 사람들의 눈에는 어느 시대를 막론하고 항상 최근에 지어진 신 건축물로 보일 만큼 오랜 세월의 흐름에도 변함없는 새로움과 아름다움과 찬란함을 간직하고 있다.[24] 원래 건축물들도 인간과 같아서 세월이 흐르면 손상이 가고 아름다움이 퇴색하는 법이기 때문이다. 한편 사람들은 메대와 바사와 바대(Parthia, 파르티아)의 왕들을 이 탑에 장사 지냈다. 이 탑의 관리를 맡은 자는 유대인 제사장이었다. 이것은 오늘날까지도 지켜져 내려오고 있다. 다니엘이 한 행동을 듣고 놀라지 않은 사람이

---

[23] 다니엘의 적들이 사자가 다니엘을 건드리지 않은 이유를 사자들이 배가 불렀기 때문이라고 왕에게 이야기한 것은 충분히 있을 법한 일이다. 그들은 왕이 다니엘을 특별히 총애했기 때문에 사자들을 미리 배부르게 해놓고 무사히 돌아올 것을 기대하고는 다니엘에게 이 시련을 즐겁게 받아들이라고 한 것이 아니냐는 의심을 품게 되었을 가능성이 짙다. 결국은 이로 인해 그들과 그들의 온 가족이 이토록 무시무시한 시험대 위에 올라서게 된 것이었다(단 6:24).
[24] 이 탑에 있는 바사(페르시아) 왕의 무덤의 돌들이나 혹은 오늘날 흔히 페르세폴리스 유적(Ruins of Persepolis)이라고 부르는 곳의 무덤의 돌들이 최근에 건축된 것처럼 요세푸스 시대까지 조금도 변하지 않고 완전한 모습을 유지하고 있었다는 요세푸스의 이야기는 렐란트(Reland)에 의해 확증되었다.

없을 정도이기에 여기서도 간단히 살펴볼 필요가 있다고 생각한다. 그는 신비한 계시들에 접한 위대한 선지자 중의 하나였기에 생전에도 왕들과 백성들의 존경과 칭찬을 한 몸에 받았던 인물이었다. 비록 그는 죽었으나 그에 대한 기억은 영원히 사라지지 않을 것이다. 그가 직접 써서 후대에 남긴 여러 권의 책들이 오늘날까지도 우리에게 읽히고 있기 때문이다. 우리는 이 책들을 통해서 다니엘이 하나님과 직접 대화를 나누었음이 분명하다고 느끼게 된다. 그는 다른 선지자처럼 미래를 예언하는 데 끝나지 않고 그 예언의 성취 시기까지 예언했기 때문이다. 다른 선지자들은 늘 불길한 일만을 예언했고 이로 인해 왕들과 백성들의 미움을 샀으나 다니엘은 길한 일을 예언하는 선지자였다. 그의 예언은 길조였기에 만인의 호의를 살 수 있었으며 예언이 성취된 후에는 그의 말의 진실성뿐 아니라 그가 혹시 신이 아닐까 하는 의견까지도 세인(世人)들 가운데서 설왕설래하였다. 그는 예언을 글로 써서 후대에 남겼는데 이 글들은 그의 예언의 정확성과 진실성을 단적으로 보여주고 있다. 그의 말을 들어보자. "내가 바사(페르시아)의 수도 수산(Susa, 수사)에 거할 때 하루는 친구들과 함께 들에 나간 적이 있었다. 그때 갑자기 땅이 흔들리고 움직이기 시작하더니 내 친구들은 어디론가 다 날아가 버리고 나만 혼자 남게 되었다. 나는 그만 놀란 나머지 머리를 두 손으로 감싸고 얼굴을 땅에 대고 있었다. 이때 한 사람이 나를 건드리면서 '일어나서 네 동족들이 여러 대(代) 후에 당할 일을 보도록 하라.'라고 명령하는 것이었다. 내가 일어나 보니 큰 숫양 한 마리가 보였다. 그런데 그 숫양 머리에는 많은 뿔이 나와 있었는데 마지막 뿔이 가장 컸다. 그 후 내가 서쪽을 보니 서쪽으로부터 한 마리 숫염소가 공중에 나타나더니 숫양에게 맹렬히 달려들어 뿔로 두 번 받아 숫양을 땅바닥에 쓰러뜨리고 짓밟는 것이었다. 그 후 내가 또 보니 숫염소의 머리에서 매우 큰 뿔이 자라더니 그 뿔이 부러지고 다시 동서남북 사방을 향해 네 뿔이 자라기 시작했다. 그러더니 이 뿔들 가운데서 또 다른 작은 뿔이 나와 점차 매우 커지는 것이었다. 이때 하나님이 내게 이 작은 뿔이 나의 조국을 공격해 올 것이고 도시들을 함락시키고 성전 예배(temple-worship)를 혼란하게 만들 것이며 1,296일간 제사드리는 것을 금지시킬 것임을 보여주셨다." 다니엘은 수산 평지에서 이런 환상을 보았다고 기록

하고 있다. 그는 이 환상의 의미를 하나님이 아래와 같이 해석해 주셨다고 그의 책에 적고 있다. "하나님이, 숫양은 메대(Medes)와 바사(Persians)의 왕국을 가리키며 뿔은 그 왕국의 왕들을 가리킨다고 말씀하셨다. 그리고 마지막 뿔은 마지막 왕을 가리키는데 그 부와 영화에 있어서 그전의 선왕들을 능가할 것임을 의미한다. 한편 숫염소는 헬라로부터 와서 통치할 자를 가리키는데, 그가 두 번 바사와 싸워 바사를 무너뜨리고 전 제국을 손아귀에 넣을 것을 의미하는 것이다. 이마에서 자란 큰 뿔은 첫 번째 왕을 가리킨다. 큰 뿔이 떨어져 나간 후에 땅의 사방을 향해 솟아난 네 뿔은 첫 번째 왕이 죽은 후에 일어날 후계자들과 왕국의 사분(四分)을 가리키는 동시에, 다년간 인간 세상을 지배할 그들은 첫 번째 왕의 자식도 아니요 친족도 아님을 보여주고 있다. 그리고 마지막으로 작은 뿔은 우리 국가를 함락시키고 우리 율법을 무너뜨리고 우리의 정부를 전복하고 성전을 약탈하고 3년간 제사를 금지시킬 한 왕이 일어날 것을 가리키는 것이다." 놀랍게도 결국 우리나라는 다니엘의 환상대로 안티오쿠스 에피파네스(Antiochus Epiphanes)에 의해 이런 일들을 당하게 된다. 더욱이 놀라지 않을 수 없는 것은 이 일들이 실제로 발생하기 훨씬 전에 다니엘이 이것을 예언하고 글로 남겼다는 점이다. 다니엘은 이 밖에도 우리나라가 로마 정부에 의해 폐허가 될 것이라는 점도 예언하였다. 다니엘은 이 모든 일들을 하나님이 보여준 대로 기록하였다. 따라서 그의 글을 읽는 자는 누구나 그의 예언이 놀랍게도 성취된 것을 보고 하나님이 다니엘을 얼마나 귀하게 여기셨는가를 깨닫게 되며 그 결과로 에피쿠로스학파(Epicureans)가 얼마나 잘못 생각하고 있는가를 알게 될 것이다. 에피쿠로스학파는 섭리(providence)를 인간의 삶 밖으로 내동댕이친다. 하나님이 세상사를 돌보시며 우주는 하나님에 의해 통치되고 하나님 안에서 존재한다는 사실을 믿지 않을 뿐 아니라 세계는 통치자나 관리자 없이 저절로 운행하고 있다고 주장하기 때문이다. 그러나 만일 에피쿠로스학파의 생각처럼 세계를 다스리는 통치자가 없다면, 세계는 배가 수로 안내인이 없어 바람에 의해 파선되고, 말을 모는 자가 없어서 곧 전복될 병거와 같을 것이다. 따라서 만일 하나님의 섭리가 없이 세상이 움직여진다면 세상은 서로 충돌하여 박살 날 것이며 결국은 멸망하여 무로 돌아갈 것이다. 앞에서 언급한 다니엘의 예언을 놓고 볼 때, 이 에피쿠로스학파는 하나님의 섭리가 인간사에 아무런 영향을 미치지 못한다고 주장함으로써 큰 오류를 범하고 있는 것이 아닌가 나는 생각한다. 만일 이것이 사실이라면, 즉 세계가 기적적 필연에 의해 움직여지는 것이라면, 우리는 모든 일이 예언에 따라 성취되는 것을 볼 수 없을 것이다. 마지막으로 부연하고 싶은 것은 나는 이것들을 내가 거룩한 책에서 보고 읽은 것들을 있는 그대로 옮겨 적었다는 사실이다. 그러나 독자 중에 이와는 다른 견해를 가진 분이 있다면 그같이 생각해도 나는 비난하고 싶은 마음이 조금도 없음을 양지해 주기 바란다.

사명선언문

너희가 흠이 없고 순전하여……세상에서 그들 가운데 빛들로
나타내며 생명의 말씀을 밝혀 _ 빌 2:15-16

1. 생명을 담겠습니다
만드는 책에 주님 주신 생명을 담겠습니다.
그 책으로 복음을 선포하겠습니다.

2. 말씀을 밝히겠습니다
생명의 근본은 말씀입니다.
말씀을 밝혀 성도와 교회의 성장을 돕겠습니다.

3. 빛이 되겠습니다
시대와 영혼의 어두움을 밝혀 주님 앞으로 이끄는
빛이 되는 책을 만들겠습니다.

4. 순전히 행하겠습니다
책을 만들고 전하는 일과 경영하는 일에 부끄러움이 없는
정직함으로 행하겠습니다.

5. 끝까지 전파하겠습니다
모든 사람에게, 땅 끝까지, 주님 오시는 그날까지
복음을 전하는 사명을 다하겠습니다.

서점 안내

광화문점 서울시 종로구 새문안로 69 구세군회관 1층
02)737-2288 / 02)737-4623(F)

강남점 서울시 서초구 신반포로 177 반포쇼핑타운 3동 2층
02)595-1211 / 02)595-3549(F)

구로점 서울시 동작구 시흥대로 602, 3층 302호
02)858-8744 / 02)838-0653(F)

노원점 서울시 노원구 동일로 1366 삼봉빌딩 지하 1층
02)938-7979 / 02)3391-6169(F)

일산점 경기도 고양시 일산서구 중앙로 1391 레이크타운 지하 1층
031)916-8787 / 031)916-8788(F)

의정부점 경기도 의정부시 청사로47번길 12 성산타워 3층
031)845-0600 / 031)852-6930(F)

인터넷서점 www.lifebook.co.kr